廖季平先生年譜長編

王承軍　撰

中華書局

圖書在版編目 (CIP) 數據

廖季平先生年譜長編/王承軍撰. —北京：中華書局,2019.11
ISBN 978-7-101-12465-1

Ⅰ.廖…　　Ⅱ.王…　　Ⅲ.廖季平(1852～1932)-年譜
Ⅳ.K825.1

中國版本圖書館 CIP 數據核字(2017)第 029926 號

書　　名	廖季平先生年譜長編
撰　　者	王承軍
封面題簽	賀宏亮
責任編輯	劉　明
出版發行	中華書局
	(北京市豐臺區太平橋西里 38 號　100073)
	http://www.zhbc.com.cn
	E-mail：zhbc@ zhbc.com.cn
印　　刷	北京市白帆印務有限公司
版　　次	2019 年 11 月北京第 1 版
	2019 年 11 月北京第 1 次印刷
規　　格	開本/787×1092 毫米　1/16
	印張 34　插頁 2　字數 550 千字
印　　數	1-1500 册
國際書號	ISBN 978-7-101-12465-1
定　　價	168.00 元

廖季平先生（1852—1932）

民國七年與國學院諸生在國學院花廳前留影

二十年代初參加友人蕭仲侖婚禮留影

逝世前十日留影

山腴老弟大鑒 養疴之費難
足下云云 芸夫相題而論事原並
并我不願揭占優異我近來隨比
前途而有優異辦法空詳細開
戴事權爲理究竟何人今但囑
空作调談 我便無以對家人且學

生既由政府放歸我之不願再辦
祇敢辱耳雖此新舊之間世事
困難既得 回音以後再往下
耳專此 近叩
　近好
　　　廖平左書

此辭館事在國學院以与宋芸老不平余迫為
调庽之两師误作衙門不言謂郑左祖的參減乃
初从不从校庽有一箋相論也

致林思進信札（四川省圖書館藏）

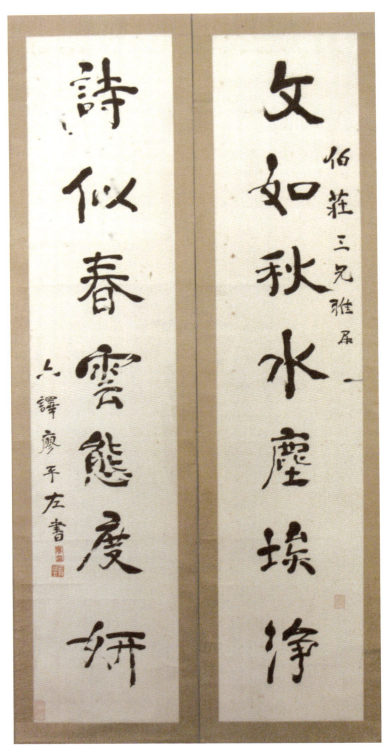

文如秋水塵埃净

詩似春雲態度妍

伯莊三兄雅屬

六譯廖平左書

行書七言聯（李劼人故居文管所藏）

廖氏宗譜書影

尊經書院舊址

凡　例

一、先生年譜之編始於清光緒三十二年丙午，時門人鄭可經編《四益館經學四變記》，先生序云："近著書逾百種，恐久而散佚；又知己遼隔，或僅聞鄙説，未詳大旨之所在。因屬及門，條例舊文，附以佚事，編爲四卷，聊以當年譜耳。"後鄭氏嘗欲編先生年譜，以故未果。民國二十一年壬申，先生去世，孫廖宗澤爲編《六譯先生年譜》《廖氏學案》兩種，今僅存年譜，藏重慶市圖書館，收入四川大學古籍整理研究所編《儒藏》史部《儒林年譜》第四十九册，又見舒大剛、楊世文主編《廖平全集》第十五册。民國二十二年癸酉，姜亮夫始編《四先生合譜》之梁啓超及先生部分；二十七年戊寅，乃有合譜之意；至三十八年己丑，書成作叙；然今正譜散佚，僅存叙録。後先生女廖幼平編《廖季平年譜》，乃就廖宗澤《六譯先生年譜》而成；婿李伏伽編《年譜補遺》，亦補《六譯先生年譜》之缺。是今日所見先生年譜皆本廖宗澤《六譯先生年譜》，或訂其失，或删其繁，或補其遺，而無集大成者；小子不敏，駑力從之，成此長編。

二、新編《廖季平先生年譜長編》初本《廖季平年譜》，復以《六譯先生年譜》《年譜補遺》增訂，再據先生著述、諸家記載、晚清民國以降報刊訂其失、補其缺、增其遺，而成初稿。在此基礎上，據四川大學古籍整理研究所編《廖平全集》補初稿之缺之遺。

三、爲便於讀者檢核、查閲，《長編》引用先生著述凡見於《廖平全集》者，皆注明全集册數、頁碼，然所引資料皆與原刊、原文覆核，改動之處不一一注明，讀者可自行查閲原刊、原文；凡未見於《廖平全集》者，一本原刊、原文，且注明出處，以便覆按。

四、新編《廖季平先生年譜長編》時間下限止於民國三十八年，即先生去世後十七年。

五、新編《廖季平先生年譜長編》凡分九卷：卷一家世師承、卷二早年求學、卷三肄業尊經及初變、卷四二變、卷五三變、卷六四變、卷七五變、卷八六變、卷九譜後。如此分卷，既遵廖宗澤《六譯先生年譜》成法，亦附編者考見；六變起止殆不盡同《六譯先生年譜》，亦不盡同時賢。然藉此以考先生生平事迹、學術履歷、思想歷程則盡同。

六、今人編前人年譜，喜附論時事，似成定法。然學人年譜，當別於政治家年譜。蓋時事或不盡影響學人，學人治學亦未必受時事影響。故新編《廖季平先生年譜長編》凡涉時事，慎之又慎。凡列譜中時事皆須對先生發生影響，否則一概省却，不予編入。

七、新編《廖季平先生年譜長編》謹遵前人編訂年譜成法，記事以陰曆，雖民國後通用公曆，亦盡量轉爲陰曆；今人著書，喜用阿拉伯數字，惟前人未用此記數、記日，亦未知此法，故譜中僅用漢字記數、記日。

八、先生序、跋、識皆今人瞭解其生平、學術、思想之關鍵，故新編《廖季平先生年譜長編》悉數采入；至如部分序、跋、識因涉及多時段生平、學術、思想，則附至作序、跋、識之時。師友、門人書函、序、跋亦爲瞭解先生生平、學術、思想關鍵，除少數節録，餘皆全采。

九、新編《廖季平先生年譜長編》采用資料，正文只注出處、卷數、頁碼，不注版本；凡版本信息，參見參考文獻。引用《廖平全集》，只注册數、頁碼，不注出處。

十、爲便於讀者閱讀，新編《廖季平先生年譜長編》隨譜酌加按語，或考釋文獻，或辨證異同，或商榷成説，或增訂文獻；然部分按語襲自廖宗澤《六譯先生年譜》，或增或删，隨譜而定，幸讀者鑒之。

十一、先生生前，毀譽參半，同時學人，多有異同，或函牘往來，或著文商榷，本譜一併收入；惟先生去世後，孫宗澤、女幼平、門人蒙文通、向楚等皆有成文，或有關生平事迹，或緒論學術思想，然限於體例，本譜未能一一收入。尤爲要者，當屬蒙文通《井研廖季平師與近代今文學》《廖季平先生與清代漢學》《井研廖師與漢代今古文學》《廖季平先生傳》四文，讀者可以參閱巴蜀書社《蒙文通文集》《蒙文通全集》。

十二、民國二十一年先生去世後，成都、井研等地紛紛舉行追悼會，會後刊印《六譯先生追悼録》，然印數極少，難睹其全；一九八九年《樂山文史資料》第七輯《廖季平史料專輯》曾節選部分予以整理；編者原擬據國家圖書館編《中華歷史人物別傳集》予以整理，列爲附録，以資參考，旋因《廖平全集》已全部收入，故悉數删去，僅摘有關先生生平事迹者編入。

目　録

廖季平先生年譜長編卷二　　早年求學

廖季平先生年譜長編卷三　　肄業尊經及初變

廖季平先生年譜長編卷七　　五變

廖季平先生年譜長編卷八　　六變

廖季平先生年譜長編卷九　　譜後

廖季平先生年譜長編卷一　家世師承

　　余前撰《蒙文通先生年譜長編》，有《家世》一卷，今編《廖季平先生年譜長編》亦仿此例，成《家世師承》一卷，希於先生家世、師承有所論列。嘗考自年譜之法創製以來，自宋及清，有三不朽之一者，皆可爲著年譜，以彰其言行事功。井研廖氏爲明季以來四川土著，今僅據《廖氏宗譜》《光緒井研志》及其他資料擬定家世。至先生師承，皆有可考，惟於先生影響較著者，若張之洞等，論述較詳。

《會試硃卷》家世師承表

　　光緒十五年（一八八九），先生中式二甲第七十名。《清代硃卷集成》收《欽命四書題》，前有家世師承。今據此成家世師承表，略述井研廖氏之由來、先生學行之始由。至其族繁不及備載，則僅詳文獻可徵者，師承亦因之。

高祖諱樂行，字宣猷，邑庠生。
高祖妣氏王。
曾祖諱永昭，字顯揚。
曾祖妣氏周。
祖諱正傳。
祖妣氏楊。
父名復槐，字誠意。

<table>
<tr><td colspan="2">母雷氏，諱源公女，内閣侍讀學士、山東山西湖北按察使司諱暢曾侄孫女，乾隆丙戌進士、翰林院編修、武英殿纂修諱翀霄侄孫女，乾隆己丑進士、翰林院編修、歷官京畿道監察御史、户科掌印給事中、巡查福建臺灣察院、浙江湖州府知府、江西贛南兵備道、署江西布政使司諱輪侄女，汝秀、汝傑之姊。</td></tr>
<tr><td>族高祖</td><td>樂天、樂然、樂廉庠生、樂顔武庠、廷獻庠生、廷敬庠生、廷聘貢生、廷斌武庠</td></tr>
<tr><td>族曾祖</td><td>永岐、永芳、永模、平章庠生、憲章武庠</td></tr>
<tr><td>從祖</td><td>正修、正超、正魁</td></tr>
<tr><td>族祖</td><td>正揚、正貴、正元、正益、正崇、正坤、正和、正澤、元熙庠生、銘釗武庠、正榆庠生、正乾、正清、正本、正瑜庠生、正瑔武庠、正游、正愷、銘修守備</td></tr>
<tr><td>伯</td><td>復宗、復勳、復端</td></tr>
<tr><td>從叔</td><td>復仲、復湛、復玉</td></tr>
<tr><td>族伯叔</td><td>復德、復軒、復輪、復軬、復逵、復忠、復建、復學、復貢、復君、復選、復殿、復歎、復連、復能、復宇、復洋庠生、復權歲貢、復統國學生、復銓庠生、復銛歲貢生，候選訓導、復武、復川、復寬、復彦、復銀、復邦</td></tr>
<tr><td>族兄</td><td>登銓庠生、桂林庠生、登光、登建、登芳、登燦武庠、登興、登孔、登熙、登第、登童、登魁、登泰、登喜、登明、登賢、登爰、登諫、登鳳</td></tr>
<tr><td>從兄</td><td>登東、登山、登統、登家、登童、登富</td></tr>
<tr><td>族侄</td><td>成鎔、成貴、成龍、成應、成明、成蛟</td></tr>
<tr><td>族侄孫</td><td>宗慶</td></tr>
<tr><td>兄弟</td><td>登墀、登梯、登樓、登松</td></tr>
<tr><td>侄</td><td>成傑、成禮、成鑑、成釗、成文、成玖、成華</td></tr>
<tr><td>侄孫</td><td>宗孝、宗仁、宗録、宗祐</td></tr>
<tr><td colspan="2">姊一，適本邑陳爾華。</td></tr>
</table>

	娶李氏,國學公之孫女、英孝公之次女; 妾劉氏,故; 子二:成之、成學。
受業/知師	胡龍田夫子印宗普、許翠廷夫子諱長蔚、夏春山夫子諱九壘、家壽夫子諱凌霄、向春廷夫子印明喜、何澤之夫子諱欽培、鍾毓生夫子印靈、張孝達夫子印之洞、錢許三夫子諱寶宣、錢鐵江夫子印保塘、伍嵩生夫子印肇齡、王壬秋夫子印闓運、譚叔裕夫子諱宗瀎、丁穉璜夫子諡文誠、朱肯父夫子諱迪然、莆亭夫子印景善、許竹篔夫子印景澄

據《清代硃卷集成》第六十二冊整理。

家 世

光緒七年(一八八一),族衆舉議重修宗譜,"以其事相屬",先生"既不獲辭,而以館事不得分身,乃草創凡例,請族祖小樓公代爲紀理"。(《廖氏宗譜》卷一)《會試硃卷》載:"廖平,原名登廷,字季平,號煦陔,行四。咸豐壬子年二月初九日吉時生。四川直隸州資州井研縣優廩生民籍。原籍湖北麻城縣,明初入邑籍。"《光緒井研志》卷二十三云:"廖氏,宋廖炳進士;明廖寬進士;國朝平進士,官教授。明以來皆孝感籍,居縣東獅子巖,子孫稱廖半鄉。"廖宗澤《六譯先生行述》云:"吾家明初由麻城入蜀,世居井研之青陽鄉,四百年來無顯者。至先曾祖尤貧困,初爲人牧牛,年得數百錢,後乃稍能自給。"(《廖平全集》第十六冊第九一三頁)《六譯先生年譜》卷首云:"廖氏入蜀,至五百年無仕宦科第,亦無績學之士。"(《廖平全集》第十五冊第四一九頁)廖幼平《我的父親廖平》云:"我的先祖在明朝洪武年間從湖北麻城孝感遷移入川,先定居井研東部的觀音堂,後移居鹽井灣。幾百年間世世代代都以務農和做小本經營爲生,沒有一個精通文墨的人。十九代傳到我父親,才出了他這個在學術上大有成就的人。"(《廖平全集》第十六冊第九七九頁)

廖氏姓氏考

廖乃黃帝裔孫。黃帝以土德王,土德黃,故號曰黃帝,係伏羲子。原姓風,又姓公孫,名軒轅,有熊國之君。又姓姬,而裔孫際周時取名飂叔安,即古廖字,故飂叔安因名廖叔安。叔安之後裔即以廖爲姓。(《廖氏宗譜》卷一《姓氏原考》)《姓氏新考》云:

　　《漢書·古今人表》有廖叔安。《地理志》:南陽有廖國,即《左傳》之所謂飂叔安也。故舊以廖爲飂國之後,然無他佐證。姓氏之書又以廖爲周文王姬昌子伯廖之後也。最早者《華陽國志》,秦時蜀中有廖仲藥,以射虎傳。《後漢書》廖湛有傳,於是而廖氏乃大顯於史册矣。(《廖氏宗譜》卷一)

　　　　按:廖宗澤《六譯先生年譜卷首》謂"此文似出先生"。(《廖平全集》第十五册第四一九頁)

入川始祖廖萬仕

　　井研廖氏始祖廖萬仕,《光緒井研志》有傳。文云:"世爲麻城人。洪武初,携妻子入蜀,挾地師度地井研,悦縣東獅子巖川谷明媚,因家焉。萬仕揮霍有遠志,晚年自爲譜系,以詔其子孫。子五人,各以所出析居仁、榮、犍、樂間。自明至今,歷傳二十五世矣。然蜀中言麻城廖氏者,皆以井研爲宗。"(《光緒井研志》卷三十六第四頁)《廖氏宗譜》卷三:"公生湖廣黄州府麻城縣孝感鄉河北村七里橋李子壩。明洪武二年,同長兄萬廣公梅妣、弟萬章公鍾妣、萬貴公、萬忠公與黄孺人,携長子勝大公入蜀。兄住馬湖府,弟俱住峨眉縣,惟公擇居井邑東觀音堂壩周寺溝。"(《廖氏長房宗譜》)其墓在井研縣研經鎮銅錢村,坐東北向西南,圓形土冢,原有墓碑,已損毁。(《井研縣志》第五四〇頁)今存譜序一篇:

　　始祖本自河南安郡,後轉寓江南,又遷移湖廣黄州府麻城縣孝感鄉河北村七里橋李子壩。先祖、先父及伯叔宗支輩若存若没,俱住葬伊土。惟仕獨見其地褊急,不甚沃饒,因於洪武二年己酉偕妻黄氏、嫡子勝大及同胞大兄萬廣、梅氏、三弟萬章、鍾氏、四弟萬貴、五弟萬忠,一並收聚人口,隨帶術士同行,訪求基産,行至四川成都,立見此省城郭堅完,水秀山清。爰兄弟五人計議,我等沿途卜築,舍蜀復何求焉。因而大兄萬廣、梅氏擇住馬湖府,三弟萬章、鍾氏、四弟萬貴、五弟萬忠俱住峨眉縣。仕居行二,落業蒲亭井邑來鳳鄉觀音堂壩周寺溝啟家比。仕妻黄氏,僅一子勝大,復娶趙氏,生一女,適劉三寶,又撫一義男周信忠,後乃生五子:長名勝二、次名勝三、三名勝四、四名勝五、五名勝六,奈得五子。不逾年而黄氏、趙氏俱故。家無内操,三娶韓氏,無生育,只有七子一女一壻,因串名廖周劉,以基我一脈流芳，以共我子女一户八房。議定字派二十字：“萬勝直友思，伯本扶漢朝。加興常安樂，永正復登成。”使後世子孫，各依例命名，尊卑有序，排列無淆；周劉二姓，倘自願歸宗，可無容阻；至我廖姓子孫，務必世世相守，代代相承，久之而世遠年湮，昭穆暸如指掌，日後族繁浩大，倫序燦若日星，庶不負一脈之流傳。謹將此譜照房各給一卷，子子孫孫，慎勿視爲故紙，世代相傳，永垂不朽。明洪武二十九年丙子蒲月天中日，萬仕手志，傳給長子勝大，遞執勿替。（《廖氏宗譜》卷一）

父廖復槐

先生父廖復槐（一八〇六——一八九一），《光緒井研志》有傳。文云：“廖復槐，字繼誠，兄弟四人，復槐居季。父正傳卒，喪葬自任之，不以累諸昆。同時曾正玉、左天應、向明喜，善士也，約鄉人爲保節、恤孤、宣講、施槥、義冢等會，得復槐爲主者，人皆樂輸其金，出納不問。復槐家故貧約，有乞貸者，情餘於所惠。每歲終，則出千錢，爲數十百束，至僻巷要道，遇餓者輒陰擲之而呼其拾遺，凶歲亦如之。復槐夙性禮神，每伏臘家忌日，灌奠齋沐，哀禮曲至，鄉人至今以爲式。子平既成進士，復槐以恩得階文林郎，諸子奉表裏上壽，復槐涕泣不肯服，曰：‘吾先人未嘗襲此，吾何德以堪。’平之成進士也，廷試未歸，復槐蹉跌傷足，禱於神，願父子一訣，尋果杖而能起。明年至期，無疾而逝，年八十五，里人以爲與齡之應焉。”（《光緒井研志》卷三十六第二十頁）廖幼平《我的父親廖平》云：“我的祖父名復槐，號繼誠，是一個鄉鎮的貧民。他沒有土地，沒有房子，全靠出賣勞力和做小本生意爲生。他爲人正直，爲窮人所信任，打架吵嘴之事常找他評理，一些公益事業也推他主持。他雖然窮，但不吝嗇，人有急難，總是竭誠相助。雖識字不多，但頭腦清楚，精明幹練，八口之家全靠他主持。”（《廖平全集》第十六冊第九七九頁）

母雷貞慈

先生母雷貞慈（一八一六——一九〇四），井研縣千佛鄉人。雷氏爲明以來井研望族，《光緒井研志》云：“明楚籍。洪武中，漢廣籍馬界溪。至嘉祥以進士官御史，科第至今不絶，具《選舉表》。祠在縣東石龍山，有譜。今遂寧、成都、錢塘、宛平皆有寄籍。”（《光緒井研志》卷二十三第四頁）雷嘉祥傳云：“先世爲麻城人。相傳明洪武初，有名漢廣者，騎白馬，度地井研居焉。數傳至鳴，是生嘉祥，雷氏族始大。……弟嘉泰，嘉泰子滋，滋子起晋，三世皆明歲貢。起晋子瓚，瓚子宏儒。宏儒子時，由拔貢知宣化府；暢由拔貢官至内閣侍讀學士。時孫輪,暢子翀霄,並以翰林官編修。明以來,雷氏凡甲科五人,乙科十五人,選拔貢生六人,諸貢十三人,以諸生入官者尤不訾,而皆爲鳴裔,信四大族之弁冕矣。"(《光緒井研志》卷三十三第一頁)然井研雷氏至先生母時,亦已衰落。廖幼平《我的父親廖平》云:"我的祖母雷名貞慈,是井研千佛鄉人,據說是千佛鄉雷翰林的後代,但傳到她的上輩已以務農爲生了,因之她具有農村婦女的特性:她溫和善良,勤勞樸實,且頭腦清楚,明辨是非,認定該做的事會義無反顧地堅持下去。"(《廖平全集》第十六册第九八五頁)

族叔廖復權

先生族叔廖復權,歲貢生,優於制義,《光緒井研志》有傳。文云:"廖復權,字平軒,道光末歲貢,以鄉試屢躓,不欲再試。縣令陳塏賞其文,賫文書臨門促其行。復權不得已應命,終無所合而歸。晚授徒里中,旁縣學者皆爭至問業。歲以脩脯所入錢獨建廖氏支祠。復權爲文閎深雋美,繩闖於國初諸大家,不屑屑規肖時流。學使試士,至别爲榜旌異。李惺主錦江,喜延譽士類,尤獎美復權。當時爲之語曰:'仁壽梁、馬、鄥,不如井研廖平軒。'蓋仁壽進士梁炳、舉人馬凡若、鄥照蘭,當時推爲博雅者也。復權天性高簡,不喜近流俗人。内江進士王果者,初與復權同學錦江,負時名,復權取果行卷,雜蒸艸中然之,笑謂果曰:'欲以亂其臭耳。'其傲謾不顧忌如此。復權喜藏書,縣人雷氏舊本多歸之。廖氏居大田洲,代業耕農,至復權以文學顯,繼之者進士平。"(《光緒井研志》卷三十五第一一頁)著《苹軒文類》三卷,《光緒井研志》稱:"此編雖酬應短幅,其至者乃似劉孟塗。"

長兄廖登墀

先生長兄廖登墀(一八三八—一八八四),字雲襄,經商。

次兄廖登梯

先生次兄廖登梯(一八四一—一八九一),字級升,經商。

三兄廖登樓

先生三兄廖登樓(一八五〇—一九一二),字光遠,著有《藏府探微》二

卷,以膽爲藏,腎爲五藏之精。自序云:

　　先秦兩漢陰陽五行之説盛行,專門名家,六藝九流皆列其目,故無論説經行政,測天量地,皆以五行説之,至于醫卜星相,更無論矣。而陰陽五行,又略有分別。今按《靈樞》《素問》有陰陽家説,有五行家説,惟五行之説多于陰陽,後來醫家説藏府者遂專主五行。考今《尚書》歐陽説肝木、心火、脾土、肺金、腎水,與《内經》同。古文家則以心爲土藏,肺火也,肝金也,腎水也。《五經異義》、古《尚書》:脾,木也;肺,火也;心,土也;肝,金也;腎,水也。揚雄《太玄》:木藏脾,金藏肝,火藏肺,水藏腎,土藏心。高注《吕覽》亦同。高誘注書,兩存其説,二者相持,雖左袒博士者多,然古文家能別樹一幟,足見以五行説五藏,出于配對,實非一定之説。言五行者以肺爲金,心爲火,膽之附肝,與心之附肺同,乃別膽于府,與肝同爲木。考《内經》,心爲君主之官,膽爲決斷之官,心、膽形體同、功用同。膽有上,口無下。口藏也,非府也,其所以別之于府,與胃、大腸、小腸、三焦、膀胱同者,以藏雖有六,而五行祇五,以六配五,少一數,故以膽爲府,推衍配對,窮于數,非別有所據也。今醫家以膽爲府,尤尊貴于腎,諸藏奇而腎偶,無説以通之,乃創左命門、右腎之名。按:以心比膽,膽當爲水,藏肝與肺,形體相合,爲金木合并。膽與心形體相同,爲水火既濟。肝、肺、心、膽、脾爲五藏,配五行。腎爲五藏之精華,兼包并攬,如天王,在五官之上,上帝較五帝爲尊。腎之司權,皆在壯年。人初生腎無權,人將老,腎先絶。《内經》云:"男子十六而精通,八八六十四而陽道絶;女子十四而精通,七七四十九而陰道絶。"所云"精通",腎方乘權;所云"陽道絶",腎已先亡。蓋腎爲五藏精華,專司生化,如草木初生,不能華實。衰枯不實,根株不傷,猶不至死。五藏不可一日無,而腎之司權,男不過四十八年,女不過三十五年,此腎所以超出于五藏之上,獨爲二體,腎亡而人不死也。試再以陰陽家説推之,則人身如鍋爐,飲食入胃,以火蒸之,上燻爲氣,氣下降爲血,肝司之。心藏氣精,膽藏血精,肺如天鍋,肝如下笕,專主流通氣血,布達四肢,心膽則爲氣血之精華,專主神智。人之存亡,則在肝肺,而腎無權焉。脾胃居中,肺司上焦,肝主下焦,血氣壯盛,而後精通,稍見衰敗,則腎氣先絶。此以陰陽説五藏,不似五行家配合牽掣,徒爲轇轕。《内經》及古書實有二派,今撰此書,悉爲甄録。學者就陰陽家以治病,明白簡要,可以删除支蔓之弊。今考西人鍋爐之上有水火各表,觀表可以知其水火之盈虚。人身之耳目口鼻即表也,觀于外可知其内。然則人身不誠一大機器乎哉。(《光緒井研志》藝文四,《廖平全集》第十六册第一二五五—一二五六頁)

又有《四聖心源駁議》一卷,辨黄氏信用熱藥之失,與久服熱藥之害。自序云:

> 井研自廖榮高、稅錫祺以滋陰之説倡,群焉附從,藥肆龜版、龜膠動銷數千百觔,病者常以陰不足而死。自黄氏之説盛,周廷爕爲之倡,歲銷薑附、桂枝、法夏數千百觔,龜版、龜膠幾絕,病者又轉以陽不足而亡。常見服陽藥者以桂、薑、椒、蔻隨時咀嚼,一人服附片至以百觔計,卒死于陽虛。豈龜、地于廖、稅而無功,薑、桂因廷爕而鮮效哉。天地不能有陽而無陰,人身不能有氣而無血。仲景著書,非危症險疾,不輕用毒藥。又陰陽相持,如二人相鬭,以弱陽敵強陰,其不勝宜也。今苟得精強勇鷙之士一二人,加至數十人,則萬無不勝之理。乃久服陽藥者相繼以死,則固萬無此理矣。考醫書,苦寒耗陰,辛熱鑠陽,服熱藥重劑者多頭眩汗出,陽隨以亡。浪子還鄉,無主不止,故扶陽之劑,必兼補陰。或曰從黄氏之説,固皆陽不足而死,然病者受藥,時收小效,何也。吞刀吐火,積幻成真,久用熱藥者,善于部勒,其收效在于佐使。班志云:“以熱益熱,以寒益寒。”精氣内傷,不見于外,久服熱藥者,致成癥疾,陰陽隔絕,積熱成寒,反引熱藥以自救,而精氣消鑠,旋登鬼錄。群迷不悟,深可哀痛者也。無論寒熱,藥與病相投者,病愈不反,過服寒熱,旋愈旋反,久皆成痨。以此斷其藥之偏勝,百不失一也。江南陸氏,著書攻擊黄氏,多中肯要,然不切于吾研流弊。考黄氏書,如《傷寒》《金匱》,拘于經文,猶未大行決裂。《四聖心源》爲其自著之書,背道而馳,毫無忌憚。陰絕陽絕,藥劑相同,是教人不必分陰陽也。諸病一括之以胃逆脾陷,是教學者但言升降,古書舊法皆不可觀,朝檢書而夕行藝,莫便于此。故講黄氏學者,舍難從易,流毒愈廣。此篇首言陰陽平等,以祛其貴陽賤陰之誤。次言從陽救陰,從陰救陽,以救其專用熱藥之誤。次言陰藥傷陰,熱藥傷陽,以啟其久服熱劑不能回陽之誤。次言人脾胃,久則成癥,與陰陽隔絕,積熱成寒,以解其病人受藥時收小效之疑。末附醫案,凡久服寒凉與久服熱藥者皆列焉。偏爲之害,彼此同病,固不僅黄氏之有弊,更願習黄氏者之相觀而自悟也。(《光緒井研志》藝文四,《廖平全集》第十六册第一二五七——一二五八頁)

五弟廖登松

先生五弟廖登松(一八五六——一九一二),經商。

師 承

縱觀先生一生，學凡數變。初變以前，爲先生治宋學及漢學時代，嘗言：
"予幼篤好宋五子書、八家文。丙子從事訓詁文字之學，用功甚勤，博覽考據
諸書，冬間偶讀唐宋人文，不覺嫌其空滑無實，不如訓詁書字字有意，蓋聰明
心思至此一變矣。庚辰以後，厭棄破碎，專事求大義，以視考據諸書，則又以
爲糟粕而無精華，枝葉而非根本。取《莊子》《管》《列》《墨》讀之，則乃喜其
義實，是心思聰明至此又一變矣。"(《廖平全集》第一冊第四六七頁)自此以
後，先生經學凡六變。就師承言，先生早歲治宋學、漢學，皆受業師影響。先
生早年師承胡龍田、許翠廷、夏春山、家壽、向春廷、何澤之、鍾毓生，率皆蜀
地塾師，不知漢學爲何物。及張之洞任四川學政，創建尊經書院，聘二錢主
講，始倡漢學，先生之學於是一變，識者亦斷爲江浙派。後湘潭王闓運主講
尊經書院，倡今文經學於蜀，先生之學於是又變，並終生以經學爲職志。

曾志春

先生師曾志春，《光緒井研志》有傳，文云："曾志春，字雿亭，力學能文，
事父母有至性。道光五年選拔貢生，知縣陳塏以志春植品端方，聘主來鳳書
院講席。縣令有所施措，非志春與議不敢謂允，或屏騶從數數造訪焉。……
志春接弟子以誠，所論辨批窾導窾，聽者忘倦，先後成就至數百人。"(《光緒
井研志》卷三十五第九—一○頁)著《雿亭遺稿》二卷，提要云："志春歿後，
其子裒輯生平所作詩文，凡數十首，析置爲二卷，似非其至者。"(《光緒井研
志》藝文五第七頁)

張之洞

先生師張之洞(一八三七—一九○九)，字孝達，一字香濤，直隸南皮
人。少有大略，博覽詞章，記誦絕人。年十六，舉鄉試第一。同治二年(一八
六三)，成進士，授編修。同治六年，充浙江鄉試副考官，旋督湖北學政。同
治十二年，典試四川鄉試，就授學政。蜀士多聰敏有才智，而習尚浮譾，喜以
時文帖括苟取科名爲事，凡經、史、子、集四部之書，多束而不觀。間有向學
者，亦苦無師資，茫然不得其途徑。之洞乃奏設尊經書院，選高材生肄業其
中。復建尊經閣，廣置書籍。開印書局，刊行小學、經、史諸書。又撰《輶軒

語》《書目答問》，發明宗旨，示以讀書之法。（據《清史稿》《大清畿輔先哲傳》張之洞傳改寫）周詢《蜀海叢談》云："蜀學丕變，實唯公力。先後督川學者百數十輩，以言惠士之深者，咸推公爲巨擘焉。"（《蜀海叢談》第一八九頁）及張之洞去世，伍肇齡等曰：

其前在四川學政任內，興廢舉墜，明教作人，沾溉之宏，造就之廣，尤有歷久彌繫人思者。先是，川省僻處西陬，人文未盛，士林之所馳騖，率不出帖括章句之圖。自同治初年，該大學士典試西來，始拔取績學能文之士，如武謙、吳德瀟諸人，以爲之倡，士風始爲一變。旋奉命提督四川學政，則會商前督臣吳棠，奏設尊經書院，擇郡縣高材生肄業其中，延聘名儒分科講授。院內章程及讀書治經之法，皆該大學士手訂，條教精密，略如詁經精舍、學海堂規模。復以邊省購書不易，捐置四部書數千卷，起尊經閣庋藏之，藉供生徒瀏覽。並開書局，刊行小學、經、史諸書流布坊間，以備士人誦習之資。自是比戶橫經，遠近景慕，蜀中乃彬彬多文學矣。其校士各屬也，以川省槍替之風，內通經承，外結廩保，不易究詰。特用鈎距之法，摘發其姦，一時人驚爲神，無敢犯者，宿弊以清。又自撰論說，勸紳富捐舍學田，優免新生卷費，以恤寒畯，至今州縣興學之資多取給焉。川省學政，素號腴缺。該大學士廉介自矢，於例得參費銀二萬兩，辭而不受。其他恩、優、歲貢及錄遺諸費，皆定爲常額，不許婪索。及去任，無錢治裝，出售其所刻《萬氏拾書》經版，始克成行以去。該大學士嘗謂人曰："四川督學署積塵盈屋，我第掃除過半耳。"蓋其潔己愛士之誠，勤職袪弊之勇，有如此者。其平日衡文不主一格，凡有一藝之長，無不甄錄，而尤注重於經史根柢之學，故所至考求文獻，禮訪名宿，惟恐不及。每值士人晉謁，輒優假顏色，殷殷焉以讀書稽古相敦勉，並爲指示途徑，俾有遵循。所著《書目答問》《輶軒語》二書，流傳海內，幾於人手一編，即該大學士在蜀校士時所隨時撰錄，導士人以求學之津梁者也。所取之士如范溶、張祥齡、宋育仁諸人，皆經明行修，極一時之選，爲該大學士所深器，嘗引之左右，躬自督課。其後或致身通顯，爲國家文學侍從之臣，或潛心著述，以紹明絕學、師表人倫自重，類能守其緒餘，克自樹立。教澤所及，全川化之。迄今學校大興，人材蔚起，文化之程，翹然爲西南各省最，蓋非該大學士陶鎔誘掖之力，斷不及此。（《張文襄公全集》卷首上第九——一一頁）

錢寶宣

先生師錢寶宣（？——一八六九），字許三，浙江嘉興人，錢儀吉次子，生平事迹不詳。繆荃孫在成都書局時與之共事，受其教導，獲益良多。繆荃孫云："往在成都書局，錢丈圖山先生爲言黃蕘圃收藏之富，鑒別之精，校勘之勤，津津有餘味，並言黃轉入藝芸精舍，又轉入宜稼堂、海源閣兩家，後得《士禮居叢書》，讀《百宋一廛賦》，藉以見蕘圃收藏之概。"（《藝風堂文續集》卷六《士禮居藏書題跋記書後》）又云："年丈爲衍石給練之次子，聞見該洽，語言雋永，因荃孫粗知向學，悉心教導，獲益不淺。"（《藝風堂文漫存·癸甲稿》卷四《錢衍石定廬集跋》）曾任《四川鹽法志》檢校。

錢保塘

　　先生師錢保塘（一八三三——一八九七），字鐵江，號蘭伯。浙江海寧人。幼應童子試，仁和曹金籀在州署閱卷，得其人大加贊賞，以第一人入泮。咸豐己未（一八五九）舉於鄉。後至京師數載，名動公卿間。同治戊辰（一八六八）以教習得知縣簽。四川大府重其名，聘主尊經書院。光緒後歷知清遠、定遠、大足等縣。在任期間，治理有方，盜風漸息。後因成都教案牽連，撤職還鄉。曾任《四川鹽法志》檢校。著有《帝王世紀續補》一卷、《考異》一卷、《春秋疑年録》一卷、《重校物理論》一卷、《夏氏考古録》四卷、《辨名小記》一卷、《光緒輿地韻編》一卷、《清風室文鈔》十二卷、《清風室詩鈔》五卷。張舜徽《清人文集別録》叙其一生甚詳：

　　　　保塘字鐵江，咸豐九年舉人。困於禮部試者十餘年，遂留京授徒，且教且學。益究心於形聲、訓詁、輿地之學。同治末，以知縣分發四川，初參大府幕。……其後歷宰劇邑，由定遠而大足，而什邡，所至有循聲。然以吏事分其日力，故所學稍荒。保塘爲學，上紹其族曾祖馥之遺緒，兼承其外舅曹金籀之教，於文字、聲韻、金石、校勘，皆涉其藩。（《清人文集別録》第四九六頁）

　　華陽喬樹枏《清風室詩鈔跋》稱：

　　　　先生學術淵懿，所爲散體文字亦多考證經史之作，不僅以詩名也，顧詩亦至工。當咸豐庚申，先生禮闈報罷，會文宗皇帝北狩，紆道梁楚間，關歸里門，時以兵燹，飢走四方，中閒感時觸事，稍稍有變徵之音。餘則留連山川，友朋贈答，悉本詩人溫厚之旨，亦足以見先生之性情矣。樹枏以光緒丙子鄉試出先生門，自後在京之日恒多，先生亦常牧民他邑，不獲以時親炙教誨。今幸於遺詩中默識先生生平所歷，而學道愛人氣象亦如在目前。自念初見先生時，年甫二十有八，更歷三十餘年，文學政事，一無所

就;又遭世多故,視咸同閒人,怳如天上,感懷今昔,能毋泫然。(《清風室詩鈔》卷末)

伍肇齡

先生師伍肇齡(一八二九—一九一五),字嵩生,四川邛崍人。癸卯(一八四三)舉於鄉,丁未(一八四七)成翰林。鄉舉時,年十七。入詞館,才弱冠。罷歸後,先主講邛崍書院,繼移主錦江書院,旋又兼主尊經書院。清例,凡褫職人員回鄉主講書院滿三十年者,得開復原官,先生緣是得開復編修。至光緒癸卯(一九〇三),重宴鹿鳴,晉翰林院侍講。丁未(一九〇七),重宴瓊林,又晉翰林院侍講學士。先生學問淵涵,性和易,無城府。中年頗好道,精於修養,故年躋大耄,神明不甚衰。主講通省書院數十年,蜀中後起人士,幾無一不隸門下。……某歲川督某欲易先生講席,先生夷然不以為意。時宰相李文忠公鴻章、張文達公之萬,皆先生丁未(一八四七)同榜翰林,同致川督某公一電云:"老友嵩生,品高望重。齒暮家貧,諸冀垂青。"先生講席,緣此復定。先生元配某夫人卒後,繼配孫夫人,亦名族女。性揮霍。忽病殂,喪葬無所措。皇急之際,一傭婦告公曰:"夫人在日,恒慮及此,病中曾云:'某笥內儲有千數百金,如不諱,可資以為用。'"公發笥,果得之。每與及門言及,未嘗不悲孫夫人之逝,而歎其能慮後也。先生桃李眾多,每鄉闈揭曉,致泥金報者,貼書院內外殆遍,牆壁幾無隙地,前此所未有也。卒年八十有八。光宣間,浙江俞曲園先生亦海內耆望,嘗刻一章曰"海內翰林第二",即因嵩生之館選尚先曲園一科也。就清季言之,先生亦可謂川省人文之瑞矣。(據《蜀海叢談》第二三八—二三九頁刪改)著有《石堂藏書》《石堂詩鈔》等,民國《邛崍縣志》稱"生平所刻行版籍,經史外以身心性命之學為宗"。(民國《邛崍縣志》卷二第七—八頁)

王闓運

先生師王闓運(一八三三—一九一六),字壬秋,號湘綺,湖南湘潭人。咸豐二年舉人,曾任肅順家庭教師,後入曾國藩幕。光緒六年入川,主持尊經書院。後主講長沙思賢講舍、衡州船山書院、南昌高等學堂。授翰林院檢討,加侍讀銜。辛亥後任清史館館長。著有湘綺樓詩集、文集、日記等。

譚宗濬

　　先生師譚宗濬(一八四六——一八八八),字叔裕,廣東南海人。年十六舉於鄉。同治十三年成進士,授翰林院編修。既入翰林,更究心經學,治古文,博稽掌故,銳意著作。先後督學四川,典試江南,所取多知名士,尋以伉直爲掌院所惡。光緒十一年,出爲雲南糧儲道,下車後,詳詢地方利弊,疏浚昆明池,重修海口,以興水利,歷年陋規,革除殆盡。兩署按察使,治獄明決,積案一空,多所平反。又設五華、育材兩書院,以經術、詩古文詞造士。後以不樂外任,居三年,引疾歸。光緒十四年三月,行抵廣西隆安卒,年四十三。著有《希古堂文集》十二卷、《荔村草堂詩鈔》十一卷、《遼史紀事本末》十六卷。(據《新纂雲南通志》第六八頁刪改)

丁寶楨

　　先生師丁寶楨(一八二〇——一八八六),字稚璜,貴州平遠人。咸豐三年進士,選翰林院庶吉士。咸豐十年,任長沙知府。同治元年(一八六二)授陝西按察使,改山東按察使,遷山東布政使。同治六年三月授山東巡撫,七年七月加太子少保,光緒二年九月授四川總督。光緒十二年卒,年六十七。贈太子太保,入祀賢良祠。其任四川總督,整頓吏治,改革鹽務,籌劃西南邊防,創辦機器局,興辦文教。著有《蠶桑貼説》《理訟集議》《十三經讀本》《十三經校勘記》《周易讀本》《春秋三傳讀本》《爾雅讀本》《丁文誠公奏稿》《十五弗齋詩存》等。

朱逌然

　　先生師朱逌然(一八三五——一八八二),字肯夫,號味蓮,浙江餘姚人。同治壬戌(一八六二)進士,改庶吉士,授編修,歷官詹事。光緒七年,督學四川,“立課亦重章句”,爲“學者所當遵守”。(《廖平全集》第一册第四六四頁)錢保塘《成都浙館先賢祠小傳》云:

　　　　餘姚朱公逌然,字肯夫,咸豐九年舉人,同治二年進士,光緒七年以翰林院侍讀學士督學四川。成都有尊經書院,向由學政調取闔省士有文學者肄業其中。公至,精選院士四人,使爲教習,量取新進士之聰穎者數十人,使隨才分教之,增其廩餼,嚴其程課。按試日,日坐堂皇,有犯者,必繩以法，士以是畏而愛之。體素羸，積勞成疾，八年十二月十一日遽卒，年四十七。身後幾無以爲斂，當道爲籌資歸。其喪，士設位院中，哭之有失聲者。(《清風室文鈔》卷十第一三頁)

茀 亭

先生師茀亭(一八二三—一九〇〇)，字景善，滿洲正白旗人，同治二年翰林院學士，以理學名於世。次年轉內務府官。同治八年升內務副大臣。光緒五年升內務正大臣。

許景澄

先生師許景澄(一八四五—一九〇〇)，字竹篔，浙江嘉興人。十五入縣學。同治六年舉人，七年進士，選庶吉士，授編修。光緒元年充順天鄉試同考官。五年，四川鄉試副考官。光緒六年，詔使日本，遭父憂，未行。光緒九年服闋，補侍講。十年，出使法德意和奧五國大臣，兼攝比國使務。十六年，出使俄德奧和四國大臣，累遷至內閣學士。二十二年升工部右侍郎。二十三年，署禮部右侍郎，充總理各國事務大臣，調補吏部右侍郎，轉左侍郎。後以庚子(一九〇〇)拳禍主和棄市。宣統元年追諡文肅。著有《許文肅公遺集》。

潘祖蔭

先生師潘祖蔭(一八三〇—一八九〇)，字伯寅，江蘇吳縣人。咸豐二年進士，授編修。遷侍讀，充日講起居注官。累遷侍讀學士，除大理寺少卿。左宗棠被劾，召對簿，罪不測，祖蔭上疏營救，且密薦其能，獄解乃起，獨領一軍。十一年，詔求直言，祖蔭念車駕還都，首斥奸佞，綱紀一新，爲上勤聖學、求人才、整軍務、裕倉儲四事，並請免賦以蘇民困，汰釐以紓民力，嚴軍律以拯民生，廣中額以收民心。同治三年，授左副都御史，旋補工部侍郎。七年，調戶部，充經筵講官，典順天鄉試。十三年，特旨賞編修。光緒元年，授大理寺卿，補禮部右侍郎。數遷工部尚書，加太子少保。光緒六年，偕醇親王奕譞等辦中俄交涉。約既成，籌善後，條列練兵、簡器、開礦、備餉四事進。命入直軍機，父憂歸。服闋，起權兵部尚書，調補工部，兼管順天府尹事，晉太子太保。光緒十六年卒，贈太子太傅，諡文勤。輯有《滂喜齋叢書》《功順堂叢書》，著有《芬陀利室詞》《西陵日記》《秦輶日記》《沈陽紀程》《鄭盦詩文存》《攀古樓彝器款識》等。

廖季平先生年譜長編卷二　早年求學

《光緒井研志》藝文五《四益館五經義》提要云："平早歲文格最嚴,治經後專以經説行文,多用新解,每一藝出,人皆驚詫,其實多精審之論,五經文風動海内。"又云："讀此鈔,益信根深實茂之説爲不誣云。"(《廖平全集》第十六册第一二六七頁)先生嘗云："予幼篤好宋五子書、八家文。丙子從事訓詁文字之學,用功甚勤,博覽考據諸書,冬閒偶讀唐宋人文,不覺嫌其空滑無實,不如訓詁書字字有意。蓋聰明心思於此一變矣。庚辰以後,厭棄破碎,專事求大義,以視考據諸書,則又以爲糟粕而無精華,枝葉而非根本。取《莊子》《管》《列》《墨》讀之,則乃喜其義實,是心思聰明至此又一變矣。"(《廖平全集》第一册第四六七頁)故此卷首述先生早年求學經歷,起咸豐二年壬子(一八五二),迄光緒元年乙亥(一八七五),凡二十四年,爲先生篤好宋五子書、八家文,從事訓詁文字之學,博覽考據諸書時代。

咸豐二年壬子(一八五二)　二月初九日亥時生　一歲

先生原名登廷,字煦陔(一作旭陔),繼改名平,字季平,初號四益,繼改四譯,晚號五譯,更號六譯。初名其堂曰小世彩堂,曰雙鯉堂,五十前後曰則柯軒主人。四川省井研縣青陽鄉鹽井灣人。明洪武二年(一三六九),始祖萬仕由湖北省麻城縣孝感鄉入川,卜居井研縣東觀音堂壩,後徙廖家嘴,再遷鹽井灣。由明至清,族頗繁,率以農爲業,十九世而至先生。

高祖樂行,字宣猷,邑庠生,妣王氏。曾祖永昭,字顯揚,妣周氏。祖正傳,贈奉直大夫,妣楊氏。父復槐,字繼誠,時年四十六歲。母雷氏,誥封宜人,同邑雷源公女,時年三十六歲。子五人,先生其季也。兄登墀,字雲襄,時年十五歲;登梯,字級升,時年十二歲;登樓,字光遠,時年三歲;姊一人,後適同邑陳爾華。

正月十四日,祖正傳卒,年七十九歲,葬廖家嘴油榨灣。父復槐公時方於鹽井灣設磨坊及糖果店。"喪葬自任之,不以累諸昆。"(《光緒井研志》卷三十第二〇頁)

是年,潘祖蔭二十三歲,王闓運二十一歲,張之洞十六歲。

楊永清(一八五二——一八九九)生。楊永清,字子純,成都崇慶人。光緒乙酉(一八八五)拔貢,尊經書院肄業。尤精詩文,去世後,其子楊正芳整理詩文集,邑人彭云生作序,惜已散佚。先生《岩渠馮魯溪小傳》云:"(尊經)得人最盛,如……崇慶楊永清……各有撰述。"(楊正苞《江源書院與楊遇春家族》,《崇慶縣文史資料選輯》第六輯第四頁)

咸豐三年癸丑(一八五三)　　二歲

四月十二日,夫人李氏生。

張祥齡(一八五三—一九〇三)生。張祥齡,字子苾,一字子苬,號芝馥,四川廣漢人。光緒二十年進士,改庶吉士,知陝西大荔縣知縣。著有《半籧秋詞》《受經堂集》《前後蜀雜事詩》等。妻曾彥,字季碩,四川華陽人,著有《桐風集》。

江瀚(一八五三—一九三五)生。江瀚,字叔海,號石翁。歷任道臺、布政使、大學教授,福建汀州人。光緒十九年主講重慶東川書院,後任江蘇高等學堂、師範學堂監督。光緒三十二年任京師大學堂師範館監督。宣統二年爲資政院碩學通儒、議員,署布政使。民國初建,任參政院碩學通儒參政及高等文法官考試主考官。民國十六年,充禮制館總纂。著有《慎所立齋文集》《慎所立齋詩集》《孔學發微》《論孟卮言》《詩經四家異文考補》《石翁山房札記》《吳門消夏記》《北游草》等。

咸豐四年甲寅(一八五四)　　三歲

劉文淇(一七八九—一八五四)卒。劉文淇,字孟瞻,江蘇儀徵人,嘉慶優貢。生平專攻《春秋左氏傳》,嘗謂左氏之義爲杜注剥蝕已久,其稍可觀者皆襲取舊説。著有《左傳舊注疏證》八十卷、《左傳舊疏考正》八卷、《楚漢諸侯疆域志》三卷、《揚州水道記》四卷、《讀書隨筆》二十卷等。

咸豐五年乙卯(一八五五)　　四歲

顧印愚(一八五五—一九一三)生。顧印愚,字印伯,又字蔗孫,號所持,四川華陽人。光緒五年舉人,屢應禮部試落第。張之洞任湖廣總督,與梁鼎芬、易順鼎、陳衍、程頌萬俱游其幕。歷任洪雅訓導、武昌通判、武昌知縣。光緒二十九年,充湖北鄉試同考官。宣統二年,與程頌萬、梁鼎芬在京唱和,結閑山社。辛亥革命後窮困潦倒,卒於京。陳三立評其詩曰:"始宗玉溪、玉局,故名其居曰雙玉庵。務約旨斂氣,洗汰常語,一歸於新雋密栗,綜貫故實,色采豐縟,中藏餘味孤韻,別成其體,誠有如退之所謂能自樹立不因循者也。"(《成都顧先生詩集序》,今據《散原精舍詩文集》卷十六《顧印伯詩集序》校補)。卒後寧鄉程康等輯其詩爲《成都顧先生詩集》十卷。

八月十八日,嚴雁峰(一八五五—一九一八)生。嚴雁峰,原名祖馨,字德輿,更字雁峰,別號賁園,陝西渭南人。

魏源《書古微》成。先生嘗言:"魏默深以《孟子》《史記·舜本紀》之文爲《舜典》,據而補之,……皆誤於僞序之故。"(《廖平全集》第一册第一三八頁)

咸豐六年丙辰(一八五六)　五歲

七月初五日,弟登松生。

羅元黼(一八五六——一八三一)生。羅元黼,字雲裳,四川崇州人。早年入尊經書院肄業,與先生、宋育仁、張祥齡、劉子雄齊名。曾在岳池、豐都等縣任教,後任高等學堂舍監、存古學堂教習,並以學監之職主持書局,校刻蜀中文獻,注疏經史要籍。著有《蜀畫史稿》《蜀中名畫記續集》等。

咸豐七年丁巳(一八五七)　六歲

井研連續天旱兩年,全家食不果腹。廖幼平《我的父親廖平》云:

　　咸豐七八年,也就是父親六七歲的時候,連天大旱,塘堰和沙凼的水都乾了,挑水要走十餘里。磨房和糕餅店都被迫關門了。一家人以野菜、芭蕉頭維持生命,祇偶爾吃頓野菜稀飯。五叔餓得面無人色,時常啼哭。路上也時見餓殍。這些悲慘景象,給父親留下了深刻的印象,以致民國初年他在成都國學院做校長時,每當家鄉有人來,父親第一句就問:"今年雨水如何?"聽到雨水不好,就眉頭一皺;聽到雨水好,沙子凼都栽了,就喜笑顔開。我當時年幼,很不理解。常想家鄉那樣多好吃的東西不問,爲什麽單問雨水呢?(《廖平全集》第十六册第九七九——九八〇頁)

《光緒井研志》云:

　　七年,奏免津貼遇閏加增之數,三次奉總督檄糶賣常平穀易銀解布政使司。(《光緒井研志》卷四十二第一一頁)

楊鋭(一八五七——一八九八)生。楊鋭,字叔嶠,又字純叔,四川綿竹人。早年入尊經書院,喜談新學。授内閣中書,與修會典,書成晋侍讀。旋入張之洞幕。光緒二十一年,參加强學會。光緒二十四年,在京創立蜀學會,參加保國會。又與在京同鄉創設蜀學堂,兼習中西學業。授四品卿銜軍機章京,參與新政,戊戌政變遇害。著有《説經堂詩草》。

吳之英(一八五七——一九一八)生。吳之英,字伯玕,號蒙陽漁者,四川名山人。早年入尊經書院,曾任資州藝風書院及簡州通材書院講席、灌縣訓導、尊經書院都講、錦江書院襄校、四川國學院院正。光緒二十四年,與宋育仁等組織蜀學會,創辦《蜀學報》,自任主筆。著有《壽櫟廬叢書》。

宋育仁(一八五七—一九三一)生。宋育仁,字芸子,晚號道復,室名問琴閣,四川富順人。光緒十二年進士,授翰林院庶吉士,升翰林院檢討。歷任駐英、法、意、比四國使館參贊。甲午戰起,上書朝廷抗日防俄,次年參加強學會。光緒二十二年辦理商務、礦務,發起蜀學會。光緒二十四年長成都尊經書院,辦《蜀學報》。辛亥革命後,任國史館纂修,民國五年繼任成都國學院院長兼四川通志局總纂。著有《説文部首注》《周禮十種》《時務論》《采風記》等,後輯爲《問琴閣叢書》。

魏源(一七九四—一八五七)卒,年六十三歲。魏源,字默深,湖南邵陽人,道光進士。先生嘗謂:"魏默深略知分古今,……冀圖僅據文字主張今古門面,而不知今古根源之所在。"(《廖平全集》第二冊第八八五頁)

咸豐八年戊午(一八五八)　　七歲

初讀於鹽井灣萬壽宮(一説在舞鳳山),塾師爲向春廷。廖幼平《我的父親廖平》云:

> 父親當時祇七八歲,還做不了什麽事,便讓他上私塾讀書。祖父這麽做,並無奢望,祇不過希望他能寫會算,將來好在生意上助他一臂之力而已。
>
> 私塾設在鹽井灣的萬壽宮,啟蒙老師叫向春廷。以後父親又曾從胡龍田讀於鹽井灣禹王宮,從曾雯亭讀於小黄沖廖榮高家,從鍾毓生讀於高屋基,前後共四五年。(《廖平全集》第十六冊第九八一頁)
>
> 　　按:《廖季平年譜》按語云:"先生就外傅,傳者忘其年。據先生友人楊楨祭復槐公文,似在天旱後兵亂前,故繫此。"(《廖季平年譜》第四頁)然楊楨之文今已不傳,今僅據《廖季平年譜》補入。一説在舞鳳山,亦據《廖季平年譜》補入。

九月初八日,張森楷(一八五八—一九二八)生。張森楷,原名家楷,字元翰,號式卿,改字石親,晚號端叟,重慶合州人。光緒十九年中舉,曾任鄰水、忠州、雅安縣學訓導、成都大學史學教授、川漢鐵路公司總理等職。光緒二十七年創辦四川蠶桑公社及國立四川蠶桑學校。民國三年主修《合川縣志》,十七年客死北京。著有《史記新校注》《二十四史校勘記》《通史人表》等。

劉子雄(一八五八—一八八九)生。劉子雄,字健卿。幼穎悟絶倫,讀書過目不忘。十四入邑庠,受知於學使張之洞,有聲黌序。調入尊經書院肄業,學問日進。博通經史詞章,尤擅勝場院課諸作,主試謂其波瀾壯闊,詞采遒麗,希戰漢魏。光緒丙戌(一八八六)四川優貢,廷試得教職,旋中戊子

（一八八八）科順天鄉試，朝考授內閣中書舍人，遽以疾卒於京邸。有才弗壽，士林莫不惋惜。遺著有《劉舍人遺集》，友人秀山李稷勛爲梓行世。（民國《德陽縣志》卷三第四七頁）

楊贊襄（一八五八——一九一六）生。楊蘭皋，名贊襄，四川天全人。幼承家學，博涉史傳。擅詞章，輕舉業，拙於爲書。住尊經書院三十年，專攻史學，著有《史記發微》等。清末任陸軍學堂史學教員，民初任存古學堂教員，又任馬邊縣知事，曾代川西道道尹。民國五年，卒於成都，歸葬天全。遺著甚多，惜已散佚。（《任乃強藏學文集》中冊第四一一頁）

康有爲（一八五八——一九二七）生。康有爲，字廣廈，號長素，廣東南海人，世稱南海先生。光緒十四年至二十四年七次上書光緒帝，要求變法。光緒十七年刊印《新學僞經考》，二十一年鼓動在京舉人聯名上書。同年考中進士，授工部主事。後組織强學會、保國會，辦《中外紀聞》《强學報》等，鼓吹變法。光緒二十三年發表《孔子改制考》，主張託古改制。戊戌變法失敗後逃亡海外。著有《新學僞經考》《孔子改制考》《大同書》等。

咸豐九年己未（一八五九）　八歲

劉光第（一八五九——一八九八）生。劉光第，字裴村，四川富順人。光緒進士。光緒九年任刑部主事。後以親喪去官，教授鄉里，提倡實學。光緒二十四年入保國會，標榜無新舊畛域之見，欲使“維新守舊咸得其宜”。戊戌變法期間，經湖南巡撫陳寶箴推薦，授四品卿銜軍機章京，參預新政。著有《衷聖齋文集》《衷聖齋詩集》。

馮蔚藻（一八五九——一八八四）生。馮蔚藻，字鑑瑩，號魯溪，四川巴州（今巴中）人。父文經，字蘭臺，光緒丙子（一八七六）舉人，官射洪訓導。光緒八年入尊經書院肄業。精禮學，先生稱其“精思果力，能發時賢所不敢發之難端”。去世後，先生爲作《魯溪小傳》。（周集雲《馮蔚藻傳略》，《巴中文史資料》第一輯第一六六——一七〇頁）《巴中縣志》第二編文學：

> 馮蔚藻，字鑑瑩，號魯溪。少英敏，承家學，詩文多古意，鄉先達余煥文深器之，常許以國士。會歸安朱學士逌然督學蜀中，提倡樸學，郡試得藻卷，奇之，以爲可學古，招入幕。既又資送尊經書院。是時，院長錢徐山、王壬秋前後得人最盛。藻以弱冠馳驟諸名士間，夙夜攻苦，再期而瘵，卒於家，年二十五歲。著有《鏡月軒詩文稿》。余煥文序曰：“假以歲月，充其所學，造就當不可量。”時以爲知言。井研廖平曰：“其《札記》殘藁，常多精華，出於集外，如《易》之四德，古今巨疑，以《乾》文云，君子有此四德者，故曰乾元亨利貞。餘六卦象曰‘大亨貞’‘大亨以正’，皆無‘利’字，

疑經餘六卦,‘利’字皆爲衍文。齒足、齒頌、齒詩,諸説紛紜。因《周禮》言笙吹,不云工吹,與采蘋、采蘩、貍首、騶虞言奏肆夏、樊遏等言金奏同疑,名目偶與《詩》同,不歌而奏樂,而非《詩》諸條,雖未能遽成一家,其精思果力,能發時賢所不敢發之難端云。"(《巴中縣志》第二編《文學》第四六頁)

同邑王茂其(一八五九——一八九一)生。王茂其,字蔚腴。年弱冠,補博士弟子,調尊經書院。《光緒井研志》有傳。(《光緒井研志》卷三十五第二三—二四頁)著有《自怡雲嶠集》五卷,提要云:"茂其初肄業成都尊經,舉優行後之京師,所交多當世知名士,然人雅重茂其,皆以行誼,不以文字,而文字固特雋峭。"(《光緒井研志》藝文五第一二—一三頁)

咸豐十年庚申(一八六〇)　　九歲

閏三月,滇匪李永和犯城。五月,湘軍蕭慶高至,一戰破走之,圍始解。(《光緒井研志》卷四十二第一一頁)

八月十二日,側室劉夫人生。

是時,父復槐公擧家避難廖家嘴、李家塥、柴家山等地,繼至仁壽縣大願寨構茅屋居住。先生見人檐前燃紙燈,輒仿作,偶不慎,屋焚,罄所有。時鹽井灣磨坊糖肆亦毀於兵。匪去歸家,向族人貸錢二十千,乃得重理舊業。廖宗澤《先王考府君行述》云:

> 藍李之變,雷太宜人褓負五叔祖,而手牽先祖以避於寨。先祖時八歲,見人檐前之然紙燈也,則亦仿作而然之。偶不慎,屋焚,罄所有,家復困。(《廖平全集》第十六册第九一三頁)

廖幼平《我的父親廖平》云:

> 咸豐七年(一八五七)李永和和藍大順農民起義軍進至井研縣境時,資中知府董貽清率領資中、資陽、內江、仁壽四縣兵力來井研圍堵。當時謠言四起,鄉人紛紛逃避。祖父帶領全家避於廖家嘴、李家塥,後來又到仁壽縣境的大願寨。祖母是小腳,背負五叔,手携父親艱難隨行。到了山寨,自己砍樹子、割茅草建了一個茅棚棲身。那些富豪之家早在山上修有高大房屋,小康之家也選擇山陰避風之處,用樹條搭起屋架,蓋上厚厚的茅草,較之貧苦人家的窩棚就明亮舒適多了。
>
> 有些有錢人家,在檐前掛上檐燈,晚上點燃既很明亮又極氣派。父親十分欣羨,就向祖父要求也做一個掛上。祖父聽後責備他説:"別人是什麼人,我們是什麼人? 兵荒馬亂的,吃飯都很難,還點檐燈?"父親從小就

倔强,聽了很不服氣,竟悄悄做了一個紙燈籠,點燃掛上。茅屋周圍頓時大放光明,父親與一群窮孩子樂得拍手歡呼。忽然風吹燈擺,燈籠着火,立即引燃了茅屋。等到大人發覺時,茅屋連同僅有的一點被蓋衣物已全部化爲烏有。祖父氣極了,要趕走父親,幸祖母再三哀求,並把一切過失攬在自己身上,才使父親免了難。東西燒光了,一家幾口怎麼過? 幸好已是暮春天氣,又得到鄉親們的資助,才得免凍餒之苦。(《廖平全集》第十六册第九八〇—九八一頁)

　　　　按:廖幼平云事在咸豐七年,今據《光緒井研志》知當在咸豐十年間,故附於此。

宋翔鳳(一七七九—一八六〇)卒。宋翔鳳,字于庭,江蘇長洲人,嘉慶五年舉人,官新寧知縣。著有《周易考異》《尚書略説》《尚書譜》《大學古義説》《論語説義》《孟子趙注補正》等。

咸豐十一年辛酉(一八六一)　　十歲

七月,咸豐帝崩於熱河。

八月初六日,吴嘉謨(一八六一—一九三一)生。吴嘉謨,字蜀輈,一字樹猷,自號半農山人,四川井研人,光緒舉人。其父吴克昌,同治十三年進士,歷官河北房山、良鄉、武清、寧江等縣知縣。嘉謨爲克昌長子,少年聰慧,"紹述家學,練習故事"(先生語)。後調尊經書院肄業。光緒十七年中舉。曾在井研來鳳書院、犍爲通才書院講學。光緒二十五年與龔煦春合纂《光緒井研志》,"日夕點勘,常至漏盡,一稿十易,不以告勞。"(《廖平全集》第十一册第六九六—六九七頁》)光緒二十九年中進士,授度支部主事。曾任四川省城高等學堂歷史教席,復任總辦全省學務調查所,參與籌辦川漢鐵路事宜。光緒三十一年,受趙爾豐聘,充任關外學務總辦,有"康區文翁"之譽。辛亥革命後,被蜀軍政府任命爲爐邊宣慰使,當選國會議員,後任四川巡按使署秘書長。著有《井研吴蜀輈先生詩文稿》。

八月二十五日,王乃徵(一八六一—一九三三)生。王乃徵,字聘三,晚號病山,四川中江人,光緒十六年進士,翰林院編修,轉御史,出爲江西撫州府知府,累官湖北布政使,護理湖廣總督,調河南布政使,又調貴州。辛亥革命後,僑寓上海。"生平嗜學不倦,所著詩古文辭,謹嚴有法度。"(尹昌齡《王病山先生墓誌》)去世後由胡嗣瑗編爲若干卷,惜已散佚。今存《天目紀游草》《嵩洛吟草》《汴梁六月存稿》《病山文鈔》等。

邵懿辰(一八一〇—一八六一)卒,年五十二歲。邵懿辰,字位西,浙江仁和人,道光舉人。乾嘉今文學初有《公羊》,繼有《詩》《書》,至邵氏著《禮經通論》，以《儀禮》十七篇全爲古文，《逸禮》三十九篇爲劉歆僞造，始有今文禮。先生於邵氏《禮經通論》推崇備至，謂爲二千年未有之奇書。

同治元年壬戌（一八六二）　十一歲

俞樾《群經平議》成。俞樾（一八二一——一九〇七），字蔭甫，自號曲園居士，浙江德清人。道光三十年進士，翰林院編修。著有《群經平議》《諸子平議》《茶香室經説》《古書疑義舉例》等。

同治二年癸亥（一八六三）　十二歲

龔煦春（一八六三——一九三七）生。龔煦春，字熙臺，號几山，光緒廩生。祖父龔震東、父龔炳奎均嗜學。煦春既紹述家學，又從新城王樹枏受桐城文章，兼通測算，諳掌故。曾在眉山、成都等地執教。主持修纂《光緒井研志》，參修《四川通志》。著有《洪範舊義》《陵陽水道考》《蘇文定公年譜》《國朝四家文選》《古文詞彙約編》《几山文集》《四川郡縣志》等。

陳奐（一七八六——一八六三）卒。陳奐，字碩甫，號師竹，晚號南園老人，江蘇長洲人。少師段玉裁，治《毛詩》《説文》。入都與王念孫父子游，所學益邃。後主杭州汪遠孫家，潛心著述。有《毛詩傳疏》《毛詩説》《毛詩音》等行世。

同治三年甲子（一八六四）　十三歲

此前數年，先生從胡龍田學於鹽井灣禹帝宮，從曾志春學於小黄沖廖榮高家，並從廖榮高學醫，從何欽培學於董家寨，然具體年月不詳。

曾志春，字零亭，拔貢生，曾主講井研來鳳書院。"以善教名，接弟子以誠，所論辨批窾導窾，聽者忘倦。"時先生讀書苦不能記誦，復槐公以其拙，令廢學。一日先生將往捕魚，默禱於堂前：如今日能得魚，當復讀。及往，果得二鯉，亟告復槐公。公喜，烹魚祭祖，並至塾爲師言其故，求免背誦。師許之，乃卒讀。後先生以"雙鯉"名其堂，志此事也。又有《雙鯉堂課鈔》一卷，提要云："此鈔爲平家塾改稿，其子師慎鈔集，凡五十餘藝。"（《光緒井研志》藝文五第二二頁）先生嘗自記斯時用功之方云：

予素無記性，初讀五經未終，而皆不能記誦。每讀生書，必以己意串講一遍，然後能記十二三。時因書不成誦棄學，師許以不倍，乃復從學。故余後專從思字用功，不以記誦爲事。心既通其理，則文字皆可棄。至於疑難精要之處，雖不能舉其辭，然亦能默識其意，不可亂以他歧。（《廖平全集》第十五冊第四二八頁）

廖幼平《我的父親廖平》云：

父親做對子、做文章都不落人後，但因記憶力不强，書讀多遍仍不能流暢地背誦，總是結結巴巴，面紅耳赤，十分尷尬。爲此常受到老師的責備。舊中國的傳統教育是很强調背誦的，老師常以此來衡量學生的聰慧與愚魯。祖父得知後，十分失望，認爲父親是一塊不堪造就的材料，就叫他輟學回家參加勞動。父親雖極不願意，可又不敢違抗。一天，他於萬分苦惱中，獨自去塘邊釣魚，心中默念説："假若我將來讀書有成，今天便釣到一對鯉魚。"不料果然釣到兩尾鯉魚。父親歡喜若狂，提着魚奔跑回家告訴祖父。那時很迷信，祖父也認爲這是祖先的啟示。遂帶着父親到塾師那兒去請免背誦。塾師爲父親的誠心所感動，答應了他的請求，這樣父親才得以繼續向學。父親晚年名他的書齋爲"雙鯉堂"，就是紀念這件事。(《廖平全集》第十六册第九八一——九八二頁)

廖榮高，家世業醫，有名醫之譽，《光緒井研志》有傳。文云："廖榮高與税錫祺居同里閈，榮高故業醫，有時譽，錫祺從之學，所用方專主景岳八陣，尤以和陣金水六君煎爲主，偏於滋陰，與周廷燮相反，時人爲之語曰税龜板、廖龜膠、王厚樸(王名廷照)、周花椒。二説相持，病者陰陽亦互異，疾瘳至夭，無所怨。"(《光緒井研縣志》卷四十第四頁)廖登樓《四聖心源駁議自序》云：

井研自廖榮高、税錫祺以滋陰之説倡，群焉附從，藥肆龜版、龜膠動銷數千百觔，病者常以陰不足而死。(《廖平全集》第十六册第一二五七頁)

同治四年乙丑(一八六五)　十四歲

從鍾靈學於舞鳳山。時復槐公營磨坊業尚盛，磨坊外復兼營茶肆。諸兄各執一役，日無暇晷。復槐公命先生廢讀，執役茶肆。茶污客衣，客詈之，先生以爲恥，大書"我要讀書"四字於木牌而去。家人遍覓之，見其方持書讀於某寺後。諸兄乃爲之請於復槐公，俾竟讀。復槐公曰："吾力不足以供束脩。"諸兄曰："吾輩任之。"於是雷太宜人每作飯，輒撮一勺米別置之，積至升則獻之師，不足則諸兄益以錢。在塾嘗以繩自繫於案，非便溺不離座。

　　按：《廖季平年譜》按語云："此事述者忘其年，惟云在十許歲。其時既可以執役茶肆，當爲十四五歲事，故歸之此年。"(《廖季平年譜》第八頁)然廖宗澤《六譯先生年譜》繫於同治三年，併記之，備考。

廖宗澤《六譯先生行述》云：

先曾祖設磨坊於鹽井灣,命先祖自塾歸,助諸兄工作。先祖不從,强之,終不從。諸伯祖請於先曾祖曰:"季弟好學,曷聽之。"先曾祖曰:"諾,然吾力不足以供束脩。"於是雷太宜人每作飯輒撮一勺米,別置之。積之一升,則獻之師;不足,則由諸伯祖益以錢,乃得卒讀。讀於寺,寺僧饋黍餅,縢以糖。時方讀,則蘸而食之,誤蘸墨沈,離座乃知,其專一如此。(《廖平全集》第十六册第九一三—九一四頁)

廖幼平《我的父親廖平》云:

父親十四歲時,大的兩個伯父都已成婚,家累更重了。這荒涼貧困的小鄉鎮上,要靠一間面坊維持一家大小的生計,是很難的。祖父決定在面房之外增設茶館。家裏人手忙不過來,也由於祖父怕幾個兒子勞逸不均,將來會有閑話,便强令父親回家賣茶。父親再度輟學了。一天,他爲客人斟茶,不慎斟到客人身上。客人惱怒,大罵他一頓。慚愧、委屈、失望交織在一起,他在櫃房裏粉牌上大書"我要讀書"四字就跑了。家裏的人四出尋找。祖父終於在一個破廟裏找着了他。他正拿着一本書在誦讀。父親痛哭流涕地懇求祖父讓他繼續讀書。祖父起初不同意,後來祖母和幾個伯父都爲他請求,並願各自延長勞動時間,以頂替父親勞動,祖父才又同意了。(《廖平全集》第十六册第九八二—九八三頁)

又述先生求學情景云:

從此父親遷入私塾所在的廟內,專一攻讀。伯父們起早貪黑辛勤操作,以求增加收入。祖母則於每頓煮飯時,抓一把米另存一處,積到一兩升後便送到廟內供父親食用。親人如此含辛茹苦地支持和愛護,是多麼令人感動啊!父親學習更加勤奮了。

他爲了强制自己不要輕易離座,曾用一條長繩把自己拴在書桌上,並打上很多死結。坐久了,感到疲乏,看見同學在外面活動,也想出去走走。但想到要解開那麼多死結,又坐下了。晚上他没有錢買燈油,廟裏大殿上有一盞倒明不暗的神燈,他就站在下面閱讀,直到深夜。有一次,和尚起來燒早香,見他站在燈下。問他:"這麼早你怎麼就起來了?"他才知道已天亮了。冬天,大殿上太冷,受不了,他便坐在床上用破棉被裹着足,一手執書,一手拿着一把香;吹一口,看幾行。一個冬天過去,破棉絮上滿是香灰燒的小孔。

他這勤學苦讀的精神,深得和尚的敬重。一天和尚做嫩包穀粑,給他送去一盤,外加一碟紅糖。他正在看書,一面看,一面吃。和尚來收盤碟,見紅糖原封未動,他一嘴黑墨。笑着問他:"粑甜不甜?"他説:"很甜,很甜。”和尚哈哈大笑，説：“墨都給你吃光了，還説很甜很甜。”他一看桌上，自己也忍不住笑起來。(《廖平全集》第十六册第九八三頁)

駱成驤(一八六五——一九二六)生。駱成驤，字公驌，四川資中人。父廷焕，廩生，任南充縣學訓導及陝西沔陽縣知縣。年十四，應州試，爲知州高培谷及楊鋭等人所贊許，特置首選，旋以歲試第一入尊經書院肄業。光緒十九年舉於鄉，二十一年成進士，以殿試“殷憂啟聖”“主憂臣辱”“主辱臣死”等語欽定第一，著有《清漪樓詩存》。

同治五年丙寅(一八六六)　十五歲

提學楊秉璋以積年津貼奏准永定井研文武學額各一名。(《光緒井研志》卷四十二第二〇頁)

五月十八日，姪師政生，兄登樓子。

同治六年丁卯(一八六七)　十六歲

娶同縣李孝英(一作李英孝)女，時年十四歲。李氏家東林場李家山，先生每偕李氏至外家，輒先疾走，既遠，乃出書坐道旁讀。李夫人至，則又疾走。既遠，則又坐讀。李夫人晚年嘗爲子孫道之。

同治七年戊辰(一八六八)　十七歲

自同治五年至此三年中，學於黃連橋族人某宅，由鍾靈與其弟鍾嶽輪授。

十月初八日，長子成芝生。

同治八年己巳(一八六九)　十八歲

讀於高屋基，塾師仍爲鍾靈。

王闓運始治《公羊》，作《春秋事比》《穀梁傳申義》。

章太炎(一八六九——一九三六)生。章太炎，原名章炳麟，又名絳，字枚叔，浙江餘杭人。曾任《時務報》撰述，創辦《經世報》《實學報》《譯書會公報》，鼓吹變法。戊戌政變後遭通緝。光緒二十九年發表《駁康有爲論革命書》，三十二年參加中國同盟會，主編《民報》。武昌起義後，曾任中華民國聯合會會長，主編《大共和日報》，兼任孫中山大總統樞密顧問等。著有《章氏叢書》《章氏叢書續編》《章氏叢書三編》等。

陳立(一八〇九——一八六九)卒。陳立，字卓人，又字默齋，江蘇句容人。道光進士。歷任翰林院庶吉士、刑部主事、雲南曲靖知府，於《春秋公羊傳》用功甚深,嘗搜集唐以前《公羊傳》舊説,廣采孔廣森、劉逢禄諸書,成《公羊義疏》。另有《白虎通疏證》《爾雅舊注》等行世。

　　陳喬樅(一八○九——一八六九)卒。陳喬樅,字樸園,一字樹滋,福建閩縣人。道光舉人,官撫州知府。其父陳壽祺以鄭注多改讀,又嘗鈎考西漢《今文尚書》及三家《詩》之遺説與毛氏異同者,輯而未就。喬樅承家學,紬繹舊聞,成《禮記鄭讀考》六卷、《三家詩遺説考》十五卷、《四家詩異文考》五卷,又著《今文尚書遺説考》三十四卷。先生於陳左海父子、陳卓人頗致推崇,嘗曰:"西漢長於師説,東漢專用訓詁,惠、戴以來多落小學窠臼,陳左海父子與陳卓人乃頗詳師説。"又曰:"以今古分別禮説,陳左海、陳卓人已立此宗旨矣。"又曰:"陳左海以異字通假爲今古之分,亦不得已之舉。"(《廖平全集》第一册第七九頁)《知聖篇》云:"陳氏父子《詩書遺説》雖未經排纂,頗傷繁冗,然獨取今文,力追西漢,魏晉以來,無此識力。"

同治九年庚午(一八七○)　十九歲

　　仍學於高屋基,院試不售。

　　　　按:先生自言曾三次院試,補博士弟子在甲戌(一八七四),則前兩次當在庚午(一八七○)、壬申(一八七二)。

　　帥鎮華(一八七○——一九五三)生。帥鎮華,字平均,四川樂山人。廪生。光緒三十一年留學日本,次年春回樂山,先後任教於樂山縣官立小學堂、嘉定府官立中學堂。遺著有《樂山歷史》。

同治十年辛未(一八七一)　二十歲

　　仍讀於高屋基,塾師仍爲鍾靈。同塾有楊楨。楊楨,字靜齋,長先生十歲,義兼師友,與先生同補博士弟子,同調尊經書院,先先生三十餘年卒,著有《楊雲門集》四卷附《戊己集》二卷,提要云:"楨,氣節士,文與廖平齊名,所作甚富。"(《光緒井研志》藝文五第九頁)先生擬作《周禮驗推》六卷、《史記經説補箋》十卷、《禹貢驗推釋例》四卷,均託楊楨作。《光緒井研志》云:"楊楨,字靜齋,同治末補諸生,單寒嗜書。初與縣人廖平共學,究心六經三史及唐宋大家文,不屑治章句。平既成進士,楨連不得舉,益務爲艱險奇崛,以干有司所。小好輒小絀,大好輒大絀,竟侘傺終。楨孤介絶俗,惡謔喜謾罵,好爲高論,視並世無當意人。又深疾齷齪子所爲,雖途遇若浼,時人稱其簡傲。楨有兄,不善治生,所入隨手盡,楨不時賙卹之。晚益困,至無以爲家。楨節館穀所入,嘗租賃鄰田,交質錢五百千,盡畀兄耕而已,儌別屋居。楨死,門人爲具袍服,乃得殮。所著書有《靜齋文集》、《孟子生卒年月考》一

卷。其《周禮驗推》則楨所發凡未竟而其友廖平爲助成者也。"(《光緒井研志》卷三十五第二三—二四頁)

同治十一年壬申(一八七二)　二十一歲

設帳授徒於鹽井灣三聖宮。
院試不售。

同治十二年癸酉(一八七三)　二十二歲

仍授徒,惟不詳在三聖宮或舞鳳山。
六月,張之洞奉旨充四川鄉試副考官,旋偕正考官鍾寶華出都,道豫陝入蜀,及至成都,試期已迫,即日入闈。及放榜,所拔皆學行超卓之士。(《張文襄公年譜》卷一第一七頁)
十月,張之洞奉旨簡放四川學政。《報到任疏》云:

> 四川省分人文素優,惟棚場較他省爲多,弊端亦較他省爲甚。至軍興以還,學額日廣,品行實學尤須極力講求。臣惟有首勵以廉恥,次勉以讀有用之書。至於剔弊摘奸,惟力是視。(《張文襄公年譜》卷一第一八頁)

梁啟超(一八七三—一九二九)生。梁啟超,字卓如,號任公,又號飲冰室主人,廣東新會人。光緒二十一年赴京會試,遂有"公車上書"之舉。曾主編《時務報》,發表《變法通議》。光緒二十四年,奉旨入京,參與百日維新,戊戌政變後逃往日本。辛亥革命後出任袁世凱政府司法總長,段祺瑞政府財政總長,晚年教授清華大學國學院,著有《飲冰室合集》。

同治十三年甲戌(一八七四)　二十三歲

同楊楨俱設帳舞鳳山。廖宗澤《六譯先生年譜》云:"寺僧曾饋粟餅,媵以糖。時方讀,則蘸而食之,誤蘸墨瀋,離座乃知。"(《廖平全集》第十五冊第四三四頁)先生嘗言"予幼篤好宋五子書、八家文"(《廖平全集》第一冊四六七頁)當即斯時事。鄉先輩如王育德、宋治性、鄢周潘、李茂林、吳錫昌,皆敦紀飭行,喜讀宋人書,似於先生不無影響。

> 按:王育德,字仁山,道光三十年歲貢,著有《疎慵居士集》四卷、《槐蔭山房詩草》三卷等。
> 宋治性,字橡山,咸豐元年恩貢,擅書法,輯有《種書樓叢鈔》三十卷、《唐詩選》六卷,著有《春蘭軒詩存》二卷、《四書韻言》一卷。(《光緒井研志》卷三十五第一五—一六頁)

　　鄢周藩,字立山,年十九,以縣試第一人補諸生。善爲文,鄉里俊
乂之士多從之游。周藩日以敦紀飭行相勗勉,學者多成名爲端人。
館距家里許,薄暮必歸省,手一燈而返,雨夜無改。周藩耿介無私曲,
縣中有公事,必推周藩爲主。縣令亦常屈禮咨而後行。鄉人尤重之,
有所質詢,周藩爲剖晰,務窮盡事理,四座莫不貼然。道光二十四年
赴鄉舉,已入選矣,已而復見屛,竟以贈廣生終。(《光緒井研志》卷
三十五第一七——一八頁)

　　吴錫昌,字書田,光緒二十二年歲貢。著有《十三經源流圖說》
二卷、《堯典月令中星考》二卷、《五代州軍表》一卷、《廣益齋集》五
卷。(《光緒井研志》卷三十五第二一頁)

正月,歲試成都府屬生童,附考松潘、理番兩廳,資、綿、茂三道直隸州。
先生與焉。(《張文襄公年譜》卷一第一八頁)

二月,補博士弟子員。初,院試題爲“子爲大夫”,先生破題爲三句,已
爲閱卷者棄。學政張之洞檢落卷,見其破題異之,因細加披閱,拔置第一。
以後張於先生更屢加識拔,故先生於張知己之感獨深。

四月,興文薛煥偕通省薦紳先生十五人,投牒於總督吴棠、學政張之洞,
請建書院,以通經學古課蜀士。張之洞《創建尊經書院記》云:

　　同治十三年四月,興文薛侍郎偕通省薦紳先生十五人,投牒於總督、
學政,請建書院,以通經學古課蜀士。光緒元年春,書院成,擇諸生百人肄
業其中,督部盱眙吴公與薛侍郎使之洞議其章程。事屬草創,未能畫一,
有所商略,或未施行。比之洞將受代,始草具其稿,商榷定議。諸生屢以
記爲請,曰:“礱石三年矣。”乃進諸生而語之曰:“奚以記爲哉。諸薦紳之
公牒,吴公之奏牘,緣起備具,是即記矣,不勞復出也。”(《張之洞詩文集》
第二二六頁)

至尊經書院沿革,則四川省文史館編《成都城坊古跡考》述之甚詳:

　　在文廟西街西首,南較場之北。據天啟《成都府志》,此地在明代曾
設書院。清初成都全毀,書院亦不存。建滿城時,移建石犀寺於明書院遺
址,曰石牛。同治十三年,四川學政張之洞與總督吴棠奏准以寺地建尊經
書院(民國《華陽縣志·古迹三》作光緒初,當是指建成之時),擇州縣高
材生入院肄業。蜀中在宋代人文蔚起,後經南宋末及明末頻繁之戰爭,學
術凋謝。清代乾嘉學風極盛時,蜀中猶專務帖括。之洞乃仿詁經精舍及
學海堂例,以經史詞賦等課諸生(見張之洞《創建尊經書院記》)。之洞又
撰《書目答問》,旨在勸諸生博極群書。復捐置書籍數千卷,建尊經閣以

藏之。又設尊經局,刊行小學、經、史諸書,學風爲之一變。光緒三年,丁寶楨督川,聘王闓運爲山長,五年來任。闓運爲今文經師,以經術、詞章教,於是人才輩出,如廖平、宋育仁、吳之英、張森楷等皆馳譽海內,自成名家。而楊銳當戊戌政變之際,且以身許國。至今談尊經書院講學盛況者,於其流風餘韻,猶不勝低徊稱慕之至。光緒末,創設新學,改爲高等學堂,辛亥革命後停辦。民國時爲成都大學校址。成立四川大學後,校舍改隸川大。(《成都城坊古跡考》第四一七—四一八頁)

五月二十日,妾帥氏生。(《廖氏宗譜》卷八五房)

師錢保塘至川,有《將之川中,渡江與朱肯夫鎮夫話別》《贈周松仙大令雲章》《至漢口次前韻復贈》《渡洪湖》《荊州舟中次松仙韻》《自宜昌泝流至萬縣舟中雜詠》《自萬縣陸行至成都道中雜詠》等詩記之。(《清風室詩鈔》卷四)

廖季平先生年譜長編卷三　肄業尊經及初變

　　《四益館經學四變記》己酉年本云："四益原以宋學爲主，及入尊經，泛濫於聲音、訓詁、考據、校勘，江、浙、直、湖各學派後，乃自立門户，光緒十一年乙酉，成《今古學考》，刊於成都，專以《王制》屬今學，《周禮》爲古學，今古以制度分，不主文字。後乃改《左傳》爲今學，以其制度主《王制》，所著有《穀梁古義疏證》《左氏古經説》《公羊補證》等書。"又云："《今古學派表》用東漢法，專主《五經異義》，嘉道以來學者皆以分今古爲主，而《今古學考》集其大成，劈分兩門，始有專書。"（《廖平全集》第三册第一〇七六——一〇七七頁）《初變記》云："乾嘉以前經説，如阮、王兩《經解》所刻，宏編巨製，超越前古，爲一代絶業。特淆亂紛紜，使人失所依據。如孫氏《尚書今古文注疏》，群推爲絶作，同説一經，兼采今古，南轅北轍，自相矛盾。即如'弼成五服，至於五千'，就經文立説，本爲五千里，博士據《禹貢》説之是也。鄭注古文家，則據《周禮》以爲萬里，此古今混淆以前之通弊也。至陳卓人、陳左海、魏默深，略知分古今，孫氏亦別采古文説專爲一書，然明而未融。或采輯師説，尚未能獵取精華，編爲成書；即有成書，冀圖僅據文字，主張今古門面，而不知今古根源之所在。但以文字論，今與今不同，古與古不同。即如《公》《穀》齊魯韓三家，同爲今學，而彼此歧出；又如顏、嚴之《公羊》，同出一師，而經本各自不同。故雖分今古，仍無所歸宿。乃據《五經異義》所立之今古二百餘條，專載禮制，不載文字。今學博士之禮制出於《王制》，古文專用《周禮》，故定爲今學主《王制》、孔子，古學主《周禮》、周公。然後二家所以異同之故，燦若列眉，千谿百壑，得以歸宿。今古兩家所根據，又多同出於孔子，於是倡爲法古改制、初年晚年之説。然後二派如日月經天、江河行地，判然兩途，不能混合。其中各經師説有不能一律者，則以今古爲大宗，其所統流派，各自成家，是爲大同小異，編爲《今古學考》。排難解紛，如利翦之斷絲、犀角之分水，兩漢今古學派，始能各自成家，門户森嚴，宗旨各別。學者略一涉獵，宗派自明，斬斷葛藤，盡掃塵霧，各擇其性質所近之一門，專精研究，用力少而成功多，不再似從前塵霾，使人墮於五里霧中。此《今古學考》張明兩漢師法，以集各代經學之大成者也。"（《廖平全集》第二册第八八五——八八六頁）故此卷述先生肄業尊經及初變時生平事迹、爲學之迹，並藉考先生六變始由。

光緒元年乙亥（一八七五）　二十四歲

此前，先生得一子一女，均殤。是年，以兄登梯之子成芝嗣。

　　　按：廖宗澤《六譯先生年譜》卷一按語云：“撫成芝不詳何年，以其當在子女既殤之後，慶餘未生之前，故附此年。”（《廖平全集》第十五冊第四三五頁）後改爲：“按：以成芝爲嗣不詳何年，以其事當在長子、長女既殤之後，先府君未生之前，故以附此年。”（《廖季平年譜》第一三頁）“先府君”即廖宗澤之父成學。

春，尊經書院成。初，總督吳棠延聘張文虎主持尊經，張文虎《蜀省新建尊經書院，制軍吳公棠奏開書局，以張香濤學使之洞言，介李制軍宗義書來，欲屬予此席，辭之而副以詩》云：

　　若歲書招游晋塞，自慚蒲柳已先秋。同治八年，李公撫晋，以書見招，制軍馬端敏公鼓閣久之，乃以見，語虎曰：“奈何也。”端敏曰：“然已屬幕中，爲君辭之也。”而今蜀道青天上，歷井捫參奈遠游。少慕儒林學未成，誤蒙卿相采虛聲。頭顱七十經荒久，孤負文翁化蜀情。”（《舒藝室詩存》卷七）

復聘德清俞樾、會稽李慈銘任山長，亦不果。後興文薛煥任山長，聘俞樾、王闓運主講，皆不至，乃聘錢保塘、錢徐山主講。擇府縣高材生百人，肄業其中。除山長外，設襄校數人、監院二人、齋長四人。所課爲經、史、小學、辭章，尤重通經。人立日記一册，記每日看書起止及所疑所得。山長五日與諸生一會於講堂。監院呈日記，山長叩詰考驗，不中程者有罰。

俞樾《與張香濤學使》云：

　　吳門一別，五易寒暑。聞軺車四出，延攬人才，所至以實學倡導後進，阮文達有替人矣。爲吾道喜，爲多士幸，非徒爲執事諛也。蜀中創設受經書院，俾多士從事根柢之學，甚善甚善。皋比一席，宜得其人。羔雁所加，謀及下走，豈人才實難邪，抑姑從隗始邪。樾老母在堂，未便遠離，有負盛心，良用慚怍。然如樾者，章句陋儒，實不足膺經師之任也。拙著已刻者一百四十二卷，此後有便，擬寄呈一二部，即求存貯書院中，雖不足質院中高材諸生，亦古人藏名山、傳其人之意也。（《俞樾函札輯證》第六三四頁）

《與吳仲宣制府》云：

　　雲泥阻隔，音敬闊疏。然西望峨岷，輒有但願一識韓荆州之意，不謂瑶緘瓊藻，從錦江玉壘而來，以微末之姓名，蒙高明之甄錄，發函莊誦，且感且慚。閣下龍文虎武，光輔中興，春羽秋干，宏開講舍，俾多士沈潛乎經義，爲朝廷振起其人文，文翁雅化，復見今茲，想梁益間嗚嗚向風矣。樾章句陋儒，無能爲役，乃承不棄，延主皋比。當韋皋坐鎮之年，蜀道之易，易於平地，原不難躧履西游，以舊部民觀新德政。惟老母今年八十有九，晨昏奉侍，未敢遠離，不得不賦張司業還君明珠之句。臨穎惘然，伏惟垂察。（《俞樾函札輯證》第四六一頁）

　　按：此二函當作於同治十三年冬，今以是年尊經書院始成，暫繫於此。"受經書院"即尊經書院初擬未用名。

《曲園自述詩》云：

　　已分長爲吳下蒙，豈能石室拜文翁。浪教梁益虛名播，春在堂書滿蜀中。吳仲宣制府、張香濤學使及薛覲唐侍郎蜀中書來，延余主講受經書院。余以奉母居吳，未能赴，然余書頗流播蜀中。聞張子綬孝廉、廖季平進士言，蜀士之讀春在堂者，十人而九。（《春在堂尺牘》卷四第二三頁；《曲園自述詩》第二三頁）

王闓運與丁寶楨啟云：

　　去冬得幕府書，兼示歷山觀稼之盛，即欲牽綴蕪淺，上頌成功。人事匆匆，迄今未就。昨得文卿兄函述雅意，垂詢游處之跡，入蜀勝覽，自香濤視學時已有前約，因憚獨行，又嫌提挈，逡巡有待。旋聞彼方有主講之議，尤難自赴。今聞持節，欣願趨依。文兄所籌旅費家用，其事纖俗，似非雅論。但去歲經手編集《湘軍戰守事錄》，今年五月方始創稿，半歲未必能成。要俟此書定，乃能買舟溯江，上謁轅門耳。水南索價，韓愈所蚩，不足煩經慮也。（《湘綺樓詩文集》箋啟卷第四第一六一頁）

繆荃孫《清風室詩文鈔序》云：

　　光緒乙亥創尊經書院，延君與錢徐山丈及荃孫三人閱官師課，三五日必一聚，不但學問多所觀摩，即性情無不接洽。

　　"尊經初議不考課，惟分校勘、句讀各門，以便初學。後以官府意定爲課試，於初學頗不甚宜。"先生嘗論此事云："南學及蓮池書院不考課，以日記爲程，最爲核實。初學治經，正如窶人求富，節衣縮食，收斂閉藏，乃可徐圖富有。今一入大庠，便作考辨解說，茫無頭緒，勢不能不蒙昧鈔襲，希圖了事。資性平常者則東塗西抹，望文生訓，以希迎合，不能循序用功。至於播私慧，弄小巧，一枝一節，自矜新穎，未檢注疏，已詆先儒，若此用功，徒勞無益。故學者須知考課之學非治經之道，當於平時積累，不可於課期猝辦，既

當改易心志,又宜更立課程。"(《廖平全集》第一册第四五九頁)

張之洞未至蜀時,蜀士除時文外不讀書,至畢生不見《史》《漢》。及其至蜀,乃以讀書相號召,刊行《書目答問》《輶軒語》二書,重印五經四史,風氣爲之一變。張祥齡《翰林院庶吉士陳君墓誌銘》云:"同治甲戌,南皮張先生督學,提倡紀、阮兩文達之學,建書院於省會,送高才生百人肄業其中,以《說文》及《提要》爲之階梯。購書數萬卷庋於閣,總督吳勤惠公復助之。川省僻處西南,國朝以來,不知所謂漢學。於是穎異之士如饑渴之得美食,數月文風丕變,沛然若決江河。督部與督學尊異之,人人有斐然著述之思。"(《廖平全集》第十五册第四三六—四三七頁)

七月,四川舉行鄉試,先生與焉。

九月,張之洞撰《輶軒語》《書目答問》成,先生稱之爲"學者之金科玉律"。(《廖平全集》第一册第四七二頁)《書目答問略例》注云:"此編爲告語生童而設,非是著述,海内通人見者,幸補正之。"詳云:

諸生好學者來問應讀何書,書以何本爲善。偏舉既嫌絓漏,志趣學業亦各不同,因録此以告初學。

讀書不知要領,勞而無功;知某書宜讀而不得精校精注本,事倍功半。此編所録,其原書爲修四庫書時所未有者十之三四。四庫雖有其書,而校本、注本晚出者十之七八。今爲分別條流,慎擇約舉,視其性之所近,各就其部求之。又於其中詳分子目,以便類求。一類之中,復以義例相近者使相比附。再叙時代,令其門徑秩然,緩急易見。凡所著録,並是要典雅記,各適其用。皆前輩通人考求論定者。總期令初學者易買易讀,不致迷罔眩惑而已。弇陋者當思擴其見聞,泛濫者當知學有流別。

凡無用者、空疏者、偏僻者、淆雜者不録,古書爲今書所包括者不録,注釋淺陋者、妄人删改者、編刻訛謬者不録,古人書已無傳本、今人書尚未刊行者不録,舊槧舊鈔偶一有之、無從購求者不録。若今人著述有關經史要義,確知已成書者,間附録其書名,以備物色,且冀好事爲刊行之。

經部舉學有家法、實事求是者,史部舉義例雅飭、考證詳核者,子部舉近古及有實用者,集部舉最著者。每一類之後,低一格者爲次録。

多傳本者舉善本,未見精本者舉通行本,未見近刻者舉今日見存明本。子史小種多在通行諸叢書内,若別無精本及尤要而希見者,始偶一舉之。有他善本,即不言通行本。凡云又某本者,有異同。

近人撰述,成而未刊、刊而未見者尚多,要其最著者約略在是。至舊籍習聞者,此録未及,其書可緩。京師藏書,未在行篋,蜀中無從借書,訂補俟諸他日。

兹乃隨手記録,欲使初學便於翻檢,非若藏書家編次目録,故不盡用前人書目體例。學海堂本即《皇清經解》，津逮本即《津逮秘書》，問經堂本即《問經堂叢書》。皆取便省，他叢書仿此。官書據《提要》係臣工編輯者，止注敕編，以別於御撰。

《漢書·藝文志》有互見例，今於兩類相關者，間亦互見，注其下。

凡不書時代者，皆國朝人。此爲求書計，故生存人著述亦有録者，用《經世文編》例，録其書，闕其名。

所舉二千餘部，疑於浩繁，然分類以求，亦尚易盡，較之泛濫無歸者則爲少矣。諸生當知其約，勿駭其多。

光緒元年九月日，提督四川學政、侍讀銜翰林院編修張之洞記。（《書目答問補正》第三—四頁，《增訂書目答問補正》第六三七頁）

光緒四年，吳縣潘氏重印《輶軒語》《書目答問》弁言云：“南皮香濤太史督學蜀中，著《輶軒語》《書目答問》二册，論説精審，筆削兼良，多士翕然從風。”

成邦幹光緒五年湘鄉成氏重刊《輶軒語》《書目答問》叙云：“（孝達）嘗視學蜀中，舉學行、文藝之要，告誡生童，爲《輶軒語》。又條舉古今書記切於實用者，分別部居，博綜慎擇，爲《書目答問》，使夫成人、小子各就其性之所近，循誦習傳，尋源竟委，祛其夆鄙，正其歧趨，洵文苑之指南、儒林之極軌也。……於是乎全蜀之士樂得有人師矣。豈惟蜀士，海內通人咸矜式之。然則先生是書，不第爲學僮訓也。”（《增訂書目答問補正》第六三八頁）

光緒二年丙子（一八七六）　二十五歲

正月，張之洞接辦成都科試，附試松潘、理番、資州、綿州、茂州等府廳州生童，先生即於是時赴成都應科試，以優等食廩餼，調尊經書院肄業。先生嘗言：“丙子科試時，未見《説文》，正場題‘狂’字，余用‘狾犬’之義，得第一，乃購《説文》讀之。逾四五日覆試，題《不以文害辭》，注：‘文’云作《説文》之‘文’解。乃掇拾《説文》《詩》句爲之，大蒙矜賞，牌調尊經讀書。文不足言，特由此得專心古學，其功有不可没者。”（《經話甲編》卷一）文云：

《詩》無達詁，不求甚解可也。夫説《詩》自識字始，及識字而《詩》更難説，辭害矣，何以文爲。今夫《周易》無達占，《春秋》無達例，學貴變通，無取執一，於《詩》何獨不然哉。蓋四時興觀，不盡學人之所製；六書精奧，豈僅點畫所能包。文字有限，辭義無窮。以無窮之辭，窮有限之文，此其勢不至於交病而不止。且夫依類而文生，理罪而辭出，文非辭不屬，辭非文不立，固並行而不相害者，然而難言之矣。史籀作篆，文章丕焕中興，而汗簡殘編已改鐘鼎彝盤之舊，經篆所以多異文也。況竹漆搬傳，經師多由於口授，必求通於穿鑿，則郢書燕説何與於舉燭之文。比興陳辭，篇什最多通轉,而長言永歎不同魯史筆削之嚴,傳箋所以少定解也。況《白華》無辭,樂府但紀其鏗鏘,必牽就於形聲,則太史轀軒,已不勝徵文之苦,但曰文也,甚矣害。且夫文有在體者焉,有在音者焉,有在義者焉。文有體,體必精。靁改作靈,時雨豈由巫玉;禑原作馬,祭祀別有禂名。賊改從戎,賴乃作負,是不但褅之譌褐,乃爲不辨字形也。其害一也。文有音,音必諧。求福不難,易儺而言語方合;飲食之飫,變饇而義訓始通。熭不諧火,鳳不殊風,是不但好讀爲好,乃爲不識古均也。其害一也。文有義,義必確。參昴稱曙,小星乃能有聲;鐘鼓歌鐻,樂器乃有行步。鴉即是雅,頌以代容,是不但剪訓爲斷,乃爲有乖古訓也。其害一也。以象形言之而文害,牛象頭角三封,馬象髦尾四足,采象獸爪分別,而西之象則鳥在巢中。創造取飛鳥情態,而式廓、衣服、製句獨不類夫蟲魚。彼夫東爲木日,北爲背人,辨方位之陰陽,無殊營室,而此乃獨取依聲之例也。一字附會,遂使人以西眷、西人之句法,皆爲難字而莫通,是以文害一句之辭矣。且以方言考之,而文更害。朝鮮謂兒泣不止曰咺,楚謂兒泣不止曰咷嗷,宋謂兒泣不止曰喑,秦謂兒泣不止曰嗃。酆、岐爲雍州故地,而《斯干》《生民》矢音獨不諧夫土俗。彼夫謂他人罳,及酌我罍,操土音於井臼,無異楚囚,而此乃獨蹈忘本之愆也。一字舛誤,遂使人疑呱矣。喤喤之啼聲,皆爲他州所擬作,是以文害一章之辭矣。害深矣,不塞不可。能爲走獸,於本飛禽。及爾女之爲乃若,古甚而不古者,亦不可泥。穮留彤管,目靜女於城隅;繩束白茅,稱吉士於龙吠。甚至縭巾爲處子所服,而聊可與娛;寡慾者亦思踰牆而摟,文字曾可據乎。所以入又多,又不可據,爲指在掌中;惠而愛,而不可定,爲毛在頰上。我觀西河爲説《詩》之主,而素絢存疑,致勞請益,猶覺讀書未免過拘耳。襄爲解衣耕,刑爲刀守井,及威困之爲姑盧,深甚而不深者,亦不可膠。窈窕無與心容,宮闈歌幽閑之女;蒙戎非關草寇,泥中嘆流離之臣。況乎文昭皆史册所傳,而則百斯男,太姒亦不勝生育之苦。文義果可信哉,所以菀爲宛,而麥爲來,諧其聲而義別;康爲苛,而苦爲快,反其用而文同。我觀元公著訓詁之篇,必另本單行,不相比附,正恐據注以疑經文耳。中心爲忠,《扶蘇》與《北山》同調,即狂犬童僕,他説可徵,豈可以別解相繩,遂罪其不倫,以爲擬夫古字,孳生未錄,經典別有通用之例。而書傳六體,保氏亦備載而不删。況本書之訓,多非本義乎。故河上築臺,不妨以醜竈例其父;牆歌掃茨,亦可以鶉鵲比其君也。不然,莫本爲蚈中之日,而臣子作歌反用之,終苦其不典,是子所引之《詩》文已難解也,而況其他。老子爲孝,《小弁》與《北山》同情,即不離不屬,省文相苞,豈可以辭旨未詳,遂責其不經而難訓。夫古人煩冗不事,《史記》亦爲錯舉之名。苟極力張皇旁觀,反譏其繁而不殺。況造句之例,不無參差平。故有周稱顯,詁義未嘗與今聞通;帝命歌時,取義終覺與厥德異也。不然,非本爲飛鳥之形,而臣子歌謠引伸之,轉覺其遇晦。是子所引之語文已難通也,而況夫《詩》。亥、豕、皿、蟲,點畫皆存精義,苟字學精貫,則存真正譌,不妨因時作干禄之書。汜、汾、砅、屬,字體未易詳求,苟識見膠粘,即載酒問奇,翻嫌泥古失史皇之意。子之所害,固不在文。然文辭一也。如曰不然,子何疑《北山》而不疑《雲漢》也耶。(《廖平全集》第一册第二三一—二三四頁)

四十年後跋云:“此丙子年張文襄提學四川科考覆試題文,爲文襄所激賞。時平年二十四,至今近四十年,文襄墓有宿草,録此以志哀感。”(《廖平全集》第十一册第四三三頁)向楚《廖平》云:

方南皮張之洞督學四川,以紀、阮之學爲號召,見平文大喜,以高材生調入尊經書院。蓋平以狺犬釋《論語》狂狷之文。蜀士舊無知許氏《説文》者,獨平偶得之敗簏中而好之,故爲之洞所嗟異。(《向楚集·瓵公彙稿》第二六二頁)

故是時先生嘗從事訓詁文字之學,正所謂“用功甚勤,博覽考據諸書”也。《經學初程》云:

予幼篤好宋五子書、八家文。丙子從事訓詁文字之學,用功甚勤,博覽考據諸書。冬間偶讀唐宋人文,不覺嫌其空滑無實,不如訓詁書字字有意。蓋聰明心思於此一變矣。庚辰以後,厭棄破碎,專事求大義,以視考據諸書,則又以爲糟粕而無精華,枝葉而非根本,取《莊子》《管》《列》《墨》讀之,則乃喜其義實,是心思聰明至此又一變矣。(《廖平全集》第一册第四六七頁)

《經學初程》稿云:

予初從書院章程治小學、目録、金石、典故,後乃專心治經。今之所以治經雖與訓詁家有小别,而得力之處半在初功。(《六譯先生年譜》卷一,《廖平全集》第十五册第四三八頁)

《六書舊義自序》云:

丙子爲《説文》之學者數月,後遂泛濫無專功。(同上)

是時,丁治棠亦同調尊經書院。丁禹孝《丁治棠年譜》云:“學使張之洞考調四川各學優秀名曰高才生,公被選拔,肄業於成都新落成之尊經書院。”

（《合川縣文史資料選輯》第五輯第一一五頁）謝無量《仕隱齋叢著總序》云：

> 光緒初，有司作尊經書院，請湘潭王先生闓運爲之師，乃録庠序之秀，教以古學，彬彬然比績吳越，流風餘烈，幾三十年不墜。時合州丁治棠先生亦來受業，最爲湘潭所契，與廖、宋、吳、劉諸君，蜚聲騰茂，比肩接軫，惜早試教官以去。（《丁治棠紀行四種》第一八五頁）

是時，尊經同學有漢州張祥齡、華陽范溶、綿竹楊鋭、仁壽毛瀚豐、同邑楊楨、崇慶楊永清、成都岳嗣儀、華陽顧印愚、成都焦鼎銘、富順宋育仁、邛州寧湘、江津戴孟恂、宜賓陳光明、成都曾培等。先生與張祥齡、楊鋭、毛瀚豐、彭毓嵩尤爲張之洞器重，號蜀中五少年，交誼亦最篤。吳虞《重印曾季碩桐鳳集序》云：

> 勝清之世，文學丕興，遠軼前古，康、乾、嘉、道之際，作者如林，而吾蜀之士，乃闕然莫預。至同治十三年，始建尊經書院於省城以造士。張香濤、譚叔裕、朱肯夫先後督學，振拔淹滯，宏獎風流，而吳仲宣、丁稚璜、易笏山諸當道，愛才樂士，以左右之。又得王壬秋先生，高才碩學，爲之師表。於是蜀士彬彬向學，同風齊魯矣。其時則有若吾師名山吳伯竭先生，井研廖季平，德陽劉建卿，富順陳元睿，新津周雨人，酉陽陳子京，華陽顧印愚，成都胡念孫，漢州張子馥，綿竹楊叔嶠，靡不洋洋炳炳，蔚然並著。其他瑰瑋淹雅之材，不可勝數。於時王壬秋先生之女帥芳，易笏山之女玉俞，俱擅才藝。季碩乃起而與之相應和，直出其右。嗚呼，盛已。（《吳虞集》第二三二頁）

謝無量《仕隱齋叢著總序》云：

> 有清之世，士人皆蔽於咕嗶帖括。至乾隆中葉，惠、戴、王、段諸先生始標幟漢學，革天下之陋，於是風氣一變，競尚訓詁考據之學，江南尤盛。蜀處西陲，猶守舊習。（《丁治棠紀行四種》第一八五頁）

先生即入尊經，始從事訓詁文字之學，博覽考據諸書，始覺唐宋人文不如訓詁書字字有意。數月以後，遂泛覽無專攻。“住院日，每飯惟恃米汁，不食菜，積有得，則并膏火助家用。”（廖宗澤《先王考府君行述》，《廖平全集》第十六册第九一四頁）嘗輯《學海堂經解分編目録》，後有《學海堂經解提要》之作，痛陳專重音訓，破碎支離之弊。又鈔李心傳《建炎以來繫年要録》及《東都事略》。此書爲張之洞所購，先生請録一部，留存縣學。此事錢鐵江於光緒五年二月爲王闓運言之，以爲難得，王曰：“余初不知其書何所用。”

是年，張之洞限諸生將《説文》依六書分類，欲其將《説文》通閲一過也。

作《洪氏隸釋跋》，盛推洪適《隸釋》全摹碑文，有功金石，並可爲經史之助。略云：

洪氏之書，其所以見重於學人者，以其全摹碑文也。《集古録》原一千卷，蓋原有各碑全文，自跋尾十卷行，而一千卷之本轉以多而見廢，惜哉。洪氏所著録之碑，今其存者，不及十之二三，然所亡諸碑尚可因原文考其文義，以爲經史之助，而所存諸碑較洪氏所摹，闕文尤甚，亦可因其摹文以補足之。又，佚而復出之碑，全者得藉洪書以知其確爲故物，其有零碣殘字，款識全無，莫知誰何，則尚可以因其有與《隸釋》文字偶同而定其爲何碑。其書之有功於金石若此，固非歐、趙區區跋尾數卷之可得而埒者也，則人之稱其精審，其義猶後矣。又，漢人隸古，其見於諸碑，有假借者，有通用者，有奇古者，有變易偏旁以減省者；奇文異字，鱗次滿紙，學者殊苦難讀。自洪氏創立條例，各於異體詳其本字，然後學人乃無難讀之歎，此其所以明《隸釋》之故，抑又其功也。後人因其書見重於時，糾彈不遺餘力。按，金石之事，其難數端：藏本之早遲，搨者之工拙，紙墨之隱現，豪釐不同，頓致歧異。同爲一碑，而諸家所見各爲異字。又，其識字皆由諸家學業所分，深於經者以經釋，深於史者以史釋，深於小學者以小學釋，深於詞章者以詞章釋，深於金石者以金石釋；見仁見智，言各異端，比而同之，固其難也。又況偏旁泐損，點畫毫茫，摸籥捫燭，各由肊測，此尤異說之所叢雜也。洪氏書中，所釋之字將近千條，智者之失固所難免，吾則謂洪氏之學有非後人之所及者。承歐、趙之後，踵事增華，爲功甚易，一也；身位臺閣，收藏最盛，窮鄉僻隅，無不能致，二也；爲時尚早，漢物存者，共《隸續》二百餘種，較歐、趙尤多，後人更所不逮，三也。凡此三事，今之金石家得其一端已爲盛事，洪兼而有之；而其三事，則斷非後人之所能及者，則洪所獨也。必謂己所見之本爲全而洪所見者爲闕，己所見之本最顯而洪所見之本偶泐，遂力相攻訐，此豈足以爲據者哉。今人得藏一宋搨舊碑，群以爲至寶，而洪氏所見則皆宋本，或且在宋以前，則必當得其真，則今日所見之異字，雖不無實爲古跡，然其中恐不無或出於修屬，或出於重刊之過。嘗病諸家於洪氏吹毛相求，時有過者，用敢摭其數事，以相糾正，庶足以見古人之未必全非，而今人之未必全可信也。……《隸釋》明以後無善本，今汪刻本以《漢隸字原》較之，誤脫尤甚，王氏所譏，蓋刻本之誤，非洪氏之舊也。凡此之類，雖頗見糾彈，終不足爲洪氏之累。其中大約宏綱巨目皆爲洪氏所有，諸家習與相訛，凡有異文別訓，不顧義理安否，但可以爲洪氏相難，輒摭之以爲說，故異議雖多，而實足以補正洪氏寥寥無幾也。又，洪氏《隸續》《隸韻》《隸圖》《碑式》本與《隸釋》共行，今惟《隸釋》

爲完書，以外皆散佚，今通行《隸續》本，乃近人取各藏書家零篇賸簡合刻者，故中雜《隸圖》《碑式》等殘頁。《隸續》亦非全書，蓋自元明以來，其書不甚行於時，故久無善本，而寖致亡佚。即《隸釋》一書，以碑文及《字原》等相校，誤文脱字，所在而有，誠爲憾事。洪氏爲金石最不可少之書，諸家或詆其誤，不知不爲之校理精善，而惟就刊本以爲據，凡所指摘，恐洪氏亦不任其過。如能得精校之本，有明爲洪氏之舊而其誤顯著，乃可以言洪氏之非，誠一快也。朱氏文藻校訂《隸釋存疑》，未見全書；江寧刊附校勘本未見，不知其精審果若何。他日得一讀之，挑燈煮茗，如與洪頵印一室，共爲商酌，不誠快事耶。（《廖平全集》第十一册第五八七—五九〇頁）

作《爾雅舍人注考》，專就張澍《蜀典》所輯《爾雅舍人注》，汰其屬贗，間爲補綴。題解云：

張介侯以博雅之才，作《蜀典》十二卷，索隱鈎沈，左右通志，中卷《爾雅舍人注》，蒐羅較余、王諸家更盡。惜成書太速，又多肊記，舛譌時所不免。幽居多暇，汰其屬贗，目力所及，聞爲補綴，爲校勘記一卷。膚受末學，自知不敢望於張氏。然武威通儒，一得之言，或所取也。原注吉羽沙金，所當寶貴，橫生短長，殊所不敢，故從略焉。（《廖平全集》第十一册第七三〇頁）

作《六書説》，斥段氏混象形於指事之謬，於轉注主小徐注之説，謂爲網羅諸字，使之分部別居，不主戴、段互訓之説。又謂段氏於六書外別立引申類，以假借中之所謂有義歸之，亦未免囿於俗説。

八月二十日，子成學生，李氏出。

十一月，張之洞調文淵閣校理。四川學政由譚宗濬接任。臨行前張之洞撰《創建尊經書院記》，略云：

諸生問曰：先生之與臺司諸公及諸鄉先生創爲此舉，何意也。……曰：爲讀書。讀書何用。曰：成人材。蜀才之盛舊矣，漢之郭即犍爲文學、張、馬、揚，經之宗也；宋之二王當、偶、二李燾、心傳、史、范，史之良也。其餘唐之陳、李，宋之五蘇、范、虞，元之虞，明之楊，氣節、經濟、文章之淵藪也。方今聖上敦崇經學，……使者奉宣德意，誠欲諸生紹先哲，起蜀學。然歲科兩試，能進退去取其所已然，不能補益其所未至。批抹不能詳，發落不能盡，僅校之，非教之也。於是乎議立書院，分府拔尤，各郡皆與，視其學大小、人多少以爲等，延師購書，分業程課，學成而歸，各以倡導其鄉里後進，展轉流衍再傳，而後全蜀皆通博之士、致用之材也。

諸生問曰：志在讀書矣，宜讀何書。曰：在擇術。宜擇何術。曰：無定。經、史、小學、輿地、推步、算術、經濟、詩古文辭，皆學也。無所不通者，代不數人。高材或兼二三，專門精求其一。性有所近，志有所存，擇而爲之，期於必成，非博不通，非專不精。

諸生問曰：術聽人擇，何爲必通經乎。曰：有本。……凡學之根柢，必在經史。讀群書之根柢在通經，讀史之根柢亦在通經，通經之根柢在通小學，此萬古不廢之理也。不通小學，其解經皆燕說也。不通經學，其讀史不能讀表志也。不通經史，其詞章之訓詁多不安，事實多不審，雖富於詞，必儉於理。故凡爲士，必知經學、小學。……苟有其本，以爲一切學術，沛然誰能禦之。要其終也，歸於有用。天下人材出於學，學不得不先求諸經。治經之方，不得不先求諸漢學，其勢然、其序然也。

諸生問曰：經學、小學之書，繁而難紀，異同蜂起，爲之奈何。曰：有要。使者所撰《輶軒語》《書目答問》言之矣。猶恐其繁，更約言之。經學必先求諸《學海堂經解》，小學必先求諸段注《說文》，史學必先求諸三史，總計一切學術必先求諸《四庫提要》。以此爲主，以餘爲輔，不由此入，必無所得。

諸生問曰：……近世學者多生門戶之弊，奈何。曰：學術有門徑，學人無黨援。漢學，學也；宋學，亦學也；經濟、詞章以下，皆學也。不必嗜甘而忌辛也。大要讀書宗漢學，制行宗宋學。漢學豈無所失，然宗之則空疏蔑古之弊除矣；宋學非無所病，然宗之則可以寡過矣。

諸生問曰：然則何以不課性理。曰：宋學貴躬行，不貴虛談。在山長表率之、範圍之，非所能課也。使者於兩家有所慕而無所黨，不惟漢宋兩家不偏廢，其餘一切學術亦不可廢。若入院者抱一而自足，是此而非彼，誤矣。不入院者執一以相攻，更大誤矣。（《張之洞詩文集》第二二六—二三二頁）

即行，先生與尊經同學送至新都，公餞於桂湖而別。張臨去語人曰："學政署中，渣穢如山，三年以來，聊效愚翁之移，幸得净盡。"二十四日，至綿竹，與學政譚宗濬書云："執事家學淵源，文章淹雅，海內曾有幾人。前聞旌節之來，逢人輒道蜀士有福。所望大雅宏達，爲弟彌闕救過，滌煩除苛，實爲原幸。身雖去蜀，獨一尊經書院惓惓不忘。此事建議造端，經營規畫，鄙人與焉。今日略有規模，未臻堅定；章程學規，具在精鑒；斟酌損益，端賴神力。他年院內生徒各讀數百卷書，蜀中通經學古者能得數百人，執事之賜也。……通省佳士，豈能搜拔無遺。就目力所及者言之，大率心賞者盡在書院。"（《張之洞全集》第十二冊卷二八二第一〇一二九—一〇一三〇頁）

張祥齡《八聲甘州·瀛洲圖》云：

看從龍俊彥鬱雲興，天策帝門開。嘆山川袞袞，諸公灑落，都是仙才。老子婆娑風月，俯仰亦雄哉。却笑高陽，佞負却清懷。　　記得柳邊旌旆，正雨清四野，日落高臺。喜淵雲伴侶，携手住蓬萊。捲長江，雪濤千嶺，向横空萬里洗塵。今回看，海鷗波瀾，月朗三台。（《琴臺夢語》第三二二頁）

　　易順鼎《八聲甘州·序》云：

　　　　張子苾出觀其室曾季碩畫《瀛洲圖》，圖長徑丈，奇筆也。子苾自題詞，言某歲與同舍生十八人送蜀學使南皮公於新都縣桂湖，公曰：“此瀛洲也。”今十餘年矣。公久督兩粵，子苾猶淹留吳下，蜀余題和，因出己意以廣之。（《琴臺夢語》第三一頁）

　　龔道耕（一八七六——一九四一）生。龔道耕，字向農，四川成都人。歷任四川法政專門學校教員、國立成都師範大學校長，四川大學、華西大學教授。著有《唐寫殘本尚書釋文考證》《經學通論》《字林考逸補遺》《中國文學史略論》等。於先生之學不爲苟同。龐石帚《記成都龔向農先生》云：“當是時，蜀人言經，必曰廖氏。游食之士，攀附光景，惟恐弗及。至有不讀注疏，不知惠、戴、莊、劉爲何人，而日言‘三科九旨’、‘五際四始’，附會牽引，無所不萈。先生故深恥之，益閉門自精，於廖説不爲苟同。嘗欲作書申鄭君，以辨廖氏之加誣，屬草未具，會治他書而輟。”（《養晴室遺集》第三七四頁）

光緒三年丁丑（一八七七）　二十六歲

　　肄業尊經書院。友人丁治棠被擢爲尊經書院齋長，兼管藏書。丁禹孝《丁治棠年譜》云：“被擢爲尊經書院齋長，兼管藏書。公百城坐擁，大恣搜討。間嘗潛研小學，取《許氏説文部首》詳加注釋，對文字音義，多有發明。成《説文部首釋許》一書，從此經史詞章之學，一日千里，同學咸畏服。代理院長海寧錢保塘、嘉定錢寶宣尤敬重之。”（《合川文史資料選輯》第五輯第一一五頁）

　　正月初六日，張之洞致函四川學政譚宗濬，爲薦蜀才，詳云：

　　　　蜀才甚盛，一經衡鑒，定入網羅。兹姑就素所欣賞者，略舉一隅。五少年：楊鋭，綿竹學生。才英邁而品清潔，不染蜀人習氣，穎悟好學，文章雅贍，史事頗熟，於經學、小學，皆有究心。廖登廷，井研學生。天資最高，文筆雄奇拔俗，於經學、小學極能研索，一説即解，實爲僅見，他日必有成就。張祥齡，漢州學生，敏悟有志，好古不俗，文辭秀發，獨嗜經學、小學，《書》篤信古學，不爲俗説所惑。彭毓嵩，宜賓學生。安雅聰悟，文藻清麗,甚能深索經學、小學。毛瀚豐,仁壽學生。深穩勤學,文筆茂美。以上五人,皆時文、詩賦兼工,皆在書院。美才甚多,好用功者亦不少,但講根柢者,實難其人。此五人未能深造,尚有志耳,已不易矣。此五人皆美質好學而皆少年、皆有志古學者,實蜀士一時之秀。洞令其結一課互相砥礪,冀其他日必有成就,幸執事鼓舞而教育之,所成必有可觀。(《張之洞全集》第十二冊卷二八二第一〇一三三頁)

是後,譚宗濬至院,詢院中研精覃思之士,楊永清舉先生及楊銳數人以對。楊永清與先生書。嗣以校閱所及,於尊經五少年之外,又得十一人,因仿八仙九友作《尊經書院十六少年歌》,序云:

余甫至蜀,張香濤前輩之洞語余云:蜀才甚盛,當以五少年爲最,謂綿竹楊銳、井研廖登廷、漢州張祥齡、仁壽毛瀚豐、宜賓彭毓嵩也。嗣余校閱所及,又得十一人,因仿古人八仙九友之例,爲《尊經書院十六少年歌》,其有績學能文而年過三十者,均不在此數。凡諸生所作文字具見余近刻《蜀秀集》中。

詩云:

宏農博贍誰與侔,手批七略函九流。房星降精騁驊騮,蹴踏要到昆侖丘。綿竹楊銳,字叔嶠,年二十一。廖子樸學追服劉,校勘審稿刊謬悠,森森腕底攢戈矛。井研廖登庭,字勛齋,年二十七。張生爛,雙電眸,曹倉杜庫一攬收,讀書欲遍秦與周,嶄然筆力迴萬牛。漢州張祥齡,字子馥,年二十二。小毛詞翰揚馬儔,如駕青翰淩滄洲,珊瑚炫耀珠璣浮。仁壽毛瀚豐,字鶴西,年二十七。范君淵雅文藻優,長離宛宛昇雲游。華陽范溶,字玉賓,年二十四。鶡鳩之孫内衍修,篤志墳典兼索邱,問事不休賈長頭。華陽傅世洵,字仲戡,年二十三。邱郎靜謐勤咿嚘,文學穰穰囷倉稠。宜賓邱晋成,字芸蕃,年三十。老錢詞筆雄九州,字裏隱躍騰蛟虯。宜賓彭毓嵩,字箋生,年二十七。清河才調萬斛舟,餘事筆札追鵠鷖。樂山張肇文,字梓亭,年二十七。樂安傲骨輕王侯,神峰峻立恨少逑,稍加淬煉成純鈎。忠州任國銓,字簆甫,年二十三。濂溪經學窮微幽,遠媲孟喜兼施讎。成都周道洽,字潤民,年二十四。短宋詞筆工雕搜,華燄五色垂旄斿。富順宋育仁,字芸巖,年十九。南豐詩卷清而瀏,獨鶴矯矯鳴霜秋。成都曾培,字篤齋,年二十六。延陵門内交唱酬,如彼榮郁兼談彪,振轡詞囿扶輪輈。犍爲吴昌基,字聖俞,年二十二,從父廷佐、廷傅、廷俊亦均有詞藻。東吴文學春華抽,若琢瑚簋鏗琳璆。成都顧印愚,字華園,年二十一。戴侯嗜古劇珍饈,翩翩下筆難自休,看汝追逐登鳳樓。江津戴孟恂,字伯摯,年二十八。(《荔村草堂詩鈔》卷八第一〇一一一頁)

　　按：譚宗濬《尊經書院十六少年歌》作於光緒四年《蜀秀集》已刊
之後，後編《詩鈔》卷八《使蜀集》下，當作於光緒五年至光緒六年間。
今暫繫於此。

　　尊經書院重刊段玉裁《説文解字注》，先生負責卷一至卷五，署"井研廖
登廷校字"，華陽張孝楷負責卷六至卷十，綿竹楊鋭負責卷十一至卷十三，仁
壽毛瀚豐負責卷十四、十五及《六書音韻表》。今僅摘《經學初程》相關者
於下：

　　初學《説文》，先要認得篆字，又要分得六書，事頗繁難。今立定章
程，凡初看者，先抄部首五百四十字篆文並注，意有未明者，可摘録段注於
下，每日鈔十字，要認得清，記得碻，講得明，即以六書名目注於篆旁。二
月畢工，可參看《文字蒙求》《六書淺説》，即鈔部首，則須將全書過筆一
次，以認得清爲主。過筆時須訂十數鈔本，將部中象形、指事、會意、形聲
字分四本鈔之，鈔傳不鈔注。又將其中古文附奇字、籒文附大篆、篆文分別
鈔出。其有闕者及引經者，及博采通人者，可漸次依類鈔而考之。

　　初學首習《説文》，須有等級。今以所聞於南皮太夫子者著之於此，
學者不可以近而忽之。

　　篆文或體，通人説之重文，分作數本鈔之，一日二百字，二月可畢。可
以參看《新附考》《逸字》之類，看時可照《釋例》門目，擇其要者十數門，就
所看者依類鈔之，不必求合。俟鈔畢，以《釋例》所鈔校正，既將全書鈔過
一遍，則漸熟矣。然後看段注一遍，篤信其言，不旁看別家，八月可以畢。

　　看段注多不解其《音韻表》，此音學專門之功。看段注畢，然後考音
學，看顧氏《唐韻正》、姚氏《音系表》、苗氏《聲讀表》、戚氏《漢學諧聲》。
可以參看金石、鐘鼎、篆隸諸書，以盡文字之變，用半年功考此門可也。

　　下則將《説文釋例》爲主，照其門類分考各門，然後看《轉注假借表》，
以窮用字之例。每例當推至百餘事。再看訓詁書，如《爾雅》《廣雅》，並
覽《方言》《玉篇》《廣韻》《經籍籑詁》等篇。（《廖平全集》第一册第四六
五—四六七頁）

　　蒙文通《廖季平先生傳》云：

　　蜀經明季喪亂，學術衰頹，晚清南皮張文襄公之洞來督學政，始以紀、
阮之學爲號召。時先生弱冠，應童子試，文襄得先生試卷，大奇之，遂成秀
才，以高才生調入尊經書院。蓋先生以狖犬義釋《論語》狂狷之文，蜀士
舊無知許氏《説文》者，獨先生偶得之敗簏中而好之，以故爲文襄所嗟異。
故先生後亦爲《六書舊義》，申班氏四象説，以扶許義，有由然也。及既沉

浸經術,專通大義,遂不樂爲名物訓詁之事,不復言此。文通幼時從先生
學,好讀段玉裁氏書,先生詈之曰:"郝、邵、桂、王之書,枉汝一生有餘,何
曾能解秦漢人一二句,讀《説文》三月,粗足用可也。"蓋既識其大者,遂不
復措意其小者如此。(《蒙文通全集》第一册第三〇二頁)

光緒四年戊寅(一八七八)　二十七歲

肄業尊經書院,與丁治棠並稱院中翹楚。丁禹孝《丁治棠年譜》云:"住
尊經書院,刻意研經,每得一義,必竟委窮源,中邊俱徹,無纖微疑竇乃止。
與廖平並稱院中翹楚。"(《合川縣文史資料選輯》第五輯第一一五頁)

子松齡生,旋殤。

> 按:廖宗澤《六譯先生年譜》按語云:"松齡生不詳何年,惟知爲
> 先府君之弟,陳氏姑之兄,故繫此年。"(《廖季平年譜》第一九頁)今
> 亦本此。

同年,友人張森楷亦肄業尊經書院。張森楷《戊午六十生日自序》云:

> 游庠食餼,肄業尊經書院,爲錢堤江、王壬父師知重,與丁治棠、戴子
> 和及彭耀卿,分據經史文賦一席,號合州四俊,稍稍有聲黌序間。(《張森
> 楷史學遺著輯略》第二三—二四頁)

八月,四川總督丁寶楨致函王闓運,勸其來川講學。《清王湘綺先生闓
運年譜》云:

> 八月,四川總督丁丈穉璜遣書約往四川,又致書譚丈文卿,屬其勸駕。
> 府君答以撰軍志畢始定行期。(《清王湘綺先生闓運年譜》卷二第一八頁)

纂《形聲類》一册。九月二十日張祥齡題此册云:"勛齋經師年未三十,
學問淹道,於天算、地輿尤爲專家,而其得名則自小學始。……今睹案頭有
《形聲類》一册,閱之,嚴、段不足多矣。"(《廖季平年譜》第二〇頁)

十一月,王闓運《湘軍志》草創畢,始定蜀游。王代功《清王湘綺先生闓
運年譜》詳記其行程:

> 九日登舟,十一日渡湖,二十一日泊枝江,縣令易丈清漣,府君同年
> 也,迎至縣廨,信宿乃行。二十四日至宜昌,閱《水經注》,考訂郡縣名及
> 古今沿革。三十日至巴東。十二月入巫峽,作《巫山高琴歌》諸篇。十日
> 至萬縣,十五日步登拂耳崖,蜀道最高處也。十七日至卷洞門,尋善卷洞,
> 未知所在。二十日渡嘉陵江至順慶,謁黃忠壯祠,故友黃丈滃熙殉難處

也。二十二日過蓬溪，觀鹽井，自萬縣至興隆場途中默誦《詩經》一過。二十七日至成都，寓鐵板橋機器局黃丈翰仙處，丁丈稺璜請府君主講尊經書院，因言凡國無教則不立，蜀中之教始於文翁遣諸生詣京師，意在進取。故蜀人多務於名，遂有題橋之陋。今欲救其弊，必先務於實，以府君生當中興，與曾、胡諸公游而能不事進取，一意著述，足挽務名之弊。故以立教殷殷相託焉。（《清王湘綺先生闓運年譜》卷二第一八—一九頁）

光緒五年己卯（一八七九）　二十八歲

肄業尊經書院，改名平，字季平。登廷原係譜名，亦不廢。

正月十二日，王闓運應尊經書院講席聘，"受而不辭，以既來不可辭也"。（《湘綺樓日記》第七二八頁）王代功《清王湘綺先生闓運年譜》云：

> 正月，與丁丈稺璜論求賢之道云："胡文忠能求人才而不知人才，曾文正能收人才而不用人才，左季公能訪人才而不能容人才，劉蔭公、丁稺公乃能知人才而不能任人才，凡此皆今世所謂賢豪，乃無一得人才之用者。曾、胡往而劉、丁興，他日或有流風留天下一綫之路，若劉表之在荆州，亦未爲無功耳。"感詩人招祿之義，故再言講席，府君亦不復辭，乃言書院規制亦宜變通，使官課不能奪主講之權；主講亦不宜久設，仍當改爲學長；學長亦隨課絀取，庶免競爭也。又言書院章程要宜大雅，不獨不可防諸生之不肖，並不可防官吏之不肖也。（《清王湘綺先生闓運年譜》卷二第一九頁）

正月十三日，"尊經院生六人來見，略談課規。"（《湘綺樓日記》第七三〇頁）二月初二日，王闓運移居"君平里尊經書院，陳設已備，竹伍父子、瀘州高生、余得貴、王心橋及書院諸生二十餘人，張怡山道臺、馬從九、黃郎福生、伍嵩生院長、曾元卿先後來"，定書院條規章程。（《湘綺樓日記》第七三八頁）二月初七日，"令諸生於明日乃入見，教以尊朝廷、重喪紀也"。（《湘綺樓日記》第七四〇頁）知先生亦正月底自井研返尊經書院也。二月初八日，"致祭尊經閣先師位，行九叩"。（《湘綺樓日記》第七四一頁）"閱《全唐文鈔詩箋》，令諸生分經授業，並言宜先爲有恒之學，唯在鈔書。"（《清王湘綺先生闓運年譜》卷二第二〇頁）

二月十七日，謁見王闓運。王詢先生學，知有志《春秋》，然以拙於言，尚未知先生學何如也。《湘綺樓日記》云：

> 廖生登庭來，久坐，有志習《公羊春秋》，然拙於言，未知其學何如。（《湘綺樓日記》第七四七頁）

二月十八日，錢鐵江辭尊經教職，赴清溪任。王闓運往送，錢告先生鈔有《建炎以來繫年要録》及《東都事略》。《湘綺樓日記》云：

> 答錢鐵江，並送其赴清谿任。錢云廖登庭鈔有《建炎録》及《東都事略》，甚以爲難得。余初不知其書何所用。（《湘綺樓日記》第七四八頁）

二月十九日，"院中開課，即於是日送學……諸生紛紛鈔書，余案行三齋，遍見諸生"。（《湘綺樓日記》第七四九頁）

二月二十三日，王闓運知先生與張祥齡皆有志於《春秋》。《湘綺樓日記》云：

> 終日爲諸生講説，多發明《公羊春秋》之義例。張生子綏、廖生旭陔皆有志於《春秋》。子綏云欲移入院，並要張生監蓀同來。此邦人欣欣向學，可喜也。（《湘綺樓日記》第七五一頁）

二月二十九日，王闓運"令諸生分經授業"。《湘綺樓日記》云：

> （諸生）各有欣欣之志。出題十三道。蜀士馴秀虛心，異於湘上，蓋文翁之教，師法尚存也。（《湘綺樓日記》第七五五頁）

三月，王闓運出題課諸生，並示讀經之法：

> 六經之文字無虛下，解經不詞，先師蚩之。經學非獨無賸字，亦無鍊字也。賸字者，如俗解"粤若稽古"爲贊美帝堯，不知欽明云云，乃叙堯德，無一字可省。若開卷先贊美堯，豈待史臣贊乎。四字無謂，則爲賸字。經意不如此也。鍊字者，如司馬、孔、鄭解師錫帝爲衆臣，舉聖人以告堯，於書例當作僉曰，而以僉字爲師，中加錫帝二字，於作文法則警鍊，於作史作經甚爲怪僻。二字無謂，則爲鍊字。經意不如此也。至解經而至於不詞，諸經往往有之，而《易》爲尤甚，後之解《易》者以作文點題之法視之，不顧文理，……《易》之所以愈晦也，不知易卦爻詞必有爻理，決不專恃卦名以成詞句，所以難解者易卦，名含數義，爻詞各隨義遣詞。……悲夫，以點題爲説經，不待四書文興，而漢學大儒已出題完卷矣。是可疑也，則可説也。今願與諸子先通文理，乃後説經，文通而經通，章句之學通，然後可以言訓詁義理，而先師之所秘密自負者，必恍然於昔者之未通章句也，豈非一奇異可喜之事乎。夫讀《易》當先知一字有無數用法，讀《尚書》當先斷句，讀《詩》當知男女歌詠不足以頒學宮、對君父，一洗三陋，乃可言禮。（《清王湘綺先生闓運年譜》卷二第二〇—二二頁）

故王闓運至院後，"院生喜於得師，勇於改轍，霄昕不輟，蒸蒸向上"。（《廖季平年譜》第二〇頁）

丁禹孝《丁治棠年譜》云："川督丁寶楨延聘大經師湘潭王閭運來川主
講尊經。時院中英俊如廖平、楊銳，均遭折角，心常懷懷，獨公以端謹勤學，
受湘綺特達之知，擢爲都講生，宗以經證經之旨，説經摘詞，常膺激賞，傳示
同門，無不斂手交推。"（《合川縣文史資料選輯》第五輯第一一五頁）

三月一日，與張祥齡遷入内院，常就王閭運請業，每至夜深。《湘綺樓日
記》三月初三日條云：

> 張、廖二生於朔日已移入内院，同話詩文，至亥正散。（《湘綺樓日
> 記》第七五六頁）

三月初八日，張祥齡之父招游草堂寺，遂與師王閭運、友人張祥齡、戴光
游草堂。《湘綺樓日記》云：

> 張子綏尊人招游草堂，與張、廖、戴生步出南門，遇張生孝楷於途，同
> 至青羊宫。紫荆盛開，小立花下。出，直南行里餘，至草堂寺，西偏爲杜子
> 美故宅，小有軒館，未爲弘麗，青竹頗密，坐船房久之。張綏翁來，要至其
> 宅，曾氏莊也。凌生（指凌鏡之）作陪，蜀才出見。設食畢，已暮，舁還，不
> 由舊路，循浣花溪至小江邊。春蟲昏吟，頗有鄉思。入紅塵中，投入叢，入
> 南門還院，弦月甚朗。（《湘綺樓日記》第七五八頁）

三月二十四日，謁見王閭運。《湘綺樓日記》云：

> 程藩使以諸生課卷不齊，縣牌來責。人言紛紛，有云鹽道怒我而挑之
> 者；有云錢寶宣怨望而激之者；有云司道合謀振興文教，講習經策，愠我以
> 不應試爲教，而轉相齮齕者。言皆有因，而皆無如何。假使院生得抗藩
> 使，即無上下之分，使告督府以飭司道，又非儒學之雅。伍嵩翁及院生多
> 來謀者，訖無善策。夜間遂有搜卷之舉，概不准作，以歸畫一。監院亦泩
> 泩然怒。余乃取卷入内，謂盧、王、孫諸生曰："萬方有罪，罪在朕躬。"藩
> 使萬方中之一人耳。盧言監院無禮。余曰："監院亦萬方中之一人，儒者
> 當先安靜，且徐謀之。"已而廖生來，言去與往皆非策：欲辭去，則稺公必問
> 所以，切責司道使留我，而痕迹愈重，醜態百出矣；往則司道不能忘情，將
> 以腐鼠嚇我。（《湘綺樓日記》第七六五頁）

三月二十七日，謁見王閭運，告自流井用牛挽鹽井。《湘綺樓日記》云：

> 飯後諸生來，……以廖生云自流井用牛挽鹽井，思作機器代之，請竹
> 老來商其事，就別坐談。（《湘綺樓日記》第七六六—七六七頁）

閏三月十三日，與王閭運等至機器局。《湘綺樓日記》云：

與曾、廖、蕭、牟同至機局,遣約韓紫汀來,與竹翁談算。(《湘綺樓日記》第七七一頁)

閏三月十九日,夜與張祥齡謁王闓運,談至子時。《湘綺樓日記》云:

夜與張、廖談至子,雨寒乃寢。(《湘綺樓日記》第七七四頁)

四月初一日夜,先生因事外出晚歸。《湘綺樓日記》云:"四更,魯詹與廖生歸,竟未聞知,罕有熟寐如此者。"(《湘綺樓日記》第七七九頁)課考結束,先生歸井研。

四月,尊經書院課考《史記》世家列傳標題姓字官爵與自序之同異。

五月十七日,先生自井研歸。《湘綺樓日記》云:

廖、胡二生亦來,留同飯,始復平膳。(《湘綺樓日記》第七九七頁)

五月十八日,問鄭注殤服中從上下之異。《湘綺樓日記》云:

廖生問鄭注殤服中從上下之異。余初未尋檢,夜列表未盡。廖云程易疇言小功殤中下無服,鄭說不可通,似亦有理。屬廖總列殤例觀之。自此又將從事於《禮經》矣。(《湘綺樓日記》第七九七頁)

五月二十一日,羅享奎(悍士)至尊經書院,訪王闓運,欲聘先生爲子師,辭不往。《湘綺樓日記》云:

悍士來,欲請廖生爲子師。廖生辭不往,篤學可嘉也。(《湘綺樓日記》第七九九頁)

五月二十二日,王闓運至打金街,還,見先生尚未就餐,遂與先生同食。《湘綺樓日記》云:

還,廖生尚未飯,同食畢。(《湘綺樓日記》第七九九頁)

五月二十四日,"今日開書局,欲出視,不能行一步"。(《湘綺樓日記》第七九九頁)尊經書局即開,王闓運乃"手寫《今古文尚書》刊之,又與諸生論撰《爾雅注疏》,以兩書尚無善本故也"。(《清王湘綺先生闓運年譜》卷二第二二頁)

六月初四日,王闓運與諸生議畫《禹貢圖》。《湘綺樓日記》云:

稺公送燔豚、炙鼎,要廖、楊、劉、任共食。劉未至,張生盟蓀適來,並約孫彥臣入坐,議畫《禹貢圖》。(《湘綺樓日記》第八〇三頁)

六月十日夜,與王闓運論文。《湘綺樓日記》云:

夜與廖季平論文,言古人文無筆不縮,無接不換,乃有往復之致。(《湘綺樓日記》第八〇六頁)

　　按:是年先生改名平,字季平,當在五月二十二日至六月初十日間,蓋五月二十二日前王闓運日記稱先生爲廖登庭、廖生旭陔、廖生,六月十日首次稱廖季平,則先生改名平當在此前數日也。(《經學大師廖平》第六九頁)

六月十一日,王闓運爲講魏文帝《與吳質書》。《湘綺樓日記》云:

仍鈔書,復常課,甫執筆,季平入問文,又爲講一篇,説魏文《與吳質書》"已成老翁"云云,通篇爲自負少年高材,自致千秋等意作回復,以爲歎逝,則淺矣。(《湘綺樓日記》第八〇六頁)

六月十五日,張祥齡之父約王闓運、吳又農游浣花溪,先生與張祥齡、范溶等七人從游,夜宿曾氏莊。十六日,"晨起,午始設食,主人未出,飯畢异還"。(《湘綺樓日記》第八〇八頁)《湘綺樓日記》云:

張馥翁約夜泛浣花溪……,不欲去。業已諾埏仲、季平兩生,投暮出城,背月行,遂宿曾氏莊。吳吉士又農、魯詹、范、廖、劉(庚)、張(孝階、可均)、林(拱北)、胡(梃)皆在。從曾園登舟,溯洄溪月,三更還。竹蕉滴露如雨,甚涼,鷄鳴宿。(《湘綺樓日記》第八〇八頁)

《清王湘綺先生闓運年譜》云:

十五日夜,汎浣花溪,出城背馬,行至曾氏莊,從曾園登舟,泝洄溪月,遂至三更,竹蕉滴露,坐聽鷄鳴。廖平、范溶、胡延、張祥齡從游,遂與諸生論文,言古人之文無筆不縮,無接不換,乃有往復之致。(《清王湘綺先生闓運年譜》卷二第二二頁)

約在此數日,先生等人被盜新絲。《湘綺樓日記》云:"李從九康輔來,字壽臣,派華陽支賓,余因語井研諸生被盜新絲,宜嚴治之。"(《湘綺樓日記》第八〇八—八〇九頁)

七月,王闓運與諸生論孟子天爵人爵之説。(《清王湘綺先生闓運年譜》卷二第二二頁)

七月初一日,王闓運始知四川鄉試正考官爲景善、副考官爲許景澄,盛稱"今年考官極天下之選"。(《湘綺樓日記》第八一三頁)

七月初五日,尊經書院行祭祀魁星大典。《湘綺樓日記》云:

今日請魯詹治其院中,祭魁星,設廿席,請八學官及諸生百餘人會飲。(《湘綺樓日記》第八一三頁)

七月十一日,與王闓運、張祥齡同出。《湘綺樓日記》云:

魯詹來,與張、廖同出,夜巡二齋。(《湘綺樓日記》第八一六頁)

七月二十九日,"大課院生,將有去取,不復分題以定優劣。因試期近,又雨,免點名"。(《湘綺樓日記》第八二〇頁)

八月初一日,尊經書院燃燈七十八盞,以應魁星。(《湘綺樓日記》第八二一頁)

八月初七日,告王闓運張之洞曾見《西夏事略》。《湘綺樓日記》云:

謝生樹楠呈友松《西夏事略》,廖季平云張孝達見一種,楊生鱸塘云或即此書也。孝達注云"時人作",非前代成書明矣,當俟學差信至訪問之。(《湘綺樓日記》第八二二頁)

按:《西夏事略》,陳昆著。陳昆(一八〇九——一八七三),名枝竹,號友松,四川開縣人,著有《小桃溪館詩鈔》《小桃溪館文鈔》《西夏事略》《廿二史年表》《畸園詩文話》《古詩文鈔續集》等。

八月初八日,秋分,應優貢試,"院生入場,自寅至午畢入。張通判、王綏原、黃慶覃來,同步至貢院,視此間點名雜亂無章,然甚疾速,至未已封門矣"。(《湘綺樓日記》第八二三頁)

八月初十日,待至三更,先生始出,出則以文質王闓運,王謂"文甚有師法,名必上榜,但未知正副耳"。(《湘綺樓日記》第八二四頁)

八月十三日,《湘綺樓日記》云:"朝食後放牌,題紙未到,出場諸生處得一紙,題亦平正,唯《春秋》題'會於鄸',未知其意例耳。且喜未出古文《書》,亦近日風氣將轉之兆。"又云:"待廖生,至三更乃歸。"(《湘綺樓日記》第八二四頁)

八月二十七日,謁王闓運。《湘綺樓日記》云:"廖生季平入夜談。"(《湘綺樓日記》第八二九頁)

八月二十八日,優貢案發,先生得第一。《湘綺樓日記》云:

優貢案發,取四人,有兩齋長,皆學使所賞也。有兩齋長未與考,否則必取四齋長矣。陪優十二人,唯二人非院生。廖得第一,任得第五,二人似快快,任爲尤甚。雞肋猶爭,可慨也。夫凡考試必須虛心,乃與科名相近,見在我上者,必高於我,則我在人上,人亦推我矣。若見人得,而以爲不宜得,此必終生不得,以與俗尚相反故也。(《湘綺樓日記》第八二九頁)

　　同院舉貢者有蘇世瑜、張問惺等。先生文曰："言之不文,行之不遠,此孔子之所教,宰我、子貢之所以學。"大爲主司所斥,謂爲悖朱注。先生曰:"惡佞一説,專對又一説,不能因佞不足言遂絶此科。且專對與佞,固自二事也。"(《廖平全集》第十五册第四四三—四四四頁)

　　九月初三日,與王闓運同食。《湘綺樓日記》云:"張、廖生猶未飯,同食。"(《湘綺樓日記》第八三〇頁)

　　應鄉試,中第二十四名。主考爲景善,副主考爲許景澄,同院中式者有宋育仁、任篆甫、吳聖俞等二十三名,試題爲"子謂子産"二章,"上律天時"兩句,"諫行言聽"二句,"竹寒沙碧浣花溪"得"溪"字。《湘綺樓日記》九月初八日條云:

　　　　今夜放榜,與季平坐談至三更,季平逃去。轟醉。余就寢,半覺,聞炮聲,起披衣。未一刻,報者已至,院中共中正榜廿一人,副榜二人,皆余所決可望者,其學使所賞及自負能文者,果皆不中。余素持場屋文字有憑之説,屢驗不爽也。堂課七次,取第一者中五人,所列三等者無一中,何必《四書》文乃能決科,甚以爲喜。頃之,季平、篆甫、治棠、陳子京、吳聖俞、少淹皆入謝,已鷄鳴矣。談久之,乃還寢。(《湘綺樓日記》第八三一頁)

　　九月十四日,謁王闓運,談《説文》。《湘綺樓日記》云:

　　　　因陳、廖以求見,與談《説文》,云昔之翰林以宋學、古文文其淺陋,今之翰林以《爾雅》、許書文其淺陋,皆非有心得者。(《湘綺樓日記》第八三三頁)

　　九月二十三日,王闓運"爲中式諸生略定卷文"。二十四日,"爲諸生改卷畢"。(《湘綺樓日記》第八三五—八三六頁)

　　九月三十日,諸生宴王闓運於二仙庵,王遂率諸生游二仙庵,題名壁上,先生與焉。王闓運詩云:"澄潭積寒碧,修竹悦秋陰。良時多欣遇,嘉會眷雲林。"極一時之盛。《湘綺樓日記》云:

　　　　院生十六人新中式者公宴余於二仙庵,魯詹爲客,孫生亦與,令顧生印伯題壁記之。余作四句題於後……,蓋此會即别筵,而不可述離思,甚難著筆,後二句頗爲簡到也。一更後始散。留城得人,列炬甚盛,亦勝集也。院生於我皆親愛,近世所難覯者。(《湘綺樓日記》第八三七—八三八頁)

　　十月初一日,王闓運爲改經文。《湘綺樓日記》云:"改廖生經文。"(《湘綺樓日記》第八三八頁)

十月初七日,王闓運《與彌之書》云:"今歲院生高第者二十六人,皆爲二景所搜而來,頗有空羣之歎。尚有十餘人未施檠括,奈思歸甚切,又有校經之志,恐不能留。"(《湘綺樓詩文集》箋啓卷一第八四〇頁)

十月,先生以鄉試畢,返井研。十月初九日,王闓運日記云:"諸生來問事告假者,竟日不絕。"(《湘綺樓日記》第八四二頁)知先生回井研當在十月初九日後。

張森楷以事爲人構於王闓運,削弟子籍。張森楷《戊午六十生日自序》云:"因事被構除名,轉往錦江書院。"(《張森楷史學遺著輯略》第二四頁)晦可《史學家合川張森楷年譜》云:

　　光緒五年己卯,先生二十二歲。是歲秋試報罷,以事爲人構於壬秋,削弟子籍。轉就錦江書院讀,院長邛州伍肇齡編修崧生,使爲院都講。(《四川文史資料選輯》第二十輯第一七四頁)

林思進《合川張式卿先生墓表》云:

　　故事,每鄉試,州縣士子例得賫土物,貿扉糈,先生獨齗齗關吏。湘潭王壬甫爲院長,聞或從而媾之,抗辨不撓,坐削弟子籍。(《清寂堂集》第五八四頁)

黃應乾《王闓運掌四川尊經書院前後》云:

　　尊經院生入院時,所帶行李經過各城門時,向不檢查上稅,因之院生多帶私貨(各縣土產)來省出售,備作在院開支。合川張森楷,道經東門牛市口,經東門厘金局查出其私貨,厘金局委員爲湖南舉人,示意於張,只要張拜作門生,即可從寬處理,不予罰辦。張以爲尊經高材生,拒絕其請。此委員遂向山長王壬老揭發,王以無法掩護,遂牌示,將張森楷斥退。張以所帶私貨,事本微末,遭此重罰,大爲不滿,遂將牌示扯毀,轉學錦江書院。(《文史資料存稿選編》第二四輯教育第七〇二頁)

或謂己卯秋試,張森楷雖往考,終以落第歸,同院有素忌者,以此謗之,竭搜張之文筆言行,若"《周禮》不可信,《論語》正誤各半,史書記事真僞摻混,制義之學束縛人,鄉試於我只應命差事"等,函發王闓運。張因之被除名,削弟子籍。十月二十日《湘綺樓日記》云:"議院生去留,……張遂良亦當去,蓋欲中我以不容剛直之咎耳。此生叵測,是書院一大蠹也。"(《湘綺樓日記》第八四六頁)

十一月十六日,王闓運歸湘潭,"院生來送者三十許人,院外生亦來送,何其拳拳易感"。(《湘綺樓日記》第八五四頁)

是年，先生頭已白。《與江叔海論〈今古學考〉書》云：“己卯前頭已白，在子宓處，瞿懷亭診脈云：‘不可再用心。’”（《廖平全集》第十一册第六四四頁）

是年，學政譚宗濬集尊經書院諸生三年以來課藝及下車觀風超等卷，刊爲《蜀秀集》九卷。所刊皆二錢之教，識者稱爲江浙派。先生所作，除《爾雅舍人注考》《六書說》外，尚有《滎波既猪解》《士冠禮以摯見於鄉大夫鄉先生解》《月令毋出九門解》《廛無夫里之布解》《史記列孔子於世家論》《兩漢馭匈奴論》《五代疆域論》。

長女燕生。廖燕（一八七九—？），光緒二十二年適咸豐九年舉人、璧山縣教諭井研陳鳳笙之子陳天棨。光緒二十六年，先生作《齊詩微繹必讀》成，婿陳天棨作跋。

光緒六年庚辰（一八八〇）　　二十九歲

肄業尊經書院，專治《穀梁春秋》，成《穀梁先師遺說考》四卷，提要云：

> 《公羊》師說，董子具存，《穀梁》以劉向爲大師，散見《說苑》《新序》《列女傳》《漢書·五行志》《五經通義》《世本》杜氏《春秋釋例》書引作劉向。凡數千條，近人輯《穀梁》師說皆脫漏。此本于劉外，兼采尹、梅、班、許及兩漢師說，仿陳左海《三家詩先師遺說考》例，較諸本爲詳。諸說多收入《穀梁古義疏》中，故古義本不更注所引原書云。（《光緒井研志》藝文二，《廖平全集》第十六册第一一八八—一一八九頁）

讀書始厭棄破碎，專求大義，漸取《莊》《管》《列》《墨》讀之。《經學初程》云：

> 庚辰以後，厭棄破碎，專事求大義，以視考據諸書，則又以爲糟粕而無精華，枝葉而非根本。取《莊子》《管》《列》《墨》讀之，則乃喜其義實，是心思聰明至此又一變矣。（《廖平全集》第一册第四六七頁）

赴京應禮部試，不第。友人丁治棠入京會試，亦不第。丁禹孝《丁治棠年譜》謂：

> 四十四歲。循例會試入京，寓世誼蔣璧芳太史館（蔣爲雲村公高足）。會試薦而不第，西還，尊經院長王闓運爲言於當道，特開舉人住院例，公復入院，覃精研思，惟經學是務，所學益邃，與同年廖平同任尊經書院分教。時人有“丁治棠守其常，廖季平出其奇，出奇固難，守常亦不易”之語。（《合川縣文史資料選輯》第五輯第一一五—一一六頁）

先生在京,嘗以《易》例向張之洞請業。《上南皮師相論易書》其二云:

　　庚辰在京邸,曾以《易》例請業,蒙訓既爲周詳。彼時專治《春秋》,未能細心推考。(《四益館文集》,《廖平全集》第十一册第六五八頁)

二月初三日,興文薛焕(一八一五—一八八〇)卒。薛焕,字覲堂,四川興文人,官工部侍郎,總理各國事務大臣,以乞養歸。錢保塘《工部右侍郎薛公行狀》云:"省城創建尊經書院經費,皆賴公一言決之。"又云:"即歸,發舊藏經史有用諸書畀省中書院刻之。自後蜀中書漸多,士知崇尚樸學,風氣爲開。"(《清風室文鈔》卷十)

先生在京,事不可考,今據李慈銘《越縵堂日記》以見先生會試期間行事。

　　三月初八日,巳刻入闈。
　　三月初九日,子刻得題:子曰吾與回言終日一章;柔遠人則四方歸之二句;又尚論古之人五句;"静對琴書百慮清"得"清"字。
　　三月初十日,午出闈。
　　三月十一日,巳刻入闈。
　　三月十二日,子刻得題:聖人養賢以及萬民,頤之時大矣哉;月之從星,則以風雨;其餉伊泰,其笠伊糾;秋九月,齊侯、宋公江人、黄人盟於貫(僖公二年);黄目鬱氣之上尊也。
　　三月十三日,黎明結束,辰始啓門繳卷,此際正庚辰年庚辰月庚辰日庚辰時也。
　　三月十四日,巳刻入闈。
　　三月十五日,辰刻起對策。
　　三月十六日,黎明出闈。(《苟學齋日記》甲集下第八六四四—八六四八頁)

三月十五日,王闓運復自湘潭携妾久雲,女岎、滋、茇、紈,子代豐至成都。(《清王湘綺先生闓運年譜》卷二第二四頁)

斯時,王闓運主講尊經書院,特重《儀禮》,今據日記,以見諸生斯時習禮進程:

　　八月初九日夜,删定《鄉飲酒禮》,似尚可行。
　　八月初十日,與諸生演釋奠禮及飲酒禮凡二次,手腳生疏。
　　八月十一日,午後再演鄉飲禮。
　　八月十二日,日中行鄉飲禮,諸生至者四十餘人,齊之以禮,甚爲整

肅。……後張生孝楷、楊生炳烈忽酒狂罵坐，一堂愕眙，牌示責之："本日
試行鄉飲酒禮，華陽廩生張、秀山附生楊，傲很不恭，敢於犯紀。本應除名
褫革，念《大學》有三移之義，且係試行，姑降爲附課，並罰月費獎銀一月，
即日移出書院，俟改過後再議。"

　　八月十三日，作教示諸生："昨因釋奠，試行鄉禮，諸生濟濟翼翼，幾復
古矣。乃羞爵之後，司正糾儀，舉罰失中，致有張、楊兩生肆其狂惑，余甚
愧焉。講學期年而氣質仍蔽，教之不行也，教者之過也。然糾儀急欲整
齊，司正畏懦不直，毗剛毗柔，亦各有咎。昨所以不言者，以迹而論，兩人
無失。又初試行禮，未賓賢能。以兒子代豐頗習儀節，王生樹滋願司糾
察，亦非謂選求默而使之也。然人不相知，己不度德，余焉敢自恕乎。諸
生之過皆余過也。今輒自罰十金助酒脯之費，並請監院鈔牌呈導者，以謝
不虔。諸生無亦思爲今人之易而學古人之難，各攻所短，匡余不逮。"
（《湘綺樓日記》第九四一——九四二頁）

　　先生嘗云：

　　予學《禮》，初欲從《戴記》始，然後反歸于《周禮》《儀禮》。縱觀博
考，乃知其書浩博無涯涘，不能由支流以溯原，故以《王制》主今學，《周
禮》《儀禮》主古學。先立二幟，然後招集流亡，各歸部署。其有不歸二派
者，別量隙地處之，爲立雜派。再有歧途，則爲各經專說。《易》《詩》《論
語》，言多寄托，大約可以今古統之。至《尚書》《左傳》《公羊》《孝經》，則
每經各爲一書，專屬一人理之。《尚書》爲史派，有沿革不同，以統《國語》
及三代異制等説。庶幾有所統馭，不勞而理也。（《廖平全集》第一册第
九四——九五頁）

　　約在九月，先生自京師還。九月二十五日，王闓運日記云："丁治棠與戴
生俱衣冠待見。丁初從京師還，戴假歸，考補廩還也。"先生回川，旋歸井研。
　　十一月初一日，先生自井研歸尊經書院，謁王闓運。《湘綺樓日記》云：

　　午少愒，廖生來見，久談，遂至夕食。（《湘綺樓日記》第九六四頁）

　　十一月十三日夜，謁王闓運。《湘綺樓日記》云：

　　廖生來夜談。（《湘綺樓日記》第九六七頁）

　　十一月二十一日，《湘綺樓日記》有言及尊經諸生者，若云："院生諸聰
穎者，其方寸殆難測，如張、廖、鄧、戴是也。彼互相非，吾無以定，然則知人
其果難，更無論化人。"（《湘綺樓日記》第九六八頁）

十一月二十七日,尊經書院諸生以師王闓運生日將至,競相送禮,爲之祝賀。《湘綺樓日記》記之甚詳:

廿七日,院生送禮物者仍費侈,業許受納,復以爲悔,信教儉之不易也。

二十八日,顧老翁復初來。官士送禮者數十家,皆謝不視。院中爲余餪祝,陳設甚盛,鐙燭花爆,所費甚大。……諸生設於中廳,凡八席。

二十九日,巳初内院受賀生日,出講堂,諸生拜畢。范教授、王心翁及冉、毛、薛三監院、張茹侯出賀。或爲余設燭中庭者,亟令撤之。(《湘綺樓日記》第九六九—九七〇頁)

十二月十二日,王闓運詢喬、龔事。《湘綺樓日記》云:

喬京官揚言龔孝廉已改歸無錫,不宜仍在院,而私告岳生,不與我言,以其委曲多,詢於丁、廖,均不得其實,令人有其賢之嘆。(《湘綺樓日記》第九七三頁)

按:喬京官指喬樹枏,岳生指岳森,丁指丁治棠,廖指先生。

十二月二十三日,王闓運請郭健安寫春帖,集張、左二句成尊經書院聯:“考四海而爲雋,緯群龍之所經。”自謂“頗與此書院相稱”。(《湘綺樓日記》第九七六頁)

光緒七年辛巳(一八八一)　三十歲

是年,仍肄業尊經書院,與張祥齡同寓城南曾氏宅。先生嘗言:“辛巳院課,考酒齊所用題最繁難,精思旬日,大得條理。壬秋師以爲鈎心鬥角,考出祭主儀節,足補《禮經》之闕。舊説廟祭惟饗尸,無祭主之儀,至謂祊爲明日之祭。今考《禮記》祊祭諸文,定爲謂迎尸前殺牲薦血、獻齊焚膋,皆祭主求神事。先迎主於堂,然後索祭於堂、於室、於門。三索已畢,反主於室,然後迎尸。此時牲已熟,用酒不用齊,全用人道。祭以主爲重,今人祭主不用尸,是亦古禮。若如鄭説,專饗尸,不以鬼神待之,與《禮》意不合。祭主儀節,可補《禮經》。同時著《轉注説》,旬月專精,五花八門,頭頭是道。子夫謂年中工夫不過長一二次,形迹可驗,若此乃由力爭而得,非自然通悟也。”(《廖平全集》第一册第二四九—二五〇頁)

作《釋字小箋》,主獨體無虛字之説,……盡取《説文》虛字而求其本義,均作實字解,將近二三萬字,乃爲人所竊去。(《六譯先生年譜》卷二,《廖平全集》第十五册第四四七—四四八頁)後擬補綴成書,一爲《六書説》,二爲《四書分類》,三爲《緒論》,似未果。

二月，始注《穀梁春秋》。先生以范氏集解“依附何、杜，濫入子姓，既非專門之學，且以攻傳爲能”，反立學官，“痛微言之久隕，傷絕學之不競，發憤自矢，首纂《遺説》，間就傳例，推比解之”。（《重訂穀梁春秋經傳古義疏自叙》，《廖平全集》第六册第一七頁）

二月十五日，張祥齡、楊鋭不和凡四年，同學皆以爲不解之怨，釋奠禮後置酒修好。《湘綺樓日記》云：

> 釋奠時班甚整肅，禮畢後以羊豕祠三君，監院行禮，侍□人，至辰正方至。祠已，出堂點名，諸生威儀濟濟，殊徵爲學之效，余心甚喜。……張生祥齡與楊生鋭不和者四年，似是不解之怨，今日置酒修好，尤爲大喜，賜風鴨一頭獎之，唯張、楊不至爲歉耳。（《湘綺樓日記》第九九一——九九二頁）

約在五六月間，先生與張祥齡招諸友游杜甫草堂、浣花溪。岳森《城南曾氏宅集並序》記其事：

> 宅鄰草堂寺，浣溪繞其旁，故翰林曾吟史先生所構也，爲張子馥祥齡借居，廖季平又借寓於張。時張、廖同招余偕諸友往，相與臨荷池、登月臺，步榭穿花，清凉竟體，一洗炎蒸之苦。
> 濃陰圍虚館，澂湍蘸野居。幽徑横弱篠，寒塘静芙蕖。秀莠欣出没，列構疑有無。凝睇方得象，移武又分區。豈伊竭工作，應是巧規摩。嫋嫋凉風至，行行朋好俱。炎熱竟可奪，小住絕塵驅。（《癸甲襄校録》卷三第一三頁）

趙孔昭《感懷舊游詩三十首，壬辰元旦述於闈垣，以游歷之先後爲次序》之四《草堂》云：

> 驚鴻斷雁各西東，無復文章問馬融。回首浣溪明月夜，少陵去後草堂空。時與廖季平進士、范玉賓孝廉、張子福孝廉、劉拜言茂才共學拜言故。（《四川公報增刊娛聞録》第十七册第六五頁）

七月二十二日，餘姚朱逌然以翰林院侍讀學士督學四川，“精選院士四人，使爲教習，量取新進士之聰穎者數十人，使隨才分教之”。（《清風室文鈔》卷十）

閏七月二十九日，王闓運子王仲章卒。八月十八日，王闓運得夔州書始知子喪。《清湘綺先生王闓運年譜》云：“府君哭之慟，言其自十七歲後即能啟予，盡傳家學，忽失此人，令人氣盡。……院生聞信者多痛哭失聲。”（《清湘綺先生王闓運年譜》卷二第三一頁）《經話甲編》卷一云：

王仲章者,壬秋師仲子也。開敏有智略,善承家學,爲壬秋師所喜。嘗語余云:欲仿《鄭志》作《王志》,將師所有改易舊說者彙輯爲書,爲《家學提要》,未成而卒。(《廖平全集》第一册第二三七頁)

岳森《哭王仲章並序》云:

仲章,王壬秋先生次子也,别我還湘,曾賦五言送之,比至内江,猶有遺諸同學詩。又十餘日,頓聞其客死夔府。往者,余詩序中有云:"重逢再聚,渺不可期。"僉以爲疑,余直謂筆下之偶然,竟成讖語,豈死生離合,果前定與,是可悲已,詩以紀之。

嗷雁有哀音,悲風起白楊。天道徒悠悠,余襟已浪浪。騏驥懷神駿,桂菊悦孤芳。同群而異路,顧影自悽惶。别語能成讖,歸人未見鄉。血痕餘草稿,著有《春秋表》《喪服傳注》俱未成。心曲寫瑶章。長當悲零落,何用辨彭殤。(《癸甲襄校録》卷三第一五頁)

　　按:岳森,字林宗,四川南江人。拔貢,考取景山官學教習,未及叙官而卒。曾肄業尊經書院。雖深造未及先生,而通博過之。著有《考工記考證》《説文舉例》《蜀漢地志》《癸甲襄校録》等。

秋,檢《曲禮》"天子不言出""諸侯不生名"數節,疑爲先師《春秋》説。《今古學考》卷下云:

辛巳秋,檢《曲禮》"天子不言出""諸侯不生名"數節,文與《春秋傳》同,又非禮制,因《郊特牲》《樂記》一篇有數篇、數十篇之説,疑此數節爲先師《春秋》説,錯簡入《曲禮》者也。(《廖平全集》第一册第八一頁)

冬,作《轉注假借考》,"頗與時論不同"。(《六書舊義自識》,《廖平全集》第十册第二二五頁)《經話甲編》卷二云:

同時著《轉注説》,旬月專精,五花八門,頭頭是道。子夫謂年中工夫不過長一二次,形迹可驗,若此乃由力爭而得,非自然通悟也。(《廖平全集》第一册第二五〇頁)

十一月二十五日,王闓運携眷返湘,以蜀游三年,失一佳兒;又以郭嵩燾强作鄉塾替人,擬不再至蜀。《致尊經院生》云:

敬問尊經同學兄弟無恙:闓運文質無底,承乏大庠,幸荷擇善之心,許其一日之長,觀摩朝夕,研尋經史,有朋之樂,始驗於今。臨别皇皇,俱如有失。昔人流連山水,尚欲終焉,豈況群賢皆吾兄弟。怸然告去,蓋亦有由。凡學不待師,告不可瀆。三年考校,便已離經。老馬之途,不先千里。

久相煦濡,反錮聰明。所望高明,從茲特達。啟誘後進,其益無方。又人師難求,官士先志。貴州山川峻駛,氣少停回。名利之心,未能淡遠。先聖所戒,欲速見小,具有深規。速必多誤,是以不達;小則易識,安能更大。簞豆見色,必無海內之樂推;溝澮皆盈,已有孟生之立待。此二說者,深思則爲良誨,面斥其何以堪。假我數年,各相思學,暌離之情,味之彌永,毋效兒女,但樂同居。亡子葬地未安,明春始定。鄉人別設講舍,託爲照料,尚居省城,賞奇析疑,猶能遥應。東風轉信,書此相聞,俱勖日新,隨時自愛。(《湘綺樓詩文集》第一二九—一三〇頁)

王去後,尊經書院由監院薛華墀主持,仍由錢徐山主講席。岳森《送別壬秋先生還湘二首,時余亦將歸里》云:

盈盈錦江水,上有萬里橋。邁征從此始,片帆去飄飄。別淚今正揮,離愁古未消。翩彼鳳凰鳥,乘時戾山椒。三歲呈羽儀,萬象被光昭。奮翮一高飛,杳然入層霄。音徽豈不傳,跂望亦何遼。願借箾雲力,振策追扶摇。

久客豈忘家,願言惜寸陰。幸侍緇帷側,遥窺周孔心。終日鑄顏子,一貫語曾參。西河有往跡,北海非異任。抗志雖云遠,服膺苦未深。歸與忽興歎,徒侶共沾襟。晤對曾可期,當時更何欽。神龍思瀛海,飛鳥卷故林。美矣蘭陔詩,還山好重吟。(《癸甲襄校録》卷三第一五—一六頁)

岳森即歸,出省道中作詩寄餞送諸友,題作《出省日道中作,還寄餞送諸友楊敬亭槙新繁、岳鳳吾嗣儀成都、方廉史守道成都、張子馥祥齡漢州、廖季平平井研、王劍門樹滋新繁、陳薌荃文垣成都、繆仲清宗翰華陽、周澹余寶清華陽、呂雪堂翼文華陽、趙孔昭濬華陽》,云:

朝旦辭精舍,日昃猶北城。豈伊行路難,渥哉送客情。倏忽閱三秋,疲薾困一經。名來實已剥,道在物相攖。束身拳師說,高誼眷友生。素心既纏綿,別淚亦何盈。鬱鬱日新志,切切歲寒盟。樂群安可極,揮手從此行。

翩然出成都,冥鴻任獨翔。秋風復多情,吹送過前岡。平疇低暮色,斜日匿秋光。溪流瀉寒碧,木葉脱微黄。四顧何蕭然,車馬自相望。不逢行旅勞,焉知歲月忙。志士悲短景,游子念故鄉。往事散若煙,時節忽已霜。何以慰離憂,願言寄斯章。(《癸甲襄校録》卷三第二一頁)

十二月,與張祥齡、楊鋭等爲尊經書院同學、翰林院庶吉士陳光明位而祭之。張祥齡《哭陳君告文》云:

　　光緒七年十月二十三日，清故翰林院庶吉士陳君卒。烏呼哀哉！十二月某日，祥齡同廖平、楊銳等爲位臨哭之。蓋聞経帶之戚，載之表記；陳根之哭，考諸《檀弓》。暨於周漢，閔夭四友，爲號叔制服；陳留千里，爲介休持喪。夫勢接者情淺，利往者義寡，誠晏嬰夷吾所傷也。是以明哭寢之禮，述銘誄之美。烏呼！陳君其孝著於閨門，道義流於士友。立體金志棲神蘭郁。振采早晨，飛華茂節。道義幾象，推致科旨。蒙列兼綜，名法該富。旁涉藝文，玄黄合度。幽索渾蓋，律量成準。用能翺翔廷闕，雍容翰林。誠帝室之璠璵，漢京之瑰寶。將揚聖上之洪業，紹王陽之墜緒，登紫薇以高舉，超景雲以翔步。不意長淮絶流，深圖斷簡。墜蘂正鮮，歇景方旦。遂使騄驥頓轡於折軸，蓋泉咽響於投絃。追念曩昔，載酒春園，飛棹秋渚，詠言杜芷，馮弔蛞蟼。朱陽既頽，皎月復上，鷹揚逝朝，虎視今代，壯氣坌涌，哀思掩抑。當此之時，命馮夷以爲酌，蹴羲和以爲御。巢軒不足以垂顔，瀛海不足以騁步，其樂固難量而未足。夫君之志也，若夫仲連稷下之辯，子牟魏闕之計，賈傅乞擊北虜，終軍願致南越，昂昂有請試之志。昔東阿恥勳翰墨，朝歌謝績農女。夫急君父之難，弭夷狄之患，然後對揚王庭，揄頌盛美，賢士之志也。梁帝痛悼於鳳羽，魏副感歎於覆醢。俯仰往轍，來者不貿，今乃不然，毋亦異乎？崔浩奄逝，眭夸服衰，上計云亡，李彦審禮。此豈夸曜典章，獵名獨行哉！斯實情志有所痛結，儀節因以緣飾也。在昔伯高赴衛，賜氏受弔，仲父依杖，西華爲志。今以某月某日，設位布奠，朋友之道也；□□爲主，弟子之職也。若使延陵之信無爽，君嗣之義或存。冀幽宫之引，待范式而入壙；穎川之魂，告元明而入夢。（《受經堂集》第二七—二八頁）

　　斯時，尊經書院正課六十一人，附課三十一人，共計九十二人。今據《朱逌然日記》（十二月二十一日）附王闓運留示諸生正附單列如下表：

見在住齋正課廿六名	丁樹誠	王光楝	崔映棠	陳　常	楊　銳	廖登廷
	吳之英	岳　森	陳　寶	吳福連	陳緯元	哲克登額
	戴　光	胡　延	劉子雄	尹殿颺	魏天眷	陳　詩
	陳文坦	陳光煦	李滋然	馮爾振	王樹滋	謝維乘
	蒲九莖	蕭潤森				
不可住齋應列正課舉人一名見住院	閔　鋆					

續表

未到舉貢正課三名	任國銓	顧印愚	邱晋成			
不住齋正課見在城內九名	周道洽　楊永清	岳嗣儀　陳觀濤	范　溶　方守道	張祥齡	傅世洵	劉澤溥
不可住齋正課二名未到	江夢筆	謝龍章				
假歸正課廿名	鄧　昶　張天紀　劉光謨　胡　樑	陳崇哲　吳博文　董含章　廬元張	孫鴻動　吳光源　李合貞	寧　湘　吳廷俊　許兆麟	張宗禮　吳廷佐　屈大謨	周紹暄　楊　楨　王繩生
共正六十一名						
見在住院附課九名	劉　鎔　李冠卿	徐心泰　任藎臣	張可均　余　鱗	趙煥文	歐陽世麟	趙一琴
未住齋見在附課六名	楊　楨　黃紹文	繆宗翰	劉　澄	岳嗣仝	童煦章	錦　福
不可住齋附課三名	張孝楷	張學嶸	任　薛			
假歸附課十三名	林毓琇　冉廣鉅	黃　茂　縻星文	鄒履和　張　誠	周尚赤　郭雲漢	傅守中　黃猶忠	李懋年　劉昺煊
共附三十一名						

（《續編清代稿鈔本》第五四冊《朱迺然日記》第四〇八—四一一頁）

　　　　按：《朱迺然日記》眉批云：“與七月送來名冊校對，少程鵬、謝顯臣、焦鼎銘、葉大可、曾培、彭毓嵩、宋育仁、蕭啟湘、徐振補、戴孟愃、張遂良、楊炳烈，共十一名；多吳博文、吳光源、彭煥文、任藎臣、余麟、張學嶸、江夢筆、謝龍章、胡延，共九名。”（《朱迺然日記》第四〇八頁）

光緒八年壬午（一八八二）　三十一歲

　　館於成綿龍茂道署。時縣人先後游學錦江、尊經兩書院者有龔熙臺、吳蜀輈、胡哲波等，一時名流相與共處一地，論文角藝，交譏互診，日夜不休。

　　按：成綿龍茂道，又稱川西道，駐成都，轄成都府、龍安府，松藩、理藩、懋功三直隸廳，綿州、茂州兩直隸州，兼管都江堰水利。道署在成都東城皇華館街。光緒三十四年裁撤，改通省巡警道署。

　　又按：據丁治棠《報王壬秋師書》知，先生館成綿龍茂道署實因朱逌然到任後，“會食乍停，官課旋復，京費裁歸，舉人退院”。《報王壬秋師書》云：“仲春抵省，院事紛更，會食乍停，官課旋復，京費裁歸，舉人退院。陳岳昆仲，譚陳科條，吹毛歷別，外添備調，分限教習。誠與季平承乏其間，月給小費，價等書庸，令免逐客，術同羈縻。旋家匝月，院局百變。在途未知，抵院始覺。鶺鴒難返，假館已遲，誠之進退，實爲狼狽。”（《合川縣志》卷七十一第一六頁）

　　胡哲波，字藩源，舉人，四川井研人。先生《古學考》《經話》嘗言之，若云：“舊說禮制以不同《王制》爲古派，以《左傳》《周禮》與《王制》同者爲今古所同。同邑胡哲波以爲不如分經。”（《廖平全集》第一冊第一〇七頁）又云：“《記》有五行陰陽家說，《月令》《夏小正》《易本命》《盛德》《用兵》《誥志》是也。五行本《洪範》，陰陽本《夏小正》，本爲經學。五行流於術數，陰陽入於子家，經學不能缺此門，故於禮外別立二家，本於經、子而推及史、志。同邑胡哲波好是事，因與相約爲之，既有專門，則經中此門有所歸宿矣。”（《廖平全集》第一冊第二七六頁）

　　去年至今，先生與華陽趙孔昭切磋小學，相約：凡課作，引用處用墨書，新解用朱書。欲以朱書多少驗勤惰。《經學初程》稿云：“趙孔昭於辛巳壬午間以小學相切磋，孔昭精神有餘而自得甚少。”（《六譯先生年譜》卷二，《廖平全集》第十五冊第四四九頁）

　　族人舉議重修宗譜，“以其事相屬”，先生“以館事不得分身，乃草創凡例，請族祖小樓公代爲紀理”。凡例云：

　　一、定譜格　仿歐陽氏例，五世爲一排，履歷即注於本名之後。
　　一、理世系　依年表例，旁行斜上，必盡正支，然後及旁支盡，五世又別爲一排，必書幾世幾排、某派下某世系，以清眉目。
　　一、詳生没葬地　譜重在此，必詳録於本名之後，其先輩有失考，無從查出，皆照舊譜書録。後輩亦有未備者，族衆人繁，甚難采訪，均留餘空，以俟再補。
　　一、正命名　世次五世爲一排，即以命名一句填之。有誤改字派者，於圈中小書本字，以正其失。

一、正嫡庶　妻妾書於本名履歷之後，妻稱某氏，繼稱繼，妾稱妾，各詳注所出。其有娶同姓者，但書氏，去姓，小書"不錄"二字，以斥其妄。

一、嚴繼嗣　凡撫同姓者，俱照常譜錄。其有撫異姓者，相承已久，不便革除。但於初繼者之字派，刻成陰文，以後子孫之字派俱小書以別之。

一、注遷移　遷移既遠，若不詳注，必致聲氣不通，服未窮而不辨其親疏者有之。族中凡有遷居，各詳注於某時遷某省某縣某鄉，以便查考。

一、正名分　凡正派以上：稱考、稱妣、稱公；正派以下：稱夫、稱婦，並不稱公，以別尊卑。

一、廣收錄　凡族中有末無始，以及同姓不宗，願爲附入者，俱錄入附篇，以篤收族之義。

一、旌節孝　族中凡有懿行，皆宜表章，蓋節孝爲風俗所關，俱詳其曾否請旌待旌。

一、表紳耆　族中官閥，皆各登錄。至於耆年人瑞，亦共詳錄，以備昇平之頌。

一、錄譜序　譜經重修，序述繁多，難以悉載，今擇其緊要有關係者，詳刻數篇，使後世知其原委。

一、昭法戒　族衆人繁，規模不可不肅。今特采聖諭易曉律、藩臬二憲章程及祠規家法，以示勸懲。

一、詳地理　地名多有相同，若不詳注清楚，必致混淆。今於各支住居所在，詳注四圍所近地名，使後有考據焉。

一、編年甲　譜中生没，俱紀以甲子，恐後不知屬於何年。今以明初爲始，依《綱鑑》，次第編出，以便考核。

一、便翻閱　譜中人衆支多，難於翻閱，今著一簡明圖，一線到底；更詳注某支於何處起、何處止，庶閱者瞭如指掌。（《廖氏宗譜》卷一）

四月初八日，爲刊族正章程碑事，與廖氏族首文生登銓、職員成榕、監生成傅、文童正本、恕先、成應等稟請井研知縣，後經邑令批示，同意刊碑。《邑侯王公示》云：

欽加同知衛、特授資州直隸州井研縣正堂、加五級、紀錄十次、記大功三次王爲出示曉諭事。案據文生廖登銓、舉人廖登廷等稟稱："蓋聞堯典時雍，始於睦族。國朝建職，首重宗人。此户刑二律所以有族正之法，而文公著禮以祠堂居首也。生等舊有宗祠，特章程不明，率表無狀，族衆人繁，智愚異術，鼠雀之争，或傷同氣，睢麟有咏，莫革厥心。生等自慚菲薄，束手誰何。恭逢恩明布丕變之休、敷協和之化，陽春司權，萬物欣治。生等以時會難逢，家禮宜急，爰集族衆，煽揚仁風，感憤歡呼，人思自立。因

遵查前藩憲董、前臬憲興所頒《族正章程》,振興教法,並新議祠規,恭呈
電照,伏乞恩廉再爲裁酌,可否賞示刊碑,俾垂世守。生等愧非豪傑,必有
待而後興,而事有始終,將先齊而自治。甘棠之下,定無越禮之人;偃草之
餘,永垂德星之頌。"等情前來,除稟批示外,合行出示曉諭,爲此示仰該姓
闔族人等知悉。自示之後,務各遵照條規章程,永遠奉行,倘敢不遵許,該
姓族長等指名稟究,但不得挾嫌妄稟,致干未便,各宜凛遵毋違。特示。
光緒八年四月初八日,族首文生登銓、舉人登廷、職員成榕、監生成傳、文
童正本、恕先、成應等稟請示。(《廖氏宗譜》卷一)

　　十二月十一日,餘姚朱逌然卒,年四十七。"其喪,士設位院中,哭之有
失聲者。"(《清風室文鈔》卷十)

　　張祥齡贈婢如意,納爲妾。張祥齡《與顔華元書》云:"晶陔既修樛木之
好,復有著述之富,注《春秋穀梁》八卷,申劉氏舊義,可信今而傳後。"(《受
經堂集》第一一頁)當是新納妾後語,故繫於此。(《六譯先生年譜》卷二,
《廖平全集》第十五册第四四九頁)

　　陸德馨(一八八二——一九五三)生。陸德馨,字香初,號陸海,四川三台
人,後任四川省文史研究館研究員。光緒三十年考中秀才,旋入尊經書院肄
業。著有《目錄學》《群經大義》《尊孔修備録》《子貢學考》等。

光緒九年癸未(一八八三)　　三十二歲

　　是年,説經始分今古,爲先生經學初變之始。《四益館經學叢書自序》
云:"癸未以來,用東漢師法,劈分今古二宗,丙戌有《今古學考》之刻。原意
約同志講求,非敢以爲定説也。戊子以後,始悟古學起於劉氏講書,所言淵
源多爲附會,乃作《古學考》《周禮删劉》二篇,以《左傳》歸還今學,此一變
也。"(《廖平全集》第三册第一二七一頁)《初變記》云:"乾嘉以前經説,如
阮、王兩《經解》所刻,宏編巨製,超越前古,爲一代絶業。特淆亂紛紜,使人
失所依據。如孫氏《尚書今古文注疏》,群推爲絶作,同説一經,兼采今古,
南轅北轍,自相矛盾。即如'弼成五服,至於五千',就經文立説,本爲五千
里,博士據《禹貢》説之是也。鄭注古文家,則據《周禮》以爲萬里,此古今混
淆以前之通弊也。至陳卓人、陳左海、魏默深,略知分今古,孫氏亦别采古文
説,專爲一書,然明而未融。或采輯師説,尚未能獵取精華,編爲成書;即有
成書,冀圖僅據文字,主張今古門面,而不知今古根源之所在。但以文字論,
今與今不同,古與古不同。即如《公》《穀》,齊、魯、韓三家,同爲今學,而彼
此歧出;又如顔、嚴之《公羊》,同出一師,而經本各自不同。故雖分今古,仍
無所歸宿。乃據《五經異義》所立之今古二百餘條,專載禮制,不載文字。

今學博士之禮制出於《王制》，古文專用《周禮》。故定爲今學主《王制》、孔子，古學主《周禮》、周公。然後二家所以異同之故，燦若列眉，千谿百壑，得所歸宿。今古兩家所根據，又多同出於孔子，於是倡爲‘法古’‘改制’，初年、晚年之説。然後二派如日月經天，江河行地，判然兩途，不能混合。其中各經師説有不能一律者，則以今古爲大宗，其所統流派，各自成家，是爲大同小異，編爲《今古學考》，排難解紛，如利翦之斷絲、犀角之分水，兩漢今古學派，始能各自成家，門户森嚴，宗旨各別。學者略一涉獵，宗派自明，斬斷葛藤，盡掃塵霧。各擇其性質所近之一門，專精研究，用力少而成功多；不再似從前塵霾，使人墮於五里霧中。此《今古學考》張明兩漢師法，以集各代經學之大成者也。"（《廖平全集》第二册第八八五—八八六頁）

　　　按：《四益館經學四變記自序》云："癸未至今，二十四年矣。"（《廖平全集》第二册第八八四頁）是先生自定説經始分今古在癸未。然《經學初程》云："庚辰以後，專事求大義。"（《廖平全集》第一册第四六七頁）又辛巳注《穀梁》，已宗魯學家法，則先生分別今古，在庚辰之際已現端倪，但旗幟未明，故《四變記自序》託始癸未。

　　春，赴北京會試不第，"舟車南北，冥心潛索，得素王二伯諸大義"。（《重訂穀梁春秋經傳古義疏自叙》，《廖平全集》第六册第一七頁）《尊卑大小釋例自序》云："間嘗推考《春秋》舊例，不下數十種，率離合參半。癸未分國表之，乃始能密合，以視舊作，誠所謂治絲而棼。"（《廖平全集》第十六册第一一二六頁）故先生教人治《春秋》，先分抄十九國事實，則其尊卑、制度、儀節相比而明。其後，族弟承因以成《春秋分國鈔》四卷。提要云：

　　　四益館《春秋》以十九國爲大綱，一王、二伯齊、晋、一王後宋、八方伯魯、衛、陳、鄭、蔡、秦、吳、楚、一外卒正許、六内卒正曹、莒、邾、滕、薛、杞，非此十九國不記卒葬，不專記事。二百四十年中，非十九國而專記事者，狄滅邢、介人侵蕭二條而已。以樞柚言之，《春秋》以此十九國爲經，以會盟侵伐諸事緯之而成。四益教人治《春秋》，先分抄十九國事實，則其尊卑、制度、儀節相比而明。故以十九國抄爲上卷，其餘諸國因十九國而附見者，類抄爲下卷。《春秋》有隱見例，十九國爲見，下卷諸國爲隱，因所見以求隱，故七州之中統見四十八卒正，魯青州統見二十一連帥，一附庸，而《春秋》之志全矣。（《光緒井研志》藝文二，《廖平全集》第十六册第一二〇一頁）

　　先生至京，經水路至上海，繞道蘇州，於上海遇丁治棠。丁治棠《上海邸送廖季平、曾篤齋之蘇州》云：

客里難爲別，相交況故知。臨流心送遠，立岸語移時。旅館抛吟伴，春闈訂晤期。帆風如可借，轉舵莫遲遲。（《丁治棠紀行四種》第六九頁）

先生在京，有"素王二伯"之說。《古今學考》卷下云：

癸未在都，因傳有二伯之言，《白虎通》說五伯，首說主兼三代；《穀梁》以同爲尊周外楚，定《穀梁》爲二伯，《公羊》爲五伯。當時不勝歡慶，以爲此千古未發之覆也。又嘗疑曹以下，何以皆山東國，稱伯、稱子，又與鄭、秦、吳、楚同制。爵五等，乃許男在曹伯之上。考之書，書無此疑；詢之人，人不能答。日夜焦思，刻無停慮，蓋不啻數十說，而皆不能通，唯闕疑而已。（《廖平全集》第一册第八一頁）

先生在都，取《穀梁古義疏》十一卷呈錢塘張預。張預《穀梁春秋經傳古義疏叙》云："季平矗者來謁于都門，述所撰箸《穀梁古義疏》十一卷，十易稿，未爲定本。"（《廖平全集》第六册第一六頁）

五月，離京，謁張之洞於太原。語次，先生言通一經較治一省爲難。（《家學樹坊》下）又言："倘使《穀梁》書成，不羡山西巡撫。"張之洞歎爲誓願宏大，但仍以"風疾馬良"相誡，並以治小學相勖。胡素民挽先生詩云："漫詡山西巡撫貴，咋舌蘭陵一大儒。"

先生在太原，欲作《語上篇》，以矯時弊，後以無暇未果。嘗取張祥齡之言録之《經話》，以其旨多與已合也。《經話甲編》卷一云：

子夫云：近來小學最盛，段、嚴、桂、朱專門名家，皓首成書，或校正異同，或摭拾訓故。要其用意，在明文義，字詁既通，方可治經。末流之弊，小學未通，年已衰晚，叩其經義，茫乎未聞。金石專門，復爲接踵，銅器古泉，搜采具備，既費貲財，且傷精力。本志所存，偏旁孳乳，藉證六書，贗鼎虹梁，每多僞贋，淺見倦士，侈爲古本，得其一字，兼攻泆長。假金石以證《説文》，借字畫以證經義，畢生株守，不知變遷。譬如農織，原爲飢寒；議耒耜，計隴畝，終未得一餐之飽、一縷之被。保氏教國子，八歲之事，十五以後即入大學。今乃以童稚所業，而爲老師宿儒咕嗶而夸張之。況古今所傳，多便經學，精善之籍，盡皆秘隱。《説文》在漢已爲俗陋，託命於斯，無亦自薄。至如音均之書，鈔輯之録，尤爲拾墜於敗篦，築室於道旁，隴西之游，越人之射耳。大海蕩蕩，宜江河以道之，微者亦溝渠以瀹之，胡爲盂匙以測量，涓滴以儲蓄哉。按：此爲株守小學者發，切中時弊，故取之。癸丑在晋陽，欲作《語上篇》以矯其弊，匆匆無暇。此編所言，頗多囊旨。（《廖平全集》第一册第一九六頁）

　　張之洞盛推晋陽書院院長王霞舉,比之伏生、文中子。先生欲謁之,張甚喜。一日同曾叔才、周桂溪往訪之。時先生方推即位禮,舉以詢之,答語極瀾翻。詢以小學,則熟背《說文》如流。王意主守舊,不喜著作,故以舊說誤處挑之,意亦不以舊說爲然,特不肯輕改。其教人以誦讀《儀禮》《說文》爲日課,不治餘業,不著書,先生稱"學者所當遵守"。(《廖平全集》第一册第四六四頁)五日一臨講,講時院長在上,左右則傅、楊二監院,炕几中熒熒一燈,前一火盆,弟子二十餘人環坐,且有商賈來聽者。院長將經文念一過,將注說略爲潤色,比說一過,儀節繁瑣重複之處,同一解述,頗似坊間童子《進學解》者。弟子終席不發一語,講畢而散。於是先生乃悟北學之所以名,自此屢稱北學之善,欲以挽南學之弊。嘗言:"北學簡要,綱目在心,學者學之,固易入手,用之尤端委了然,以其精而不博,最善初學。南學繁雜,窾要在泛博,覽觀既難於默識,臨事更亂於辨說,其博而不精,故非初學所宜。"又曰:"北學中材以下尚可勉爲之,南學則非上智不能譚。北學三年功夫便有規矩,南學則非三十年不能成家。"(《經學初程》稿,《六譯先生年譜》卷二,《廖平全集》第十五册第四五一——四五二頁)

　　　　按:王霞舉,即王軒(一八二三——一八八七),字霞舉,因喜顧炎武學說,又字顧言,自號顧齋,晚號壺翁,山西洪洞人。喜《說文》,通三禮。道光二十六年舉人,同治元年進士。曾參與編纂《山西通志》,主講晋陽書院、令德堂。著有《山西疆域沿革圖譜》《說文句讀識語》《顧齋遺集》《顧齋詩集》等。

　　十二月初九日,先生自太原歸。《湘綺樓日記》云:

　　　　廖生自太原來,言近事,詢香濤行政及筱山志趣,云不甚相合。筱山未肯爲之下,云不遷即告退矣。異哉,請人保舉,乃可鳴高耶。(《湘綺樓日記》第一二八四頁)

光緒十年甲申(一八八四)　　三十三歲

　　肄業尊經書院,嘗與江瀚、張祥齡等聚於杜甫草堂。《答江叔海論〈今古學考〉書》云:"叔海在成都時,常約聚于草堂別墅主人張子苾,當時各有徒衆,定難解紛,每至達旦連日。"(《廖平全集》第十一册第六三六頁)江瀚《送張式卿序》云:"往在甲申乙酉間,余居成都,先後識合州張式卿、新津周宇仁於渭南嚴雁峰座中。宇仁深於經,式卿邃於史,皆西川之儶也。方是時,蜀中開尊經書院垂十年,肄業諸生靡不頡頏作氣,勢以高自標舉,一若數千百年所僅見之才乃聚於一時一地。"(《慎所立齋文集》卷四第四頁)

二月初一日，長兄登墀卒，年四十八歲。

二月十二日，王闓運以母親患傷寒返湘，丁寶楨約歸家一視便當還蜀。（《清王湘綺先生闓運年譜》卷三第七頁）

五月初二日，王闓運復携二女岎、茇至成都。（同上第八頁）

六月二十八日，張祥齡薦先生掌尊經書局，王闓運不許，謂爲“嗜利悖愎，非其材也”。（《湘綺樓日記》第一三四九頁）

秋，成《穀梁春秋經傳古義疏》十一卷。錢塘張預序云：“首明古誼，説本先師，推原禮證，參之《王制》。”（《廖平全集》第六册第一六頁）先生自序云：“甲申初秋，偶讀《王制》，怳有頓悟。于是，向之疑者盡釋，而信者愈堅；蒙翳一新，豁然自達，乃取舊稿重録之。”（《廖平全集》第六册第一七頁）《今古學考》卷下云：

> 甲申，考大夫制，檢《王制》，見其大國、次國、小國之説主此立論，猶未之奇也。及考其二伯、方伯之制，然後悟《穀梁》二伯乃舊制如此，假之于齊、晉耳。考其寰内諸侯稱伯乃三監之説，然後悟鄭、秦稱伯，單伯、祭仲、女叔之爲天子大夫，則愈奇之矣，猶未敢以爲《春秋》説也。及録《穀梁》舊稿，悉用其説，苟或未安，沉思即得，然後以此爲素王改制之書，《春秋》之別傳也。（《廖平全集》第一册第八一頁）

> 　　按：舊稿即辛巳所創（《穀梁古義疏自叙》），張祥齡《與顧華元書》所稱《穀梁春秋注》八卷者，至此稿又一易也。

是時，岳森重到尊經書院，有《重到尊經書院晤廖季平、張子馥有感即賦》記其事，云：

> 爲尋舊侶又西征，赤日炎風苦此行。南國才人多妙想，西京博士少私爭。五經同異分今古，十載知交見性情。聞道越南烽火急，引杯看劍氣縱橫。　時法郎西稱兵越南，並内寇臺灣。（《癸甲襄校録》卷三第三一——三二頁）

初冬，以作《穀梁疏》餘力成《起起穀梁廢疾》一卷。先生以何休《穀梁廢疾》自尊所習，同室操戈。鄭既不習《穀梁》，乃謬託主人以攻何，使本義愈湮。乃條例何、鄭之説而加以糾正，務申傳旨。自序云：

> 名墨者流，正名從質，《春秋》之巨綱，王道所急務。不善學者，騁辨持巧，主張白馬，窮究非儒，驁末失本。道由辨息，等吳秦之自亡，豈施惠之本義乎。是以漢初博士，惟務自達，不喜攻人，雖石渠、虎觀，粗存異同，然猶不相指摘。自劉歆奮立《左氏》，諸儒仇之，條其罅漏，互相難詰，掊擊之風，原于此矣。何君自專所習，乃以尋仇之戈，操于同室。鄭君小涉

左學，不習《穀梁》，鄉鄰私鬭，何須被纓。乃謬託主人，日尋報復，駁許以外，更復攻何，生事之譏，其能免與。凡屬訟訐之言，並爲求勝而作，影射毛吹，有如讒慝。亦且內實不足，乃求勝語言，使或平心，都爲賸語。何既制言憸薄，力氣矯誣，不事言詮，乃呈嫉妒。鄭則自負博通，攻堅奮訥，反旗倒戈，以相從事。客兵驕主，不復統制，甚或毀棄章服，改從敵人。欲群經皆有所統，本義因以愈湮。東漢以來，經學破壞，學者苟設矛盾，便云立國，軍政本務，日就沉淪，古法湮絕，孰任其咎耶。今者三傳之學，唯求內理，不騖旁攻，仁知異端，取裁所見，誠各尋其旨歸，莫不互有依據，同者從同，異者從異，似同而異，似異而同，改謬說而合正焉。別爲十表附會，說其本義，不敢小有左右其間，以祛好辯之弊。至《公》《穀》同爲今學，聲氣相感，神形多肖，何、鄭所錄，恒失本旨。今于各條之下，務申傳旨，二君誤說，間或正之。然惟求足明本傳，不敢希勝《公羊》，少涉攻擊之習。其名《起起廢疾》者，鄭釋間有誤藥，恐爲疾憂，故正其箴砭，以期眊眩，非云醫疾，聊取用心爾。(《光緒井研志》藝文二，《廖平全集》第十六冊第一一八七—一一八八頁)

又以范甯《集解》倡言攻傳，越古人注不破傳之例，猖狂淺陋，乃"條立所難，敬爲答之。《起廢》《糾謬》以外，得專條二十事"。《釋范》弁言云：

甲申初冬，條立所難，敬爲答之。《起廢》《糾繆》以外，得專條二十事。(《廖平全集》第九冊第二一一五頁)

又成《何氏公羊春秋十論》，其目爲：《王制》爲《春秋》舊禮傳論；諸侯四等論；託禮論；假號論；主素王不王魯論；無月例論；子伯非爵論；諸侯累數以見從違論；曲存時事論；三世論。自叙云：

何君專精《公羊》，超邁東漢，顏、嚴已渺，獨立學官，隋唐以來，號爲絕學，學者苦其難讀，駁議橫生。國朝通材代出，信古能勞，鈎沈繼絕，學乃大明。劉、陳同道，曲阜異途。從違雖殊，門户猶昔。平寢饋既深，扃鑰倏啟，親見癥痕，用新壁壘。竊以《解詁》頓兵堅城，老師糜餉，攻城無術，用違其方，聾瞽有憂，膏盲誰解。《穀梁》注疏，纂述初就，便欲改注《公羊》，獨標玄解，用發覆藏。時月無閒，工計未程，綜括大綱，作此十論。豈敢比之權輿，特欲假爲繩墨。倘其學思無進，則必依程圖功，假或師友有聞，尚將改絃異計。歲寒書此，藏之敝篋，以卜異日之進退云爾。甲申冬月，廖平自叙。(《廖平全集》第九冊第二一三八頁)

按：《何氏公羊解詁》爲先生早年寫成《穀梁古義疏》後，欲改注《公羊》而擬定之新注大綱，起甲申冬迄丙戌春，分正、續、再續各十論。《再續十論》云："昔劉申受作《何氏解詁箋》,已多補正,特其所言多小節,間或據別傳以易何義。今之所言,多主大例,特以明此事亦有所仿,不自今始耳。"(《廖平全集》第九册第二一六七頁)

又成《穀梁集解糾謬》二卷,提要云:

考《穀梁》學西漢雖未大顯,然專門大師如劉、尹諸子之遺説,迄晉尚有傳本。范氏《集解》不用舊義,以臆解經,又喜駁傳,開唐宋舍傳從經之弊。且經傳注疏,皆專門宿學,出之一手。范氏本非專家,學無師法,又係子姓女聟湊合而成,昔人比之《孟子》孫疏,未爲過苛。齊梁以下,喜其文藻,又以順文立解,不似何、賈簡奧難誦,尊尚其書,而舊注遂亡。平于《公羊》何注有《商榷》,《左傳》杜氏有《辨正》,皆先已成書,而後更撰經傳注疏。惟此篇作于《穀梁古義》既成後,其例如二書,以范學較二家爲劣,故名以《糾謬》云。(《光緒井研志》藝文二,《廖平全集》第十六册第一一八六頁)

擬《博士答劉子駿書》,《今古學考》卷下云:"甲申擬《博士答劉子駿書》,尚未悟此理,尋當改作也。"(《廖平全集》第一册第八六頁)

劉師培(一八八四——一九一九)生。劉師培,字申叔,號左盦,江蘇儀徵人。著有《左盦集》八卷、《左盦外集》二十卷、《左盦詩録》四卷、《詞録》一卷等。

光緒十一年乙酉(一八八五)　三十四歲

春,以《王制》有經傳、記注之文,舊本淆亂失序,考訂改寫爲《王制定本》一卷。《今古學考》卷下云:

乙酉春,將《王制》分經傳寫鈔,欲作《義證》,時不過引《穀梁傳》文以相應證耳。偶抄《異義今古學異同表》,初以爲十四博士必相參雜,乃古與古同,今與今同,雖小有不合,非其巨綱,然後恍然悟博士同爲一家,古學又別爲一家也。遍考諸書,歷歷不爽,始定今古異同之論。久之,悟孔子作《春秋》、定《王制》爲晚年説,弟子多主此義,推以遍説群經。漢初博士皆弟子之支派,故同主《王制》立説。乃定《王制》爲今學之祖,立表説以明之。蟻穿九曲,予蓋不止九曲,雖數十百曲有矣。當其已明,則數言可了;當其未明,則百思不得。西人製一器,有經數十年父子相繼然後成者。嘗見其石印,轉變數過,然後乃成,不知其始何以奇想至此。予于今古同異,頗有此况。人聞石印,莫不始疑而終信,猶歸功于藥料。此則並藥料無之,將何以取信天下乎。(《廖平全集》第一册第八一——八二頁)

又云：

《王制》有經有傳，並有傳文佚在別篇者。至於本篇經傳之外，並有先師加注記之文，如說尺畝，據漢制今田爲説是也。(《廖平全集》第一冊第八〇頁)

按：後收入《六譯叢書》，改題《王制訂》。先生於經籍中分經、傳、記注，不僅限於《王制》。除《王制定本》外，尚有《禮運禮器郊特牲訂本》。(《廖平全集》第五冊第一〇七頁)

仲春，蕭藩謀刊《穀梁古義疏》，先生謙而未遑，因舉《起起穀梁廢疾》相授。蕭藩跋云：

乙酉仲春，謀刊其《古義》，季平謙而未遑，因舉此冊以相授。校付梓人，旬日而就。(《廖平全集》第九冊第二一〇八頁)

二月，易順鼎入蜀，與先生、宋育仁、張祥齡等相識，嘗相往返。《易順鼎年譜簡編》云：

侍父訪王闓運於成都尊經書院，與王闓運門生宋育仁、廖平、張祥齡等相往還。(《湖南人物年譜》第五冊第三七四頁)

易順鼎《詩鐘説夢》云：

光緒乙酉，隨任川藩。趨庭之暇，與由甫六弟、香畹五妹及妹婿黃玉宗，開詩鐘詩。時張子苾、曾季碩夫婦居署中，而署中群彦如顧印愚、范玉賓、劉健卿、江叔海諸君，簪裾畢集。所作詩鐘，或呈先君校閲，或季碩、香畹代先君校閲。……所作甚多，刻成四冊。(《聯話叢編》第四冊第二四〇五頁)

四月，易順鼎往游峨眉，有《發成都，舟中連句寄謝廖平、張祥齡、范溶、劉子雄，並簡壬秋院長先生、星潭兵備丈》紀其事，有句贊先生：

聆音喜易和，家聲傳漢師。(《峨眉詩録》第一頁)

四月(孟夏)，撰《重訂穀梁春秋經傳古義疏凡例》四十一條，稿凡三易。《重訂穀梁春秋經傳古義疏凡例》云："凡例未刊之先，已經數易其稿。"重訂之後，凡二十三條。(《廖平全集》第六冊第二三頁)

跋范溶《篆書説文》。

六月，用東漢許、鄭法爲《今古學考》二卷。上卷表二十，下卷説一百零六則。提要云：

平于乙酉用東漢許、鄭法爲此篇。上卷表，下卷説。今説歸本孔子、《王制》，古學歸本周公、《周禮》，劈開兩派，如日月經天，江河行地。戊子以後，乃是今非古。丁酉以後，乃分帝王、大小二統。學雖三變，此編乃爲初基。海内論四益者，多以此編爲主，雖曰淺近易循，而欲求後來再變之説，亦未有不以此編爲始基者也。（《光緒井研志》藝文四，《廖平全集》第十六册第一二四〇頁）

又自述表之用意云：

《藝文志》博士經傳及古經本，溯古學之所以名也。《異義今古名目》，明東漢已今古並稱也。《異義》條説之不同，先師著書之各異，使知今古學舊不相雜也。凡此皆從前之舊説也。至于《統宗表》，詳其源也。《宗旨不同表》，説其意也。《損益》《因仍》二表，明今之所以變古也。《流派篇目表》，理其委也。《戴記篇目》《今古書目表》二表，嚴其界限，使不相混也。《改從》《有無》，辨其出入。《名實異同》，究其交互。凡此皆鄙人之新説，求深于古者也。更録《三家經傳》，明齊學之中處；《今古廢絶》，詳鄭君之變法；《今古盛衰》，所以示今學在微；《經傳存佚》，所以傷舊學之墜。至于此而今古之學備矣。所有詳論，並見下篇。丙戌六月朔日，編成識此。井研廖平。（《廖平全集》第一册第一三頁）

按：《今古學考》卷下跋云：“舊擬今古學三十論目，欲條説之，倉卒未能撰述，謹就《經話》中取其論今古學者，以爲此卷。”（《廖平全集》第一册第五四頁）

又按：此書《光緒井研志》《四益館經學四變記》己酉本謂作於乙酉，《自序》稱丙戌編成，今暫繫乙酉。

《知聖篇》云：

德陽劉介卿子雄舍人，心思精鋭，好鬭新説，因讀《今古學考》，遂不肯治經，以爲治經不講今古，是爲野戰；講今古又不免拾人牙慧，故舍經學，尚工詩辭。又以《周禮删劉》爲闇割之法，於己説相忤，指爲竄改，不免武斷，必群經傳記，無一不通，方爲精博。今以“大統”説《周禮》，舊所闇割之條，悉化朽腐爲神奇，惜舍人不及見之也。（《廖平全集》第一册第三五九頁）

張之洞不喜《今古學考》，謂先生“但學曾、胡，不必師法虫雟”，又曰“洞穴皆各有主，難於自立”。蓋先生嘗云：

今古之分，鄭君以前無人不守此界畔。伏《尚書》、三家《詩》無論矣。

何君《公羊解詁》不用古説,其解與《周禮》不同者,皆以爲《春秋》有改制之事,不强同《周禮》,此今學之派也。至于許君《説文》用古義,凡今文家皆以博士説目之,屏爲異義。至于杜、鄭興、衆父子、賈、馬,其注《周禮》《左傳》《尚書》,皆不用博士説片言隻字。至于引用諸書,亦惟用古派,從不用《王制》。其分別異同,有如陰陽、水火之不能强同。鄭司農注大司徒五等封地,全就本經立説,不牽涉《王制》。其注諸男方百里一條云:“諸男食者四之一,適方五十里,獨此與五經家説合耳。”其所謂之“五經家”者,即《王制》子男五十里之説也。《異義》謂之今文,《説文》目爲博士,斥爲異説,不求雷同。即此可見東漢分別今古之嚴。自鄭康成出,乃混合之。可含混者,則含混説之;文義分明者,則臆斷今説以爲殷禮。甚至《曲禮》古文異派,亦以爲殷禮。(《廖平全集》第一册第五八頁)

又云:

今古之混亂,始于鄭君,而成于王子雍。大約漢人分別古今甚嚴,魏晉之間厭其紛争,同思畫一。鄭君既主今古混合,王子雍苟欲争勝,力返古法,足以摧擊鄭君矣,殊乃尤而效之,更且加厲。《家語》《孔叢》皆其僞撰,乃將群經今古不同之禮,託于孔子説而牽合之。如《王制》廟制,今説也;《祭法》廟制,古説也;各爲規模,萬難强同者也。而《家語》《孔叢》之言廟制者,則揉雜二書爲一説。鄭君之説,猶各自爲書;至於王氏,則並其堤防而全潰之。後人讀其書,愈以迷亂,不能復理舊業,皆王氏之過也。故其混亂之罪,尤在鄭君之上。欲求勝人,而不知擇術,亦愚矣哉。(《廖平全集》第一册第五九頁)

又云:

鄭君之學,主意在混合今古。予之治經,力與鄭反,意將其所誤合之處,悉爲分出。經學至鄭一大變,至今又一大變。鄭變而違古,今變而合古。離之兩美,合之兩傷,得其要領,以御繁難,有識者自能別之。(《廖平全集》第一册第七七—七八頁)

又云:

予治經以分今古爲大綱,然雅不喜近人專就文字異同言之。二陳雖無主宰,猶承舊説,以禮制爲主。道咸以來,著作愈多。試以《尚書》一經言之,其言今古文字不同者,不下千百條。(《廖平全集》第一册第七八頁)

又述作《今古學考》之意云:

　　或以今古爲新派。曰:此兩漢經師之舊法也。以《王制》主今學無據。曰:俞蔭甫先生有成説矣。以《國語》在《左傳》先爲無考。曰:此二書爲二人作,趙甌北等早言之矣。《戴記》有今有古,鄭、馬注《周禮》《左傳》已有此決擇矣。今古二家各不相蒙,今古先師早有此涇渭矣。以今古分別禮説,陳左海、陳卓人已立此宗旨矣。解經各還家法,不可混亂,則段玉裁、陳奐、王劼注《毛詩》已删去鄭箋矣。以《禮記》分篇治之,則《隋志》已有《中庸》《喪服》《月令》單行之解矣。今與今合,古與古合,不相通,許君《異義》早以類相從矣。考訂《戴記》簡篇,則劉子政、鄭康成已有分別矣。今之爲説,無往非因,亦無往非創;舉漢至今家法融會而貫通之,以求得其主宰。舉今古存佚群經,博覽而會通,務還其門面,並行而不害,一視而同仁。彼群經今古之亂,不盡由康成一人。今欲探抉懸解,直接卜左,則舉凡經學蒙混之處,皆欲積精累力以通之,此作《今古考》之意也。
(《廖平全集》第一册第六三—六四頁)

　　叙分撰《戴記》與分別諸經今古關係云:

　　《易》《書》《詩》《春秋》《儀禮》《周禮》《孝經》《論語》今古之分,古人有成説矣;唯《戴記》兩書中諸篇自有今古,則無人能分別其説。蓋《戴記》所傳八十餘篇,皆漢初求書官私所得,有先師經説,有子史雜鈔,最爲駁雜。其采自今學者,則爲今學家言;采自古學者,則爲古學家言。漢人以其書出在古文之先,立有博士,遂同以爲今學。此今古所以混淆之始,非鄭康成之過也。然考《異義》,雖以《戴禮》爲今説,而杜、賈諸家注《周禮》《左傳》,于《戴記》有引用之篇,有不引用之篇。是當時雖以《戴禮》爲今學,而古文家未嘗不用其説,足見其書之今古並存矣。今之分別今古,得力尤在將《戴記》中各篇今古不同者歸還本家。《戴記》今古定,群經之今古無不定矣。……蓋以《記》中諸篇經説居十之七八,自別入《記》中,經不得記不能明,記不得經無以證,……甚至援引異説以相比附。……今爲合之,如母得子,……瓜分系列,門户改觀。……予以《王制》解《春秋》,無一字不合,自胡、董以來,絶無此説。至以《戴記》分隸諸經,分其今古,此亦二千年不傳之絶。……或以此説爲過奇,不知皆有所本,無自創之條,特初説淺而不深,偏而不全,……久乃包羅小大,貫穿終始,采花爲蜜,集腋成裘,……積勞苦思,歷數年之久,于盤根錯節,外侮内憂,初得彌縫完善,而其得力尤在分隸《戴記》,觀前表及《兩戴章句凡例》可見。
(《今古學考》卷下,《廖平全集》第一册第六一—六三頁)

　　先生自云:

　　學者初治經，莫妙於看《王制輯證》。篇帙少，無煩難之苦，一也；皆一家言，無參差不齊之患，二也；自爲制度，綱領具在，有經營制作之用，三也；經少而義多，尋繹無窮，有條不紊，四也；有《春秋》以爲之證，皆有實據，無泛濫無歸及隱虛無主之失，五也；且統屬今學，諸家綱領具在，於治今學諸經甚易，六也；知此爲經學大宗。以此推之六藝，則《易》《書》《詩》《禮》皆在所包，諸經可由此而推，七也；既明今學，則古學家襲用今學者可知，其變易今學者更易明，八也；今學異説多，既以此爲主，然後以推異例，巨綱在手，足以駁變，九也；秦漢以來，經、傳、注、記、子、緯、史、集，皆本此立義。今習其宗，則群書易讀，十也。（《廖平全集》第一册第四六七—四六八頁）

　　又有自叙一則，極能道出此中甘苦及用功次第：

　　今學、古學之分，二陳已知其流別矣。至于以《王制》爲今學所祖，盡括今學，則或疑過于奇。竊《王制》後人疑爲漢人撰，豈不知而好爲奇論。蓋嘗積疑三四年，經七八轉變，然後乃爲此説。疑之久，思之深，至苦矣。辛巳秋，檢《曲禮》"天子不言出"、"諸侯不生名"數節，文與《春秋傳》同，又非禮制，因《郊特牲》《樂記》一篇有數篇、數十篇之説，疑此數節爲先師《春秋》説，錯簡入《曲禮》者也。癸未在都，因傳有二伯之言，《白虎通》説五伯，首説主兼三代，《穀梁》以同爲尊周外楚，定《穀梁》爲二伯，《公羊》爲五伯。當時不勝歡慶，以爲此千古未發之覆也。又嘗疑曹以下，何以皆山東國。稱伯、稱子，又與鄭、秦、吳、楚同制。爵五等，乃許男在曹伯之上。考之書，書無此疑；詢之人，人不能答。日夜焦思，刻無停慮，蓋不啻數十説，而皆不能通，唯闕疑而已。甲申，考大夫制，檢《王制》，見其大國、次國、小國之説主此立論，猶未之奇也；及考其二伯、方伯之制，然後悟《穀梁》二伯乃舊制如此，假之于齊晉耳。考其寰内諸侯稱伯及三監之説，然後悟鄭、秦稱伯，單伯、祭仲、女叔之爲天子大夫，則愈奇之矣，猶未敢以爲《春秋》説也。及録《穀梁》舊稿，悉用其説，苟或未安，沉思即得，然後以此爲素王改制之書，《春秋》之別傳也。乙酉春，將《王制》分經傳寫鈔，欲作《義證》，時不過引《穀梁傳》文以相應證耳。偶抄《異義今古學異同表》，初以爲十四博士必相參雜，乃古與古同、今與今同，雖小有不合，非其巨綱，然後恍然悟博士同爲一家，古學又別爲一家也。遍考諸書，歷歷不爽，始定今古異同之論。久之，悟孔子作《春秋》、定《王制》爲晚年説，弟子多主此義，推以遍説群經。漢初博士皆弟子之支派，故同主《王制》立説。乃定《王制》爲今學之祖，立表説以明之。蟻穿九曲，予蓋不止九曲，雖數十百曲有矣。當其已明，則數言可了；當其未明，則百思不得。

西人製一器,有經數十年父子相繼然後成者。嘗見其石印,轉變數過,然後乃成,不知其始何以奇想至此。予于今古同異,頗有此況。人聞石印,莫不始疑而終信,猶歸功于藥料;此則並藥料無之,將何以取信天下乎。(《今古學考》卷下,《廖平全集》第一冊第八〇—八二頁)

又嘗自言分別今古用意:

地理家有鳥道之說,翦迂斜爲直徑;予分今古學,意頗似此。然直求徑道,特爲便於再加高深;倘因此簡易,日肆苟安,則尚不如改迂其途之足以使人心存畏敬。然二派之外又有無數小派,稽其數目不下八九家,苟欲博通周攬,則亦非易事。(《今古學考》卷下,《廖平全集》第七六頁)

斯時,先生欲集同人之力,統著《十八經注疏》。《今古學考》卷下云:

予創爲今古二派,以復西京之舊,欲集同人之力,統著《十八經注疏》,今文《尚書》《齊詩》《魯詩》《韓詩》《戴禮》《儀禮記》《公羊》《穀梁》《孝經》《論語》,古文《尚書》《周官》《毛詩》《左傳》《儀禮經》《孝經》《論語》《戴禮》。《易》學不在此數。以成蜀學。見成《穀梁》一種。然心志有餘,時事難就,是以初成一經而止。因舊欲約友人分經合作,故先作《十八經注疏凡例》。既以相約同志,並以求正高明,特多未定之說,一俟纂述,當再加商訂也。昔陳奐、陳立、劉寶楠、胡培翬諸人在金陵貢院中,分約治諸經疏,今皆成書。予之所約,則並欲作注耳。(《廖平全集》第一冊第七八頁)

偶抄《異義今古學異同表》,始定今古異同之論。《今古學考》卷下云:

偶抄《異義今古學異同表》,……恍然悟博士同爲一家,古學又別爲一家。遍考諸書,歷歷不爽,始定今古異同之論。(《廖平全集》第一冊第八一頁)

又云:

予初爲《今古學異同表》,玉賓范大容爲題其面曰"大鬧天空"。自東漢以來,其說久佚,今爲之一返其舊,覺雲垂海立,石破天驚,足以駭人聽聞也。(《六譯先生年譜補遺》,《廖平全集》第十五冊第六八三—六八四頁)

七八月間,刊《釋范》成。弁言云:

古人注經,例不破傳。鄭君改字,爲世所譏,唯范氏《集解》,昌言攻傳。觀其序意,直等先生之勒帛,無復弟子之懷疑。唐宋以來,反得盛譽。

紀君無識，乃欲左范右何，其猖狂淺陋，信心蔑古，爲後人新學所祖，所云
"《春秋》三傳置高閣"者，蓋作俑於《集解》矣。夫人之爲學，所以求不足，
非以市有餘。凡己所昧，求決於書，一語三年，不爲遲頓。今先具成見，然
後治經，苟有錯盤，然後沈滯，但己所昧，便相指摘。公孫龍子云："教而後
學。"若此者，直教而無學矣。絕古人授受之門，倡後學狂悖之習，王、何之
罪，豈相軒輊乎。檢所駁斥，初亦懷疑，積以期月，便爾冰釋。乃知所難，
尚爲膚末。甲申初冬，條立所難，敬爲答之。《起廢》《糾繆》以外，得專條
二十事。誠知淺薄所列，未敢必合於先師。然而小葵轉日，其心無他，不
似范氏恣睢暴厲，借讎人之刃而自戕其同室也。乙酉三伏，廖平自序。
(《廖平全集》第九冊第二一一五頁)

初秋，作《何氏公羊春秋續十論》，其目爲：嫌疑論、本末論、翻譯論、隱
見論、詳略論、重事論、據證論、加損論、從史論、塗乙論。記云：

　　前論作於去冬，餘意未盡，綴以新解，更爲此篇。昔洪稚存亮吉有《春
秋十論》，初意效之，故別爲編目，不與前并。古人才敏，日試萬言，今經二
百日，所得乃僅如此，又且從日夜勞悴、神形交困而來，豈古今之不及，何
遲速之懸殊也。乙酉初秋，季平記。(《廖平全集》第九冊第二一五三頁)

八月中秋，編定《穀梁春秋內外編目錄》三十一種，都五十卷。內編書
一：《穀梁古義疏》十一卷。外編書十一：《起起廢疾》一卷，《釋范》一卷，《集
解糾繆》二卷，《穀梁先師遺説考》四卷，《穀梁大義詳證》四卷，《穀梁傳例疏
證》二卷，《穀梁外傳》二卷，《穀梁決事》二卷，《穀梁屬辭》二卷附《本末》一
卷，《穀梁比事》二卷，《説穀梁瑣語》四卷。表二十五：《穀梁日月時例表》，
《穀梁七等進退表》，《穀梁筆削表》，《穀梁褒貶表》，《穀梁善惡表》，《穀梁
十八國尊卑儀注表》，《穀梁一見例表》，《穀梁三言例表》，《穀梁內本國外諸
夏表》，《穀梁內諸夏外夷狄表》，《穀梁內內夷外外夷表》，《穀梁尊大夷卑小
夷表》，《穀梁名號中外異同表》，《穀梁諸侯列數隱見表》，《穀梁來往表》，
《穀梁加損表》，《穀梁從史表》，《三傳師説同源異流表》，《左傳變易今學事
實傳例禮制三表》，《三傳異禮異例異事三表》等。意詳《重訂穀梁春秋經學
外編叙目》：

　　《穀梁》師法，漢初甚微。建武以後無博士，唯顯于宣、元之間，不過
三十年。佚傳遺説，殊堪寶貴。今輯《孟》《荀》及宣、元間本師舊説，仿陳
左海例，作《穀梁先師遺説考》四卷，故注中引用，不復更注所出焉。
　　諸經皆有舊傳，今傳文乃漢師取舊傳以答弟子問者也，故傳中有引舊
傳之文。今仿其例，凡傳與《禮記》《公羊》傳文確爲舊傳者，集之以爲《舊

傳》一卷。

《穀梁傳》有“孔子素王”一語，今佚，見《梅福傳》顔注引，《王制》所謂素王也，注中詳之。更作《穀梁大義》一卷，以素王爲主，其中如改制、三世、親魯、故宋、黜杞、尊周、二伯、八方伯、六卒正、外夷狄、進退諸侯，皆從之。

孔子修《春秋》，因魯史，其著述之義，如正名、加損、傳疑、傳信、尚志、謹微、本末之類，別爲《穀梁大義》第二卷，專明著録之義。

《春秋》制義，如奉天、正道、貴民、貴命、重信、親親、尊尊、賢賢、賤利、貴讓、仁義、五倫、權謀、終始、有無、謹始、復仇、明時、法古之類，作《大義》第三卷，專明制義之事。

先師傳經，淵源本末，如佚傳、異説、傳受、姓氏、闕疑之類，別爲《穀梁大義》第四卷，專明傳經之事。

二傳之例，與本傳大同小異，今作《三傳異例表》一卷，專明此事，故注中不必詳二傳例。《禮》《事》二表同。

范注中采用鄭君《起廢疾》。按：鄭未有深解。舊作《起起廢疾》一卷，以明本義而駁何、鄭，故注中不更存何、鄭説。

范注采用何、杜兩家，全無師法。注中不加駁斥，別取其反傳倍理者爲之解説，作《集解糾繆》二卷。至其駁傳之條，則別爲《釋范》一卷解之。

傳有總傳，當分之；有數傳，當別之。有一見，有累言。有相比見義，有數傳方備。有不發傳爲省文，有不發傳爲別義。有傳不在本條下，有無所繫而發傳。有文同而意異，有文異而意同。有傳此包彼，有傳此起彼。注外別作《釋例》二卷，專以本經依傳比例條考焉。

天子、二伯、方伯、卒正、微國，尊卑儀注，一條不苟，説《春秋》者略焉。注中最詳此義，別爲《十八國尊卑儀注表》以明之。

《春秋》有一見例，以明數見、不見界畫，舊説皆誤與正例相比，注外別作《一見表》以明之。

中外異辭，最爲要義，説者略焉。注外別爲《内外異辭表》《中外異辭表》以明之。

筆削等差，共四五十類，注外別取傳文，作《筆削表》一卷。傳所不詳，依例補之。

進退次第，共四五十類，注外別取傳文，作《進退表》一卷。傳所不詳，依例補之。

功罪大小，共四五十類，注外別取傳文，作《善惡表》一卷。傳所不詳，依例補之。

爵位等差，最爲繁雜。今取傳中州、國、名、氏、人、字不繫，作《爵禄表》一卷。

傳于日月例最爲詳備，注詳于本條下。更別作《日月時例表》三卷，如《公羊》之例。

《穀梁》久微，今取定傳議駁本于《穀梁》者，仿董子例，作《穀梁決事》一卷。

劉子政説有外傳逸文，今取之作《外傳》一卷，以符《藝文志》舊目。三傳有師説同而所説之事不同者，如緩追逸賊、同盟用狄道之類，注中不復臚入，別作《三傳師説同源異流表》一卷以明之。

《春秋》瑣事孤文，三傳各異，無所是正，此在傳疑之例，孔子所不能信，傳者乃不能不説之。注外別作《三傳傳疑表》一卷，以平三傳之獄。

屬辭比事，《春秋》之教也。今將天王及十八國事經緯本末，分國編之，即取《史記》譜牒之説以爲之注，作《春秋屬辭表》四卷。注外別作《比事》二卷，以見比義。

會盟列叙諸侯，皆有所起。苟無所起，則不見。舊説皆略，注詳説之，別作《中國夷狄爭伯表》一卷，專明會盟列數之義。

方言異稱，華夷翻譯，孔子云：“號從中國，名從主人。”傳舉方言異稱，蓋大例，所包甚廣。注外別作《中外名號異同表》，而以方言附之。

諸國地邑、山水名號，最爲繁賾。傳中詳其四向，並詳道里數目，此非據圖籍不能。注外別據劉、班之説，更推傳例，作圖一方，並疏解名號于後。

《左傳》因《國語》加章句爲今本，今凡《國語》所略而於經例可疑者，則皆誤解。今將注疏異説標出，爲《左傳變異今學事實表》。凡表以外，則皆合於二傳。今取其事實與本傳合而爲《史記》《國語》所無，則命成鑑疏之，以“補疏”標題，示區別焉。

今學以《王制》爲宗，齊、魯《詩》皆魯國今學。劉子受《魯詩》，從之。今于先師外，凡今學各經師説，統輯爲《王制注疏》。凡本傳禮制不明者取之；已明者但詳出于《注疏》。

傳有從史一例，舊傳解多失。今取經文從史之例，先立一表，而後依事解之，如趙盾、崔杼、陳溺、楚卷、鄭髠之類是也。

今學《王制》外有佚文佚義不傳於今本者，將據今學各經傳師説彙輯之，以爲《王制佚文佚義考》。凡傳文義不傳於《王制》者，皆就此説之。（《廖平全集》第六册第七一二—七一五頁）

仁壽蕭藩爲刊《起起穀梁廢疾》《釋范》二書。《起起穀梁廢疾序》云：

名墨者流，正名從質，《春秋》之巨綱，王道所急務。不善學者，騁辨持巧，主張白馬，窮究非儒，鶩末朱本，道由辯息，等吳、秦之自亡，豈施、翟之本義乎。是以漢初博士，惟務自達，不喜攻人。雖石渠、虎觀，粗存異同，然猶不相指摘。自劉歆奮立《左氏》，諸儒仇之，條其罅漏，互相難訊，掊擊之風，原于此矣。何君自尊所習，乃以尋仇之戈，操于同室；鄭君小涉《左》學，不習《穀梁》，鄉鄰私鬬，何須被纓，乃謬託主人，日尋報復，駁許以外，更復攻何，生事之譏，其能免與。凡屬訟訐之言，並爲求勝而作，影射毛吹，有如讒慝，亦且内實不足，乃求勝語言，使或平心，都爲贅語。何既制言儇薄，立義矯誣，不事言詮，乃呈嫉妒；鄭則自負博通，攻堅奮詡，反旗倒戈，以相從事，客兵僑主，不復統制。甚或毀棄章服，改從敵人，欲群經皆有所作，使本義因以愈湮。東漢以來，經學破壞，學者苟設矛盾，便云立國，軍政本務，日就沈淪，古法湮絕，孰任其咎耶。今者三傳之學，唯求内理，不鶩旁攻，仁智異端，取裁所見，誠各尋其指歸，莫不互有依據，同者從同，異者從異，似同而異，似異而同，改謬説而各正焉，别爲十表，附説其本義。不敢小有左右於其間，以祛好辨之弊。至《公》《穀》同爲今學，聲氣相感，神形多肖。何、鄭所録，恒失本旨。今于各條之下，務申傳旨，二君誤説，間或正之。然惟求足明本傳，不敢希勝《公羊》，少涉攻擊之習。其名《起起廢疾》者，鄭釋間有誤藥，恐爲疾憂，故正其箴砭，以期眊眩，非云醫藥，聊取用心爾。井研廖平自序。（《廖平全集》第九册第二○七九—二○八○頁）

蕭藩《起起穀梁廢疾跋》云：

班固云："經方者，本草石之寒温，量疾病之淺深，假藥味之滋，因氣感之宜，辨五苦六辛，致水火之齊，以通閉解結，反之於平。及失其宜者，以熱益熱，以寒增寒，精氣内傷，不見於外。諺曰：'有病不治，常得中醫。'"《穀梁》經例完粹，遠過《公羊》，内合《禮經》，外無激論，所謂百脈冲和、至人無病者也。何氏入主出奴，好甘忌苦，自安贅肒，乃嗤駝背，施箴砭于平人，希要功于肉骨，真所謂以瘉爲劇、以死爲生者矣。鄭君未諳尺寸，不解和齊，厭庸醫之張皇，乃檢方而獻技，以熱益熱，以寒增寒，于是血脈賁亂，關節枯落矣。竊以苟欲制方，務先審病。經絡通利，則不需按摩；藥石誤投，則反如鴆毒。且血氣周流，自能已疾。故養病之要，自理天和，況乎無因，徒加刀石乎。然而方證具列，傳習已久，苟不明白，恐惑庸愚。倘其不達而嘗，則必求生反死。吾友季平《穀梁古義》全書已成，乃於餘暇，備列何、鄭原文而加之論辨，作《起起廢疾》一卷。乙酉仲春，謀刊其《古義》，季平謙而未遑，因舉此册以相授。校付梓人，旬日而就。九鼎一臠，斯世當不無知味者。光緒乙酉中秋月，姻愚弟蕭藩西屏因刊畢略志其顛末于

此。(《廖平全集》第九册第二一○八頁)

九月,爲貴築金椿《麗矚亭詞》作序:

詞者詩之餘,亦詩之變也。然源流出於古樂府,依永而和聲,一唱而三歎,其移情於詩爲烈,顧可以雕蟲而忽之哉。王蜀、南唐以來,作者甚夥,至白石老人而歸於純雅。史邦卿、高賓王、張東澤、吳夢窗各騁所長。降自趙、蔣、周、陳而後,張玉田講求聲律,窮極正變。《白雲詞集》慷慨悲涼,不勝庾信江關之感。蓋詞義以比興爲主,寄托爲工,一代之盛衰,往往見於言表,所謂言者無罪,聞者足戒,固不僅鏤刻雲霞、揄揚風月,遂謂極詞人之能事也。金鶴籌太守以元瑜、孔璋之才,馳聲幕府,佐滇黔大帥,削平回亂,戡定數十城,積功得郡守,治吾蜀保寧有循聲。公餘手不釋卷,所著詩古文詞、史學雜論不下數十卷,同人慫恿付梓,太守以未能自信辭,僅以《麗矚亭詞》二卷付諸剞劂氏。平玩其使事沈博則似竹垞,托興婉曲則似玉峰,低徊詠物則因小而見大,激昂當世則言近而旨遠。太守之學不盡於詞,而藏鳳半毛,窺豹一斑,亦足見其全體,顧可以雕蟲忽之哉。光緒乙酉季秋月井研廖平拜譔。(《廖平全集》第十一册第八七九頁)

　　按:金椿(? ——一九○二),字鶴籌,自號半酣居士,浙江山陰人。少有大志;同光間,入駱秉章幕,以軍功通籍,歷任四川保寧知府,頗有政聲。平生淡於榮利,以詩酒自娱。光緒二十八年卒。著有《苊盦精舍詩古文詞》若干卷。

王闓運編《尊經書院初集》成。丁寶楨《尊經書院初集序》云:

尊經書院之設,蓋有見於當時之讀書者自初入塾時,率皆人執一經,至老而卒無隻字之獲解,有志者憫焉,因特立一院,以爲攻經之地,俾士之入其中者顧名思義,朝夕濡染,漸以自恥其鄙陋而因以悟其荒經蔑古之非,亦百工居肆以成其事之意也。雖然,經豈易言解哉。夫自古聖賢於身世間動静之爲以至名物象數之細,罔不身習其事,心知其義,灼然有合於道,而又多聞見以闕其疑,殆蓋慎之至慎,始著爲語言文字以傳後而行遠,誠所謂百世以俟聖人而不惑者矣。自秦火後,典策散失,先聖之心傳亦與俱燼。漢世大儒輩出,遠承墜緒,迄不可得,不能不於斷簡零編中循章櫛句,以求古聖精義於微茫渺忽之間。然用心太深,亦間有偏駁不醇之憾,甚矣其難也。自後世解經者日衆,類多不顧其義理之安而惟章句之新奇是務,馴至穿鑿附會,破碎決裂,幾使先聖載道之文至於不可通曉,議者因是反以漢儒章句之學爲病,此豈其情也哉。憶余嘗至書院課士,必進諸生而語之曰:"生等解經,貴求心得,必得於心而後能有合於古,有合於古而後能有益於身。"今觀所刻中有院長壬秋先生所作《釋蒙》《退食》《自公》等篇,解説精當,言皆有物,與余所言"貴求心得"之論適相符合。又觀其自記曰:"今願與諸生先通文理,然後説經,理通而經通。"旨哉斯言,誠後世説經者不易之準繩矣。蓋漢儒藉章句以求古聖之義理,義理明而章句之學愈顯,後人背義理以求顯著之章句,義理晦而章句之病益深。吾嘗怪夫今世之解經者如行路然,日履康莊而故欲闢荆榛以自矜爲坦途也,豈不謬哉。刻書成,諸生問弁言於余,因是以爲之序。光緒十一年春三月。

易佩紳《尊經書院初集序》云:

　　光緒初元,學使張公與督部吳公始立尊經書院,今督部丁公尤加意經營,爲諸生擇師,王壬秋院長實來不數年,蜀才蔚起,駸駸乎與兩漢同風矣。諸生哀其課藝,請序於余。余觀其説經之文必依古法,其他詞賦亦皆言之有物。蓋妙乎言語,通乎政事,而不悖乎德行者。余少年志在用世,視經生文人皆不足爲,壯年始知反求於德行,而言語、政事、文學聽其自至。今老矣,德不加進,學亦無成,然竊願當世經生文人不以文學自限,而充其德行、言語、政事爲世用也。今世變方新,古之文所不載,則將謂古之學皆無用,蓋驚於猝臨未暇審耳。試一審之,則古之文無不該,必力追乎古之德行、言語、政事而後有濟,是在善學者爲蜀士望,不僅爲蜀士望也。光緒十一年乙酉孟夏月,四川承宣使者易佩紳序。

然《初集》僅錄先生文一篇,題作《伯子男辭無所貶解》,王闓運評曰"要言不煩,説不嫌尤,佳於正義"。

《光緒井研志》藝文二有《儀禮經傳備解》十卷,提要云:

　　平用邵氏《禮經通論》説,以十七篇爲全。讀"鄉飲酒""鄉射"爲"饗",則饗、食、燕三禮皆存。按鄭注《禮經》,意主殘缺,一遇疑難,輒以亡篇爲説。平以爲全,專心推考,遂生新例。如《王制》六禮不出十七篇之外,兩戴文十數見皆同。本經之言如某禮、如某事者,文皆全見本經。如設洗、如饗拜至,皆如饗禮,皆在《鄉飲酒》《鄉射》二篇是也。《班志》云:"推士禮以合于天子。"以"士"爲今鄉里儒生,非也。《禮經》之"士",當爲五長之男,以今品例之,當爲五品以上,非指鄉序士。人有十等,士在其中,舉中以立法,可以上下相推。亦如《春秋》以魯爲主,上有天子、二伯,下有卒正、連率,亦舉中以示例。又觀、大射爲天子禮,公食、燕、聘爲公禮。……惟冠、昏、相見、喪、虞五篇,乃以士名,則《禮經》非專詳士禮可知矣。此書不盡用鄭注,仿《經傳通解》,刺取記傳,附于本經之後。以《通解》本爲記,此書已解者,于兩《戴記》中不再加釋。凡公冠、奔喪、釁廟、投壺,吳氏所補八篇,皆以爲記傳。先經起例,後經終事,非經之佚篇,以互文、省文讀全經,故仿《班馬異同》,寫定經本,以此相推,可省煩説。如《祭禮》補祊祭,薦毛血羹定以尸前之事,據記文詳補冠禮之見父母,昏禮婦主于廟拜祖,及與賓客相見,冠後之遍見尊長,皆爲補證。又明上達下達之例,一禮可作數篇之用,經記傳問各附于後,以便觀覽。經以簡要爲主,傳記乃務詳備。後世草創儀注,如叔孫通之朝儀,及魏晋以下儀注諸書,皆由《禮經》推衍而出,不必强與經同也。以《容經》一篇附後,合爲十八,即所謂"禮經三百,威儀三千"也。邵氏《禮經》全備之説,得此而論益定矣。(《光緒井研志》藝文二,《廖平全集》第十六册第一一五九——一一六〇頁)

《禮經札記》四卷,提要云:

平于三《禮》鄭注皆有商榷之作,此篇則專爲經文而發,于經缺義特加詳焉。如昏禮不先廟見,據《左傳》先配後祖補之;冠禮不見父母亦同。經于祭祀但詳迎尸以後,而祊祭殺牲、血脅諸義缺,則據《詩》與《禮記》補之。公爲二伯,卿如方伯,大夫如卒正,士如連帥,則據五長正其名,士非庠序儒士之謂也。至于傳記,則用朱子《經傳通解》例,取傳以附經。經之互文隱義,悉爲補證。《鄉禮》《鄉射》二篇别有解,《喪服》亦别有説。鄭君説《禮》,拘于文字,多失經旨。以上諸説,《備解》已經解明,然非别爲一書,則義不詳審。此書匯觀其通,于互文隱義多所裨益云。(《光緒井研志》藝文二,《廖平全集》第十六册第一一六〇頁)

《饗禮補釋》四卷附《鄉人飲酒禮輯補》一卷,自序云:

鄭注《聘禮》以饗禮爲亡,褚氏因有《饗禮補亡》之作。今按《饗禮》即《鄉飲酒禮》,原在經中,未嘗亡也。考《郊特牲》以春饗爲飲,養陽氣,秋食爲食,養陰氣。鄭君《周禮》饗九獻,《聘禮》再饗;及箋《詩》,皆以饗爲飲賓,與《郊特牲》合。韋注《國語》、孔疏、敖氏説經皆同,則飲與饗異名而同實者也。考《公食大夫禮》云"拜至皆如《饗禮》",又云"設洗如饗"。按經凡云"如某禮",其文皆具于經,則"拜至""設洗"如饗,即指《鄉飲酒》之"拜至""設洗"而言之也。説詳《經話》二卷。又鄭君注云:"古文饗或作鄉。"又《聘禮》"食再饗"注云:"今文饗皆爲鄉。"考經中"鄉"字,鄭注皆讀爲"鄉黨"之"鄉",則兩注不幾成空文乎。又《鄉飲酒義》:"建國必立三卿、三賓者,政教之本、禮之大參也。"又《射義》云:"諸侯之射,必先行燕禮;卿大夫之射,必先行鄉飲酒之禮。"而經記中所引"鄉""相見""觀于鄉""鄉射""射鄉"諸條,必如鄭注讀"鄉"爲"饗",文義乃通,如讀爲"鄉黨",則不成語。且鄉飲酒官禮繁重尊嚴,與燕禮相埒,斷非鄉人所能。鄭注亦屢言與漢所行鄉飲酒不合。今故讀“鄉飲酒”“鄉射”之“鄉”爲“饗”，“拜至如饗”“設洗如饗”禮皆指二篇，但從鄭注改讀二字，是饗禮、饗射且重見二篇，又何亡之可言。或曰：鄉飲酒當飲酒爲禮儀，鄉爲目地。曰：凡禮不當以地爲目。考《周禮》所言，飲食禮有饗、食、燕三大綱。本經燕、食、再饗與《周禮》同，別無飲酒之名。據《郊特牲》，饗即爲飲禮，是經本今古文，皆“鄉”爲“饗”，後來誤讀如字，鄉既目地，因篇中乃飲酒儀節，遂以“飲酒”二字記識于下，因並改《禮記》以合之。饗禮以一字爲名，本與燕禮同，因誤注二字，遂變爲目地言儀之鄉飲酒禮矣。按：飲酒即饗，此篇使本以飲酒名，雖與鄉禮異名，然饗禮之儀節固在經中，但可云名異實同，亦不得謂饗禮爲亡。況“鄉”讀爲“饗”，今古所同。鄭君嘗于本篇兩注之，改讀從舊，而饗禮存，何必定讀爲目地不辭之“鄉”乎。且就褚氏《補亡》中考之，饗、食、燕三大禮外，別無飲酒之禮，不得謂經有飲酒、食、燕三篇，與《周禮》合，而獨缺饗禮也。又考《禮記》，《鄉飲酒》有二“卿”字，本經二篇，言公及大夫，全不見“卿”字。蓋此二篇爲卿專禮，卿大夫之射，先行鄉，讀如饗禮，其明證也。鄭注早誤，流衍更多，因取《鄉飲酒》《鄉射》二篇，重加解疏，以申明饗禮未亡之大義。褚氏補作，非不勤苦，孰知所補義全在《鄉飲酒》《鄉射》二篇，但用鄭君今古文舊注，改讀二字，即已判然冰釋，怡然理解，有若此者乎。至于《論語》所言鄉人飲酒，《周禮》亦有明文，漢時至今所行之鄉飲酒是也，特非禮經卿所行之饗禮耳。因仿褚氏《饗禮補亡》之例，將傳記所詳鄉人飲酒之禮及注疏之說，別爲《鄉人飲酒補亡》一篇，以見亡者鄉人飲酒之禮，而饗禮固未亡也。《禮記·鄉飲義》附解于後，並取《經話》論此事一則附于其後，共爲五卷焉。（《光緒井研志》藝文二，《廖平全集》第十六册第一一六〇——一一六二頁）

《喪服經記傳問彙解》六卷，提要云：

是編以《儀禮·喪服》爲經，《禮記》爲記傳，首《喪服小記》，次以《大傳》，次以《閒傳》，次以《喪服四制》，次以《服問》，次以《三年問》，次以《儀禮》傳文。共八篇，合爲此本。考各經記、傳、問，惟《喪服》爲詳，故彙爲此編，既便專門講習，且以見諸經、記、傳、問先後之起例。《禮經》之外，以記爲最古。蓋記以補經之不足，當與經同時所出。《禮》有《喪大記》，今名《小記》，是尚有《喪服大記》，而今不傳也。說經之書，則以《大傳》爲先。按：除《喪大傳》以外，今可考者《尚書大傳》、《易大傳》、史公引《繫辭》，劉向引《易本命》。《春秋大傳》。褚先生引。《大傳》之體，與經別行，總論綱領，不沾沾于隨文附義，今《大傳》與《繫辭》《尚書大傳》可考。《大傳》當出于七十子之手，《大傳》後又有《閒傳》，亦如《大記》之有

《小記》也。後來教學授受，弟子因疑有問，師據記傳答之。書以“問”名，然皆擇其精要者，不附經下。《服問》《三年問》師弟皆引《大傳》之文以爲説，故以“問”名。如《繫辭》中所載十餘條不附經下，亦當爲問，與《大傳》有先後之分者也。至《喪服經》下所附之傳，依經發問，又在《服問》之後，大約出于漢師，故與《公》《穀》相同。今《公》《穀》爲當日一家之本，則《喪服》附傳亦一家之本無疑。附傳所引“傳曰”，今有《大傳》明文二條，與《穀梁》八引“傳曰”即《春秋大傳》之文相同。是今本附經下之傳，乃問後之問，當以“問”名，而不可蒙“傳”之名者也。以此推之，則《易經》下每條必有一傳者，又在《喪服》《公》《穀》之後矣。以尚不如《喪服》《公》《穀》多無傳之經也。考訂經、記、傳、問先後源流，爲治經第一要義。若空言立説，則實義難明。故合編此書，以明其例。治《喪服》者璧合珠連，可以互證，各經因此得以明其先後傳問之分，庶不致強後師之作，以爲出于子夏云。按：經下附傳，自來説者皆以爲最初之本，而不能解于數引傳文之疑。平據《喪服》編爲此書，則源流先後可爲定論矣。（《光緒井研志》藝文二，《廖平全集》第十六冊第一一六二——一一六四頁）

　　託名董含章作《禮經上達下達表》二卷、《禮節婚文縓文考》二卷。《禮經上達下達表》提要云：

　　《禮經凡例》言一篇可作十數篇之用，如冠、昏言士，而天子、公卿、大夫、庶皆在所包，此一節可作六篇。又燕、公食、卿饗全見三禮，以見尊卑隆殺。然三禮各有六門，見天子燕禮，公以下從略。公食禮，天子與卿以下從略。卿饗禮，天子、公及大夫以下從略。饋食雖列二篇，而卿以上、士以下從略，而尊卑升降猶不在此例。此一篇作十數篇讀之説也。如士相見禮與覲、聘同，是見禮録三篇矣。而《記》中所言士見君、見卿大夫，又大夫相見與見卿、君、士以及庶人見君之類，所有脱儀異節多見于記傳。今本撰此表，以禮正篇居首格，以下備録諸禮節異同，凡傳記所有悉列之，間以意推補，不拘多少。又記傳所言尊卑異節，皆其不同者。凡係上下所同，皆不著説矣。《禮經》自鄭注以下，未能推見至隱。此書發覆，得表以推闡之，遂成一巨觀。又俯拾即得，並非好奇炫博者可比。含章精通《禮經》，允爲《禮經》精秘之籍云。（《光緒井研志》藝文二，《廖平全集》第十六冊第一一六四頁）

　　《禮節婚文縓文考》提要云：

　　《禮經》以互文隱見爲大例。《儀禮》爲後世儀注之書，録全文則嫌于冗複，此詳彼略，前隱後見。故禮當以隱見例求之。如“如”字例凡數十見，不録全文，但言“如某”，則其文可婚矣。又有隱而不言者，如祭之三祊、迎牲、獻毛血之類,皆從略。冠不見父母,昏不先廟見,此當于諸傳記中求補其全。此經貴簡要之説也。乃十七篇中又有重見例。禮祇六,經合《喪服》共十七篇,是有十篇爲緟見。如鄉飲酒與大射爲單行之禮,而鄉射兼行二禮,則爲緟文。少牢饋食爲祭禮,又與特牲饋食大夫禮緟。士相見與覲聘之文緟。蓋非婚文無以見隱見例,非緟文無以見隆殺合并例,必合婚緟以求經義,而後知緟文之妙用,不可以尋行數墨之法讀之也。(《光緒井研志》藝文二,《廖平全集》第十六冊第一一六四——一一六五頁)

熊克武(一八八五——一九七〇)生。熊克武,字錦帆,四川井研人,早年留學日本。歷任四川軍政府第五師師長,四川討袁軍、川滇護國聯軍總司令,重慶鎮守使,四川靖國軍總司令,四川督軍,四川討賊軍總司令,國民政府委員,國民黨第一、第四屆中央執行委員,第五、第六屆中央監察委員,第一屆國民大會代表等職。

蕭參(一八八五——一九六一)生。蕭參,字中侖,號珠仙、隱惰,井研縣余家場(今屬榮縣)人。早年參加同盟會,投身反清革命。辛亥後,棄政從學,歷任成都大中小學教員三十餘年,曾任四川省文史館研究員。治學受先生影響,不墨守一家之言。遺著有《蕭參詩詞遺稿》,今佚。

光緒十二年丙戌(一八八六)　三十五歲

主講井研來鳳書院。縣人李某把持學金自肥,先生控之。一日,街肆遇李,時李有親喪而據首坐,先生直前數責之,謂李有親喪,不宜上坐也。

　　按:來鳳書院(鳳山書院)在井研縣治東來鳳山。明建,初名鳳山書院。乾隆八年,知縣萬咸燕重建,改名來鳳書院。同治中,總督吳棠橃發各書。光緒年間,歷經院長吳克昌、陳簫等增置,藏書萬餘卷。光緒二十三年改辦高等小學堂。

《〈知聖編〉及〈孔子作六藝考〉提要》云:"平初作《今古説》,丙戌以後,乃知古學新出,非舊法,於是分作二篇,言古學者曰《闢劉》,言今學者曰《知聖》,取《孟子》'宰我、子貢智足知聖'之義。"(《廖平全集》第三冊第一二三六頁)

　　按:己酉本《四變記》以《群經凡例》《王制義證》爲二變時作,則二書不能在丙戌以後,"尊經抑古"當始於丙戌。丙午本《四變記》二變以戊子標年,蓋《知聖編》成書之年也。

春,王闓運歸湘潭,不再至蜀。尊經書院山長由錦江書院山長伍肇齡兼任。

春,將舊作《轉注假借考》補爲《六書舊義》一卷。提要云:

　　國朝小學之盛,超越前代。六書指事、轉注二門,迄無定解。平據班志、鄭注、許序名目異同,編爲一表,以班志"四象"之説最古最確。又三家上四字雖有更易,而形、事、意、聲則無不從同。故以"四象"爲造字之法,專就形、事、意、聲四字分門别户,形爲實字,意爲虚字,事在虚實之間。引《大學》"物有本末,事有終始"爲據,將各門編爲例目。又以轉注與假借三家名目全同,爲當時用財通名。轉注如今捐輸津貼股份公司,同意相授,事一名多,所以馭繁。《春秋》《儀禮》無轉注,《詩經》則多轉注。末載《轉注假借異同表》。名曰"舊義",以爲雖異于今,實本于古。平經説多有改易,此册初無異同,海内名宿如鄭之同、俞樾亦心折其説。治經先識字,爲近世通論,平則以爲治經必從《王制》始,意在經世制用,故小學之書别無撰述云。(《光緒井研志》藝文二,《廖平全集》第十六册第一二〇七頁)

成《公羊解詁商榷》二卷,提要云:

　　平未作《公羊義證》,先編此書,專駁何注。大旨與《三十論》相同,特論詳總綱,此本乃條分隨文駁正,較爲明晰。按何氏《解詁》雖本舊説,立辭徜怳。如王魯、三世異詞、日月時、進退名號、文質諸條是也。此本去僞存真,爲讀《公羊補證》者之先路焉。(《光緒井研志》藝文二,《廖平全集》第十六册第一一九〇——一一九一頁)

仲春,成《何氏公羊解詁再續十論》,其目爲:《取備禮制論》《襲用禮説論》《圖讖論》《衍説論》《傳有先後論》《口授論》《參用〈左傳〉論》《防守論》《用董論》《不待貶絶論》。記云:

　　《解詁商榷》已成,將爲《古義疏》,因再罄所懷,作此十論。昔劉申受作《何氏解詁箋》,已多補正,特其所言多小節,間或據别傳以易何義。今之所言,多主大例,特以明此事亦有所仿,不自今始耳。丙戌仲春季平記。(《廖平全集》第九册第二一六七頁)

　　　　按:《古義疏》即擬撰之《公羊古義疏》,例仿《穀梁古義疏》,而另有發明。《何氏公羊春秋論》即《古義疏》大綱,然《公羊古義疏》未及起稿即作罷,今可由《何氏公羊春秋論》窺其梗概,知其宗旨。

撰《古緯彙編補注》六卷,以馬國翰所輯佚書及諸輯本皆緯讖並存,殊乖其實,雜記灾祥爲讖,專言經典爲緯。乃同張祥齡采馬本專主經義者,分别鈔

録,別爲一書,使不與諸讖相雜。舊注未盡者,因命子姓別録古説以相證明,所有脱缺,略用己説。自序云:

《莊子》云孔子"翻十二經",舊説以六經六緯當之。考何君解《公羊》,鄭君注三《禮》,凡屬古典通例,多斷以緯,蓋非緯則經不能解也。或曰:緯之名不見于《藝文志》,疑東漢儒者僞託。不知緯者對經之文,所言多群經秘密,即微言也。班書之以"微"名,當即此書矣。綿竹楊聰彝孝廉以今本《董子》謂即《古微書》之遺,《繁露》《玉杯》《竹林》等名,與《鈎命决》《乾鑿度》相同。其言《春秋》典制,多隱微奧義,亦同諸緯,詳言陰陽五行,尤與諸緯合。董子之書,非董自作,本經師舊説,師弟相傳之秘本。董子爲《春秋》大師,附其事于中,遂指目爲董子,此緯之所以分爲子也。惟古書雜亂,于東漢竄點經典,往往見于史傳,並以讖記雜入其中。後人不知緯讖之分,併于讖緯,其誤久矣。國朝經師乃定雜記災祥爲讖,專言經典爲緯。考《易緯》原書八種外,皆屬佚亡。馬氏及諸輯本緯讖並存,殊乖其實。丙戌同張祥齡采馬本專言經義者,分別鈔録,別爲一書,使不與諸讖相雜。舊注未盡者,因命子姓別録古説,以相證明。所有脱缺,略用鄙説。六卷中半爲義例,半爲典制。其星辰、律吕與經相關者,仍入此本。他如日食、星變、占驗及相人、機祥者皆入讖記,使不相混。按:五行占驗,本漢師專門。今以事非經旨,故抑之于讖。撰輯以後,又取其本,稍加釐訂,略有删補,去取之義,各詳本條。爲述顛末,以諗來者。(《光緒井研志》藝文二,《廖平全集》第十六册第一二一〇—一二一一頁)

六月初一日,妾劉氏卒。《今古學考》成,卷上凡二十表,詳細比較今古文經師傳注,從禮制區別今古文經學之不同,其目爲:

《漢藝文志》今古學經傳師法表、《五經異議》今古學名目表、《五經異議》今與今同古與古同表、鄭君以前今古諸書各自爲家不相雜亂表、今古學統宗表、今古學宗旨不同表、今學損益古學禮制表、今學因仍古學禮制表、今古學流派表、《兩戴記》今古分篇目表、今古學專門書目表、今古兼用雜同經史子集書目表、《公羊》改今從古《左傳》改古從今表、今古各經禮制有無表、今古各經禮制同名異實表、今古各經禮制同實異名表、今古學魯齊古三家經傳表、鄭君以後今古學廢絶表、今學盛于西漢古學盛于東漢表、今古學經傳存佚表。

卷下分專題論述,認爲古文經傳爲劉歆竄改;以禮制判今古文,認爲《周禮》是古文家禮制綱領,《王制》爲今文家禮制綱領;古學從周,是舊制,今學改制,是理想。

識語云：

舊擬今古學三十論目，欲條説之，倉卒未能撰述。謹就《經話》中取其論今古學者，以爲此卷。中多未定之説，俟有續解，再從補正。（《廖平全集》第一册第五四頁）

以是知《今古學考》《經話》之關係，更知《今古學考》卷下初擬之面貌。《知聖篇》云：

初刊《今古學考》，説者謂爲以經解經之專書，天下名流因本許、何，翕無異議。（《廖平全集》第一册第三六六頁）

按清張惠言之於《易》，莊存與、莊述祖、劉逢禄、孔廣森、宋翔鳳之於《春秋》，始知守今文家法。宋翔鳳且知十四博士爲一家，然皆雜而不純，且未知今古之所以異者安在；陳立人於家法之外，又知重禮制，惟不知禮之條例皆由經生，仍不免考據之陋者，然已由粗而精。先生承諸家之後，於今古異同之所在，既判如涇渭，於何以有此異同之故，亦有説以通之，且由此而立改制之説。如云：

今古之分，或頗駭怪，不知質而言之，沿革耳，損益耳，……今制與古不同，古制與今異派，在末流不能不有緣飾附會之説。試考本義，則如斯而已，故不必色駭而走也。（《今古學考》卷下，《廖平全集》第一册第六七頁）

又云：

《論語》因革損益，唯在制度，至于倫常義理，百世可知。故今古之分，全在制度，不在義理，以義理古今同也。（同上）

此書既刊，因“於康成小有微辭，爲講學者所不喜。友人遺書相戒，乃戲之曰：‘劉歆乃爲盜魁，鄭君不過誤於脅從。’或又推爲以經解經之專書。德陽劉子雄“因讀《今古學考》，遂不肯治經。以爲治經不講今古，是爲野戰；講今古，又不免拾人牙慧，故舍經學，尚攻詩辭”。（《廖平全集》第一册第三五九頁）張之洞不喜此書，嘗謂先生曰：“但學曾、胡，不必師法虬髯。”又曰：“洞穴皆各有主，難於自立。”

秋，自鹽井灣遷東林場萬壽官戲樓下。

十月，子成芝娶婦尹氏。

作《十八經注疏凡例》，分今文《尚書》《齊詩》《魯詩》《韓詩》《戴禮》《儀禮記》《公羊》《穀梁》《孝經》《論語》，古文《尚書》《周官》《毛詩》《左傳》

《儀禮經》《孝經》《論語》《戴禮》。《易》學不在此數。（《今古學考》卷下，《廖平全集》第一册第七八頁）先生言：

　　予創爲今古二派，以復西京之舊，欲集同人之力，統著《十八經注疏》，以成蜀學。見成《穀梁》一種，然心志有餘，時事難就，是以初成一經而止。因舊欲約友人分經合作，故先作《十八經注疏凡例》。既以相約同志，並以求正高明，特多未定之説，一俟纂述，當再加商訂也。（《廖平全集》第一册第七八頁）

　　而先生當時“意在再作《儀禮》《詩》《書》三種，餘皆聽之能者”。（《經話甲編》卷一，《廖平全集》第一册第二二九頁）

　　先生以爲子者經之嫡嗣，《今古學考》既已明經，更欲治子。又曰：“子書專家少，往往一家兼數家，不獨雜家爲然。今子家多亡，宗旨不立，其説往往見於他書。鈎沉繼絶，條分縷晰，欲以恢張九家舊學。……限以丁亥年三百九十日立其規摸，以後隨時修改。……以經意讀子，更以子學説經，有相須，莫相妨。”（丙戌臘月十六日自記原稿，《廖平全集》第十五册第四七一頁）

　　蕭藩欲刊《穀梁古義疏》，先生以《穀梁》尚未定稿，乃以《分撰兩戴記章句凡例》付之，訂宗派類十五條，篇章類二十四條，義例二十七條，總例五條。明年，將宗派類增爲二十八條，遂易今古爲帝王。《光緒井研志》藝文二有《兩戴記補注》十卷，即就此例擬作而未遂者。提要云：

　　考平《群經凡例》，惟《分撰兩戴章句》刊刻最早。宗派類十五條，篇章二十四條，義例二十七條，合總例五條，爲一卷。丁亥，將宗派一門改爲二十八條，刊附原書之後。自記云：“舊以《記》有今古派，今改爲帝王，其有異義者，立異例四門收之，不以爲古。古學成于東漢，皆晚近之説，《記》中無之。古《書》《毛詩》漢人推《周禮》以説之者，古《易》、古《孝經》、《論語》所出尤晚，又由漢人推古學四經以説之者，皆爲漢師流派，《記》無此義，又不成家。故古學不立《詩》《書》《易》《孝經》《論語》五經説也。”平撰此編，一依凡例，不詳訓詁，惟于宗派、章句、義例有相涉者，乃並記録。所有鄭君舊解，間爲補證焉。（《光緒井研志》藝文二，《廖平全集》第十六册第一一六九——一一七〇頁）

　　刻《左傳古義凡例》於成都，爲《蟄雲雷齋叢書》之一，專以《左傳》爲古學。末云：

　　注、疏本以申明本傳，今之所言，不純袒護，似非作注之體。竊以注經須知本傳所長，並知其短，直探源頭，而後制義精卓，不與《公》《穀》相妨，可無矛盾之困。何公《解詁》不知此義,唯知是己非人,若遇强敵攻瑕,必致全師解瓦。今之三傳,通力合作,各明短長,以相鼎峙;苟唯推崇一家,必致摧駁二傳。善事君者,將順其美,匡救其惡,知其是而彌縫,是忠臣苦心之事。至書成之後,凡例或存或削,無有不可。區區之心,識者見宥。(《廖平全集》第九册第二二一六頁)

刻《何氏公羊解詁三十論》,兹引《續修四庫全書總目提要》明其梗概:

平纂述《穀梁注疏》初就,欲改注《公羊》,以劉逢禄《何氏解箋》所言多小節,間或據别傳以易何義,故所論綜括大綱。初意效洪亮吉《春秋十論》,賡續爲之,都三十篇。大指仍用所定今古學之説,自作主張,欲於劉、陳、曲阜諸家之外,别標元解,無可討論,惟以《公羊》舊説主素王而不主王魯,義至精塙。《三世論》謂《穀梁傳》引孔子曰:"立乎定哀,以指隱桓,則隱桓之世遠矣。"此《穀梁》三世之例,《公羊》真義,實亦如此,語亦了當。《重事論》謂傳中言事,如晋取虞虢、鄢陵戰、通溢、戰筆之類,凡數十見,必先明事而後言義也。《春秋》褒貶,有如讞獄,事明而後義審,本事未明,經義何附。此足破説《春秋》者重義而不重事之蔽。《衍説論》謂何注凡所難通,皆歸於王魯、三世等例。迷離恍惚,使人入其中而不能自主,深中其病。至其謂何君《解詁》多用緯説,至乃雜引圖讖,矜爲奇怪,既以獻媚時君,並欲求合時尚。坐此之故,見黜廟堂,前人已有言之者矣。

　　按:《光緒井研志》藝文二作《公羊三十論》,提要云:"是書凡三續,前十論曰《王制》爲《春秋》舊禮傳,曰諸侯四等,曰託禮,曰假號,曰主素王不主魯,曰無月例,曰公侯伯子男非爵,曰諸侯累數以見從違,曰曲存時,曰三世。繼以前論餘意未盡,復著嫌疑、本末、翻譯、隱見、詳略、從事、據證、加損、從史、塗乙十論續之。泊《解詁商榷》成,再爲十論,曰取備禮制,曰襲用禮説,曰圖讖,曰衍説,曰傳有先後,曰口授,曰參用《左傳》,曰防守,曰用董,曰不待貶絕。合之前論爲一編。"(《廖平全集》第十六册第一一九〇頁)

成《經學初程》一卷,是書署先生與吳之英同撰,疑爲與吳同任尊經書院襄校時作,故附此年。先生嘗言:"予己卯治《公羊》,……至今七年。湘潭師來主講,至今六載,所刊尊經課藝,皆湘潭之教。"此書略可見先生教人治學之法,末云:

諸上所列治經之始事,而成學之理寓焉。蓋神明變化,不過精熟規矩之名,徇規矩而稱神明,其説經必多乖謬矣。如欲分彙考訂,輯録成帙者,目録具在,自可任占一題。若信而好古,不嫌成書之少遲,或即可采擇此編,立爲常課,深造有得,將來自然左右逢原,蓋成書遲而悔者愈少耳。此編與題紙名異實同,皆月課也。道通爲一,同學諸君子擇可從而從之,記其所疑,以時會講,要以月,會以歲,各鞭厥後,以底大成,則此編蹈筮之力正未可忘爾。(《廖平全集》第一册第四七三—四七四頁)

如云:

治經歲月略以二十爲斷。二十以前,縱爲穎悟,未可便教以經學,略讀小學書可也,然成誦則在此時。二十以後,悟性開則記性短,不可求急助長,當知各用所長。(《廖平全集》第一册第四五八頁)

又云:

讀書要疑要信,然信在疑先。讀《説文》,當先信《説文》;讀段、桂諸説,當先信段、桂諸説。篤信專守,到精熟後,其疑將汨汨而啟。由信生疑,此一定之法,實自然之序。若始即多疑,則旁皇道塗,終難入竟。(《廖平全集》第一册第四五八—四五九頁)

又云:

先博後約,一定之理。學者雖通小學,猶未可治專經,必須以一二年博覽諸經論辨,知其源流派別,自審於何學爲近,選擇一經以爲宗主,則無孤陋扞格之病。且欲通一經,必於別經辨別門户,通達條理,然後本經能通。未有不讀群經而能通一經者。博覽群書,本學人分内之事,若苦畏繁難,苟求簡便,枯守窮鄉,閉關自大,不惟窘陋可嗤,怪迂尤多流弊。(《廖平全集》第一册第四五九頁)

又云:

《書》《詩》《論》《孟》固當治已外,有《易經》《孝經》,治經家以爲畏塗。蓋《易經》合四聖人之論,著以成書,理氣象數,無乎不具。名家解説最繁,今則但存王注。原疏本主王,故古注微耳。然李鼎祚《周易集解》實存古説。康成之注,王伯厚舊有輯録。蓋語其淺,則王注但長於理,其他故誼師説,可網羅散佚,以闚其全。語其深,則聖人假年之學也,末學無得名焉,在性近者善治之耳。《孝經》故説不見,脱誤爲多。今注疏中但存開元舊本,考據稍闕,禮制尤疏,漏略不可治也。而其可治,即在漏略者。數舊典以爲之考據,推舊儀以爲之禮制,□□之社,則酒黍易治,乃悟其漏略者,原以待我之致力也,夫安有不可治之經哉。(《廖平全集》第一册第四六一頁)

又云：

不博遂求約，不可也。然其所以博覽者，正爲博觀以視性之所近，便於擇術，以定指歸耳。夫深造之詣，惟專乃精。苟欲兼營，必無深入。若徒欲兼包，以市鴻博，剛經柔史，朝子暮文，無所不習，必至一無所長。夫宏通之誼，代不數人，必是專門，乃能自立。心思既分，課程必懈。若此之流，初欲兼長，終歸一無所長而已。（《廖平全集》第一册第四六二頁）

言《説文》之要云：

《説文》爲古學之淵海，最爲有用。其有功古學，不在賈、馬之下。今欲解《左傳》、《周禮》、古《書》、《毛詩》，取之《説文》而有餘，其説都爲先師相傳之舊，並非肊解。其引據今學説，皆有標目，抄之便可爲今、古不同立一表。《白虎通》爲今學之準則，其録今文説，頗與《説文》録古文説相同。其中有古文説，然甚少，亦如《説文》之今文説而已。（《廖平全集》第一册第四七一頁）

言學者初治經之法：

學者初治經，莫妙於看《王制輯證》。篇帙少，無煩難之苦，一也。皆一家言，無參差不齊之患，二也。自爲制度，綱領具在，有經營制作之用，三也。經少而義多，尋繹無窮，有條不紊，四也。有《春秋》以爲之證，皆有實據，無泛濫無歸及隱虚無主之失，五也。且統屬今學，諸家綱領具在，於治今學諸經甚易，六也。知此爲經學大宗，以此推之六藝，則《易》《書》《詩》《禮》皆在所包，諸經可由此而推，七也。既明今學，則古學家襲用今學者可知，其變易今學者更易明，八也。今學異説多，既以此爲主，然後以推異例，巨綱在手，足以駁變，九也。秦漢以來，經、傳、注、記、子、緯、史、集皆本此立義。今習其宗，則群書易讀，十也。有此十效，又易於成功，不過期月，端委皆通，故願初治經者從此入手也。至於古學入手之書，則别輯《古學禮制考》，取《左傳》《周禮》與今學不同專條，分類輯爲此書，以配《王制》。此亦爲綱領矣。（《廖平全集》第一册第四六七—四六八頁）

又云：

近來學者頗有淩轢之習，輕諆何、鄭，豈知治經如修屋，何、鄭作室已成，可避風雨，其中苟有不合，是必將其廊廳、牕櫺、門户，下至一瓦一石，皆悉周覽，知其命意所在，其有未安處，或所未經意處，仍用其法補之。必深知其甘苦，歷其淺深，乃可以言改作。今之駁者，直如初至一人家，見其大門，曰："此門不善，宜拆，使更營。"至二門如此，至廳堂如此，至宮、至室亦如此。外而閒廳客舍，内而沐廚牏廁，莫不毁壞。破瓦殘磚，離然滿目。甚至隨拆隨修，向背左右，莫不迷亂。以其胸無成室，無所摹倣，材料不具，基址難定。吾見有拆室一生，直無片椽可以避風雨者。毁瓦畫墁者，尚不得食，何況治經。苟欲改作，務須深求作者苦心。此非專功十年者，不能委曲周到，何未入門，先發難也。（《廖平全集》第一册第四六八—四六九頁）

又云：

教人最忌以己所心得使初學行之，己所疑難使初學考之。在己不過欲因人之力以成己之事，而初學作此，消耗歲月，浮沉迷津，亦何忍心。在師之學力，不拘深淺，總較弟子爲優。……苟爲借人之力，則其心不恭；若欲躐等淩次，使初學飛渡，則所見更爲顛頂。（《廖平全集》第一册第四七〇頁）

至云：

經學須耐煩苦思，方能有得。若資性華而不實，脆而不堅，則但能略窺門户，不能深入妙境。蓋資性不近，無妨擇選他途，不必强以學經，墮入苦趣，非其本心，不能有成也。（《廖平全集》第一册第四五七頁）

經學要有内心，看考據書，一見能解，非解人也。必須沉静思索，推比考訂，自然心中貫通。若徒口頭記誦，道聽塗説，小遇盤錯，即便敗績。惟心知其意，則百變不窮。前人云讀書貴沉思不貴敏悟，信哉。（同上）

則先生自道也。又云：

經學有古時童子知之，至今則老師宿儒猶不能通者。如《禹貢》山川、《周禮》名物、《詩》之鳥獸草木是也。……就當時目見，以示初學，宜無不解。……今欲考究，又不能據目見，全憑古書。……書多言殊，苟欲考清一草一木，無論是與不是，非用數日之力不能。……故予謂學不宜從此用工，以其枉勞心力。如欲求便易之法，則請專信一書，人雖指其謬誤，篤信不改。以此爲《詩》中之小事，尚有大者。……苟將此工夫用之於興、觀、群、怨，其有益身心爲何如。鳥獸草木，不過傳聞之細事，經學總以有益身心爲大綱，舍大循細，不可也。程子所謂玩物喪志者，蓋謂此也。《尚書》之山川，《周禮》之名物，同此一例。前人皆望而生畏，今爲後學一筆删之，以惜精力，爲别事之用，可謂便切矣。（《廖平全集》第一册第四七二—四七三頁）

廖季平先生年譜長編卷四　二變

二變起光緒十三年丁亥，訖二十三年丁酉，凡十一年，爲先生學說尊今抑古時期。《〈知聖編〉及〈孔子作六藝考〉提要》云："丙戌以後，乃知古學新出，非舊法，於是分作二編，言古學者曰《闢劉》，言今學者曰《知聖》。"（《廖平全集》第三冊第一二三六頁）劉子雄丁亥八月日記謂見先生作《續今古學考》，自駁舊説，以《周禮》《左傳》爲僞，則尊今抑古實始丁亥。《四益館經學四變記》己酉本云："二變尊今僞古，用西漢法，如《石渠禮論》《白虎通義》，亦異古文説。"（《廖平全集》第三冊第一〇七九頁）又云："光緒十四年戊子，撰《知聖篇》《古學考》，專主博士，以古文家《尚書》《毛詩》《左氏》《周禮》，其源流皆晚出僞説，力反秦火經殘之論。諸經皆全文，《毛詩序》《尚書序》皆歆弟子僞撰；《周禮》爲《逸禮》，與《王制》同，其異者皆歆羼入。專守《王制》，以中國一隅説六藝之派也。著有《群經凡例》《王制義證》《經話甲篇》。"（《廖平全集》第三冊第一〇七六頁）《二變記》云："兩漢之學，《今古學考》詳矣。本可以告無罪於天下，惟一經之中，既有孔子、周公兩主人，典禮又彼此矛盾，漢唐以下儒者所有經説，及《典》《考》政治諸書，又於其中作調人。牽連附會，以《周禮》爲姬公之真書，《王制》爲博士所記，與《周禮》不合；又以爲夏、殷制。考《左》《國》《孟》《荀》，以周人言周事者，莫不與《王制》切合；所有分州建國、設官分職之大綱，則無一條與古文家説相同。或分或合，皆無以切理厭心。故説經者如議瓜，如原詆，爲聚訟之場。凡學皆愈深則愈慧，惟學經者愈學則愈愚，其歸宿即流爲八股，深爲學術政治之大害。蓋當時分教尊經，與同學二三百人，朝夕研究，折群言而定一尊。於是考究古文家淵源，則皆出許、鄭以後之僞撰。所有古文家師説，則全出劉歆以後，據《周禮》《左氏》之推衍。又考西漢以前言經學者，皆主孔子，並無周公；六藝皆爲新經，并非舊史。於是以尊經者作爲《知聖編》，闢古者作爲《闢劉編》，群言淆亂折諸聖。東漢以周公爲先聖，孔子爲先師；貞觀黜周公爲功臣，以孔子爲先聖，顏子爲先師。乃歷代追崇有加，至以黃屋左纛，祀以天子禮樂。當今學堂，專祀孔子，若周公，則學人終身未嘗一拜。故據《王制》以遍説群經，於《周禮》中删除與《王制》相反者若干條。"（《廖平全集》第二冊第八八六—八八七頁）《六變記》云："踰癸未而《今古學考》成，得周公、孔子諸大義。當時襄校尊經，於今古學派，合同學二三百人專心研究，至戊子而

尊今抑古之論立。今主孔子,古主周公。外間所傳《孔子改制考》《新學僞經考》,宗此派也。"(《廖平全集》第二冊第九八四頁)

光緒十三年丁亥(一八八七)　三十六歲

總督劉秉璋聘錦江書院山長伍肇齡兼任尊經書院山長,札委先生及富順王萬震任襄校。

正月,媳尹氏卒。

二月至成都,在尊經書院閱卷,同時閱卷者有富順王萬震。先生見山長伍肇齡,議復朱肯夫學使舊章,設分教,不考課,以著書作季課,並加膏火。

是時,先生與德陽劉子雄、華陽周宇仁等過從甚密,見必談經論文。其談經多關制度之言,蓋爲先生二變尊今抑古之說。然劉子雄及尊經書院同仁於先生學說多否定而少許可,劉子雄日記言之甚詳。今據廖幼平《廖季平年譜》、李伏伽《年譜補遺》摘抄於下:

二月十九日,先生邀喬樹枏、范溶、劉子雄、楊永清、王萬震、鄒增祜及僧雪岑等飲於燕魯公所。

二月二十七日,李滋然、鄒增祜、藍光策招飲貴州館尹王祠,楊銳、范溶、王萬震皆與。

二月二十九日,王萬震堂課不用先生所擬題目,又欲出宋學題,先生偕劉子雄力爭得止。

二月三十日,劉子雄、鄒增祜來訪,因言堂課出題之謬。先生言伍最服江西陳溥。陳乃袄人,著書多妄誕,託於宋學而雜以左道。鄒言其曾謀反,有案可稽,伍刻其所批書甚多。

四月四日,偕劉子雄往聽舒頤班,夜同歸,談經甚樂。

四月五日,復同劉談,謂殷無三年之喪。

四月六日,宇仁謂廖意在勝湘潭,始棄東漢之學求之西漢;又不合,乃棄西漢之學求之先秦諸子;又書不合,勢必至於疑經疑傳,猶不能申其說,此多歧亡羊也。

四月十一日,劉子雄來談,先生謂《周禮》當以王莽制參考。劉子雄謂:"師說(指王闓運)解經,九處可通,一處不通,則九處皆不通;廖解經,一處可通,九處不通,亦必强通之。此謹肆之分也。余既服師說之謹,又喜廖說之肆。"

四月十二日,劉子雄、戴光來談,約劉治《王制》,戴治《周禮》,分封建、地理、官制、井田、兵、刑、禮、樂、食貨等門,證以周秦古說,次取西漢,又次取東漢,以二書爲今古學大綱,故急欲成之。

　　四月二十九日,書院仍由先生分經出題,所出有《堯典》《禹貢》,多周以後制度。劉子雄謂:"經師興之所至,往往强經就我,不獨廖然也。"

　　閏四月初六日,劉子雄與周宇仁、胡敬亭談經,謂先生分今古學固足自樹一幟;至於疑經改經,反無以自立,適召彈射。

　　閏四月初八日,劉子雄來談,先生欲以《書》《詩》《儀禮》皆爲今學,又以《冠》《昏》二記爲古學,與初義又變。

　　閏四月二十一日,劉子雄"過宇仁舍,胡敬亭亦來談,皆不信廖説,以爲廖飛行絶迹"。

　　六月初二日,劉子雄日記云:"廖近來新説愈無忌憚。予謂如列子所言,失物者疑其鄰人,日視其人皆似盗;其後自得其物,視其人處處皆不似盗。廖譯改之説堅持於心,視群經處處皆有譯改,亦其類也。"

　　八月十三日,劉子雄日記云:"凡著書既有定解,即不可易;且近日説太放肆,毫無顧忌,是其不及前日也。"

　　九月初九日,劉子雄日記云:"過敬亭舍談,言廖經論多市井語。宇仁謂經不可言話,言話近於以經爲戲。因誦《夜雪集》'阿香費盡驅龍力,却被人云四海昏',廖平之謂也。"

　　九月初十日,訪劉子雄,論《左氏》作僞之迹甚悉。

　　六月,成《王制周禮凡例》,以《周禮》爲劉歆僞作。又成《孝經凡例》,改訂《兩戴記分撰凡例》。

　　新任學政高賡恩喜宋學,與尊經書院山長伍肇齡合,不以先生新説爲是。初至書院語諸生以作文寫字爲主,謂能作時文,則經解、詞章皆能作。伍刻《近思録》,高爲作序,痛詆漢學,有"寢樹藩籬,操末忘本,世儒之蠧"等語,皆斥先生也。劉子雄日記云:

　　　廖説雖多不安,究是漢學規模。尊經書院專講漢學,此南皮創建之意也。且言漢宋無所偏主,不課宋學,以其貴躬行,不貴虛論。錦江課時文,即是宋學也。今尊經附入錦江,宜其廢漢學矣。(《六譯先生年譜補遺》,《廖平全集》第十五册第六八六頁)

　　六月,歸井研,旋携子師慎至成都。山長伍肇齡於先生歸後,即改尊經課堂章程,盡改先生法。

　　六月二十二日,《湘綺樓日記》云:"看《洪穉存集》一過,乃知廖平《春秋十論》之意。"(《湘綺樓日記》第一三八七頁)

　　作《續今古學考》自駁前説,謂:"周制全不可考,概爲孔子新制。《周禮》固爲僞託,即《左氏》之言《周禮》者,亦推例而得,以《周禮》同《王制》者

多,異者不過數條,又無師説,故知襲今學而作,即《國語》亦是今學。"又謂:
"文王所演之《易》,即是孔子《繫辭》。"劉子雄見先生《續今古學考》,謂不
似經生語。

先生新學作詩,嘗與劉子雄論詞章,先生以用意爲主,劉以修辭爲主,不
能合也。

七月,成《穀梁春秋古義疏》十一卷。先生此書創始於辛巳,七年而畢。
嘗語劉子雄云:"何氏以十七年注《公羊》,予以七年成《穀梁》,尚不逮其
半。"(《廖季平年譜》第四三頁)劉謂此書:"已勝何氏,不必如此持久;它日
或有删改,恐不如今日之妥。凡著書,既有定解,即不可易。"(《廖平全集》
第十五册第六八六頁)

九月,劉子雄嘗與朱德實枕虹、戴光臧否院中人物,劉謂:"宋芸岩詩力
弱,陳子元氣粗,不能用功,爲浮名所誤。用實功者廖平以外,未見其人。"朱
論院中經生,舉先生及王光棣、尹殿颺、戴光、吴雪棠、吴之英、胡從簡、周國
霖、劉子雄,詞章則楊鋭、毛澂、胡延、戴光、周淡如、宋育仁、陳子元、范溶、吴
昌基、崔映棠、劉子雄,朱亦與焉。

十月,始注《公羊》,"一以《繁露》爲本"。又據《白虎通》引《公羊傳》爲
今本所無者,補百餘條。刊《六書舊義》,自識云:

> 予丙子爲《説文》之學者數月,後遂泛濫無專功。辛巳冬作《轉注假
> 借考》,頗與時論不同。丙戌春間,乃知形事之分,援因舊稿,補爲此編。
> 葉公子義聞有此書,勸爲刊行,並助以貲,因檢以付梓人。一知半解,本無
> 深義,知必見嗤乎通人,藏之家塾,聊備童髦之一解而已。丁刻孟冬,廖平
> 自識。(《廖平全集》第十册第二二五頁)

十二月,歸井研。

光緒十四年戊子(一八八八)　三十七歲

任尊經書院襄校。《二變記》云:"蓋當時分教尊經,與同學二三百人,
朝夕研究,折群言而定一尊。於是考究古文家淵源,則皆出許、鄭以後之僞
撰。所有古文家師説,則全出劉歆以後據《周禮》《左氏》之推衍。"(《廖平全
集》第二册第八八六頁)

> 按:先生《與張祥齡書》似有薦吴之英自代之意。又《知聖編跋》
> 云"此册作於戊子",蓋纂輯同學課藝而成也。(《六譯先生年譜》卷
> 三,《廖平全集》第十五册第四七六頁)

約集尊經同人,編纂《王制義證》。《今古學考》卷下云:"予約集同人,

撰《王制義證》。以《王制》爲經，取《戴記》九篇，外《公》《穀傳》、《孟》、《荀》、《墨》、《韓》、《司馬》及《尚書大傳》、《春秋繁露》、《韓詩外傳》、緯候、今學各經舊注，據馬輯本。並及兩漢今學先師舊説，《今文尚書》《三家詩》用陳氏輯本。至于《春秋》《孝經》《論語》《易》《禮》，尚須再輯。務使詳備，足以統帥今學諸經，更附録古學之異者，以備參考。此書指日可成，以後凡注今學群經禮制，不必詳説，但云見《義證》足矣。……可以省無數疏解。習今學者但先看《王制》，以下便迎刃而解。起視學官注疏，不惟味同嚼蠟，而且膠葛支離，自生荆棘。一俟此書已成，再作《周禮義》，以統古學。"（《廖平全集》第一册第七六頁）又云："《王制義證》中當有圖表，如九州圖、建國九十三圖、二百一十國圖、制爵表、制禄表，務使此書隱微曲折，無不備見，又皆可推行，雖耗歲月所不辭也。"（《廖平全集》第一册第九七頁）

按：此書稿已及半，隨手散佚。繼聞康有爲《孔子會典》即是此意，乃决意不作。亦以《王制》無所不包，難免掛漏。否則《義證》重雜，難於去取。特就《王制訂本》將辨疑、證誤二門，編爲《王制訂本要注》四卷，專攻其異。凡屬明文複見，皆所不取。（《光緒井研志》藝文二《王制訂本要注提要》，《廖平全集》第十六册第一一七〇頁）

然今《六譯叢書》中祇《王制集説》一卷，無《王制集證》，《凡例》亦非以前之舊，當是《要注》之改本也。

正月，子成芝續娶譚氏。二月，自東林場遷小高灘蕭宅（距場一里）。旋於榮縣境内買田二十畝。十二月，始移家居之。

自家至成都，六月返家。

春，致書岳森，告其弟不死"深賴邑侯徐公一人之力"。岳森《冬月廿六日，接吕雪棠、劉夏先、胡藎臣三書，專報家難，附載案由，并言省垣學友盡力謀救，其范兄玉賓尤切切也。戊子春，復得廖季平書，乃益知舍弟不死，深賴邑侯徐公一人之力。因總前後所吟，共爲四首，覆寄諸友。又，吕書開筆即云："令弟獄成，適翼文又祖道將行。"故第二首以成字起韻。徐公，字虹橋，湖北人》詩記其事：

謡諑日以騰，家音日以杳。不寒一身慄，非炎五情燠。坐馳渾似猨，奮翮焉如鳥。憶有素心人，盟締歲寒早。磨蝎果見殃，尺魚當飛草。况乃便郵傳，未應忝篇藻。摇摇羈旅心，悠悠關山道。倏爾錦劄來，如逢金章寶。遲速定有説，情僞玆能了。火急啟緘看，瞠目紛恾惸。

恾惸復沖驚，展幅見獄成。人言從此驗，熱淚一時迸。窈窱禍福機，蝴蛸妖孽萌。乍眂襟袖濕，轉睇毛髮撑。親年早逾甲，弟齒未成丁。貢庭閒退隱，師塾遠橫經。如何俊良家，竟納罟獲阱。縱有雀角累，甯煩虎牙兵。讒邪工蔽翳，吏役持重輕。毋乃傾危意，飾以洵劇情。來箋豈不詳，余懷殊未明。

難明在膝理，遭家已如此。太守今最尊，沈冤古莫起。父老各吞聲，姻親同裹趾。斯時遠游人，薺騰睡夢裏。疑獄黯層陰，帝閽岨萬鄙。髦年空自傷，予季更銷毀。不道駒谷音，能有鴒原美。奮志挽修羅，慘淡彌瘡痏。仗義振末流，曲懷體賤子。雖無信陵功，頗同申胥軌。高誼壓岷峨，濃情溢錦水。平生苔與岑，化作長城倚。願以古道交，布告天下士。

士類原相惜，官府喜作威。況出上臺意，甯敢下風違。脂韋久成俗，滔滔誰覺非。偉哉荊襄公，九嶷鬱英暉。制科策高足，僻壤惠德綏。澄心清輶軑，强項衛儒衣。慷慨臨郡齋，太息顧圜扉。明嬰銅虎怒，遑惜青蠅誹。豈伊倔僵心，邦直自不回。一朝耿介節，危乎死生機。余情萬里馳，我公亦已歸。徐公謝任後，即告養回湖。退睇洞庭波，側想杜若菲。湖天儻非遙，溯游從音徽。"（《癸甲襄校録》卷三第五六—五七頁）

先是，先生《今古學考》《穀梁古義疏》成，去秋寄贈岳森，至今春，岳森復書，題作《南學報廖季平書》，云：

季平仁兄先生足下：

昨秋奉手教，并頒大箸二部、尊經題紙一張，復承謙光，不恥下問，誨愛之情，與程俱遠，應有覆書，早申謝悃，以大箸甫到，未及展讀，無從立論，徒作應酬，恐涉世套，是以遲遲其音耳。大箸淵邃，監課縝密，抽暇研究，往復再四，自秋徂冬，始窺門徑。兹值春閑，乃得作覆，但取筆談，無拘尺幅，尤長亘仃，皆所不計，或謬事理，則冀進而教之。己卯夏初，學看《説文段注》，所引有古《左氏》説、古《周禮》説。竊意古以今名，有古必有今，然謂今之《左傳》非古之《左傳》，則可謂今之《周禮》非古之《周禮》，則不可格滯於心，無從考究，問諸邱、丁，均不能答，遂仍置之，於時讕陋之至，尚未知今古爲學派也。嗣閲《隋志》，見論緯篇有云："孔安國、毛公、王璜、賈逵之徒，因漢魯恭王、河間獻王所得古文，參而考之，以成其義，謂之古學。當世之儒又非毀之，竟不得行。魏代王肅推引古學，以難其義，王弼、杜預從而明之，自是古學稍立。"壬午秋，看俞氏《古書疑義舉例》。乙酉正月，就館蘇坡橋，看陳氏《異義疏證》，乃知漢儒有今文、古文二家之學。文既各別，義亦相縣，兩京聚訟，大率在是。然零散弗整，缺略難詳，窺龍一鱗，終疑首尾，隨赴拔場，不復理矣。足下因搜《穀梁》古義，遍索天漢遺書，得此卻竂，鋭意批導，初躐蹤影，漸啟局蒙，於《王制》得今學之主，於《周禮》得古學之主，於齊魯燕趙，理其分合出入之源，然後詳考班、許，以明其證，處分二戴，以會其歸，而又上論周秦諸子，下次漢魏存書，以釐定其條流、底平其爭競，苦心孤詣，聰明睿智，敘述諦當，彌縫完善。自謂起二千年之絕學，洵非誇誕。往者蕭藩作序，以尊箸鼎足顧、閻，已得其似，猶未逼真也。京師講學之風，盛於乾嘉，中間衰歇，近今復熾，一時賢士大夫多樂束身脩業，靜理樸學，學者有五老七子之目，五老者，潘、翁、徐、黃、李是也；七子者，王公益吾、李公薲客、宗室公伯兮、王公廉生、張公野秋、黃公仲韜、蔡公千禾是也。同聲應和，共襄文治，而翁老適總監務，王盛相繼爲祭酒，千禾先生適管南學，是以大學有振頓之日，國子有中興之象。弟隨遇留京，藉學爲隱，京洋二報，概置弗閱，同鄉員弁，絕少造請，拘束簡編，恒不履閾，世間人事，多未能知。其儒學一事，悉茲大略者，以師友過從，習聞熟論，有涉尊箸，敬述情形耳。往者，書到之日，留一部自讀，呈蔡先生一部，請其閱訖轉遞講學諸公，嗣聞諸公頗見推許，亦有微詞。時於蔡座，聞其大略，所尤妙者，冬月初旬，祭酒宗室公以爲學通議課，南學舉貢，限作駢體，意仿彥和。弟作《辨經》《守詁》《觀通》《別禮》四篇，即用論斷尊箸之說，率爾操觚，伯兮夫子大加賞譽，取列第一名，正獎如例外，捐獎《玉函山房輯佚書》，家藏校本也。弟二廣東溫仲和，陳蘭甫先生高足也。弟三貴州程械林，莫獨山弟子，王可莊所取經魁，各有獎書。選入《課士錄》登時，刻成單刷，此菽樣本百餘，遍送京中故舊及住學生徒，於弟實增盜名之慚，兄可謂出其緒餘，便令孺子成名者矣。伯兮先生淹雅宏達，以學問人才爲己任，由金石、小學歸於經術，勤勤懇懇，提倡不倦，遠紹儀徵，近踵南皮，旗中得人如此，國家之福，斯文之幸也。謹撮輿論三條及鄙意五條，另書左方，以應直言之詔，并寄冬月課藝一冊，博長兄之一粲。

別有輿論三條，岳森云：“尊箸到京，老宿推服，末學驚駭，其有不盡之言爲弟所得聞者，不過如在右三條。前二條所謂，人各有見，無容相強。惟第三條，在足下原說本爲巧妙之極，但天下事之極巧至妙者，每慮傷其實際，是以責言所在，不能代決，足下必有以酌定之。”附之：

凡講一學，必窮源竟委，有本有末，然後顛撲不破。尊箸謂古學祖周公，今學祖孔子，其大綱也。而《兩戴記》及《論語》《陽湖集語》所記孔子之言行，或從周，或從殷，層見叠出，一人之派，不應自歧。尊箸定從周爲壯年之志，改周從殷爲晚年之說，此雖擬議立說，其說似亦有理，而祭酒公不盡謂然，玩黃卷評語可見矣。黃恕傳作《爲學通議》十篇，全用尊箸之說，某篇有云“尼山壯歲，志在興周，泊於衰齡，改制從殷”云云。祭酒公評云：“貴鄉有人箸書立說如此，則不但朱子有晚年定論，孔子亦有晚年定論矣，其爲可否，請三思之。

今學盛於西京，古學昌於東漢，康成調和今古，自爲當塗已降，經學家所宗主。然公言之，可以謂之調和；在專門者即可譏其混亂。尊箸謂王子雍如解以紊亂師法，攻鄭無難，摧擊鄭君，似亦不爲無見，而群公不謂然，以爲今古學可講而鄭學不可非。蓋謂漢之鄭氏、宋之朱子，二君於藝林無遺憾，不許後生末學擅下雌黄也。

尊箸學派分魯、齊、燕、趙，此爲理今古學分合出入之源，取今之南北中皿爲譬，不過取喻三派耳。而群公謂足下此等處，支離誕漫，逼近小説，以爲魯猶可説，齊已勉强，燕、趙更涉影響。某部曹謂，以兩漢儒林傳略考之，疵謬不啻十數，吹毛權碎，非尺牘所能罄也。（《癸甲襄校録》卷五第五二—五五頁）

至岳森之意，則稱："尊箸識力超絶，得未曾有。充其所造，經將大明，即論現在，業定不朽。弟好之彌切，衛之益殷，恐以微瑕，致累連璧。又念尊箸屢及物腐生蠹、空穴來風二語，推斯意境，直括脩己治人之全，不特兩京聚訟，得此可以盡平也。竊恐言之有餘，蹈而不覺，則既非本心之失，即屬朋友之責，爰效微忱，勉應謙詔爾。"文繁從略。此後不久，岳森再次致函先生，《南學報廖季平書》第二書云：

再者足下振興蜀學，大酬素志，自憾遠覊直北，闊我好音，未能分領課程，襄兹盛業，他日彙作琳琅，宣付剞劂，行看蜀錦千重，獨少繭絲一縷，坐失機會，不其嘯與。承示題單，誠知趨向。惟《大學》功課倍蓰，尊經桴腹，屛軀竭蹶，僅赴惛惛朝莫，刻無閒晷，有心無力，快悒如何，惟希願力宏遠，指任方長，須以歲月，俟之將來，得分後軍之績，以登尾聲之譜，幸甚至哉，非敢請也。弟混忽留京，隨緣舍菜，白摺大卷，既未嫻習；通經學古，亦是虛談，無業可呈，深辜期望。伏念六藝之旨，籠罩萬有，元聖既没，微言終閟，後之學者，各以意爲。唯兹典禮，爻列秩次，雖分門户，較有端倪。其最絲顊者，無逾宮室、衣服、器用三門。宮室有李焦之作，衣服傳任江之編。雖參瑕瑜，已具規模。惟在禮器，尚少專門，擬殫鈔撮，近踵時賢，既明枝葉，再咀英華。昨秋成《祭器考》六卷，研精殫力，半載始就，別無佳境，稍稍拾阮鄭之遺、洗轟陳之陋耳。稿存盛先生處，尚未賜還。課作《識器》一篇，即撮其大旨也。又謬以《兩戴記》悉爲今學，因《大戴》無師説，不敢合治，爰以《小戴》諸篇，分門裒集，觀其會通，繫之論斷，命曰《禮記類述》，冀可以成一家言。粗完四卷，即以充南學日課。唯此二事，差堪告語，其餘課作，不足辱聽。夫學以實成，巧慧無用，義由集生，襲取何功。弟雙親已老，生齒日繇，仰事俛畜，漸逼一身，近遭變故，想更窘迫。冀趁壯盛之年，勉邀升斗之俸，寧甘疲逐而終，願以强仕爲斷，以此理欲並謀，出處交戰，雖未舍業，究異專精，間有得心，終難盡意，必俟還山有日，息心閉戶。本茲微悟，益奮精勤，深求周孔之心，澄觀諸子之變，時商同志，盡謝瞻徇，積困致通，累窮知化，庶有涓埃之獲，以爲知交者報也。尊經書院，蜀士典型，我輩根本，未迪顯光，已兆頽廢。蓋由更張未和，範圍復疏，側目者流，抵隙非訾。俗子諾諾，通學亦疑，私心痛切煩冤而已。今者崧生先生主講，足下得膺督部委任，襄校其間。鄙人聞之，且慰且忡，何則？故人假手，新機方躍，值此絕續之交，將有振頓之望也。院中庶務，無假瑣言，吾子賢達，當不蔓衍。所冀先植根柢，要諸久遠，再酌盈虛，以躋均和，内憂外侮，次第彌縫，然後可以講經術、談學問也。學問一事，又宜權其緩急，以爲補救，請得揚搉而言，願足下稍留意焉。夫爲學之道，莫先於門徑；門徑所在，莫要於目録；目録精熟，再求研深。朱肯夫之言是也。即吾子今日箸書立説，其獨到處可以甄別二戴，洗剔董、何，爰暨初基，所由貫澈，固亦從目録中來也。南皮定章，均同此意，己庚以來，漸失故轍。夫以湘潭之精邁，守約施博，空諸所有，無往不可，而後進妄希，適滋學弊。三劉未識，遂詆康成；二徐莫分，已輕淡長。意今文必晚出，疑篇韻爲一書，越堂窺奧，舍級登階，自詡淵通，實傷陋劣，閑居未覺，應物斯窮，此弟身受之病，含憤歷年，曾以師讀莫分，貽笑徒侣者也，而亦非湘潭之過也，良由學之不善，毀藩求達，躐等徼功，自成匍匐之形，轉累邯鄲之步耳。先後同舍，雅才固多，如我輩流，恐仍不少。然則近日院中所急，宜以目録爲要。敬冀吾兄推己及人，補偏救弊，正章之外，專縣斯課。明於七略四部，再議篇章；洞悉班范儒林，方講漢學，未爲晚也，其謂然乎。平昔論及院事，相與俯仰，流連欷歔不置；今也自爲責無旁貸，正宜統籌全局，深維本末，勉宏立達，以寵交游，若徒溺情鉛槧，疲精箸述，偏於成己，略於成物，則即使《十一經注疏》告成，祇爲兄一人之業，於全蜀無與，且祇爲經生之事，去師道猶遠，非區區之意所厚望於足下者也。稔知鄉風習陋，人用己私，善作者不必善成，而明者任事，惟求自盡，力所能爲，固必盡力；其或不逮，亦期盡心而已。院中後來之秀，昔推呂、劉、二胡。近日人物，實所未知。夏先篤信，克副樸學；敬亭聰睿，一日千里；蓋臣肫摯，天資近道。而故人呂雪棠者，潛心九淵，振衣千仞，於老兄之外，爲弟第一畏友也。昨冬接呂函，知足下已亟賞敬亭，玉尺所量，暗合鄙意。雪棠株守《公羊》，意見未融，先固不知，見信始覺，擬寓書勸學，但伊稱發信之後即往湖南，未知其果往否也。之數子者，量有廣狹，詣有淺深，而各有肝膽，亦均無習氣，苟得專精，皆可述學。足下曲成不遺，愛才如命，何妨善施教導，以廣茲造就耶。隨筆衍説，初無容心，究之友教一事，因物付物，隨緣而已。大比催人，公車在望，駕到之日，擁篲先驅，不棄譾劣，即求主我。爾時晨昏侍教，再展壹切也。繕書將畢，湖南萬方欽來見，謂："斷斷萬言，有似段、顧之相争。"

余應之曰："鄙人固不敢比顧，敝友亦不欲伍段也。夫顧君校讐，人推天祿，金壇老學，雄視一代，我輩後生，不可妄希，甯敢輕議。但二君以西郊虞庠一注，往復七書，顧則誤讀《周官》，段亦拉雜《大戴》。要其所趣，不外爭名，其去論學猶遠，何有於輔仁規善乎。余之於季平，師友參半，脫屣世情，平昔相與，各務推誠，萬里傳書，惟期有補，補分得分，補寸得寸，故不辭累日之勤，爲報七紙之書。雖則七襄不成報章，而悃忱靡他，盡心自喻。余與廖書，如是焉耳，與爭論者毫不相涉，何段、顧之克肖哉。"談畢，萬君語塞，遂鈔坿紙尾以聞。萬君，湖南人，郭筠翁之高弟，專講緯學，尤習洋務，自謂所注《易緯》，不涉東漢人一語，聞兄有《七緯注》，急欲一讀也。堅冰始泮，春寒猶劇，伏維珍衛。不宣。森白。(《癸甲襄校錄》卷五第六二—六八頁)

《南學報廖季平第三書》云：

足下所講者，一曰《春秋》之學，一曰今古學之學。在足下自是連類而及，余且爲分別論之。《春秋》之例太簡，恐不足以盡聖神；《學考》之例太縣，恐不足以昭畫一。此四語者，即弟細繹尊箸《春秋三十論》《今古學考》二書所有筦見之大綱也。足下謂《王制》爲《春秋》禮傳，發前人所未發，足爲定論。其《學考》云云，大旨近似，罅漏尤多。且甄別《周官》，割裂《左傳》，趙宋學者已多爲此。雖不必即如足下之所爲，而其派頭不甚相遠。《周禮》爲劉歆僞託，俞、王、趙、邱早有是説。鄙意欲足下且將《公》《穀》《王制》三册，勘合洗剔，勒以問世。《學考》者，體大事重，未易安定，且再集思廣益，然後定稿鏤板。他人於學，患在因循；吾子之病，正坐勇速。擅此睿智絕力，再能出之以沈鬱，免得旋成旋悔，省刓劂之力多矣。所謂沈鬱者，非直焦勞累、日夜繙檢數十通也。無論九流百氏，成業所在，俱視功候。功者工力，候謂時候。工力未到，不能有成；工力到而時候未到，亦不能有成。試以釋氏言之，其頓悟一門，最爲捷獲，而一指之證，猶假七年；三拳之禪，須以九載。在《論語》"吾十有五"一章猶爲明徵大驗，其必積十五年及十年之久，然後董得一件。在中材以上亦不至是，況生知敏求之聖人乎。可見非春不華者，亦非秋不實。工力猶可以轉注，即用尊説爲説。時候決無可假借也。孔子曰："欲速則不達。"達，通也，言速則多誤，故不能通。揚雄云："一日而欲盡百年，恐鹵莽之報。"予者薄皆沈鬱之謂也。夫人之爲學，患茫無所得耳。似弟輩研經十稔，猶自朝楚莫齊，東塗西抹，毫無依據，誠宜有汲汲皇皇、不勝其迫之勢。如吾兄者，已獲要歸，卓有所立，儘可從容做去。《穀梁注疏》《王制義證》二端，已可不朽，只再加十年精力，能將今古二學講得無罣無礙，不牽不强，已足繼軌游、夏，頡頑董、何，其鄭、許諸賢尤易度越耳。若圖功太切，求成過速，棘猴既敗，畫虎不成，將徒貽天下之談柄，而轉叢一己之尤悔。學問身心，兩失其泰，豈不重可懼哉。前書云："《學考》以《王制》爲今學主續，考以六經，皆爲孔子繙定，古學始於劉歆。但得申此三語，則高光重興、羲轡復旦。"平心論之，惟六經皆由孔子繙定一語，至當不易，無瑕可攻。然删定贊脩，即述即作，人所共知，似不爲吾子之創獲。其餘二語，如第謂《王制》爲《春秋》禮傳，則誠石破天驚、聞所未聞。由漢以來，探驪獨得，雖有違舛，良易周章。弟不唯不能攻，亦甚不欲攻之。即人有攻之者，猶將極口禦之，盡力全之。蓋以《王制》一册，純古茂密，其在周秦以上，如孟、荀所説，往往同符而體似，於經篇厠乎記，孤縣二千餘年，經師擬議，徒衍虚説，得君新解，如鈎沈鱗，深洽余懷，無任悦服也。如必以爲今學之主，則與古學始於劉歆一語，均視《學考》之全説爲消長，考説尚多斡旋。尊箸《今古學禮制諸表》皆斡旋也。其《今古雜》一表，尤爲斡旋之極者。二語自然尚未穩便矣。總之，吾兄之學如判案，然條律在左，比例在右，明法執咎，不患無辭，但其果入情實與否，尚望加意訪察，再下斷語耳。弟於兄講學之説，無所不悦，其服之也誠，故其衛之也力。又自惟區區之意，悠悠六合之内，如石投水，惟在足下，用是尚口不忍於窮，下筆不能自休，乃不辭冒沈疴、忍溽暑，爲兄陳其庢略，若有一毫，争心乘之，安有如是之切摯哉。《説文》之學，弟於己卯冬、庚辰春曾用數月鈔撮之功，其後雖無專功，時一留心。壬午同硯三公祠，領益不少，至今念之。癸未山居，益殫力於此，覺得爰初造字，止有象形一門，事、意、聲、轉、假皆歷世所加，至周而六書始備，故保氏乃以六書立教。許叙自庖犧氏起，至《周禮》止，静意循誦，端委如揭。又以國朝人講六書者極詳盡，亦極穿鑿互混，先箸《通論》十篇，發明六書次第分合之藴，形、事、意、聲四門，於段、王、嚴、苗各有取舍，轉注遵用小徐，假借雜采朱駿聲、侯康、胡琨之説。然後就許書、古籀、篆文或體重文奇字，讀若讀與，以及引經引傳等釐爲四十八類，以每類爲經，以六書爲緯，每類之末，各繫以説，計共得五卷六萬餘言，題曰《説文岳氏學》，蓋躋許於六經爲洨長作功臣也。汲汲終歲，益以衆門人之力，僅成初稿，緣其時聞學使有獻書之示，欲由教官以呈者，嗣又上省，從王先生游，遂置之未理，其稿猶存七星山房也。近日覺許氏分部繫字與《周禮》六書之教不合，蓋保氏以六書立教，必以六書爲綱領，統轄壹切文字，師以是教，即弟以是學，信如許書分立五百餘部，然後復於部中講析六書，則因部求字、因字審從，已可盡識諸字。六書一教，顯成贅疣，保氏立教之本，斷不如此。且許君自叙多與部中之義不相照應，亦甚可怪，頗思訂正之，但以講《説文》而駁許氏，不免爲通人所譏。爰擬别撰《周禮保氏教》二卷，專就《周禮》經注，以溯西漢已上字學之源，單以六書提綱，不復分別部居，一形二聲三事四意五轉注六假借，仍用戴東原之說，以前四書爲體，後二書爲用；以前四書爲上卷，後二書爲下卷。方自發凡起例，而尊著《六書舊義》適到，所立宗旨，略符鄙意，不知者猶疑爲預攘成書以充己説也。然其中先後分合，亦多有不同，他日晤對，再爲領教。(《癸甲襄校録》卷五第六八—七二頁)

同年，又有江瀚《與廖季平論〈今古學考〉書》，詳云：

月日瀚白，季平大兄足下：瀚不佞，闊別三年，學弗加益，每接高譚，輒增愓悚。足下以古聖邈遠，大義久乖，慨欲繼絶扶微，存真劃僞，甚盛甚盛。瀚經術荒淺，無足比數。顧於尊說，竊有未安，敢略陳其愚，以求教益。

周道既衰，孔子以《詩》《書》六藝設教，受業之徒，各以性之所近，轉相流衍，其於夫子之道，固已不能無稍歧互，如《檀弓》所記曾子、子游之事是也。二子者，皆門人高弟，尚猶相戾，況後之不及聖人之門，而徒守遺經者，其亦安能盡合哉。夫五嶽分形，竝極於高；四瀆殊源，咸就於深；三代異制，共臻於盛。故君子之爲學也，唯求其是，譬之貨殖，或以鹽，或以鐵冶，或以畜牧，或以丹穴，其操術有不齊，致富則一也。彼夫老、墨、名、法諸子雜家，言之踳駁者多矣，而通方之士，猶有取焉，奈何皆爲誦法洙泗，乃妄分畛域，橫相訾謷，非莊生所謂大惑不解者與。今足下爲《今古學考》，有孔子晚年論定之說，嘻，其異矣。今文家於西漢皆列學官，然大小夏侯，同受《尚書》，勝既非建"章句小儒，破碎大道"；建亦非勝"爲學疏略，難以應敵"。嚴彭祖、顏安樂俱事眭孟，質問疑義，各持所見，其紛然不一也如此，孰爲有師法邪，孰爲無師法邪。足下崇今擯古，果將何以適從哉。且其所謂家法者，即當時之功令焉耳。彼欲邀求博士，自不能不篤守師說，誠禄利之路然也。是以馬融指博士爲俗儒，何休亦詆古文爲俗學，是猶世之工辭章者，與夫科舉之士更相笑耳。方今功令，十三經注疏與宋元注四經竝重，足下欲遠遵西漢功令，胡不遵本朝功令乎。此其舛矣。昔王伯安講良知，作《朱子晚年定論》，已爲舞文之書。茲更郵而相效，加諸孔子，可乎哉，可乎哉。抑瀚所最不解者，足下謂《王制》爲今學之祖，兩漢經師均不識此。夫表章《王制》，乃足下獨創之見，前人何由知之。盧植據《史記》，以《王制》爲孝文博士作，近孫季仇力辨其誣，姑勿論。而瀚疑《王制》者二事：簡不帥教，黜歸田里可也；放流之刑，舜所以罪四凶，若庠序造士，何至屏之遠方，終身不齒。又四誅以聽，與附從輕、赦從重之義不合，非仁人言也，矧曰孔子法乎。或因《易緯·乾元序制記》有"文王稱王制"一語，遂定爲文王作，則更非瀚所知已。又足下謂史公不見《左傳》，而《周禮》爲莽、歆僞書，瀚亦未敢附和。《史記》述十二諸侯事，多本《左傳》，唯往往掎摭異聞，故不免抵牾，況《年表序》中明分《左氏春秋》與《國語》爲二，安得謂《左氏春秋》即《國語》邪。《孔子世家》言狩大野獲麟，亦今文所無，尤可證。《韓非子》載楚靈弒郟敖，以爲《春秋》記之，其文廑見《左傳》，而《楚策》作"孫卿謝楚相書"云云，是其授受之故，洵未可誣，其不出天漢以後明矣。《周禮》一書，從來疑信參半，然必曰莽、歆所爲，終無定讞。莽引《尚書》《春秋》爲居攝即真之據，誦六藝以文姦言，莫此爲甚，豈特緣飾《周禮》乎。是書雖晚出，其制度典章非盡無考見，凡汪容甫《周官徵文》已詳者，不復贅。六官之設，雖不見它經，然《大戴禮記》有之。又《管子》儷黄帝六相，唯以司馬屬秋，義少别，然正足審其沿革之由，不得反援以排之也。學者離全經久，遺文放失，茫昧難徵，與其過廢，毋寧過存，故雖東晋《古文尚書》，僞迹昭著，或者猶不欲黜，蓋其慎也。若夫尚論而心知其意，是在信古闕疑之君子矣。至於力攻鄭君，論亦非是。康成之學，博大精深，爲兩漢冠。自王肅、虞翻、趙匡輩，未嘗深究本原，妄加駁難，其氣力不翅什伯今人，究於鄭君何損豪末乎。然經義深廣，靡得悉窮，雖在大賢，詎能無失。且所注既多，或有先後不同，彼此互異，補苴罅漏，繄來者是賴。近世尊奉高密，每義有未衷，不惜援引傅會，屈經以從其説，殆有如王邵所譏"寧道孔聖誤，諱言鄭服非"者，是誠過矣。苟必刻意矯之，若姚際恒、魏源之大言非毁，其庸有當乎。況混合今古，固未足爲病。漢氏諸儒，顓門傳受，抱殘守缺，是其所長，膠固匙通，道乃鬱滯。鄭君崛起，實綜其全，注《古文尚書》則采今文説，箋《毛詩》則參稽齊、魯、韓，囊括網羅，一洗前師之陋。善夫，陳左海曰："守一先生之言而不敢雜，此經生之分也；總群師之言，稽合同異而不偏廢，此通儒之識也。"焉可詆厲之哉。且夫六經之書，并包三才，大小畢具，仁者見仁，知者見知，貴能致其用也，何必盡同。不蘄爲此，而務勝人，斷斷焉以張徽志、争門户，於聖人垂世立教之意，不已倜乎遠哉。至决别群經，悉還其舊，誠一大快事。雖然，吾生也晚，冥冥二千餘載以迄於兹，何所承受取信。雖欲私行金貨，定蘭臺柒書經字，以合其私文，且不可得，徒支離變亂，而卒無益於聖經，奚取紛紛爲也。瀚承足下知愛，有所疑不敢畜，言多未當，勿吝指摘。或遂置之，以示不屑之教誨，亦無慍焉。交好之情，要不以此易也，惟足下亮之。瀚再拜。（《廖平全集》第十六册第一〇八六——一〇八九頁）

此戊子年在成都所作，曾經黎蓴齋先生刊入《續古文辭類纂》中，爲鈔胥顛倒錯亂，幾不成文，迨書成，蓴老已病，未能校正。今季平所學日新，余雖荒落，亦漸變舊説，姑録於此，以質海内學人。自記。

七月，應德陽知縣陶聯三之聘赴德陽。過成都，與吳之英（時任灌縣教諭）論學於尊經書院，自此見人恒頌其學。

按：先生《與張子宓書》云七月自家至德陽。據家人言則二月至省，七月返家，八月赴京。惟八月赴京之説誤。《知聖編自序》云：“光緒戊子季冬，四益主人識於黃陵峽舟次。”是先生赴京會試當在十月。

八月，四川鄉試首題“大師摯適齊”，題義難解，先生嘗就此擬文。見本譜光緒十五年。

成《公羊補證》十一卷，意在合通三傳。戊子八月自序略云：“舊撰《穀梁注疏》，篤守本師。……此編多采《穀》《左》，以收闕義，傳所佚誤，別爲補傳。今通三傳，以爲一家之言，意在折中聖經，輯補佚義，自比於巽軒。”（《六譯先生年譜》卷三，《廖平全集》第十五册第四七九頁）庚寅端午前二日自識云：“戊子作注，意在通三傳之義。……己丑在粵，續有《左傳補正》之作。既三傳各自爲書，則《公羊》當自成一家，不必旁通於二傳，故删去通變之言，以爲墨守之學。易通變之，名爲補證，庶可以告亡友劉舍人也。”《大統春秋公羊補證大統凡例提要》云：

當今中外交通，智慧互换，政藝新，學術亦不能再守舊；故無論中外，凡百年以前政學各書，皆屬塵羹土飯，宜束之高閣。此天下公言也。井研廖氏，表彰孔子、皇帝之學，著書二百餘種，四益、則柯兩叢書提要，集漢宋之大成，發中外之隱奥。其中《公羊補證》一種，藉桓、文之史事，推皇、帝之共球，於中學專主微言大義，漢宋支離空疏之積習一掃而空；於西學以《春秋》文俗勘合時局，《春秋》撥亂世反之正者，指今二十周世界言之也。卷首附《宗旨》《圖》《表》及《凡例》《百目》，信乎可以汰除中國庠序之積弊，環瀛循軌改良，由亂世進太平者，不外是也。其書擇精取長，包羅萬有，學者手置一篇，不惟經學明，子史、政治、掌故、輿地、外交、修身、倫理，別有簡要，祛（俱）可迎刃而解，保存國粹。又意在通俗，故文義淺顯，與注疏晦塞驟難索解者不同。近日學堂風尚，守舊者不免頑固之譏，維新者又倡言廢三綱、尚平權；以是編救之，庶兩無其弊。于廢經革命之説闢之尤力，然皆平心而論，借矛攻盾，是以厭服其心，與尋常肆口謾罵者迥不同。孔子之道兼包中外，以《春秋》爲始基，故凡入學堂者不可不先讀此書，以爲中西學之根柢。附《春秋圖表》《知聖篇》，皆與是書互相發明。以此提倡，鄉國庶比于齊魯乎。（《廖平全集》第七册第七二八—七二九頁）

删補《穀梁古義疏》舊稿，《穀梁古義疏自叙》云：“戊子詮釋《公羊》，繼

有删補。"(《廖平全集》第六册第一七頁)

　　成《知聖篇》一卷附《孔子作六藝考》一卷,《闢劉篇》一卷附《周禮删劉》一卷。(《光緒井研志》藝文四)《周禮删劉》附入《闢劉篇》,易名《古學考》,後乃知古學新出,非舊法,於是分作二篇:言古學者《闢劉》;言今學者《知聖》,取"宰我、子貢知足以知聖"之義。此篇用西漢説,以六藝皆由孔子譯古書而成,《詩》《易》爲百世而作;《春秋》《尚書》爲上考而作。由後推前,知制作全出孔子;宋以後專學《論》《孟》,故改證二書尤詳。或以六藝歸本孔子爲新創,不知王莽、劉歆未出之先,無論傳、記、子、史,皆以六藝傳於孔子,並無周公作經之説。故又編《孔子作六藝考》一卷,以證其實。其書取西漢爲主,東漢以下微文散見亦附録之。《古學考》提要:

　　　　是書初名《闢劉編》,末附《周禮删劉》,皆平信今駁古之説。丁酉以後,乃改爲經言大統,説爲附會。末附《兩漢學案》,綜合今古門户攻擊之事實,則家法愈明。大約《今古學考》詳于經説,此書則專詳事實。(《光緒井研志》藝文三,《廖平全集》第十六册第一二四〇頁)

　　《知聖篇》自識云:

　　　　此册作於戊子,蓋纂輯同學課藝而成。在廣雅時傳鈔頗多。壬辰以後,續有修改。借鈔者衆,忽失不可得。庚子於射洪得楊絢卿茂才己丑從廣雅鈔本,略加修改,以付梓人。此册流傳不一,先後見解亦有出入,然終以此本爲定云。辛丑五月十五日季平自識。(《廖平全集》第一册第三七六頁)

　　提要云:

　　　　平初作《今古説》,丙戌以後,乃知古學新出,非舊法,于是分作二編,言古學者曰《闢劉》,言今學者曰《知聖》,取《孟子》"宰我、子貢知足以知聖"之義。此編用西漢説,以六藝皆由孔子譯古書而成,《莊子》之"翻論",《論語》之"雅言",皆謂通古今語。以天生至聖,通貫古今,《詩》《易》爲百世而作,《春秋》《書》爲上考而作,由後推前,知制作全出孔子。于是撰爲此篇,因疑設問,最爲詳明。平客廣州時,欲刊此本,或以發難爲嫌,東南士大夫轉相鈔録,視爲枕中鴻寶,一時風氣爲之改變。湘中論述,以爲素王之學倡于井研者,此也。宋以後專學《論》《孟》,故取證二書尤詳。學人囿于舊聞,于二書微言最爲奇險者視爲故常,一經洗伐,如震雷發人猛省,乃知《論語》多屬微言,爲六藝之鎖鑰,非教人行習之專書。即以《孟子》論,所謂"五百年必有王者興",《春秋》"天子之事",三年喪魯滕莫之行,仲尼不有天下,周無公田,《詩》乃有之,堯舜時洪水初平,獸蹄鳥跡交于中國,與《堯典》《禹貢》典章美備,事出兩歧。以孔子繼周公,以周公繼帝王五六見。至以孔子爲賢于堯舜遠甚,爲生民所未有,非得此意,則孟論不能解,而六經記傳、諸子百家更無論矣。或以六藝歸本孔子爲新創,不知莽、歆未出之先,無論傳記、子史皆以六藝傳于孔子,并無周公作經之説。故平又編《孔子作六藝考》一卷,以證其實。其書取西漢已上爲主,東漢已下微文散見,亦附録之。考國朝學派,康、雍則漢宋兼主,乾、嘉則專治東漢古文,道、咸以後,陳、李乃倡言西漢,由粗而精,自博反約,王刊《經解》與阮刻《學海》本相較,後來居上,固天下之公言也。平承諸家之後,閉門攻索,以數十年精力,乃能直探本原,力翻舊案。史公"好學深思,心知其意,固難爲淺見寡聞道",或亦謂此歟。(《光緒井研志》藝文四,《廖平全集》第十六册第一二三八—一二三九頁)

先生於清代經學變遷派別及於己之影響,於《知聖篇》中言之甚詳,若云:

國朝經學,大約可分爲四派:曰順康、曰雍乾、曰嘉道、曰咸同。國初承明季空陋之弊,顧、黄、胡、姜、王、萬、閻、朱諸老,内宋外漢,考核辨論,不出紫陽窠臼,游心文、周,不知有尼山也。惠、戴挺出,獨標漢幟,收殘拾墜,零璧斷圭,頗近骨董家,名行漢學,實則宗法莽、歆,與西漢天涯地角,不可同日語。江、段、王、朱諸家,以聲音訓詁校勘提倡,天下經傳,遂遭蹂躪,不讀本經,專據《書鈔》《藝文》隱僻諸書,刊寫誤文,據爲古本,改易經字,白首盤旋,不出尋文。諸家勘校,可謂古書忠臣,但畢生勤勞,實未一飽藜藿。二陳著論,漸別今古,由粗而精,情勢然也。李、張、龔、魏,推尋漢法,訟言攻鄭,比之莽、操,罪浮桀、紂,思欲追踪西漢,尚未能抵隙古文。咸同以來,由委溯源,始知尊法孟、荀。開創難工,踵事易效,固其宜耳。綜其終始,窮則必通,以橫詆縱,後止終勝。廿年以來,讀遺書,詢師友,昔賢構室,我來安居。舊解已融,新機忽辟,平分今古,不廢江河。初則周聖、孔師,無所左右;繼乃探源竟委,若有短長。博綜同學,分類研精,圖窮匕首乃見,附綴不類生成。乃如宋、元辟雍鍾鼓,獨享一人,六藝同原,貫以一孔。斯事重大,豈敢任情。既風會之所趨,又形勢之交迫,營室求安,菟裘乃創。師友藥言,佩領夙夜,事與心違,未得輕改。由衷之言,有如噭日。風疾馬良,時懼背道。(《廖平全集》第一册第三五八頁)

又於紀昀、鄭玄、阮刻《學海堂經解》、王刻江陰《續經解》、經史之不同、東漢以後經説皆有詳論。若云:

　　評紀昀:近人言經學,以紀曉嵐爲依歸。當時譚經諸家,融而未明,紀氏專心唐宋小説雜聞,未能潛研古昔正書,以辭賦之才,改而説經,終非當行。又以《隋志》《陸録》爲宗旨,故所説經籍,不脱小説謏聞疑誤,後學受患頗深。如説《周禮》,以爲周公舊稿,後來人非周公,隨時修改,久之,當時已不能行云云。是比《政和禮》《開元禮》猶不足,何足以爲經,使人誦習,傳之萬世。《毛詩序傳》出於衛宏,如大小毛公名字、叔侄、官爵等説,皆出范書以後,乃誤爲真。其説二人,真如孫悟空、猪八戒。此等游戲,評詩談藝,則爲高手,解經則成兒戲。又如書坊僞《端木詩序》《申培詩傳》,其書竄亂删削,至爲陋劣。既明知其僞,乃又摘論其中數條,以爲義可兼存。似此猶可存,則又何不可存。大抵紀氏喜記雜書,好行小慧,于史學辭章尚有微長,至於經説非其素業,故於各經論述,幾不知世間有博士,何論孔子。時賢推尚紀氏,故略發其説於此。大致悠謬者多,不足與細辯也。(《廖平全集》第一册第三六○—三六一頁)

　　評鄭玄:國朝雍乾以後,鄭學盛行,誤信孔氏"疏不破注"之邪説,寧道周、孔錯,不言馬、鄭非。積習移人,牢不可破。嘉、道以後,龔、李諸賢始昌言攻之。然亦如晋王子雍,一生專與鄭爲難,乃全不得其病痛所在。考鄭學自魏晋以後,盛行千餘年,其人人品高,號爲經師完人。至細考其著作,實不見所長。《詩》《書》二經,推《周禮》以爲説,强四代經文以就其誤解之《周禮》,固無論矣。平生著述,三《禮》爲優,《周禮》又其本中之本。《大行人》注言:周之疆域方七千里,天子以方千里者一爲王畿,州牧各得方千里者六,以一州牧大於天子五倍。似此謬妄,婦孺皆知其非。(《廖平全集》第一册第三六一頁)

　　評阮刻《學海堂經解》:阮刻《學海堂經解》,多嘉道以前之書,篇目雖重,精華甚少。一字之説,盈篇屢牘;一句之義,衆説紛紜。蓋上半無經學,皆不急之考訂;下半亦非經學,皆《經籍籑詁》之子孫。(《廖平全集》第一册第三六三頁)

　　評王刻江陰《續經解》:王刻江陰《續經解》,選擇不精,由於曲狥情面與表章同鄉。前半所選,多阮刻不取之書,故精華甚少。後半道咸諸書,頗稱精要。(《廖平全集》第一册第三六五頁)

　　論經史之不同:經學與史學不同:史以斷代爲準,經乃百代之書;史泛言考訂,録其沿革,故《禹貢錐指》《春秋大事表》,皆以史説經,不得爲經學。(《廖平全集》第一册第三六九頁)

　　評東漢以後經説:每經皆有義例,在文字之外,如數術之卜筮,以及鐵板數、《青囊經》,皆別有起例在本書之外,不得本例,但望文生訓,如何能通。不惟經説,即李義山、吳梅村詩集,作注者必先于本文之外,詳其時事、履歷、性情、嗜好，並其交游贈達、當時朝廷盛衰、政輔忠佞，然後能注。區區後人文詩千萬，不足與經比，猶於文字外，無限推索，方能得其主旨。乃東漢以下之經學，則不必先求本師，預考文例，但能識字解義，按照本文，詳其句讀，明其訓詁，即爲經說，真所謂望文生訓。不求其端，不竟其委，但能識丁，便可作傳。除《公羊》外，今所行之十二經注疏，一言以蔽之，曰望文生訓而已。……學者亦嘗假四字以爲說，實則阮、王二刻，能逃望文生訓者，寧有幾人。蓋欲求義例，必先有師；不能得師，必先於各經先師傳說義例，未讀經先考之至精至熟，然後可以讀經。此法久絶，合宇内老師宿儒，誰能免此弊。劉歆初言微言，後力反其說，願學者讀漢臣劉歆書，勿用新室劉秀"顛倒六經"之法也。(《廖平全集》第一冊第三七一——三七二頁)

《周禮删劉》一卷，吳福珩《周禮紀聞序》以爲刊於戊子。(《廖平全集》第十六冊第一一七七頁)

> 按：此書之作，當與《闢劉篇》同時，故從吳説，附於本年。此書直至甲午始成。德陽劉子雄見《周禮删劉》，斥爲閹割之法，謂其與己説相忤者，指爲竄改，不免武斷。《知聖篇》云："德陽劉介卿子雄舍人，……又以《周禮删劉》爲閹割之法，於己説相近，指爲竄改，不免武斷，必群經傳記，無一不通，方爲精博。"(《廖平全集》第一冊第三五九頁)

《闢劉篇》初爲續《今古學考》，作於去年，亦即康有爲據以作《新學僞經考》者，原稿已佚。六年後，訂爲《古學考》，中多戊子以後之説，如云："馬融以後，古乃成家，始與今文相敵。許、鄭方有今古之名。今學以六藝爲宗，古學以《周易》爲首；今學傳於游、夏，古學張於劉歆；今學傳於周秦，古學立於東漢。此今古正變先後之分，非秦漢以來已兩派兼行也。"(《闢劉篇》第二二頁，《六譯先生年譜補遺》，《廖平全集》第十五冊第六八八頁)

冬，赴京會試，薦吳之英任尊經書院襄校，於黃陵峽作《知聖篇自序》，云：

> 測天之術，古有三家，秦漢以來，惟傳渾、蓋。西人創爲地動天虛之説，學者不能難之。或者推本其術，以爲古之宣夜。徵之緯、子，信中國遺法也。六藝之學，原有本真，自微言絶息，異端蜂起，以僞作真，羲轡失馭，妖霧漫空，幽幽千年，積迷不悟，悲夫。援經測聖，正如以管窺天，苟有表見，無妨更端，踵事增華，或可收效錐管。若以重光古法，功同談天，則力小任重，事方伊始，一知半解，何敢謂然。獨是既竭吾才，不能自罷，移山

填海,區區苦心,當亦爲識者所曲諒焉。光緒戊子季冬,四益主人識于黄陵峽舟次。(《廖平全集》第一册第三二三頁)

張之洞電召赴廣州,命纂《左傳疏》,以配《國朝十三經注疏》,先生以方赴京會試,不果去,後會於武漢。

十一月,方守道、高賡恩編《蜀學編》成,伍肇齡爲之序,云:

學以聖人爲極,管、老、墨、莊、申、商、韓非之書,皆有益於治,然不游聖人之門,其流弊滋甚。《六經》奥以博矣,《學》《庸》《論》《孟》又微而顯者也。自秦滅典籍,漢重傳經,至宋而義理之學興,師承不絶。明長安馮侍御從吾始著《關學編》,繼此,《洛學》《北學》皆纂自鉅儒手。吾蜀文翁倡教,學比齊魯,自漢迄今國朝,代不乏賢。寧河高熙亭學使課士尊經書院,以《蜀學編》命題,因即方生守道所輯本復爲釐正,語齡參訂焉。齡惟學使入蜀,即以文行並重風多士,按試各郡,與諸生語。及至石室講訓,亦於此諄諄焉。兹編之成,體仿《北學》,讀之當有蹶然興者,由是敦崇四教,以上溯鄒魯淵源,將張、魏所詣尚可擴充,豈徒以揚、馬文章誇冠天下哉。若夫士游所學不顯,則以大孝登之;君平《易》學不傳,姑以沈冥闕之。至於成之帀月,慮有罅隙,《凡例》已言之,然其維持正學之意勤矣。長白延旭之觀察使留心學校,嘉惠士林,凡刻書籍皆捐廉伙助,兹編其一種云。光緒戊子嘉平臨邛伍肇齡序。

光緒十五年己丑(一八八九)　三十八歲

恩科會試,大挑二等,中式第三十二名,殿試中二甲七十名,賜進士出身,朝考三等,欽點即用知縣,以親老請改教職,部銓龍安府教授。會試房師錢塘張預、座主禮部尚書高陽李鴻藻、工部尚書正藍旗崑崗、工部尚書吴縣潘祖蔭、禮部右侍郎嘉定廖壽恒。先生試卷書"曆"作"歷",例應罰停殿試,經潘祖蔭力爭始免。先生嘗言:"此次不犯磨勘,可入翰林。使竟入翰林,則戊戌政變,或將因楊叔嶠而遷戍也。"《光緒井研志》記云:"是年,廖平登進士。"(《光緒井研志》卷四十二)

成《春秋左氏古經説漢義補證》十二卷,先生識云:"後世習《左氏》者,高則詳典章,考事實,下者獵辭采,評文法,《左氏》經説遂爲絶學,不能與《公》《穀》比。緣傳繁重,循覽一周,已屬不易,何有餘力精考義例。今欲闡明《左氏》經説,必先求卷帙簡要。故平刺取全傳解經之説,别爲一書,名曰《古經説讀本》。且别録經説,凡屬事傳,三傳可以從同,不惟昌明《左氏》,並有裨《公》《穀》,一舉而三善得,此書之謂與。四譯館自識。"(《廖平全集》第八册第一五二二頁)師潘祖蔭、友宋育仁爲之序。宋序云:

　　唐人設科，以《左氏》爲大經，固以卷帙繁重，亦因晚出，師法闕亡，貫通者稀，故與《戴記》同號難治。范升謂《左氏》授受無人，孝平以後乃暫立學，不如二傳師說詳明，其難一也。太常指爲不傳《春秋》，傳中義例閒說史事，與經例不同，二也。史稱"左氏《春秋國語》"，《劉歆傳》云："引傳解經，由是章句理解備焉。"近人遂疑解經爲歆附益，三也。古文博士各立門户，傳爲劉立，《異義》引爲古學，而禮說不同《周禮》，或古或今，疑不能明，四也。三傳同說一經，自異則嫌於近經，隨同又疑於反傳，五也。全經要例，《公》《穀》文詳，本傳多僅孤證，欲削則疑於本有，補之則近於膚引，六也。古先著作惟存杜氏，通塞參半，高下在心，未可依據，七也。漢師根據《周禮》，間乖傳義，一遇盤錯，皆没而不說，八也。六朝以來，辨難皆在小節，不究經義，無所采獲，九也。《公》《穀》既已紛争，攘臂助鬭，更形輆轕，十也。積兹十難，久爲墜學。季平素治二傳，近乃兼治《左氏》。庚寅成《經說》十二卷。舟車往反，相與辨難，因得盡悉其義。季平經營《左氏》已久，倉卒具草，固無足奇。然巨經墜學，隱議難通，卒能犯險攻堅，拾遺繼絶，不可謂不偉矣。綜其長義，凡有廿端：傳爲解經而作，以經爲主，經例著明，則三傳皆在所統，一。先成二傳，洞澈異同，補治《左氏》，故舉重若輕，二。以《左氏》歸還今學，理古學牽引之失，考《王制》合同之妙，一貫同源，門户自息，三。以編年解經出於先師，非《左氏》之舊，則傳義與博士舊說皆明，四。據《史記》爲始師，則傳非古學，說非劉屬，不待詳辨，五。於傳經立異，經見義一例，傳不合經者，可借以見筆削之旨，反爲要例，六。據傳不以空言說經爲主，推考事文，多關義例，雖同二傳，非由竊取，七。三傳大綱皆同，小有參差，不過百一，别立異同諸表，既喜大同，又免揉雜，八。取《戴記》爲舊傳，六藝子史，莫不同條共貫，闢國百里，如日中天，九。無傳之經說多詳於別條，鈎沉摭佚，具見詳備，十。杜氏通塞相防，周孔錯出，盡刊新舊之誤，不遺斷爛之譏，十一。據《五行志》所引劉氏諸條，皆不見傳，知劉無附益，"莊公篇"寧闕毋補，尤見謹嚴，說皆舊文，乃足尊貴，十二。於傳中推出新例，確爲授受微言，傳專傳經，不爲史文，二傳不書諸例皆得證明，十三。別出《經說》，附經而行，與二傳相同，則傳本三家，可以共用，古經易於誦習，二傳事實易明，十四。據《移書》不言授受，僞撰淵源，無從附會，十五。同盟赴告，《公》舉義例，皆以爲史法，今據本傳證爲經例，然後知傳非紀事之史，十六。三傳事、禮、例，舊說以爲不同者，今考證其互文、參差、隱見諸例，不惟不背，反有相成之妙，十七。傳例不全，今就傳文爲之推考等差正變，作爲"補例"，每立一義，皆從傳生，不苦殘佚，又無嫌膚引，十八。筆削爲《春秋》所重，二傳但詳其筆削，說則略焉，今將不見經事，依經編成一書，删削乃詳，因其所棄，知其所存,十九。賢者作傳,祖述六藝,故不獨傳《春秋》,凡所引用,多屬六藝微言,今搜考群經佚説,並可由傳以通群經,廿。有此廿長,故足以平兹十難。余初學《公羊》,用武進劉氏説,以爲《左》不解經,今觀所論述,凡余之素所詬病者,皆非傳義。且旌旗既改,壁壘遂新,不惟包舉二傳,六經亦藉以愈顯。吁,何其盛也。自來説三傳者,皆有門户之見,入主出奴,不能相通。季平初刊《凡例》,亦屬分途,乃能由疑而信,深探本原。禮樂刑政,本屬故物,爲注誤者所蒙蔽自絶者二千年,一旦歸依故國,復睹冠裳,此非季平之幸,乃傳大幸也。鄭盦師既爲之序矣,時余方治《周禮》,力申本經,與季平宗旨小别,然通經致用,詳制度而略訓詁同也。二經皆爲世詬病,歸獄劉歆,今正前失、搜佚義,彌縫禦侮,以期存亡繼絶者,又相合也。既歎季平之勤,自感著述之苦,故論其難易之故以歸之,殊未足自盡其意也。(《廖平全集》第八册第一五一九——一五二一頁)

正月十五日,訪繆荃孫,贈《四益館經學叢書》五册。《藝風老人日記》云:

廖季平來,貽以《四學館經學叢書》五册。黃季度招飲,叔嶠、静山、心雲同席。(《藝風老人日記》第一〇一頁)

正月十八日,謁張之洞。《藝風老人日記》云:

謁南皮師,季平、心雲全見。(《藝風老人日記》第一〇二頁)

正月二十一日,訪繆荃孫。《藝風老人日記》云:

廖季平來。(《藝風老人日記》第一〇三頁)

正月二十六日,張之洞招飲於三君祠。《藝風老人日記》云:

南皮師招飲於三君祠,伯更、叔嶠、静山、心雲、季平、雪岑同席。(《藝風老人日記》第一〇四頁)

二月初三日,與楊鋭、王秉恩等同行入京。《藝風老人日記》二月初九日云:

心雲、季平、叔嶠、雪澄均於初三日入都,惜未能同行也。(《藝風老人日記》第一一〇——一一一頁)

三月初一日,至京,住伏魔寺,與曾培同寓。三月初二日,丁治棠《留往録》云:

午後，曾篤齋同年來訪。隔面六年，爲挑場故，已留須。言從蘇州來，住伏魔寺，與廖季平同寓。昨日始到。渡海大吃虧，非見幾，猶滯大沽口也。……欲隨過伏魔寺答禮，辭以季平未在寓，己之場事一切未辦，後會未晚。（《丁治棠紀行四種》第一〇一——一〇二頁）

三月初三日，訪丁治棠，談近日著述。丁治棠《留往録》云：

廖季平同年來過。坐談近日著述，有《六書舊義》《今古學考》，已開雕。外《穀梁注》《公羊注》二種。大意以《禮》之《王制》爲綱，以抉經心，足使何、范二公變色失步。已就正香濤夫子，待付梓。擬異日取讀爲快。知伊住伏魔寺，欲隨往。辭以不遽回寓，明日即移內城。場後往還可也。送去。（《丁治棠紀行四種》第一〇二頁）

　　按：據戴正誠《鄭叔問先生年譜》光緒十五年己丑載，同寓之人尚有張子宓、鄭文焯。《年譜》云：“晋京應會試，與張子宓太史、廖季平先生僦居東城亮果廠李氏宅，仍薦卷不第。”（《青鶴》一卷八期）

又據《留往録》知，移內城，“名搬小寓，便會場出入也”。今僅據《留往録》列先生三月初七日至二十三日活動：

三月初七日，“進貢院，見西路懸點名牌，輪次列舉子名，川省從東路進，尚未懸牌也”。

三月初八日，“着人探點名牌，言川省重慶府列二十九牌，今尚早”。同日，進場。

三月初九日，“交五更，題紙飛下，恐攪眠興，置不耳。平旦視之，首題：子曰：行夏之時，……四句。冠冕踏實題也。次題：取人以身，修身以道。三題曰：子不通功易事，至皆得食於子。次實而仍空。三乃趨下行機題，微寓截法。詩題：飲馬春城踏淺沙得泉字。唐郎士元句”。

三月初十日，“急謄真兩藝，續成三藝，謄真已黃昏”。

三月十一日，“進二場”。

三月十二日，“四更後，下經題五道。《易》題：爻也者，效此者也。……四句。《書》題：咨女二十有二人。《詩》題：眉壽保魯，居常與許。《春秋》題：春，齊高偃帥師納北燕伯於陽。《禮記》題：是月也，命野虞巡行山澤，至具曲植蘧筐”。

三月十三日，謄文。

三月十四日，進三場。

三月十五日，“五更初，策題下。……首問《儀禮》，次史漢地理，三兵制，四管子古字古義，五書目”。

三月十六日,膳文。

三月二十三日,王闓運至天津,尹臯卿"相約尊經友作團拜",先生贈丁治棠近年著作。丁治棠《留往録》云:

近午,尹臯卿來,言:"壬秋師到天津,聞兄欲往謁,相約尊經友作團拜,煩請先生來,果往否。"予言:"無此事,並無此心。果先生在天津,不過歸途探訪,豈有榜前便往理。"臯卿辭去。……季平飭價送近年著作來,閱其目:一、《今古學考》,一、《分撰兩戴記章句凡例》,一、《左傳古義凡例》,一、《公羊解詁三十論》,一、《六書舊義》。餘目未刻成。略觀節目,未翻閱仔細也。(《丁治棠紀行四種》第一一一頁)

三月二十五日,丁治棠過訪,不遇,留名片而去。丁治棠《留往録》云:

過較場二條胡同,看朱主事介甫,不遇。又過觀音堂看蕭樹三,不遇。又轉頭過繩匠胡同看曾篤齋、楊叔嶠、廖季平,云:"楊他出,廖移小寓未返,曾已遷圓通觀去。"俱不遇,留名片去。(《丁治棠紀行四種》第一一三頁)

三月二十八日,挑場期。丁治棠《留往録》詳記榜發情形:

晴。挑場期也。平明食飯,與香林同車,由順治門入,至西長安門下車。衣冠行,過端門,進午門,左邊即吏部朝房。同輩雲集,皆新其帽,華其袍者。有長班引入房,坐食茶。玉書亦冠而往。不冠不準入禁城也。坐食頃,長班報進內排班,隨之往。從太和殿左進,旁通一門,內有小座落。正中一殿,即內閣署。署緊閉。點名一牌,放一牌進。探牌數,隔江西、福建、湖南數省,去川省尚遠。即覓几凳坐,坐即有索錢者。數移其處,近午矣。腹稍飢,着玉書買小物食之。日中昃,尚未及兩湖,忽停點。云:王大臣開午飯。又歷時許,開點,至四川,已申初矣。雁行入,閣外班立。前排出,乃右進。由右轉中,鵠立南向,正中北面坐者,睿王、鄭王也。年剛弱冠,移氣養體,美如冠玉。左右二座,爲滿漢四大臣。班齊,跪背履歷,自念某人若干歲二語,極簡短。輪背畢,王呼名起,連起八人去,即不中選者。旋皆起立,呼三四人近案,擇選知縣,餘不動者,皆列教職。棄取由二王、四大臣承顏奉令,可亦可,否亦否,無忤其意者。已排始呼陶某、李某、陳某等起,傳有美起最後。旋招轉,更呼藍香林起,異哉。似有主宰冥冥者,王公若無權也。尋呼屈其、馬某、張某、于某、舒某近案。後始呼焦珮箴。於六人中揀三知縣,焦、于、舒三友與焉。已與季平、顧印伯等,忝選教職。立數刻偕出。而第八排班立矣。八排挑知縣者:白昆山、周眉生、吳仲容也。挑教職者:江少淹、胡中山、李我愚等。竟將曾篤齋、任篆

甫二友罷去,代爲抱屈。事竣,依原路出。(《丁治棠紀行四種》第一一四——一一五頁)

四月初九日,會場聽報期。丁治棠《留往録》云:

晴。乃會場聽報期也。是日闈中寫榜,從第六名起,滿十名。書吏潛飛片到琉璃廠報之。陸續傳畢,始報前五魁,名"聽紅録"。聽者出小費,舊規也。自午初發報,至十三名,乃四川楊佩芬。久之唐宗海、廖平、徐心泰、高樹、曾先珉、江淑次第報出。廖即季平,江即少淹,皆已卯同年。報忽中斷。向暮矣,報高楠,聽者皆散。(《丁治棠紀行四種》第一二〇頁)

先生中進士,實皆潘祖蔭之功,光緒十五年四月初七日李鴻章《復工部正堂潘》云:"井研廖平,《公羊》大師,而不善時藝,聞由執事手拔以別卷易中者,推此則其他可知。使君於此不凡,有大興、儀徵之風矣。"(《李鴻章全集》信函六第五三二頁)後曾樸著《孽海花》亦據此作第十三回《誤下第遷怒座中賓,考中書互爭門下士》,略謂:

且説潘尚書本是名流宗匠,文學斗山,這日得了總裁之命,夾袋中許多人物,可以脱穎而出,歡喜自不待言。尚書暗忖:這回夥伴中,餘人都不怕他們,就是高中堂和平謹慎,過主故常,不能容奇偉之士,總要用心對付他,叫他爲我使、不爲我敵才好。當下匆忙料理,不到未刻,直徑進闈。三位大總裁都已到齊,大家在聚奎堂挨次坐下。潘尚書先開口道:"這回應舉的很多知名之士,大家閲卷倒要格外用心點兒,一來不負朝廷委託;二來休讓石農獨霸,誇張他的江南名榜。"高中堂道:"老夫荒疏已久,老眼昏花,恐屈真才,全仗諸位相助。但依愚見看來,暗中摸索,只能憑文去取,哪里管得他名士不名士呢。況且名士虛聲,有名無實的多哩。"繆侍郎道:"現在文章巨眼,天下都推龔、潘。然兄弟常見和甫先生每閲一文,翻來覆去,至少看十來遍,還要請人復看;瀛翁却只要隨手亂翻,從沒有首尾看完過,怎麽就知好歹呢。"潘尚書笑道:"文章望氣而知,何必尋行數墨呢。"大家議論一會,各自散歸房内。

過了數日,頭場已過,硃卷快要進來,各房官正在預備閲卷,忽然潘尚書來請袁尚秋,大家不知何事。尚秋進去一點鐘工夫方始出來,大家都問什麽事。尚秋就在袖中取出一本小册子,遞給子珮,仲濤、震生都來看。子珮打開第一頁,只見上面寫道:

章騫,號直蜚,南通州;　　聞鼎儒,號韻高,江西;
姜表,號劍雲,江蘇;　　米繼曾,號筱亭,江蘇;
蘇胥,號鄭龕,福建;　　吕成澤,號沐庵,江西;

　　楊遂,號淑喬,四川;　　　易鞠,號緣常,江蘇;

　　莊可權,號立人,直隸;　　繆平,號奇坪,四川。

　　子珮看完這一頁,就把冊子合上,笑道:"原來是花名冊,八瀛先生怎麼吩咐的呢。"尚秋道:"這冊子上攏共六十二人,都是當世名人,要請各位按着省分去搜羅的。章、聞兩位尤須留心。"(《孽海花》第八五—八六頁)

　　四月十三日,繆荃孫閱《申報》,知先生中進士。(《藝風老人日記》第一二七頁)

　　四月十七日,丁治棠過焦佩箴處,詢先生出內城否。丁治棠《留往錄》云:

　　午過佩箴處,問廖季平出內城否。值不在。問伊同寓友,言伊出城,似偕過任篆甫處。即到任寓訪之,俱不在。聞吳瀛三言:"廖與佩箴昨宿篆甫屋,暢談達曙,聲震瓦屋,攪人眠,今又偕往他處,大半到楊蓉裳家去也。"悵悵歸。(《丁治棠紀行四種》第一二四頁)

　　四月十八日,丁治棠到焦佩箴寓,探先生行徑。丁治棠《留往錄》云:

　　陰。巳刻,到佩箴寓,探季平行徑,伊猶擁被眠,呼之起,言:"季平昨與李岑秋偕去,不識去向,或宿成都館,未可知。"仍回佩箴寓。談最久。(《丁治棠紀行四種》第一二四頁)

　　四月二十日,在任篆甫處談經,復過觀音寺,與丁治棠相與續千秋業。丁治棠《留往錄》云:

　　晴。……適道生往東館歸,聞季平在篆甫處談經,笑語盈室,知即往,而季平又過觀音寺去。劉健卿在焉,便邀健卿尋之。至觀音寺,覿面賀喜,出中式文,皆經義構成,名心時面,一篇佳墨,並未恢詭立異。何人言之捫籥扣盤,以離經畔道誹之也。談次,勉予留京,辭以家累。伊請一切閣著,答以精力就衰,淡心科名。伊言:"科名俗氣,相與續千秋業耳。"予言:"千秋業,談何容易,君努力爲之。所刻大集,已動公卿,傾朝野,大翮養就,自可高飛,奚假此背上毛、腹下毳哉。如予者,中年窮經,過門而室未至。只合藏拙名山,自安蹇劣,不能與君爭兩廡特豚也。久矢遁情,敬謝高義。"伊復殷殷,呼助將伯,不獲已,佯謂:"橐金已盡,難久留。"伊言:"措資毋慮,一紙書達南皮夫子處,吃着應有餘。謂予不信,每月薪水,予先墊給可乎。"復辭曰:"何需。弟老矣,無心科名,且無心學問,決意還山,作閒雲野鶴,稍有聞見,可札記往來,千里立應。不必樂群,亦可敬業,士各有志,勿容相強。平生不作欺人語,南山可移,歸志不可動矣。"伊無如何，相與把臂過篆甫處，談《春秋義例》最久。伊復約到內城，作數日談。辭以異日，依依別歸。（《丁治棠紀行四種》第一二四——一二五頁）

　　按：先生云：“措資毋慮，一紙書達南皮夫子處，吃着應有餘。”據後至趙鳳昌函知，是時先生“因旅費支絀，曾蒙師座電兌二百金”。見光緒十六年己丑十月二十九日條。

丁禹孝《丁治棠年譜》云：

　　入京會試不第。大挑二等，膺選訓導，沿途作爲日記，名曰《往留錄》，記載一時情景綦詳。當時，公同學、同年在京者甚多，如劉子雄健卿、岳林宗森、楊叔嶠銳、李滋然命三、江少淹叔等，及留京供職同年王蔭槐植青、尹殿颺皋卿、宋育仁芸子、胡安銓敬敷、施□□和笙諸太史相談讌，過從彌愨。老友廖平勸留京，約相與續千秋業。以無心科名，堅決還鄉謝之。（《合川縣文史資料選輯》第五輯第一一七——一一八頁）

四月庚寅，諭：“此次新貢士覆試一等惲毓鼎等七十六名，二等毛慈望等九十九名，三等梁鑾藻等一百二十一名，俱著准其一體殿試。列入四等之顏慶忠、王雲清、廖平、蔡寶仁、趙以煥、安薰甲，均著罰停殿試一科。”（《德宗實錄》卷二六九第六〇二頁）

四月二十一日，因覆試有疵，停殿試，出城周旋。丁治棠《留往錄》云：

　　晴。爲新進士殿試日也。季平以覆試有疵，停殿試，故得出城周旋。天下惟失意人乃獲逸趣。不然，今日殿廷角逐，已傾幾斛汗血，豈得日高猶眠哉。（《丁治棠紀行四種》第一二五頁）

　　先生《會試硃卷》各房批語：

　　自鑄偉詞，經策淵雅；
　　迥絕恒蹊，經策該博；
　　獨標精義，經策淹通；
　　兼舉群書，經策充洽；
　　洞明古訓，經策閎深；

本房原薦批：

　　第一場　首藝擇精語詳，文之有經籍光者；次取徑深微；三亦力埽恒蹊，言文而指彌遠。詩不俗。
　　第二場　《易》義熟於六書、通叚之例，說一經而全經皆通，六經亦皆通，是善讀書人。《語》《書》說二十二人，刱前人所未有。按之經傳皆通，

見地塙實,庶幾不磨。《詩》常許本無塙據善説,不妨解頤,其推闡形容譬
況之詞,皆有心得。《春秋》"陽在生,刊滅闕之",説本不可通,此獨不護
傳文通人之論,非專已守殘者。所解《禮》亦以文從字,順求之深,明周秦
以上經傳屬文之例,小儒見之,未免咋舌。

　　第三場　五策包舉經籍,合鑪而冶之,想見矮屋中端坐捫腹出古今百
家叱咤進退之狀,視瑣屑鈔撮者,奚翅霄壤。合觀前二場,益知作者於先
聖微言大義,謹守而詳述之。尤瞭然於歷代治亂因革之故、理人馭世之
經,言之鑿鑿,非貫串群書,學有師法者不辦。

聚奎堂原中批:

　　文無庸陋語,次三一律詩稱。二場説經鏗鏗,通場所無,此奇才也。
不意於風簷寸晷中得之。策對條貫有根柢。

四月二十五日,潘祖蔭致函張之洞云:

　　孝達世丈大人閣下: 佺匆匆撤棘欲完場,所得下駟,惟廖平尚强人
意,而又覆敗矣。殊負厚期,良深歎息。若殿試,則事權不屬,付之一歎而
已。(《素箋珍藏——國家圖書館藏近現代百位名人手札》第一八頁)

六月,應張之洞召赴廣州,偕張祥齡夫婦出都,至天津,謁王闓運。王留
宿談今古學。《湘綺樓日記》記之甚詳:

　　十九日,蜀士張、廖來,曾、陳同至;二十日,張生夫婦均來,及廖、曾、
陳,留飯去。設瓜藕。廖留宿陳齋,談今古學;二十一日,看廖生《經説》,
欲通撰九經、子史成一類書,亦自志大可喜。(《湘綺樓日記》第一五六
六—一五六七頁)

　　　　按:據《洪憲紀事詩本事簿注》知先生與康有爲亦相識於天津,
　　其云:"(康有爲)以蔭監中式舉人,榜名祖詒,計偕入京,與井研廖平
　　遇於天津,大談三日,盡得廖氏《公羊》之學。廖平,王湘綺尊經書院
　　弟子。有爲用廖平之學,皆呼爲王翁再傳弟子。……及遇廖平,主張
　　春秋公羊改制,大有盡棄其學而學焉之概。"據此,廖、康相識當在入
　　京會試之前。

七月,至蘇州,往訪俞樾,俞盛稱《今古學考》爲不刊之書。先生語以
"已經改易,並三傳合通事",俞不以爲然曰:"俟成書再議。"《經話甲編》卷
一云:

　　己丑在蘇晤俞蔭甫先生,極蒙獎掖,謂《學考》爲不刊之書。語以已

經改易，並三傳合通事，先生不以爲然，曰："俟書成再議。"蓋舊誤承襲已久，各有先入之言，一旦欲變其門户，雖蔭老亦疑之。（《廖平全集》第一册第二二八頁）

《今古學考》卷下云：

　　俞蔭甫先生以《王制》爲《公羊》禮，其説是也。（《廖平全集》第一册第七九頁）

吳虞《愛智廬隨筆》云：

　　丈言居蜀時，未敢自信其説，出游後，見俞蔭甫、王霞舉諸公，以所懷疑質之，皆莫能解，膽乃益大。（《吳虞集》第二二六頁）

先生在蘇州，適合江李超瓊任蘇州府元和縣知縣，七月十六日，李超瓊往訪張祥齡，並晤先生。《李超瓊日記》云：

　　宴罷，過張子綖所，晤廖季平同年平。

七月十七日，赴李超瓊之招，以先生將有廣州之行，李以洋百元助之。《李超瓊日記》云：

　　竟日未出。招曾蜀章比部光岷、廖季平進士平、陳經畬緯元、張子綖祥麟兩孝廉來暢談至夜。季平、經畬將有東粵之行，以洋百元助之。程序東、馬漁珊於薄暮亦過我一談。

先生在蜀，未敢自信其説，出游後見俞蔭甫、王霞舉，以所懷疑質之，皆莫能解，膽乃益大，於湘潭之學不肯依傍。王闓運《與陳朗》云：

　　懷才欲試，……如康有爲之爲，亦人情也。楊度但以慕名之心轉而慕利，暗爲梁焕奎所移而不自知。前之師我者，亦以名也，非求益者也，與夏時濟同，與廖登廷異。廖登廷者，王代功類也，思外我以立名；楊、夏思依我以立名。名粗立，則棄予如遺矣。故康、廖猶能自立，楊、夏則隨風轉移。（《湘綺樓詩文集》第二册第二四四頁）

吳虞《愛智廬隨筆》云：

　　丈祭湘潭文，亦有避水畫火之語。蓋學貴自立，無與感情；依傍既空，方覘真識。依人以立名，奴隸之學也；不依人以立名，豪傑之士也。夫以湘潭之才學，自好者猶不屑依之以成名，況才學出楊度下遠甚者，乃急於

依之而不知所擇,斯亦可哀憫之尤者矣。(《吳虞集》第二二六頁)

八月,至廣州,居廣雅書院,張之洞重申"風疾馬良"之誡。先是,康有爲得先生《今古學考》,引爲知己;至是,同黃季度過廣雅相訪。時康有爲講學廣州長興學舍,先生以《知聖篇》《闢劉篇》相示。別後,康馳書相戒,近萬餘言,斥爲好名鶩外,輕變前説,急當焚毀;並要脅以改則削稿,否則入集。先生答以面談,再決行止。後訪康於城南安徽會館,兩心相協,談論移晷,於是康乃盡棄其學而學焉。《經話甲編》卷一云:

廣州康長素奇才博識,精力絕人,平生專以制度説經。戊己間從沈君子豐處得《學考》,謬引爲知己。及還羊城,同黃季度過廣雅書局相訪,余以《知聖篇》示之,馳書相戒,近萬餘言,斥爲好名鶩外,輕變前説,急當焚毀。當時答以面談,再決行止。後訪之城南安徽會館,黃季度病未至,兩心相協,談論移晷。明年,聞江叔海得俞蔭老書,而《新學僞經考》成矣。(《廖平全集》第一冊第二二八頁)

《康有爲自編年譜》云:

光緒十六年八月,……陳通甫……以客禮來見,凡三與論《詩》《禮》,泛及諸經,吾乃告之以孔子改制之意,仁道合群之原,破棄考據舊學之無用。(《康有爲自編年譜》第一九頁)

梁啓超《清代學術概論》云:

有爲早年,酷好《周禮》,嘗貫穴之,著《政學通議》,後見廖平所著書,乃盡棄其舊説。平,王闓運弟子。闓運以治《公羊》聞於時,然故文人耳,經學所造甚淺,其所著《公羊箋》,尚不逮孔廣森。平受其學,著《四益館經學叢書》十數種,頗知守今文家法。晚年受張之洞賄逼,復著書自駁。其人固不足道,然有爲之思想,受其影響,不可誣也。(《清代學術概論》第七七頁)

《知聖篇》云:

初刊《今古學考》,説者謂爲以經解經之專書,天下名流,因本許、何,翕無異議。再撰《古學考》,外間不知心苦,以爲詭激求名。嘗有人(指康有爲)持書數千言,力詆改作之非,並要挾以"改則削稿,否則入集",一似真有實見,堅不可破者。乃杯酒之間,頓釋前疑,改從新法,非《莊子》所謂是非無定。蓋馬、鄭以孤陋不通之説,獨行二千年,描聲繪影之徒,種種囈夢,如塗塗附,自揣所陳,至爲明通,然我所據,彼方持以自助,何能頓化。彼既入迷已深,化虛成是,舉國皆狂,反以不狂爲狂。然就予所見,海內通人,未嘗相近。蓋其先飲迷藥,各人所中經絡不同,就彼所持,一爲點化,皆反戈相向。歷考各人受病之方,投之解藥,無不立蘇。但其積年魔障,偶爾神光,何能竟絶根株。一曝十寒,群邪復聚,所持愈堅。又或如昌黎《原毀》,爭意見不論是非,聚蚊成雷,先入固閉,自樂其迷,願以終老。當此,惟啜糟自裸,和光同塵。蓋彼既無求化之心,不能與之莊語。萬物浮沈,各有品格,並育並行,何有定解哉。(《廖平全集》第一册第三六六—三六七頁)

先生至粤,致函李超瓊,至九月十六日,李超瓊得書並壽其母一聯。《李超瓊日記》云:

> 得廖季平、陳經畬自廣州來書,並壽吾母一聯。

先生在粤,與朱一新、屠寄、陶心雲僅鄰,嘗語吴虞云:

> 昔年游廣東,居廣雅書院室,與朱蓉生、屠京山寄、陶心雲濬宣諸人僅鄰。一日聞蓉生言,講學問須自作主人,勿爲人奴隸。因亟往問如何方能作主人,而蓉生所言,則仍奴隸之奴隸也。(《吴虞集》第二二三頁)

先生在粤,以陶心雲擬刊廣州闈墨首題,亦效顰之,擬蜀戊子鄉試破題,而稿爲人所竊,意存《經話甲編》卷一:

> 四川戊子鄉試,首題"大師摯適齊"一章,題義難解。已丑在粤,陶心雲先生濬宣擬刊廣州闈墨首題,余亦效顰,擬蜀破題,破云:"使八伶於八州,廣魯樂於天下也。"此題上下無斷語,事又不見經傳,故用《樂記》"廣魯樂",與《書》"封四凶以化四裔"意,以爲孔子定樂於魯,若推廣於天下,則當使八人分駐八州,如舜使四凶化四裔故事。齊、晋、陳、楚,則《春秋》之四岳、四正方,故言適。齊、楚東南,秦、晋西北,中分天下也。先言齊、晋,後言楚、秦者,中外之分也。四隅州以水地記,河當指兖,漢當指雍,徐、揚皆以海爲界,八人分主八州,皆以廣王化。當時無此事,孔子亦未嘗使之,不過心有"廣魯樂"之意,則當使八伶於八州耳。末段點八州處,學董子《山川頌》,頗有點化。欲刊之,而稿爲人所竊,亦不愛惜,今特記於此,以資談笑,非以爲定解也。(《廖平全集》第一册第二三六—二三七頁)

> 按:《光緒井研志》藝文五有《四益館五經義》一卷,稱先生"早歲文格最嚴,治經後專以經説行文,多用新解,每一藝出,人皆驚詫,其實多精審之論,五經文風動海内。光緒戊子以來,文章風會大變,貌襲平文者往往掇巍科以去,究之無實自張,衹增虛僞。讀此鈔,益信

根深實茂之説爲不誣云”。(《光緒井研志》藝文五,《廖平全集》第十六册第一二六七頁)

先生在粤,欲刊《知聖編》。《〈知聖編〉及〈孔子作六藝考〉》提要云:“平客廣州時,欲刊此本,或以發難爲嫌。東南士大夫轉相鈔録,視爲枕中鴻寶,一時風氣爲之改變。湘中論述以爲‘素王之説倡於井研者’,此也。”(《廖平全集》第三册第一二三六頁)

先生在粤,嘗應朱一新約往游肇慶七星巖。番禺陳融《顒園詩話》云:

冬日,朱蓉生侍御一新招同廖季平進士平、陶心雲孝廉濬宣游七星巖,余屬心雲題名而返。(《青鶴》第四卷第十八期)

陶濬宣題詞云:

光緒己丑義烏朱一新、會稽陶濬宣、井研廖平、番禺徐鑄同游。濬宣題。(《肇慶星湖石刻全録》第八四頁)

十月十七日,劉子雄卒於北京。吳之英《哭劉子雄》云:

圈圈散種漬莍慶,索索隆名鍊貧病。半之各厚圉之絀,齋其自虛概其盛。我昔渾渾緼彊梁,試歷覆却畏多方。名實溺人波潮汐,陰陽寇我陣玄黄。忽鑿玄感自咄惜,密絜靈囊招魂魄。重發古佩娟娟華,新化藏血絲絲碧。吾兄精力故警道,益隨形勢加雕鏤。時七時九養菀枯,困倚因伏制恩讎。豈知疑診固潛結,偶乘衰運便逆泄。故解曆書辟怪符,内經辯檢容鍼穴。烏呼!世事疲役欲若何,得意寧敵失意多。假令哀樂自有主,未必壽夭盡由他。慧能生翳理曾誤,癡故多疑數乃譌。蓋知悔憾憑虛謏,静則已而躁則那。烏呼!當年執業稱敏鋭,壯彩精思絶倫類。訓諧爾雅經誼真,論本縱横文章貴。曲就格律顧典則,孤寫性情生姿媚。一卷新書無句讀,淋漓痛灑璚瑰涙。烏呼!猶憶款曲共晨昏,一時聲價更知聞。每界兩難必卓見,常矜獨得又平分。半世爭名終愛我,百年觀化首及君。別來無限傷心語,枉託清夢訴秋墳。烏呼!宿知聚散良如此,難免鍾情護終始。本爲招刺種荆棘,況復迎門樹蘭芷。規矩空程温白雪,内外交謀堂衣子。六噉坦通一噉蒙,轉被高材冤君死。烏呼!蒼茫今昔幻邪真,欲鳴同異滋酸

天地善縮不兩贏,乘除豐嗇作材命。元氣犁然有廋棄,復歸于根皆曰性。初爲支離招重忌,久因摧頓鑄不祥。宛折圿離滅更起,曾思痼痛又新瘡。窈窕掘出薜蘿根,馨香漉盡桂蘭液。谷神已杜出入機,山鬼猶嚇風雨夕。巧逐物理鉗于曲,險奪人情蠱以柔。砌平腸胃歘作沙,鍛熟肝膽嘽成鈎。鑠盡肌肉銷筋骨,愴然坐與靈神熱。

辛。已見委蛇能達節,忽復夭折且長貧。屢錘玉環懷知己,尚馳帟帶惜餘春。年年空谷怨瑶瑟,煩他謡諑遠妒人。烏呼!(《壽櫟盧詩集》第一〇——一一頁)

劉樊《劉子雄傳》云:

　　劉子雄,字健卿,初字孟雄,价卿、介卿皆其異名。四川德陽人也。當明末造,張獻忠屠蜀,千里無人,清初亂定,招集鄰省之民以居,闢草萊,盡地力,久之,復爲沃壤。吾邑劉氏各族之先,故多由楚遷蜀,子雄先世卜居新場之秦楚殿,垂二百載,皆以耕讀守其業,阡陌有章,與吾先家孝泉正同。子雄生有異稟,過目不忘,少從群兒就學里中,俟塾師出,或盡收他僮之書,導之酣飲酒市累日,入夜始令諷誦,書聲琅琅,已從旁竊聽,不數過幾成誦矣,以故文冠其曹,群以其耽嬉戲無異常兒,乃大驚。……弱冠補學官弟子,時平遠丁文誠公開府蜀中,以尊經書院新刱,思得名師,迎湘潭王壬秋先生來院掌教,蜀學由斯稱盛。子雄性素簡傲,至是遂頻首請益,執經問難,孜孜不勌,以精力絶人,遍讀群經,通貫大義,皆有師法。院課輒居上選。友井研廖平、富順宋育仁、漢州張祥齡、名山吳之英、合州戴光、秀山李稽勳諸人,至是學益進。廖平,湘潭弟子中之顓經術者也,亦服其精思敏鋭,故《古學考》及《四益館經話》中,多引其説。……湘潭弟子盈天下,顯晦不一,入民國,則楊度之文辭,廖平之經術,皆有重名於世。張森楷自湘潭削其弟子籍後,獨不欲爲湘潭之學,別以史學著稱。(《責善》一九四〇年第一卷第九期第一八——一九頁)

林思進《題劉健卿子雄遺集》云:

　　四海誰知劉舍人,一生傷別復傷春。可憐詩到乾嘉盛,獨遣芳迴屈宋新。濯錦江波原自綺,撫絃湘瑟未成塵。君爲湘綺入室弟子。諷高歷賞無堪恨,白首思今却愴神。(《清寂堂集》第二一三頁)

光緒十六年庚寅(一八九〇)　　三十九歲

春,由廣州赴京應殿試,途經武漢。閏二月初五日,訪譚獻。《復堂日記補録》卷二:

　　廖季平進士來談。季平英英,志學方鋭。成進士,以複試停科,待補考也。(《譚獻日記》第二八〇頁)

閏二月初六日,赴張之洞招。《復堂日記補録》卷二云:

　　赴南皮先生招。仲容先在，已十餘年不相見矣。午集五福堂。仲容、季平、叔嶠、雲門及予五客皆同門。座上仲容談《周官》有條理。季平談《左氏》進退無據，成《經傳疏證》數十卷，向壁虛造。聞其本師王闓運本非束脩儒者。古曰飾六藝以文奸言，今乃破六藝以張橫議。吾與雲門塞耳不欲聞此不祥之言。（《譚獻日記》第二八〇頁）

　　先生在鄂，曾致函李超瓊，至三月初十日，李超瓊得書。《李超瓊日記》云：

　　得廖季平進士鄂中來書。

　　四月，潘祖蔭作《左氏古經說漢義補證序》，云：

　　《春秋》三傳，《左氏》立學最晚，因出孔壁，漢儒謂之古文，然其禮制大旨與博士異議，崇尚古學，所引與《周禮》同類，非也。《左氏》授受無人，《移太常書》亦不言其有師，則《漢書》所有《左氏》傳授與曾申六傳至賈誼云云，皆後人偽撰淵源，未可據也。從來言《左氏》者皆喜文采、詳名物，引以說經者少。治二傳者，疑解經爲劉氏附益，輒詆諆之。案博士謂《左氏》不傳《春秋》，《左》與《史記》文同者，凡解經之文，《史》皆無之；《史》《漢》皆以《左氏春秋》爲《國語》，則解經爲後人所增無疑。然《魯世家》“魯人共令息姑攝位”，不言“即位”，正用隱元年傳文；《陳世家》“桓公病而亂作，國人分散，故再赴”，正用桓五年傳文。如此者數十條，則史公所見《左氏》已有解經語，疑不能明也。門下士廖季平進士，精敏賅洽，據《漢書·五行志》於《左氏》經傳後引“說曰”有釋經明文，在劉氏說前；又《藝文志》有《左氏微》，謂左氏事業具於傳，義例出於說。今傳事說雜陳，乃先秦左氏弟子依經編年。漢時《國語》通行，傳與說微，藏在秘府，獨史公得見之。《年表》爲《春秋》而作，故仿其式，與傳文疊矩重規。因仿二傳之例，刺取傳中經解、釋例之文附古經下，引先師舊說注之，爲《春秋古經左氏漢義補證》十二卷，與傳別行，意在申明漢法，刊正杜義。更爲外編若干種，說詳首卷。觀其鈎沈繼絕，著於“長義”“補例”二門。至“異禮”“異例”諸表，不蹈爭門戶者專己守殘之故智，以本傳爲主，亦不至膚引二傳。又據《史記》以左氏爲魯君子，在七十子後，不用國史史文之說，其書乃尊。以解經皆爲師說，與二傳一律，尤足釋劉申受“附益”之疑。至以《左氏》禮同《王制》，歸還今學，不用漢說，其論雖創，其理則易明也。季平謂史公引董子說，是漢師說《左氏》不求異於二傳。余謂史公治《左氏》，實兼通《公羊》，其論述大旨主《左氏》而兼用《公羊》。如《宋世家贊》推美宋襄公，與《敘傳》引壺生所述董子《春秋》說是也。《孔子世家》

所言"素王"義與王魯、新周、故宋，筆削頗同，諸例又季平所云《左氏》與《公羊》同者矣。今古相争，勢同水火，皆在劉歆以後。西漢十四博士，道一風同，諸儒多兼習數經。小夏侯采歐陽與諸經義，自成一家，與大夏侯同立學官，其明驗也。劉文淇《左傳正義》申明賈、服，抉擇甚嚴，其言曰："《五經異義》所載《左氏說》皆本《左氏》先師，《說文》所引《左傳》亦是古文家說，《五行志》劉子駿說皆《左氏》一家言。《周禮》《禮記》疏所引《左傳注》不載姓名而與杜注異者，亦是賈、服舊說。"今閱是書，多所甄錄。惟劉書與古注所無皆以杜注補之，此則不用杜說，推傳例師說以相補，惟杜氏用二傳說者乃引之。鈎輯之功，無愧昔賢。季平謬以余爲知《春秋》，挾書求序，略爲述之，恐不足張之也。案此書期月已成，加十年之功，當必有進於此者。改官廣文，正多暇日，季平勉乎哉。光緒庚寅四月吳縣潘祖蔭。（《廖平全集》第八冊第一五一七—一五一八頁）

　　又作《大統春秋公羊補證序》，云：

　　　季平作《春秋左氏古經說》《漢義補證》，余既爲之序，又以所著《公羊補證》請。季平三傳之書，乙酉成《穀梁》，戊子成此編，乃續作《補證》。自序欲以《公羊》中兼采《穀》《左》，合通三傳，以成一家。繼因三傳各有專書，乃刊落二傳，易以今名。言"補注"者，謂補何君《解詁》也。自來注家，依違本傳，明知其誤，務必申之。是書以經例爲主，於傳分新舊，於師分先後，所有後師誤說，引本傳先師正說以證之。進退取舍，不出本師，與范武子據《周禮》以難《穀梁》者有間矣。季平未作是注之先，作《三十論》以爲嚆矢，又作《解詁商榷》二卷，以明舊說之誤。是書大旨具於《三十論》，然新得甚多，較爲審慎矣。季平喜爲新說，如《春秋》不王魯，三世内娶爲魯事，言朔不言晦爲日食例，離不言會爲致例，祭仲不名例，同單伯、紀履緰不言使爲小國通例，如此者數十百條，爲從來治《公羊》者所不敢言。至於月無正例，伯、子非爵，見經皆侯與二伯、八方伯、七卒正、一附庸，則以爲三傳通例。立說雖新，悉有依據，聞者莫不驚駭，觀所論述，乃不能難之，以其根本經傳，得所依歸故也。季平年方壯，其進未已，願深自韜斂，出以平淡。又其推比文例，頗盡能事，誠爲前賢所未逮。然《春秋》義理之宗，王道備，人事洽，董子著書，多道德純粹之言，少考據破碎之語。形而上者謂之道，其以義理自養，一化刻苦之迹乎。《公羊》《穀梁》，班書無名，遺姓絕少，季平據三傳人名異文，以爲齊魯同音異字，本爲卜商。是說也，本於羅萬而小易之，非觀其全說，鮮不以爲怪也。光緒庚寅四月吳縣潘祖蔭序於京師南城寓廬。（《廖平全集》第七冊第七四〇—七四一頁）

四月二十一日，策試天下貢士三百零八人於保和殿，先生與焉。殿試策問題目：

制曰：朕寅紹丕基，於今十有六載，仰荷昊蒼眷佑之隆，慈聖教育之篤，臨政以來，夙夜兢兢，不敢暇逸。惟冀勤求治理，以綏我億兆民。兹當臨軒籲俊，用集嘉謨，爾多士其敬聽之。

帝王心法治法，相爲表裏，典謨訓誥，言之詳矣。《大學》《中庸》，道法悉備。宋真德秀《大學衍義》，發明聖學淵源，治道根柢，自序謂《大學》一書，爲君天下者之律令格例，大旨安在。其於格致誠正修齊之要，推闡無遺，獨不及治平；明邱濬《大學衍義補》，輯古今大經大法，實治平之道，先之以審幾微，能述其義否。所補治平之要，厥目有幾。夏良勝《中庸衍義》頗采邱濬之説，綱領條目，粲然具備，其於當時事局多所匡益，能臚舉之歟。

東三省爲國家根本重地，所宜究心；金上京會寧府，《通志》謂在甯古塔城西南，其説何本，果無誤歟。《唐志》涷州在何地。後改爲獨奏州，其義何屬。唐之率賓府所領何州，在今何地。今有蘇冥水，《明一統志》有恤品河，其兩地歟。《遼史·營衛志》五國部族，其故城有謂在烏蘇里江口、松花江兩岸者，有謂在甯古塔東者，孰是。黑龍江源發何處。遼之臚朐河、元之斡難河，是一是二，能詳考之否。

天生庶物，以養萬民，而國之大用即於斯出；茶税之徵，起於唐代，其初税商錢，在於何時。獨開茶税，在於何時。茶官之設，在於何時。税茶之法，其後增減若何。茶馬之法，亦始於唐，宋有茶馬司專官，元明因之，宋之三説法、貼射法，何法爲便。明之茶馬司、批驗茶引所，設於何地。遠番重茶，以資其生，茶市之通，濟及海外，能極言其利弊歟。

自古極盛之朝，莫不以邊防爲重，《詩》云：“薄伐玁狁，至於大原。”論者以爲得中策，漢武帝北築朔方，西戌烏壘，一時匈奴震慴，而中國亦爲之虛耗；光武拒西域都護之請，徙幽、并邊人於塞下，雖不勞中國以勤四夷，而未免示弱，防邊之道，果以何者爲善。唐設安西、北庭四鎮，得控制之宜否。夫古者防惟在陸，今者防兼在海，溟渤萬里，處處可通，果於何處設守，始克收陸讋水慄之效歟。

夫典學以裕政原，固本以重疆索，理財以舒國用，設險以慎邊防，胥制治保邦之要圖也。多士稽古有年，先資拜獻，其各陳讜論毋隱。朕將親覽焉。（《清德宗實録》第二八四卷第七八六—七八八頁）

四月二十五日，上御太和殿傳臚，授一甲三人。吳魯爲翰林院修撰。文廷式、吳蔭培爲編修，賜進士及第。二甲蕭大猷等一百三十六人，賜進士出

身。三甲王肇敏等一百八十七人，賜同進士出身。（《清德宗實錄》第二八四卷第七八八頁）

五月初十日，保和殿引見新科進士：

吳魯、文廷式、吳蔭培，業經授職。

黃紹箕、李立元、徐繼孺、孟慶榮、何聲灝、程秉釗、朱益藩、謝佩賢、王沛棻、任文燦、劉崇照、石振鍌、余堃、王教成、李經畬、許晉祁、江雲龍、戴昌、潘寶琳、吳懷清、陳光宇、朱祥暉、王修植、王安瀾、王以慜、楊家驥、朱景軾、汪鳳梁、王慶平、楊承禧、蔡曾源、徐兆瑋、劉成傑、夏之森、黃家傑、黃樹棻、王公輔、洪嘉與、管象頤、王乃徵、王全綱、鄭錫光、華俊聲、夏寅官、于受慶、趙惟熙、啟綏、吳煦、霍勤燨、李驤年、李孝先、夏曾佑、王景禧、楊捷三、宋瞻辰、韋履潔、孫百斛、王海涵、胡安銓、田庚、李晉熙、鄭叔忱、范仲垚、黃曾源、陳啟緒、陳寶璐、陸承宗、米毓瑞、何錫禔、劉樹屏、張學華、吳慶祥、姚文倬、黃履初、方霆、葉文銓、邱聿徵、晁鴻年、俞明震、閻志廉、宋子聯、孫筠經、王塾、高潤生、鄭文欽、崔廣沅，俱著改爲翰林院庶吉士。

蕭大猷、孫紹陽、江仁徵、吳錫寯、李安、楊庚辰、王清穆、焦錫齡、陳乃績、李晉魁、錢昌祚、楊廷椿、關榕祚、朱贊廷、張煥章、劉寅浚、王履咸、李寅齡、聶寶琛、柯德樹、李延謨、彭文明、方克猷、劉元弼、錢鴻策、吳錡、沈搏青、方燕年、錢昌瑜、王保爽、葆平、華世銘、區天驥、何天輔、陸仰賢、文榘、陳瀚年、范迪襄、吳尚廉、黃斗元、徐鴻泰、榮光、李毓芬、吉同鈞、黃毓麟、劉瞻漢、楊觀圭、胡成立、羅維垣、汪宗翰、秦家穆、梁芝榮、郭集芬、陳康瑞、倪維誠、羅傳瑞、王肇敏、楊金鎧、凌和鈞、陳國華、嚴庚辛、李銘熙、朱大誥、鄭恭、張檢、董康、張守炎、張瑞芳、張文煥、王貽典、張文煥、張志嘉、陸輔清、歐仁衡、許南英、丁學恭、談廷瑞、徐桂馨、呂道象、史履晉、鎂珍、曾培、谷如墉、顏肇鼎、黃國琛、慶春、吳學曾，俱著分部學習。

段大貞、陳懋鼎、蘇守慶、梁聯芳、植堯蘭、齊耀珊、周翔鳳、李爕陽、任于正、韓福慶、何國澄、熊濟文、樊景曾、王鶴松、劉秉權，俱著以內閣中書用。

趙以煥、廖平、陳鍾澔、陳作儀、馮如衡、楊炳旂、李長郁、周家琪、范宗瑩、何士循、何敬釗、謝福慶、黃嘉禮、璈璐、張壯彩、李瀚鋆、孫石城、陳禧年、葛祥熊、王作絆、黃德潤、胡詠琛、陳敬修、翁燾、羅廷煦、張叔寶、張延鴻、羅棟材、周毓棠、鄭襄、蕭綏祺、黃漢清、張堅、劉奮熙、葛汝葆、李綺青、劉增泰、舒信孚、程芹香、張庭武、王龍詔、李光耀、王廷銳、李兆蘭、喻炘、姚楷、陳雲霖、林毓菁、俞官圻、蘇繩武、張恭彝、曾繼光、延祺、王嘉謨、柳堂、鄒炳文、董元樫、董思寬、高振聲、梁維新、陳守愙、鍾德瑞、陳焴、李舒馨、張觀德、王遂善、黃國琦、秦瑞珍、徐春煦、蘇岱、安蔭甲、顏慶忠、孫洞、蔡鎮、松年、湯霖、汪清麒、尹世彩、劉兆暄、王貴省、王玉珂、朱芬、葉南金、趙承翰、張文翰、花銘、劉勳、黃曾榮、孫光遠、侯紹宣、鄭毓蘭、熊兆姜、白象賢、羅鎔、劉延坦、陳慶彬、敦岡、梁葆仁、楊學敏、施沛霖、趙淵、温繁炘、耿濟瀛、黃福元、范堯、榮禧、張鳳岡、龍賡言、裕恆，俱著交吏部掣籤,分發各省以知縣即用。(《清德宗實録》第二八五卷第七九四—七九六頁)

五月,改訂《公羊春秋補證凡例》二十四條。序云:

余既分注三傳,使門户不嚴,則三書直如一書,無煩三傳同注。今故於本傳中自明家法,二傳雖有長義,不更取之。惟鄙人一隅之見,不免雷同,故三書分撰,年歲不同,意見小異,今亦各存其舊。惟大綱抵迕者,則不得不改歸一律。三傳本同,自學人不能兼通,乃閉關自固,門户既異,盾矛肇興,先有自異之心,則所見無不異矣。今於三傳同異化其畛域,更爲《異同表》《評》,以明其事,疏中於此事頗詳。庚寅五月四日季平改訂。(《廖平全集》第七册第七二三頁)

先生在京,嘗爲左錫嘉《冷吟仙館詩餘》、《冷吟仙館詩稿》卷八《冷吟集四》作序,爲詩稿卷五校字。《冷吟仙館詩餘》序云:

詞爲樂府之遺,興於隋,盛於宋,非諧音協律,難爲歌詠。黃鍾不可先商調,商調不可與仙吕相出入,此定法也。至於體派,則因性而成,温、韋艷而促,黃九精而刻,長公麗而壯,幼安辨而奇,皆各擅一家之長,不必拘體派而體派自成。詞家相沿以來,體派大略有二:一婉約,一豪放。大抵以婉約爲正,取其不失詩人温柔敦厚之旨也。古之閨秀長於倚聲者,惟李易安爲詞家所不逮,巾幗中鮮能繼者。太夫人之詞,意在筆先,聲叶字表,如行雲卷舒,流波跌宕,良不易得。緣其性情蘊藉,故能以婉約出之,而又得玉田清空之旨,不必從追琢中來,自然流露,無不合拍,斯亦奇矣。庚寅仲夏廖平謹序。(《廖平全集》第十一册第八八〇頁)

卷八序云:

平與蜀章同學,復與同列賢書。時居京師,以太夫人詩詞囑爲校讎,並令爲之序。平讀太夫人詩,生平境遇如披圖可指證之,昔日聞見固有同辭也。歷境變遷,而題館命字亦因之而易焉,誠恐事實不詳,無以見作者之意。平不能詩,與蜀章交契有年,深知太夫人事實,敢以聞見所及,紀其顛末云。光緒庚寅五月井研廖平叙。

按：左錫嘉（一八三○—一八八九），字小雲，號浣芬，江蘇陽湖（今常州）人，華陽曾詠妻，工詩詞，精書畫，夫歿，改號冰如。生活困頓，以書畫謀生。課四子，皆成名。著有《冷吟仙館詩餘》等。

先生即授知縣，旋以雙親年邁，請改教職，乃有回川之計劃。岳森《廖季平殿試高甲朝考得知縣改教將歸口號即贈》云：

春卿豈不明，念子雙親老。好自采陔蘭，勿須論小草。（《癸甲襄校録》卷三）

秋，偕宋育仁由水道返川，途中與宋辨難《左氏》甚悉。經蘇州，晤張祥齡。過湖北，以《春秋左氏古經説義疏》《左傳漢義補證》兩稿上張之洞，張重申“風疾馬良”之誡。先使先生作《左氏傳長編》，待林下優游，乃自撰録，因成《左氏傳長編》三十六題，其中《非杜篇》乃張命。先生以昔人所指摘者皆杜誤，故歸罪杜，乃別作一篇，專詳傳文所短。

先生在鄂，曾以《易》例請蒙。《上南皮師相論〈易〉書》云：“庚寅在鄂，師席開具題目授芸子編纂。彼時以非專門，未及鈔録。”（《廖平全集》第十一冊第六五八頁）

七月初四日，赴蓮生、再同招飲。《藝風老人日記》云：

蓮生、再同招飲聚寶堂，黃漱蘭、劉博泉、瞿子玖、葉鞠裳、王葑卿、廖季平、費屺懷同席。（《藝風老人日記》第二八二日）

十月二十九日，三次致函趙鳳昌，商《左傳長編》《易經長編》事，函云：

竹君仁兄大人閣下：頃聞趨謁，適值公出，未晤爲歉。兹平有所擬《左傳經例長編》一冊，因春間奉師帥批定《左傳凡例》，囑書局照辦，尚未擬定，平謹先擬數條，以發其凡，請代呈師座批定，以便續纂。又此次同來之宋、王二君，王君初約同撰《左傳》，在京先爲鈔纂，殊渠接家信，催其歸川，遂作罷論。此次結伴同來，一謁師門，一二日間當即乘輪赴宜矣。宋君明年考差，不能留此。平以纂述之事，一經官辦，約人來局，殊多滯礙，徒糜薪水。見在二君（王）皆有要事，必去；平亦急欲還蜀，請轉稟師席，所有纂鈔《易經長編》之事，可否交宋君攜京專辦，所有幫鈔之人聽其自擇，似乎費少功多，較易成書。至於官辦，不惟難成，亦未必佳也。所有《左傳長編》可否交平回川辦理，自催幫手，期以二年，亦請代爲婉陳。又《易經長編》如欲撰輯，則請師席早定凡例，交給宋君，或平先行，續由師帥面諭宋君。均祈代請憲示。又前據雲門轉述，師論平廣雅局薪，許爲電留。平在都事（時），因旅費支絀，曾蒙師座電兑二百金。現擬電託雪岑

就近代領廣局薪貲,以便奉繳,可否之處,請酌奪示知爲荷。外宋君新撰
《周禮圖譜》四册、《駢文》二册,請代陳師席。專此奉懇,敬請禮安,希爲
垂照。愚弟廖平頓首。廿九日。

竹君仁兄大人閣下:昨夜致勞遠送,不勝歉疚,謝謝。昨奉師帥屬宋、
王二君纂輯《易例》,惟見在官學功課甚繁,吳浦既任教習,精力恐難兼
營。既急欲成書,芸子精力甚強,且誠實可靠,似宜委其總辦,而吳浦分
纂,庶不致遲誤正事。弟爲統籌全局起見,可否代陳師席,於兼用之中分
爲賓主,當不至牽掣齟齬也。此上所請,禮安。小弟廖平頓首。

竹君仁兄大人閣下:昨得鄭君手示,言師帥取閲《周禮删劉》艸本一
册,當交來使送呈。至詢寄還之處,則仍寄伍山長處可也。弟駁劉歆之書
尚有《闢劉》一篇,言其詳惡始終,因塗抹太亂,未便上呈。俟還家後重理
清本再寄陳,以博師座一囑。昨夜倉卒上船,風大不能上輪,在江船中宿
一夜。風浪喧呼,倣佛茶山光景。天明拖渡過江,幸天江通尚未開行,想
今夜方得長行也。此行厚擾主人,臨行濡滯,當是曲爲挽留也。宜昌電
信,希便中發去,感激無量。匆匆草此,必有箋也。肅此順請,禮安。小弟
平頓首。(《趙鳳昌藏札》第五册第四四四—四五〇頁)

十月三十日,潘祖蔭卒,享年六十一歲。

十一月,抵重慶,謁川東張華奎己丑同年。聞江瀚得俞樾書,知康有爲
《新學僞經考》已成。《經話甲編》卷一云:

明年,聞江叔海得俞蔭老書,而《新學僞經考》成矣。(《廖平全集》第
一册第二二八頁)

按:此處疑誤。據《俞曲園先生日記殘稿》知,壬辰二月十六日,
沈子梅觀察以康有爲《新學僞經考》贈俞樾。《日記》云:"是日,沈子
梅觀察以廣東康祖詒所著《新學僞經考》見贈。其書力攻古文之僞,
故凡後出之《毛詩》《左傳》皆以爲僞,並因《説文》有籀古,亦排擯之。
其所論似正,然亦一家之説,且以諸僞經皆劉歆所造,故目之曰新學,
以歆固新莽國師也。然此究誰見其執筆而書乎。又凡古書中有以己
意不合者皆以爲劉歆竄入,亦未免武斷矣。(《俞曲園先生日記殘
稿》第二—三頁)二十三日,又得朱一新贈《新學僞經考》,《日記》云:
"得孫婦及從孫篤臣十七日書,附來花農正月二十七日及二十九兩
書,並附有陶心雲、朱蓉生書。蓉生並以康君祖詒所著《新學僞經
考》見贈,則余已見之矣。"(《俞曲園先生日記殘稿》第六頁)是俞樾
得《新學僞經考》當在壬辰,非是年也。

二十九日夜抵家,時父兄均病。《光緒井研志》云:"平之成進士也,廷試未歸,復槐蹉跌傷足,禱於神,願父子一訣,尋果杖而能起。"(《光緒井研志》卷三十六第二〇頁)

《群經凡例》中尚有《左氏學外編凡例》,當時擬歸入《外編》者有:《三傳合同表》、《三傳同源異流表》、《三傳專條表》、《五十凡補證》二卷(上卷經例,下卷禮例)、《左氏補例》、《左氏漢師遺説考》、《左氏與僞周禮不同表》、《三傳禮制相同表》、《禮制三統表》、《杜氏集解辨正》四卷、《杜氏釋例評》四卷、《馬氏左傳例評》一卷、《删例表》、《左傳王制注》二卷、《左氏淵源考》、《左氏長義》、《反正表》、《左氏禮徵》、《春秋法古表》、《春秋俟後表》、《劉申綬左氏考證駁正》、《郝氏春秋非左駁》二十二種。

張祥齡妻曾彦卒。曾彦(一八五七—一八九〇),字季碩,四川新都人。父泳,官知府,早卒。母左錫嘉,工詩畫,世稱冰如老人。彦秉母教,長於詩畫,著有《桐鳳集》一卷、《虔共室詞稿》一卷、《婦典》三十卷。王闓運主講尊經書院,彦以所爲詞翰置高材生卷中,輒得高等,王序《桐鳳集》稱其詩"有古作者之風"。先生嘗語吳虞云:"曾季碩詩,爲四川第一。季碩伏案既勤,且未讀唐以後書也;沉雄壯邁,不及男子,則會朋友閱歷少之故。凡人伏處山林,詞章斷難造成。蓋人闊然後詞章乃得佳也。季碩在四川時,篆書並未寫成,出游後始工矣。"(《吳虞集》第二二六頁)

周國霖卒。周國霖,字宇仁,新津舉人。在尊經時,穎悟冠儕輩,於先生新説,多所切磋。先生初主今學無異説,古學多異説。國霖以爲今多古少,先生從之。

光緒十七年辛卯(一八九一)　　四十歲

二月初四日,兄登梯卒,葬兄後赴成都,任尊經書院襄校,與王萬震同寓純化街王氏宗祠,未幾,移居范溶宅。

納妾帥氏,時年十七歲。

仲春暨望,康有爲《新學僞經考》刊成,先生《評〈新學僞經考〉》云:

統觀全書,其於目録之學,尚有心得;然未能深明大義,乃敢排斥舊説,詆毀先儒,實經學之蟊賊也。其以新學名編者,不過即所謂今古文者而略爲變通之,據序意,以賈、馬、許、鄭之學爲新學,此漢儒之所謂古文也;宋人所尊述之經即僞經,此祖詒肛説也。夫諸經中誠不免有後人羼雜者,何得遍僞群經,一概抹掇耶。就祖詒所謂僞者而略論之:曰費氏《易》、曰古文《尚書》、曰《毛詩》、曰《周官》、曰《春秋左傳》,以及古《論語》、《孝經》之屬,皆漢時之所謂古文也。夫漢儒傳經,首重師説,古文所以晚立學官者,以其先師説未行故也。其實無論爲古文,爲今文,而其經未嘗不同。以費《易》言之,與施、孟、梁邱,固有今古文之分也,爲同六十四卦,三百八十四爻,古文如是,今文何獨不如是乎。古文《尚書》,與伏生所傳二十八篇,亦分今古,國朝諸大儒,已疑百篇爲僞,而不敢直决者,以伏生所傳爲未備。孔子序《書》,原自百篇,《史記・孔子世家》言“孔子序《書》,上紀唐虞之際,下至秦繆,編次其事”,以及《儒林傳》言孔氏安國傳古文《尚書》之説,爲可信也。祖詒不信《書序》,固並即《世家》《儒林傳》之説,皆以爲劉歆竄改。今考百篇之目,多有爲他書所引者,如《太甲》《太誓》見引《孟子》之類,不可枚舉。祖詒能概屏其説,而以爲非《尚書》篇名乎。祖詒不信壁中古文,當並其孔廟藏書之事而亦疑之,以其事原相類,今文與古文,不過後先之分也;何以於壁中古文,則不信《史記》,於《孔子世家》言廟藏孔子琴書,則反據《史記》,凡此之類,皆自相矛盾,書中如此類者甚多。多見其説之妄也。《毛詩》亦古文,《史記・孔子世家》稱“古者《詩》三千餘篇,及至孔子,去其重,定爲三百五篇”云云,今《毛詩》之目猶合也。後人考訂三家《詩》,其篇目亦未嘗不與《毛詩》同;不過三家序説,與毛互有同異,蓋漢時師説如此也。祖詒斥《毛詩》爲僞經,然則自《關雎》而下,《殷武》而上,皆爲劉歆所撰乎。《周官》雖亦晚出,然考其中典禮,多與他經傳合;如巡守禮,已見《堯典》;建都,已同《洛誥》之類。即其官名,亦無不載《戴記》之内。如冢宰,見《王制》;司空徒等,見《曲禮》;以及天地四時等目,見《盛德篇》之類。此皆祖詒所稱爲孔子制者也,祖詒稱爲僞經,於何見之。即其中間有異同之處,此以他經傳考之,亦莫不皆然者也。即如《儀禮》,亦間有出入,祖詒實未之考耳。據《漢・藝文志》,有《周官經》六篇,當即《周禮》舊本,祖詒既不信《藝文志》矣,又何足與辨哉。《春秋左傳》與《國語》,原相爲表裏,世稱爲内外傳,皆爲左邱明撰;《史記》《報任安書》稱“左邱失明,厥有《國語》”者,蓋舉《國語》而《左傳》自在其中。今考《史記》世家等傳,多采其事,足明其書爲不誤也;與《公》《穀》雖自别行,而實亦相通。《公》《穀》單舉義例,而《左傳》則兼紀事實;今治《公》《穀》者,不有《左氏》事實,尚不足以明義例,又安見非孔子授受乎。况《公羊》與《穀梁》,亦互有同異,《左氏》可疑,則《公羊》並可疑。不過三家師説,原自各異,亦如《毛詩》之與齊、魯、韓三家同;其自“元、春、王正月”以至西狩獲麟,又未嘗非孔子全經也。其他所稱古文《孝經》《論語》之屬,此亦今古文之緒餘,不與辯,亦不足辯。總之祖詒之意,以古文爲僞,而以今文爲真;古文之僞不可見,則借劉歆校書之事明之。夫劉歆雖有校書之事,不能即故府所藏者而盡爲删改也。祖詒意以爲《漢志》爲歆所撰,劉向《别録》亦歆所改竄,至不能申其説,則並司馬遷《史記》而亦疑之。考《漢書》成於班孟堅,大半皆本《史記》而成，未聞劉歆有撰《漢書》之事也；向爲歆父，其作爲《別錄》也，亦本當時簡删而成，歆方續承父業之不遑，以云改竄，夫誰信之。至司馬遷《史記》，則自西漢已垂爲定本，史公《自序》所謂"藏之名山，傳之其人"，即祖詒亦以爲人人共讀者也，歆又烏得而改竄之。中亦有人補綴，如褚少孫所補之類，不在此例。即祖詒所指爲歆改竄者，亦不指此。即使改竄，亦當彌縫無間，不予後人以指摘之端，乃能掩其作僞之迹，何歆竟若是之愚乎。況其書中所言，或從《史記》，或又駁《史記》，或據《別錄》，或反攻《別錄》，大約於合己者則取之，於異己者則棄之，支離惝惚，莫衷一是，治經之道，固如是哉。凡治經之法，貴篤守舊説，經傳中微言大義，不少可以致力之處，即有可疑，亦當就其説而引申之。至目錄一門，尤不宜妄加駁斥。士生千百載後，得以窺見古人緒餘者，恃有先儒之考訂耳，使其可疑，古人去古未遠，已先我而疑之；今祖詒力排舊説，獨逞肊見，皆謬誣之甚，妄誕之尤，不足以言治經也。（《孔學》一九四三年創刊號，《廖平全集》第十一册第八三九—八四二頁）

郭象升論云：

世人多説王湘綺講學四川，川人始知公羊、今文之學。井研廖季平大昌其教，著書數十種流入粵中，康長素竊其緒餘作《新學僞經考》，爲道光以來今文派極端之説，天下震駭。謗人所至，名亦隨之，其實乃湘綺老人之三傳耳。今觀康氏重刊《僞經考》序文，謂海内有人與之暗合，然彼尚尊重《周禮》，則其道實不相謀，翻其反矣。此乃暗攻湘綺也。（《郭象升藏書題跋》第一七頁）

四月，移居尊經書院，時山長仍爲伍肇齡，陳觀潯同任襄校。吳虞考入尊經書院。吳虞《鄧守瑕荃察余齋詩文存序》云：

始予年二十歲時，常同陳白完、王聖游從蒙山吳伯竭先生游。側聞緒論，始知研討唐以前書。顧三人者，所聞於蒙山雖同，其所得則各異也。湘潭王壬秋，主講尊經書院，其七言古詩，以李東川爲宗，而蒙山則以《楚辭》、《漢郊祀歌》、鮑照、吳均、薛道衡、盧思道、李白、杜甫爲宗。（《吳虞集》第二四五頁）

范樸齋《吳又陵先生事略》云：

先生原名姬傳，二十一歲始易今名曰虞，又陵其字也。清同治十一年冬月十九日生於成都，本貫新繁。……年甫弱冠，考錦江、芙蓉書院，月課每以詩賦冠場，爲老輩所服，然惡時藝不作，亦不應童子試。……初從華陽張星平泰階學,繼受業名山吳伯揭之類。稍長,從井研廖平游,以爲師傅,頗窺樸學門徑。久之,以爲餖飣章詁,所以爲學之道,亦不盡在此。(《吳虞集》第四四一—四四二頁)

賴皋翔、周重能《吳先生墓誌銘》云:

先生諱虞,字又陵,四川成都人也。……先生資性敏達,睿髮幼沖。天禀既高,志學又篤。年始弱冠,文采秀發。雖洛陽年少,江夏無雙,方茲揚聲,殆無以過。於時蜀學始興,珪璋特曜,懷鉛吮墨,士思振奮。蓋自湘潭王闓運壬秋以大師作範,來主尊經書院,閎開耳目,實啟宗風,門下成業,騰譽九區。而名山吳伯揭先生之英,獨見賞拔,稱爲首選。井研廖季平先生平復以洞明經例,高視漢京,一編始出,天下風靡。先生從名山問卿雲之學,窮文章之奧,又請益廖氏,參稽其説。(《吳虞集》第四四七頁)

五月,迎母雷太宜人及妻李安人至成都。(《與張子宓書》)

六月,赴龍安府教授任,往返月餘。《祭奉政公文》云:"十月返成都。"

秋,主修《廖氏宗譜》成,因作《重修宗譜序》,詳云:

族譜自正發公續修之後,迄今百年矣。光緒辛巳,族衆舉議重修,以其事相屬,既不獲辭,而以館事不得分身,乃草創凡例,請族祖小樓公代爲紀理。時經十載,薰凡七易,中間叠遭荒旱,族人無復以譜事爲重,賴董事者縮衣節食,苦搜婉勸,乃底於成。雖不敢云詳審,然而心力交瘁矣。其有無從采訪及未經送稿者,留待後來補録,備續修之藍本,期全美焉。其時分房編纂者,登甲、成鵬、成平、成鑑也;其采訪收録者則正斌、元亨、復熙、復廣、復邦、登光、登熙、登煜、登照、成貴、成利、宗慶、宗臣也;其監督者則元熙、正相、正清、正本、復忠、復統、復賢、登銓也;其繕寫者則正鼎、宗平、傳道也;其校對者則成應、成傅也;其督辦錢糧者則復選、登墀、登樓、成榕也;其總纂編次、相與有成者則小樓公、琳山二人之力也。衆志成城,斐然大備,樂觀其成,因爲記其終始焉。光緒辛卯年立秋日,賜進士出身龍安府教授裔孫平沐手拜序。(《廖氏宗譜》卷一)

八月,錢保塘作《四川試牘序》代朱詠裳學使,略云:

近年成都創立尊經書院,風氣日開,學使者按臨所至,必拔其高才生調院肄業,厚其廩餼,密其課程,士亦爭自奮厲,有天資過人者,不數年間,於考訂詞章遂多,斐然改觀。余喜川人之才美,益思進之以學,特檄令通省學校均設學田,多購經史有用之書,以資鑽研,仰副朝廷崇尚實學之意。三年試畢,擇其文之尤雅者彙爲一編,於説經諸作甄録較多,居全書三分之一,大致取其原本儒先,有補經義,意在導以實學,濟其才之不及。尊經書院生呈閱課卷亦閒登之,以程限較寬,得盡其長,藉以覘其蘊蓄也。(《清風室文鈔》卷四)

十月,增補《公羊補證凡例》十條。

冬初,成《南皮纂輯左氏春秋說長編三十六門目錄》,乙卯(一九一五)重九日自識云:"案此三十六題,庚寅年秋,南皮師相在鄂所命編纂者也。辛卯,約同人分纂,冬初畢業,由李岑秋、施彎夫齎呈師座。原戊子初,師席在粵,電召命纂《左傳》,以配國朝《十三經義疏》,踰年而成,今經傳本是也。師閱,不以爲然,以爲欲自爲之,先使作長編,待林下優游,乃自撰錄,因列此三十六題,作爲《長編》。呈稿後,聞又續延有人編錄,不得其詳也。師席捐館已五六年,素願未償。此稿家無副本,其存佚不可知;又或爲淺人所塗乙羼亂,雖存亦失其真。偶檢舊稿,得此紙,補刊於此,以志鴻爪。他年此稿或別出,亦未可知。感念師門,有懷莫副,不勝惘惘。乙卯重九日弟子井研廖平識尾。"(《廖平全集》第十一册第五七七—五七八頁)其目爲:

《左氏親見聖人受命作傳》第一;《左氏多見諸國史》第二;《左氏謂經文有筆削》第三;《左傳考證駁正》第四;《三科九旨大例三傳所同》第五;《五十凡有經例有禮制》第六;《據傳補例》第七;《經與二傳異文》第八;《傳義長於二傳》第九;《傳中新例足以補正二傳》第十;《經傳小異說》第十一;《國語補正傳義》第十二;《論孟與左氏合》第十三;《禮記與左氏合》第十四;《毛詩與左氏合》第十五;《諸子與左氏合》第十六;《史記與左氏合》第十七;《賈太傅書證》第十八;《漢書五行志證》第十九;《東漢師說多失左氏意》第二十;《杜氏解不盡得傳意》第二十一;《左氏釋例》第二十二;《申鄭箴》第二十三;《申異義本傳說》第二十四;《微而顯疏證》第二十五;《志而晦疏證》第二十六;《婉而成章疏證》第二十七;《盡而不汙疏證》第二十八;《懲惡而勸善》第二十九;《傳引仲尼曰皆春秋大義》第三十;《傳稱君子曰即孔子多就一端立義》第三十一;《傳言神怪卜筮是非善惡不背經義》第三十二;《無傳爲闕文》第三十三;《續經爲左氏作傳是經說非史體之據》第三十四;《左氏說易書詩禮可補群經》第三十五;《三傳違異闕疑》第三十五;《非杜篇》第三十六。(《廖平全集》第十一册第五七五—五七七頁)

《合川縣志》卷二十九《藝文一》云:

《左史長義較》一卷,張氏家藏稿本,清張森楷撰。此書原名《史徵篇》,乃光緒十六七年閒井研廖平合著《左傳長編》內之一種。篇首自序略稱:《春秋》以萬許言括二百四十年事,義則綦備,文則綦略,非得《左氏傳》以爲之徵,雖上智之士,不能推測本末。司馬遷云:"孔子西觀周室,論史記舊聞,興於魯而次《春秋》。……魯君子左邱明懼弟子人人各安其意,失其真,故因孔子史記具論其語,成《左氏春秋》。""仲尼以魯周公之國,禮之備物,史官有法,故與左邱明觀其史記。……邱明論本事而作傳。"《論語》所謂"左邱明恥之,丘亦恥之",邱明固親見聖人,其傳亦與《春秋》同時並作者也。武進劉逢禄治公羊學,惡《左氏》事文與之牴牾,因拾漢博士"左氏不傳《春秋》"之唾餘,作《左氏春秋考證》,謂《左氏春秋》非爲經作,祇《晏子春秋》《吕氏春秋》之類,自劉歆以前,無稱《左氏傳》者。條列鄭、賈、許、孔諸儒所稱《左氏傳》之説,盡力齮齕,致爲庸妄。特本建武博士、太史公多引《左氏》爲言之意,略采《史記》本紀、年表、世家各篇所用《左氏》之文及其解經之説,逐一著之爲《史徵篇》,其有乖違,特申長義,必不可通,亦從蓋闕云云,則固意在申《左》,而以《史》證之,非《左》《史》並列也。後以《左氏長編》不可得,竟特於其中抽出單行,易名《左史長義較》。"較"者,如算法之較,所得之餘也。内引《本紀》四十九條,《年表》二百二十七條,《世家》二十一條,史傳合者十之七八,史傳不合而傳義長者十之二三,劉氏《考證》之説當可不攻自破矣。(《合川縣志》卷二十九第九—一〇頁)

先生云"又或爲淺人所塗乙屢亂,雖存亦失其真",實有所指。柴小梵《梵天廬叢録》云:

近世治樸學之大師四人:湘綺王闓運、卓如梁啟超、太炎章炳麟及季平廖平。平初爲湘綺入室弟子,其後學術頗與湘綺異。平初治《左氏春秋》,後變而治《穀梁》,成《穀梁春秋古義疏》十一卷。其説以《穀梁》與《王制》相出入,嘗自謂與南皮相國論《左氏》,爲條例若干事。其後章太炎謁南皮,南皮出己所爲條例示太炎,而太炎《左氏故》成,實竊諸己。此事謝無量聞季平言。然太炎亦嘗謂季平治《左氏》,實竊己説。而錢念劬則謂南皮之説,太炎實先主,太炎所爲《左氏故》,謂有大材可治事,因囑念劬致此人,時念劬在南皮幕府也。念劬求諸四方,得太炎於上海。與往湖北,偕見南皮。時太炎稍稍有主張革命名,南皮不敢晝見,匿太炎於念劬室中,午夜屏人見太炎,談達曙,大服之。月致百金,留匿署内而無所事。南皮赴覲,後任爲譚巡撫繼洵,不敢留太炎,送二百金,辭之去。太炎大怒,頗詈南皮矣。然則兩人殆閉户造車,出而合轍,固未相剿竊也。(《民國筆記小説大觀》第四輯《梵天廬叢録》第四一五—四一六頁)

　　考章太炎謁見張之洞事在光緒二十四年春。《自訂年譜》云"清湖廣總督南皮張之洞亦不喜《公羊》家,有以余語告者,之洞屬余爲書駁難",因而赴鄂。然章太炎《春秋左傳讀》成於光緒二十二年,實未見先生《長編目錄》。

　　十一月初二日午刻,致電楊鋭,未刻到。電文云:"書五十册,玉賓(指范溶)寄,請速匯二百金,平。"

　　十一月二十日酉刻,因父病,再次致電楊鋭。電文云:"匯領。書初十交岑秋寄矣。父病重,百餘金千急速寄。平。"

　　接電後,楊鋭速告張之洞,匯寄纂書銀三百兩。電文云:"匯寄纂書銀三百兩,希查收。書速寄。洞。"(《戊戌變法的另面》第一三六頁)

> 按:《張之洞全集》題作《致成都純化街王家試館廖季平》,知是時先生寓純化街。

　　十一月十九日,父復槐公卒,年八十五歲。先生初聞復槐公病,亟携長女廖燕歸,至仁壽訃至,至家則逝已四日矣。三十日,葬復槐公於小高灘宅右。(《與張子宓書》)

　　先生奔喪歸,善化瞿鴻禨來督川學,詢先生近狀於尊經書院監院薛煥,頗有聘先生主講尊經之意。

> 按:瞿鴻禨(一八五〇—一九一八),字子玖,號止庵,晚號西岩老人,湖南善化人。同治十年進士,改庶吉士,授翰林院編修。光緒元年,擢侍講學士,充日講起居注官,先後典河南、福建、廣西鄉試,任河南、浙江、四川學政。著有《超覽樓詩稿》《瞿文慎公詩選遺墨》等。據其《使閩日記》知,瞿鴻禨到成都赴任事在光緒十七年辛卯十二月初四日,則至尊經書院試學當在此後數日。

　　是年,先生始治《詩》《易》,已多新解。(《家學樹坊‧帥鎮華答筠室主人書》,《廖平全集》第三册第一二八三頁)成《中和解》二卷。序云:

> 辛卯以後,治《易》專就本文推考義例,至于數十百條,辭義繁賾,編纂爲難,故先取中和例,編爲此書。用《左傳》例,每爻變爲一卦,分長、中、少三局,以中卦十六,合父母四卦,共二十卦。爲中、長、少三十二卦。合二卦爲一圖,故三十二合十六圖。合長、少、父、母八卦共四十卦。爲和,中卦三爻爲終始,自成一局,内爻變而外卦不變,《乾》上九所謂"有悔",《需》上九"不速之客三人來",外三爻不變,逆行上五四,客由主而定。故中卦多于三爻言,或言終也。于二五爻變父母,所謂王在師中。中局長在三、上,所謂"係丈夫,

失小子"及"師左次"也。少居初、四，所謂"係小子，失丈夫"也。中局如王者居中，周、召左右，《中庸》所謂"未發之中"。至和卦，則二卦相合，剛柔相濟，進退合時，故謂之和。和有倡和、調和之義。上下無常，剛柔相易，就一卦單言，則爲過、不及，必二卦合朋調濟，乃于偏中見正，所謂矯枉過直、勿藥有喜，《中庸》所謂"發而皆中節謂之和"。性情本有偏執之弊，必損益合中，乃謂之和。惟和卦合朋，內外六爻皆變，故以六爻爲終始。三爻不變，則外卦爲客來，六爻則外卦全變。故下經合朋之卦十五見"悔亡"字，而上經三見"有悔"。蓋外三爻不變爲有悔，外三爻變則爲悔亡也。又上經三十卦，中卦局十二見，長少合朋祇七見。屯、蒙、小畜、履、謙、豫、臨、觀、噬嗑、賁、剝、復、无妄、大畜合爲七局，師、比、需、訟、同人、大有、隨、蠱、頤、大過、坎、離則爲十二局，多合朋五局。下經三十四卦，中卦八，晉、明夷、漸、歸妹、中孚、小過、二濟。長少二十六卦，合爲十三朋，較之中局多至二倍。此上下經之分也。又中卦二、五爲中，朋卦則三、四爲中。故《損》《益》于三四爻言"中行"，《中孚》亦因三、四二爻得名。二、五爻爲《小過》，小不及；初、上爻爲《大過》，大不及矣。《大過》之名指上，其三、四兩爻仍爲中，初爻仍爲大不及。《小過》之名專指五爻，二、五于單卦爲中，朋卦則非中，故稱"小過"，不如《大過》上爻全不得位也。以此推之，全經皆同。又《論語》有"中行""狂狷"與"文質彬彬"之說，皆以《易》中卦爲主。《坎》、《離》、二《濟》爲中行，《恒》《益》《震》《巽》爲狂，《咸》《損》《艮》《兌》爲狷，而《咸》《恒》偏至之卦，尤須《損》《益》以裁成之。故《咸》《恒》二、五同爲《大過》《小過》，餘四卦全在下經。《損》《益》則二、五爲《頤》《中孚》，較大小過爲美。餘四卦三在上經。此化狂狷爲中行之大義。又下經前三十卦分三世，《咸》《恒》十卦爲和，《震》《艮》十卦皆別，一質一文，剛柔相反。惟《損》《益》所統八卦間居其中，四別四和，文質合中，所以爲君子。故《損》《益》十卦爲君子，《震》《艮》十卦爲小人，禹州也。《咸》《恒》十卦爲大人，即野人，"同人于野"是也。雖不足以盡《易》，然別而出之，未爲不可。考"中和"又爲"中庸"，"和"字《易》僅二見，"庸"與"用"音義相近。"用"從卜中，然則經中凡言"用"者，皆謂和也。（《光緒井研志》藝文一，《廖平全集》第十六冊第一一二四——一一二六頁）

《經話甲編》卷一於治經應守之要列爲專條，疑先生襄校尊經書院時所擬，略曰：

一戒不得本源，務循支派。二戒以古亂今，不守家法。三戒自恃才辯，口給禦人。四戒支派衍說，游蕩無根。以上四端，高材所忌，中賢以下，其敝可陳。

不守古訓,師心自用,非也;泥古襲舊,罔知裁擇,尤爲蒙昧。不識堂奧,依傍門户,非也。略知本原,未能瑩澈,是爲自畫。違背傳注,好作新解,非也。株守陳言,牽就附會,是曰瞽蒙。不通音訓,罔識古義,非也。鋪張通叚,主持偏僻,更爲俗癖。以上中材流弊,世所襲用,略爲敷陳;至於平常所知,都不陳列。(《廖平全集》第一册第一六九——一七一頁)

又云:"言漢學、尊許鄭者,固囿於劉歆邪説,然考史傳,雖兩漢經士,皆有流弊。謹立二十四目,引史傳以證,然後知學當靳於是,不必但尊漢師已也。"二十四目如下:

增益師説;亂經私作;立學勢力;不通政事,迂疏寡效;粗習師説,以意推衍;苟求利禄,射策取科;各異其師,黨同伐異;末流變遷,齊不如魯;別參異説,詐託傳受;自矜巧慧,變亂師法;互持意見,同源異流;分習篇章,不能獨盡;喜談灾異,蒙蝕經誼;附會異端,乖離本意;畏繁苦多,以求便易;枝葉繁難,雕繪競譁;口辨自雄,不求理勝;依附圖讖,迎合風習;蒙混今古,不守家法;章句漸疏,浮華相尚;僞撰源流,以冒授受;私改經字,以合私文;好博兼通,無所裁決;删除章句,以便觀覽。(《廖平全集》第一册第二一三——二二七頁)

伍肇齡編《尊經書院二集》成。

增訂《周禮删劉》十證。(《廖平全集》第一册第一四八頁)

光緒十八年壬辰(一八九二)　　四十一歲

嘉定知府羅以禮聘先生主講九峰書院。二月赴嘉定,時諸生除時文外無所知,先生至,始倡樸學,治經者方有七八人。羅亦頗重先生,甫開院,即籌款買書。(《與張子宓書》)諸生中從游較久者有李光珠、黄鎔、帥鎮華、胡翼、季邦俊等。

三月,因買書至成都,仍與吳之英同任尊經書院襄校。時尊經已今非昔比,至有聚賭内室、放馬講堂者。先生言於學政瞿鴻禨,加以整頓,頗有復興之象,然亦以此遭忌,謗者亦衆。(《與張子宓書》)

先生在尊經,嘗命住院生領卷繳卷必須親到講堂,以便講説題義及心得疑義。又命諸生作日記,一月一繳。住院生三課不考者,即罰其膏火,以獎好學者。在院月餘,復同焦佩篪赴嘉定。(《與張子宓書》)

五月,同焦鼎銘返嘉。

六月朔,始摘鈔《十三經注疏》,名曰《十三經注疏鈔》,自序云:

注疏卷帙繁重,文複義煩,實爲不易猝得要領。用是發奮爲之摘鈔。

經用楷錄,注用行體,疏用雙行,解釋名係本條,不復別標起止。剩字贅文,痛加刪汰,義取簡要,命名曰"鈔",以方治《周官》,故以《周官》托始。誠以今之鈔人已兩益,己則借此地以鑽研,人則益便於尋究。或乃譏其拙苦,謹應之曰:"唯唯,否否。巧速不如拙遲,獨不見乎拙老人之鈔《十三經》乎。第有恒爲難,正爲勉始終耳。"(《六譯先生年譜補遺》,《廖平全集》第十五冊第六九一頁)

六月十九日,繆荃孫閱陶心雲《論畫絕句》,因論先生經學。《藝風老人日記》云:

> 陶心雲見眎《論畫絕句》,語多臆斷,與廖季平之解經仿佛。(《藝風老人日記》第四六八頁)

六月,顧印愚(時任洪雅校官)送考至嘉定,相與盤桓二十餘日。二十一日,先生囑顧爲子成學命字,顧字之曰"師慎",並爲詩紀之。蓋先生時以《左傳》授成學,而於漢師傳《左氏》者獨推重服子慎。詩有序,云:

> 廖季平同年有子成學,生十七年矣。季平授之《春秋左氏傳》,而謂印曰:"成學將冠,子,父執也,請字之。"且曰:"平初受學於南皮之門,是年丙子,始生成學。平治經蓋始此。平於《公》《穀》二傳皆嘗推考例義,有所闡述,今受治《左氏》,亦南皮師意也。然微言既絕,大義亦乖,窮年莫殫,所謂愚公之業也,將期成學以卒業也。"印惟季平之學截流討源,以必得聖人之意爲歸。其論《左氏》,以司馬爲始師;又稱漢治《左氏》者,服子慎最著。今以《左氏傳》授成學,家法師法,昭然可尋,故字成學曰師慎,而作詩以章之。

詩云:

> 老泉名子乃有説,知子之明標軾轍。定名冠字聞禮經,贈字相沿有前哲。
> 韻文雜合無言詩,磊落傳誦阿兒詞。昔賢起例今可效,名父傳經家有詩。
> 成學玉立何欣然,而翁與我交有年。爲言兒子在丙子,軺軒初受南皮篇。
> 十七年中菲與枕,公穀昭昭存述信。更推師説闡丘明,却溯專家思子慎。
> 折荷播荷意非他,滿籯一經孰爲多。談遷興衆可企及,學也象賢當如何。

學服之學字慎字,我師古人有專字。會通請廣五十凡,駁議寧矜六十事。(《六譯先生年譜補遺》,《廖平全集》第十五册第六九一——六九二頁)

閏六月十八日,俞樾、李超瓊論先生與康有爲之學。《李超瓊日記》云:

至俞曲園先生處,談及南海康長素所著《新學僞經考》,先生於日記中論其誣,康遂以千言書申辯,且求一言爲定。先生虛與委蛇以應之,仍不許可。門下士有請痛斥之以衛聖經者,與余所見甚合。先生又言,吾蜀廖平以唐虞三代之治皆無其事,特孔孟自擬治天下之法,假其名爲之。並堯舜亦託名,不必實有其人。所見亦謬妄之甚,因言講經學以本朝爲最盛,愈出愈奇,已入牛角彎矣,良可一慨。(《李超瓊日記》第一一九頁)

七月歸井研,八月返嘉定,復由嘉赴成都,十月返嘉。

復因嘉定地居孔道,應酬頗繁。羅星潭赴湖北,過嘉相訪,先生以人事日繁,欲閉門謝客。王樹枏過嘉定,訪先生於凌雲山。《經話甲編》卷一云:

王晉卿大令,蓮池書院名手也,著作甚富。壬辰晤於凌雲,敦囑《今古學考》啟人簡易之心,則經學不足貴。猶劉介卿所言,經學不可如白香山詩,原貴同異依違,使人鑽仰無盡之意。然推考既久,門面丕焕,雖似簡捷,實更繁難。既立一法,便有得失通蔽,急須考究。從前之難,門外與門內相紛挐;今日之難,一家之中,務求和協。統括六藝,折中子史,大綱既分,細事毛起,不見其易,反嫌其難,如以三傳合通,即此一事,已不易矣。(《廖平全集》第一册第二二七頁)

王樹枏《余與杜雲秋、江叔海游凌雲山,廖季平携酒肴湯餅就讌於山寺,別後戲以答之》云:

嘉陽城頭有一士,舌尖狂瀾瀉江水。呼廚挈榼載召我,飫聽先生説經旨。君言聖學有今古,季平以《周禮》爲古學,少年所習,《王制》爲今學,老年所訂,著有《今古學考》,其説甚辨。吾言聖饌亦如此。聖人少年嗜古學,飲水飯蔬讀《周禮》。作相歸來換家素,坐擁膏粱老鄉里。食精膾絀要講究,不但學涂變終始。燕趙門人不願聽,《王制》成書半老死。此老暮年饜魚肉,君乃鋪張頗竊此。胡爲雜此不經物,海蜇江瑶供箸匕。又況霜刀縷春麥,湯餅無由證昉起。卓哉劉郎諱糕字,不見諸經防不軌。先生事事守家法,食譜從來亦須理。勸君屏此不經物,敢上俳言酬食指。(《文莫室詩集》卷五)

《井研廖先生墓表》云:

樹枏宰四川青神縣,時時與先生會於嘉定之九峰書院,爲論兩漢經師

家法,連畫夜娓娓不倦。(《廖平全集》第十六册第九二六頁)

十月,友人蕭藩卒。蕭藩,字西屏,仁壽人。與先生及張祥齡、范溶交甚厚,嘗爲先生刊《今古學考》《起起穀梁廢疾》《釋范》《分撰兩戴記章句凡例》等。

十一月,因遇考赴龍安,按此非特授,故雖丁憂開缺,亦必一往。歲暮歸井研。

作《杜氏左傳釋例辨證》四卷,提要云:

平所刊《左凡例》,除正經、正傳、集解、辨證外,所撰《左氏》各書共二十餘種,或篇帙過少,或條録未竟,故不盡著録。各經皆然,姑發其例于此。此本成于壬辰,按《釋例》所列經文,條理未密,謬誤尤多,以非輯補,姑置不論。《左傳》原文過繁,學者畏難,不過獵其文藻,考求事典,從無專求經例,故杜氏解經,得失無人過問,國朝專于解經者亦無專書。劉、龔治《公羊》,以《左氏》經説爲出劉歆。平應南皮張尚書命,乃專心致志于經説推考,其餘典章訓詁,前人已有成書者,則不再詳求。五年之久,成書數十種,此編其一也。考杜氏于經文後加以釋語,每條皆分爲四例,以"五十凡"爲周公書法,不言"凡"者爲孔子新義,不合新、舊二法在外者爲從赴告,在内者爲史官異同。一經之中,有從有違,有去有合,已極怪誕。使杜氏本或有記識新舊朱墨標題,猶可言也。乃細心推求,凡明白易解及傳有明文者,則以爲有例,一涉疑難,雖屬常文,皆以爲無例可言,直是杜氏甄别《春秋》耳,與王柏諸人何以異哉。平别撰《釋例》新編,先列經文,加以論説,務求貫通,折中一是,不敢膚引二傳。于本傳事傳及解經説者推出正義數十百條,汰舊誤而闡幽微,焕然一新,文約理舉,可稱明備。按:解經以聖賢爲歸,杜氏謬論,未經指摘,故不悟其非。既有新編,則此册可以不存。惟事體博大,綜理頗難。杜説遵行已久,人所習聞,新編所纂,義多創獲,使不就杜本觀其疵謬,不知去取之旨,必謂義可兼存。且是古非今,學人習氣。閻百詩《古文疏證》撰爲專書,而後梅書之僞乃顯。治《左氏》者必先讀此册,然後知杜説當廢,漢學當申。然則此編固治賈、服者之始基矣。(《光緒井研志》藝文二,《廖平全集》第十六册第一一九七——一一九八頁)

按:《光緒井研志》藝文二稱,先生應張之洞編書之命,乃專心致志於經説推考,其餘典章訓詁、前人已有成書者,則不再詳求。五年之久,成書數十種,此其一也。

又按:所謂"成書數十種",除前所舉《左氏學外編》有二十二種外,《釋例辨證》《集解辨證》並在二十二種。見於《光緒井研志》藝文二及《四譯叢書目》,此外尚有《國語發微》八卷、《國語補亡》十二卷、《左氏群經師説考》二卷。今僅存《集解辨證》。

又成《左氏集解辨證》二卷,與此書相輔而行,疑亦成於此年。提要云:

東漢治《左氏》者,與《公》《穀》相同,本傳義例所無,皆引二傳相補,如《釋例》中所引許、賈諸條可證。杜氏後起,乃力反二傳,譏漢師爲膚引,頗與范氏《集解》同。考舊説以義例歸本孔子,杜則分爲四門,以"五十凡"爲周公舊例,不言"凡"爲孔子新例。例之有無,以本傳明文爲斷,凡"五十凡"及新例之外,皆以爲傳例。有從赴告,魯事前後相反,不能指爲赴告,則云史非一人,各有文質,一國三公,何所適從。又即所云新舊例言之,"五十凡"有重文,有禮制,于經無關,幾及十條。且無"凡"皆爲言"凡"所統,偶有"凡"字,以爲周公;偶無"凡"字,以爲孔子,何所見而云然。且同盟以名,不同盟不名三條,皆爲解滕、薛、杞三小國而發,曹、莒以上,并無其文。所謂不同盟者,謂小國不以同盟待之,非爲大國言也,除三小國與秦,宿更無不名之事。杜不悟其理,于各國之卒,必推考其同盟;本身無盟,求之祖父,不亦誤乎。大例之外,其誤説文義者,如"豫凶事非禮也"六字,文見《説苑》,謂喪禮衾絞衰裳不豫制,所以解天子、諸侯、大夫、士必數月而葬之故,杜乃以爲子氏未薨而弔喪,至流爲笑柄。又弑君稱君,君無道,稱臣,臣之罪。"稱君"當爲"稱人",杜不知爲字誤,就文立訓。《春秋》弑君,正文有不稱君者哉,又何以别於稱臣也。又"帛君"爲"伯尹"之異文,以"帛"爲裂繻字,是大夫序諸侯上,小國大夫亦同稱子矣。"君氏"爲"子氏",又何以解"尹氏""武氏"連文之傳耶。蓋經本作"尹",無傳;傳所記之"君氏卒"爲魯事,不見經,後人誤以傳之"君"即經之"尹",杜氏誤合之,稱夫人爲"君氏",何嘗有此不辭之文。此類悉加辨證,與《釋例評》相輔而行,可謂杜學之箴砭也。(《光緒井研志》藝文二,《廖平全集》第十六册第一一九八——一一九九頁)

成《五十凡駁證》一卷,提要云:

杜注《左傳》,誤據"五十凡"爲國史舊例,諸不言"凡"者乃孔子新義,並引《易》"大衍之數五十,其用四十有九"以證之。按:傳言"凡"不言"凡",皆有義例。故賈、潁舊説以爲無新舊之分。"五十凡"中多重見,除去重複,不過三十餘條。又傳有二凡,未曾録入。即五十條中尚有十數條爲史法典禮,于經絶不相干,何得據以立説。平撰此書,證其謬誤,所改正者二十餘字,如"得用焉"改爲"得牛馬"、"得儶曰克"改"儶"爲"獲"、"稱君君無道"改上"君"字爲"人"之類,尤足正杜氏之誤。(《光緒井研志》藝文二,《廖平全集》第十六册第一一九九頁)

成《左氏補例》一卷、《傳事禮例折中表》三卷、《春秋圖表》二卷。《傳事禮例折中表》提要云：

> 舊說三傳者，輒張皇同異，以爲萬不可通。按：三傳同説一經，豈肯自相水火。平撰此表，以平三傳之獄。首卷事，次卷禮，三卷例。舊所疑難，悉皆解釋。以事而論，莫難于"尹氏卒"一條。今據《左傳·隱七年》王"使尹氏、武氏助曲沃"，傳尹、武連文，知左經亦作"尹"。傳中"聲子卒"乃魯事，不見經；"尹氏卒"有經無傳。後人誤據魯事解經，因改經"尹"爲"君"，以致歧異。至于禮如"築王姬之館于外"一條，則據《穀梁》全文，以平《公羊》《左氏》之爭。例則《左氏》杜注多誤解三傳，晚師各有小異，隨事折衷，經義愈見昭明。(《光緒井研志》藝文二，《廖平全集》第十六冊第一一八一——一一八二頁)

《春秋圖表》提要云：

> 此本癸巳尊經刊入《四益館經學叢書》，庚子湘中周文焕刊《穀梁古義》，重刊首卷。考平《春秋》三傳之説，精華悉萃此書。今考其經意，諸侯移封圖，存西京，開南服、二伯、方伯、卒正、連帥、屬長、附庸國表，子伯非爵、十九國尊卑儀注表，求之經文，通考三傳，絲絲入彀。欲通四益《春秋》，當研究之。(《光緒井研志》藝文二，《廖平全集》第十六冊第一一八二頁)

此外見於《光緒井研志》藝文及《四益館書目》者，尚有《國語發微》八卷、《國語補亡》十二卷、《左氏群經師説考》二卷，其餘或條録未竟，或已成而佚，均未可知。《國語發微》提要云：

> 《國語》爲《左氏》作，兼傳六經，不專傳《春秋左傳》，則《春秋》弟子但記《春秋》時事，加以經説，遂與《國語》並行。漢師內外傳之名誤甚。此書發明六藝，專爲"賢爲聖譯"一語而作，義例詳見《凡例》。(《光緒井研志》藝文二，《廖平全集》第十六冊第一二〇〇頁)

《國語補亡》(署廖師政)提要云：

> 《群經凡例》，《國語》有補亡之議，謂《國語》原本一君一卷，今存者不及十分之一，或國亡數君，朱、衛、陳、蔡、秦諸國則全亡。諸子、傳記凡言《春秋》時事者，皆《國語》原文。故師政仿其義例，取《繹史》及諸子史，編爲此書，附《國語》之後。存亡繼絕之功，亦不可没也。(《光緒井研志》藝文二，《廖平全集》第十六冊第一二〇〇頁)

光緒十九年癸巳（一八九三）　四十二歲

主講九峰書院。按：廖宗澤《六譯先生年譜》云斯時日記尚存。取《穀梁》舊稿，重加修訂。《重訂穀梁春秋經傳古義疏自叙》云：

　　癸巳，讀《禮》多暇，取舊稿重加修訂，雖在會通三傳，而魯學家法不敢稍踰。（《穀梁古義疏》第五頁，《廖平全集》第六冊第一七頁）

井研知縣葉桂年聘先生主修縣志，先生以旅食異方，又改訂三傳舊稿，兼以此事非專力不能成，乃推薦縣人吳季昌、吳嘉謨、董含章主其事。《光緒井研縣志序》云：

　　光緒癸巳，朝廷重修會典，詔求郡縣圖經。於時仁和葉侯治縣，用集耆彥髦俊，謀掇舊聞，上應朝命；平以菲材，過蒙不鄙，以修纂見屬。會平旅食異方，又改訂三傳舊稿，兼以茲事體大，非專力不能成，乃推薦吾君權奇、蜀輶群從之賢，與其戚董君貞夫之嫻雅而綜博。（《廖平全集》第十一冊第六九六頁）

正月，辭尊經書院襄校，薦南江岳森繼任。斯時尊經書院有朋黨之爭，故先生憤而辭職。先是，吳之英自任襄校，援引門人，與先生不相容，乃辭。然岳森與吳之英亦不合，各立朋黨，自開門户，毀謗鬧事，非止一次。（《與張子宓書》）

先生即主嘉定九峰書院，旋迎母雷太宜人至嘉。

三月，作《重訂穀梁春秋經傳古義疏自叙》，云：

　　《穀梁》顯于宣、元之間，不及一世，東漢以來，名家遂絶，舊説雖存，更無誦習。范氏覘其闃弱，希幸竊據，依附何、杜，濫入子姓。既非專門之學，且以攻傳爲能。末學膚受，喜便誦記，立在學官，歷世千載。原夫素王撰述，魯學獨專，俗義晚張，舊解全佚。辛巳中春，痛微言之久隕，傷絶學之不競，發憤自矢，首纂《遺説》，間就傳例，推比解之。癸未，計偕都門，舟車南北，冥心潛索，得素王、二伯諸大義。甲申初秋，偶讀《王制》，怳有頓悟。于是，向之疑者盡釋，而信者愈堅，蒙瞀一新，豁然自達，乃取舊藁重録之。戊子，詮釋《公羊》，繼有刪補。庚寅，纂述《左氏》。癸巳，讀《禮》多暇，取舊藁重加修訂。雖在會通三傳，而魯學家法不敢稍踰。又舊藁至今十年矣，所説多不同，非大有出入，不悉削之，以存入門之迹。經傳微奧，鑽仰無窮，俟有續得，擬再修補。博學君子，加之匡正，所切禱焉。癸巳三月朔，井研廖平識。（《穀梁古義疏》第五頁，《廖平全集》第六冊第

一七頁）

五月，子師政補學官弟子。族祖廖正清作《重修宗譜記》，云：

夫愚好自用，賤好自專，固聖人之所戒也。今我族重修家乘，衆不知清之疎淺，特以鉅任屬清。其時，清年已六十矣，自知樗櫟安成大廈，第以始祖公由楚入蜀，五百餘載，中遭流賊之亂，原譜世系缺略殊甚。乾隆五十九年，有先輩安揚、安普、樂行及正發諸公，据原譜殘帙，更加采訪，協族纂補，即今所本之舊譜也，迄今已九十餘年矣。其間生齒浩繁，未事補纂，詩書之家，猶私筆記；至於商農，多不措意，有不能自舉高曾者，有不能循派命名者，敬宗收族之義，更何望焉。清嘗閲舊譜，不禁扼腕，屢與族首商議續修，時皆遜謝。至己卯科，登廷舉於鄉，清相與商之，登廷亦久有其志，首事亦共樂從，即於光緒八年斟酌重修凡例，啟知族衆，分派各支采訪，續修之局始定，特議主修、分纂、監管、采訪，清不過因人成事，勉盡其力耳。乃連年荒旱，食用維艱，來稿者甚屬寥寥，暫行散局。惟清繫迹宗祠，以俟緩收，因循四年之久，稿尚難齊。至丙戌，款項不給，幸前首登芳約衆起錢會二局，以作續修之用。惟清更約正鼎、成應、成傳，竭力補纂，欲行刊刻，而工貲全乏，又延六年，設款無計。清嘗見壯者老而老者邁，十年之功苦，恐難如其初心。光緒壬辰，又與首事商議借貸，始得起工。即命清與成應、成傳、成鵬，親詣各境，面對校閲，復爲抄録，乃底厥成。雖不敢云全美，第視舊譜，稍爲差詳，將來續稿，隨時登記，以爲再修藍本，此亦可云小成也。嗟乎！修譜之事大矣，修譜之任重矣。今既告成，非登廷之主裁，不能立其局也；非成應、成傳、成鵬之校對，不能剗其訛也；非復選、登芳、登樓之設款，不能資其用也。清雖贊襄乃事，其有負於衆、愧於先者良多，後來有繼志續修，倘加匡正，更補其所未備，清之厚望也夫。光緒十九年癸巳蒲月胡啟朝溝十七世孫正清自恕記。（《廖氏宗譜》卷一）

七月，赴成都，爲子慶餘娶妻華陽任季棠（憲吉）長女諱嶙，以張祥齡"任季棠彬彬有禮"之言也。（與張子宓書）

秋，尊經書院襄校吳之英去職，川督札委先生繼任。岳森《癸甲襄校録自序》云：

是年秋，復會衙制府，札委井研廖季平與余同爲學長，兼充襄校。

《留別胡玉涵妹丈並示陳生伯光舍侄永崇》云：

錦城聘書千里到，内垆三函吕岳廖。瞿學使延充尊經書院襄校，由院監薛致書禮聘，故人吕雪堂、岳鳳吾、廖季平均寓書勸駕。（《癸甲襄校録》卷三第六七頁）

八月，子慶餘歸井研。錢塘張預作《穀梁春秋經傳古義疏叙》，詳云：

穀梁氏之學，孑然而垂爲孤經也，蓋二千餘年于兹。自漢大司農高密鄭公《起廢疾》謂之近於孔子，其爲卜子夏親授與否，可不必疑，然要其衷之於聖，不甚相遠。康成《六藝論》又曰：“《穀梁》善於經。”意必較《公羊》《左氏》爲優，而聞見之碻、淵源之真，夫固治《春秋》者之規矩矱括焉，而莫之能越者也。東京而後，漸成絕學。尹更始等五家傳說久佚，延及江左，訾爲膚淺，注者張靖、程闡、徐邈諸人，寖以湮没，幸范氏《集解》厪存，而采用何、杜兩家，難免鑿于師法。楊士勳稱其“上下多違，縱使兩解，仍有僻謬”，信哉。然楊自爲書，抑又不逮。外此如啖助、陸淳、宋之孫覺、葉夢得、蔡元定輩，雅知折中，而皆未有成書以闡明之。訖我聖清，經師輩出，絕學于是乎復振。凡《穀梁》經傳，時有條釋，其散見者不一家，而崇尚專家之學，以溧水王氏芝藻爲倡，踵出者陳氏壽祺、李氏富孫、許氏桂林、侯氏康、柳氏興恩、鍾氏文烝。陳之《禮說》未經卒業，餘皆有專刻，惟柳氏之《大義述》，彙萃尤備。不意樸學如季平者，又能湛思孤詣，承諸名宿之後，時出己見，冀有以集于成。烏虖！吾惡知當世劬學之士，復有風雨閉門，覃研極精，釐然有當，而竟不于昔賢相讓矣乎。季平曩者來謁于都門，述所撰著《穀梁古義疏》十一卷，十易稾，未爲定本。今郵其《叙例》見示，首明古誼，說本先師，推原禮證，參之《王制》；注疏之外，別撰《大義》，屬辭比事，條而貫之；並綴以《表》，旁及三傳異同，辨駁何、鄭，糾范釋范，靡不加詳，終之以《諸國地邑》《山水圖》《外篇》，都爲五十卷。別白謹嚴，一無遺漏，得其統宗，庶乎鉅觀。執聖人之權，持群說之平，守漢師之法，導來學之路，不朽盛業，其在斯乎。昔董子有言：“《春秋》無達辭。”吾則未之信也。努力訂成，爭先快睹，謬附起予，竊自多已。光緒癸巳八月，同學友生錢塘張預謹叙於長沙使院。（《廖平全集》第六冊第一五—一六頁）

九月，子慶餘偕婦至嘉定，妾帥氏同往。

成《生行譜》二卷，今僅存《易生行譜例言》，見《六譯館叢書》。提要云：

考平癸巳于九峰先成此書，爲四益易學之初階。其書不用京氏八宫法，每卦內三爻爲生，外三爻爲行。一卦生三，故八別生二十四子息，八和生二十四子息。按：此說與張心言同。外卦則皆一人行。三人行于內爲客，故曰“有不速之客三人來”。因取《左氏》一爻變之例，每卦六變爻，每爻爲一卦，又六變合爲三十六卦，因編爲圖，縱橫往復，悉有條理。按：此圖與包氏《皇極經世緒言》偶同。每卦一圖，由一圖以推三十六圖。其辭說不下十數萬言，皆關于《易》中義例，迥非先後天圖畫徒勞筆札之可比。（《光緒井研志》藝文一，《廖平全集》第十六冊第一一三〇—一一三一頁）

又成《易象師法訂正》二卷，提要云：

古今言《易》者，以數、理二派爲大宗。漢人詳于象數，晋宋空談玄理，其大較也。近人侈談漢法，實則爻辰、卦氣、消息、升降、錯綜、史事，于《易》中不過如九牛之一毛、太倉之一粟，不能謂《易》中無此理象。然由此以通全經，有如炊沙作飯，徒勞無功。而其遺誤後學、閉塞聰明者，尤莫如京氏之八宫。平之治《易》，不泥舊説，嘗録諸家義例之文而詳論其得失，去僞存真，一節之長，皆在所取。又按《易經》師法，雖習其學者皆心知其不通，因訛踵誤，相沿如此，久而遂爲定解。故論《易》師法，難于自立。新例堅卓不移，而不以攻人爲能事。平撰此書，其大要在于創立新例焉。（《光緒井研志》藝文一，《廖平全集》第十六冊第一一三一頁）

上書張之洞論《易》，謂聖人晚乃序《易》，《易》爲六經總源，又多斥前人爻變誤説。其一云：

三月曾具一稟，由郵齎陳，諒入籤記。受業治《易》二月以來，編成《生行圖譜》一卷，上呈鈞鑒。竊以易道廣大，爲治經之畏途，漢宋遺書雖汗牛充棟，求其能明白顯著、確然有以饜服人心者不可得，受業雖久耽古籍，亦望洋而歎，不敢再蹈蜀人喜言《易》之咎。因諸經卒業，不得不求通精微，以成大一統之局，故立一説，以聖人晚乃序《易》，《易》爲六經總歸，六經未通，不可治《易》，《易》乃六經匯歸，五經既通，則《易》自有啓牖之妙。於是會纂歷代家法條例與由漢至今遺書，除因陳不足計數以外，所有名作大師最有名之條例，一爲考研，立見粉碎，求所謂顛撲不破者，未嘗有焉。大抵諸經如狗馬，《易》則近乎鬼神，率意圖畫，自信其心，又無明據以供其比校。在諸賢其始皆不能安，私心未嘗不自疑。從古未有真諦，遂自寬自解，以爲《易》之可知可求者止於此數，再進而上，則已失傳。去聖久遠，智力已窮，付之浩歎，此不求深之過也。受業愚鈍而好爲苟難，以爲諸經傳記皆別有微言起例，在於文字之外，學者但求銷文，未能得意，凡所解説，皆爲支節，不能使經如醫之銅人圖。凡其求者，皆銅鑄之人，而非氣血行動、能言動聽視之人，雖何、許、馬、鄭，亦得皮毛影響，豈能盡其筋骨乎。蓋無論何經，皆有相承之誤説，後人以爲流傳最久，喜其便易而勤用之；但有如此者十數條，則深入魔障，永無見天之日矣。以《易》而論，以卦爲主，言卦則不能不講統屬。京氏八卦之説，謬種流傳，老師宿儒以至學僮小子，莫不曰一卦生七卦、八八六十四；而後人更爲浩义之説，以爲一卦可變六十四卦。《春秋》見經之國近百，其中由天王、王後、二伯、方伯、小國、附庸、夷狄、亡國，各有分別，不可稍混。又諸國皆有實地，東西南北，至今尚可指數也。講《春秋》不論事勢，概曰一國統八國，一國可爲六七十國，自天子、王後下至坿庸、夷狄，一視同仁，黃茅白葦，舊之《易》説何以異此。卦有尊卑親疏、祖姒男女、同姓異姓，必有分數。乃不問同異，但曰一可生七，六十四可爲一卦，是以《春秋》一國可爲全經之國也。今故就經中本卦爻變爲之編纂譜牒，辨姓別支，婚媾仇敵，朗然明著。一卦但生三卦，以合《大傳》三男三女。而亥之二首六身，即謂八卦分二類，二君而六臣也，經之《繫辭》由此起義。舊説一切不問，即此一端，則易學之不明宜矣。既取卦義，何貴混同。豈無以《春秋》諸國爲比者，不得其説，則亦不敢主持耳。即以旁通而論，今考定爲一卦旁通三卦，即圖之二隅與本卦相比之三卦也。上爲祖父，下爲子孫，旁以通於兄弟平輩之三卦，是謂旁通。_{祖宗卦不言旁通。}而舊例不辨尊卑，無分正錯，多者五六，少者一卦，俱無問其實據，則不能持以示人，有名無實，所以有疑信用舍之不同。又以卦變而論，一首三身，分長中少，取法乾坤六子。八正卦生二十四，八負卦生二十四，考之圖譜，界畫分明。凡所生者，各於受姓之爻變還父體，明白顯著，不啻大聲疾呼。而從漢至今，無人過問，別以堆垛數目，造爲無稽之談，某卦自某來，治絲而棼之，以牛爲馬，呼祖爲孫，欲其合，得乎。又如“天地定位”一節，本指上下而言，邵子造爲一圖，强分方位，命之曰先天，又以爲伏羲所作。自有此説，愈生霧障。不知所謂先天乃上下圖，後天爲四方圖，上下四旁，合爲宇宙，同爲孔經，何分羲文。上下圖乾上坤下，風雷天屬，二長親上，艮澤地屬，二少親下，水火居中，難於分畫，特詳火炎水濕，以定上下之分。凡經傳之言上下，皆指此圖而言。乾九五爻言火就燥，釋《大有》《離》之飛龍在天；水就濕，指《坎》之比黃裳。三上卦從天下降，三下卦隨地上升，風雷龍虎，方聚物分，皆謂是也。而以爲羲文之分別歧出，過矣。又損之一人行，首卦內三爻一卦獨往，別首卦之外卦合三卦來爲得友。《巽》初《小畜》一人往《乾》四，《離》二《大有》一人往《乾》五，《兑》三《夬》一人往上是也。三人行，則首卦內外三爻合朋往身卦，_{《姤》內三卦爲錯卦，}_{《否》內三爻三人來，外三爻三卦爲《既濟》外三人來是也。}損一人者，三人同往三卦所往之卦。凡錯卦不能生此卦，則損去一卦輪班，三損而自變還父體。《蒙》之困蒙在六四《未濟》爻，以《坎》外《困》《師》《渙》三人同行往《蒙》之外，困與《蒙》外卦錯，《艮》不能變澤，故損《困》又長損長。而自變還《未濟》之體，以《蒙》外爲《未濟》所屬也。《蒙》損《困》而繫曰“困蒙”，所以明三人損去困之例也。而世之解《困》者知此少矣。如此之類，僕數難終，見擬《凡例》中多未定之論，未敢録呈。前年師座所開《長編》名目，未經抄存,偶然小得,未能自休,急求訓誨,如尚有可采,則以後由此用功,或當變革,更乞裁示。(《廖平全集》第十一冊第六五五—六五七頁)

其二云:

函丈諸經通貫於《易》,尤爲精粹。庚辰在京邸,曾以《易》例請業,蒙訓既爲周詳。彼時專治《春秋》,未能細心推考。庚寅在鄂,師席開具題目授宋芸子編纂。彼時以非專門,未即抄録。近以期歲之功,頗有創獲,敝帚自喜,無所折中,爲此略舉大綱,進呈鈞座。如其誤入迷途,不必再行前進。倘《易》道廣大,有千慮一得,則將擬成定書。蓋以別業較經,則經爲精華;以《易》較諸經,則《易》尤爲精華。受業推考諸經,比齊句讀,既盡刻苦之功,久欲探取精華,涵養靈性。目下所言,由是推考名物,形下之功,如得寢饋饜飫,藉以歲月,窮其精華,於《易》多一分饜飫,即於諸經長一分境界。推諸經於《易》之中,以成大一統之治,九經諸傳,煥然一新,以復西漢之舊,彰明經學,即所以默化蠻貊,合於乘桴居夷,莫不尊親,小有尺寸之效。合計所刊《凡例》共十八種。三傳已成,《詩》《書》舊稿未盡寫定,假借三年,可以一律成功。倘無機會,則將《易》《書》《詩》以外但刊條例,俟後賢補注。惟此事最難,其任最重,二十年心血消磨殆盡,誠恐先狗馬填溝壑,繼起無人,稿本失墜,半途無成,別無知大義者可以提倡。維遠別函丈,今又五載,晝夜專研,所得較爲通澈,惜未能扁舟赴轅,面呈心得。舊所呈閱諸書,如稍有可存,得先刊一二種,庶將來不至全行散佚。以俟諸經告成,倘其精力尚可奔走,再擬趨赴鈞轅,一聆教誨。(《廖平全集》第十一冊第六五八頁)

又《答友人論文王作〈易〉書》,力主經爲孔作,《十翼》爲弟子所述,以駁文王作《易》、孔子作《十翼》舊説,詳云:

來示以治經以申明經義爲主,作者可作,不必追論穿鑿求之。此尋章摘句之學則然,而非所論於微言大義也。將治其經,而不知作者謂誰,則不可通者多矣。來示以文王作《易》爲久定説,今以爲孔子,退《十翼》於賢述,近於非聖無法。然文王之説見於他書,本經傳記無明文。況初説獨主文王,因“箕子”“東鄰”“西鄰”之文,馬、陸乃加入周公,可見舊説之無據。且《明夷》於象辭以文王、箕子對舉,是象已有文王、箕子之義,不止爻辭矣。本傳言作《易》者當文王與紂之事,明不以爲文王作。據本傳以立説,有何妨礙。必欲非之,如以《十翼》爲孔子作,今改爲弟子所記,即爲非聖。《論語》從無以爲孔子自作,然與經同重,不得以説《論語》者爲非,又何疑於《易傳》。考《易》不惟有文王以後事,如《晉》與《明夷》二卦,取晋楚分霸而言,《晋》"其國惟用伐邑",《明夷》"於南狩得其大首"之爲射楚共王中目,"公用享於天子"之爲齊桓、晋文。馬、陸因箕子、東西鄰而添入周公,則舉春秋時事以歸還孔子,未爲過也。今試例證以明之。《繫辭》史稱《易大傳》,劉向於《大戴·易本命》亦稱《易大傳》,是《繫辭》與《易本命》爲《周禮》體。聖人作經,賢者述傳,以爲聖作,是退孔子於傳家,名尊孔子,實反貶之,一也。《莊子》言"孔子繙六經以教人",《列子》言"孔修《詩》《書》,正《禮》《樂》,照治天下,遺來世"。西漢以上言經學皆主孔子,諸經皆爲孔子繙定,而《易》獨退於傳記,與諸體例不一,二也。《繫辭》明有"子曰"之文,並有引孔子語以爲斷者,如"子曰:易有四道焉,此之謂也",如謂孔子自作,是孔子自引己説而"子曰",三也。《乾·文言》"明乘六龍,以御天也。雲行雨施,天下平也",是解象釋之文。《十翼》同爲孔子作,則是自注自疏,四也。《乾》六爻解至五六見,考其文義,無大出入,又"亢龍有悔"一條,既見《大傳》,經下又引之,如孔子自作,是屋上架屋,五也。諸家逸象出於今本者最多,如以爲皆孔子作,是聖筆尚有脱漏,以爲非孔子作,則不當傳習,六也。《禮記》云"商得坤乾",與《大傳》殷末世人作相合。孔子得《易》於商,非周非文王,有明文可證,七也。如"潛龍勿用"之爲孔子,即《莊子》所謂"在上則二帝三王,在下則爲元聖素王"也。樂行憂違,即用行舍藏,龍德惟孔子足以當之。素履白馬,亦多主殷禮。拘於文周,故不敢以孔子立説,多失實理,八也。疑《繫辭》者始於歐陽,從其説者代不乏人,固非創解,又非以爲弟子作傳,遂不足尊貴,九也。諸經《大傳》,如《尚書》《春秋》《喪服》,其書尚可證。又《喪服》有《大傳》,然後有《服問》《三年問》,經下逐條所加之傳,多引傳爲斷。《喪服傳》引"傳曰"二條,爲《大傳》明文。《穀梁》又有引《大傳》文八條,皆足以明《大傳》與經下之傳不出一手,十也。有此十證,足以考徵。非不知文王囚於羑里作《易》,見於《史記》。"三易"之説,誤託《周禮》,然謂孔子得古本而繙以教人,亦如《書》,未爲不可。若以《十翼》爲孔子自作,則證之本經本傳,固無有實證明文也。《廖平全集》第十一冊第六六四—六六六頁)

作《尊卑大小釋例》二卷,自序云:

先儒以治《易》當如《春秋》,以比事屬辭求之。顧近人爲表圖者甚多,卒莫能得經之義例。輯録雖勤,終成廢紙。亦嘗別出新意,約同人分纂,卷雖盈尺,而精華無多,《易》例其終不可得而求乎。間嘗推考《春秋》舊例,不下數十種,率離合參半。癸未,分國表之,乃始能密合,以視舊作,誠所謂治絲而棼。積疑既久,乃以《春秋》之法移之于《易》。考《乾》

《坤》生六子，六子合《乾》《坤》所生爲二十四卦，二十四卦又生七十二爻，每爻各爲一卦，合得百零八卦。本經有祖妣、父母、夫妻、子婦之文，今以十六卦爲祖妣，四十八卦爲父母，百四十四卦爲夫妻，三百七十二爻爲子婦，分爲四等尊卑。以貞、悔二例言之，祖妣象辭屬祖妣，父母象辭統屬父母，廿四爻則分居行言之，二十四卦爻辭統言夫妻，七十二爻又分言七十二卦之來往。七十二爻，每爻每一卦之用。亦如《春秋》天王、二伯、方伯、小國四等，尊卑儀注，各不相同。以尊混卑，以卑混尊，皆不能相合，此辨卦尊卑之説也。又《春秋》有中外例，《易》則有中長少三局，如王在師中，中卦例；長子率師，長局例；少子輿尸，少局例。中局各不同，詳内而略外，先諸夏而後夷狄。故老中二局以三爻爲始終，少長二局以六爻爲始終，狂狷進退，損益合中。所謂上下無常、進退無恒者，謂少長二局相反也。今于尊卑相同之中，又以中外分貴賤，亦如《春秋》晋、楚二伯則内晋，八方伯則外蔡、秦、荆、徐，小國外許而内曹、莒六國，六國中又貴曹、滕同姓，而後莒、邾、薛、杞。先儒論《易》，以一爻占一人一事。今略以爲一國初定此例，將來再爲推廣。所有居守行從，必各有界劃。從如晋、楚之從者，"交相見"、"利見"，如諸侯相見，小國朝魯，魯朝晋，齊、楚二伯帥諸侯以朝王之比。是《易》事類于《書》義，同于《詩》文，則與《春秋》比，得三經以相印證，説乃昭明。不然則惠、焦、張、姚諸家所編，舊例具在，合與不合，固有目者所共覩也。（《光緒井研志》藝文一，《廖平全集》第十六册第一一二六——一一二七頁）

按：《光緒井研志》藝文一《序象繫辭》提要稱先生有《易例》十種，其目爲《十朋圖説》一卷、《序象繫辭》一卷、《六十四卦象補表》二卷（署曾上潮名）、《易詩相通考》一卷（《藝文志》不載）、《易通例》二卷、《貞悔釋例》二卷。十種疑加入《上下經中外分統義證》二卷、《尊卑大小釋例》二卷、《中和解》、《易字通釋》二卷。其中除《上下經中外分統義證》、《易字通釋》二種疑作於己亥前後外，外兩書與己亥所作《翻譯名義序説》同，餘似初治《易》時作，疑亦作於此時。

《光緒井研志》藝文一有廖承《三易正訛》二卷、廖師政《十翼疏證》四卷，即先生《答友人論作〈易〉書》之旨。《三易正訛》提要云：

考《周禮》"三易"與"三兆""三夢"相比，謂筮有三法，非謂《易》有三經本，即杜、鄭舊説，亦但云帝王舊法，不以"三易"配三代。今《易》屬周文王作，《連山》夏易，《歸藏》商易也。後人紛紛，由誤生誤，僞撰古書，至于不可究詰。《禮記》云"商得坤乾"，《大傳》云"作《易》當紂與文王之時"，則今《易》即作于殷，非文王作明矣。《左傳》云以《周易》見陳侯。

《左氏》筮卦多一爻變,則"周"即"周游六虛"之"周",謂六爻各一變爲六卦,非周朝之"周"明甚。不然則"周"字亦與《連山》《歸藏》不類。承著此篇,專明古義,後來訛謬,分類考訂,或比于《易圖明辨》,洵不誣也。以《國語》"貞悔"爲《連山》,《左傳》八數爲《歸藏》。(《光緒井研志》藝文一,《廖平全集》第十六冊第一一三一——一一三二頁)

《十翼疏證》提要云:

《四益館文集》有《答友人論作〈易〉書》,專申歐陽文忠《易童子問》之説,以《繫辭》爲《大傳》,經下《彖》《象》出于漢師。證以《喪服大傳》《服問》《三年問》及《禮經》附經之傳所引"傳曰"與《穀梁》八引"傳曰",定附經之傳爲出于晚師,證據最爲明暢。師政用其説,仿閻徵君《古文尚書疏證》,作爲此書。竊以《易》爲文王作,出于《周禮》"三易"。今考《繫辭》及《禮記》言《易》出于殷人,又考明"三易"與"三兆"、"三夢"相同,乃筮有三法,並非經有三本,則《易》不作于文王,實爲定案。自"三易"之説深入人心,《易童子問》雖祖之者代不乏人,或乃以爲大悖。得此專書論述,庶與閻氏《疏證》相發明,足爲作《易》之定説焉。(《光緒井研志》藝文一,《廖平全集》第十六冊第一一三二頁)

成《貞悔釋例》二卷,提要云:

按《易》別和之分在内外卦,内爲貞爲恒,外爲或爲亨,亨貞即貞悔之變文,或恒乃貞悔之實義。《洪範》"貞悔"二字,説《易》者誤解,幾于全經不見二字明文。平撰此編,專詳此例,自序見文集中。于下經"貞吉""悔亡"連文四見之義,説之甚詳,亨貞之訓亦藉以大顯。始悉四德之訓乃一家之説,非通義也。(《光緒井研志》藝文一,《廖平全集》第十六冊第一一三〇頁)

是年,先生始撰《易經古本》,至戊戌稿成。提要云:"創始癸巳,成於戊戌,經數年之久,義例始定。"(《廖平全集》第三冊第一三三七頁)

《九峰書院藏書記》成,嘉定知府羅以禮作序。是書分經、史、子、集、類書、叢書六大類。其中經部收録五百零七種;史部收録四十七種;子部收録九十一種;集部收録五十六種;類書收録七種;叢書收録十種,其中子目一千一百一十種,共收録圖書七百一十八種。經部書無小類,編排無次序。史部分正史、正史考證、編年、紀事本末、古史、別史、載記、傳記、奏議、地理、政書、姓氏、史評十四類。子部分古子、儒家、農家、天文算法四類。集部分別集、總集、詩文評三類。

光緒二十年甲午(一八九四)　四十三歲

正月赴嘉定,旋返井研。

二月,以《易》一卦變七卦與《春秋》合,定州一方伯、七卒正。内江陳奎光爲之説,見於《經話甲編》卷一,詳云:

> 春秋見經之國百餘,舊説茫無統緒,予乃分州以卒正之目歸之。據《王制》州七卒正,《春秋》魯祇見六國,疑不能定者五六年矣。甲午二月,以《易》一卦變七卦與《春秋》合,始定州一方伯、七卒正。内江陳奎光其昌爲之説,文曰:"六經皆聖人手訂,雖微言奧義,各有宗旨;大制鴻綱,往往一貫。蓋聖人因天地之自然而定其法度,百變而不離其宗。《易》雖得於殷人,然《乾》《坤》由翻改而始定,故規模制度,隱與《春秋》相通。《春秋》統以天子,分以二伯,參以方伯,佐以卒正,而鴻規舉;《易》始太極,分爲陰陽,立爲八卦,錯爲六十四卦,而鉅制垂。名目雖别,理數則同,天子即太極,二伯比陰陽,方伯視正卦,卒正如五十六錯卦,兩兩相當,不爽毫髮。蓋《春秋》與《易》雖有天道、人事之不同,淵源一貫,非偶然相合也。經師各拘家法,往往守本師之言,不觀會通。故《易》就畫明理,以爲通《春秋》則駭矣;《春秋》因事舉例,以爲通《易》則驚矣。別户分門,不能渾一。今考《春秋》之疆境,以九州爲度,四裔必加戎狄之名;錯處内地之夷狄,則言地以繫之,立州、國、氏、人四例,荆、梁、徐三國稱州,英、甲、潞三國稱氏,吳、越、留吁、廥咎如稱國,皆收入版圖,以備卒正之任。其淮夷、山戎、姜戎、北戎、伊洛戎、陸渾戎,不離戎狄者,受其朝貢,不責以伯帥之職。經見國百十餘,傳見國二百餘,惟青州見一州牧、七卒正、二十一連帥、一嘗見之附庸,餘州從略者,蓋備書則書不勝書,故舉内以概其餘也。冀、兖國少,以甲、潞等備卒正之選,不多見國,恐不識諸國以爲夷擯之也。雍不見國者,王臣舊采也。今本《説卦》震、巽、離、坤、兑、乾、坎、艮之序,分震、離、兑、坎爲四正,而以青、荆、梁、冀配之;分巽、坤、乾、艮爲四隅,而以徐、揚、豫、冀、兖配之。雍爲留都,今以豫代雍,相配爲圖,而聖人作經之旨瞭如指掌矣。"(《廖平全集》第一册第二一二—二一三頁)

三月,服闋赴成都,任尊經書院襄校。

四月,改訂《闢劉篇》爲《古學考》,以明古學之僞,自記云:"丙戌刊《學考》,求正師友。當時謹守漢法,中分二派。八年以來,歷經通人指摘,不能自堅前説,謹次所聞,録爲此册。以古學爲目者,既明古學之僞,則今學大同,無待詳説。敬録師友,以不没教諭苦心。倘能再有深造,尚將改訂。海内通人不吝金玉,是爲切望。甲午四月廖平記。"(《廖平全集》第一册第一〇五頁）又云："舊著《知聖篇》，專明改制之事，説者頗疑之。然既曰微言，則但取心知其意，不必大聲疾呼，以駭觀聽。今則就經言經，六藝明文，但憑目見。或爲擇善取同，或爲新義創制，不能質言，都從蓋闕。專述經言，不詳孔意，非僅恐滋疑竇，抑以別有專篇也。"（《廖平全集》第一册第一〇五頁）蓋《古學考》乃專爲"通人指摘，不能自堅前説，謹次所聞，録爲此册"之書，今僅摘録"通人指摘"以見先生"不没教諭苦心"，如云：

舊以《王制》爲孔子爲《春秋》而作。崧師云："此弟子本六藝而作，未必專爲《春秋》與自撰。"按舊説誤也。

舊説以《詩》《書》禮制有沿革，不入今古派，皆先師各據所學以説之者。周宇仁以爲四代同制，全合《王制》。案其説是也。

舊説以《周禮》與《左傳》同時，爲先秦以前之古學。宜賓陳錫昌疑《周禮》專條，古皆無徵。今按：前説誤也。

舊以《儀禮》經爲古學，記爲今學。新津胡敬亭以爲皆今學。今案：其説是也。

舊説禮制以不同《王制》爲古派，以《左傳》《周禮》與《王制》同者爲今古所同。同邑胡哲波以爲不如分經。今案：舊説誤也。

舊以魯、齊、古爲鄉土異學，今古爲孔子初年晚年異義。同年黄仲韜不以爲然。今案：西漢既無古學，則無論齊、趙，既立參差例，孔語實歸一途。

舊以孔子晚、壯爲今古之分。鐵江師以爲未合。此因説有兩歧，誤爲此説。實則"從周"之言，專指儀節底册，成憲足徵，據此改定。

舊以今禮少、古禮多，李岑秋中書以爲失實。其説是也。

舊表以今用質，古用文，今主救文弊，古主守舊制。同邑董南宣以爲疑。今案：前誤也。

《爾雅》舊不知歸隸何學，崇慶楊子純以爲聲音訓詁無分今古，是也。

《論語》舊以爲今古皆有，仁壽蔣苓塘以爲皆今學，其説是也。

《兩戴記凡例》以各篇分隸今古，同邑楊静齋嘗疑之。今案：書出先秦，時無古學，篇章繁博，自非《王制》能盡。然當歸之異義，縱爲古學所宗，亦不能謂之爲古。

舊以今古同重，李命三以爲古不如今，其説是也。

舊以今學無異説，古多異説。周宇仁以爲今多古少，其説是也。

舊説以《周禮》、《毛詩》、《左傳》、古《書》爲一派相傳。新繁楊静亭以爲《毛詩》在後，是也。

舊以今古學皆有經，富順王復東疑其説。今案：前説誤也。

舊以古學漢初有傳授，劉介卿以爲始於劉歆，其說是也。

舊以孔子前子書歸入古學，華陽范玉賓以爲非。今案：范說是也。

舊用古說，以爲五經皆爲焚書，有佚，康長素非之。今案：康說是也。

舊以史册爲古學，華陽張盟孫以爲不然，是也。

舊專據《王制》以爲今學，凡節目小異者遂歸入古學，胡敬亭以爲文異義同，其說是也。

舊以古學劉歆以前有傳授，與今學同，德陽劉介卿以爲西漢無傳授，其說是也。

周宇仁據《大傳》文，主博士二十八篇爲備之說，予初不以爲然，以古《書》引用者甚多，不能以佚文爲非《書》；及考百篇《書序》，然後悟周說爲是。

《古學考》既刊，"外間不知心苦，以爲詭激求名。嘗有人持書數千言，力詆改作之非，並要挾以改則削稿，否則入集，一似真有實見、堅不可破者。乃杯酒之間，頓釋前疑，改從新法，非《莊子》所謂是非無定。蓋馬、鄭以孤陋不通之說，獨行二千年，描聲繪影之徒，種種囈夢，如塗塗附，自揣所陳，至爲明通。然我所據，彼方持以自助，何能頓化。彼既入迷已深，化虛成是，舉國皆狂，反以不狂爲狂。然就予所見，海内通人，未嘗相迕"。（《廖平全集》第一册第三六六頁）

斯時，先生嘗集尊經同學撰《王制輯義》，《周禮删劉叙例》云：

同學所撰《王制輯義》上舉六藝，次及傳記，又次子、緯，下及經師。哀、平以前，莫不同條共貫，綱舉目張，實可見之施行。至於《周禮》專條，參于《佚禮》之中，不合經傳，又無徵據。因誦法真文，連及屬僞，明知其說不通，然不能概指爲僞，故以爲周公擬稿，未見施行。使周公初稿自相矛盾至二十四倍，亦失其聖。何以西周未行，廢稿乃流傳至於哀、平。況廢稿猶傳，何以真者反絕。今《王制》全與經制合，何又不以《王制》爲周公曾舉行之書乎，何又以爲三代有沿革，不知爲何代之書。果如此說，是亦沿變之制。況由百里改方五百里，由五服改九服，縱由奇變，亦萬不至此。《佚禮》本爲《王制》序，而全合六經，百世不易之制。今爲此僞屬數條，乃使其書爲廢稿、爲流失。無論其說無據，究得實，其書亦不足取。是名爲尊《周禮》，反以害之。今删去數條，其書便與六經相通，爲百世不易之法，真與聖經同尊。不惟經學杜紛爭，制度有實迹，且使孔子撰述苦心，不致經掩，道一風同，其樂何極。惡紫亂朱，惡莠亂苗，願與天下一證之也。（《廖平全集》第一册第一四七——一四八頁）

又增補《周禮删劉舉例》十二條。《周禮删劉舉例十二證目》云："己丑作八證,辛卯作十證,甲午乃益爲十二,後有續得,再爲補益。"(《廖平全集》第一册第一四八頁)《周禮删劉叙例》云:

> 古今疑《周禮》、删《周禮》者不知凡幾,惟其説淺略,故不足以爲定讞。今立十二門以證其誤。説詳《凡例》。此書乃劉歆本《佚禮》羼臆説糅合而成者。如果古書,必係成典,實見行事。即周公擬作私書,此朱子説。亦必首尾相貫,可見施行。今所言制度,惟其原文同於《王制》者,尚有片段。至其專條,如封國、爵録、職官之類,皆不完具,不能舉行,又無不自相矛盾。如建國五等、出車五等之類。且今學明説見之載籍者,無慮數千百見;至《周禮》專條,則絶無明證,可知其書不出於先秦。今於其中删去僞羼之條,並將原文補入,以還《佚禮》之舊。(《廖平全集》第一册第一四三頁)

又云:

> 初以《周禮》爲戰國時作,《考工記》爲未修之底本,繼以爲劉歆采輯古學而成,皆非也。《周禮》原書即孔壁之《逸禮》,本爲弟子潤澤官職之言。……考《曲禮》天官、六大、五官、六府、六工,文與《周禮》合,鄭注以爲其官皆見《周禮》,疑此與《周禮》合,而名目參差不同,不敢據以爲説。蓄疑三四年,乃始悉其故。蓋《曲禮》實即《佚禮》官職之舊題也。……《曲禮》僅有其名,職掌則全見《佚禮》。……此書本弟子所傳,故其文與《朝事》《内則》等篇目相合。出孔壁後,與《左傳》同藏秘書。《移書》所引《佚禮》,即有此六篇在内,當時學者不習其書。劉氏因立《左傳》,與博士積仇,莽將即真,更迎合其意,於是取此六大、五官、六府、六工之文,删去博士之明條,而以己説羼補其間。歆頌莽功德云:"發得《周禮》,以明因監。"此《周禮》始於莽歆之明文。(《廖平全集》第一册第一四四——一四六頁)

此書既出,張之洞、宋育仁累以爲言,先生持之益堅,幾至以干戈從事。帥鎮華《答亞東折篘室主人書》云:

> 當作《闢劉篇》時,以十二證删駁《周禮》與今學違反諸條,南皮張尚書、富順宋檢討累以爲言,而四益持之益堅,幾至以干戈從事。(《廖平全集》第三册第一二八三頁)

五月,赴嘉定。時嘉定府教授陶樊模病故,先生以嘉定離井研甚近,便於迎養,思選嘉定缺,電詢曾鑒,嗣以丁憂人員不應選病故缺成例,未能如願。(《與張子宓書》)

八月，長孫宗伯生，子成學出。先生得之頗喜。

門人汪兆麒以縣丞分發湖北，因以《左氏漢義補證》及《尚書》稿數篇命其賫呈張之洞。（據《與張子宓書》）時《書》稿方成《帝典》《帝謨》《甘誓》《湯誓》《牧誓》、中統《戡黎》《微子》二篇。《金縢》、四岳十二篇，名《尚書備解》。

張祥齡、范溶等得庶吉士，先生《與張祥齡書》云："得報知足下與玉賓、汝諧葉奇、楚南皆高掇巍科，欣忭無已。素志在於翰林，有志竟成，不似鄙人飄英墜溷，污苦難堪。五少年中，初有木天之人，大爲同輩之光。"（《六譯先生年譜》卷三，《廖平全集》第十五冊第五〇四頁）

康有爲門人龍濟之至蜀，以康著《新學僞經考》《長興學記》見贈，先生《致某人書》云：

> 龍濟之大會來蜀，奉讀大著《僞經考》《長興學記》，並云《孔子會典》已將成書，彈指之間，遂成數萬寶塔，何其盛哉。二千年大魔煬竈，翳蔽聖道，經籍名存而實亡，得吾子大聲疾呼，一振聲瞶，雖毀譽不一，然其入人心者深矣。後之人不治經則已，治經則無論從違者，《僞經考》不能不一問途，與鄙人《今古學考》永爲治經之門徑，得朋友欣抃何極。惟庚寅羊城安徽會館之會，鄙人《左傳》經說雖未成書，然大端已定。足下以左學列入新莽，則殊與鄙意相左，因緣而及互卦，尤爲支蔓。在吾子雖聞新有左氏之説，先入爲主，以爲萬不相合，故從舊説而不用新義，此不足爲吾子怪也。獨是經學有經之根柢門徑，史學亦然。今觀《僞經考》，外貌雖極炳烺，足以聳一時之耳目，而內無底蘊，不出史學、目録二派之窠臼，尚未足以洽鄙懷也。當時以爲速於成書，未能深考，出書已後，學問日進，必有改異，乃俟之五六年而仍持故説，則殊乖雅望。昔年在廣雅，足下投書相戒，謂《今古學考》爲至善，以攻新莽爲好名，名已大立，當潛修，不可鶩於馳逐，純爲儒者之言，深佩之。今足下大名震動天下，從者衆盛百倍，鄙人以子之矛，攻子之盾，久宜收斂，固不可私立名字，動引聖人自況。仲尼、超回，當不至是。如傳聞非虛，望去尊號，守臣節，庶不爲世所詬病也。又吾兩人交涉之事，天下所共聞知，余不願貪天功爲己力。足下之學，自有之可也。然足下深自諱避，致使人有向秀之謗，每大庭廣衆中，一聞鄙名，足下進退未能自安，淺見者又或以作俑馳書歸咎鄙人，難於酬答，是吾兩人皆失也。天下之爲是説，惟吾二人聲氣相求，不宜隔絕，以招讒間。其中位置，一聽尊命。謂昔年之會，如邵、程也可，如朱、陸也可，如白虎、石渠亦可，稱引必及，使命必道，得失相聞，患難與共。且吾之學詳於內，吾子之學詳於外，彼此一時，未能相兼，則通力合作，秦越一家，乃今日之急

務,不可不深思而熟計之也。方今報館林立,聲氣相通,南北二宗,不自隔絕,其得失之效,知者自能知之。(《國立四川大學季刊》一九三五年第一期《文學院專刊》第二四三—二四四頁,《廖平全集》第十一冊第六六三—六六四頁)

按:龍濟之,亦作積之,名澤厚。康有爲《自編年譜》光緒十八年條:"龍澤厚以知縣引見,道過粵,來學焉。積之仁質甚厚,嘗創辦廣仁善堂,聚衆千人,講衷學誘衆,西帥李鑒堂禮之,令辦乞丐院,又修孔廟者。"

成《今文尚書要義凡例》,刊入《群經凡例》,《書經大統凡例》云:"前清甲午年,已編《今文尚書要義凡例》,刊入《群經凡例》。"(《廖平全集》第四冊第一一頁)

作《春秋經傳彙解》四卷。提要云:

平初解《穀梁》,繼解《公羊》,己丑乃治《左氏》。當時解經之説,各附本傳,時有異同。甲午以後,乃以三傳既相符同,則經説不須歧出。且經下所有事禮例,三傳全同,略有參差,皆屬微末。今三傳各自爲書,經下若盡從同,不免緟緮。又考古者經傳別行,蓋三傳本出一源,末乃歧出。平將三傳經下之説輯爲此本,以復舊觀。至傳本經文,仍從其舊,特不再加解説。經爲三家所共,治三傳者欲考經説,皆同此本,以一經統三傳,故此本于異文先《穀》、次《公》、次《左》。三傳平列,不主一家,略采舊説,辨其異同。他如譜牒之用《世家》,典制之用《王制》,義例之用圖表,三書本同,今合爲一,固足化其畛域。但三傳大綱同,而末流不免小異,各家小有誤解,皆出晚師,則取正義爲主,而別附"存疑"一例。以事言之,如"尹氏卒",舊以爲男女不同,今據《左·隱七年》"尹氏"之文,知《左》經本作"尹",傳之"君氏"文不見經,乃明魯事,發明史例。以禮制言,築王姬之館于外,《左》言非禮,《公》言合禮,各言半面。惟《穀梁》由非禮而合禮,乃爲全文。以義例言之,凡有異同,皆屬小節。至于三傳先師誤説,則附"證誤"一例。如"監大夫"七見,皆用天子大夫,不名,傳爲主"祭伯來"與"祭叔來"同,直來爲監。《公羊》以爲奔,《穀梁》以爲朝,與祭仲《公羊》之以爲賢而不名,皆入"證誤"中,以正解詳其貫通,以存疑收其歧出。考平三傳未成,先作《三傳異同》四表,首事實,次典制,三義例,四存疑。此本以四表附于經下,以清劃家法。按舍經言傳爲唐宋以來結習,故平初解三傳,分疆劃界,一字不苟,積久貫通,乃成此編。故合同之中,仍以"存疑"一門判其疑難,亦不爲三傳作調人也。(《光緒井研志》藝文二,《廖平全集》第十六冊第一一八〇—一一八一頁)

按：先生嘗命李光珠、帥鎮華纂録此書，當已成稿，今不存。《經話甲編》卷一云：“余三傳皆作注疏，三書各爲一家，不能彼此互文見義，全録又嫌重複。如采《史記》之事、《王制》之禮、全經之例，三書不能不重複。每與同學商其併省之法，頃得一説，先作單經本，將三傳事、禮、例相同之文併入此本，三傳本經下不注，但注傳，以存三家門面，而通其説於經，經可通而傳不必盡同。請樂山李子凡光珠、帥秉均鎮華纂録，不惟可省刻資，愈見通經之妙。”（《廖平全集》第一册第二三〇頁）

成《春秋比事》四卷，又命季邦俊編《春秋日月時例表》五卷附於後，今均不存。提要云：

《春秋》例表之書夥矣，張氏《屬辭辨例編》集其大成。張氏書過于繁重，學者苦之，中多牽連誤説，無所折中，故編爲此本，以便初學，其中正變諸例，亦以尊卑大小爲主。至于從同之中，又以多者爲常、少者爲變。末附《日月時例表》五卷，凡有正無變及正多變少之條，皆詳《比事》，附表但録變例諸條而解之。如星變、雨旱、日食之類，皆以日月時紀實，統不入例。此二書互相發明，必合觀始能得其宗旨。舊傳事例諸書委曲繁重，有畢世不能通其義者。此書簡要明顯，期月可計功焉。（《光緒井研志》藝文二，《廖平全集》第十六册第一一八三頁）

《春秋日月時例表》自序云：

日月時乃《春秋》諸例之一門，本非宏艱巨難，必待專作一書以明之。惟自何君已多誤解，注解雖繁，不能得其義例之所在。近代説解尤繁，竟以爲全經之總例，分表立説，學者老死不能通此一例，則《春秋》不將爲梵書神祝乎。淺者因其難通，不易卒業，即勉强求通，仍屬支離，不足爲典要，遂創爲無例之説。或云據赴告而書，或云不可以日月計，或云書之以志遠近。相激而成，無怪其然。昔刊《公羊三十論》，中有“無月例”一篇，以重爲日、輕爲時，大事日時則爲變，小事時日則爲變，固數言可了。特《穀梁》有“卑國月”一條，三等諸侯之葬禮，宋多日，方伯多月，楚卒皆日，吳卒皆月，小國多時。國有三等之分，故月亦有爲例之時，非是則不入例矣。甲午在九峰，曾命季生澤民編爲此表。考歷來説此例，多以爲變多正少，是一巨誤。故此表以多者爲正、少者爲變，即多少以明正變，一定之理。又近來作表，全列經文，遂若無條不有此例，易致炫惑。故此篇門目，前後一依《比事表》，特不全列經文，故有正無變。全不列經，但存虛目，正多變少者但列變例數條，必事目輳轕、等級難分者，始全列經文，故所説之條甚少。別立《不爲例表》,凡非人事,皆如日食,以文自分。星異灾變,不可不以日月計,與志日月以與他事相起者,不過數十條。雖以人事正日無變,正時無變,日有變正多,時有變正多,與月正、月變、灾異工作多不可以日月計者,不以爲例,與日月以志數疏。分爲五卷,實則不過四十頁,事少易明,固旬日可通,非老宿猶不能解之事,惟其得力,全在比事之舍取,門目分張。故每鈔一門,其稿至數十易,其得力之功,別有所在。欲通此例者,固在熟比事之後也。(《光緒井研志》藝文二,《廖平全集》第十六册第一一八三——一一八四頁)

成《詩圖表》二卷。新繁楊楨序云:

季平初治《詩》,先作此表,經三四年始成,每遇疑難,于尊經標題課試,合衆力推考,一得要義,嘗于午夜起,鬚髮皓白而不辭,其中如《國風次第表》《小雅分應國風表》《邶風爲總序表》,稿經三四十易,始成今本。其表目如《大雅應三頌表》《王統四存國居四正魯統四亡國居四隅表》《素統五國表》《國風經義一統封建圖》《國風土著遷封分二統表》《圖風十二配十二月表》《詳本詩國風山川風俗時政經義移封禮制錯文表》《八音樂器表》《八風表》《以鳥名官表》《國風典制同春秋圖》《國風政制如春秋齊一匡圖》《齊詩六情表》《國風應律吕表》《夏小正十二月名物與詩相起表》《鄭爲王畿配邶鷄鳴以下配二統表》《兩京留行表》《鄘衛對文表》《兩京檜曹二伯表》《陳風十篇表》《魏唐十九篇表》《小旻以下十九篇表》《秦分三國表》《諸墟表》《瞻洛以下二十二篇表》《齒風表》《首三篇天子配頌次二伯末二方伯王後五福六極表》《五事表》《五行灾異表》《小統禹州表》《大統海邦八十一州表》《四游即輾轉反側表》《地球南北對文表》《地球東西對文表》《南北交通如二濟表》《東西往來如晋明夷表》《天文表》《四靈分應地球表》《東西南北分應全球表》《周頌合篇表》。各表下加説,不厭詳盡,兩説可通,亦附存之。按古無以例説《詩》之事,季平創爲圖表,分部別居,條理井然。觀此編,然後知《詩》雖用舊説,各有作詩之人,一經聖手,別有取裁,自始至終,靡不通貫,雖録衆作,不第一手所成。前人謂《淳化帖》雖采各名跡,既經鈎勒,則是一人之書。此言雖小,可以喻大。季平《詩解》立説甚新,不先讀此書,不能得其意之所在;且不先讀此書,未必信其説之有因也。(《光緒井研志》藝文一,《廖平全集》第十六册第一一四六——一一四七頁)

按:《六譯先生年譜》云:"此書圖表凡四十三,其中如《國風典制同春秋圖》《小統禹州表》《南北交通如二濟表》《東西往來如晋明夷表》,已主《詩》《易》相通,並及《春秋》《尚書》,如《國風十二配十二月表》《陳風十篇表》《魏唐十九篇表》《小旻以下十九篇表》《瞻洛以下二十二篇表》,以篇數見義例,已爲後來六變時《詩易合纂》之濫觴矣。(《六譯先生年譜》卷三,《廖平全集》第十五册第五一〇——五一一頁)

八月，岳森作函致先生，以故未發。九月作《與季平書未發，已值秋闈報罷，題尾一首》，云：

> 榜揭函猶在，濡毫添作詩。文章因我累，領袖負君期。_{前月來書有"天留宏材，領袖群英"云云。}一破成均例，_{國朝二百餘年，凡國子監録科取第一名者，無不中式。至戊子科，是例遂爲余所破。}再違書局規。_{自有尊經書局以來，凡科年坐局之人必有中式者，七科舊例，今年又爲余壞矣。}吾徒皆不振，報與廖經師。（《癸甲襄校録》卷三）

十月十三日，岳森作《癸甲襄校録自序》，云：

> 蜀之尊經書院自院長湘潭王先生去後，主講無人，今制府劉宫保就延錦江書院院長邛州伍先生兼領是席，院務滋緐，師德彌謙，商同督學，別延襄校二人，參閲課卷，遵行在院，歷有年矣。癸巳春，學使善化瞿子玖先生以余與名山吴伯揭爲書院學長，蓋仿廣州學海堂例，變其襄校之名也。是年秋，復會銜制府，札委井研廖季平與余同爲學長，兼充襄校。時余方由京還蜀，行篋中携有《分印成均課士録》及襍箸數册，同學見之，謬相轉鈔，猶病未溥，請付剞劂。先是，廖君有《四益館經學叢書》《六書舊義》《古學考》諸刻，嗣廖、吴又同有《經學初程》之刻，凡以廣質儔侣，取益切磋。至是共援前例爲説，謂余亦宜有所箸録，遜謝至再，遂以其説陳請於邛州大師之前，有例可援，益以師命不得復辭，以終藏拙。爰即篋橐稍加甄選，略分經説、詩、賦、襍文四，彙次爲五卷，録呈學使院長錫之鑒定，發由監院薛先生飭工照刻。踵武廖、吴，用慰衆志。甲午冬，工既竣，乃爲統記歲年，合併事實，題而名之曰《癸甲襄校録》云。時光緒二十年甲午歲十月丙辰南江岳森林宗。

約在十一月前後，致函楊鋭、梁鼎芬：

> 叔嶠、節庵兩兄察：前奉三函，想均達。嗣聞譚敬老力留右老。會王之春爲吊俄使，計往返須四月，而未開缺，電留宜見允。敬老此舉合前查辦川督事，不失爲君子也。然弟謂香帥尚宜詳電翁、李，力言右老不必至北、不可不留鄂之狀，庶不致中有變端。學堂抗侮提調一事，徒衆竟敢上按鹽道，不知如何處置。竊謂師經營鄂省之力，立織布、紡紗諸局，欲以致富；設鐵廠、立槍炮局，將求强而用。此求富强，則在人才。自强學堂者，育人才之根本也。意宜參酌中西學規，務令寬嚴得中，教習必須以……。再近日情形，只能專意東南，爲本朝計固宜，爲中國計亦宜。南皮公忠爲中外欽服，又扼南洋重權，苞桑之望，惟在於此。竊謂近日急要有二：一曰

聯東南各省之心志，一曰固歐洲各國之邦交，而所以立基本者，一在立政綱，一在求人才。夔帥至鄂，右老爲之樞紐，則三江兩湖可合爲一矣。北連李秉衡，南連馬丕瑤，此皆師所提拔，必相附和，如此則沿海各省之聲勢相屬矣。兩廣爲南皮舊制，近以李公故，人思舊德，若與其豪傑聲相聞，陳子荔回籍，有募兵籌防之志，實人傑也。且與南洋諸阜人相連屬，即可爲將來興招兵籌餉之資。南皮誠信待人，又能興製造，故歐洲各國之聯絡尚易。一則冀其相助，一則取其不掣肘也。至於立政綱則在於肅吏治、嚴營制、求人才。一求之官、一求之士、一求之講求洋務之人，此三者皆宜汰八九，取其一二。而尤宜收用從前出洋學徒，不特得其用，且以系人心也。或謂宜號召旅南洋諸阜人，使自以其意購船炮，直攻日本，苟得尺寸，即可與所得與之。然近旅他國之民無購機械之權，此計不可用也。近購七船，竊謂與其僅用以載餉械，不如出其不意，徑攻倭口岸。若願行此舉，宜先覓精細興圖。有王振甫名兆熔者，前奉海軍署派至日本考求地學，在東三省爲裕壽帥刻興圖極精。其人雖蘇産而樸訥，不似文人下筆千言，言地學如指掌，其人有日本最新海陸兩圖及水陸兩電線圖，今年二月在此，非所賣，托人密求始得之。又朝鮮及中國口岸兩圖。皆倭人繪，極精。此人現住許木齋，許王又自撰《日本地學說要》似宜招之來南，以備器使。又有杭人丁有文者，似即在寧機械局。精於製造槍炮，盍使蔡觀察驗之。人才實難，如沅帆者，實不宜再置閒散；即如吳小春，器識宏達，兼有閱歷，僅使□□，實爲可惜。如謝鍾英者，天資刻核，然使理財，厘剔弊竇，固遠勝若輩也。又竊謂治兩江有三要：一宜收上海租界已失之權；此似宜覓一誠實之洋人，如擔文者爲之。一宜盡易兵輪管駕而易他弁或武備學堂之人；日弁賄得，惟知乾没糧餉與修船資及好飲平耳。一宜嚴飭上海道，如有文武員弁在申淫酗者，即以稟聞而知儆。申江煙柳如亘古今，全球所無。所號文則府道，武則提鎮統領，肆意游燕無已時，其中弊不一而足，弟非作道學語也。以上諸論，非盡已出，亦有沅、帆諸人意，在爲兩君鑒達。廖平頓首。（《綿竹文史資料選輯》第十六輯第一六一——一六三頁）

十二月，伍肇齡作《癸甲襄校録序》，云：

吾蜀自剏設尊經書院以來，二十餘年，樸學紹興，人材輩出，一洗從前浮靡之習。爰初良法美意，起自張香濤學使。吾鄉人遠延名師，久而未得，大府以徐山、鐵江兩錢大令權主其事，淵源有自，已振先聲。厥後王壬秋孝廉以宏通博雅之才，先後主講七年，士傳其學，廖進士平、岳教習森皆其入室弟子也。壬秋回湘，劉仲良宮保謂余資深，俾以錦江兼主斯席。余愧少年科第，枕葄未深，章句之學，又非所習，辭不獲允，承乏已九年矣。平生師友，不無所聞，雖未能方駕前人，亦不敢貽誤後學也。上年，香濤督楚,函薦廖君經學有益士林,余與仲帥倅任襄校。前年,岳君襄校亦由瞿子玖學使自楚來,曾經與香帥商定。既而學使加廖、岳以學長,仍不没其襄校之名。廖、岳又皆早及余門者,幸資兩翼之力,樂觀其成,士益奮興,蒸蒸日上矣。廖之譔箸,早已槧傳,余别有序説。岳君亦箸述宏富,門人請槧於余,余向喜其治學醇正,識力精邁,知槧刻所箸,亦必有益士林,與廖競美,因力慂之。閲一歲,乃從昔賢别集之例,略其鉅部,專縉雜篇,釐爲五卷,呈余鑒定,自署爲《癸甲襄校録》,名以紀實也。余觀其經學淹通,詞章彬蔚,如《禘袷説》《虞庠四郊説》,皆爲前人所未發。其餘並鈎考功深,洪纖具舉,引伸觸類,啓發實多。詩賦雜文,原本漢魏,其次亦不在北宋下,洵足楷模後進,津逮方來。廖既先驅,岳實後勁,爰屬監院薛君槧存書局,用助觀摩云爾。光緒二十年十二月臨邛伍肇齡書。

十二月二十二日,主修《廖氏宗譜》告竣。是譜也,凡分九卷:卷一條例;卷二簡明圖、地理考;卷三、卷四長房;卷五二房;卷六三房;卷七四房;卷八五房;卷九附篇,先生屬五房,編在卷八。卷一條例收《重修宗譜凡例》《重修宗譜序》《重修宗譜記》《始祖公原序》《漢珠公譜序》《寬仲必聖興祐天喜諸公譜序》《安普公譜序》《公議字派》。《執事録》記主修、總纂、分纂、監纂、校對、繕寫、采訪、督辦錢糧人員名單,詳云:

事莫難於創始,尤莫難於持久。欲期創始持久,非人力不能。我族乾隆五十九年衆集於舞鳳山,纂修老譜,皆賴正發諸公之力也。迄今九十餘年,生齒浩繁,支派不一,閤族於光緒八年曾議重修,設局於宗祠。稿凡七易,年歷一十二載,錢費一千餘金,又賴登廷諸人之力也。且事之成敗,人力居其半,銀錢居其半。未得其人,即公款有餘,則奏績難卜;既得其人,若公費不足,則掣肘難成。況我族此舉,出力僅五六人,臑款無數十金,尤能簣土爲山,積水成河,不知幾經勞苦,幾經躊躇,始得副其初心也。有志者事竟成,古語雖云,誠不易哉。今以所成之譜分執各房,知事者不勞訓戒,不知事者宜遵前規。世守勿替,永垂不朽。毋忽!特將重修執事人名録於後:

主修:登廷　己丑科進士,榜名平,字季平。
總纂:正清　業儒,字小樓。
分纂:登甲　文生,榜名承,字叔勳。
　　　成鵬　文生,榜名鵬,字扶搖,兼書刊稿。
　　　成平　業儒,字蝸波。
　　　成鑑　文生,榜名師政,字鏡吾。
監纂:正魁　增生,榜名元熙,字曉樓。

　　　　　　正相

　　　　　　正聘　　職員,字雨樓,一名元亨。

　　　　　　正本　　業儒,字魁樓。

　　　　　　復統　　監生,字誠齋。

　　　　　　復忠　　業儒,字恕先。

　　　　　　復賢

　　　　　　登芳

　　　　　　登銓　　文生,字輝山。

　　　　　　成業　　業儒,字仲勤。

　　　校對:成應　　字引田。

　　　　　　成傅　　監生,字誠意,號琳山。

　　　　　　成傑　　字邦彦。

　　　繕寫:正鼎　　字立三。

　　　　　　成杰　　字鵠凡。

　　　　　　成墩　　字韋臯。

　　　　　　宗平　　字席珍。

　　　　　　傳道　　字習之。

　　　采訪:正乾　　監生,字海亭。

　　　　　　正斌　　復熙　　復康

　　　　　　復邦　　字之彦。

　　　　　　登光　　登熙　　登煜　　登照　　登川　　登明

　　　　　　登榜　　文生,榜名周,字澤岷。

　　　　　　登鑾　　字覲光。

　　　　　　成貴　　宗慶　　宗臣

　　督辦錢糧:復選

　　　　　　　登墇　　字雲驤。

　　　　　　　登樓　　字光遠。

　　　　　　　成榕　　職員,字玉齋。(《廖氏宗譜》卷一)

歲暮歸井研。

光緒二十一年乙未(一八九五)　　四十四歲

正月,赴嘉定。

　　　　按:《廖季平年譜》謂:"在九峰書院,仍襄校尊經書院。"(《廖季平年譜》第五二頁)

正月初六日,江瀚接先生函。《江瀚日記》云:

> 接貴州學政葉紹翰檢討、九峰院長廖季平教授函。(《江瀚日記》第
> 二頁)

正月十一日,江瀚復函先生。《江瀚日記》云:

> 復廖季平書。(《江瀚日記》第三頁)

六月十四日,敖同伯述先生所説《易》《詩》。《江瀚日記》云:

> 敖同伯來謁(金甫年伯侄孫,觀樓孝廉長子也),述廖季平所説《易》
> 《詩》,穿鑿無理,有絶可笑者。(《江瀚日記》第二二頁)

納妾劉氏。初,先生欲納井研吳氏婢如意,已有成議。門人劉獻廷以其
族人養女進,遂輟前議。

先生《尚書備解》創始壬辰,成於戊戌,戊戌以後,致力《詩》《易》。其
《尚書》著作,除明文可考爲戊戌以後作外,當併歸壬辰至戊戌數年中。《光
緒井研志》藝文一有《尚書記傳釋》十卷、《尚書王魯考》二卷、《洪範釋例》二
卷、《二十八篇爲備考》二卷附《百篇序正誤》一卷,暫附本年。《尚書記傳
釋》提要云:

> 平所刊《尚書凡例》,言經略傳詳,傳記多在子、史、兩《戴記》,《逸周
> 書》尤多,不能全附經本,故別出此編單行焉。如《帝典》引《五帝德》《帝
> 繫》,爲先經起事;引《月令》解"命羲和";引《伊尹》《職方》證《禹貢》;引
> 《夏小正》傳《甘誓》"三正";以《湯祝》傳《湯誓》;以《酆謀》《克殷》《世
> 俘》傳《牧誓》;以《武王踐阼》傳《金縢》;《大匡》《文政》《大聚》傳武王克
> 商後事;《武儆》《五權解》傳"王翌日乃瘳";《明堂位》傳《洛誥》"位成";
> 《度邑》《作雒》傳《雒誥》;《王會》傳"四方民大和會";《周月》《時訓》傳
> 《洪範》;《大戒》傳《無佚》;《糴匡》《大匡》傳"文王即康功田功";《允文》
> 傳"惠保小民""惠于鰥寡";《小明武》傳"文王不敢盤于游田";《程典》
> 《酆保》傳"庶邦維正之供";《文儆》傳"文王受命惟中身";《度訓》《命訓》
> 《常訓》《文酌》之傳"文王修和有夏";《武順》《武穆》傳"武王誕將天威";
> 《官人》之傳《立政》;《任人》《本典》傳"九德";《皇門》傳"司寇典獄";
> 《史記》傳"遏絶苗民"。更引《史記》本紀、世家以相連,與經別行,儼如古
> 史之體。其總説全篇者,但録篇名;其分説篇中文義,則録經文云。(《光
> 緒井研志》藝文一,《廖平全集》第十六册第一一三六——一一三七頁)

《尚書王魯考》提要云:

按武王、周公事爲經學疑案。文王生子太早,武王生子過遲。平據《逸周書》及《荀子》,以爲武、周兄終弟及,如宋太祖、太宗、德昭故事。考周公實真即位,七年反政,自以爲非立乃攝,故孔子成其志,不稱王而稱公。《尚書》"公曰""王若曰",明"公"即"王"。"公乃告二公"即《謨》"帝與二公言"。"予小子新命于三王","予小子"爲天子在喪之稱,周公以新爲號。王莽學周公,故亦號新。《尚書》略于二帝三王,詳于周公,故二十八篇,周公獨占十二篇。周公以《金縢》爲序,《五誥》爲總名。《多士》《多方》《梓材》《無逸》皆爲分編。《左傳》稱《盤庚》爲誥,《史記》"周公用盤庚舊法以治殷民",則《盤庚》亦周公書,故盤、誥一體。且以《金縢》五誥合考餘篇,皆相關涉。如敬天、安民、受禪及風雷之變、征伐、遷都之類。是《尚書》專主周公,非別爲一書,則宗旨不顯。蓋孔子匹夫持權,特藉成周公爲前事之師。荀以爲大儒,莊所謂元聖、素王,孟屢以周、孔並論。《論語》云"夢周公"者此也。《詩》之《魯頌》因周公實爲天子,先師以王魯説《春秋》,殊乖其實。且以大統論,中國之王,固即大九州之魯也。(《光緒井研志》藝文一,《廖平全集》第十六册第一一四〇頁)

《洪範釋例》提要云:

按平《尚書凡例》以《洪範》爲帝王大法,全書通例,中包帝、夏、殷、周。非一代之書,故常以《洪範》九目統《尚書》全文,分別作表,並以推之群經。蓋以數立義,無所不包,不言事而言理,于書爲變體也。(《光緒井研志》藝文一,《廖平全集》第十六册第一一四二頁)

《二十八篇爲備考》二卷附《百篇序正誤》一卷提要云:

國朝閻氏《古文尚書疏證》事久論定,以爲有澄清之功。然閻氏祇言東晋古文之僞,而不敢議《書序》,似孔子序《書》真有所謂百篇者。史公親從孔安國問故,故序散見《本紀》《世家》,乃今古所同之證。平則據《中候》十八篇之文,以爲經實祇十八篇。今文二十八篇,其中尚多分篇。《儀禮》合《容經》十八篇,《春秋》十八國。《詩》合三《頌》《國風》亦爲十八。《易》則上經十八、下經十八。《孝經》十八章。群經各有十八之例。聖人作經,貴于簡要,凡屬繁賾,皆在記傳。今《逸周書》《兩戴記》中多《尚書》記傳,如《克商》《明堂》《官人》《王會》之類,其明證也。劉歆校書所得古文乃記傳非經,其遺文當在《周書》《戴記》中。張霸初輯記傳遺文,編爲《百兩篇》,加以篇名,名實不符,其僞易見,故其書不行。古文家鑒其失,竊取張書,但撮大意爲百篇序目,不録原文,授人以柄。此僞序襲張霸,非張霸襲僞序也。今百篇序文散入《史記》者,乃古文家引序以校《史記》,後來刊寫,誤入正文,非《史記》原文所有，瘢痕具在，細考自明。犍爲黄孝廉鎔考此事，有專篇。今按二十八篇各有取法，平治精藴，包括靡遺。即偽古文二十餘篇，有何精微，出于原書之外。故疏通知遠，二十八篇已盡之矣。至于《武成》《君陳》等篇，乃古籍非孔書，班志所謂孔子刪棄之餘者也。故《孟子》有微辭，使果聖筆所存，固非孟子所敢議。且“血流漂杵”等語，今二十八篇中何嘗有此。孔子繙經，流傳百世，當有鬼神呵護。若草定百篇，一火竟亡其大半，是不如術數之士，尚能自保。如《隋書·經籍志》《經典釋文序録》種種誤説，考之史公，徵之《伏傳》，何嘗有之，大半出于六朝古文家之妄談。百篇序與《毛詩序》同出偽撰，《書》先而《詩》後，其偽則同。即以篇名論，舜事已包于《堯典》，不當别出《舜典》之名。《大禹謨》《益稷》統在《帝謨》篇中。《九共》即是《禹貢》，何容復重九篇。《太誓》乃《牧誓》之異名，《經話》三卷中考《牧誓》最爲詳明。《五子》非典謨之正體，且與《汝鳩》等四五十篇名目不見引用，而《左傳》所引伯禽、唐叔諸命乃不登列，足見其偽。考《書序》疑之者代不乏人，特以其文具在《本紀》《世家》中，不敢致辨。又博士二十八篇爲備之義，未有卓解明説，因之不能爲定讞。平著此篇，篇頁雖少，其功與閻書不相上下。非以其善于攻人爲不可及，詳考二十八篇不能增損之故，確有實證，深合人心，使外人之依附影射者無從立足，不攻而自破，則固在《尚書考》之上也。(《光緒井研志》藝文一，《廖平全集》第十六册第一一四二——一一四三頁)

七月，蔡元培至廣州，嘗於陶心雲處聞先生逸説，後專求先生著作閲之。《孑民自述》云：

　　七月到廣州，寓清釐總局，陳孝蘭先生陔招待也。陶心雲先生濬宣適在廣雅書局，常取廖季平氏之新説，作“子所雅言”至“好古敏以求之者也”等制藝數篇。我亦戲取是年廣東鄉試題《如有王者必世而後仁》作一篇，陶先生自作一評，並爲徵求朱蓉生山長、徐花農學使、吴夢蜚孝廉等各綴一評而印行之，題爲《蔡太史擬墨》，其意至可感也。陶先生爲我言，廖季平氏在廣雅時，常言諸經古文本出周公，今文本出孔子，孔子所記古制，皆託詞，非實録，例如禹時代，洪水初平，揚州定是荒地，《禹貢》乃言貢絲，自是孔子照自身所處時代寫之耳。其他新説，類此甚多。然廖氏除印行關於今古文之證明外，最新之説並不著之書。南海康長素氏祖詒聞其説而好之，作《新學偽經考》，時人多非笑之，惟石□□茂才稱許康氏，説此人不凡云云。我於是覓得廖、康二氏已印行的著作，置行篋中。(《孑民自述》第一〇——一一頁)

冬,辭九峰書院山長。

十月十五日,江瀚致函先生。《江瀚日記》云:

> 寄葉誠齋、廖季平、王冬生、錢鐵江書。(《江瀚日記》第三三頁)

十二月二十四日,江瀚接先生信。《江瀚日記》云:

> 接傅生汝礪、羅生安慧及廖季平信。(《江瀚日記》第四○頁)

光緒二十二年丙申(一八九六)　四十五歲

正月,聚徒講學於嘉定水西門,從游者有李光珠、帥鎮華等,皆先生九峰書院門人。始治《易》。《游峨眉日記》云:

> 微之先生《丙子學易編》一年成,予以丙子年鈔得之,今年丙申初治《易》,將來擬以"丙申學易"名此書。(《廖平全集》第十一冊第八七三頁)

二月,成《論語彙解凡例》二十八條。自識云:"以上共二十八條,別有新義,再爲補入,更乞同志加之箴砭,匡所不及,是爲大幸。丙申二月花朝日,井研廖平自識。"(《廖平全集》第二冊第六二○頁)目爲:

> 微言、受命制作、分類編纂、空言義理之誤、知聖、群經總例、《易》、《詩》、《書》、《春秋》、《禮》、《樂》、《孝經》、《容經》説。包括九流、立教、文質、三統、素王素臣、商訂禮制、三公、周游聞政、觀人、及門、三德九德、譏時改制、輯古説、附録《集語》、類記異同。
>
> 　按:《光緒井研志》作《論語彙考》六卷,提要云:李貫之先生刊《朱子語録》于池饒,後改爲《語類》。《語類》行而《語録》遂亡,以便初學也。《論語》雜記聖賢言論,不出一手,重複詳略,零亂無次,亦如語録,不便觀覽。平仿《語類》之例,再著此編,以類相從,其義愈顯,較《輯證》文約而理愈明。其分門如六藝、九流、三德、三公、帝德、王法、法古、垂後、文質、進退、天命、改革,皆微言大義所薈萃云。
> (《光緒井研志》藝文二,《廖平全集》第十六冊第一二○三頁)

四月十六日,孫女柳貞生,子成學出。

五月,歸井研。

嘉定教士王牧師贈以《新約》,先生受而讀之。嘗謂耶穌教義不惟中土不得端倪,西人亦僅得其糟粕。又曰:"以方俚記微妙,正如以西文譯聖經《論語》,於高頭講章中求孔子,與就譯書求耶穌,其事相同。"(《祆教折中·

序》)

　　　　按：此序作於戊戌。云："頃游學龍游，王牧師以《新約》。"今暫附於在嘉定之最後一年。樂山舊名龍游。

　六月十四日，與貴築金椿及門人王翰章、陳恪賓同游峨眉，有《游峨眉日記》記其事：

　　丙申六月十二日，金鶴籌太守從成都來，約游峨眉。數年未竟之願，不敢不勉，因約王少懷、陳恪賓相從。於十四日從郡城起程，宿峨眉城旅舍。黃福川店。縣境久稱福地，平疇沃野，有成都之風。近因蠟樹，家給人足，頗有桃源之況。買鄰有願，不知何日償之。是日晴。

　詳云：

　　十五，晴。由縣城宿伏虎寺。二十里。出南門，過峨神。峨廟舊不入祀典，丁文誠公督川時，請於朝，初建廟，每年由郡守代祭一次。沿途山巒明秀，漸入佳境。過老寶樓，看明萬曆時銅鐘及銅塔。聞塔鑄《法華經》，佛像萬千，鐘頗壯，上層皆六朝以上王侯將相，中鑄當時官銜，宰輔有新都楊公、夏公言，在嚴嵩之下，共六七人，中多官士名銜，作志者當搨全鐘細考之。報國寺地極宏敞，伏虎雄偉，谿流白石，頗似房山西域寺。

　　十六，晴。過解脫坡，宿大峨寺。連日鶴公均有詩，愧不能和，而推考《生行譜》，得合讀諸圖，乃知一卦三十六圖，每圖見一本卦以記數，故定爲首身皆三十六圖，合爲二千三百零四。又一卦旁通三卦，一卦十二圖，彼此往反，無論本身三十六圖與三旁通卦，各同十二爻，主客異位，故於各圖詳記之，覺往反七十二圖，骨節靈通。一卦三十六圖，每卦各當權一次，總圖即其目録。乾之策二百一十有六，合一卦全圖，數既有證驗，疑一卦每爻皆爲三十六，全卦合爲二百一十六，六十四卦共爲一萬三千八百二十四。山中未及推詳，俟再考之。鶴公言泰華之勝，以峨去京遠，故未極壯麗。因思岳以鎮州，今華乃在蜀數千里之外，又不與泰岱相對，就中國言，疑《禹貢》之華本指峨言。古幅員未廣，據目見以華當之，與以階文諸山當岷山同，若推考九州定制，則當以今華爲嵩，而以峨爲西岳，乃合經義。將來作《禹貢解》，用此說以俟采擇焉。《繫辭》三百六十是十圖之數，乾分六圖爲二百一十六，坤分四圖爲百四十四焉。大峨寺泉水清沁，原稱神水寺，頗占地勢。住持圓明號仙夢，人老成。苦留，故未成。鶴公并爲書楹聯。廟中古松圍可二丈餘，普賢象下石象出於天然，廟中楚狂古跡，許圓明作一記，考其所生，俟成再寄之。本日行二十里。

　　十七，晴。清音閣早尖，萬年寺午齋，宿長老坪，一名天長院。共三十里。連日勾留,欲補之,故早起先行,寺僧尚未起。青音閣在雙飛橋上,二水夾寺,黑白水。而流湍疾,亂石錯穴,終日號吼如新灘焉。寺橋之名已數百年,頗占地勢。寺迫於地,樓上有樓,頗似香港。萬年寺近改叢林,方丈平光已退菴,海光新接其事,改山門,與爲政以四會亭訟,可慨也。中爲磚殿,普賢銅像丈六金身獨居其中,妙相莊嚴,志云宋仁宗時功德也。殿深廣三丈餘,高等,四方十二窗,沿邊以磚作級,庋小佛像以千萬計。磚作牆壁,常人所能,以碎磚封頂,未詳作法,宜西人之細度量而圖畫之也。上觀心坡,由息心所上山,輿夫憊,予步行,二人左右翼而上,極困乃升。

十八日,因輿夫困憊,添夫四名,以鑽天坡更險也。昨日思得一法,以三十圖作十八圖讀,自綜者六爲三,偏綜者二爲一,以合以三輔一之法。繼思不如仍分主客,主三客三,以合生三之制,故別作《旁通表》,而諸卦分七世,由一、三、九、二十七、八十一至二百四十三,主客數異數。近閱堪輿書,頗與新説相似,如俗用紫白九宮,二八異位,又無天乙,蓋僅傳一半,而又有誤。楊公法多言一卦三卦,又以中爻爲父母,左右爲子媳。羅經宜以旁通爲用,一卦通三,乾在西北,與三女相通,又與三男相通,如乾之姤、同人、履、訟、遯尤妄,是餘仿此。每方卦以通者爲不出卦,以十四身爲山相通,二十四。不錄以爲用。

由天長院起身,加縴夫二名,過初殿華嚴頂因險未上。蓮花石,石如蓮花,正殿後大者如几棹。上鑽天坡,到洗象池,大乘寺,白雲殿,宿雷洞坪。雲氣如炊煙,全山多塔松、俗呼爲冷杉,石湖稱爲塔松是也。杪攦樹。沿途小竹如籬,別有清風,非人間可比。路皆由山脈行上下,則頓落處兩傍雲壑深不見底。頗似山西車路。夜加綿衣,加火,觀燈,以月明不大顯。半巖石上留佛跡,遠望之,眉目衣履絕肖,所謂石像也。胡菊潭先生三至峨,著《峨籟》,峨之有志,始於先生,佚文除府志、行紀外,尚有見於《峨縣志》者,因抄之以貽蜀,尤爲縣志藝文添此一種。私淑先達《峨續志》未成,亦擬編之,將來三度游蹤,必有成就,一邱一壑,勝跡多矣。若峨之雄富博大,不名一家,目所未見,仁者樂山,將何以追蹤之。閱范袁記、來子賦記,梵宇雖有廢興,景物如故,靈奧所鍾,故能持久。昔人以峨之隱逸,雖未列三公,而海內私以推崇爲震旦第一,此何修而得此耶。樹苔范記絕肖,山多鳥,范以爲無不審,偶就目見而言,抑景物改易也。

十九辰,過接引殿,三倒拐坡頗險。太子坪早煎。山高,養氣不同,不覺氣促心疾。又遇永慶寺活普賢祖殿,有肉身。又過天門石,二石壁削爲門,寶圖山有之。七天橋、普賢塔、沈香塔。上頂,過錫瓦、古明心,日方巳,僧家上供留飯。飯後到金頂,居錫瓦後。不半里。聞金頂本爲錫瓦藏經地,因灾,有健者起,別立門戶,强賓奪主,遂爲全山主寺,富强之冠。後殿修磚工以百計,右爲祖殿三重,與金頂比。後殿高比金頂,磚殿普賢像背山東向。省郡爲游來路。前爲捨身崖,下視白雲如綿,身在天上。鶴叟同候佛光,不大顯。因日光微。
過未乃反錫瓦,鶴叟爲僧題匾榜。余與塑畫言,造像不可近淫褻鄙狎,一
以莊嚴爲主,方合象教意,鶴叟急飭其改作,亦功德也。知客了澈師字如
意,談净土法不倦,孳孳以行持爲囑,坐香拜名山,四思三友法,僧所持似此。言修
行人宜先自下視天,下皆在己上,萬人下即萬人上,如釋伽是。所有幻化,不可
以爲真,卑以馭魔,驕則必敗。其語言切實,頗近儒之自卑尊人,道之柔存
剛亡。余驛客之心未化,非所以馭魔進德,魔在自身,何以去之,山深聞
罄,令我深省。考由縣至頂百二十里,由山東盤旋至西背而上,故普賢背
山而向,適當來路。全山土木,幾於無處無之,不能興修,則必庸敗。蓋自
道路修道以後,游人日衆,功德有加。本山往來便利,運價減省。山西修
四天門,而民困蘇;西人輪舟車,而國勢壯,即此理也。方興未央,似無淪
亡之勢,袄教必不能滅佛,況儒法乎。峨之秀,前賢以三蘇當之,不知若
李、若楊皆超軼全代,不但馬、揚賦元而已。山既入祠,明朝有峨祠,以魏鶴山
配。道路宏通,蜀才大出,非一殿撰所盡卜之。三十年以後,頗欲和鶴叟
詩,機括甚生,不能速。欲觀峨雨,將暮得小雨,方同鶴叟立門外,雲來幾不相見,一奇
也。至此乃知雲雨情狀矣。

　　二十,由頂下山,宿萬年寺。六十里。上三日,下一日,登崩之異,學者
當爲其難。峨由縣至頂百二十里,萬年寺居中。從上觀下,則萬年卑極;
及至寺,則門臨峻坡,下行尚有六十里。故上、中、下有九等之分。萬年寺
至頂分爲二段,則以洗象池居中,上下景物各異。二者又分爲四,則以長
老坪、雷洞坪爲界,十五里而氣不同,雪中段厚,上下俱薄。上以風大,下以氣
緩。長老坪以下簡水,洗象池以上用水倉,如蘇州之天雨,頂上則食井水,
范記所謂一井足供千人是也。洗象池以上飯如沙,又不能熟,與范記同。
長老坪以下耕種如常;以上皆荒,無居人,以雪深五六尺,從秋至夏有半年
之久,故不能耕種。木塔松居十之九,餘皆亂草,焙戶薙而焚之,取其灰。
長老坪以上無蚊、無蚤、無蠅、無蛇,真靈境也。本日心頗煩惱,入佛地而
滓穢不消,此真妄想苦海,宜痛削除。久欲求定静以養心,力不得其要,今
以此爲下手工課,有生即滅,不使蔓延。日記中以此自課,庶可生歡喜心。
海光萬年寺方丈,資州人。學佛有年,性剛好勝,予亦治經有年,而鄙吝未去,
觀過內省,宜力行持。……日暮大雨。

　　二十一,由小路歸,宿峨縣,過龍洞,即瀑布,特底下土人以爲即雅水,
謂雅則清,濁則濁矣。在城隍廟繳香,祈雨斷屠,以魚爲供。吾道甚窮,以
人心向背卜之。夜課《易圖》,以三千六百爲總數,一首身二百一十六,十
六首三千四百五十六,十六首以九計之,一百四十四,合數。海光占一行
數,以爲命占天孤,占和尚三星。久有出塵想,未得其地耳。此又煩惱也,宜

生歡喜心。本日小雨，少解暑醒，轉思清涼世界。<small>小路切二十里之譜，由萬年下分路，去城十五里合路。</small>

二十二日，近來頗生煩惱，未能自遣。後人既如此，宜境皆拂。然《詩》《易》大端皆近所得，終日推前人之隙，宜人亦隙我。大抵讀書專則酬應寡，宜為人不喜。古人專精，死生以之，況毀譽乎。家事立定腳根，不名一錢，久則自定，不可以剛，須以柔勝剛，以前皆敗於剛也。山僧出家，鼠牙蝸角，爭競無窮，況未出家乎。欲逃於禪，而禪無可逃，則不如柔以處之。由縣反郡，及蘇溪，遇李懷卿姻長往看地，<small>錦屏山大黃葛樹下有草店前穴。</small>未至五六里，已晚，與鶴叟步行，一路非雨則陰，藉銷暑毒，不然，則必病因矣。歸已將二鼓，晚乃思擬詩《小雨》。

二十三，晴，暑甚。王君來論九宮行法。近看顛倒之說，乃反復成二卦，乾坤坎離內三即為外三，震艮之內三綜巽兌之外三，巽兌之內綜震艮之外，二十四反為二十四，反復而內外不同，廿四即四十八和卦，二十四當為水法，別二十四為山法，和取二十四卦反，綜即二十四內卦，九宮<small>太乙、天乙</small>。並八，陽順行八位，陰逆行八位。今以陽為大乙，陰為天乙，別為陽，和為陰。

自二十四日至七月初四日，十日內專於羅經大端，三元如三統經說之三正，法天地之分，五為時王，<small>乾五尊位</small>。艮巽為二伯，星應文武，卦順為長女少男，逆為長男少女。此五為中統，法人之一君二民，夏法天，為坤統三卦；殷法地，為乾統三卦。此兼用二代法。夏、殷、春秋三正，王及二代，《詩》之三《頌》、《尚書》之三代，皆同此法。<small>父母六子，元父母三君。六子為二伯四岳，艮巽為時王伯，震兌次離，二代岳也。</small>一二三天，七八九地，四五六人，五統巽艮，即邵子圖之姤復也。坎一、坤二、震三、巽四、離五、乾六、兌七、艮八，<small>此調對流行之數。</small>《天玉》坤壬乙巨門，艮丙辛破軍，以乾坤起例，<small>諸卦皆當同此，以圖中三局，八卦同也。巽二文一武，艮二武一文，皆誤。貪當為祿，祿當為貪。</small>此乃盤法，非用法。覃宣橋來論九宮，<small>頗有心思，微欠細審，如謂周流即順逆，一而非三，未免信心顛倒亦如此。</small>與所作頗相通，而無一同者。半盤陰，半盤陽，半正半錯。一首四身，三男三女，<small>沿邊七十二候，此其同也。其異者，以一生三，以三生九，每卦分三局，為九卦，合於九宮。祖宗在覃盤一卦統八卦，父母與子孫並數，宜提出祖父卦，一卦統八卦，分三局配對不匀一。三才成六爻，重見六卦，不免牽強。女皆由母逆數，長中少男順數，三局終。以父從乙辛中分，南為三女母，北為三男父，陽四卦以錯為陽，正為陰，錯配四卦，以正為陽，錯陰。八卦皆先錯後正，乾在內四，在外四坎同。</small>（《國學薈編》一九一五年第六期，《廖平全集》第十一冊第八七一——八七六頁）

八月，歸井研。秋冬在家。

十月，長女燕適同縣舉人陳簫第六子陳天榘。

　　按：陳蕭，咸豐九年舉人，官璧山訓導，爲人廉介自守，不干人以
私，教弟子以敦品飭行爲務，時已去世。

　　成《經話甲編》二卷，多證鄭學之誤，專詳博士之學。然此書收集十年
中説經之語，非一時之作，故其説不限於本年。前人説經之書，從無以“話”
名者。先生以經説體制尊嚴，瑣事諧語不便收録，因以“話”名，意取便俗。
其中批評前人者，首爲據博士之説以證鄭君之誤；次則亟言清人小學支離破
碎之病，謂：“咸道以前，但有小學，並無經學。”皆前人所不敢發者。提要云：

　　　　前人著書，有詩話、賦話、文話、詞話、四六話，説經之書從無以“話”
　　名者。平以經説體製尊嚴，瑣事諧語不便收録，因以“話”名，意取便俗。
　　甲集爲丙申以前所刊，其中條分件繫，多證鄭學之誤，專詳博士之
　　學。……甲集言小學破碎支離之病，謂道咸以前但有小學，並無經學，皆
　　前人所不敢發。又據《大傳》，以明堂在四郊，駁鄭説十二室同在南方、天
　　子每月移一室之非。據博士説天子娶十二女、百二十女爲命婦，三公、九
　　卿、二十七大夫、八十一元士之妻，駁鄭君以爲天子妾媵分夜值宿之非。
　　又據《左傳》原文，立《十九國尊卑儀注表》，爲各經盤根錯節，可謂削平大
　　難。其餘諸條，亦皆由苦思積累而得，在他書但有數條精義，便可衍爲一
　　編，此書自始至終，皆屬精核。（《光緒井研志》藝文二，《廖平全集》第十
　　六冊第一二一二—一二一三頁）

　　先生云：

　　　　國朝經學，喜言聲音訓詁，增華踵事，門户一新，固非宋明所及。然微
　　言大義，猶尚未聞。嘉道諸君，雖云通博，觀其撰述，多近骨董，喜新好僻，
　　凌割六經，寸度銖量，自矜淵博，其實門内之觀，固猶未啟也。國朝經學，初近
　　于空疏，繼近于骨董，終近于鈔胥。高者如陳左海、陳卓人，然一偏之長，未贍美富。（《廖
　　平全集》第一冊第一七二頁）

　　先生於清人考據，亦以爲有其成就，且引俞樾《古書疑義舉例》以爲説。
惟不以此自畫，而別從制度着眼，較之前人殆有識小識大之異。先生於治學
之法，言之甚詳，皆其平日所得之言，可藉以窺其用功之途徑及其學所以能
有獨到之處。今略舉數事：

　　（一）治學當舍細謀大。先生謂：“治經如作室，其前後左右梁棟門
户，所宜熟思籌畫者也。至於一榱一桷，所關甚微，不必苦心經營。”“舍
大謀細，棘端刺喉，泰山不睹，此今古之弊也。”此與反對支離破碎之學同
一用意。又言集衆人之力以考一題，雖能新解層出，然此僅就偶爾聰明，

穿鑿附會，未能融會貫通。如義本平常，事兼疑闕者，僅此之異，反致棼亂。

（二）治學當重神略迹。其言曰："治經實義有證佐難，虛字有精神尤難。然虛字精神實出於實義明確之後。"以作詩爲喻："詩人得一好句，有所言，有所不言；言在此，意在彼；所言者少，所包者衆。神悟景態，超然言表。解經亦如此。""解經不惟當理會虛字，並當玩味虛神。""六經同出一源，拘於其貌而不知神理，且其貌有不相似處。"

（三）精華須從糟粕中來。謂："治經如做酒，穀米麴藥，柴炭水火，漢學派也；抉取精華，盡棄糟粕，宋學派也。宋人鄙漢學爲糟粕，然其造釀不從糟粕而出，明水涗齊，不堪尊罍，故治經始於繁難，終歸簡易，然其泓澂樽罋，莫不由糟粕而來。此漢宋之兼長也。治經當遵此法，不純乎漢，亦不流於宋。滄州釀法，其傳固尚在人間也。"

（四）爲學當舉一反三，因端就委。"觀人一節，能知長短，此治經之切法。經傳所陳義理，多不具録。……若見一書，僅就一節言之，不能推到全體，此非善學者，須有西人全體新論心思乃可。""讀經傳當因所言知所不説，因其一端知其全體，因其簡説知其詳旨，因其不言知所宜言。厄言別義，不足以亂其聰明；精旨微言，不能當其校索，所謂目無全牛者也。"此與上説各有其用，上説精華出於糟粕，而精華非糟粕；此則據此以推彼，因偏而得全。

（五）治學當爲其難，不當避難就易。"學問始難而終易，人情好易而多避難。……幽蘭空谷，誰甘寂寥。難者或且不欲示人，而易者一倡百和，天下風靡。""學者舍難趨易，後遂因其易也而思變之，變者又不能通其難者，愈趨簡便，故其壞無所底止。"真者不傳而僞者不絶，皆避難就易有以致之。故先生之學，常在攻堅，所遇皆盤根錯節而弗止。

（六）爲學當好學深思，心知其意。此克難之要訣也。先生謂漢學輾轉蒙蔽，欲復大明，其事甚苦。"經如九曲珠，能者用心，須有蟻穿之妙。"其於《春秋》，先生嘗言"予蓋不止九曲"。故常引司馬遷"非好學深思，心知其意，固難爲淺見寡聞道"以自況。

（七）治學當從實踐中發現新解，不可從門外説門內話。先生言有友人欲爲《禮》學三大表，曾與商榷條例，粗舉巨綱數條相告，且曰若其細目新解，非用功之後，陸續修補不能。先生以爲"此説甚善"。

（八）治學先有的而後求中。先生以爲宋儒言"中"字，謂凡事求中，義近惝恍。"中"當讀作《孟子》"其中非爾力也"之"中"，並引《孟子》數語爲證，以爲"知之明，守之固，便爲通人，其巧妙至於貫風穿揚，百發百中。百變之中，有一定之準；先有正鵠以爲標準，其事甚陰。非既已張弓扶矢，尚不識準則，必東西測量，審度而後發矢”。

（九）爲學須善變。先生以爲當“十年一大變，三年一小變，每變愈上。……若三年不變，已屬庸材；十年不變，更爲棄材矣。然苦心經營，力求上進，固不能不變也。”又曰：“變不貴在枝葉，而貴在主幹，但修飾整齊無益也。”證之先生之學，前後六變，蓋無十年不變者，可謂能踐行其言矣。

（十）爲學須堅定不移。“醒時如此，醉夢亦如此；率爾如此，沉思亦如此。千百人攻之而不能破，衾影之間循之而不能改。若此境界，其於古人中求之乎。”（《六譯先生年譜補遺》，《廖平全集》第十五册第六九六——六九八頁）

此外，先生雖於清代學者多有微詞，然飲水思源，亦不没前人之勞，嘗謂：“治經如種田，後人享先人之福，惠、戴、阮、王，非不自勤，時爲之也。譬如闢草燒山、畫疆耕耨之事，以次而成，而後來食穀者皆前人之功也。莫爲之前，雖美不彰。今日之事，固不敢没諸先達之勤勞也。”（《廖平全集》第一册第一七三頁）

綜上所言，先生治學，既重神悟，略形迹，又不輕視糟粕，流於心學；既重善變，又重堅定。識大爲難，皆人所難能，其得力全在思字，故云：“能苦思，故有新義；思之不已，故新義亦層出不窮，且能無堅不摧，無遠弗達。”

又撰《論語微言集證》四卷、《論語彙考》六卷、《論語輯證》四卷。《論語微言集證》提要云：

　　按平據《論語讖》，以爲素王微言，皆授受微隱之秘傳，其凡例大端，在發群經之隱秘，其引用經傳外，于博士舊説尤詳。如“雍也南面”章、“由之瑟”章之取《説苑》，“子禽問政”章、“夫子豈賢于子貢”章之引《孟子》，知、仁、勇之爲三公，威厲、申、夭之爲三德，《鄉黨》篇之取《賈子·容經》，“孝哉閔子”章之取《曲禮》《亢倉子》，“大師摯適齊”章之取《白虎通》，“四飯”皆不取臆説。其由古説而變者，如“短喪”章之以爲國卹；“曾皙言志”章曾皙所言以爲即農山顔子之説；“思無邪”，“邪”讀爲“涯”，與“無疆”同；“雅言”不言樂，以《樂經》即在《詩》中；“子禽問孔子”，即子貢“知足”“知聖”之事；“今用之，吾從周”爲當時言；“如用之，則吾從先進”爲百世以後言；“浮海居夷”即海邦大統。以《孝經》説六藝百行，忠恕爲絜矩，即《孝經》之功用。緇衣、素衣、黃衣即《詩》三統之説，文見于著之素、青、黃。無臣而爲有臣，即所謂素臣。“子張問行”，指巡行海外。“樊遲問仁”，“仁”當爲“行”，故答同子張。“鳳鳥不至”，即《詩·卷阿》帝統。金天以鳥名官之事，“鳳兮鳳兮”亦是此意，謂法少昊也。大抵何、皇以來，解《論語》者專于儒家，不能總攬六藝，包括九流。此編力反故常，

以求深隱，經證具在，固非好爲苟難者也。（《光緒井研志》藝文二，《廖平全集》第十六册第一二〇二—一二〇三頁）

《論語輯證》署李鍾秀提要云：

是編雜記古説，間用四益館説而成。考其門目，首六藝，而歸本《孝經》，故《孝經》至于數十見。《春秋》之説，如"庶人不議"三章；《易》之説，如"三人行"章；君子、小人、周比、群黨、坦蕩、戚戚、損益、三友、進退、狂狷之類，《詩》《書》《禮》《樂》尤爲詳明。又以九家爲主，孔子大聖，由四科而分九家。"德行"爲道家所祖，所謂君道，采儒墨，掇名法，任人而不自勞，專爲帝道大統之制。以"文學"爲小統，儒家所祖，所謂"文章可聞""焕有文章"者，爲博士經生之所託。以下諸家，可推而得之。又以"作述"爲一門，所謂"擇善而從""損益可知"者，如"木鐸""天生""夏禮""殷禮"之類。知聖之學，以宰我、子貢爲主，亦爲巨門。至于弟子倣列傳之例，記其言行，凡言語、容貌爲《容經》所出，如《鄉黨》篇亦彙詳之。至于君道、臣道、兵刑、德禮、修身、出處、三德、教化之類，先以《孔子集語》所引之條采入爲説，再推之經傳子史。《論語》文甚簡略，苦于無徵，得此引證，乃見詳明。（《光緒井研志》藝文二，《廖平全集》第十六册第一二〇三—一二〇四頁）

廖季平先生年譜長編卷五　三變

　　三變起光緒二十三年丁酉，訖三十一年乙巳，凡九年，爲先生學說三變言小統大統時期。《四益館經學叢書》自序云：“丙申以後，《周禮》所删諸條陸續通解，删去劉氏羼補删改之說，至於此而群經傳記統歸一律，無所異同。以師說論，彼此固有參差；以經傳論，不須再立今古名目，此又一變也。”（《廖平全集》第三册第一二七一頁）《四益館經學四變記》云：“光緒二十四年戊戌，因天球河圖、小球大球、小共大共，乃漸變爲此說。以《王制》《周禮》皆爲真古書，《王制》爲《春秋》之傳，爲内史所掌之王伯學；《周禮》爲《尚書》之傳，爲外史所掌之皇帝學。六經中分三小三大，王、伯治中國，《周禮》治全球，乃以經學爲世界之書，非中國一隅之言。著有《周禮皇帝疆域考》《墜形訓釋例》《周禮疏證》《周禮鄭注商榷》《古文師說駁義》《尚書新解》《公羊大一統》《春秋凡例》《皇帝學》《利益百目》等書，樂山黄孝廉鎔刊有《經傳九州通解》，即用《皇帝疆域考》之說。”（《廖平全集》第三册第一〇八一—一〇八二頁）《三變記》云：“初據《王制》以說《周禮》，中國一隅，不能用兩等制度，故凡與《王制》不同者，視爲仇敵，非種必鋤，故必删除其文，以折衷於一是。自三皇五帝之說明，則《周禮》另爲一派。又事事必求與《王制》相反，而後乃能自成一家，故以前所删所改之條，今皆變爲精金美玉，所謂‘化腐朽爲神奇’。《莊子》所言‘彼此是非’，‘各是其所是，各非其所非’。其中所以是非不同之故，學者所當深思自得者也。”（《廖平全集》第二册第八八九—八九〇頁）丙午本、己酉本《四益館經學四變記》則三變均斷自戊戌，當是丁酉已漸有大統之說。

光緒二十三年丁酉（一八九七）　四十六歲

　　襄校尊經書院。治學始著大小之分，定《周禮》爲大統之書，專爲皇帝法。《續知聖編》云：“初考《周禮》，以爲與《王制》不同，證之《春秋》《尚書》《左》《國》諸子，皆有齟齬。因以爲王、劉有羼改，作《删劉》一卷。丁酉以後，乃定爲‘大統’之書，專爲‘皇帝’治法。”又以始講大統，自號則柯居士。先生嘗云：

　　　　舊用東漢許、鄭說，以同《王制》者爲今，同《周禮》者爲古。丁酉以來,始以帝王分門,不用今古之説。蓋哀、平以前,博士惟傳《王制》,而海外帝德之學,隱而未明。自漢以後,囿於海禁,專詳《禹貢》五千里之制;自明以後,海禁大開,乃知帝德,《詩》《易》之學,始有統宗。至於王道之學,亦各有宗派。魯學居近孔子,《穀梁》《魯詩》專爲魯學。齊學雖與魯小異,然實爲今學。弟子各尊所聞,異地傳授,不能皆同。如《公羊》,今學也,而禮與《穀梁》不盡同。《國語》,今學也,而廟祭與《王制》多反,此中多爲三統異説。孔子既定《禮經》,更於其中立三統之制,以盡其變。弟子各據所聞以自立説,皆引孔子爲證。《王制》多大綱,故不能盡包群經異義,此爲大宗。他如時制,可徵者,《左傳》之世卿、昏同姓、不親迎、喪不三年,與《孟子》之徹法,魯、滕不行三年喪,此皆當時之行事,與六經不同者也。又《王制》統言綱領,文多不具,《春秋》《詩》《書》《儀禮》《禮記》所言節目,多出其外,實爲《王制》細節佚典,貌異心同,如《明堂》《靈臺》《月令》之類是也。此類經無明文,各以已意相釋,此潤澤之異禮也。又今《禮記》多先師由經文推得之文,如諸書皆言四時祭,當爲定制,而《孝經》先師只言春、秋二祭,則以《孝經》無冬、夏明文也。諸書時祭名,烝、嘗皆同,而春、夏祭名互異,則以嘗、烝經中有明文,而春、夏無明文也。凡此皆先師緣飾經文,別以聞見足成,非經之異説也。今於劉歆以前異禮,統以此四例歸之,不立今古學名目。(《廖平全集》第一册第三四七—三四八頁)

春,家居治《易》。

三月,四川總督鹿傳霖聘宋育仁爲尊經書院山長,次年八月卸任。宋育仁掌院期間,設置倫理、政治、格致三科,以類比於歐洲大學專門學科。復聘先生與吳之英爲都講。

三月二十一日,湖南學政江標等創辦《湘學新報》,後更名爲《湘學報》,宣傳新知識,新思想,並揭素王改制之義,外間遂歸本先生之説。

七月十二日,張之洞致電江標,糾正《湘學報》文字,電云:

《湘學報》宏通切實,弟擬發通省書院閱看,以廣大君子教澤。惟有一事奉商。《湘學報》卷首即有"素王改制"云云,嗣後又復兩見,此説乃近日公羊家新説,創始於四川廖平,而大盛於廣東康有爲。其説過奇,甚駭人聽。竊思孔子新周、王魯、爲漢制作,乃漢代經生附會增出之説,傳文並無此語,先儒已多議之,然猶僅就《春秋》本經言。近日廖、康之説乃竟謂六經皆孔子所自造,唐虞夏商周一切制度事實,皆孔子所定治世之法,託名於二帝三王,此所謂"素王改制"也。是聖人僭妄而又作僞,似不近理。《湘學報》所謂改制,或未必爲廖、康之怪,特議論與之相涉,恐有流弊。且《湘報》係閣下主持刊播,宗師立教,爲學校准的,與私家著述不同。竊恐或爲世人指摘,不無過慮。方今時局多艱,橫議漸作,似尤以發明"爲下不倍"之義爲亟。不揣冒昧奉商,可否以後於《湘報》中勿陳此義。如報館主筆之人,有精思奧義、易致駭俗者,似可藏之篋衍,存諸私集,勿入報章,則此報更易風行矣。尚祈鑒諒賜教,不勝惶恐,即盼電復。元。(《戊戌變法的另面》第三四一——三四二頁)

夏,得宋育仁書,傳語張之洞告誡,先生爲之不懌者累月。

秋冬初,宋育仁再述張之洞誡語,仍曰:"風疾馬良,去道愈遠;繫鈴解鈴,唯在自悟。"並命改訂經學條例,不可講今古學及《王制》,並攻駁《周禮》。先生爲之忘寢食者累月。

十月,致書宋育仁。詳云:

昔者四科設教,不礙同歸;二學齊、魯同鳴,蓋由異俗。是丹非素,未得宏通,一本萬殊,乃爲至妙。是未可執一而廢百也,有明徵矣。或以講今古學爲非,説《易》以主孔子爲大謬,並謂"如不自改,必將用兵"。夫用兵之道,首重慎秘,未發而先聲,此非兵也,將命者未悟耳。聊貢所懷,以資談笑。"相攻"等語,閒嘗考國朝經學,顧、閻雜有漢宋,惠、戴專申訓詁,二陳左海、卓人。漸及今古;由粗而精,其勢然也。鄙人繼二陳而述兩漢學派,撰《今古學考》,此亦天時人事,非鄙人所能自主者也。初撰《學考》,意在別户分門,息爭調合;及同講習四五年之久,知古派始於劉歆,由是改作《古學考》,專明今學。此亦時會使然,非鄙人所能自主者也。二者主於平分,李申耆、龔定庵諸先達乃申今而抑古,則鄙人之説實因而非創也。宋人於諸説已明之後,好爲苟難,占踞《周禮》,欲相服從;累戰不得要領,乃乞師以自重。即以《王制》論之,盧氏以爲博士所撰,即使屬實,漢初經師相傳之遺説,固非晚近臆造者可比,其中初無違悖,何嫌何疑,而視同異類。近人崇尚樸學,於儒先佚書,單文賸句,尚見搜輯,豈以《王制》完全,獨宜屏絶。或曰:"非惡《王制》,惡以《王制》遍説群經耳。"是又割裂六經之説也。以爲一經可以苟合,別經則不必然,不知不同者體例,不可不同者制度。此非可以口舌爭也。鄙人嘗合數十人之力,校考其説,證以周、秦、西漢子緯載籍,凡言制度者,莫不相同;再證以群經師説,如《大傳》、《外傳》、《繁露》、石渠、白虎,以及佚存經説,若合符節。又考之《詩》《書》《儀》《記》《春秋》《易象》《論語》《孟子》,尤曲折相赴,無纖毫之異。東漢以下不可知,若新莽以前,固群籍言制度者之一總匯。野人食芹而甘,願公之同好。且見在外侮憑陵,人才猥瑣,實欲開拓志士之心胸,指示學童之捷徑。一人私得之秘,顯著各篇,乃反因以見尤,使如或説。今日於諸經凡例刪削《王制》一條，別求各就本經傳記爲之注解，避其名而用其實，不過需數日之力耳，豈得失之數固即在此耶。則去毀取譽，固不難矣。乃主人則實惡今學諸傳，於《春秋》頗有廢二傳用《左氏》之隱衷，特不能顯言耳。即以《左氏》而論，鄙人曾同坐時，請詢海内所稱《周禮》專書撰刻《義疏》之孫君，其中制度無一與《周禮》相同；此説《周禮》專門之言，又皆同爲弟子。今將《左氏》提回博士，與二傳同心，此亦深所不許者也。至於《易》主商人，不用文、周，此乃據《繫辭》之明文，以正"三易"之晚説，非誤信歐陽文忠也。考兩漢經學之分，西漢主孔子，或作或述，一以儒雅爲歸；即劉氏《移書》，全列諸經，亦統以尼父；《左氏》不祖孔子，李育譏之。東漢則群經各立主人，《尚書》歷代史臣所記，《詩‧風》國史所采，《易》屬文王，《禮》本周公，而《春秋》則有周公魯史、外國赴告與孔子新文諸不同，一國三公，莫知所從。西漢經本皆全，故書具在。東漢則《書》有百篇，《詩》本六義，《易》佚《連》《歸》，史亡鄒、夾；或由女子齊音口傳，或以笙奏《雅》《頌》，《齒》《雅》相補，斷爛破碎，侈口秦焚。西漢授受，著明傳記，由於闕里，義例合同，終歸一貫。東漢則初只訓詁，莫傳義理，推《周禮》强説各經；至鄭君，乃略具規模。一則折中至聖，一則並及史臣；一則經本完備，一則簡册脱殘；一則師法分明，一則臆造支絀。略舉三端，得失已見。夫孔子立經，垂教萬世，自當折中一是，以俟用行。豈其秦越雜投，徒啟爭競。學人治經，義當尊聖，不師一老，別求作者，則刪經疑經，宜其日熾。既用西漢之學，不得不主聖人；既主聖人，不得不舍羑里。《論語》不必聖筆，義同於經，《繫辭》比之，未爲非聖。本傳既不明言文王，則附會之説，同於馬、陸。《易》分文、孔，門户則然。夫兩漢舊學，墜緒消沈，鄙人不惜二十年精力，扶而新之，且並群經而全新之，其事甚勞，用心尤苦，審諸情理，宜可哀矜。即使弟子學人，不紹箕裘，而匠門廣大，何所不容；以迂腐無用之人，假以管窺，藉明古義，有何不可。如不以玉帛相見而尋干戈，自審近論雖新，莫非復古。若以門户有異，則學問之道，何能囿以一途。況至人宏通，萬不以此。反覆推求，終不識開罪之由。或以申明《王制》，則有妨《周禮》，不測之威，實原此出。案《周禮》舊題河間毛公，乃由依託先哲事跡，本屬子虚。況六藝博士，立在漢初，劉氏所爭，但名《逸禮》，《周官》晚出，難以經名，唐宋以來，代遭搏擊，非獨小子始有異同。使果出元聖，亦無與素王。且鄭君據此爲本，推説群經，削足適履，文可覆案。今以遵鄭之故，强人就我，而不許鄙人以經説經，聽斷斯獄，亦殊未平允。又兵戰之事，必先無内憂，然後議戰，請先選循吏，内撫流甿，一俟兵食已充，然後推轂。謀士軍師，亦曾自審利弊，一檢軍實乎。恐軍令一出，而四散逃亡，民不堪命。鄙人謹率散賦，待罪境上。惟是《詩》、

《書》、《儀》、《記》、三傳、《論語》《孝經》，幅員既廣，孟、荀、韓、墨、伏、賈、董、劉，將佐和協，封建、井田、職官、巡守、六禮、八政、五命、五刑，器食精足，一匡之盛，頗比齊桓，謀臣良將，電驚風馳。退舍致敬，開門受攻，開花礮、鐵甲船、魚雷、飛車，轟擊環攻，敝塞萬不出一兵、發一矢，以相支拒，而強弱相懸，主客異致，一二部道以相餌，而已刃缺礮裂，支節且難理，何況擒王掃穴哉。在未行議攻之先，必有間諜爲説曰："彼雖風疾馬良，不辨南北，兼弱攻昧，天命可覘。"不知風之見疾，馬之見良，正以其識見精明耳，安見有心無所主而能取速。此謂無信訛傳，以傷桃李，見因議兵，愈謀自固。新將《逸禮》諸官招集安插，以《曲禮》舊題爲之目，以經傳各官補其亡，名曰《經學職官考》，與《王制》合之兩美，並行不悖。此既益此強蕃，彼必愈形孤弱，庶乎邦交永保。協言《王制》，大將旗鼓，易招彈射，自今深居簡出，不涉封疆。惟是先入爲主，人情之常，無端而前，每致按劍，循覽未周，詬怒以發，是非引之以相攻，深入重地，已固難圖萬全，人亦鮮進理解。見今各報新開，學館林立，必別招天下之兵，日與角逐，得失所形，兩有裨益。國雖新立，固非可兵威迫脅而屈服者。始之駭以無因，繼之疑而自改，終之以喜，喜乎借外侮以勤自修也。(《廖平全集》第十一册第六五九—六六二頁)

以是知，先生雖於張之洞有知己之感，而此書情辭不免激切，蓋"傳語"之後，積數月而發，自信之堅，終不因外力之迫而有所屈服者也。

仲冬，館於華陽，成《左傳三十論續三十論》二卷，序云：

　　東漢以《左傳》入古文，三傳競紛，遂成莫解之勢。惟是匯通三傳，文博義繁，不有提綱，難窺旨宿。丁酉仲冬，館于華陽，圍爐多暇，仿《公羊》舊例，撰《左氏三十論》，發明義疏綱領，義與《公羊》同者，不須再見。是篇文簡事多，例顯義隱，于非左者固函矢之不同，即尊左者亦壁壘之或異。禪泰岱者先梁父，積涓滴者成滄溟，如以區區特爲劉氏申緩解嘲，則殊未盡也。(《光緒井研志》藝文二，《廖平全集》第十六册第一一九九—一二〇〇頁)

　　　　按：《光緒井研志》以爲有尊經刊本，今不存。光緒末刊《群經總義講義》，内有《左氏春秋十論》，疑即此稿刪改者。今僅存五論，其目爲：專主孔子，不分周公、魯史、赴告；《左氏》不以空言解經；《左氏》不祖孔子。《左氏》解經之說皆託之時人。蓋《左》特傳大義，非如此不足以推行經意也；撥亂世反之正；《春秋》筆例。

仲冬，從敝簏中檢得樂山羅采臣《鄉禮考》遺稿，囑門人資中郭景南潤色，今存《經話甲編》卷二。詳云：

　　《禮經》十七篇，經略而傳詳，故一篇可以作數篇之用，審是何以有二《射》篇。曰：“舉一以示例，而冠、昏、喪、祭在所不舉；舉諸侯、卿、大夫以示例，而天子、公、士不舉。如《春秋》一見例，以發凡也。即以饗禮而論，《詩經》所言飲酒有天子禮、諸侯禮、公、卿、大夫及士、庶人禮。以近事喻之，如一燕會，上而朝廷，次而行省，下至閭巷，莫不有之，別等差、分貴賤，特在名物，其爲飲酒則一也。禮如求備，則人有十等，必須十篇。故經以一篇示例，非以一篇括盡其事，謂經外別無其禮，不見經者皆非禮也。試即《鄉飲酒》《鄉射》二篇論之，自鄭注以後，皆讀爲“鄉”。説者雖疑《饗禮》不當亡，鄉里禮儀、樂章、職事、官司不當與《燕禮》《公食禮》同，然無説以破之，則已耳。因讀《鄉飲酒義》有單舉“鄉”字，與《雞人》《小司馬》有“饗射”之文，以此疑“鄉”當爲“饗”；因《鄉飲酒義》實爲三卿，《射義》卿、大夫之射，疑二篇首皆宜有“卿相”二字，名本爲“卿相饗禮”，“飲酒”二字所以釋“饗禮”之義，因誤合爲“鄉飲酒”。“鄉射”當爲“卿相饗射”。《禮記》之《鄉飲酒義》當爲《饗義》。凡《禮記》之單言“鄉飲酒”皆爲饗禮。外如“鄉人士”“鄉射”“吾觀於鄉”，《盛德》之“鄉教以敬讓”，《冠義》“鄉飲酒”，《王制》之“鄉相見”，《禮運》之“射鄉”，朝聘諸“鄉”字，皆當讀爲“饗”。餘皆可以此例推之。考《祭義》：“饗者，鄉也。鄉之，然後能饗焉。”是鄉、饗通用之明證。其證尚多，略舉此一條以見例。在嘉州以此課試，樂山羅采臣家彥考證甚明，足備一解。采臣旋而物故，秀而不實，深可傷慟。丁酉仲冬，從敝篋中檢得采臣舊稿，惜其力學早逝，諸稿零散，獨存此篇，因請資中郭君景南加以潤色，刊附卷中。（《廖平全集》第一冊第二九○—二九一頁）

　　十一月，上書張之洞，即《上南皮師相論學書》，書云：

　　冬初晤芸子，傳諭改訂經説條例，保愛教誨，感愧無極。受業初以史學讀表志之法讀《王制》，以《王制》爲經傳之表志；後來取其易明，於各經制度皆以《王制》説之。實則經皆自有表志，如《公》《穀》其尤著者也。今既奉傳諭，擬於各經凡例中删去《王制》一例。所有制度，各引本經傳記師説爲證，不引《王制》明文，現已遵照改易。至於攻駁《周禮》一節，學宜專務自□，不尚攻擊。如今古兩塗，學派别乎兩漢，專書成於□長。受業初撰《學考》，不分從違，見智見仁，各隨所好，不是古非今，亦不信今蔑古。此書初無流弊，現在通行，可不必改議。惟《攻劉篇》專攻《周禮》，此書見未刊刻，即將原稿毀消。蓋二派各立門户，不尚主奴。特古學久經盛行，今學不絕如縷，初謀中興，不得不畫分疆域；既已立國，無須再尋干戈。公約一定，永敦交好。惟今學既不侵奪，宜謀自守。所有今學，立爲自主之國，有自主之權；所有舊時疆域、政事，自謀恢復，古學不得從中阻擾。以《易》言之，古學主三易，名曰《周易》，因爲文王作，後儒因有可疑，再補周公，退孔子於《十翼》，此古學自主之權也。今學主孔子，以《易》作於商人，傳於孔子，《十翼》爲弟子傳記。推之群經，家法皆同，此今學自主之權也。歐陽文忠説乍見似爲奇談，博考實爲通例。今姑下其事議院，使二國使臣自辯。古使曰："《十翼》出於孔子，本爲經也，以爲師説，近於作聖，則《十翼》失重。"今使曰："《十翼》體例同於《論語》，必出聖筆，乃足尊貴，不並《論語》指爲聖作乎。《論語》從無聖作之説，人未嘗弁髦之也。且史公稱《大傳》，中多重複陵次，必非一人手書，以賢述爲聖作，更有何據足以相難。弟子傳經，引用孔子舊説，古例皆同。以此爲經，則各傳記皆思自聖矣，將何以分別之乎？"古使曰："聖經賢傳，舊説固然；但經既出文王，傳不出於孔子，則《易象》坐中，從何位置尼父。"今使曰："《大傳》言伏羲畫卦，明文也；其言作《易》，以爲中古，以爲殷之末世，當文王與紂之時，信爲文王作所，何不曰文王囚於羑里，因作《象辭》；周公東居，因作《爻辭》乎。即《禮記》'商得乾坤'言之，與《大傳》切合，是《易》本出殷周，孔子傳之，而弟子作傳，與諸經一律。今子之説出於三易，本於《周禮》，得失姑不具論；西漢以前言經教者，固皆師孔子，無文王、周公也，何必干與外事，奪人自主之權。"今與芸子約：分爲二派，各守邊疆。《周禮》之説，如能通一例，則即取用。

　　再稟者：受業今年杜門家居，夏間得芸子書，冬初乃得晤於成都，傳述面諭，不勝惶悚恐懼。保愛教誨，深恐流入歧途，感涕無盡。庚辰京寓，即以"風疾馬良"爲屬禁；以後晋粤鄂垣，叠申前論。敢不自警，以越規矩爲懼。維受業之用功也，以智爲主，以力爲事餘。孟子云："其至爾力，其中非爾力。"蓋嘗專以中爲事，而非徒但能至以爲要也久矣。未講《左傳》之前，曾刊《凡例》，以《左傳》爲古學，事事求分，二傳相反，如水火黑白之不可相合。考其立異之端，實即攻其主於周公孔子、史官赴告之不同。一國三公，莫知所從。蓋嘗經營於心者七八年之久，惟日求《左氏》之病痛而布告之，非有心於攻《左氏》，以既欲治《左氏》，非先明其要害不可也。己丑承命校考《左氏》，三年之中，逐成巨帙。或以爲倚馬成書，而不知前此之經營慘淡者非一日矣。惟其攻之也力，雖癖疢之疾，亦必求所以補救之，非苟且敷衍以應命而已。今之攻《左氏》者曰某某，使以受業所撰加以攻擊，縱沉思三五年之久，當亦不得其破綻。則以未治之先，其攻之也不遺餘力，則其治之也可以速成。或以爲"風疾馬良"，而不知治之非一日也。《左氏》與《周禮》同義,故思治《周禮》亦仿《左氏》之例,先求攻之,故編十二證以求其疾痛所在。所有弊病,無不盡力攻駁。以爲非攻之竭其力,則其治之爲不專。近年諸經已定,乃可從事《周禮》,務舉平日之所攻擊雜駁,萬不能通者,日求所以大同之故。精思所至,金石可開。近於九畿、九州、五等封諸條,皆考其蹤迹,有以通之。攻之數年之久,知其利弊已深,然後起而治之,亦如昔日之《左氏》,非攻之也力,則其治之也不如此之精。既將諸經統歸一是,則不必更立今古之名。是不言今古者,乃出於實理,非勉强不言而已。芸子傳諭云"不可講今古學並《王制》"云云,當以詢之,以爲非不可講,特苦其遍説群經,雖有佳肴,日日食之,亦厭而思去。受業初用俞曲園之説,以《王制》説《公羊》,繼乃推之《穀梁》,推之《書》《禮》,推之《左氏》,又推《易》《詩》《論語》,蓋必經數年之久,乃定一説。思之深,辨之審,確有實據,又必考之先師,乃敢爲之,非如俗説以《王制》可説《春秋》,遂推之群經,不問是非得失,冒昧爲之也。專宗《王制》,議者久有異同,受業早思有以易之。無論何經,自有本説,雖非《王制》,而《王制》之制已在其中,不必求助於《王制》。初欲以此接引後進,今盡改之,誠爲不言今古王制,其立國也如故,非去此不足以自主也。(《六譯先生年譜補遺》,《廖平全集》第十五冊第七〇四—七〇七頁)

　　按:李伏伽按語云:先生此書別有一稿,合"再禀"以下爲一,中間有所删改。今因原稿保存事實較多,故用之。《四譯館書目·叙言》云:"欲作書述懷,十易稿而不能自達。"世或以先生晚年受張之洞"賄逼",自變前説。自變前説則有之,以爲"賄逼"則不免任意誣蔑,觀以上二書可證。先生在《經話》中已言爲學須善變,由尊今抑古變小大,已啟於宋育仁傳語之前。且以前由今古平分變爲尊今抑古,以昔日所攻《周禮》諸條爲大統;以後更有四變、五變、六變,又誰逼之。且愈變而愈與張之洞之意不合,又豈因張之洞"賄逼"而然。所云"擬於各經凡例中删去《王制》一例",實亦未曾删。正所謂"不言今古者,乃出實理,非勉强不言而已"也。(《六譯先生年譜補遺》,《廖平全集》第十五冊第七〇七—七〇八頁)

十一月,刊《經話甲編》《古學考》《群經凡例》《經學初程》《王制訂》《尊經題目》於尊經書院,合前刊《起起穀梁廢疾》《釋范》《分撰兩戴記章句凡例》《今古學考》《公羊何氏解詁三十論》《六書舊義》,名曰《四益館經學叢書》,自序云:

　　癸未以來,用東漢師法,劈分今古兩宗,丙戌有《今古學考》之刻。原意約同志講求,非敢以爲定説也。戊子以後,始悟古學起於劉氏講書,所言淵源多屬附會，乃作《古學考》《周禮删劉》二篇，以《左傳》歸還今學，此一變也。丙申以後，《周禮》所删諸條陸續通解，删去劉氏屢補删改之説，至於此而群經傳記統歸一律，無所異同。以師説論，彼此固有參差；以經傳論，不須再立今古名目，此又一變也。積年廿苦，寸心自知，博采通人，折中一是。本當將舊刊諸書，或削或改，以歸專一。唯是事體博大，不能以一人私見盡改昔賢舊説，見知見仁，各隨所得，二三師友每有以舊説爲是，今説爲非者，故並存之。各書不無淺深、異司之分，但考其年歲，即可得其宗旨。並將化同今古之説刊入《經話》丙、丁各集，以後但考其年歲，即可得其宗旨。倘海内達者不吝教誨，數年以後，再行將各書改歸一律，不可存者削之。又凡例一門，各經粗備，同志初步，可資鑽研，高堅進境，唯在自得。鄙人自今以後，不再鑿險縋深，鈎心鬥角，唯涵養義理，期於自得，否則終身農圃，不占果腹之樂可乎。丁酉仲冬自叙。（《廖平全集》第三册第一二七一頁）

　　作《五等封國説》《三服五服九服九畿考》。先生以《王制》《周禮》封建畿數不同，爲經學大疑，漢以下迄無定説。初亦以爲《周禮》之文爲劉歆僞竄，至此乃因《王制》“閒田”，及《周禮·大司徒》“食者半”“其食者三之一”“其食者四之一”之文，定爲五等封國有二。《孟子》《王制》所言百里、七十里、五十里者，諸侯之本封，九命以下五等國也。《周禮》所言五百里、四百里、三百里、二百里、一百里者，五長之慶地，九錫以下五等國也。今古兩家，舊説皆誤，相合乃爲全制。今文家雖有慶地方四百里明文，《明堂位》言，魯封方七百里，七當爲四。《漢書》言齊封方四百里是也。但等差不備。當取《周禮》以補五長食閒田之等差。《周禮》又當取《王制》《孟子》，以明諸侯本封。離之兩傷，合之雙美。先師各執一偏，皆非也。

　　又《周禮》九服、九畿與《禹貢》五服，亦爲今古分歧所在。先生則以爲《大司馬》《職方氏》皆可以讀《禹貢》之法讀之。《禹貢》除王畿甸服外，侯、綏、要、荒四言服者爲綱，等於《周禮》之侯、采、蠻、鎮。其下不言服之二百里、三百里爲互見。九服《大司馬》以服爲畿同。之文，《周禮》總綱之侯、采、蠻、鎮與《禹貢》總綱之侯、綏、要、荒，同爲五千里。連王畿。《周禮》小界之男、衛、夷、藩，與《禹貢》之男、衛、夷、晋，亦同爲四千里。萬里之説，《周禮》與《尚書》同，名目小有參差詳略，舊遂歧而二之，非也。《周禮》爲《尚書》之傳，小帝五千里一州，爲《禹貢》五服，大帝九千里一州，爲鄒衍所本。《王制》二服三千里，《禹貢》加爲五服，王之所統均不過皇帝之一州也。其餘小有顛倒參差之處，先生悉有説以通之。（《六譯先生年譜》卷三，《廖平全集》第十五册第五二五頁）

按：二文今收《家學樹坊》，見《廖平全集》第三册。《五等封國說》注云：“四益丁酉作於成都，當時於《删劉》中除去二條。”《三服五服九服九畿考》附門人帥鎮華《答亞東折筆室主人書》。

一年以來，先生將五等封地歸之五長，九畿之文與《禹貢》符合，制度大綱，更無異同。乃與宋育仁討論商定，將《周禮删劉》附入《古學考》中，删去劉歆羼改之説。《四益館經學叢書自序》云：

丙申以後，《周禮》所删諸條陸續通解，删去劉氏羼補删改之説，至於此而群經傳記統歸一律。（《廖平全集》第三册第一二七一頁）

《周禮紀聞》吳福珩序云：

丙申以後，將五等封地歸之五長，九畿之文與《禹貢》符合，制度大綱，更無異同。丁酉與宋育仁討論商訂，將《删劉》附入《古學考》中，删去劉歆羼改經文一例。（《光緒井研志》藝文二，《廖平全集》第十六册第一一七七頁）

又作《五長禮制表》一卷、《十等禮制表》一卷，今皆不存。提要云：

考古今言品職者，皆爲十八等，史志正從九等有明文，經傳九錫爲上九等，九命爲下九等，合之亦爲十八。九錫之説，皆爲辨五長而言，九錫二伯爲公，七錫方伯爲侯、爲卿，五錫卒正爲伯、爲監，又爲大夫，三錫連帥爲元士，一錫庶長爲男、爲中士。以今制言之，則九錫五等在正五品已上，九命之公爲百里國，七命之侯爲七十里國，五命之伯爲五十里國，三命之子爲方三十里附庸，一命之男爲方十里附庸。合錫命共爲十等，即傳所謂人有十等。《孟子》：天子一位、公一位、侯一位、子男同一位，凡五等。公、卿、大夫、士仍爲五等。此下五等借用上五等之名。考《左傳》：王臣公，公臣大夫，大夫臣士，士以下皁、輿、隸、僚、僕、臺，此十等正名也。所謂輿、臣、臺、僕，即孟子三等國之卿、大夫、上中、下士，所謂輿臺，謂于天子爲臺僕，非今之賤役下走也。鄭君注禮，于五長之公、侯、伯、子、男皆以百里已下小國當之。以今制言，是詳于從五品以下之州縣，略于從正五品以上之五等尊官也。今于各經傳記公、侯、伯、子、男凡屬五長者歸入《五長表》，爲九錫，非九命以下所得，與至于上下所得，通儀注經傳明文雖止五等，當以十八級平分。如葬期七月、五月、三月，天子以下十八等，以四分之，統入《十等表》，大小多少，悉爲分別入表，庶不致如前之蒙混焉。（《光緒井研志》藝文二，《廖平全集》第十六册第一一六五——一一六六頁）

輯《縱橫輯佚》二卷。自序云：

聖門四科,言語居其三。宰我、子貢,專門名家,辭命之重久矣。蘇、張不實,爲世指摘。魏晉以來,寖以微渺,四科之選,遂絕其一,豈不哀哉。國家閒暇,不需其人。今者海禁大開,萬國棋布,會盟條約,軺軒賓館,使命之才,重于守土。葛裘無備,莫禦暑寒;諷誦報聞,匪酒可解。久欲重興絕學,以濟時艱,或乃狃于見聞,妄謂今知古愚,四三朝暮,無益解紛。不知探微索秘,多非言傳,長短成書,乃學者程式,不儘玄微。又秘計奇謀,轉移離合,急雷渺樞,成功倉卒,事久情見,殊覺無奇,因症授藥,固不必定在異品矣。因草創凡例,分爲各科。經傳成事,前事之師,專對不辱,無愧喉舌,述《本源》第一。朝章舊制,數典不忘,古專新聞,必求綜核,述《典制》第二。偵探隱秘,貲取色求,中菁隱謎,捷于奔電,述《情志》第三。折衝樽俎,不費矢弓,衆寡脆堅,熙獻燭照,述《兵事》第四。忠信篤敬,書紳可行,反覆詐詛,禍不旋踵,述《流弊》第五。撮精收佚,先作五篇,專門全書,悉加注釋。敢云繼美咨謀,差得賢于博奕爾。(《光緒井研志》藝文四,《廖平全集》第十六冊第一二五二——一二五三頁)

　　　按:《四益館文集》載此序,題作《縱橫家叢書八卷自叙》,末有"丁酉廖平自序",叙後又附乙卯重五日再識:"方今吾國痿癥已極,制義取士通行幾千年,宜其有此。若欲改變心志,非標準學術,端其趨向,不能有所樹立。因欲表彰縱橫,以救危亡。見兔顧犬,未免稍遲;然三年之艾,求則得之,未嘗非補牢之一説也。"(《廖平全集》第十一冊第六九八——六九九頁)

此書似未成,然子師慎《國策今證》十卷、族弟廖承《長短經箋》十卷,當即承先生之命而作於此時者。《國策今證》提要云:

　　近今爲大戰國,《國策》爲古人成案。聖門四科,特立"言語",漢以下爲不急之務,則爲今之天下特立此科明矣。蘇、張之學,談何容易。師慎承家學,撰此編,引近事以證古書,以見欲爲是學者,必先自文字語言始,而全球政教典章、人材盛衰,無一不爲切要,庶乎有蘇、張其人,恢復神州,駕馭全球也。(《光緒井研志》藝文四,《廖平全集》第十六冊第一二五三頁)

《長短經箋》提要云:

　　縱橫家自《國策》後惟是書號專家,即四科"言語"之支流,爲當今之急務。講是學者,必先于中外諸國山川道里、政治兵農、貧富强弱之故精熟無遺,又于海國君相、智愚賢否,並及嬖佞宦妾,尤以通言語、識文字爲第一要務也。昔子貢一出,而存魯、亂齊、救楚、亡吳,拘墟之士,或頗非之。使當今有此人,必能扶中國而救危殆。他如《春秋》復九世之仇,其説最偏駁，南宋人獨深取之，以患其疾則急求其藥，適投所急，故不加駁斥耳。又是書雖以縱横爲主，而精于治術，尚不流于縱横一家詭詐之見。原書無注，承因其爲絶學、爲蜀人，故箋其書，參以近事，以相印證。蘇、張學術，固非旦暮可遇者也。（《光緒井研志》藝文四，《廖平全集》第十六册第一二五四頁）

作《經話乙集》二卷，提要云：

乙集二卷，丁酉以後所編，專詳帝德，以《周禮》爲帝道專書，九畿諸公方五百里，鄭注地中赤縣神州、崑崙四極皆爲大統而言，諸與《王制》異者，亦同《左傳》，皆爲原文。特其中間有記説之文，劉氏無所竄改，不過原文有散佚顛倒耳。……以大一統爲主，又《泰誓》即《牧誓》異名，“十翼”出于傳經弟子，非孔子作，皆各經大疑，從無定説。又據《史記》，以儒家乃經生博士之專名，非孔子爲儒家。以儒家治中國，以道家治海外。道家乃《詩》《易》之遺意，專爲大統而言。老、莊之小大各適，即《詩》《易》之小大往來、小大球共曆。考皇帝之文，以實《詩》《易》，六藝仍各爲一門，可以分畫，故以六藝政教分表終焉。（《光緒井研志》藝文二，《廖平全集》第十六册第一二一二—一二一三頁）

此外尚有《樂經》著作數種：《樂經存亡集證》四卷、《禮樂宗旨表》一卷、《古樂考》十卷、《律吕要義》二卷、《樂經記傳彙編義疏》六卷，今僅摘提要於此，略見各書梗概。《樂經存亡集證》四卷提要云：

平所刊《樂經凡例》，以樂聲容不可傳，經則在《詩》中，其説詳矣。考此本于《國風》用《儀禮》例，各取首三篇，惟《檜》《曹》不與，共三十九篇，小雅《鹿鳴》三、《魚麗》三、《車攻》三、《庭燎》三、《小旻》三、《瞻洛》三、《魚藻》三、《菀柳》三共二十四，大雅《文王》三、《生民》三、《卷阿》三。共九篇，三《頌》則全文均在。考《墨子》“歌詩三百”“舞詩三百”，則全詩皆可歌舞，不僅如《儀禮》《左傳》《國語》。《關鳩》之三、《鵲巢》之三、《鹿鳴》之三、《魚麗》之三、《文王》之三。季札雖舉全文，或用全詩，或僅用首三篇，亦無明證。但今既從《詩》中提出《樂經》，若録全文，反是有《樂》無《詩》，故取首三篇爲斷。除三《頌》以外，共七十二篇，以合七十二候。六經皆完，《樂》獨亡，非尊經之義。今編此本，以爲記傳師説之主，則篇目可不拘矣。平以《詩》歸大統，《樂》與《禮》對。以《樂》附《詩》，固無疑義。既從《詩》中提出各篇，所有解説仍詳于《詩》，惟專論《樂》者，乃見此編，則于《詩》本固兩不相妨。惟《周頌》，據《左傳》引《武》五章，毛本爲五篇。疑毛本有分析篇章之事，故《周頌》有少至二十五字、二十八字即爲一篇者，頗不合于頌體，故用古篇，多以類相從,合爲十篇,略加解説焉。考古今補《樂經》者代不乏人,惟此本因記求經,以經爲經,較爲可據。又《論語》言雅,言《詩》《書》執《禮》而無《樂》,或以爲遺漏。不知雅言即《莊子》之所謂繙經,《班志》"通古今語",繙《詩》《書》《禮》以爲今本,《樂》則文字之孼,即在《詩》中。樂聲器不得云雅言,經即是《詩》,則雅言亦不必再言《樂》矣。平之治經,力反經殘之説,五經皆全文,故于《樂》亦輯爲此本,不使聖經有亡佚之恨。揆之事理,求之證驗,固非無據之談也。(《光緒井研志》藝文一,《廖平全集》第十六册第一一五七——一一五八頁)

《禮樂宗旨表》一卷、《古樂考》十卷、《律吕要義》二卷、《樂經記傳彙編義疏》六卷提要:

> 平于《樂經》用以《記》求經之法,《記》既以《詩》爲樂,則經即在《詩》無疑。又六藝原文,多不過二萬,《詩》乃加倍,則分爲二經,固足以成一家之言矣。此本以《樂記》爲首,次《周官·大樂正》,或以爲竇公所獻,近人曾據以爲《樂經》者也。古《樂記》有《竇公篇》。次《左傳》吳季札觀樂,古《樂記》曾有此篇。及《國語》論鐘各篇,皆古《樂記》之遺文。再次以《管子》《吕覽》《淮南》《史》《漢》,大約取于《樂書》爲多,彙輯古書以爲記傳,以成《樂經》專門之學,如《春秋》之有三傳,《禮經》之有《戴記》焉。《樂經》之説雖微,而記傳則甚顯著。二伯代天子征伐,而王道因以不亡,則此編雖少,託體甚高,固非《樂書》可得而比擬者也。外《禮樂宗旨表》一卷、《古樂考》十卷、《律吕要義》二卷。《宗旨》爲經派,取《樂記》之文立表,再取別書補成之。《古樂》《律吕》二書,則尤與史爲近焉。(《光緒井研志》藝文一,《廖平全集》第十六册第一一五八頁)

十二月十四日,宋育仁致函汪康年、梁啟超,告擬辦《蜀學報》、邀先生主報稿等事,詳云:

> 自別久未通聞,先在渝議設報,本託潘梧岡、江叔海兩兄,知奉託購模購報,諸勞費心,時時相聞,特未另書耳。比叔海離蜀,謝去此務。弟十月在渝守開此報訖乃回省,渝事以託梧岡。而比來省城官場多言此報宜在省,朝聞較速,省聞較邊聞較確,因從此議,移設省城。會梧兄所代邀主筆梅君將赴會試,乃更邀井研廖季平、名山吳伯揭共主報稿,擬以明年二月開報,與渝兩處會通,共成一報。(《汪康年師友札》第五四三頁)

錢保塘卒。繆荃孫《清風室詩文鈔序》云:

> 君在蜀三十年,五次分校,傳經弟子,不乏英儁,至今稱頌不置,使蜀

士常奉君爲依歸,何至邪説暴行,流毒於天下耶。

> 按:"邪説暴行,流毒於天下"疑指康有爲受先生《知聖篇》《闢劉篇》影響,著《孔子改制考》《新學僞經考》,致有戊戌維新之變。

得《穀梁春秋經傳古義疏凡例》四條。《重訂穀梁春秋經傳古義疏凡例》云:"今略爲補證,又加四條於後,爲丁酉以後續得之説。"(《廖平全集》第六册第二三頁)

光緒二十四年戊戌(一八九八)　　四十七歲

初任尊經書院命題,旋應資州知州鳳全聘,主講藝風書院,兼署松潘廳教授。

正月,由成都赴資中,姻家子任嶧、侄師政及子成學隨侍。過簡州,知州贈程儀二百金,却之。

斯時,藝風門人有陳國俊、陳國儒、郭樞成、李邦藩、李正文、胡翼、廖承銘、王肇光、隆鳳翔、駱成駪、古德欽、趙渭三等。《四益館經學四變記》云:

> 戊戌在資中,因《詩》之"小球""大球"與"小共""大共"對文。"共"作"貢",九州之貢。《顧命》之"天球""河圖",緯説以"河圖"爲九州地圖。據《詩》《書》"小""大"連文者,"小"字皆在"大"字之上。定"天球"爲天圖,"小球""大球"爲地圖。先"小"後"大",即由内推外。蓋當是時講《詩》《易》,前後十餘年,每説至數十百易,而皆不能全通。於三傳、《尚書》卒業以後,始治《周易》,宜其容易成功。以《詩》論,其用力較三傳爲久,而皆不能大通。蓋初據《王制》典章説之,以至齟齬不合。乃改用《周禮》《墜形訓》"大九州"説之,編爲《地球新義》。當時於《周禮》未能驟通,僅就經傳子緯單文孤證,類爲一編。不敢自以爲著作,故託之課藝,以求正於天下。見者大譁,以爲穿鑿附會,六經中絶無大地制度,孔子萬不能知地球之事,馳書相戒者不一而足。不顧非笑,閉門沈思,至於八年之久,而後此學大成。以《周禮》爲根基,《尚書》爲行事,亦如《王制》之於《春秋》)。而後孔子乃有皇帝之制,經營地球,初非中國一隅之聖。(《廖平全集》第二册第八八八頁)

> 按:此處據《六譯先生年譜》,然據先生此後行事知,《六譯先生年譜》之記載或誤,蓋閏三月《蜀學報》仍載先生之言論,其至資州當在閏三月之後,今存此備考。

二月,迎母雷太宜人至資中,兄光遠、姜帥氏、女燕、孫宗伯隨往。

三月,爲響應楊鋭在北京四川會館成立蜀學會號召,與宋育仁、吳之英等人在成都設立蜀學會。學會以成都爲總會,府、廳、州、縣設分會,以通經致用、講求實學爲宗旨。對外省願入會者,事同一例,不分畛域。學會以集講爲主,分倫理、政事、格致三門講習。會講時仿《白虎講義》,分條樹義,互相辯難。會中購有書籍、儀器、圖册數百部,與成都中西學堂、算學館聯爲一氣。並提出學會六戒:戒膠執、戒慢應、戒非笑、戒詆毁、戒忿争、戒屑言,作爲會員守則。同時於尊經書局出版《蜀學報》,辟有論撰專欄,分門登載學會講義和會員新得,供各地會友閱習。

三月初一日,參加"蜀學會"成立典禮,會後列坐會講。臨會者有宋育仁、伍肇齡、吳之英、薛丹廷等。楊贊襄、吕典楨、劉復禮《蜀學開會記》云:

> 蜀學會三月初一日開會。辰刻,宋院長約同井研廖廣文季平、名山吳廣文伯揭、尊經監院宜賓薛廣文丹廷、尊經上舍生中江劉立夫、資州郭煊、仁壽幸增榮、彭縣都永龢、尊經齋長廣安胡紹棠、三臺孫忠瀹、新繁楊楨、中江汪茂元、華陽鍾汝霖、秀山易紹生、學會治事内江鄧文焯、西充蒲嘉穀、學會載筆資州吕典楨、天全楊贊襄、中江劉復禮、同學會友七十二人,衣冠齊集尊經閣前,釋奠先師,禮畢更衣,就三公祠列坐會講。外臨會諸公錦江書院院長卭州伍編修先生、中西學堂教習江夏蘇星舫、中西學堂監堂壽州王松齋大令及陝西隴州馬丕卿司馬、甘肅秦安孫吟帆大令、崇甯羅星潭觀察、錦江書院監院樂山謝乾初廣文咸集。會中一人樹義,以次質疑辨難,載筆分記講義,會友各書名於册,自注所習學業。會友籍貫名氏,續行登報。(《蜀學報》第一册)

三月,張之洞《勸學篇》成書。"此書大意在正人心,開風氣。"先生嘗云:

> 《勸學篇》兢兢於"開民知",此編特爲"開士知"。(《廖平全集》第三册第一二四〇頁)

閏三月十三日,江瀚以先生《四益館叢書》贈聶雋威。《江瀚日記》云:

> 以廖季平《四益館叢書》贈雋威。(《江瀚日記》第九一頁)

閏三月十五日,《蜀學報》第一册由尊經書局刊印出版,内載《蜀學會章程》《蜀學報章程》《蜀學會報初開述議》《蜀學開會記》《學會講義》等。其中《學會講義》載先生之言,若云:"孝道自天子以至庶人,自聖人以至椎魯,皆能行之,故經云:'孝無終始,而患不及者,未之有也。'""故孔子授經曾子,子自稱不敏,何足以知此非謙詞。""郊祀后稷以配天,宗祀文王於明堂以配上帝,天乃無形象,祖則可溯也。""人受天之氣而生,人皆天之子也。

第尊者得尊,名卑者得卑,名帝王者,天下之尊者也,故得尊名。"詳云:

　　富順先生曰:"講倫理易麗於虛舊,解《孝經》多衍空義,今據經樹講,須徵諸實。如《孝經》首章曰《開宗明義》,實義若何。"蒲貽孫曰:"孔子以教開宗派。"先生曰:"然孔子以前無以孝爲宗者,自孔子開之,故以題篇。"劉退溪曰:"孔子以上,言孝者亦多,何謂始開宗派。"富順先生曰:"據《周禮》,孝列六行之先,孔子始以冠百行之首,三物先有六德,後有六行,則知仁聖義忠和居孝之上矣。孔子始言聖人之德無加於孝,故爲開宗。"易靜仙曰:"中國孝推本父也。西人宗天,推本于天,二義若何。"名山吳君曰:"據《易》有天地,然後有萬物數語推之,人固本於天,自我身言則推我之自出爲父,父之所自出爲祖,推祖宗之所自出爲天地,從我先知者而事之則事父也,乃所以事天也,獨援後知者而事之則先天後父,逆也。"易靜仙曰:"夫孝者,天之經也,地之義也,亦似推本於天。"呂典楨曰:"《孝經》之推本於天,由親以上推。西人之推本於天,置親於平等,而遙親於造物之先,是一本而二之也。"

　　名山吳君曰:"聖人立教,自我身起,有我然後有萬事萬物。"富順先生曰:"此本義也,請申其說,無論教爲人設、人爲教設,要從有身起,否則萬物亦無,並無孔子。由孔子之義,推身所自來,即是據我身立教,如佛書說願力在天地之先,若不現身,何能說法。老子言:'有物先天地生';又云:'使吾無身,更有何患,是則使吾無身,更有何事。'"易靜仙問曰:"天者,衆人之公父;父者,一人之私親,非主天爲公、宗孝爲私乎。"名山吳君曰:"聖人之道,情理互根,據情以立理,通私以成公,不私其子,不成爲父,不私其父,不成爲子,能推父以事天者,聖人之情理也。本天而末父,悖情即戾理。"

　　井研廖君曰:"孝道自天子以至庶人,自聖人以至椎魯,皆能行之,故經云:'孝無終始,而患不及者,未之有也。'故孔子授經曾子,子自稱不敏,何足以知此非謙詞。"富順先生曰:"此可以說至德要道。惟其要,故雖庶人不得減;惟其至,故雖聖人無以加。孔子稱泰伯、文王皆曰至德,同詞可證。"井研廖君曰:"孔子志在《春秋》,行在《孝經》。《孝經》是內聖,《春秋》是外王。內聖可以統外王,故《孝經》可以統萬事。倘於孝字之外別求一道、別定一名,萬不能統也。"

　　易靜仙曰:"敬天亦似可統聖凡貴賤。"劉退溪曰:"《春秋》外王,天道浹,王道備,何不可奉天立教而別制《孝經》。"井研廖君曰:"郊祀后稷以配天,宗祀文王於明堂以配上帝,天乃無形象,祖則可溯也。"富順先生曰:"自外言主,而宗祀郊祀,祖爲之配;自家言之,祖以妣配;自天言之,天以祖配。祖陽也,妣陰也;天陽也,祖陰也。親母而尊父,親祖而尊天,皆一以貫之。父子之倫不立,則君臣無以起例,故忠比於孝,資於事父以事君也。胡人止知有母,太古亦然,是母之親無以加父之親。由母起例,《春秋》因《孝經》而成,可以解二者之紛。"

　　呂典楨曰:"身體髮膚,受之父母,是《孝經》大義,孔子以前有此説否。"楊敬亭曰:"《詩》云:'凡百君子,各敬爾身。'"富順先生曰:"《詩》説是立身之理,非身所從來。"劉景名曰:"《小雅》不屬於毛,不離於裹,似闡此秘。"辜五渠曰:"各敬爾身,亦有不敢毀傷之義。"劉洙源曰:"《詩·敬身下》云:'胡不相畏,不畏於天。'是敬身當奉天,與天主之説相混。"富順先生曰:"屬毛離裹,第謂相連屬而已,未嘗言受。凡立教皆言有,有固從天地而來;而我之有身,確從父母而來。譬如甲持物與乙,此物即以乙爲主;乙復與丙,丙即受之,於乙不得言受之於甲,故云'身體髮膚,受之父母'。"

　　易静仙問曰:"西人父天,以衆人皆天之子;中人父父,獨帝王乃稱天子,豈天子一人爲天所生乎。"井研廖君曰:"人受天之氣而生,人皆天之子也。第尊者得尊,名卑者得卑,名帝王者,天下之尊者也,故得尊名。"劉退溪曰:"皆天之子,何以帝王獨尊。"呂典楨曰:"帝王繼天承統,天之宗子也。臣民受治于宗子,則庶子也。天子推祖以配天,故稱天子。庶子不得立廟,故不稱天子。"静仙曰:"然則庶人得祭親乎。"典楨曰:"庶人但薦于寢,不得立廟。""然則諸侯、大夫得立廟乎。"典楨曰:"諸侯、大夫立廟,不得推以配天,是爲小宗,非大宗也。"退溪曰:"彼庶人而爲天子者,亦大宗乎。"典楨曰:"庶人而爲天子,庶子之後,大宗也。爲人後者爲之子,故亦天子也。"富順先生曰:"帝王稱天子,是惟帝王能祖天,與諸侯不得祖天子、大夫不得祖諸侯,義本一貫也。"

　　劉退溪問曰:"合萬國之歡心以事其親,不示天下以私乎。"富順先生曰:"天子有治萬國之勞,當受萬國之報,合萬國之歡以事先王,似私而究公,所謂大行受大名,細行受細名,崇德報功之義也。"名山吳君曰:"所謂公者,使天下之人各遂其私則爲公也。"(《蜀學報》第一册第八——一〇頁)

又據《蜀學報》本館告白知執事諸君名氏爲:

　　總理　富順宋育仁芸子　　協理　仁壽楊道南範九
　　主筆　名山吳之英伯傑　　總纂　井研廖　平季平

四月,朝命各省改書院爲學堂。省會爲高等學堂,府爲中學,州縣爲小學。

　　四月初一日，《改文從質説》刊《蜀學報》第二册。大旨謂改今日文弊之中國以從泰西之質。今日之事，貴在互相師法，我取彼形下之器，彼取我形上之道，然後各得其所。清末人士對於時事之態度不外二派：守舊者罔識彼長，故步自封，而流爲頑固；維新者言必稱西，自視腼然，其極遂非媚外不止。先生以爲中外互有短長，既重視，又藐視；不惟當師於人，抑且有以師人。惟當時所藉以知外人者率一二教會之譯著，對歐美社會之實況，人心之趨向，猶不免有所隔閡耳。（《六譯先生年譜補遺》，《廖平全集》第十五册第七一〇頁）

　　四月十五日，郭中元《威遠創辦農學會章程》刊《蜀學報》第三册，略云："中國壤土，沃甲地球。山西饒材竹，山東多魚鹽，江南出楠梓薑桂金錫。此外各行省鹽桑茶葉，悉足供居民衣食之用。四川青黎舊壤，黑水名區，物産之繁，遠駕南北。近言興利者，要不出開礦、製造、經商等事，而於農學一道，致恨缺如。中元等不揣固陋，擬仿農學報章程，於縣東川主會館創興農學會。始則約會講求，繼則擇地試驗，總以廣樹藝、興畜牧、濬利源、究新法，上以副朝廷重農之典，下以盡草野治耕之力，鄉先生軫念時艱者，當亦不視爲鄙淺而斥之也。"先生跋云：

　　　　滬上開設農學專報，各行省陸續設會講習，南而鄂湘，北而晋陝，風發雲涌，不俟終日，歲星已周，而吾蜀獨寂然無聞。夫吾蜀之農業，未嘗後各省，何獨於今不自振拔如此。蓋以邇年荒災，全川罷敝，購機雇匠，動須鉅款，故相率觀望，莫能先發。去年冬，擬於敝祠興設農學，二三族長莫不欣躍，惟財力綿薄，僅能閱報，講習不先，大舉無益也。威遠郭君義農種桑植橘，素耽農業，兹讀《農學報》，毅然以振興農務爲己任，初願獨力自承，余以爲不如藉會館祠堂之力，可以開通風氣，期於四方響應。蓋人各私其財，若必獨辦，無肯犯難。惟藉公財，以爲先導，成則獲百倍之力，同族同會之人共享之，不成亦不過如燕戲之浪擲耳。況各項首董挪移公款，合計全省，每歲何止數千百萬哉。以此圖事，何功不成。況農之事，有嬴無絀，固可操其勝算者。郭君此舉，爲蜀中農學下手第一要義，各公會首董如能共體郭君之心，就地設會，仿章辦理，公而無私，爲人造福，其利益固未嘗不先在己也。近者臺灣之民，苦於新法，其來津來滬者，備陳情狀，聞者酸辛。嗟乎！吾人不及今自強，使一旦受困如臺民，則父母妻子方且不保，又何財産之足云。在今之計，務農乃所以自救，其中得失存亡之數，知之者多，不待煩言。知而不行，與不知同。不費私財，已先有利。若猶遲疑觀望，或且阻撓於其間，若此人者，誠天下之大愚也。井研廖平跋。（《蜀學報》第三册）

又刊康有爲《保國會序》，題作《南海康先生保國會序》，後有一跋，或爲先生作，略云："瓜分中華之説，曩散見于各報，未敢以爲信，信矣未敢以爲言。今者事亟矣、變深矣，如火之燎毛、艾之灼膚而痛不可忍矣。士大夫縱不爲一國計，獨不爲一身一家計，斷未有國不可保，猶得以自保其身家者。嗚呼！此康君約會之旨，所爲聲淚俱下也。然則讀是文而不流袁安之涕者，豈情也哉。本館用亟登之，爲巢于幕、游于釜者告，且識數語于後而助之哭。"（《蜀學報》第三册）

又刊《康主政有爲呈請代奏及時發憤革舊圖新折》《擬保國會章程》，皆與維新有關，可見斯時康學亦流行於蜀也。

按：是時，門人胡翼受先生與宋育仁、吳之英影響，亦參加四川變法維新運動。胡續偉《我家出了兩位同盟會員》云："我的叔祖父胡素民（又名胡善榮、胡翼），生於一八六八年（清同治七年）四月十七日。自幼攻讀詩書，勤奮好學，十七歲時舉茂才，後受教於著名經學家廖季平，研究經學時務。一八九八年，受宋育仁、廖季平、吳之英的影響，參加四川變法維新運動，接受了西方資産階級政治學説，是四川提倡新學的先驅。"（《内江文史：辛亥革命與内江專輯》第二十八輯第二一九頁）

約在此後不久，先生往資州，主講藝風書院。故自第四册《蜀學報》起，先生不再擔任總纂，學會講義亦無先生之名。按：此處存疑。

五月，孫宗澤生。

六月十六日，資州大水，水浸入城，書院爲水所淹，先生舉家遷避。《聊園詩存再續》卷二《資州大水謠》云："久雨不止，水高過城。小東北門，無鷄犬聲。室家挾扶，拏舟爭往。登彼重龍，如魚脱網。"時任知縣胡薇元《答張少齋直牧災黎歎》云："沱江秋漲浸成湖，漫郭過城没畝墟。湛湛青天留浩劫，煢煢赤子果何辜。讀君拯溺災黎歎，如看流民鄭俠圖。十萬元元望蠲賦，仁言利溥定非誣。"《水災簡熊菊如刺史》云："先秋三日雨復傾，夜半江濤突過城。天任千家沈碧海，地留尺土與蒼生。全城皆没，僅縣署後屋三間尚存，居民附垣而升者如蟻。痛心禾稼收成候，滿耳瘡痍疾苦聲。發粟救亡師汲黯，災區重至總堪驚。"（《伊川草堂詩》）資陽正東街十七號題字云：

光緒戊戌廿四年六月十六日，大雨一天，漲洪水進城。自申時漲，至丑時定。水至格樓，差三尺五寸上寸樓。街上封檐口水，店面水平樓台。十七日酉時，水消出正街。十八日寅時，人下樓。主人字白。（《四川城市水災史》第一三二——一三三頁）

《戊戌水災記》云：

光緒二十四年，胡令薇元令資。六月二日，胡令以古學試士，以鬥牛戲命題詩作七古，即是大水之兆也。中旬十二日以前，火雲彤彤，不堪暑。十三日大雨如注，傾盆愈急。胡令於城樓設鼓，河岸刻符，殆欲以讓水患止。十六日雨復不止，後逆(遂)午刻，水由南門入，須臾即滿注泮池。行道者始著履可行，旋即背負而過，十餘分鐘遂淹及臥龍橋一半。居民倉猝出走，牆垣隨即倒塌。午後雨益盛，南門後街已被水矣。日將暮，水勢漫延至城隍祠戲臺之下，並及東門內鎮江廟。當東河之水沖戲臺耳樓，兩廂倏忽漂去。河船泊城之東，夜半聞呼號聲、喚船聲、哭泣聲、房屋倒塌聲、牆壁傾覆聲，洶洶聒耳，至旦不絕。十七日黎明，登高遠望，只見全城皆水，與大江合而為一。(《四川城市水災史》第一三三——一三四頁)

致函汪康年，告集貲刊印三傳事：

穰卿同年仁兄大人足下：久欽雅範，覿面無由，每於《時務報》中讀悉鴻謨，傾心折服。比維撰祉宏庥，起居萬福為頌。弟自改教歸來，無善足陳，惟伏櫪窮經，其味彌甘。今有擬集貲先刊拙著三傳者，俟印成書，自當呈政。所有尊經原刊《四益館叢書》，客歲積成十四本，聊具獻嚬，伏望郢削為禱。附呈各公之件，祈惠照發去，至感。此頌道安。年愚弟廖平頓首。五月廿四到。(《汪康年師友書札》第二八三一頁)

四川學政吳慶坻擬大為變通所屬各書院官師月課，一律改課時務策論，訪聞堪勝此席者，先生與焉，其通飭各府廳州縣變通書院章程札云：

查川省各府廳縣，書院林立，實為培植人材之地，向來但課時文試帖，或加課經解詩賦，尚無講求時務者，省城尊經書院，已添設經濟加課，院中高材生，頗有能博學而詳說者，各府廳州縣亦應次第推行。現擬大為變通所屬各書院官師月課，一律改課時務策論，如大政典、大沿革、中外交涉以及天文、輿地、兵謀、商務、製造、測算，分門命題，不得再課時文帖試。其或該府廳州縣及地方紳衿，有能另籌巨款、新開學堂者，速即籌款定章，稟報興辦。其大要有二：一曰訪延名師，必須人品學問，士林推服，或熟於朝章國故，或明於天算格致。本地無人，即訪求外省有聲望者來主講席，不得瞻徇情面，或致名實不符；舊時山長如能勝任者，自可仍舊。其或謙讓未遑，必以造就人才為重，不肯自貽素食之譏；其平日但支修金，從不到院者，尤宜辭退另延，以歸核實；其向由學官兼掌者，亦應量其能否，以定去留。本院訪聞堪勝此席者，有現署松潘廳教授廖平、灌縣學訓導吳之英、射洪縣貢生劉光謨、威遠縣舉人黃英、重慶府學增生彭致君、達縣附生吳煦昌，或洞明經術、留心時事，或深通算學、能讀西書，可各就相近地方，延聘主講。其有通知洋文，堪以教習泰西語言文字者，則另設一席，以導譯讀西人圖書之先路。山長教習總以常川住院、督課勤密爲主，方可漸收實效。(《皇朝蓄艾文編》卷十六學校第一三——一四頁)

六月，歸井研。與吳蜀輶、龔熙臺、董南宣等共商《光緒井研志》體例，並自撰各書提要備入《藝文志》。《光緒井研志序》云：

前年季夏，歸自華陽，晤諸君子於縣門，時方置局編纂，就商體要，乃與夙所蓄念無不盡同。(《廖平全集》第十一冊第六九六頁)

六月二十七日，宋恕往訪劉紹寬，略論先生與康有爲之交涉：

康有爲恐亦難於濟事，將來被參見逐，事甚易易，康門梁君，文在枚叔之上，康嘗比之子貢，尚有一陳千秋，蚤死，康以比顏回，弟子約有千餘人，康言能著書昌其教者尚有三十餘人。其學專主今文，攻古文，說《公羊》，排《周禮》，從其學者，人人宗旨如是，雖小有異同，而此旨不背，故一聆議論，不問而知爲康門弟子也。四川廖季平，學同康南海，而偏激處更甚於康，早嘗著書盛稱及康，近日康黨盛張，廖近著頗詆康，以爲剽竊其學，是否彼此出入，源委實未可知。(《東甌三先生集補編》第一二四頁)

八月十三日，慈禧殺譚嗣同、楊銳、劉光弟、林旭、楊深秀、康廣仁，幽禁光緒帝於瀛臺，罷黜新政。康有爲逃往香港，梁啟超逃往日本。先是，康得先生孔子改制之說而倡之，並引《公羊》《孟子》以自助，以爲變法之據，天下咸以作俑歸之先生，謂素王改制之說，實有流弊，並因而攻《公羊》《孟子》。

楊銳、劉光弟即死，先生於資州知州鳳全筵上聞北京政變電訊。歸而語子成學及任嶧曰：“楊叔嶠、劉裴村死於菜市口矣。”俯首伏案，悲不自勝。旋因門人施煥自重慶急函至，謂朝廷株連甚廣，外間盛傳康說始於先生，請速焚有關各書。於是新成之《地球新義》付之一炬。舉火者，華陽門人趙伯道也。先生挽楊銳聯云：“情深知己，夢斷尊經，回憶寒窗空有淚；志解倒懸，血濺燕市，再開宣室更無人。”(《德陽市文史資料選輯》第七輯第二一二頁)

《四益館雜著》有《治學大綱》，疑爲此時所作。先生以爲“至聖生知、前知、俟後諸名義，久失其傳，諸儒不得其解，遂以古文、考據、義理、八比爲孔子；欲明經學，必先知聖與制作六經之本旨。近有《知聖編》《制作考》等書，今擬掇其精華，分門別類，更加推闡。學者必先知聖而後可以治學，必先知經而後可以治中西各學”，因定治學之途轍，略云：

淵源門。講學者當以祖學爲主，新學爲輔，混而爲一，不可歧而爲二。維新者牴舊，守舊者牴新，皆拘虛之見。……竊以言學之書，務須理明辭達，不尚幽深迂曲，使讀者不能知意旨所在。

世界門。皇帝王伯之分，由疆域大小而出，欲明三五大同之學，不得不先言輿地。……經傳子緯所以於此門獨詳。自中士以中國爲天下，爲俗說所蒙晦，亦惟此條最深。

政事門。經學以平治爲歸，所言皆政治典章，不尚空理禪宗。中學自《王制》《周禮》二書小大不分，……政書、經學從無一明通之條，以致老師宿儒故以經學爲幽深。……吾人欲通經治事，當盡袪誤解，獨標捷徑，勿蹈經生誤國之覆轍也。

言語門。言語與政事，內外相埒。秦漢以後，失之游說；唐宋以後，失之空疏，無怪乎數千年之中土，日就微弱，不能雄視強鄰，殆外交之才乏矣。

文學門。騷、賦發源《詩》《易》，……爲皇帝之學之嫡派，……又兼聖門文學、言語兩科之事，……旋乾轉坤，實爲政學代表。一自浮靡流連，貽譏無用，談新學者幾仇視古聖先賢之學。今故專言實用，……以輔翼經傳。

子學門。泰西藝學，時人詫爲新奇者，實在皆統於諸子家。……蓋六家者流，道與陰陽專爲三五，餘四家爲四方。分方異宜，古所謂方術也。（《廖平全集》第十一冊第六二八—六三〇頁）

續成《尚書備解》四卷。其書大旨以二十八篇爲備，古稱佚書，皆爲記傳，注用古說。提要云：

平于此書，先刊《凡例》。壬辰、癸巳于嘉州先成《帝典》、《帝謨》、《甘誓》、《湯誓》、《牧誓》、中統《戡黎》、《微子》二篇。《金縢》、四岳十二篇。戊戌以後，乃續成之。其書大旨以二十八篇爲備，古稱佚書，皆爲記傳。注用古說，如《堯典》引《月令》《孟子》，以《克殷》《作雒》證《牧誓》，以《明堂位》即《召誥》"位成"之傳，《王會解》即"大和會"之傳。《周書》、兩《戴》之外，諸子亦詳。其駁正舊說，以《堯典》"月正元日"以下乃舜在大麓舉賢，而堯親命之，故首兩言舜，帝乃堯，非堯殂落後舜乃命官。考《繹史》所輯堯、舜事，皆舜舉九官、堯親命之，決無殂落以後乃命官之說。《皋陶謨》舊名《帝謨》，乃帝與二公語。其中"夔曰"云云爲記識，乃撮舉命官之語，非正經。以《金縢》爲周公書總序，中有兩《金縢》、兩風雷之變。舜、禹受禪之際，亦有兩《金縢》、兩風雷之變，經錯舉一見，惟《大傳》詳之。以末四篇爲四岳命刑、二《誓》平分，即所謂"明德慎罰"。《秦誓》爲課士之書，非悔過而作。《盤》《誥》舊稱難讀，今以《盤庚》爲誥，乃周公書首篇，爲殷舊文。以下周公用盤庚法以治殷民之事。説本《史記》。故有“沖人”“余小子”之語。周公書主五誥，有序者爲專篇，無序者爲分篇。考各篇言“王曰”“王若曰”數十見，既無問答，曷爲加“曰”字以别之。平則以爲皆有問答，特多見别篇。經“公曰”“王曰”分篇記録，故不得其解，特爲考訂其酬對之踪跡，仍不敢改易經次，而附注下方，以明其節目。又本經有記傳入正文之例，如《帝典》“既月乃日”“觀四岳”“班瑞于群后群牧”，此經文總括之辭。下文“歲二月東巡守”以至“用特”皆傳文，所以釋經者，故與《王制》全同，《王制》不應直録經文，又皆爲經所統，故訂爲記傳訓詁之例。如“日宣三德”下乃云“日嚴祇敬六德”，當是以“祇敬”解“嚴”字。由此推之，《典》《謨》固有之，而《盤》《誥》之所以難讀者，率因記傳與經混，箋釋與正文混。故平于《立政》等篇又立傳記例，凡其文義重沓者，則舉一條爲經，餘條爲傳焉。（《光緒井研志》藝文一，《廖平全集》第十六册第一一三五——一一三六頁）

先生既將《周禮》删改諸條陸續通解，乃定《周禮》爲海外大統之書。戊戌、己亥之間，所作有《官禮驗推》六卷附《補證》一卷、《周官大統義證》六卷附《官屬表》一卷、《讀五禮通考札記》十卷、《周禮兩戴大小統考》二卷、《大共圖考》二卷。命門人子姓分撰者有李鍾秀《大統加八表》一卷、廖師政《古周禮説糾謬》二卷、陳天榘《周禮紀聞》四卷、廖成化《三禮駁鄭輯説》六卷等，今僅摘《光緒井研志》藝文各書提要於此，以略見先生此期爲學梗概。

《官禮驗推》六卷附《補證》一卷曾子俊序云：

楨以鄭注闕略，不能實見施行，又本經中多自相矛盾之處，其切實詳明者與《王制》全同，鄭注捆而一之，彼此兩傷。故所撰録用博士舊法，據《尚書》《春秋》爲説，意在專明今學。至于與《王制》違反諸條，則闕而不講。大旨與平《古學考》之説相同，以《周禮》原爲《逸禮》，劉氏校正之後，乃冠以“周”字。鄭君之誤，首在誤以時制説經，以《周禮》爲周公作。不知《王制》《周禮》二書皆六經師説，非時王典章，于是以《周禮》證之經傳不合，證之時人之論又不合，朱子因有爲周公廢稿之説。案周公所已行，布于天下，傳之故府，孟子以爲去籍不能詳，而廢稿乃能留傳于千年以後，殊堪詫怪。即如鄭注《大司徒》“采地”一條，引《王制》“天子之縣内，方百里之國九，七十里之國二十一，五十里之國六十三”，此蓋夏時采地之數，注《王制》又以爲“殷制，周未聞矣”云云。按：王畿采地，王政之巨綱。《周禮》既爲周制專書，乃云“未聞”，足見其説之失據矣。蓋儒士所傳者，皆孔子六經制度師説。如周會孟津八百國、殷王千八百諸侯云云，皆據

《王制》而言。蓋周已去籍,實無從考證。孟子所聞,亦係經説,非實時王之佚聞。以《周禮》小統王畿方千里、九州七同《禹貢》、大國三軍云云,皆同《王制》,則鄭引《王制》之畿内九十三國,與《周禮》相同,必無差迕。因就各官原文推考詳備,可見施行。此補證之例。外如"諸公封五百里"一節,《周禮》自相矛盾,鄭君亦不能自圓其説,則概從闕。知其可知,不知從闕,最爲説《周禮》之要法。惜其未能卒業,平得其原本,殘脱殊甚。戊戌以後,因講大統,故爲補足,以成完書。凡槇所未盡者,依例推補,至于闕疑諸條,亦就大統之説,詳爲補足。如《大司徒》云"日之景尺有五寸,謂之地中,天地之所合也,四時之所變也,風雨之所會也,陰陽之所和也。然則百物阜安,乃建王國焉",即《商頌》"商邑翼翼,四方之極",設都于禹之績之説也。鄭注以地四游三萬里中,萬五千里爲地之中,非即西人地球四游輻員三十服之義乎。就地球言,則中國爲震爲東,則地中非即崑崙乎。鄭君乃以潁川、陽城當之,不亦誣乎。他如九畿,《大行人》九州之爲大九州,不待煩言而解。五等封建之制,推之尤詳。考《鄒衍傳》云:"先驗小物,推之以至無垠。"由九州以推八十一州,一定之説也。故平就《王制》原文,每制加以八倍,即爲大九州之事實。則《王制》所有之制,全可移補周禮,不得云未聞矣。以采地言之,小統王畿方千里,大統方三千里,加八倍,由此推之,則方三千里内方三百之國九,公卿方二百里強之國二十一,卿大夫方百二十里強之國六十三,大夫、士同爲九十三國矣。又推之海外八州,每州封方三百里之國三十,公侯方二百里強之國六十,方百二十里強之國三十,公侯方二百里強之國六十,方百二十里強之國百,二十州合二百一十國,仍合爲千七百七十三國,特大小不同而已。其餘以爲附庸間田,則方九十里爲上等附庸,方三十里爲方十里者九,九九八十一,正合其數。方七十里爲次等附庸,方五十里爲下等附庸。所食之祿,凡《王制》食一人者皆爲九人,則由一變九,故九爲數之極。方一里者變爲方三里,又即例以三輔一之法。是《王制》所有之文,皆可驗小以推大。其書名曰"驗推",大約槇所撰者爲驗小,平所撰者爲推大,義理平常,俯拾即得。《周禮》本文但即"封建"一條言之以示例,餘皆可推,不必言也。由是以推,王者萬乘,推之爲九萬乘,諸侯大國千乘,推爲九千乘,小國百乘,推爲九百乘。惟大統諸公,方三百里爲本封,食以間田所入,十分取一,當爲方九百里強,以合九千乘之數。而官僚員數大者如故,小者當加以一公,計三卿、九大夫、廿七元士、八十一下士爲附庸之首,以下尚須再加三等,方及庶人在官。而小統百里之封爲首等,在大統已爲附庸。所有職官,大約亦加至五倍而止。接合二人之力,一大一小,各盡所長。《周禮》兼包二派,虛實相生,凡前人所詬病,悉變爲精深要義焉矣。(《光緒

井研志》藝文二，《廖平全集》第十六册第一一七一——一一七三頁）

按：《官禮驗推》六卷爲先生友人楊楨作，大旨與先生《古學考》同，專明今學，與《王制》違反諸條則闕而不講，書未成而卒。先生於其未盡者依例推補，闕疑諸條亦就大統之説詳爲補足。二人所作，一小一大，以《周禮》本兼包二派也。

《周官大統義證》六卷附《官屬表》一卷曹立三序云：

四益先生《古學考》以《周官》爲《逸禮》經莽、歆改竄而成。丁酉以後，乃以爲海外大統之書。《大行人》以九千里開方爲九州，正合鄒衍九九八十一州之説。鄭注祀地二：一崑崙、一神州。又云地三萬里，以萬五千里求地中。又經云"掌三皇五帝之書"而不及王伯。諸侯五等封建，大于《王制》，與《孟子》《左傳》不合，故以爲海外之制。如鄒衍、《莊子》、《列子》、《淮南》、緯書所言海外典章，經無明文，學者以爲荒唐不經，無徵不信。故小統之説明，而大統之説晦，勢之所必至也。《周官》九畿九千里，實與《淮南·墜形訓》九州、八殥、八紘、八極之制相同，又與九九八十一州符同。以《周官》證之小統，固未免矛盾，求之大統，則若合符節。平既于六藝中分二派，大統典制則以《周禮》爲歸。大統之有《周禮》，亦如小統之《王制》，故以其書附于大統三經，以爲將來治海外之典章。所撰《海外通典》，雖采録諸子、傳記，而取證于《周官》尤多。考帝王之制不能盡同，以《周官》説小統，既不相合，因其參差，改歸大統，以爲將來之因監，不惟可以息争端，更可以資實用。如小統之工部，皆于六太。西人最重工事，則將來以工别立冬官，于事情尤合。大封方五百里，亦于海外相宜，縱有異同，歸之損益，則固不必求合于《春秋》《尚書》之制矣。以五官爲官屬，别有官聯之實，即《曲禮》舊題。末附《官屬表》，以與官屬互文見義，化朽腐爲神奇，固轉敗爲功之妙用也。或曰：《周官》中制度多與小統相同，何以解之。曰：由小推大，鄒衍有成法可循。夏殷異代，改者爲損益，不改爲相因，固無不可，而言古學者其知之。（《光緒井研志》藝文二，《廖平全集》第十六册第一一七三——一一七四頁）

《讀五禮通考札記》十卷提要云：

鄭君三《禮》之説，多失本旨。六朝以下，鄭學盛行，沿訛踵誤，至于不可究詰。宋元以後，加以新學，于考古尤疏。秦氏《通考》，故事雖多，宗旨恒失。初擬約集同志，别撰一書，故先就秦本，詳其疵謬，録爲十卷。其體例與《公羊解詁商榷》《穀梁集解糾謬》《左氏集解辨正》大略相同焉。（《光緒井研志》藝文二，《廖平全集》第十六册第一一七八頁）

《周禮兩戴大小統考》二卷提要云：

　　《王制》專爲小統，《周禮》由小推大，兼包二統。如《職方》爲小九州，邦畿千里，合九州爲方三千里，加入幽、并外十二州，爲方五千里。《大行人》九州之外曰藩國，以方九千里爲大九州，九九八十一，鄒衍之所説海外九州也。再由藩國以推要荒，爲萬五千里開方，大于職方者八倍。是《周禮》明文有兩九州，一大一小，一爲王伯治中國，一爲皇帝治全球。又官以大名，多言周知天下。由此推之，凡官以小名者爲小九州，以大名者爲大九州。如冢宰、小宰、大司徒、小司徒、大宗伯、小宗伯、大司馬、小司馬、大行人、小行人與大小九州同以大小分例。又考《周禮》大統海外諸説，文不見于《小戴》，而《大戴》則俱有之。如《盛德》篇之六官，《朝士》篇之典禮是也。考大、小兩戴，舊説皆以爲叔侄。今細按其書，凡言王道者入《小戴》，言帝道者入《大戴》。如《五帝德》、《帝系》、《主言》篇、《盛德》、《誥制》、《朝士》、《曾子》十篇，《易本命》、《本命》爲大統《孝經》、《易》師説。《小戴》惟《郊特牲》言大同帝道，然仍以王道禮制爲主。是兩《戴記》之分，一如《周禮》大小名官，以大小二字爲題目。今平特撰此書，專辨此義。其中雖小有出入，然無害大體。（《光緒井研志》藝文二，《廖平全集》第十六册第一一七八——一一七九頁）

《大共圖考》二卷自序云：

　　《職方》之九州，所謂小共、小球也。《大行人》之九州，所謂大共、大球也。地球開通，《海國圖志》以後，圖測甚詳，然但求記事，不必合于經旨。今據《墜形訓》以《禹貢》之法推之全球，截長補短，以九千里開方爲大九州，合侯、綏二服，以萬五千里開方，故立十五服輻員圖，並據古今地志諸書，詳考五方人民、風俗、山水、貨産、貢筐，並其政事、教化，以爲“大禹貢”。大抵古書則取材于《山海經》《河圖括地象》《墜形訓》諸書。今則取海外各志，其體裁略仿諸史地志。帝王政教，必先分州作貢，疆界既明，而後政教可施，此大共之義也。（《光緒井研志》藝文三，《廖平全集》第十六册第一二二二頁）

　　　　按：以上諸書除《大共圖考》有殘稿外，今並不存，或當時擬作而未遂也。

《易經古本》一卷附《十翼傳》二卷，提要云：

　　考《易》以反易、變易爲主。《大傳》云：“《易》之爲書也，變動不居，周游六虛，上下無常，剛柔相易。”平因用其例，編爲反復繫辭之本。其書用《大傳》“《易》之爲書也”三節、“《易》之興也”二節、“書不盡言”二節爲序例。錯卦八,乾、坤、坎、離、頤、中孚、大過、小過。以三爻反復爲六爻,一卦自爲一圖,長少父母八卦,子息三十二卦,則六爻反復,《繫辭》二卦,合爲一圖,所謂"盍朋"。此初彼上,此剛彼柔,即所謂損益合中、矯枉過正也。亦錯亦綜,八卦八中。卦則各自爲圖,如錯卦,但仍合爲一圖,一順一逆,不取裁成之義。至于震、艮、巽、兑、咸、恒、損、益八卦,爲長少父母,亦猶長少之例。共計三十六圖,上經十八,下經十八,以符六六二九之數。十翼則分爲二卷,仿吴氏《纂言》之例,略有審訂。其于義例有關者,間加案語。創始癸巳,成于戊戌,經數年之久,義例始定。體例雖新,然于經文初無變亂,反復相對,各成一解,或即知者謂知、仁者謂仁之義歟。(《光緒井研志》藝文一,《廖平全集》第十六册第一一二一頁)

《孝經輯説》一卷,提要云:

平先刊《孝經凡例》及《叢書目》二十八種。戊戌館資州,先成《輯説》一卷。近日學者頗疑經爲僞作,非孔子真本,不知孝主行習,無待高深。是書采録傳記,足相發明。(《光緒井研志》藝文二,《廖平全集》第十六册第一二〇五頁)

是先生斯時有《孝經叢書》之作,列目十數種,其目爲:《今文孝經注疏》《古文孝經注疏》《孝經釋文》《孝經舊傳》《孝經兩漢先師佚説考》《孝經緯注》《孝經儀節》《孝經廣義》《孝傳》《問孝》《曾子十八篇注》《孝經通禮》《孝經通論》《孝經附篇》《古孝子傳》。又命侄師政作《孝經廣義》二卷,門人曾上潮作《孝經一貫》一卷、《孝經决事》《孝經大義》四卷、《孝經傳記解》四卷。然皆散佚不存,今僅附提要於後,或可考見諸書大概。曾上潮《孝經一貫》一卷提要云:

曾子傳《孝經》,"一貫",即《孝經》也。《中庸》"舜與武周"數章,爲《孝經》專説。聖人"四求未能",與《孝經》云"愛敬者不敢慢惡于人"、"上下無怨"云云,皆不外"一貫"之旨。至其引用《詩》《書》,歸功禮樂,效天法地,六藝之道,一以貫之,其師説則見于四益館序例焉。(《光緒井研志》藝文二,《廖平全集》第十六册第一二〇五頁)

廖師政《孝經廣義》二卷提要云:

考《孝經凡例》言經以孝繫之,故自尊卑、男婦、中外皆無異同,又自幼至老,自晝至夜,無論語默行止,與夫戰陳、交游、鄉黨、朝廷,罔有離合,非服勞奉養一語所能盡。師政即傳記子緯各成説,分門排比,以成此編,但録舊文,不加己意。孝道之至,通于神明,光于四海,不得此而益信哉。

（《光緒井研志》藝文二，《廖平全集》第十六冊第一二〇五頁）

廖師慎《孝經傳記解》四卷提要云：

四益《孝經凡例》以《孝經》經少而記傳多，如《曾子》十篇、《禮記·祭義》、《曲禮》、《內則》、《中庸》、《孝經緯》、《孟》、《荀》、諸子，佚聞瑣記，于主講藝風時，命及門彙纂舊文，復命師慎爲此編。《孝經》總括六藝，爲一貫之本，淺之則愚夫愚婦可與知能，推之則聖人莫外。故經文雖簡，而義理儀節傳記特詳。得此編以相印證，庶足息好奇喜博者疑經之弊乎。

（《光緒井研志》藝文二，《廖平全集》第十六冊第一二〇六頁）

《光緒井研志》藝文三有《五帝德義證》四卷，似成於先生“小大學說”已成定論之際，因附此年。提要云：

考五帝之說，以《左傳》《月令》《淮南》爲正，終于顓頊，順五行之序，此禹爲天子，以帝堯爲一代，舜爲一代，合三王則從顓頊起帝。今本以黃帝爲首，蓋用周法。周爲天子，則禹湯爲二代，舜以上爲帝矣。又爲帝王升絀之說也。以皇、帝、王、伯分配六經，以《春秋》爲伯，小之最。《易》爲皇，大之最。《詩》《樂》爲帝，《書》《禮》爲王，四教間居其中。以仁、義治中國，以道、德治全球。考郯子言五帝，以顓頊以下，德不及遠。《國語》言顓頊以下“絕地天通”，故五帝大小以顓頊爲斷。是篇雖名曰“五帝”，以大五帝言，祇黃帝，顓頊以下之帝嚳、堯、舜、禹皆王也。故篇中有“五帝用記、三王用度”之語。又篇名“五帝”，中述禹。考董子皇、帝、王、伯之說，以天皇、地皇、人皇爲古三皇，五帝則伏羲、神農、黃帝、少昊、顓頊，以復郯子、《月令》之古說。而兼王之小五帝，則由顓頊始，加以嚳、堯、舜、禹。顓頊爲大帝之終，又爲小帝之始。《大戴》之首黃帝不及羲、炎，舉黃帝以包大五帝也。顓頊下合禹爲五帝，故禹與堯同有“四海之內，莫不悅服”之文。蓋此從周言之，夏、殷爲二王，則堯、舜、少昊、顓頊、嚳爲五帝，神農爲上推之皇，六代中二帝而四王，以郯子、《月令》五帝之伏羲、神農爲皇，此因時建除之義也。平解是篇，帝、王之分，以道、儒爲門戶，道、儒又以中外畫疆界。經傳以外，博采子史、緯候，頗爲詳明。竊以全球之義，從古無徵，國朝紀、阮，號爲博通，去今未遠，猶以爲疑，則元、明以上，何能以是相責。世變自新，沉義漸著，經旨因以大明。蓋中國閉關之日，固可以絕口瀛海。至今海外九州大同之跡已著，急需此義，以爲百世混一之徵。先是，東南學人有《黃帝政教考略》，如《通鑑前編》《路史》《繹史》等書。此編一準經傳，摘抉微隱，深切著明，關于經術，有裨治道，豈但如《論衡》之略資談柄而已哉。平初欲以《王制》說群經，或頗疑其附會。今得此編，使帝德王制判然中分，故凡古今疑義，通得解釋。即如《論語》"從周"與"先進"相反，"性""道"與"文章"不同，非有小大之分，則義不能決。故"祖述""憲章"爲小統，下俟百世爲大統。如莊、列、鄒衍之説，求之此編，皆有實證。仿《今古學考》之例，附《小大二統政教表》。平自癸巳以後，解《易》《詩》《樂》，以此編爲歸宿，不再斷斷于《王制》，可謂善于解紛矣。(《光緒井研志》藝文三，《廖平全集》第十六册第一二一五—一二一六頁)

蜀學會被禁、《蜀學報》被焚。

删定《穀梁古義疏》。

十月，爲威遠郭安作《鹽桑要訣序》。

十月，成《地球新義》一卷，即於資州藝風書院排印，當時恐駭俗，乃託及門課藝。序云：

地球之説三百年矣，以新言之，何也。曰：言海舶廣輪則爲舊，引歸六藝則爲新。戊戌游學珠江，與二三群從論瀛海之廣，述舟車之力，歸而求之經傳，若有合焉，因分題論撰，各成一藝，共得百餘紙，合列傳、日記，用聚珍本排印。苦於資，排印者得若干藝，五十餘葉，裝爲一册，名以《地球新義》。如續行合刊，則以此爲初編。竊積疑雖久，撰録不過旬月，知必缺略，不能盡發其藴，然嚆矢開前，後來踵事臻華，爲力甚易，海内通人知必有引而申之者矣。若以其無關經義，難歸實用，則鄒子瀛海之譚，昔人固早譏之。光緒二十四年孟冬月，四益主人序。(《廖平全集》第十册第一一頁)

其目爲：《史記·孟子荀卿列傳》、《薛京卿〈出使四國日記〉一則》、《釋球》(署任嶧)、《〈樂記〉〈禮運〉帝王論》(署廖承銘)、《〈大雅·民勞〉篇解》(署王肇光)、《堯與三代九州無改革論》(署廖師政)、《八行星繞日説》(署隆鳳翔)、《〈周禮〉師説陰祖大一統微言考》(署駱成駥)、《〈百年一覺〉書後》(署古德欽)、《〈易説〉序》(署廖師慎)、《書〈出使四國日記〉論大九州後》(署胡翼)、《地球兩京四嶽八伯十二牧説附圖》(署趙謂三)，是其書乃先生託他人名以自晦。《知聖續篇》云：

予丁酉於資中以"釋球"課同學，頗有切合，因彙集諸作以聚珍板印，名曰《地球新義》。戊戌、己亥續有題，合原本共三十題，羅秀峰再刻于成都。刻成，僅二十題，餘多未刻；急于出書，故缺略次序，亦未精審。因分小大，而有《百種書目》之刻，庚寅《縣志·藝文志》采序跋，加提要。……辛丑春暮，草稿初畢，乃晚得一巨證。(《廖平全集》第一册第四四六頁)

《四益館經學目録自序》云：

戊戌夏，因讀《商頌》，豁然有會，乃知三統之義，不惟分配三經，所有疆宇，亦判三等。求之《詩》《易》而合，求之《莊》《鄒》而合，再求之《周禮》，尤爲若合符節。嚮求《詩》《易》義例，將及十年，新思創獲，層見叠出，師中乏主，終不成軍。得此懸言，百靈會合，木屑竹頭，群歸統屬。因有前後《地球新義》二書之作。（《光緒井研志》藝文三，《廖平全集》第十六册第一二三二頁）

觀此，則知《地球新義》之作，其本意蓋不欲固中國於禹域，免外人之侵奪耳。提要云：

此書丁酉于資中排印，首卷共十題，其未排印者二十題。按《中庸》“凡有血氣，莫不尊親”，學者共知，爲大統舊説。孔子上考三王，下俟百世，所云“祖述”“憲章”者，小統也；“上律”“下襲”者，大統也。六藝中以王伯見行事，皇帝託空言，微言大義，及門實有所聞。故《論語》多言大統，鄒衍游學于齊，因有瀛海九州之説，《莊》《列》尤詳備。當海禁未開之先，鄒子之説見譏荒唐，無徵不信，誠不足怪。今兹環游地球一周者，中國嘗不乏人。使聖經囿于禹域，則禩教廣布，誠所謂以一服八者矣。孔子固不重推驗，然百世可知，早垂明訓。苟畫疆自守，以海爲限，則五大洲中僅留尼山片席。彼反得據彼此是非之言以相距，而侵奪之禍，不能免矣。竊以孔子之教，三千年乃洋溢中國，布滿禹州，則浸延海外，流布全球，過此以往，未之或知矣。（《光緒井研志》藝文三，《廖平全集》第十六册第一二二三—一二二四頁）

作《祆教折中》三卷。上卷皆經説與西教同者，以破中人拘墟之見，使不致仇教。中卷皆駁西人粗而未精之説，使西土知其教較外雖有餘，比中教則不足。下卷論道儒宗旨大小不同，治全球不能專用儒法，道並行不悖，以爲學教歸宿。

按：此書自序託爲井研隱君子所作，又云乃用活字排印。（《六譯先生年譜》卷四，《廖平全集》第十六册第五三八—五三九頁）

恢復“容禮”爲先生經説大綱之一，作《容經解》一卷、《紀傳彙纂》四卷。提要云：

考平經説大綱，以恢復容禮爲第一大旨。以容、頌爲徐生所傳于賈子，提此篇附《禮經》，合爲十八篇，所謂“經禮三百、曲禮三千”。按：容即

《洪範》五事、《周官》六儀。五事言、貌、視、聽、思，《容經》以志、色、視、言爲四綱，當補聽門。蓋志容祇四字，下有脱文。志即思，色即貌。五事由外及内，四容由内及外，次序雖異，其實則同。《周禮》六儀，祭祀、賓客、喪紀、會同、軍旅，《容經》則分四目，曰朝廷、曰祭禮、曰軍旅、曰喪紀。《容經》以五事爲經，六儀爲緯。學禮之法，先由容起，後及《禮經》。亦如治經者，先治小學，分六書。考此經爲教人行習專書，禮儀之學，此爲初基。故《論語·鄉黨》全爲此經儀節，不先習容，不能學禮。其德容名目，散見不下數十條。顔子"四勿"，仲弓"大賓""大祭"，亦此經要旨。荀子專以禮樂教人，重在此篇，信爲學初階，自治根本，惜乎流入《賈子》，僅而獲存。平極力表彰，依凡例撰爲此書，存亡繼絶，爲四益之專功。朱子《小學》，不盡古法，海上蒙學諸書，亦少歸宿。西人童蒙有身操法，養生祛病，以爲各業之根本，蓋即此經遺意也。竊以六藝各有專主，王道詳于儀容。晚近二教不顯，學者乃于《詩》《易》求之，遂以貞淫禍福説《詩》，或以史法説《易》。不知六藝專門，不相通假，門户乃完。晚近流弊，父子師弟，獨抱一經相授受，所有内外修齊、典章得失，求全于一經，未嘗不可恢張門户。就六藝言，則于本經爲附會，于本經專條反致缺略，以致六藝有叠床架屋之譏，一遇議禮，各就本經立説，抱殘守缺，同室操戈。如《白虎通論》《五經異義》皆坐此病，皆由不知六藝分門，各主一義，不能于一經求備。能知此義，則各經明文顯著，不待推求，亦不自相矛盾。然欲求兼通，必須經明。班志云："三年而通一藝。"不可如史公所譏："六藝經傳以千萬數，累世不能通其學，當年不能究其禮，博而寡要，勞而少功。"今分六藝，各明一旨，以《春秋》《尚書》治中國，《詩》《易》治海外。既不必求聲索影，又可無輾轉齟齬，十五年而遍通群經，必有餘力。否則先其切要，不過數年，即可卒業，或可一挽儒林之譏乎。因《容經》爲入門之首，故詳論其事，以期無負作者之苦心云爾。（《光緒井研志》藝文二，《廖平全集》第十六册第一一六六——一一六七頁）

命門人郭樞彙輯群經傳記言三德者爲《三德考》四卷附《九錫九命表》一卷，先生自序云：

《洪範》言三德，《帝謨》言九德。鄭君以三爲九，如醫家三部九候。博士説九錫、九命，合爲九，分爲十八。古帝命官，因德錫命。《穀梁》言三公，有知、仁、義之目。平因諸説，草創此編。大旨以知、仁、勇爲三公，即剛、柔、正、直之所出。一德之中，分三子目，天子爲峻德，臣工以三德分，仁司徒，知司空，勇司馬，一分爲三。凡一德爲士，三德則爲大夫，各因其德以命官，所謂"日宣三德""浚明有家"者。大夫三命，一德一命也。

大夫以下爲專長，不擅異能。卿爲六德，所謂"日嚴祗敬，六德有邦"，卿六命，則必兼他長。如剛柔各三目，必兼正直，乃成六德，然後六錫爲卿。至三公則必九德皆備，仁至義盡，無不兼包。九德已全，乃命九錫。所謂"九德咸事"者，三事爲三公也。所謂德者，顛倒反覆，各就本性，補弊扶偏，竊三德爲自修之本，而官人選舉尤治法之樞要。舊説蒙蝕已久，故特命威遠郭茂才季良彙輯群經傳記言三德者，改補成書。前二卷《自修》，後二卷《官人》。《自修》中又分志、言、容、行四門，《官人》中又分量才、審微、專任、兼綜四門。其采《論語》，至于百餘條。《易》之剛柔、中正、中行、過不及，尤爲三德所從出。因其明文出于《尚書》，故編入《書彙》。末附《九命九錫表》説，以九命、九錫合爲十八級，如今正、從九品之分。錫命雖爲通文，而並見則有分別。尊者用錫，卑者用命。以今事證之，則正四品以上爲錫，從四品以下爲命。特今級以少爲貴，經制則以多爲貴耳。考《周禮》典命以九爲目，尊者言賜，賜即錫也。以五爲題者，舉奇而不數偶，合十八以爲九數耳。群經散見，彙爲一門，以爲修己官人之法，不敢言著書也。（《光緒井研志》藝文一，《廖平全集》第十六册第一一四〇——一一四一頁）

撰《古今學考》二卷，此書亦如《今古學考》。《今古學考》詳初變今古平分之説，此則爲三變小統大統之説，故《四益館書目》又作《小大學考》。提要云：

平初作《今古學考》，今古者，今文、古文也。二十年後講大統，乃作《古今學考》，所謂古今者，中國海外，上考下俟也。先秦以前經説，兼言海外，如《大戴禮》、鄒衍、群緯、博士，如伏、韓間有異聞。東漢以後，乃專詳海内，據《禹貢》以解《詩》《易》，鑿枘不入。迄今海禁宏開，共球畢顯，使聲名限于四海，則血氣尊親，皆成虛語，海徼自外姘攘，故各尊所聞，各行所知。《論語》"百世可知"，《孟子》曰"百世之後，莫之能違"。孔子至今，近百世矣，海外異教，不能統屬，是必專宗孔子，用帝道，兼海外，乃可莫違。或以孔子前知爲嫌，然《尚書緯》"地有四游"，鄒衍海外九州，《逸禮》之五方、五極，與今西説符合。中西未通二千年前，中國早有異聞，諸賢能知，又何疑于孔子。按：聖學以繼開爲二派，往爲述古皇帝王伯，開爲垂法全球。《今古學考》外，再撰此篇，上卷法古，下卷證今，搜采舊説，不厭詳盡，亦可謂苦心分明矣。（《光緒井研志》藝文四，《廖平全集》第十六册第一二四七——一二四八頁）

是年，專治諸子，子部著作暫附此年，有《荀子經説新解》十卷、《老子新義》二卷附《化胡釋證》一卷、《莊子新義》四卷、《列子新解》四卷、《尸子經義輯證》二卷、《陰陽彙輯》六卷附《凡例》一卷、《群經灾異求微》二卷、《陰陽五行經説》四卷、《管子彙編今證》十卷、《公孫龍子求原記》一卷、《司馬法經傳新證》二卷、《諸子凡例》二卷及廖成化《名家輯補》四卷、廖鵬《墜形訓補釋》二卷附《八星之一總論説》一卷、雷謙《吕覽淮南經説考》四卷、鄢爔《九流分治海外考》一卷、曾上源《諸子出于四科論》一卷、董含章《家語溯源》四卷,今僅附提要於後。

《荀子經説新解》十卷提要云:

《荀子》中多傳記,與兩《戴》同數篇,其明證也。篇中有《荀子》明文者,乃爲所述,與《孟子》皆爲博士所祖。考瑕丘江公學于荀子,傳《春秋》與《詩》。嚴氏可均考證《荀子》六藝皆有傳述,洵爲先秦大師。篇中所引後王,即素王,非謂時王。《性惡》與孟子各明一義,不相妨害。其于諸經隱例微旨經師所未經發明者尚多,此書專詳斯義,至于詁訓名物,則從略焉。(《光緒井研志》藝文四,《廖平全集》第十六册第一二三八頁)

《老子新義》二卷附《化胡釋證》一卷提要云:

《老子》主皇帝之學,所謂"道失而後德,德失而後仁,仁失而後義,義失而後禮",即皇、帝、王、伯之説也。所云"天道猶張弓",一張一弛。即弧矢測天法。《詩》云"舍矢如破",《易》云"先張之弧,後説之弧","三十輻共一轂",即地球萬五千里開方,所謂"輻員",《小雅》首三十篇,《國風》之三五一十五服也。或以道德流于刑名,守柔則近無恥。不知《老子》專言君不言臣,專言帝不言王。《史記》之説道家曰"無爲而無不爲",蓋無爲者君也帝也,有爲者臣也王也。《詩》主皇帝,但言道德,而以事繫王,所謂"或從王事""王事靡監"也。"不識不知,順帝之則",皆君逸臣勞,非尚陰謀,以術馭敵也。專治中國則可定一尊,治全球則當各從其便,因物付物,相時而動,無人無我,不得以無恥責之。又"聖人不死,大盗不止","剖斗折衡,而民不争",皆指皇帝,與《郊特牲》大同相合。其中薄湯武、非仁義者甚多,皆爲大統而言。竊以孔子、老子皆古之至人,盤天極地,百世可知。《老子》遠言下俟,皇帝君道,以三王説之,猶嫌扞格。乃鄉學之儒,不識此義,動欲步趨孔子,摹擬老聃,以學究而談伯王,匹夫而擬卿相,情形不合,遂轉而疑伯王、鄙卿相,其不流爲狂瞽幾希。考六藝君臣大小,各有專書,循序漸進,無須邋等。子貢之論曰:"宫牆美富,不得其門","日月高明,無階可升"。今不知宗旨而妄相比擬,不以爲寓言,則以爲幻境,豈不誤哉。是篇專以《老子》爲經説,爲大統,不許淺人摹躋,庶乎不致以己疑古聖。考太史公《六家要旨》云："道家使人精神專一，動合無形，贍足萬物，其爲術合陰陽之大順，采儒墨之善，撮名法之要，與時遷移，應物變化，立俗施事，無所不宜，旨約而易操，事半而功倍"云云，是其宗旨專爲大統君道而言。"采儒墨，撮名法"，初非專于清净、屏絶事功也。末附《化胡釋證》一卷，專詳以釋化夷，而進之以聖教，樹義尤精確焉。（《光緒井研志》藝文四，《廖平全集》第十六册第一二四三—一二四四頁）

《莊子新義》四卷提要云：

《莊子》"六合之外，存而不論"，《易》。"六合之内，論而不議"，《詩》。"《春秋》經世"，《春秋》。"先王之法"，《尚書》。"聖人議而不辨"，此《商頌》中外之分，二《雅》大小之辨也。《中庸》云："萬物並育而不相害，道並行而不相悖"，則以《帝德》篇爲主。六合以外，風土各異，東西則晝夜殊時，南北以人鬼異向，雖萬殊必歸一本，然小道致遠則泥，隨時變遷，因物應付。《莊子》之一龍一猪，即《易》之或語或默；《莊》之彼此是非，即《易》之仁知異見。其鵬之爲鳳、蜩之爲鳩，小大各盡其性，即王制與帝德各因時應變之義。至于齊物化同，非大小二統之各得其宜哉。或曰：儒道相非，何能合轍。曰：儒非不言君，而于臣爲詳；道非不言臣，而于君爲詳。史以儒爲君勞臣逸，道爲君逸臣勞。平即《莊子》所言小大、天人、王帝、九州、大塊之説，分别立表，涇渭判然。因舉《詩》《易》以解《莊子》，文義符同，珠聯璧合，即《論語》之無爲無名。其譏詆孔子，皆非正言，庶于道儒取舍同異之故，不無小補云爾。（《光緒井研志》藝文四，《廖平全集》第十六册第一二四四—一二四五頁）

《列子新解》四卷提要云：

是書分二門：一據《列子》以解《詩》《易》，與《莊子》同，以"夏革"篇爲詩之"不長夏"，以"革"專説地球；一據《子史精華》所列諸條，以《列子》爲中國之佛，爲老子化胡、以佛化夷之實證。以經統《列子》，以《列子》統佛，以佛統天方、天主，而全球諸教悉由經出矣。（《光緒井研志》藝文四，《廖平全集》第十六册第一二四五頁））

《尸子經義輯證》二卷自序云：

考《尸子》漢以後歸入雜家，劉向序《荀子》，謂尸子著書，非先王之法，不循孔子之術，劉勰又謂兼綜雜術。今綜覽全書，是爲傳經先師荀、董流亞，專綜經術，條析章句。《穀梁》兩引《尸子》之説，以解六佾、射姑來朝，是《尸子》爲《春秋》先師。考《爾雅注疏》引《尸子》至于數十條，《文選》《御覽》所引，如釋六畜等題目，“程，中國謂之豹，越人謂之貘”云云，與《爾雅》《方言》體例相同。書中稱引孔子，頌法帝王，欲求如劉氏所譏而不可得。汪繼培遂疑原書散失，未究宗旨，諸家微説，率皆探擷精華，翦落枝蔓，劉子所譏，皆在亡佚篇内。考今輯本，全爲博士以至聖爲宗，決不至如劉氏所譏。古子多矣，苟序“尸”字必係字誤。又《爾雅》郭注所引“墨子貴兼，孔子貴公”，與皇子、田子、列子、料子相提並論。經師祖孔子，不應與諸子並稱，則“孔”亦當爲誤字。不然，至聖初非一“公”字所能包其宗旨。又聖門四科，傳經爲文學科。列、莊稱法皇帝，薄仁義而詳道德，是爲德行科，所謂南面之學，宗法三皇，兼營六合，故鄙三王五服爲小言小知，宗道德則不能不傳仁義。孔子論五帝，《易大傳》詳伏羲、神農、黃帝，《論語》云“性與天道不可聞”，論帝道無爲，薄政刑而尚道德者，尤不一而足。弟子學隨其量，所得淺深大小不相同。孔子非尚三千而不及帝道。莊、列以德行爲宗，政事、言語散無統紀，惟文學科獨抱遺經，號爲嫡派，而道德之流遂別宗黃老。實則所云黃老之學，皆出于六經，不過因文學科迹近孔子，故分門別户耳。又考傳經先師各有大統之説，如《伏傳》言五極，與《山海經》同，爲《墜形訓》所本。《韓詩》説《關雎》“無思不服”，實未嘗囿于九有，特不如道家之專門耳。尸子著書，于海外帝道爲詳。如汪本下卷少昊、伏羲、神農、黃帝、堯、舜、禹采至二十五條，八極、大九州者十條。汪序云張湛注《列子》，言《列子》《尸子》《淮南》多稱其言，如《墜形訓》“水圓折有珠”一條，與“北極有不釋之冰”一條，皆出《尸子》。章懷太子注《漢書》，謂《尸子》書二十篇，十九篇陳道德仁義之紀，一篇言九州險阻、水泉所起。是《墜形訓》之文，多本此篇，故其説與鄒子、《易》、《詩》大統爲近。今因汪本，舉經傳以緯之，如八極、赤縣神州、上下四旁曰宇之類，再取其説以注各經，彼此發明，相得益彰。（《光緒井研志》藝文四，《廖平全集》第十六册第一二四六—一二四七頁）

《陰陽彙輯》六卷附《凡例》一卷提要云：

《史記·叙傳》云：“《易》著天地陰陽、四時五行，故長于變。”是陰陽家由《易》而出，爲説《易》專門，又爲帝王法天之學，以《月令》爲主，後世乃流爲機祥家耳。考《漢志》所列陰陽家，今皆無傳本。漢廷博士及先秦諸子則無人不講此學，如《大傳》《繁露》《七緯》《白虎通》，以及《管子》《淮南》《靈樞》《素問》《逸周書》，皆各有專篇，特其文散見，學者莫能詳焉。考道家者流論皇帝之道，以順天爲主。《帝典》“羲和”即《月令》之本經，亦首言法天之事。言王制者以安民爲主，言帝道者以順天爲要。今欲明《易》學，昌帝道，則陰陽一家，不容聽其散失。今故恢張舊法，立此一門，先輯經傳、子史、緯候、博士各書原文，分爲四類：言天道者爲一類，法天布令者爲一類，順天獲吉者爲一類，逆天不祥者爲一類。諸書中有文義相同者，則仿孫本《孔子集語》例，以最詳明一條爲主，餘俱低格書之。其有隱義，則間爲發明。又"律呂"一門，本爲時令之學，別取專門各書，爲之纂輯考訂。凡《易》《詩》文義，例有與此學相關者，必極爲發明，標著條目。漢師陰陽爲專家，將來重興此學，必以此書爲嚆矢云。（《光緒井研志》藝文四，《廖平全集》第十六冊第一二四八頁）

《群經灾異求微》二卷，旨在祛漢儒之術，解西人之惑，自序云：

自漢儒以灾異附會經義，遂爲世所詬病。西人精于步推，以日食、彗星皆出于一定，山崩地震，別有因由，或疑中古未精步推所致。考緯書爲群經秘鑰，乃言灾異者十有七八，此經傳大疑，不能以言語爭者也。且就《月令》考之，五害皆有一定占應，然人事與天灾不能截然相應，少一參差，動爲笑柄，則不獨《春秋》可疑，即《月令》亦可疑矣。平因考《詩》中義例，始悟五害專就政令立說，由政事而言，不必拘以天象事實。考弧矢、三角爲測天要法，《考工記》輈人大車四方三十游，上爲弧弓枉矢。《詩》云："昊天不弔，喪亂宏多。神之弔矣，遺爾多福。"《緯》云："枉矢西流，天降喪亂。"蓋帝王法天，政令須密合天度，如以人違天，經不以爲人事之差舛，而以爲天行之變亂，以人不應反天而行也。如五星應四時，春爲歲星，夏行春令，即歲星犯熒惑；秋行春令，即歲星犯天日；冬行春令，即歲星犯坺星。又如孟春行秋令，即爲正月繁霜，必時至繁霜，乃行秋令；因行秋令，即目爲繁霜，以帝王法天，萬不能當春而行秋令，必係天行愆度所致。此經傳之灾異所以專指政事，不必灾異瞬息相應，而日食、彗星果可退舍潛消也。故緯書所言灾異，皆指政令違天，禍亂應時而至；違天即所謂枉矢西流，喪亂宏多，即所謂天降喪亂也。"弔"字于文從弓從一，即弧弓枉矢，爲測天之儀器，密合則爲弔，差舛則爲不弔，合天則遺爾多福，違天則喪亂宏多。喪福之原，由于天行之弔與不弔，此弧弓枉矢所以在大車之上，而經傳灾異皆指時政違天，因致禍亂，所以儆戒人君。法天之制，必如此說，而後群疑可通，經義愈顯。（《光緒井研志》藝文四，《廖平全集》第十六冊第一二四九—一二五〇頁）

《陰陽五行經說》四卷提要云：

董子爲西漢大師，《繁露》多陰陽五行家說，非漢儒之風習，乃經傳之正軌。蓋經傳言近旨遠，多爲百世以後立法。人事變遷，不足垂法，惟天地萬古不變，故多託以立說，緯所謂萬古不失九道謀也。是經傳之言行，多指天行言，非人事矣。《論語》"四時行，百物生"，故皇帝之學多以太乙四時爲題目，此陰陽家所以爲經説專門也。是編于緯外兼録漢師説而必求驗于經。觀所論述，專在闡明經旨，非徒炫博者比也。（《光緒井研志》藝文四，《廖平全集》第十六册第一二五〇頁）

《管子彙編今證》十卷，以經世之學證《管子》。李光珠序云：

九流原出六藝，推衍咸家。孔子以前人不以著述爲事，即有亦佚而不傳，此古子皆出依託之説。又六藝傳記，弟子記録實繁。自秦火以後，咸在秘府，彼此淆雜。後來校書，取其連屬之篇合爲一書，繫以姓氏。此古子多，群經傳記不皆出于一人之説也。即如《管子》，其有管子問對之文者，皆其學者之記述，非管子手著。至無名氏各篇，則爲傳記及別家附入之文，有兵家，有農家，有法家，有名家，有墨家，有陰陽家。如《序官》《幼官》《四維》《地員》《宙合》等篇，則多爲經説，附入《管子》，故中有《詩》《書》《禮》《樂》《春秋》《易象》之文。説者以爲真管書，遂謂孔子前已有六經之教，此大誤也。今將有管子明文者，彙爲一篇爲專書，以外傳記之文則依經分彙，略下己意以相引證。其有雜入各家者，亦依九家名目，分別編定。六藝遺文墜典，附入子書，遂使離之兩傷，在經傳爲缺典，在子家爲贅文。至于九家古書多不傳，而名亡實存，故于子中創此一法。將來欲立何家，即從諸子中鈔輯，即可重興舊法。考諸子膚闊莫如《墨子》，典核者莫如《管子》，篇帙既較繁重，議論又少空言。方今時事多艱，凡關經世之務，尤爲切要。特非分類鈔纂經説時務，目迷五色，莫能詳也。如以移動各書爲嫌，則原本其在，固不相妨也。（《光緒井研志》藝文四，《廖平全集》第十六册第一二五〇——一二五一頁）

《公孫龍子求原記》一卷提要云：

名家原于六藝，即所謂堅白磷涅、白馬長馬也。學者激于一偏，不免過直，諸子所同，不獨名家爲然。是篇專引聖言，證其師法，以見名家出政事科而出。至其議論偏駁者，則務持其平。（《光緒井研志》藝文四，《廖平全集》第十六册第一二五一頁）

《司馬法經傳新證》二卷提要云：

《司馬法》乃《周禮·夏官·司馬》之傳記，非司馬穰苴之言也。其中所言典制，亦博士舊法，與《考工記》同。即古軍禮中多古典秘制，久失其傳。平因爲注，並博采泰西新法，以相印證，中國天文、地學、古籍皆與西法密合，藉以收海外新制，亦求野之意。（《光緒井研志》藝文四，《廖平全

集》第十六冊第一二五四頁）

《諸子凡例》二卷提要云：

　　平頃撰群經解説，先刊《凡例》，故于諸子亦有此作。大抵所列皆先秦諸子，入漢以後所收不過四五家。其大旨以子學皆出于四科；道家出于德行，儒家出于文學，縱橫生于言語，名、墨、法、農皆沿于政事，爲司馬、司空之流派。其推本于孔子以前之黄帝、老、管、鬻者，皆出依託。子爲六藝支流，源皆本于六經。孔子以前，無此宗派。又以諸子皆出于爲其學者之所輯録，非諸子所手訂，其中又多爲經傳記，如《管》《荀》中之《弟子職》《地員》《禮三本》之類，皆爲古書。漢時求書，藏之秘府，斷簡殘編，多失其舊。後來校書者以彙相附，凡古籍無名氏可考，概附焉。凡子書以《孟子》爲正，無一章不有孟子明文，《管》《荀》《墨》《韓》凡無諸子明文者，皆爲古籍經説，非其自撰。又諸子以道、儒爲大、小二統之正宗，其餘名、墨、法、術語多過激，如硝黄薑桂，皆爲救病之藥，矯枉者必過其正，蓋多爲海外言之。如泰西法寬，至以謀反爲公罪，非以申韓救之，不能中其病。合海内外爲九州，九流分治，亦如八音、八風各司一方一門，又如水火金木各有其用，藥非毒不能去病，諸子非偏激無以成家，言各有當，取其適用而已。其老、莊、荀、列、名家、縱橫已别有專書，其餘但有《凡例》，亦如《群經凡例》，于各書有成未成之分也。（《光緒井研志》藝文四，《廖平全集》第十六冊第一二六三——一二六四頁）

　　十二月，先生因與楊鋭、劉光第過從甚密受到牽連，以“離經叛道”革去教職，携眷回井研，門人任嶧隨行。陳浩望《民國詩話》云：

　　一八九八年，戊戌六君子被殺，廖因與楊鋭、劉光第過從甚密受到株連，後以“離經叛道”的罪名革去教職，回到井研家鄉。他閉門著書，生活全靠親朋資助。他讓孫子廖宗澤用兒童字體寫了一幅對聯：一年四季燒草草，渾身上下是灰灰。（《民國詩話》第三一二頁）

　　約在是年，俞樾致函瞿鴻禨，略論先生之學，《與瞿子玖學使》云：

　　近來新政如麻，鄙意香帥並武試於武營，最爲有利無弊。高見以爲何如。數千年典籍，皆將別裁於梁氏一人，彼所詆爲新學者，今則又將爲康學，未知誰得誰失也。本朝經學，超越元明，蓋有三派：毘陵一派，主微言大義，流弊最多，康氏之學亦出於此；新安一派，主名物制度，此其用力最勤，而實無益於當世，即如戴東原考定車制，豈能制一車以行陸乎。高郵一派，主聲音訓詁，其事至纖細，然正句讀、辨文字，實有前人所未發者。

阮文達序《經傳釋詞》曰："使古人復生，當喜曰：吾言本如是。"此雖戲言，實確論也。鄙人生平致力於此，雖無能爲役，亦有數十條愜心貴當者，使古人見之，亦當把臂一笑，乃亦時時旁溢於彼二派。然如詳考玉佩之制，新安派也，未知與古佩究有合否。即使果合，亦何用於今之世乎。又如以《王制》一篇爲孔子將作《春秋》，先自定素王之制，門弟子掇其緒論而爲此篇。蜀士廖季平見而喜之，采入其書，遂爲康氏學之權輿。雖康學非淵源於此，然高談異論，終自悔失言也。此事從未向人談及，偶因知愛，聊一傾吐，幸勿示人。(《俞樾函札輯證》第二九三——二九四頁)

蒙文通《井研廖季平師與近代今文學》云：

本師井研廖季平先生，初治《穀梁》，有見於文句、禮制爲治《春秋》兩大綱，後乃知《穀梁》之説與《王制》相通，以爲《王制》者孔氏刪經自訂一家之制、一王之法，與曲園俞氏之説出門合轍。然俞氏惟證之《春秋》，廖師則推之一切今文家説而皆準。(《蒙文通全集》第一冊第二七六頁)

張之洞延通經之士纂《經學明例》，《張之洞年譜長編》云：

十二月，梁編修致廣州楊惇甫户部電云："湖北現辦纂書事，經學依《勸學篇·守約》卷内"明例"等七條，《詩》《儀禮》已有。廣雅公最重公品學，請擇一二經先編《明例》一卷寄來。

按《經學明例》之作，始於甲午前，門人廖平爲《左傳經例長編》，先撰數條，以發其凡，而合川張森楷助之。先爲《史徵篇》，略采《史記》本紀、年表、世家各篇所用《左氏》之文及其解經之説，以折劉逢禄《左氏春秋考證》之妄。其有乖違，特申長義，必不可通，亦從蓋闕，意在申左而以史證之。見森楷所爲《合川縣志》。《易例長編》則屬之門人宋育仁，育仁在京，又屬己酉拔貢王繩生、黄秉湘、曾鑒分纂。(《張之洞年譜長編》第五七五頁)

光緒二十五年己亥(一八九九)　四十八歲

二月，赴射洪縣訓導任。

三月，子成璋生，帥出。

四月，送考赴成都。時張之洞設《正學報》於鄂。初，湖南學政江標、時務學堂總教習梁啟超在湘，盛倡新學。張患之，乃設《正學報》，電召先生及王仁堪、陳衍、朱克柔、章太炎主其事，欲以糾之。先生不果去。適門人任嶧至鄂省親，乃作一函並增補《地球新義》稿，命其持至武昌上之。張閱後以爲"穿鑿附會，趨時而作"，傳語先生用退筆。

五月，子成學補學官弟子。

是時,先生嘗欲於《今古學考》外,別撰《兩漢學案》四卷。《知聖篇》云:

宋、元、明理學家皆有學案,予於《今古學考》《古學考》外,別撰《兩漢學案》四卷,西漢主微言,東漢主大義;大義主《左》《國》,微言則主《列》《莊》。蓋《左》《國》以孔子爲述,爲不以空言説經之舊法,主持此説,必須用《論語》"好古""敏求""擇改""並行"之説。六藝雖爲舊文,孔子手定,別黑白,定一尊,凡沿革與不善之條,悉經删削,蓋于歷代美善,皆別與定一尊。如田賦取助法,夏、周皆以公田説之,而貢、徹之法不取;如譏世卿,《詩》與《春秋》同書尹氏;如行夏時,四代經文皆以夏時爲正,《周禮》仍爲"大統"皇帝之法,以《論語》"行夏時"及"述而不作"二章、"子張問十世"章爲主,擇改因革,大有經營,特本舊文,即爲述古。六藝合通,全由筆削,不可如東漢古文説,經皆文、周、國史原文,未經孔定,雜存各代,沿革棼亂。如《詩》以爲舊有撰人,可也;但既編定,則編書之意,與作者不必全同;舊本歌謡,孔修後遂成爲經。《書》本多,斷定二十八篇,則變史爲經,其與《列》《莊》分別之處,則微言派直以六藝皆新文,並非陳跡芻狗過時之物,託之帝王,即《莊子》"寓言"。如《春秋》《論語》所譏,皆爲新制,孔子以前,並無以言立教之事,周公舊制,未傳爲經。故一作一述,小異大同,亦如地静、地動,晝夜寒暑,莫不相同。二説循環,互相挽救,如古文專以六藝屬古人,不言審定折中,以新代舊,變史爲經,則其病百出,萬不敢苟同者也。(《廖平全集》第一册第三七二—三七三頁)

彙集及門諸子施焕、樊崇嘏、車有銓、周炳煜、周治棠、陶家鈺、賀龍驤、季邦俊、李邦楨、周詩、帥鎮華、姚炳文、胡翼、李光珠、白秉虔、任嶧、郭樞、張樹芬、廖承銘、陳國俊、李邦藩、李正文、陳國儒、唐佳源、李傳忠、黄鎔、王翰章、廖承、廖師政、廖師慎著述,成《及門諸子書目》一種,施焕等序云:

井研先生之摯友同邑楊静齋先達,其論曰:"四益經學美矣,盛矣。惟有三利未興,三弊未祛,終以爲恨。三利者何,一曰有王無帝,二曰有海内無海外,三曰有《春秋》《尚書》,而無《詩》《易》。三弊者何,一曰分裂六經固傷破碎,合通六藝則嫌複緟;二曰六經不能自立門户,各標宗旨,叠規重矩,勦説雷同;三曰今古相攻,同在中國,一林二虎,勢必兩傷。"楊公雖持其説,然翻古今之成案,合宇宙而陶鈞,貫串百家,自闢荒微,未必許先生之能副之也,先生則引爲己咎,誓雪此恥。初刊《今古學考》,用許鄭法別今、古,中分天下是世。唯一國不堪二主,彼此交訌,成何政體。三弊。故丁酉以後,左古右今,專宗西漢。文武墜典,薪合雒鎬,專書闢劉,語皆鐵案。然尼山宗統,固見同原,惟足以一夔,奚必重叠。一弊。以嚴、顔之法易丁、何，以齊、魯之文《詩》二家。解《公》《穀》，亦齊、魯二學。於是胡越一家，水火相濟，故《公羊》大統，假借周、召；《商頌》大統，混同荊、楚。又楊公所謂床上床、屋上屋者也。二弊。嗚呼，所謂弊者，豈易致哉。蓋嘗勞心苦思，耗精竭智，積以二十年搜索之苦功，而三弊由淺而深，按程相赴，屢自詡乎精能，悉不出其圍範。所謂道高一丈，魔高十丈者，非耶。《四益館叢書》初集，皆總論學派宗旨凡例。本欲以此求正得失，考勘從違，蜀中學人，海外老宿，其指瑕索瘢者蓋不止盈篋；師悉寫而藏之，隨加諟正。惟此大難，急欲求通，不能遽化，卸官杜門，謝絶書札，忘餐廢寢，鬢白齒落；如此又十年，專治《詩》《易》，至於戊戌，乃得大通。在先生雖猶謙遜，不以爲定説；然三弊全除，三利全興，六合以内，悉隸版輿，兩漢淵源，並行不悖，苟欲再求，恐反入歧道。惜楊公不見成書而早卒也。先生從及門之請，因縣志本編，爲《經學叢書百種目録》等；又采《縣志》提要及各序跋，以爲解題。分作四卷：一入門，二王制，三帝德，四經總。編纂已定，望洋而歎，曰：“至於今，楊公三弊庶可盡除，三利庶可備舉也乎。”《尚書》斷自唐堯，史公以黃帝不雅馴，儒者遂以三王爲斷。《易大傳》之首伏羲、神農，《五帝德》之首黃帝，顓頊、帝譽，《樂記》、郊子、《月令》、《尚書大傳》之五帝，《禮運》之大同，以爲稱引古事，於經無與，此先秦以至今，博士經生從來未發之覆也。師中分六藝，以《春秋》屬伯，《尚書》屬王，《禮》歸此統。《詩》屬帝，《易》屬皇，《周禮》歸此統，《樂》並從之。立《皇帝王伯表》，取《帝德》篇與《王制》相配，以分畫門户，各有宗旨、疆域之不同。則六藝不惟言帝，并補皇、伯，則首興利而三弊祛矣。《禹貢》言“聲教訖於四海”，博士立“王者不治夷狄”之説，故西漢十四家皆據《禹貢》立産，以爲王者方五千里；而《詩》之“海外有截”“九有又截”，《易》之“鬼方”“大同”“大川”“大人”“大過”，《論語》之“浮海”“居夷”，《左傳》之“禮失求野”，《中庸》之“洋溢中國，施及蠻貊”，鄒衍之“海外九州”者，非説以中事，則斥爲荒唐。近今海禁大開，大統之形已著，十年内，文士雅人欲於經中求鄒衍大九州之根原而不可得，則聖經終圍於五千里内，海外各邦不自外，孔子已先屏之；是可自遯於覆載之外，而祆教得反戈以相向矣。先生據《周禮》九畿、大行人、大九州即鄒衍大九州之八十一方三千里，推之《詩》《易》，若合符節；《山經》《莊》《列》，尤屬專書。因以《詩》之“小球”“大球”爲地球，別《周禮》爲大統禮制之書。與《帝篇》爲一彙。惟其專言海外，故九畿九州萬里，皆與《王制》中法不同。《王制》中國五千里，《周禮》海外萬五千里，廣狹不同，各主三經，兩不相害，不如東漢今古之説於中國並行，二書矛盾函矢，互鬬不休。必如此，内可以化今古之紛争，外可以擴皇、帝之大同，實皆因利乘便，並無勉强。六藝兼收海徼，則有海外之利，而三弊除矣。六藝既分二統，言王者爲祖述憲章，言帝者爲上律下襲；言王者爲上考三王，言帝者爲下俟百世。上考則文獻有徵，下俟則無徵不信。故《尚書》《春秋》法古之書，則文義著明；百世以後之事，雖存於《周禮》《山經》，傳之鄒衍、莊、列，而經則不便頌言質指，人人目爲荒唐幽渺。故《詩》《易》之經託之歌詠，寄之占筮，以不可明言之故。地球未明之先，以隱語射覆，《詩》《易》二經，言人人殊，不可究詰，無所徵驗，不足爲先儒咎；惟中外交通，明文甚著，則不可再作悠恍。今以《詩》《易》專爲皇、帝，專治海外，以《周禮》爲主，編輯《海外會典》一書；此書已成，再撰注疏，務使明切，亦如《書》《禮》，名物象數，語必有徵，一字難動，空言隱射，一埽而空。此《詩》《易》體格與《尚書》《春秋》不同，即帝王大小統之所以分也。《詩》《易》昭著，如日中天，別營地域，毫無轇轕，則三利興而三弊除矣。昔師作《周禮删劉》《古學考》，南皮張尚書不喜攻擊《周禮》，又謂《知聖篇》大有流弊；富順張檢討亦互相詰難；東南文士祖述《知聖篇》，其弊已著。故先生辛卯三傳定本，凡屬微言，悉從隱削；又以《王制》《周禮》分海內、海外，以帝、王二字標目，不再立今古名字。二派各有疆域，異道揚鑣，交相爲輔，既無删經之嫌，又收大同之效，當不至再有齟齬。至改制舊說，外間著有專書，違其宗旨，背道而馳。湘中有《翼教叢編》之刻，本屬憤兵，苦無深解，以此相攻，愈助其焰，特撰《家學樹坊》一編，專詳此事。此外諸弊，亦並及之。首以《孝經》者，取一貫之義：《容經》爲立身之本，機樞言行，總括禮樂，爲自修專書；帝、王二統，則以平治爲要。綜此百種，是爲大通，內以仁義爲宗，外括道德之蘊。《孟》《荀》《莊》《列》分大小，無異同；博士百家有精粗，無取捨；統以忠恕，貫其始終，下愚可能，聖人無外。信乎！定古、今之成案，擷傳記之精華，集經生之大成，開謨瀛之治統，莊生不得鄙爲芻狗，武夫不得薄爲章句，庶維新之士得所依歸。四海會同，悉本虞歌八伯；中央立極，不外祖述三王。化其狡狂，一歸平正。至於慕德遠人，大瀛蕃服，亦如天地含容，早在陶成之內；舟車所至，願抒愛敬之忱。漸悟前非，共叨新化，凡有血氣，莫不尊親。焕等先後追隨，各有年所，備聞宗旨，或代纂分篇，或編定草稿。繙檢校寫，不無微勞；博大精深，難窺美備。謹就膚見，弁諸簡端，來者難欺，知必有合焉爾。己亥十月，受業施焕等敬叙。(《廖平全集》第十五册第三六三—三六六頁)

九月，赴成都。初六日，江瀚訪先生，不遇。《江瀚日記》云：

　　酉初，訪廖季平，不遇，遂歸。(《江瀚日記》第一一六頁)

九月初八日，往訪江瀚。《江瀚日記》云：

廖季平見過,留共早飲。(《江瀚日記》第一一六頁)

九月初九日,以所撰《地球新義》示江瀚。《江瀚日記》云:

季平以所撰《地球新義》見示。(《江瀚日記》第一一七頁)

九月初十日,江瀚招飲。《江瀚日記》云:

未正,步至商務局,訪莘農、筱湄,適鳳喈、小魯亦在此,遂留飲,并招季平、燮敷。戌正歸,頗有醉意矣。(《江瀚日記》第一一七頁)

九月十二日,往訪江瀚。《江瀚日記》云:

季平來談。(《江瀚日記》第一一七頁)

九月十四日,赴商務局羅莘農、吳筱湄等之招。《江瀚日記》云:

申正,赴商務局燮夫、莘農、筱湄、剛如之招。適紫鈞在座,晤語久之,乃去。季平、鳳喈同席,杜詩笠廣文後至。(《江瀚日記》第一一七頁)

九月十八日,囑江瀚代謀教職。《江瀚日記》云:

季平屬代謀館,當復之。(《江瀚日記》第一一八頁)

九月二十一日,陳紫鈞招飲。《江瀚日記》云:

申正,紫鈞招飲,羅云五、廖季平、董璧生、劉季良同席。戌正歸。(《江瀚日記》第一一八頁)

九月二十二日,江瀚致函威遠楊佑甫,爲薦先生主講經緯書院。《江瀚日記》云:

寄威遠楊佑甫大令函,爲薦廖季平主講經緯書院也。(《江瀚日記》第一一八頁)

十月初七日,往訪江瀚。《江瀚日記》云:

廖季平教授來談。(《江瀚日記》第一二一頁)

十月十四日,以所撰《易辭詩説》示江瀚。《江瀚日記》云:

季平以所撰《易辭詩説》見示。(《江瀚日記》第一二一頁)

十月二十日,與江瀚有字往還。《江瀚日記》云:

酉初歸,季平有字往還。(《江瀚日記》第一二二頁)

十月,重訂《穀梁春秋經傳古義疏凡例》,識語云:

凡例未刊之先,已經數易其稿。癸巳刊入《群經凡例》者多字誤,今略爲補正,又加四條於後,爲丁酉以後續得之説。但雖有此義,不過詳於《易》《詩》二經中,至於三傳舊條,已成定本,於此例殊少涉,不敢因之而有移改焉。己亥十月季平識。(《廖平全集》第六册第二三頁)

《經話甲編》卷一云:

予撰《穀梁古義凡例》,修改近十次,乃成今本。此事務須隨時添改,不能先立限制,謂以後必如此用工也。(《廖平全集》第一册第一七六頁)

湖南周文焕爲刊《穀梁春秋古義疏》,擬刻《公》《左》二稿未果。《光緒井研志序》云:

明年,平自射洪歸省,舊作《三傳漢義疏證》方爲湘中書局索稿鋟板。(《廖平全集》第十一册第六九七頁)

先生既回成都,又成《四譯戎書目》一卷,"統子目共百種,中分四門:入門總類一,王道類二,帝道類三,經總類四"。叙云:

六藝至聖之六相:上天,《易》;下地,《春秋》;前後左右,《詩》《書》《禮》《樂》;六合内外,貫以忠恕、《孝經》,而無餘藴矣。海外瀛洲,雖詳《詩》《易》,與夫《莊》、《列》、鄒衍、緯侯,而無徵不信;以太史博雅,猶以爲疑,而况章句之儒,抱已守殘者哉。今古紛争,《詩》《易》之徜恍,二千年於此矣。未當其時,雖千百賁獲不爲功,幾至,則一儒夫轉之而有餘,□□一啟,美富備陳,時之爲用,大已哉。平持西漢博士説以治《春秋》《尚書》《禮》幾二十年,不敢謂全收十四博士之侵地,千慮一得,頗有自信之條。於群經傳記中,惟力攻《周禮》,與《春秋》《尚書》立異數條,著爲專書,歸獄歆、莽。名師摯友法言巽語,自詡精詳,未能翻此鐵案。丁酉秋間,宋芸子轉述南皮師寄語,所謂"風疾馬良,去道愈遠,繫鈴解鈴,必須自悟",爲之忘餐寢者累月,欲作書述懷,十易稿而不能自達,亦惟自督而已。戊戌春夏,讀《魯頌》豁然有會,乃三統之義不惟分配三經,所有疆宇亦判三等,求之《詩》《易》而合,求之莊、鄒而合,再歸而求之《周禮》,尤爲合符節。嚮求《詩》《易》義例將及十年,新思創獲,層見叠出。師中乏主,終不成軍;得此懸言,百靈會合,木屑竹頭,群歸統屬。因有前後《地球新義》二刻之作,再將舊聞加以綜核,編爲此目,以成一家之言。求之前賢,固乏全體,而鉤沉繼絕,聯合裁成,蓋無義不爲陳言,一語不敢臆造,但曰從舊,非以圖新。至於是,而九畿萬里,六義三易,化杇爲神,因禍得福,五帝所司,千里是則,血氣尊親,百世不惑者,其在斯與! 其在斯與! 或曰:《王制》之學,求之二十年而不盡,帝德之廣,尤當難慎。再易寒暑,遂定百編,速成不堅,未足爲信。曰:內外雖分,大小一致,蓄疑既深,中邊易透,聊分門徑,以卜小成。六合廣大,豈錐管所窮。維是累世不竟,古有明言。精力既銷,人事難卜;泰山梁父,崇庳不同。特掇此編,藏之家塾。瀟瀟風雨,晤對無聞,童孩課讀,示有依歸耳。天假以年,尚將修補,不敢以此自畫。況此編卒業,大約三年內可以成功,縱加以歲時,終不能出此圍範。或曰:學有三變,安知後來之無異同。曰:以《王制》言之,今、古分門此說,是今非古此說,即帝王分統,亦未嘗異焉。變之中,有不易者存。故十年以內,學已再易,三傳原編,尚仍舊貫。惟大統各經,以宗統未明,不敢編錄。名曰三變,但見其求深,初未嘗削札,則謀畫之審,差堪自信。莊子所謂乘雲御風,游於六合以外者,自揣無此才力,未敢步趨,繭絲自縛,營此菟裘,將此終老。獨是昔治二傳,隔膜《左氏》,南皮師命撰《長編》,因得收三傳合同之效;又以《周禮》之命,必求貫通,力竭智窮,竟啟元竅。一知半解,畢出裁成,事理無窮,未可以一人私見,堅僻自是。數經險阻,使得小成,編爲百種,以卜後勁。四益館主人自序。(《廖平全集》第十五冊第三七九——三八〇頁)

民國二年跋云:

　　此己亥《百種書目》原序,至今又十五年矣。自四變之後,頗有異同,略爲刪補,編爲此冊。仿《井研縣藝文志》之例,將其序跋、凡例、提要彙爲一家專書。今先排此目錄,而提要則俟嗣出焉。癸丑六月六日,四譯戚主人跋尾。因四變,乃改四益爲四譯。(《廖平全集》第十五冊第三八一頁)

　　撰《忠敬文三代循環爲三代政體論》。

　　仲冬,續成《地球新義》二十題,新繁羅秀峰刊於成都,即《知聖續篇》中所説"戊戌、己亥續有題"者,叙云:

　　博士誦法六藝,於《春秋》《書》《禮》之説詳矣。《易》《詩》迄無定論,蓋法王而不法帝,言禹州而不言海外。《易》之伏羲、神農、黃帝、顓頊、帝嚳,雖經聖論,學者屏而弗道,蓋誤於史公"言不雅馴"之説也久矣。余治《王制》二十年,於《易》《詩》終苦捍格,未能得其要領。丁酉以來,始悉帝統海邦之義,於經中分爲二統:一伯王,一皇帝;一上考,一下俟;一行事,一空言;一法文,一從質;一小道,一大統;一仁義,一道德;一博士,一道家;一法古,一居夷。六藝中分《春秋》《書》《禮》爲一派,《易》《詩》《樂》爲一派。小統以《王制》爲主,大統則以《帝德》爲主,二篇同在《戴記》,一小一大,峙立門户。今言治海外,每多非常可駭。不知海外九州,即禹州之所推廣,由小化大,其道不改。故海外之實法,即在《王制》,而不必别求新奇也。同而不同,不同而同,所謂損益可知,百世不惑者,其道不遠矣。戊戌游學珠江,與二三群從論瀛海之廣,述舟車之力,舉經傳以實其事,分題論撰,各陳所得,共二十餘道,合列傳、日記,編爲二册,名曰《地球新義》。以海客之譚引歸六藝,名雖爲新,實有不新者在焉。余未老而衰,齒摇髮白,不敢再闢新境,《帝德》一篇,將奉以終其身。夫博士詳王法,於帝德不免少涉偏枯,今爲之致力於此,敢謂因時從俗,亦聊以補博士之缺而已。時在光緒己亥仲冬,四益館主人記於射洪學署。(《廖平全集》第十册第八七—八八頁)

兹録《家學樹坊》相關者兩條,從廖宗澤之意也:

按此書有二本,一爲資州排印本,一爲新繁羅氏刊本。排印本次序由淺及深,使人易得其蹤跡。羅本原擬全刊各題,後未刊全,倉卒出書,編次無法。又如《釋球》各篇,皆缺而不載,故覽者未易得其立説次第之所以然。此當補全,别編目次,方爲善本。日前託之課藝,今則以爲自著之書。

聞南皮以此書爲穿鑿附會,因趨時而作。按除《周禮》明文、《騶衍傳》、《薛使四國日記》以外,間推説《詩》《易》。古今《詩》《易》之書,誰能免穿鑿附會之病,若欲文從字順,正蹈孟子“以辭”之譏。《詩》《易》爲俟聖而作,意在言外,故須以意逆志,乃爲得之。如但以辭,是有男女,皆爲淫奔,宋儒且優言之,此望文生訓,所以爲禍之烈。宗澤案:此二則從《家學樹坊》録出,本本書提要案語,故仍附於此。(《廖平全集》第十册第八九—九〇頁)

增補《公羊驗推補證凡例》十條。

十一月,成《齊詩驗推集説》十卷。《光緒井研志》未著録,稿爲婿陳天榘所鈔,其跋云:

《孟子》之説《春秋》曰:“其事則齊桓、晋文,其文則史,其義則丘竊取之矣。”其説《詩》曰:“不以文害辭,不以辭害志。以意逆志,是爲得之。”以《詩》之文辭比《春秋》之文。《春秋》貴取義,《詩》貴逆志,則《詩》之爲《詩》,故非尋行數墨所能盡矣。

先生自序云:

必假託虚名,存其口寄者,蓋以伐柯取則,目繫道存,小大雖殊,驗推可託。《春秋》謂之曰取義,《尚書》謂之曰雅言,即在祖述,猶雜刻索,况乎下侯堯舜者乎。……已亥仲冬。

　　　　按:此書初名《詩本義》,繼改《齊詩驗推集說》,又名《齊詩微繹必讀》。(《六譯先生年譜》卷四,《廖平全集》第十五册第五五八頁)

　　《知聖篇》云:"近日講《詩》《易》,亦群以爲言,不知實有所見,不如此萬不可通。苟如此,則證據確鑿,形神皆合,因多有後信。《詩》說改名'齊學',自託於一家,亦以'大統'之說,《齊詩》甚多,非積十數年精力,盡祛群疑,各標精要,不能息衆謗而杜群疑。昌黎爲文,猶不顧非笑,何况千年絶學,敢徇世俗之情。又初得一說,不免圭角峻峋,久之融化鋒鍔,漸歸平易,使能卒業。……自審十年以後,必能如三傳之化險爲夷,藏鋒劍刃,相與雍容揖讓,以共樂其成,不敢因人言而自沮也。(《廖平全集》第一册第三六四頁)

　　帥鎮華《答亞東折剄室主人書》云先生"近來續有新作,在《縣志》外,擬别編《縣志》未收書目提要"。(《廖平全集》第三册第一二八五頁)按所謂"新作",除《齊詩驗推集說》外,名目種數均不詳。

　　十一月,作《重刻日本影北宋鈔本毛詩殘本跋》,略云:

　　　　昔余攻《毛詩》,以序首六義之說出於《周禮》,賦、比、興三字爲劉歆羼補,意在攻博士經文不全,與《連山》《歸藏》、鄒夾《春秋》同爲僞造,又傳箋據駁《周禮》說《詩》之誤,蓋十年於此。丁酉冬間,陳厚庵大令以所重刻《日本北宋鈔毛詩殘本》三卷索序,當時以《毛詩》出於謝、衛,故久未報命。近來談瀛洲、論大統,大通《周禮》之說,乃知賦、比、興爲《國風》小名,即《樂記》之《商》《齊》;如以賦、比、興爲僞,則《樂記》之歌《商》、歌《齊》亦爲劉歆羼補乎。蓋十五國統名爲風,别有四小名:周、召爲"南";邶、鄘、衛爲"賦";王、鄭、齊爲"比";豳、秦、魏爲"興",九風分配三《頌》。邶、鄘、衛,殷之故都,《樂記》所謂商人;孔子殷人,自叙祖宗舊法,故爲賦,朱子所謂"賦者,敷陳其事而直言之也"。《魯詩》以《王風》爲魯,《齊風》言"魯道有蕩"者至於數見,《樂記》所謂齊人,荀子以周公、孔子爲大儒,皆無天下而操制作之權,孔子法周公,故以魯統比,朱子所謂"比者,以彼物比此物也"。豳、秦、魏應《周頌》,爲"興"。周實爲天子,與周、孔不同,故莊子云在上則爲二帝三王,在下則爲玄聖素王。謂周爲"興",朱子所謂"興者,先言他物以引起所詠之辭也"。《樂記》子貢問歌,言歌風、歌頌、歌大雅、歌小雅、歌商、歌齊爲六,亦與《詩》六義之數巧合。是賦、比、興爲《國風》分統之要義,不得此說,不惟無以解《樂記》之《商》《齊》,而《國風》分應三《頌》亦無以起例。是賦、比、興三字於《詩》最爲有功,爲不

可廢之説,特不可以三經三緯解之耳。(《廖平全集》第十一册第六三
一—六三二頁)

又云:

　　近人説《詩》字,每據誤本,曲爲穿鑿,使非此本原文具在,無以鉗製
其口。惜其斷璧碎珠,僅存三卷,使爲全書,其足以申明本義、破除晚説者
當不僅此。《毛詩》獨立學官者千餘年,三家早亡,講古者舍毛别無全書
可資誦習;海外古本,吉光片羽,亦當寶貴。厚菴先生博物好古;所刻各書
皆爲士林所重,此書正經正傳,篇什雖少,要不得以殘缺少之也。至得書
刊刻源委,已詳原叙,謹識數語於後,以示景仰焉。井研廖平敬跋。時己
亥仲冬,作於射洪學署。(《廖平全集》第十一册第六三四—六三五頁)

　　冬月,章太炎《訄書》成,於《清儒》第十二中稱先生之學"時有新義,以
莊周爲儒術,説雖不根,然猶愈魏源輩絶無倫類者"。(《訄書》第二五頁)

　　十一月二十三日,章太炎《今古文辨義》刊《亞東時報》,就先生《群經凡
例》《經話》《古學考》等書"偏庂激詭"之處加以駁難,詳云:

　　自劉申受、宋于庭、魏默深、龔璱人輩詆斥古文,學者更相放效,而近
世井研廖季平始有專書,以發揮其義。大抵采摭四人,參以心得。四人
者,於《毛詩》《周禮》《逸禮》《古文尚書》《左傳》,率攻擊如仇讎,廖氏則
於四知皆加駁斥,而獨尊左氏,謂不傳《春秋》,正群經之總傳,斯其異也。
其《群經凡例》《經話》《古學考》等書,雖所見多偏庂激詭,亦由意有不了,
迫於憤悱之餘,而以是爲强解,非夫故爲却偃以衒新奇者。余是以因通人
之蔽而爲剖釋焉。

　　綜廖氏諸説,一曰經皆完書無缺,以爲有缺者劉歆也。一曰六經皆孔
子所撰,非當時語,亦非當時事,孔子構造是事而加王心也。一曰四代皆
亂世,堯、舜、湯、武之治皆無其事也。一曰《左氏》亦今學,其釋經亦自造
事迹,而借其語以加王心,故大旨與《公》《穀》同,五十凡無一背《公》
《穀》也。一曰諸子九流皆宗孔子也。夫廖氏之意,特以宰予嘗言夫子賢
過堯、舜,苟六經制作,不過祖述憲章,知堯、舜固爲作者之程,而孔子特爲
述者之明,惡得以加於堯、舜之上哉。於此思之不通,則盡謂堯、舜事爲
虚,而以歸之孔子,然後孔子爲生民所未有,而群疑皆析矣。及後又得一
證,觀春秋時公卿大夫烝報殘虐,降至而秦、漢以後,斯風漸熄,則意三代
以上,其瀆亂無人理,必更甚於春秋,而堯、舜、湯、文,遂可一掃空之,至此
則其守愈堅矣。古文逸經,多謂出於周公,是則六經爲周、孔並制,孔子又
不得爲生民所未有也,於是謂逸經皆劉歆所僞撰,而孔子乃尊無二上矣。

《左氏》述當時事，有極醜惡者，亦有極嘉美者，意春秋既爲亂世，則必不得有此美談，於是謂《左氏》亦自造事迹，而非徵實之史。

九流自儒家而外，八家所説古事，雖與經典不無齟齬，而大致三代以上，聖帝明王名臣才士亦略不異於群經。且魄瑣小事，亦有與群經合者。使其各爲一術，則孔子以前，墳典具在，孔子不能焚去其籍也，彼諸子者，何爲舍實事不言而同於孔子虛擬之事乎。於是詞窮，則不得不曰莊、墨、申、韓皆宗孔子也。至此則欲擯古文於經義之外，而反引珍説於經義之中；欲擯堯、舜、周公不得爲上聖，而反尊莊周、墨翟爲大師，則亦僅可鶻突其詞，敷衍其語，而於心終不能安，於理終不能晰矣。

綜其弊端，不過欲特尊孔子，而彼此根觸，疑義叢生，故不得不自開一徑耳。

余則解之曰：孔子賢於堯、舜，自在性分，非專在制作也。昔人言禹入聖域而未優，斯禹不如堯、舜也；顏淵言欲從末由，斯顏不如孔也。此其比較，皆在性分之内，豈在制作哉。惟然，故惟宰我、子貢、有若輩親炙者知之，而孟氏則去聖已遠，未嘗親睹其氣象，故必引三子之言以爲證。若制作六經，則孟時全帙具在，以此證其優於堯、舜，自可言從己出，何必遠引三子哉。孟言伯夷、伊尹與孔子得百里之地而君之，皆能以朝諸侯，有天下，是則定太平、制禮樂，夷、尹與孔子同此能事矣，而又言二子不能與孔子相班，然則孔子之所以超越千古者，必不在制作可知也。堯、舜、周公適在前，而孔子適承其後，則不得不因其已成者以爲學，其後亦不得不據此删刊以爲群經，此猶薑桂因地而生也，而其聖自過三人，此猶薑桂不因地而辛也。夫青勝於藍，冰寒於水，知過其師，亦何足怪。

然即以群經制作言之，《春秋》自爲孔子筆削所成，其旨與先聖不同，即《詩》《書》亦具録成、康後事，其意亦不必同於堯、舜、周公矣。惟《易》與《禮》《樂》，多出文、周，然《易》在當時，爲卜筮所用，《禮》《樂》亦爲祝史瞽矇之守，其辭與事，夫人而能言之之行之也。仲尼贊《易》爲十翼，則意有出於爻象之外者。今七十子傳微言於後學，而爲之作記，則意有出於《禮》《樂》本經之外者。是故經皆孔子之經，而非堯、舜、周公所得據，然彼所以聖過數子者，當不在是。自唐以後，太學遂罷旦而記尼，亦以孔子聖德，自可度越前哲耳。豈以爲《士禮》不出周公，而《周禮》又當擯絶哉。然則孔子自有獨至，不專在六經；六經自有高於前聖制作，而不得謂其中無前聖之成書，知此則諸疑冰釋，以下無庸再解矣。

然猶必解之者，則以世儒或不明廖氏本旨，而反取其支流以爲根據也。春秋時事，穢濁不忍聞，大半皆出君相，此事非秦漢以後所無也。郡國守相，藩鎮將帥，亦與古諸侯同。特封建之世，國皆有史，故穢事流傳；

郡縣之世，非天子不得有史，故其事隱秘。不然，齊文宣、隋煬帝、唐太宗、玄宗、梁太祖及元世諸主之淫昏烝報，皆與春秋時事不殊，其君有之，而謂其將吏無之乎。封建變而爲縣，若弒君則秦漢以後，祇奉一共主，固宜其少。然郡則諸侯變而爲守令，殺守令亦猶弒君也。明亡以來，與春秋年數相當，歷數成案，戕官之事，何止弒君三十六乎；而骨肉相殘，如兩江總督噶禮之謀鴆其母者，更不足論也。要之，此在法令修明與否，而不專在教化，春秋時法令不如漢、唐、宋、明修明，故有此瀆亂事耳。若教化則猶此教化也，有此教化，而上之人不能使昭明，斯法令不修之罪也。五帝四王在上，及幽、厲以前小康之世，固無此瀆亂矣。而據此逆推，謂三代皆無教化之亂也。何其誣也。

且廖氏又曰：《山海經》，真禹制也，而《禹貢》爲孔子之書；《穆天子傳》，真周事也，而本紀多弟子所傳。夫如是，則《山經》《穆傳》所載神仙妖鬼，乃真確有其事矣。是願專此教，而反爲神仙妖鬼諸事立一實證，雖孔子亦無説以斥其誇誕也，則其説適爲淫詞助攻之柄而已矣。《左氏》借古義美詞以釋經，余亦嘗有是語。其言曰：陸元朗之叙《莊子》也，曰辭趣華深，正言若反；呂成公之論《史記》也，曰文見於此，起義於彼。以此讀《左傳》，則大通矣。然所謂古義美詞者，皆當世自有其言，特左氏綴集以釋經耳。且事本不爲經發，而《左氏》則借之以申經義，故常有文在彼傳，而實以申此經者。若使左氏自造，則不必爲此隱見回曲之辭，而不妨於本條之下直造斯語矣。且苟其古義美詞，皆非實有，則所謂烝報殘虐者，亦安足據哉。

大抵《左氏》以事託義，故説經之處，鮮下己意，而多借他處之義以釋之。故其義最爲難知，而其功亦如集腋穀材，非二百四十年之遺語，不足以回旋其意也。即孔子作《春秋》，何獨不然。苟曰撥亂世以成升平，由升平以成太平，則王者布政不過一世，而民已無不仁矣，何待二百四十年乎。惟春秋非二百四十年則行事不備，無以爲法戒，亦猶左氏非二百四十年則嘉語不備，無以相證解耳。然則孔子著經，亦若兼爲傳人地者，故曰經之與傳一體相成，共爲表裏也。若因服注季札觀樂事，云傳家據已定言之，遂謂《左氏》他事，亦皆取六經微言大義以裁成之，是則單文孤證也已矣。至三傳大旨，自有相同，而其異者終若瓜疇芋區之不可念。廖氏見近世治《公羊》者，皆明斥《左氏》，而不明斥《穀梁》，然《穀梁》之異於《公羊》，不下《左氏》，而諸儒意見偏枯如此，則不如並《左氏》而進之，且均以爲今學也。以廖氏識見卓絶處，亦正其差池處。

蓋同爲今學，十四博士，其異同猶不可更仆，如韓太傅説《詩》，《藝文志》謂其與齊、魯間不同，此即其見端也。三傳同者自同，異者自異，穿穴鑿鑿以相比附，亦何不可。要之，離則雙美，合則兩傷，調人劉兆，甚無謂也。至於諸子分流，自出疇人散亂之後，家各承其舊學，更相衍説，以成一派，與孔子何與。此不必辨者，廖氏亦不能求其安隱也。即如墨子專與仲尼立異，巧文醜詆，孟、荀皆欲放拒之，此必不能謂其宗孔也。其他雖褒貶互見，要亦如儒家之取老聃，非宗之也。宋世蘇氏，學最疏陋，以其牧豎兔園之見，謂莊周尊崇儒術。明世陋者，復揚其波，如《莊子雪》等書是矣，斯何足效乎。謂經皆完書者，以秦焚《詩》《書》，未及博士所藏耳，不知荀子言秦無儒矣。伏生適通《尚書》，其餘博士，非書通經術，彼時固以博士備顧問，非如漢博士之爲經師也。古者書無雕本，非儒生獻書，其書無由入官。《周禮》之不傳於漢初，《禮經》之有逸篇三十九，正以秦無其儒，故博士無其書耳。且鄷侯所收，止丞相御史府圖籍，此當時政書，與博士之《詩》《書》何涉。其後咸陽焚於項羽，則博士所藏，亦庸能傳布乎。以此未殺古文，未見其可也。

　　廖氏謂今文重師承，古文重訓詁。惟重師承，故不能自爲歧説；推重訓詁，故可以由己衍解，是亦大誤。大小夏侯，同出兒寬，而彼此相非。王式《魯詩》，江公《穀梁》，皆近本申公，而醜詆徇曲。至《詩緯》本於《齊詩》，而言《詩》含六情五際，絕於申，申者，謂申公也，則齊、魯《詩》亦如仇敵矣。其相忌克如此，安能恪守師説乎。苟專以師承爲重，矩尺弗違，則五經祇應有五師耳，安得有十四博士乎。古文之訓詁，如《周禮》杜及大鄭等注，在今日視之爲平常，不知當時鑿山通道，正自不易。蓋此諸家未言章句義理，惟求其字句之通，正如今日校勘家，彼此參稽以求通其所不可通。迫其左右采獲，徵結盡解，則嶷然塙斯而不可變，非如今日專執小學以説經者，必欲皮傅形聲，舍其已通者而爲之別求新説也。此訓詁之所以是重，而非穿求崖穴者所可擬矣。訓詁既通，然後有求大義者，異義所載是也。然賈、馬、許、鄭皆古文，而説亦有異，此正與十四博士之異義相似。今古文皆然，何獨謂古文不重師承乎。

　　今觀廖氏所論，其於《公羊》，則不取劭公日月之説，即董生《繁露》，亦有不滿，且並王魯之説駁之，則大義亦與先師迥異，而猶謂今文重在師承，恐己於今文，已不能重師承矣。若曰吾所言者，與經悉合，經旨自如此，故不敢屈經以從先師也，則何責於古文家哉。

　　若曰：吾所言者，獨合於經，而古文家獨否，則深於古文者，亦正有辭以禦之耳。至不守先師微言大義之師承，而獨守經皆完書之師承，則仰梁自思，當亦覺其可哂矣。

　　總之，廖氏之見，欲極崇孔子，而不能批却導竅以有此弊。尋其自造六經之説，在彼固以爲宗仰素王，無出是語，而不知踵其説者，並可曰孔子事亦後人所造也。噫嘻！槁骨不復起矣，欲出與今人駁難，自言實有其人實有其事，固不可得矣。則就廖氏之說以推之，安知孔子之言與事，非孟、荀、漢儒所造耶。孟、荀、漢儒書，非亦劉歆所造耶。鄧析之殺求尸者，其謀如此；及教得尸者，其謀如彼。智計之士，一身而備輸、墨攻守之具，若好奇愛博，則縱橫錯出，自爲解駁可也。彼古文既爲劉歆所造，安知今文非亦劉歆所造以自矜其多能，如鄧析之爲耶，而《移讓博士書》，安知非亦寓言耶。然則雖謂蘭臺歷史，無一語可以徵信，盡如蔚宗之傳王喬者亦可矣。而劉歆之有無，亦尚不可知也。嗚呼！廖氏不言，後之人必有言之者，其機蓋已兆矣。若是，則欲以尊崇孔子而適爲絕滅儒術之漸，可不懼與。

觀廖氏書，自謂思而不學，又謂學問三年當一小變，十年當一大變，知其精勤虛受，非鹵莽狂仞者比。今於尊崇孔子一案，既爲解明如此，則諸論皆不必發。吾甚願廖氏之大變也。若夫經術文奸之士，藉攻擊廖氏以攻擊政黨者，則塯井之黿，吾弗敢知焉。(《中國近三百年學術史論》第五〇—五六頁)

歲末歸井研，適《光緒井研志》刊成，乃得盡讀之。《光緒井研志序》云：

明年，平自射洪歸省，……而是書適於同時刊成，平乃得盡讀之。(《廖平全集》第十一冊第六九七頁)

成《周禮鄭注商榷》二卷。先生於三傳舊注，皆先有糾正之作，故此亦先作《商榷》二卷，然後撰《義證》。自序云：

鄭君一生撰作，以《周禮》遍說群經，是其巨誤。如內政修明，猶可言也；進而求之，則千瘡百孔，疵謬叢出，既不能自立，乃欲攻人。考六朝鄭學盛行，學者推奉，幾同思、孟。老師宿儒，依附門牆，託以自重；新進後學，震于俗習，莫敢誰何。即間有諍友，亦毛舉小故，率意吹求，愈覺泰山之難撼。至于近代李兆洛、魏源訟言攻擊，肆口操莽，然但譏其變亂家法，所以然之故，得之甚淺，言亦不深。考經文之可疑，實鄭君誤解之過，則欲通全經，不得不力袪誤說。鄭君名譽甚高，非著專書，逐條鋪陳，無以饜服衆心，迴其觀聽，故先作《商榷》二卷，然後乃撰《義證》。

提要云：

四益三傳，皆于舊注先有糾正之作。己亥于射洪成此編。……考《周禮》鄭注，古學以爲根本，而鄙《王制》。經傳周人言周事，則無一不與《王制》同，而與《周禮》反，則疑《周禮》者固學人之同心。惟其事體繁重，牽涉巨艱,望而生畏,亦自相安,而不敢發難。或則先入爲主,以爲鄭君所不能通者,必係本不可通,亦必無能通之望,所以相顧徬徨,俯首受命。平始而今古平分,繼而是今非古,爲一州封建,必須推詳,豈可如此闕略。諸如此類,深中要害,綱領已謬,則細節可不論矣。平別推新義,爲之補足。觀其《義證》,制度明備,則不徒以攻人爲能事,信乎其爲稱心之著矣。(《光緒井研志》藝文二,《廖平全集》第十六冊第一一七五頁)

成《緐譯名義》六卷,提要云:

緐譯有縱橫二派,通絶代之語。如《王制》四方譯官,子雲《方言》,此橫派也。通古今之異語,《班志》“《尚書》讀近爾雅”,通古今語而可知。《論語》“雅言《詩》《書》,執禮”,東漢以下用注解,西漢以上則直改寫其字。孔安國以隸古寫定《尚書》,《史記》之改易經字,此縱派也。此書則專爲《詩》《易》而作,以海外八州山水、陵澤、川境、部落、種族,古如《山海經》,今如《海國圖志》,凡異名種族,經中不能直録其名,又其地名、部落有音無字,隨時更改,于是創爲緐譯之法。《穀梁》言緐譯例,曰物從中國,名從主人;《公羊》曰地物從中國,名從主人。是海外山水、方部可以中國罕譬者,則直以中國稱之。如《魯頌》“至于海邦,淮夷來同”,淮水在徐州,海邦何以更名淮夷,則以中國九州,淮在東南徐州,大統東南揚州,夷可從中國稱之爲淮。又如《商頌》“自彼氐羌,奮伐荆楚”,以荆楚、氐羌爲夷,乃《春秋》之專説。荆楚、氐羌皆在《禹貢》九州内,據《禹貢》則已不能外之,何况大統萬五千里開方者乎。然則氐羌即西半球,荆楚即南半球。以中國小九州緐譯海外大九州,《詩》《易》所言,大都如此。今故于《詩》《易》大統爲此專書以發明之。中國九州已詳于《禹貢》,即謂《職方》所言,皆爲緐譯,亦無不可。由此推,江漢即西半球,淮夷即南半球,九州南山、北山即南極、北極。據小九州之水地、部族以推大九州,固無不合也。(《光緒井研志》藝文二,《廖平全集》第十六冊第一二〇七—一二〇八頁)

先生以爲:

識古今之異語,通華夏之方言,古人翻譯,三代所重也。自漢以來,唯辨中外,不達古今。釋藏、洋書,同文盛典,而古書則皆用漢本,不敢改字,其故何也。箋注之興,起於漢代,周秦以上,通用翻譯,凡在古語,都易今言,改寫原文,不别記識,意同於箋注,事等之譯通。上而典章,下而醫卜,莫不同然,事既簡易,語便通曉。故《靈樞》《素問》語雖淺近,而實爲黄帝之書。先師世守,口傳積變,語有今古之分,意無彼此之别。博士所傳《尚書》，已多變易，刊定《石經》，經本乃定。史公本用今學，而所録《尚書》文多易字，或以爲以注改經，不知此古者翻譯之踪迹，改寫之模準也。伏生《尚書》與古文不合，則由伏生所改也。後來《古文尚書》不能讀，則以漢不識周語也。隸古定寫本以今文準古文，是以今文翻譯古文。使非由今文翻譯，則不知作何語也。今文以外所多之篇，或以爲漢人不識古字，故不傳；或以爲無師説，皆不然。既識其字，均通其語，何待師説，乃可相習乎。《尚書》唐虞之文，平易過於殷周，歷時既遠，而文同一時，或且難易相反者。古人讀書不如今全篇巨帙，木札竹簡每以一篇爲終始，《論語》之言《周南》《召南》，《禮記》之言傳《士喪禮》是也。凡名篇要義，則習者多；僻文瑣典，則習者少。習者多則改本數變，故文最平常；僻篇則習者少，少則未經改動，即改而未至大變，故文多難讀。《尚書》文之難易，不拘前後，而以篇之有名、無名爲斷，正以習者有多少之分也。漢以後經尊，經尊則不敢改其字，而别爲箋注。自箋注既盛，後人其心，讀《堯典》則以爲字字皆堯史官所手訂，《禹貢》則以爲字字皆大禹所校閲，人心囿於所習，不能推見古昔事，宜經術之日下乎。（《經話甲編》卷一，《廖平全集》第一册第一八二——一八三頁）

又云：

今古本之異同，翻譯也；三傳之異文，四家《詩》之異文，翻譯也；今文與今文異，古文與古文異，翻譯也；引用經字，隨意改寫，翻譯也；同説一事，語句不同，翻譯也；詳略不同，大同小異，翻譯也；重文疏解，稱意述義，翻譯也。苟能盡翻譯之道，則又何書之不可讀哉。（《經話甲編》卷一，《廖平全集》第一册第一八三頁）

作《論詩序》《續論詩序》《牧誓一名泰誓考》《十翼爲大傳論》《山海經爲詩經舊傳考》《忠敬文三代循環爲三等政體論》等。《論詩序》力主《詩》古無序，序後出。據本詩自有序之説，據《班志》三家采《春秋》，録時事，非其本意之語，謂以序説《詩》，皆出漢以後經師之推衍，人各一解，徒滋聚訟。諸子所傳五見，有復先師所習，皆在義例而不在時事。三家雖本有序，原不以序重。《毛序》用《周禮》六義三説，乃東漢古文家仿《書序》而作。本詩自有序者，如"吉甫作頌，穆如清風"，"悠悠南行，召伯勞之"之類。又當合數篇爲一類，不可分篇立序，如《儀禮》《左傳》《國語》，所歌所賦，皆以三詩合爲一篇是也。按：此處文字本廖宗澤《六譯先生年譜》，然所引之文與《論詩序》有異。今人整理年譜未與原文校核，今參用之。又曰："因晚序之多，知《詩》本不重序；因《詩》之本無序，可知爲知來而作。"（《廖平全集》第十一册第四九二頁）别撰《詩文辭逆志表》二卷，明序不足從。《序詩》一卷，仿《説卦》例，以收篇章貫通之效。《三家辨正》二卷附《毛證》一卷，以申序不足據之説。《詩文辭逆志表》

自序云：

　　《孟子》引孔子之論《春秋》曰："其事則齊桓、晋文，其文則史，其義則某竊取。"説《詩》則曰："不以文害辭，不以辭害志，以意逆志，是爲得之。"言《春秋》者以義爲斷，而事、文皆在所輕。説者因《毛詩》有序，謂三家亦有序。今考《關雎》先儒之説，或文武，或宫人，或畢公，或康王時，甚以爲刺詩。考三傳雖分，名物大綱，莫不皆同。縱有齟齬，亦不至是。《詩》則一家同門，又各互易，始悟序非子夏所傳，故隨在推衍。至于名物、禮制，則無不從同，班志譏序爲非本義，是也。惟四部著録之書，莫不用序，必盡廢其説，則争辨者多。今故編爲此表，首列諸序，毛、朱、齊、魯、韓、雜家、僞端木序、僞申培傳，共八家。後儒之説統入雜家次格，辭則名物之訓解，舊新各占一格，以相比較，終折之以義，亦如孟子説《春秋》事、文、義之分。既經孔修，則我用我法，不拘晋楚之得失，無論魯史之文質，所謂精思渺慮，發于胸中，游、夏不能贊一辭者也。按：以序説《詩》，人各一篇，篇各一解，一國三公，各自爲政，則聖作之經，直如村塾之詩選，甚至先後參差，彼此出入，游蕩倡和，市井瑣談，皆登簡牘，豈非聖經之大厄哉。必深鑒以序説《詩》之弊，而後知經爲聖作，别有微旨。序説可以斷絶，微言必須貫通。既出聖裁，則一字一句，悉出聖心，自始至終，如同一貫。故樛、喬即屬二公，雎、鳩即爲周、魯，彼此相通，前後一致，所謂篇如章，章如句，不惟自通于本經，兼必旁合于《易》象。本義謹嚴，未便旁及，故專述此編，發明斯例，即以發在昔之微言，並以解世人之疑惑。苟深覆乎舊文，必相引爲知己。如其堅持己見，即毛、朱二家已不勝其佐鬬之勞。不食馬肝，未爲不知味。各尊所聞，各行所知，固不强人以就我也。（《光緒井研志》藝文一，《廖平全集》第十六册第一一五〇——一一五一頁）

　　《序詩》一卷提要云：

　　《易》有《序卦》，《説文繫傳》曾仿其例，以序五百四十部首，雖無大精義，然篇次藉以可循。考古《詩》説不分篇立序，多以三終爲例。毛序人各爲詩，篇各爲序，凌亂分裂，其弊不可深言。欲觀合通，非仿《説卦》，别爲《序詩》，不足以收篇章之效。故别爲此篇，多以三終爲一，首尾貫通，前後相配。觀于此，然後知《詩》必分篇，篇必一序之爲誤説也。（《光緒井研志》藝文一，《廖平全集》第十六册第一一五二頁）

　　《三家辨正》二卷附《毛證》一卷新繁羅煦序云：

　　考班氏《藝文志》以三家采《春秋》，録時事，咸非其本義，知三家本原，不以序爲重，故班有是説。三家同説一經，而各立異同，又同是一家，亦自相違反。知《毛序》由古文家仿《書序》而作，皆出東漢以後，若三家則有説無序。故一詩之序，至于七八見，言人人殊，決非子貢所傳矣。乃《唐書·藝文志》有《韓詩卜商序》一卷，必後師仿《毛序》爲之，妄稱子夏。《唐志》無識，誤仍舊題。古果有是書，何唐以前不見稱引。或據《獨斷》引《詩序》，以爲《魯詩》亦有序。按：《獨斷》之文，惟此節獨繁，與前後文義不類，當是後人據《毛序》補注誤入正文者，不必《魯詩》原文，故古義中不用諸序。以其説繁雜無所適從，故《逆志表》歸之事例，同列者共八家，是非自顯。至于《毛序》，則據《周體》六儀之説，必出東漢無疑矣。《史記》言諸經傳授源流，惟《易》可考，大小毛公出于陸璣，皆後人仿大小夏侯、大小戴而誤。今本小序爲衛宏據《周禮》而作，《周禮》未出之先，絕無六義賦、比、興之説。傳即謝曼卿之訓，亦襲《周禮》《左傳》説，與杜林《書訓》、先鄭《周禮訓》但明訓故體例相同，皆古文弟子推《周禮》以説《詩》《書》，非西漢以前之本。劉歆移書、《後漢·儒林傳》所稱《毛詩》，皆屬後人校補。朱侍御蓉生與某人書論《毛詩》多誤，核其數皆爲溢出，爲校史者所補，已有明説。近賢陳奐作《毛詩傳疏》，意在尊毛舍鄭，乃因陸氏淵源，誤引《荀子》，遂將博士禮制任意牽引。不知序傳于博士舊説固一字不容出入，明爲尊毛，實自決藩籬，全不識鄭箋本意。井研先生博采古説，輯爲此篇，與所刊《古學考》互相發明，考證精核，足破舊疑。試考前賢之論，然後知其非好奇喜創也。（《光緒井研志》藝文一，《廖平全集》第十六冊第一一四七—一一四八頁）

　　《牧誓一名泰誓考》以秦漢以前引《大誓》者十五見，而《牧誓》不見引用，可知古名《大誓》，不名《牧誓》，《牧誓》乃別名，如《甘誓》之以地爲名。西漢博士得《大誓》傳説，合二十九篇，遂使《牧誓》《大誓》經與傳分爲二篇，僞序亦遂有二。《周本紀》之六十七字乃史公隱據《牧誓》之訓説，古文家因以爲《大誓》，別錄經全文以爲《牧誓》，甚誤。如《堯典》外別立《舜典》，僞古文又搜輯佚文別撰三篇。不知博士所得乃事傳，《孟子》《禮記》《左》《國》諸書所引乃經文師説，故二者文義不同。孫星衍《今文注疏》又搜采西漢本逸文，於《牧誓》之先補《大誓》一篇，其文與《牧誓》及史傳、《尚書》相出入，非《牧誓》異文，則克商之傳説又誤中之誤矣，因立十四證以明之。

　　作《王道三統禮制循環表》二卷、《四代無沿革考》二卷、《山海經補畢》四卷附《古制佚存》四卷。陳家瑜《王道三統禮制循環表序》云：

　　　師持六藝無沿革例之説，或以傳記有四代異制，與三統循環舊説爲疑。按此蓋不變之變，又變而不變者也。考六經既立，百世莫違，然改姓異代,必有變更,故有三統循環之説。乃于定制之中,別創三等變法,所謂三代者,乃法文、法質之後王,不謂古之夏、殷、周也。變其名而不變其實,故可以循環。其別爲三統,是變也;可以循環,則變而不變。明堂,定制也;或圓,或方,或橢,則別爲三。正朔,定制也;或子,或丑,或寅,則定爲三。社必樹木,定制也;或柏,或松,或栗,則別爲三。凡屬可以循環,皆爲此例。此六經之專説,文不見經,而附經以行者也。至于傳記、諸子所有不可循環者,則間爲實事。如官之五十、百、二三百,税之五十貢、七十助、百畞徹,夏喪三月,周喪期,夏四廟,夏末五,殷五廟,殷末六,周六廟,皆從質而文,由少而多,既已文明,不能反質。此乃三代真制,不能相同。然三代軼事,與經文不皆合。如夏喪三月,周喪期,《孟子》"魯、滕先君莫之行",而《帝典》已云"三載四海遏密八音",此實事異經者也。夏官百,殷官二百,周官三百,此沿革也。經則自《帝典》以至《左》《國》,皆用三公九卿之説,此事實不合經制者也。《孟子》所引之貢、助、徹,三代不同,而經則專取助法。周徹無公田,《大田》之詩有之,此經擇善而從。《孟子》據之立説,尤爲明白顯著。今于四代真制與經制不合者,統歸于古制佚存中。此表專就經説中周以後法夏、法殷、法周之三代可以循環者,以見其變而不變,而決非孔子以前真三代之制也。學者必通此義,然後與無沿革之説並行而不悖,且互相發明也。(《光緒井研志》藝文一,《廖平全集》第十六册第一一三七——一一三八頁)

帥鎮華《四代無沿革考序》云:

六藝擇善而從,固古今通論也。自東漢古文家割裂六藝,分屬周史,於是創爲沿革例。如建州以堯爲十二,禹爲九;《爾雅》爲殷制,《職方》爲周制,魏晉下以爲定論。師於《地球新義》刊有《九州四代無沿革考》,竊以孔子作經,垂法百世,使兼存四代異制,則群儒會議,各主一家,事雜言庬,徒爲紛擾,則經制不當有沿革,一言可決。或曰:信如是説,則《白虎》何以有異同,五經何以有異義。決黑白而定一尊,乃商鞅一定之法,非六經之宗旨。曰:信如斯説,是議瓜乃儒門正法,食肝爲博士拘墟矣。嘗考六藝,推之《左》《國》,下及秦漢諸子,典章制度,大綱巨領,無不同也。師法之存者,《繁露》《外傳》《大傳》,其同固不具論。即以《尚書》言之,其説《典》《謨》與三代同,無所謂沿革。即《左》《國》詳述周制,與《典》《謨》之文亦絲絲入扣。又嘗即《白虎通義》考之,雖本文不標學目,陳注略具梗概,大抵所爭者皆經無明文。先師以意推演之條,至於大綱,無異同也。又即《五經異義》考之,今輯本共百五十餘條,所論雖多綱領之文,大抵今與今合,古與古合,是古文與博士立異者,惟誤説《周禮》數條耳。《左》、

《國》、馬、鄭雖牽入古學,然其制度無一不與博士合。蓋説經必定一尊,遇有盤錯,刻意求通,久則自明。若如鄭説,或周、或殷、或虞夏,所謂此一是非,彼一是非,皆以不解解之,使人無復潛心深考。唐宋以下,深蹈此弊。苟專心致志以求通,不惟《戴記》所謂虞夏殷制合於經,即《周禮》原文亦同經制也。或曰:《易》之爲道,一咸一恒,一貞一悔,守一不變,無乃非反復變易之説乎。曰:此篇專明貞恒,至變通則《四代循環表》詳焉。交相爲用,常變之道盡此矣。(《光緒井研志》藝文一,《廖平全集》第十六册第一一三八—一一三九頁)

《山海經補畢》四卷附《古制佚存》四卷提要云:

《四益文集》有《山海經論》,以爲即鄒衍所傳,爲《詩》《書》專説。"五山"即《詩》之南山、北山、東山,"海内"即詩人之"奄有九有","海外"即《詩》之"海外有截","大荒"即《詩》之"遂荒大東"。浙中吴承志新撰一書,欲以全球諸國證明《山海經》,惜未能引以説經。今據《月令》《尚書大傳》《逸禮》《淮南》所言五極帝神,《海外四經》勾萌、祝融、蓐收疆域相合,引《詩》以相證。又此書於海國多稱民人,《詩》之"蒸民""下民""下國""王國"皆指是也。《墜形訓》言海外三十六國,古書有"七十二民"之説,大抵謂海邦也。平此書於經證頗詳,足補畢氏不備。餘詳序例。(《光緒井研志》藝文三,《廖平全集》第十六册第一二二二—一二二三頁)

按:此三書作於《地球新義》已成之後,《光緒井研志》付刊之前,故附此年。

先生嘗擬以三統立爲一專門,先就各經立表,考其同異,更輯傳説之有明文者補之,以爲一類。然後掇拾群經異義,可以三統説者,歸爲續表,而《四代真制表》附於其後,總爲一書,名曰《三統》。《知聖編》云:

三統以《尚書》爲本,乃經學大例,觀《四代禮制沿革表》《三統禮制循環表》可見。先儒雖主此説,於經少所依附,今按其説,當於《詩》《春秋》中求之。四代無沿革,而名號小有異同,此即三統例之大端,至於服色、牲器,猶其小焉者矣。董子云九而易者,大九州、九洛、九主之説也;五而易者,五帝循環、《小雅》五際説也;四而易者,《尚書》説也;以三而易者,三《頌》説也;以二而易者,《魯》《商》中外文質説也。今以三統立爲一專門,先就各經立表,考其同異,更輯傳説之有明文者以補之,以爲一類。然後掇拾群經異義,可以三統説者,歸爲《續表》,而《四代真制之表》附於其後,總爲一書,名曰《三統》。不惟經學易明,而孔子"百世可知"之意亦見矣。今已改三統不能循環者,爲《三世進化表》矣。(《廖平全集》第一册第三四六頁)

又云：

　　三統立説，孔子時已然，非後儒所附會。如宰我言社樹，《戴記》中所引孔子言四代者是也。《王制》《國語》《祭法》廟制，與《春秋》《詩》《孝經》時祭，皆當以三統説之。既知此非真四代制，又知此爲百世立法，又推本經書爲主，以收傳記之説，更推考異義以化畛域。此例一明，而群經因之以明矣。（《廖平全集》第一册第三四六——三四七頁）

　　彙集尊經、九峰、藝風、家塾諸題，編爲《經課題目》二卷，提要云：

　　平昔年分校尊經，每試題目，刊給學者。近輯所刊《經學目録》爲上卷，再以九峰、藝風、家塾諸題編爲下卷。考平經學數變，遇有疑義，即標題以相考核，成書多而且速，實由於此。群經宏綱巨例，領悟爲難，此篇舉要示目，谿徑易循，初學依目程功，最爲切用。（《光緒井研志》藝文二，《廖平全集》第十六册第一二一〇頁）

　　廖師政《四譯館經學穿鑿記跋》云：

　　（四譯）裏校尊經，當時應課者常二三百人，分經立課，用志不分。每課題目由數十道以至百餘道，率皆大例巨疑，經衆研究堅確不移者，乃據爲定説，否則數變或數十變而不止。（《廖平全集》第二册第八〇九頁）

　　囑門人成都劉鼎銘合撰《容經韻言》二卷、《婦容韻言》二卷。先生自序云：

　　漢初徐生習容，與《禮經》並重，蓋儀爲“禮儀三百”，一云《禮經》容爲“威儀三千”，一云《曲禮》二家，一綱一目，相合而成。禮學必先於習容，猶治經者必先識字，一定之法也。考《容經》以五事爲經，志、色、言、視、聽，即《洪範》之五事；以六儀爲緯，朝廷、祭祀、賓客、喪紀、軍旅、燕饗，即《周禮》之六儀。五事、六儀爲立身行己之要務，體國經野之大端。故《禮記》所載，節目最爲詳備。以《論語·鄉黨》篇尤爲專書，其於日用人倫，在諸經爲切要。經僅存《賈子》，漢以下無有過而問者，不亦可怪痛哉。今於《賈子》中別出刊行，附於《儀禮》後。《群經凡例》中曾刊行其講求之法。考此經切近行習，須臾不可離，乃棄而不講。至《論語》微言大義，本非訓蒙者，則皆以村塾之説爲宗旨，不惟不得《容經》之效，因而害及《論語》《中庸》諸書，尤爲庠序誤中之誤。考西人身操之學，中士震爲新奇，以爲關於人材盛衰、國家强弱。舍自己之寶藏，而羨人之帛粟，非中土學人之過乎？平戊戌在資中，屬龍鳳翔纂輯諸説，未能排比。己亥，乃以屬成都劉仲武鼎銘訂爲韻言之法,爲童蒙誦習之本。誦習韻言,而以傳記爲注。注不易解,又加以説。分門別類,不妨割裂原文,亦使便於記誦,以視朱子《小學》較爲明切。五事自修,六儀用世,根原支節,悉且此編,未可以其淺近而忽之也。(《光緒井研志》藝文二,《廖平全集》第十六册第一一六七——一一六八頁)

又有《四益館文編》十卷《駢文》二卷《師友跫音》八卷,提要云:

平論古文,嘗非薄桐城,欲別樹一幟,與姚氏敵,以矻矻治經,未暇專精爲之。集中所存,皆無意行文,而古趣盎然,不假雕飾,良由浸漬者厚,故不期工而工也。《師友跫音》則海内耆儒名俊與平往復論學之語,資於經學最多,蓋魏了翁《師友雅言》、全祖望《經史答問》之類,不僅如顔氏家藏尺牘、近人八賢手札,取資記室也。(《光緒井研志》藝文五第九頁)

先生戊戌既爲大統之説,截至本年,已成未成之書,除前載各種外,據《光緒井研志》藝文志及《四益館經學目錄》所載,尚有《易經古義疏證》四卷、《詩緯古義疏證》八卷、《詩緯經證》二卷附《樂緯經證》一卷、《董子九皇五帝二王升降考》二卷、《顛倒損益釋例》二卷、《數表》四卷(署廖師慎)、《文質表》二卷(署曾上潮)、《詩經釋例》四卷(署劉兆麟)、《學詩記聞》二卷(署廖宗濬)、《説詩紀程》十卷(先生草定凡例,命師慎將黄鎔等卷及會講彙爲此編)、《詩易相通考》二卷;《光緒井研志》藝文一。《學禮知新考》四卷、《大戴補證》四卷(署胡濬源)、《公羊先師遺説求真記》二卷、《三傳膡義》四卷(署曾大銓)、《三頌十五國託音取義表説》四卷(署廖宗濬)、《諸緯經證》七卷、《經説求野記》二卷;《光緒井研志》藝文二。《逸周書經説考》二卷、《皇帝三統五瑞表説》二卷、《五極風土古今異同考》四卷(託名朱芝)、《春秋驗推》四卷(託名李鍾秀)、《皇帝政教彙考》十卷(託名李鍾秀)、《釋周》一卷(託名廖德鈞)、《中外文質考》三卷(託名朱芝)、《海外用夏考》二卷(託名席上卿)、《全球古今政俗考》二卷(託名陳天澤)、《帝繫篇補釋》一卷(託名曾上淵)、《魯齊學淵源考》二卷(署廖師慎)、《覺覺二篇》二卷(署丘廷芳)、《三游紀略》一卷(署席上卿)。

又有《三傳事禮例折中表》三卷、《穀梁釋例》四卷(署胡濬源)、《孟子直解》七卷、《爾雅釋例》一卷、《經解輯證》六卷;《光緒井研志》藝文二。《史記經説補箋》十卷(署楊楨)、《前漢律曆志三元表説》一卷、《兩漢經説彙編》二卷(署曾上林)、《禮三本補説》二卷(署董含章);《光緒井研志》藝文三。《太玄釋例》一卷、《大乙下行九宮説例》一卷、《天玉寶照蔣注補正》二卷、《疑撼經訂本》二卷(署董含章)、《地理辨正疏補正》二卷(署廖師慎)、《蔣注辨謬》一卷(署陳天榘)、《顛倒順逆釋例》一卷(廖鵬承命分撰);《光緒井研志》藝文四。
《漢四家集注》八卷、《讀選札記》一卷、《雙鯉堂課鈔》一卷。《光緒井研志》藝
文五。

　　命子師慎編《家學紀聞錄》四卷、《家學求源記》二卷。《家學紀聞錄》提
要云:

　　　　四益每立新解,輒求駁議,丁酉以前未定之説,悉經改正。近來《詩》
　　《易》卒業,乃以帝、王二派爲歸宿。許、鄭駁義,朱、陸異同,鄉人擬爲《正
　　楊》之作。書未殺青,故四益命師慎輯爲此編,凡南皮、湘潭、錢塘、鐵江、徐
　　山。邛州諸老之議論,以及江叔海、陸異之、周宇人、吳伯傑、岳林宗、楊敬
　　亭、耿焕卿、楊雪門、董南宣、吳蜀尤、龔熙臺、吳叔籌之撰述,周炳煃、王崇
　　燕、王崇烈、施焕、帥鎮華、李光珠、陳嘉瑜、黃鎔、賀龍驤、胡翼、白秉虔、彭
　　堯封、李傳忠、羅煕、曾上源、李鍾秀、劉兆麟等之問難,外如《亞東報》《湘
　　學報》《翼教叢編》,雖不爲四益發,宗旨偶同,亦引爲心谷。序謂置之座
　　右,以當嚴師,務求變通,以期寡過。竊四益開創新門,一掃舊案,許、鄭既
　　有詰難,班、何亦多星誤,旗鼓自標,矛矢群起,高明鬼闞,固是一途,而風
　　疾馬良,去道愈遠,微言久絕,得失無徵,與其非常之可駭,何如繩尺之是
　　循。《勸學篇》欲假西報爲諍友,是編所錄,不癒於西報乎。且閻書久爲
　　定案,毛氏《冤辭》已譏自供。鄂中洪侍御猶專著一書,畢生自喜,彼此是
　　非,何有一定。要之,寸心得失,真僞難欺,後賢不遠,姑俟論定可也。
　　(《光緒井研志》藝文四,《廖平全集》第十六册第一二四一頁)

　　《家學求源記》二卷提要云:

　　　　昔鄭同撰《鄭志》,以明家學立義本源,師慎此書私淑其意。考平經
　　説,初用東漢今古分門,繼治西漢博士,終以皇帝大統,先秦莊、鄒爲歸。
　　考古文學以經爲殘,六藝歸本周公,諸義從東漢以至乾嘉,更無異同。道
　　咸以來,陳、李諸家始標異幟。平之學派,蓋亦風會所趨,窮而反本,非好
　　奇僻,以自矜炫。惟博士舊法,蒙蝕已久,平鈎沉繼絕,具有苦心。學者自
　　習所聞,先入爲主,莫不詫異。即二伯方伯一條,各經傳記,明文具在,或
　　亦斥爲一家私説。師慎以趨庭所聞,略仿《鄭志》,撰爲此編。首標平説
　　新義,次乃臚列經傳、子史、緯候、博士舊説以明之。其自序云"求之今無
　　一義不新,於古無一義不舊"者,非虛語也。竊考四益各經義例,刻意求
　　深,推擴補綴,誠不無斧鑿痕然。顧炎武、閻若璩於群疑衆謗之中,卓然自
　　立,事久論定,靡然相從。江、錢、孫、王,當時各得盛譽,後賢踵事,遂成芻
　　狗。昌黎論文,不顧非笑,非才力橫絕,固不能超越古今,使壁壘一新也。

湘潭王仲章欲撰一書，自明家學新解，未克卒業。是編乃能與《鄭志》後先比美，與《樹坊》編相輔而行，釋疑解紛，於家學不無小補云。（《光緒井研志》藝文四，《廖平全集》第十六册第一二四二頁）

光緒二十六年庚子（一九〇〇）　四十九歲

任射洪縣訓導，妾劉氏、侄孫宗欽、婿陳天榘從，門人張昇侍。訓導馮先生子華雲時住尊經書院，自成都歸省，因從問學。是時，先生"於射洪得楊絢卿茂才已丑從廣雅鈔本"，因"略加修改，以付梓人"。（《知聖篇自跋》，《廖平全集》第一册第三七六頁）

正月，送考至潼川。安岳袁顯仁、王心臧、李蔭濃執弟子禮，隨至射洪受業。

三月，赴成都，袁顯仁、王心臧同行，寓學道街施焕家。《續論詩序》云：

　　庚子從侍射洪，適值《齊詩微繹》《必讀》編纂初成，與聞微旨，蓋專宗帝德，以明大九州之義。何以與俗説異同爲嫌，不知《詩》本無序，三家所有録《春秋》采時事，皆各以所具立説，非舊時之序也。故三家互異，即一家之中，每自立異同。後來《毛序》起而盡變之，《集説》又起而盡變之，雜説僞書，紛紛歧出，見於《取義表》者，每篇或六七説，或四五説不等。班氏《藝文志》已讖三家以事説《詩》爲失義，則《毛序》晚出，遺義甚多，則固不必膠柱鼓瑟矣。或以班志所讖者爲《韓詩外傳》之類，不爲本經内傳而言，此近人尊崇《毛序》，故爲此説；不知三家既得本義，《毛序》何以起而異之，是欲尊毛，即所以詆毛矣。且諸家《外傳》既以"外傳"立名，自不拘於本旨。班氏乃起而責之。使班氏爲目不識丁之人則可，班氏爲通儒，且爲《魯詩》大師，則其説至有值矣。孟子之説《春秋》曰："其事則齊桓、晋文，其文則史，其義則丘竊取之矣。"其説《詩》曰："不以文害辭，不以辭害志；以意逆志，是爲得之。"以《詩》之文辭比《春秋》之文。《春秋》貴取義，《詩》貴逆志，則《詩》之爲《詩》，固非尋行數墨所能盡矣。明代近矯某氏之説《詩》也，由《詩》有詩人作詩之意，有孔子編《詩》之意，二者並行不悖。又考《左傳》《論語》説《詩》多合數篇而爲之，不篇各立説，如《文王》之三、《鹿鳴》之三、《關雎》之三；後人篇各立序，非古法也。且舊序甚多，去取皆有所法；今以舊序歸入《取義表》，本經正注，雜采傳記，用緯候，不篇各立序，以發明編《詩》之意爲主。雖新解甚多，然皆根據經傳，由本經推衍而出，推究根源，固非好爲苟難者比也。心肝嗜好，各有不同，如但責以違俗説，創雜解，則陳説具在，固不獨此書爲然也。（《廖平全集》第十一册第五〇〇—五〇一頁）

　　因去冬章太炎刊《今古學辨義》,先生見之,乃託黄鎔、胡翼等作書答之,題作《致筼室主人書》,書云:

　　頃讀《亞東報》第十八號《今古學辨義》,獻可替否詳哉。其言之矣,于井研之學,可謂入之深而得其肯要,諫友有功,庶得終其名譽。竊四益先生養晦閉藏,潛心撰述。海内言學者家有其書,東南學人私相祖述,著書立説,天下震驚,風氣遂爲之一變。聲應氣求,無間遠邇。某等居同鄉里,摳衣有年,甘苦之嘗,知之頗悉。四益今古學叢書之刻,皆宗旨流別之書,折中衆言,求正天下,所有全部正經注説,皆未刊行。十年以内,海内通人間有異議,率皆語焉不詳,或秘不相示,求如足下之推究隱微,窮其正變,不出于阿好,不流于吹求,著論刊報,正告天下而不可得。大著刊布,誠四益十年以内所日夜禱祝企望者,精勤虚受之苦心,固足下所深諒者也。惟足下所見之書,皆十年以前舊説。當時如三傳、《書》、《禮》雖有成書,自以所論未盡愜。去年秋間有《百種書目解題》之作,專以帝王分類,所有漢師今古名目,悉删除不用,誠足下所謂大變者。謹送呈一册,伏乞登報,以釋群疑,更約集同人細心推究經傳微旨,不厭吹求。倘能再究此册,推見至隱,刊報傳知,使得據以改正,歸諸完善,不惟四益之所心感,亦吾黨之所禱祝以求者也。大作所陳諸條,或已經改正,或因辭害義,或傳聞悠謬,或流衍失真,既經改作,其是非姑不足論。竊以當今海内老師宿儒相聚而談四益者,皆以防流弊爲説。輕躁之士,發憤著書,每多非常可駭之論,託名衛道者以此歸罪于四益,大著亦以爲言,雖四益虚受改易,某等實不能無疑。竊以心術、學問古分兩途:正人端士使爲今學,正也;古學,亦正也。僉人宵小使爲今學,邪也;古學,亦邪也。以流弊言之,堯、舜,聖人也,子之、操、懿以師其禪讓而敗。周公,聖人也,王莽、明成祖之篡逆,不能以爲周公過。六經聖人之大法,所謂曲學阿世、詩書發冢者,豈能以爲孔子咎。《四益館經學叢書》未刊之先,非堯舜、薄湯武者代不乏人,甚至即孔子亦攻之。帝王之鑄兵,本以弭亂,而操刀行劫,報仇殺人,不能因而去兵。推之飲食男女,亦無不皆有流弊,不能因防弊而廢之也。天下事,利所在,即弊之所在。六藝之作,本爲端人志士立其課程,使有遵守,《老子》所謂非人勿傳者,乃爲真切。如但以宗旨論,即宋人以理學標目託名,其中奸邪小人,非聖無法,貪黷背謬,無所不有。江海之水,蛟龍居之而爲蛟龍,鯨鯢居之而爲鯨鯢,魚鼈居之而爲魚鼈,在人之自取,非水之過也。輕躁狂謬,本于性生,每緣經説以便其私利,因遂假之以立幟;不見此書,亦必别造非聖無法之言以自恣。故經説之書,但當問與經義忤合如何,流弊有無,初非所計。何則?考魯、齊傳經有微言、大義兩派。微言者,言孔子制作之宗旨,所謂素王制作諸説是也;大義者,群經之典章制度、倫常教化是也。自西漢以後,微言之説遂絶,二千年以來,專言大義。微言一失,大義亦不能自存。六經道喪,聖道掩蔽,至今日統中外、貴賤、智愚、老少、婦女人人心意中之孔子,非三家村之學究,即賣驢之博士。故宋元流弊,動自謂爲聖人,信心蔑古,此不傳微言之害,彰明較著,有心人所傷痛者也。嗟乎! 人才猥瑣,受悔强鄰,《詩》《書》無靈,乃約爲保教,以求倖于一日。四益心憂之,乃汲汲收殘拾缺,繼絶扶危,以復西漢之舊。合中國學術而論,以孔子爲尊,必先審定孔子規模光燄,宫牆美富,迥出迂腐學究萬萬之外,俾庠序之士,心摹力追,以求有用之學,庶幾聖道王猷,略得班管。

　　孔子,正鵠也;儒生,學射之人也。微言之學,所以指明正鵠之所在,示以搆索之方者也。四益今日不當言,則秦漢先師不當傳,舉凡《論》《孟》諸傳記,所有微言之説,皆當删而去之然後可。秦漢人人言之不嫌多,則四益一人言之正嫌其少。西漢通微言者,人無異辭,當時士氣較今何如,學人必欲貶下孔子以自便。不知學究之事,人能爲之,此庠序所以多攘奪之風也。在今之立異説者,未嘗不知微言爲聖門正傳,四益之説因而非創,與今相合,於古有徵,特不喜千年絶學恢復之功出于一人,求其説而不得,則創爲防流弊以阻之。至于以辭害意者,如四益之説六經也,謂堯、舜、禹、湯、文、武皆爲俟後聖,惟孔子爲大一統立法。堯、舜、禹、湯、文、武、周公皆爲經説,孔子小大、人天乃臻大成。閲者不察,以爲帝王皆史書已往成跡,孔子捏造事實,其論春秋之世,禮教未行,據諸侯納子妻、聚同姓以及無行三年喪之事。大著所采六朝以下狂亂之人事,迥非其比,何足以相難。且大著所引,多采之旁人,郢書燕説,變本加厲,以遂仇讐之口。四益謂孔子翻經,擇善成美,即述即作。《左傳》之政典無一與《周禮》同,《毛詩》之序例皆緣《周禮》而作。此中別有考證,非如大著所云。踵其説者,以孔子事亦後人所造,則就廖氏之説誤推之,安知孔子之言事,非孟、荀、漢儒所作,孟、荀、漢儒書非劉歆所造耶? 並引鄧析之事以爲説,言近游戲,非著書之體。苟不循本末,機鋒相勝,則不惟四益之言不能推上而孟、荀、董、賈,再上而孔子之六經,亦有議删議改、疑之非之者矣。學人著書立説,原欲與端人樸學商酌得失,若果有此遷謬顛倒不識體要之議論,斯人也,何足以商量六經之宗旨,斟酌百代之學術乎! 又四益據《論語讖》"孔子卒,弟子子夏六十人纂孔子微言以事素王",以《論語》皆微言,爲六經之樞鑰,制作之條例,非教人行習之書。又孔子爲古今至聖,生民未有,所云"受命"、"天生"、"從周"、"從先進",一切非常可駭之論,惟聖人乃可以言之。至于言行之書有《容經》《儀禮》,政治之書有《春秋》《尚書》，不可專於《論語》中求之。昔漢高祖見始皇車乘曰："大丈夫當如是也。"項羽曰："彼可取而代也。"天生霸王，乃可以作此語。孔子生民未有，所言天生、制作，雖顏、曾、思、孟之流，皆不敢引以自況，何況餘子乎。宋以後解《論語》者皆作學究語，今人習聞其説，與四益之説《論語》行事不合，不知此聖人自述微言，萬不許人趨步者也。亦如漢高、項羽之事，學之則爲亂臣，首領不保。昔朱子作《近思録》，首卷采周子太極性命之説，或以玄遠爲疑。朱子示學者讀《近思録》，亦云自二卷起，然必先以首卷性命之説示所依歸。學者於四益各書亦當知此意，致力大義，歸總微言，不必以他端疑四益也。粗呈所見，求證高明，儻賜誨言，不勝企盼。

　　《孟子》"故仲尼不有天下"，使孔子爲真王，則必不能師表萬世。蓋禹、湯、文、武、周公，真王也，不爲典則爲後人所屢改，三代以上，中國初闢，狌狌榛榛，古説俱在。使爲真王，必因時立制，宜於一時，必見鄙於後世，以爲簡陋，不足垂法文明。唯非真王，以言立教，乃可就地球中原始要終、盡美盡善之政事，皆得筆之於書，中外再千萬年進步，踵事增華，皆不能盡其量。此經之所以爲經，後人乃以史學讀之，宜不知聖人神化也。

　　此編與世俗所論，貌同心異，猶武夫之於番與，虎賁之於中郎，識者細考，當自得之。或乃深惡此編，以爲相似。嗚呼！因苗而惡莠可，若因莠而惡苗，則愼甚。夫物必有偶，且偶必亂真，堯舜揖讓，湯武征誅，若不審真僞，不辨微芒，概因其似而絶之，是彼反得有所藉口，以爲堯、舜、湯、武、周公、孔子且以似見絶，真美惡不嫌同辭，貴賤不嫌同號，何是非之足論乎？

　　自中外通商，時務日棘，無論窮達，束手無策。近來高明之士喜談洋務，無所依歸，甚至用夷變夏。學與不學，其害相同，非得聖經賢傳以爲宗旨，雖東西學堂林立，無濟時用。不知今日外務部於四科爲言語，精純者爲《左》《國》，詭隨則爲《長短》、蘇、張之學，談何容易。凡中外語言、文字、故事、典章、人才、經制，當時君相智愚好惡與夫强弱衆寡，未發之機函，隱秘之言事，無不洞達，方足爲使才，不辱君命。故聖門特建一科，以儲奇才異能通使絶國之士。《論語》屢言辭命專對，宋元以後此學中絶，學人深惡醜詆，一臨外侮，所以上下交困，此學術不明，所以貽誤國家。如子貢出使，亡吳霸越，弱齊存魯，説者用墨家説，以爲孔門之羞，絶無其事。使今有子貢其人者，不費一兵，不折一矢，輕車就道，坐困强鄰，扶持中國，與帖括之士高談性命，其得失爲何如。乃群相鄙棄事功，以明心見性之學推之孔子，《論語》曰："微管仲，吾其被髮左衽。"有志匡時者，可以自悟矣。明末，達州李研齋《天問閣集》譏當時心學以死貽君父憂，蓋有見之言。

　　學顏、柳者皆從肥瘦圭角入手。夫肥瘦圭角乃近來翻帖之惡趣，顏、柳精華本在平正通達,不先學肥瘦圭角,不能入手。臨摹之士皆由偏勝以求其精華。聖學如天,無可蹤跡,諸子各有聖人之一體,皆不能無弊,其偏勝正其獨到之處。必先詳其偏勝,而後能得其獨到,博考諸家,以會其歸。若先挾教而後學之見,高談平正,驟語精微,必終身無入門之日。人皆明於學字而昧於學聖,方始問途,遂防流弊,所以空疏讕陋,竟成無用之學。

東南談時務者多放言高論,甚至倡言廢經。當世主持大教者,惡其離畔,託之防弊,乃推舉宋學。帖括之毒深矣,積習重如泰山,今方知改,尚未損其毫毛,又復標舉舊學以桎梏天下。不知墨子宗旨,首重擇務:重典輕典,因乎國勢,畸武畸文,關乎世變。宗社之危,甚於累卵,即使家程、朱而入游、楊,何濟國事。亂世重功名而略行檢,自古英雄濟時變必須偉略奇士,腐儒不足以論國計、救危亡也。

談時務者誦法泰西,苦於中國無書可讀,失所依歸,浸淫倒戈,勢所必至。吾師恢張皇帝之學,標《周禮》以括政典,宗言語以示權謀,瀛海之外,早在聖人覆幬之中,新而不至叛歸摩西,舊而不至墮落禪寂。蓋全球治法,自强禦侮,與夫所以交鄰化外之道,不必外求,而經傳早已預定。於新舊之間,兼收其益,兩袪其弊,其要則在於知聖。如以帖括之學爲真聖學,則聰明材力皆錮蔽於空疏讕陋之八比。甘旨具列,不食不知其美也。

語云:"矯枉者必過其正。"非過正則枉不能矯,寒必用薑、附,溫必用硝、黃。諸子以擇務救病爲宗旨,非偏激不能自成門户,觀其會通,辛苦無異於甘平。聖人不可學,學聖者必自諸子始,不必以偏執爲嫌。蓋諸子皆宗法孔子,言不一端,即《論語》亦多救病之語,墨之"兼愛",即伊尹之"任",楊之"爲我",即伯夷之"清",皆非時中,原屬平等。若必吹求,不唯諸子,即孟子亦有所不免,談楊、墨正如扶醉人,左右皆失。惡"兼愛"之"無父",勢必偏於"爲我",則又"無君"。疾"爲我"之"無君",勢必偏於"兼愛",則又"無父"。二者相妨,無中立之地。"時中"既不能學,則將何術以自存。諸子既自標學派,豈不知擇務從事。熱因寒投,凉以清喝。自晚近貶駁諸子,人才日以困墜,舉天下聰明材智群消耗於空疏讕陋之一途,於宗社之危亡漫不加察。故必先知諸子爲四科之一體,而後人才可興也。昔張皋文談《易》,阮文達以座師投贄爲弟子,儒林以爲美談。文達屈尊服善,誠不易得,無如皋文《易》學實爲粗淺,未探本原,即以"旁通"一門言,每卦有通有不通,又有多有少,其視四益旁通三卦,出於自然者,豈不高出百倍。貴耳賤目,人情類然,何足異哉。

西人報館以開民智爲主,此册意在開士智。國家之强由於人才,人才之成由於學識。欲增長才識,非平心静氣,推求古書,師法聖賢,不能有得。若不立圭角,則亦不能發揚蹈厲,共相興起。有人則無論法之變否,無人則雖改法亦無效。涕泣以告,被髮往救,不必高談性命,自詡衛道之勤。

中行不多,次求狂獧。既立門户,創宗旨,皆不能無流弊。欲無流弊,惟有鄉愿,然其外貌雖無可舉刺,桎梏聰明,陷溺人心,爲害乃最毒,故孔、孟皆深惡而屏絶之。近來談義理者困於帖括,講音訓者溺於章句,二者之中皆無人才。談論家好持月旦,於各門學問皆指斥其一二弊端,以爲非法,詢其安身立命之處,則仍舊學窩臼,專己守殘,惡出其上,是視天下陷溺而無以動其心,但欲以半日静坐如泥塑人定其程式,嗚呼! 過矣。

讀書學古以擴充學識,然須平心定氣,以意逆志。須知讀書是師古人,非古人求教於我,經、傳待我評訂。晚近師心,以輕藐古人爲宗派,其貽害庠序,如洪水猛獸。即如三傳,雖不敢曰全合聖人,要古之先師依經立傳,流傳已久,必非無故。乃宋人視三傳如村童,肆口儇薄,即如衛公輒拒父一事,《春秋》所以立綱常、决嫌疑,爲群經大義。其始一二人攻之,群相附從,習焉不察。《公羊》非喪心病狂,何至許子拒父;兩漢君相師儒非盡癡愚,似此悖逆之語,何以不行改正。詳考傳義,原以父與王父相比,父有命,王父亦有命,二者相反,不能兼顧,則不得不棄父命而從王父之命。今以俗情譬之,如一人有祖有父有子,子有過,父命撲,祖宥之,必有所妨,將從王父命乎,抑從父命乎? 又如州縣奉督撫命舉行政事,忽接詔書停止,二者必有一傷,將從詔書乎,抑從督撫乎? 父爲我之父,王父又爲父之父,王父命行於孫,不惟孫爲賢孫,即子亦爲孝子。如但從父命,子雖從父,反使父逆王父,是子與孫皆逆,且自陷父於不孝。傳義本極詳審,説者删去王父一層,但云許子拒父,天下既無此理,則經傳必無此説。明文具在,説者不察,聞者不疑,宋元以下魯莽滅裂似此者甚多。天下論學者反謂宋人義理精於漢師。豈不冤哉! 願與天下學人共除此猖狂譾陋之習,其尚有起而相者乎。

昔人云:"以宋學立品,以漢學讀書。"似也,未盡其義。爲之下一轉語:以中學守身,以西學讀書。昔張鷺州先生教授井研,問門人曰:"汝學聖賢乎? 以我爲準,解衣、正履、牽被、抱足而卧。"蜀中某太史以八比自喜,偶作一藝,其門人爲之評曰:"使宣聖復生,將此題衍爲七百字,亦不能如此字字精到。"二事久爲士林笑柄,實天下之通病,以此求聖,宜乎予聖自雄者之多。昔香帥督學蜀中,臨去,謂學政署中渣穢如山,三年以來聊效愚翁之移,幸得净盡。孰意大成殿之堆積,百倍於此,掃除一空,又誰之任乎?

《詩》云"玄鳥""帝武",《史》《漢》言"交龍"。記漢高語云:"大丈夫不當如是耶。"項羽云:"彼可取而代也。"陳涉輟耕而歎。孔子自託天生,王莽亦仿之曰："漢兵其如予何。"《史》《漢》所記諸語,亦如素王之義。記載帝王符德、言語,豈在使人學步。若以素王改制斥爲教版,則《詩》《書》豈教後人學帝王,《史》《漢》豈教士庶學劉、項乎。玉人圭璧,織工袞龍,則亦可以干犯科之。聖賢經傳,垂教萬世,不料後世有此瞽論,若因莽妄引"天生"歸咎孔子,想亦莞爾自認也。

　　昔人有《嘲村學究賦》云:"數本《論》《孟》,一盤土紅,見人齟齬,遇事籠東。"實則中國數百年以内老師宿儒、名宦巨公,其心目中之孔子固同一村學究也。鄉村塾師專教截搭體,其渡題云:"我夫子云云,乃道高和寡,所如不合云云,以致云云。"千手雷同。孔子既欲求官,何不自貶;既不趨時,何必周游;其説孔子,直一乖謬無用之俗儒,與子貢所謂綏來動和、生榮死哀者,其相去何啻霄壤。木鐸之事,儀封人且知之。强出求仕,如違天何。蓋孔子出游,非以求官,欲作六藝,必先游歷,即"入太廟,每事問"之意。故自衛反魯,即行正樂,宰我、子貢知能知聖,《論語》記孔子始終於子貢、陳亢,記者恐後人不知孔子周游之意,故於篇首載子貢"必聞其政"之事。孔子生知,觸目心通,故不須求與,自能知政。陳亢從游,不見與求之迹,故以爲問。必聞之故,子貢不能知,亦不能言,真所謂過化存神,不可思議也。

　　聖人四科,德行爲帝王,文學爲經生,至於政治,則内政事,而外言語。今政府改同西名,政務即政事,外務即言語,一内一外。凡使命、朝覲、聘問、會同、盟誓、巡狩,如《周禮》大小行人、六方官皆屬言語科。宋元以下但有政事、文學之名,言語一科無人齒及。今人動謂海邦不比戰國諸侯可以捭闔,不知今日公法,即列國之王章。蘇、張之學,今尚無其人,《國策》所載,皆嗜其學者之擬作。抵掌而談,造膝而語,其事詭秘,多不能以言傳,故《國策》如闈中程式之作。至於簡練揣摩,應變俄頃,微妙不能以言傳,其事至精至博。凡今日中外所講習各書,無一不爲縱橫家所包。有大戰國,將來必有大蘇、張也。(《廖平全集》第三册第一二五五—一二六四頁)

帥鎮華亦有《答亞東折釣室主人書》,於大統之説,言之較詳,詳云:

　　當作《闢劉篇》時,以十二證删駁《周禮》與今學違反諸條,南皮張尚書、富順宋檢討累以爲言,而四益持之益堅,幾至以干戈從事。辛卯以後從事《詩》《易》,已多新解。戊戌因用小球大球以説《周禮》,乃知《大行人》九服以内之九州即大九州。九九得方千里者八十一,即鄒衍海外九州之所祖。《外史》"三皇五帝之書"而不及王伯,《職方》由四夷以及四海。鄭注以地中爲萬五千里,地三萬里,四游浮沉。祀地有二:一崑崙,地中之神;一中國,赤縣神州之神。由是據《大行人》《職方》兩九州之神爲帝小皇大。一書中兼二統，所謂小司馬以“小”名官者，即《商頌》之小共、小球，主五帝分方之小九州。所謂大司馬以“大”名官，即《商頌》之大共、大球，主《大司徒》《大行人》之千里一服大九州，與《詩》《書》禮制相同。鄒衍方三千里之大九州，乃五帝分司五極之事，大於《王制》八倍，而小於皇者五倍者也。於是乃知今古之分，一爲王伯，一爲皇帝，一爲禹方千里之九州，一爲方二千里、方三千里、方四千里、方五千里、方六千里之大九州。凡《周禮》與《王制》不合者，皆屬海外大九州大統之制。求之經而《詩》《易》合，而《戴記》《左》《國》合，求之子而《莊》《列》是其專家。由是而全書悉皆化朽腐爲神奇，求之博士説，而所謂五極、五神、四海、皇帝諸説，未嘗不足以相證。由是削去今古名目，以帝王分之。以今古不並立，分屬帝王，則不相妨而相濟，於是刊《地球新義》，並編《四益館自著百種書目解題》。蓋自此中外之分，帝王之別，所有群經傳記各得依歸，再無矛盾，永絶鬮爭。三十年之功成於一旦，此豈非所謂大變者乎。大著爲之説曰：“欲廖氏之大變，虛存此説，不能定其必能變。”變亦不能必如此之大而美也。蜀中同學於去冬刊成《百種書目》，乃大著登報亦在此時，萬里之遠，不約而同。此事至大，非精誠之相通，則鬼神之先後，嗚呼盛矣。足下所疑諸條，四方賢達亦嘗馳告，前後大旨相同。説經之書，原欲與端人正士誦法聖人，推求至道。至於僉壬巧佞、因緣爲奸，防不勝防，蓋其生性險惡，有以肆其毒，不發於此，則發於彼，堯、舜、湯、武、周公、孔子已所不免，何況今人。至於微言大義，但當以意逆志，求其至當。如必苛刻推求，且以邪惡衍説，則雖聖經賢傳，夫誰能免。《孟子》曰“如以辭而已矣”，是“周無餘民”。誤解《詩》意且不可，何況以奸邪讒諂之德行之。即如素王改制二字，董、何言之甚詳，若謂以孔子爲素王，藉改制以亂法，在董、何當亦所不計。至於著述小有語病，是在讀者之善説經解，設辭附會，皆不足爲古人咎。四益用心之精深博大，非淺學所能窺，故海內唯香帥、曲園乃深相引重。乃通合三傳，則曲園以爲疑；發明皇帝，香帥意有未饜者。則以吾師飛行絶迹，又加以堅苦卓絶，當其説未圓徹時，雖及門叩請，師必不從；一日貫通，則風發泉涌，精思妙解，迥出塵埃，每數日間而每況愈上，諸多非初心所及料。士別三日，刮目相待，師與香帥相別十年之久，間有所呈，略而未詳，非盡閲其書，面析疑難，何能周悉。未明其説，數日之前，吾師亦且自疑，又何疑於香帥。香帥寄語，欲師用退筆，足下則云“望其大變”。凡師所折定，雖淺近如《今古學考》中各條，海內名宿雖各有所疑，然終無以相易。唯師則大刀闊斧，彈指改觀，解鈴繫鈴，足下知之最深，固非外人所能言。在吾子亦借是以發其難，因明知無所加損於吾師，而急欲其自辨。海內學人讀吾師書者日以千百計，諸多囿於《今古學考》，欲求觀書多、相知深,則唯足下,此吾輩所以不能已於言。去年,《井研藝文志》彙收師論述百四五十種,分屬子姓及門,爲廖學之小成,合觀其全,乃知高厚迴出言思擬議之外,古之鄒衍、江公非其敵也,何論餘子。其書有抽印本,吾子試求而讀之,益知吾言之不足以盡也。近來續有新作,在《縣志》外,擬別編《縣志》未收書目提要。又《縣志》本以篇幅過重,多從刪節,將來擬合新目全文,重編《廖氏書目提要》。一日千里,夐乎莫及,吾固不識其止境之所在也。天下談廖學,虛爲推崇,不足爲榮,痛加詆訕,不足爲辱。所難者同志之士集首一堂,妙緒徐行,無舊非新,想亦足下所切願,何日得償此志乎。(《廖平全集》第三冊第一二八三——一二八五頁)

　　　　按:《光緒井研志》藝文五《師友聲音》提要云:"海內耆儒名俊與平往復論學之語,資於經學最多。"(《光緒井研志》藝文五第九頁)今僅存與張之洞、宋育仁、康有爲、章太炎及江瀚論學數書。

　　八月,主講安岳鳳山書院。

　　十月,作《光緒井研志序》。蓋去年十二月,知縣高承瀛涖任,始促吳蜀輶等將《縣志》全稿筆削增減,以爲定本。至是工竣,請先生爲之序。序云:

　　　平昔與吳君書田、祉蕃昆仲游,嘗論吾研圖志蔓蕪彌塗,相約拾墜鈎沈,寫爲定本;二君蒐討,各有紀錄,歲月不居,相繼長逝,志事不竟,言之痛心。光緒癸巳,朝廷重修會典,詔求郡縣圖經。於時仁和葉侯治縣,用集耆彥髦俊,謀掇舊聞,上應朝命。平以菲材,過蒙不鄙,以修纂見屬。會平旅食異方,又改訂三傳舊稿,兼以茲事體大,非專力不能成,乃推薦吳君權奇、蜀輶群從之賢,與其戚董君貞夫之嫻雅而綜博。置局無幾,葉侯病免。已亥暮春,涇陽張侯重理墜緒,蜀輶復力引熙台龔君共事。然二君者,長年作客,或經歲不家食,其幸而先後來歸,教授鄉里,得以奪其課誦之暇,從容討論於著作之林;而貞夫以太夫人在堂,亦侍養不出。又得吾鄉賢者數十人,通力甄采,質疑補闕,僅乃粗集。會有天幸,濰縣高侯來尹茲土,始刺取全稿,筆削增損,以爲傳久信後之文。是書之成,豈偶然哉。平嘗以爲,史家著述,其於朝章國故、魁人鉅公之行實,紀載備矣,而偏鄉下縣,傳者蓋鮮;非必出於其意所厚薄,文獻不足徵,而惇史莫由及也。故嘗不自揆,思以群經卒業,網羅武陽置縣以來故事,貫串考訂,爲一家言,以慰吾亡友。前年季夏,歸自華陽,晤諸君子於縣門,時方肇局編纂,就商體要,乃與夙所蓄念,無不盡同。蜀輶既紹述家學,練習故事,而熙台從新城王氏受桐城文章,兼通測算,諳掌故,日夕點勘,常至漏盡,一稿十易,不以告勞。平既多二君之勤,而又未嘗不自愧無尺寸之效,以稍資其休沐也。明年,平自射洪歸省,舊作《三傳漢義疏證》方爲湘中書局索稿鋟板,

而是書適於同時刊成,平乃得盡讀之,作而言曰:

　　是志也,絜净而有要,汎博而不枝。以説山川,則《水經注》也;以述掌故,則《利病書》也;以甄藝文,則《經籍考》也;以録金石,則《碑目記》也。以六表馭紀載之繁,以列傳括士女之志,終之以長編,而由周而來至於今,沿革、政要、振卹、機祥、遺事,夫然後若網在綱,粲乎明備。於官書則創,於史法則因。此邦在宋代有《陵州圖經》、趙甲《隆山志》,世無傳本,僅存厥目,未知持似,正復何如。然固可信爲三百年來無此作矣。其尤至者,繫古地志,皆稱圖經,《世本》既出,即嚴族繫;一以辨疆里,一以考氏族,二者史學之顓門、志乘之鉅例。兹志圖表,實創爲之,再越百年,奚翅拱壁。曩平讀馬氏《通考》,據"擁斯茫水,流經資官",妄疑此水不屬今境,今觀是志,知"資官"乃"冶官"之誤。始自有唐,證以樂史所記,經流入江,無不符合,瀨下六池,且在域中,故城舊治,都無移徙。千年侵地,一旦光復,不尤快事歟。平文質無底,積瘁頭白,五十之年,忽忽將至,既不穫奪隙從事,繼諸君子之後,一孔之私,迺辱甄録;而回念舊時執友,多成古人,姓氏遺文,互登斯簡,惟平猶得執筆商榷,附名篇末,以親見是書之流傳,其亦厚幸也已。抑平更有請焉,蜀輶舊輯縣人文章,自趙宋以來,爲《仙井文徵》《詩徵》,至八十卷,今集部無之,倘經裁擇寫定,用升庵楊氏《全蜀藝文》例,排印單行,或亦表章先正之一端也夫。光緒庚子冬十月朔里人廖平序。(《廖平全集》第十一册第六九六—六九七頁)

先生嘗云:

　　庚子井研修《藝文志》,用邵子説,以《易》《詩》《書》《春秋》四經,分配皇、帝、王、伯。當時彙刊所撰各書,編爲《百種書目解題》,其説詳於施序。(《廖平全集》第二册第八八八頁)

《家學樹坊》凡例一云:

　　四益之學,庚子以前自撰及朋友子侄共百四五十種,彙刊於《井研縣藝文志》中。凡欲攻其學者,均宜先讀《縣志》,必觀其全體,知其精神所注,方能得其肯要。若一知半解,論其從違,則徒貽笑方家。辛丑以後,續有新書,《提要》五六十種另行。(《廖平全集》第三册第一二三二頁)

　　冬,赴安岳,側室劉氏從,孫宗欽從。陳鼎勳《春秋圖表叙》云:"廖季平廣文,蜀中經師也,余在粵夙耳其名,去冬始見于安岳鳳山書院。"(《廖平全集》第九册第二三九九頁)是時,劉云門來學,深受先生賞識。劉心人《先祖劉云門事略》云:

　　時經學大師廖季平來安岳作鳳山書院山長,祖父考取秀才時曾拜其爲師,深受賞識,廖遂留他在書院進修並擔任詩文、歷史助教和兼任體操教員。一八九八年康梁變法運動正在興起,廖季平也在四川鼓吹變法,組織聲援。祖父受其影響,亦堅決支持變法。變法失敗,祖父被迫回家,重操私塾教館舊業。(《安岳文史資料選輯》第二十六輯第六頁)

　　作《論詩序》《續論詩序》。
　　撰《詩緯古義疏證》八卷,專詳緯説,自序云:

　　　　六藝皆有緯,班志之所謂“微”。魏氏以“古微”自名其《詩》説,而實未盡其義。六經以疆域廣狹言之,莫小於《春秋》,莫大於《易》《詩》。《春秋》就禹州分中外,《書》則以五千里爲主。至於《易》《詩》,則合地球五大洲言之。《詩》爲空言,故《荀》云“不切”,《中庸》云“無徵不信”。鄒子之説,古今以爲荒唐。《詩》使亦深切言之,則言無徵驗,豈不與談天同譏。故託興比物,意在言表,至於今日,其實乃明。包括六合,總統覆載,固莫備於斯,而其推行握要,則不外於《春秋》與《書》交相爲用。五洲亦如九州,將來大一統,合要荒爲大五服,此《詩》所以爲言志,《春秋》所以爲行事之舊義也。以四始之例言之,木始爲東帝,火始爲赤帝,金始爲少昊,水始爲顓頊。所謂改正、革命者,即《羔》《緇》之“革敝”。又改爲也,又喜怒哀樂,緯皆託之律呂聲音,不指人事。又十五《國風》,緯以十二月律呂,必如此而分之。又以邶、鄘、衛、王、鄭五國居中,所謂貪狠、廉貞、好惡、喜怒,亦分四方五帝。考舊説宗緯者惟《齊詩》,家法久微,佚文甚少。平爲此編,鉤沉繼絶,雖舊治三傳、禮書,備極勞悴,尚不若《詩》《易》之甚。或以其説太新,近於荆公《字義》,同床異夢,甘苦自明。顧、閻二家之書,身後是非定矣。(《光緒井研志》藝文一,《廖平全集》第十六册第一一四四頁)

　　撰《詩緯經證》二卷附《樂緯經證》一卷,自序云:

　　　　案緯云:“書者,如也。詩者,志也。”周衰,孔子修六藝,立言以俟後世,未可明言,惟托興微顯,乃可自附作述,此緯之所由來也。緯以《二南》爲二伯,邶、鄘、衛、王、鄭五國居中,爲地軸。唐、陳十二國分應十二月。三統説更詳。今推爲中外四岳八伯諸例,緯更以天星配十五國風。今推廣其例,以邶、鄘、衛爲黄帝,王、鄭、齊爲文,主東,豳、秦、鄭爲質家,主西,合邶、鄘、衛爲素、青、黄三統。《小雅》緯言四始五際,大綱與《風》相配。上半五神,分方四游,合爲三十輻;下半合數四方、兩京、八伯。《大雅》分應三《頌》,當是以二十八篇應列宿,終以大統。其中文王殷商對

文，即緯文家、質家之所由出。大統東西合併，文質彬彬之事也。《周頌》
爲繼周之王，監於二代，即文、武。《魯頌》主文王爲中國，《商頌》主武王
爲海外，即《樂緯》"王者孰謂，謂文王也"之義。兩《頌》爲青素居中，則
"狐裘"之黄帝，託之於三皇者也。緯以周、召爲二伯，與《詩傳》同。傳
云："郟以東周公主之，郟以西召公主之。"故《關雎》首言左右，全詩黄帝
爲主首，周、召者伯，如《春秋》，故以爲始基。此緯中元聖、素王之説也。
孔子既没，微言僅存三家，未盡闡發。古文之説復起，以爲事非一代，作非
一人，錯亂紛紛，毫無義例。故後世説詩者，直視經如古詩選本，望文生
訓，雜亂無章。不知《詩》雖采《春秋》，録古作，既經序訂，機杼全在聖人。
使摘句尋章，不考編詩之意，則微言奥義，莫能明矣。今先列緯文於全詩，
求其印證，專著是編，以明宗旨。《莊子》以經緯合爲十二經，緯與經對
文。今雖自託於一家，編《詩》之義，未嘗不可由此而考。以此説《詩》，庶
幾得覘其奥義云。(《光緒井研志》藝文一，《廖平全集》第十六册第一一
四五——一一四六頁)

撰《皇帝王伯優劣表》一卷，提要云：

　　四代禮制，已附之《尚書》。或曰：皇、帝、王、伯，又將何屬。曰：此諸
經通例也。六經小莫小於《春秋》，故爲伯道，其事則齊、晋。《春秋》屬
伯，《尚書》述三代，歸本二帝。《禹貢》王者，王五千里，故爲王。《樂記》
云："五帝之聲，商人識之。"故《詩》主帝。至《易》言伏羲、神農，詳天略
人，以歸之皇。故曰：此群經通例。或曰：既分四代，又分皇、帝、王、伯，何
也。《戴記》有《王制》篇，有《帝德》篇。考二表中以四代分以皇、帝、王、
伯，分者屬德行，如道德仁義，步趨馳驟，不師不陳，不戰不敗，各有優劣。
故《春秋》伯制僅言九州，《書》説五千，《詩》及海外，《易》則御風乘龍，周
游六虚。廣狭不同，即其優劣之所以分。此表統古今爲豎之皇、帝、王、
伯，與一時並見之統，制表不同。又經各有賓主，如《春秋》王爲賓，伯爲
主；《尚書》帝爲賓，王爲主；《詩》王爲賓，帝爲主；《易》帝爲賓，皇爲主。
六經所以分别之旨，亦附見焉。(《光緒井研志》藝文三，《廖平全集》第十
六册第一二一九頁)

撰《皇帝王伯統轄表》一卷，署廖承。提要云：

　　有豎數之皇、帝、王、伯，有横數之皇、帝、王、伯。古今世道升降，皇而
帝，帝而王，王而伯。《老子》云"道失而後德，德失而後仁，仁失而後義，
義失而後禮"者也。百世以後，則横數之皇爲天子，帝爲二伯，王爲州牧，
伯爲大監，所謂皇臣帝、帝臣王、王臣伯者也。此表以古今分爲二卷。上

卷爲竪,采録舊説,凡四統升降,如《穀梁》"諮誓不及五帝,盟詛不及三王,交質子不及二伯"。善爲國者不師皇,善爲師者不陳帝,善陳者不戰,善戰者不敗。《繹史》所采三皇步、五帝趨、三王馳、二伯驟,凡此之類,皆入此表。下卷則《詩》《易》二經之説,如"王用饗于帝","帝出乎震","高宗伐鬼方",《震》"用伐鬼方","帝乙歸妹","王于出征,以佐天子","文王陟降,在帝左右","爲此二國,二帝。其政不獲,爲彼四國,一公所統之四王。""帝"謂文王。"王公伊濯,爲酆之垣","三后在天",文、武爲后,"文王有聲"之文王、武王、王后與皇、王并見。《長發》《玄鳥》、武王、玄王與上帝并見。又"皇皇后帝"、"皇矣上帝"、"上帝是皇",即大一統同時有一上帝天子、二帝二伯、八王八伯、十六公如《春秋》之齊、晋。上卷爲《書》《春秋》説,下卷爲《詩》《易》説。今故以上卷歸入古史,下卷則附《詩》類焉。(《光緒井研志》藝文一,《廖平全集》第十六册第一一四九——一一五〇頁)

撰《博士會典》十卷,提要云:

此書專言博士,依《王制》分目,采記傳及今文遺書,凡大統之説,皆別見《海外通典》中,重文祇録一家,小有出入者乃并存之,不詳者別爲按語。其散見之條,悉綴拾推補,使成一律。平初仿《五禮通考》例,兼及史事,以卷帙繁重,但取經説,斷爲此書。古之學者三年通一經,得此鈎玄攬要,其於博士之學或不無小補歟。(《光緒井研志》藝文三,《廖平全集》第十六册第一二二四頁)

撰《海外通典》十卷,自序云:

地球之説,中士訝爲異聞,不知乃先秦舊説,其微文隱義,最爲詳明。以地志一門言,《山海經》《墜形訓》詳矣。其分別服數,譜録州名,略仿《禹貢》,讀者以爲荒唐,等諸齊諧志怪,略資談藪,不知即皇帝大一統典章也。從《職方》以推《大行人》、鄒子瀛海八十一州,而四紘、四殯、四荒、四極之制所由出。《莊子》所謂"大塊",即地球六合内外。"黄帝游四海之外九萬里,六月乃息"者,皆海外之方隅。典制由此推之,則不但六經有海内外之分,諸子、傳記、史緯亦同,舊雜入海内,以相蒙混,豈不兩傷。兹仿杜氏《通典》例,將自古經傳子緯大統之典章、會要,分門臚列,以與博士會要相峙,一言海内,一言海外。考古有黄帝,以七十戰定天下,制作禮樂刑政之事,皆爲海外大統言之。海内作於堯舜三代,海外則出黄帝也。故瀛海地球,實以口流傳,特無徵不信,不能指實言之耳。今彙輯舊説,以成海外之制,必相證明而後《詩》《易》之説可通,不敢必謂是編足爲將來之程式也。(《光緒井研志》藝文三,《廖平全集》第十六册第一二二四——

一二二五頁)

撰《董子九皇五帝二王升降考》二卷,提要云:

按九皇六十四民,詳于董子,鄭注《周禮》引其説。賈疏以九皇在先,九皇之後爲六十四民,六十四民之後乃爲三皇,顛倒錯亂,毫無依據。平據"皇矣上帝""上帝是皇",以爲董子上推神農、黄帝爲九皇,即《詩經》師説。因其上推,故稱上帝;上推則帝可爲皇,故曰"上帝是皇"。舜爲天子,則帝嚳、堯爲二王,伏羲、神農、黄帝、少昊、顓頊爲五帝。古之天、地、人爲三皇。《月令》五帝始于太昊,據舜言之也。夏則堯、舜爲二王,上推伏羲,爲九皇之四。殷則舜、禹爲二王,上推神農,爲九皇之五。周則夏、殷爲二王,上推黄帝,爲九皇之六。以《魯頌》繼周,則殷、周爲二王,上推少昊,爲九皇之七。以《商頌》繼魯,則周、魯爲二王,上推顓頊,爲九皇之八。以新周繼《商頌》,《周頌》爲百世以下繼周而王之新周。以魯、商爲二王後,所謂"有客有客"。以堯、舜、禹、湯、文、武爲五帝,上推帝嚳,爲九皇之九。是九皇由《周頌》起例。古三皇合上推五帝及帝嚳爲九皇,堯、舜、夏、殷、周三代皆可爲帝,故《五帝德》以禹爲帝。《易》"帝乙歸妹"以商爲帝。"帝出乎震",以新周爲帝。凡過二代所謂"尊賢不過二代"。者皆爲帝,過七代所謂"作者七人"。皆爲上帝,爲皇。以皇臣帝,如帝嚳上推爲九皇,而其子帝摯、帝堯皆爲帝。以帝承王,如堯、舜、夏、殷、周三代之祖,禹、契、稷爲之臣。是上帝與帝、帝與王有先後之分,即有君臣之别。董説爲《詩》專例。自古義湮失,人多斥爲異聞,故專著一書,采經證,搜古説,千年墜緒,一旦昭著,好學深思之士,必有所取也。(《光緒井研志》藝文一,《廖平全集》第十六册第一一四八——一一四九頁)

撰《皇帝三統五瑞表説》二卷,自序云:

《詩》有三五之説,一州五服,三五而盈,輻員之義也。乃五伯亦有三五,三王五伯;三王循環,五伯亦然。皇帝亦有三五,皇爲君,帝爲伯,亦如王霸。《詩》中有以三取數者,三《頌》,素、青、黄是也;有以五起數者,五始、五際是也。正月、四月、六月、七月、十月爲五際首月。舊有《三統五瑞表》,凡三才天地人、三公知仁勇、三正子丑寅,以三記者爲一表,又五行、五極、考《淮南子·時則訓》解五極之説云:"五位:東方之極,自碣石山過朝鮮,貫大人之國,東至日出之次,榑木之野,地青土樹木之野,太皞勾芒之所司者,萬二千里。西方之極,自崑崙絶流沙、沈羽,西至三危之國,石域金室,飲氣之民,不死之野,少皞蓐收之所司者,萬二千里。中央之極,自崑崙崙兩恒山,日月之所道,江漢之所出,衆民之野,五穀之所宜,龍門河濟相貫,以息壤湮洪水之州,東至碣石,皇帝后土之所司者,萬二千里。南方之極,自北户之外,貫顓頊之國,南至委火炎風之野,赤帝祝融之所司者,萬二千里。北方之極,自九澤窮夏晦之極,北至令正之谷,有凍寒積冰,雪雹霜霰,漂潤群水之野,顓頊元冥之所司者,萬二千里。五事、五藏、五味、五聲,别爲一表,如《月令》《幼官》《地形》《天文》,其説甚繁。皇、帝、王、伯,同有三五,故《詩》分爲大小二派,大統以三屬皇,以五屬帝。三皇中一皇乘運,二皇爲客。三《頌》與《大雅》以三起數,爲大三統之循環;《小雅》、二《南》、《邶風》以五起數,爲大五行之迭更。三皇不必同升並建,則五帝亦爲迭運可知。考《詩》例,三《頌》、二《雅》、二《南》、《邶》、《鄘》、《衛》、《唐》、《陳》主皇帝,《邶》、《鄘》、《衛》、《唐》、《陳》合《王》、《鄭》、《齊》、《豳》、《秦》、《魏》、《檜》、《曹》八風則主王伯,全球分八方,方命一后,即《春秋》之王。一王二伯,故王三終外,次四方,《齊》八篇,《鄭》則十六篇,《曹》殿之。蓋王統二公,公統二岳,岳統二州,州統二監,此一王、二公、四岳、八伯、十六監,舉東示例,由小推大,皇帝亦同。《詩》以素、青、黄緇衣、素衣、黄衣。爲三皇、三王屬君,五帝、五伯屬臣,故以五計者,名雖爲帝,實指五神之勾萌、祝融、蓐收、元冥、后土。蓋五帝即上推之皇,五神乃其輔佐,三君五臣,大小相同。此表采舊説,每門數十條。五瑞説更繁,然後以經證之,而皇、帝、三、五之義明矣。每上推一帝,則五神爲四岳,輪流迭更。郯子命官,雲、龍、鳥爲三統,兼水、火爲五瑞。帝實有五,舉三示法,所謂指之數五,舉不過三,備舉五神,亦如王伯也。帝字上推爲皇,小則爲王,故小五帝下及禹。《詩》"上帝是皇",謂五帝及帝嚳,皆上推爲九皇也。(《光緒井研志》藝文三,《廖平全集》第十六册第一二一七—一二一八頁)

命侄師政輯近年論史之作,爲《四益館史論》二卷,提要云:

四益史論刊入《蜀秀集》者,如《孔子世家》《五代疆域》皆其課作,不入此集。平晚年讀史,多所評論。師政搜集殘帙,以爲是編。義喜奇創,然不同明人纖仄之習,蓋由經推史,自成一派,未可以尋行數墨求之也。(《光緒井研志》藝文三,《廖平全集》第十六册第一二三七頁)

又輯《家學樹坊》二卷,提要云:

《知聖篇》用《論語》"天生""知命",《孟子》"賢于堯舜",以孔子生民一人,繙經立教,以空言垂法百世。外間誤以改制變法爲干與時政,孔子改制後,諸子群起而效之,攻之者或授以柄,益不足熄其燄。故師政此編,專以辨明僞託。夫空言立教,不過如罪言待訪。近日《亞東報》箌室主人論《今古學》,亦以防流弊爲言,故於他外流弊,亦爲預防。竊以著書發明經義,爲端人正士推循大義微言,若夫狂悍狡獪,借經説以文其奸,固防不勝防也。(《光緒井研志》藝文四,《廖平全集》第十六册第一二四二—一

二四三頁）

　　編定《四益館經學目録》，述三十年來之變遷頗悉。《四益館經學目録序》云：

　　　　六藝者，至聖之六相，法六合者也。上天下地，前後左右，六合内外，君以忠恕，而無餘藴矣。海外之説雖詳，無徵不信，以史公之博雅，猶以爲疑，而况章句之儒，抱己守殘者哉。今古之紛争，《詩》《易》之徜恍，二千年于兹矣。平持西漢博士説以治小統者二十年，不敢謂全收博士之侵地，千慮一得，頗有自信之際。于群經中惟力攻《周禮》立異數條，著爲專書，歸獄歆、莽。名師摯友，法言巽語，自謂精詳，未肯遽翻。丁酉秋，宋芸子同年述南皮師語，有云“風疾馬良，去道愈遠，繫鈴解鈴，必求自悟”，爲之忘餐寢者累月。戊戌夏，因讀《商頌》，豁然有會，乃知三統之義，不惟分配三經，所有疆宇，亦判三等。求之《詩》《易》而合，求之《莊》《鄒》而合，再求之《周禮》，尤爲若合符節。嚮求《詩》《易》義例，將及十年，新思創獲，層見疊出，師中乏主，終不成軍。得此懸言，百靈會合，木屑竹頭，群歸統屬。因有前後《地球新義》二刻之作，再將舊聞加以綜核，編爲此目，成一家言。求之前賢，固乏全體，而鈎沉繼絶，聯合裁成，至于是而九畿萬里、六義三易，化朽腐爲神奇，因難見巧，轉敗爲功。五帝所司，大荒是則，血氣尊親，百世不惑者，其在斯與，其在斯與。或曰：《王制》之學，求之二十年而不能盡，帝德之廣，尤爲難慎，再易寒暑，遂定兹編，速成不堅，未足爲信。曰：内外雖分，大小一致，蓄疑既深，中邊易透，聊分門徑，以卜小成。六合廣大，豈錐管所窮。維是累世不竟，古有明言，精力既銷，人事難卜，泰山梁父，崇庳不同。特掇此編，藏之家塾，瀟瀟風雨，晤對無間，童孩課讀，恃有依歸耳。即或南北東西，業已小成，留待後賢之推廣。苟天假以年，尚將修補，不敢以此自畫。况此編卒業者尚僅及半，或同學分撰，或子侄代編，大約三年之内可以成功。或曰：學以三變，安知後來更無異同。曰：至變之中，有不易者存，故十年以内，學已再易，而三傳原編，尚仍舊貫。惟大統各經，以宗主未明，不敢編定，名曰三變，但見其求深，初未嘗削札，則謀畫之審，差堪自信。《莊子》所謂乘雲御風，自揣綿薄，未敢步趨。繭絲自縛，營此莬裘，將以終老。獨是昔治二傳，隔膜《左氏》，南皮師命撰《長編》，因得收三傳合同之效。又以《周禮》之命，必求貫通，力竭智窮，竟啟元竅，一知半解，畢出裁成。事理無窮，未可以一人私見，堅僻自是，數經險阻，始得小悟，以此自喜，益以自懼焉。（《光緒井研縣志》藝文三，《廖平全集》第十六册第一二三一——一二三三頁）

　　按：此序以張之洞不喜劉歆羼改《周禮》之説，乃以大統説《周禮》，所謂“但見其求深，初未嘗削札”，亦非按張之洞意旨行事也。

因《光緒井研志》即成，將付刊印，除將庚子以前所著編爲《目録》一卷外，又命門人施焕、賀龍驤將《光緒井研志》藝文提要及序跋編爲《廖氏經學叢書百種解題》四卷。《四益館經學四變記》云：“庚子井研修《藝文志》，用邵子説，以《易》《詩》《書》《春秋》四經，分配皇、帝、王、伯。當時彙刊所撰各書，編爲《百種書目解題》，其説詳於施序。”（《廖平全集》第二册第八八八頁）《知聖篇》云：

> 井研庚子新修《縣志》，所撰《四益叢書》備蒙采入《經籍志》，四部共百四五十種；參用《提要》及《經義考》之例，序跋之外，别撰提要，子姓、友朋、及門分撰者，各録姓名。先曾爲《序例》，志本以文繁，多從删節。又家藏本如《楚詞》、文集之類，續有增補；《詩》《易》二經，舊説未定，亦多删改。然庚子以前所有著述，《縣志》詳矣，家藏本存以待改，將來刊刻必與《志》本有同異，然小大二統規模，《志》本粗具矣。（《廖平全集》第一册第三七二頁）

施焕序云：

> 楊雪門先生曰：“四益經學，美矣盛矣。惟三利未興，三弊未祛。三利者何，一有王無帝，二有海内無海外，三有《春秋》《尚書》，無《詩》《易》。三弊者何，一，同軌同文，今古相軋，一林二虎，勢必兩傷；二，六經不能自立門户，各標宗旨，叠規重矩，勦説雷同；三，分裂六經，固傷破碎，合通六藝，則嫌複緟。”楊公雖持此説，以爲翻古今之成案，合宇宙而陶鈞，貫串百家，自闢荒徼，未必許先生之能副之也。先生則引爲己咎，誓雪此恥。《四益叢書》初刻皆總論學派宗旨凡例，本欲以此求證得失，攻勘從違，蜀中學人、海内老宿，其指瑕索瘢者，蓋不止盈篋，師悉寫而藏之，隨加訂正，急欲求通，不能遽化。卸官杜門，謝絶書札，忘餐廢寢，鬚白齒落，如此又十年，專治《詩》《易》，至於戊戌，乃得大通。在先生雖猶謙遜，不自以爲定説，然三弊全除，三利全興，六合以内，悉隷版輿，兩漢淵源，並行不悖，苟再欲求深，恐反入歧道。惜楊公不見成書而早卒也。先生從及門之請，因《縣志》本編爲《經學叢書百種目録》，某等又采《縣志》提要及各序跋以爲解題，分作四卷：一入門，二王制，三帝德，四經總。編纂已定，望洋而嘆曰：至於今，楊公三弊，庶可盡除，三利庶可備舉也乎。《尚書》斷自唐堯，史公以黄帝不雅馴，儒者遂以三王爲斷。《易大傳》之首伏羲、神農，《五帝德》之首黄帝、顓頊、帝嚳，《樂記》、郯子、《月令》、《尚書大傳》之五帝，《禮運》之大同，以爲稱引古事，於經無與，此先秦至今，博士經生從來未

發之覆也。先生中分六藝，以《春秋》屬伯，《尚書》屬王，《詩》屬帝，《易》屬皇，立《皇帝王伯表》，取《帝德》篇與《王制》相配，分劃門戶，各有宗旨、疆域之不同，則六藝不惟言帝，并補皇伯，則首利興而緾複之弊袪矣。《禹貢》言"聲教訖于四海"，博士立王者不治夷狄之説，故西漢十四家，皆據《禹貢》立解，以爲王者方五千里，而《詩》之"海外有截"，"九有有截"，《易》之鬼方、大同、大川、大人、大過，《論語》之浮海、居夷，《左傳》之學夷、求野，《中庸》之洋溢中國、施及蠻貊，鄒衍之海外九州，非説以中事，則斥爲荒唐。近今海禁宏開，大統之形已著，十年内文士雅人欲於經中求鄒衍大九州之根原而不可得，則聖教終囿於五千里，海外各邦本不自外，孔子乃先屏絶之，是使其自遯於覆載之外，而襖教反得倒戈以相向矣。先生據《周禮》九畿、《大行人》九州即鄒衍之大九州之八十一方千里，推之《詩》《易》，若合符節。《山經》《莊》《列》，尤屬專書。因以《詩》之小球、大球爲地球，别《周禮》爲大統禮制之書，惟其專言海外，故九畿、九州、萬里皆與《王制》中法不同。《王制》中國五千里，《周禮》海外萬五千里，廣狹不同，各主三經，兩不相害，不如東漢今古之説，於中國并行，二書矛盾函矢，互鬥不休。必如此，内可以化今古之紛争，外可以擴皇帝之大同，實皆因利乘便，并無勉强。六藝兼收海徼，則海外之利興，而勦説之弊除矣。六藝既分二統，言王者爲祖述憲章，言帝者爲上律下襲，言王者爲上考三王，言帝者爲下俟百世。上考則文獻有徵，下俟則無徵不信。故《尚書》《春秋》法古之書，則文義著明，《莊子》所謂《春秋》"先王之志""議而不辨"。百世以後之事，雖存於《周禮》《山經》，傳之鄒衍、莊、列，而經則不便頌言，此《莊子》所謂"六合以内，論而不議"，使人目爲荒唐幽渺。故《詩》《易》之經，託之歌詠，寄之占筮，蓋莊生"論而不議"之説也。地球未明之先，以隱語射覆説《詩》《易》，言人人殊，不可究詰，無所依據，不足爲先儒咎。惟中外交通，《詩》《易》明文事迹甚著，則不可再墮悠恍。今以《詩》《易》專爲皇帝，專治海外，以《周禮》爲主，編輯《海外會典》一書。此書已成，再撰注疏，務使明切。亦如《書》《禮》名物象數，語必有徵，一字難動，空言隱射，一掃而空。此《詩》《易》體格與《尚書》《春秋》不同，即帝王大小統之所以分也。《詩》《易》昭著，如日中天，地域别瞽，毫無轇轕，則三利興而今古之弊除矣。昔先生作《周禮删劉》《古學考》，南皮張尚書不喜攻擊《周禮》，又謂《知聖篇》大有流弊，富順宋檢討亦互相詰難。東南文士勦襲《知聖篇》，其弊已著，故先生辛卯《三傳定本》，凡屬微言，悉從隱削。又以《王制》《周禮》分海内、海外，以帝、王二字標題，不再立今古名目，二派各有疆域，異道揚鑣，交相爲用，既無删經之嫌，又收大同之效，當不至再有齟齬。至改制舊説，外間著有專書，違其宗旨，背道而馳。湘中有《翼教叢編》之刻，本屬慎兵，苦無深解，以此相攻，愈助其燄。特撰《家學樹坊》一編，專詳此事。篇中首以《孝經》者，取一貫之義，容儀爲立身之本，機樞言行，統括禮樂，爲自修專書。帝、王二統，驗小推大，階級可循。終以經總，微言大義，源流派別詳焉。綜此百種，是爲大通，內以仁義爲宗，外括道德之蘊。孟、荀、莊、列，有大小無異同；博士百家，有精粗無取舍。統以"忠恕"貫其終始，下愚可能，聖人莫外。信乎定古今之成案，擷傳記之精華，集經生之大成，開寰瀛之治統。莊生不得鄙爲芻狗，武夫不得薄爲章句。庶挈經之士，得所依歸。四海會同，悉本賡歌八伯；中央立極，不外祖述三王。化其狡狂，一歸平正。至於慕德遠人，大瀛蕃服，亦知天地含容，早在陶成之內；舟車所至，願抒愛敬之忱。漸悔前非，共霑新化，凡有血氣，莫不尊親。某等先後追隨，各有年所，宗旨備聞，或代篡分編，或編定草稿，繙檢校寫，不無微勞，博大精深，難窺美備。僅就膚見，弁諸簡端，來者難欺，知必有合焉爾。(《光緒井研志》藝文三，《廖平全集》第十六冊第一二三三——一二三六頁)

　　　　按：賀龍驤，光緒十七年舉人，曾參修《光緒井研縣志》，任校字。著有《廖氏經學叢書百種題解》四卷、《中西本草功用異同說》二卷附《表》一卷、《帖括度針》四卷、《西國近事錄要》四卷等。

光緒二十七年辛丑(一九○一)　　五十歲

　　任教安岳鳳山書院，兼任嘉定九峰書院山長，往來兩地。三月，先生至安岳後，知縣陳鼎勳爲特建一室，題曰"談瀛精舍"。跋云："辛丑春，《詩》《易》二稿排比初成，初與同學商酌《周禮》，書此爲鴻爪之迹云。"又題聯曰："新解神游追屈宋，舊傳博士小義軒。"(《六譯先生年譜補遺》，《廖平全集》第十五冊第七一八頁)

　　暮春，《大共圖》《周禮新義》草稿初畢，並推考義例，以注《詩》《易》二經。《知聖續篇》云：

　　　　因取其地輿諸說，輯爲《大共圖》；政事、風俗、典章注《周禮》，名《周禮新義》；並推考義例，以注《詩》《易》二經。辛丑暮春，草稿初畢，乃晚得一巨證，曰《楚辭》屈、宋，與《莊》《列》所學宗旨全同，《騷》爲《詩》餘，蓋實《詩》說。(《廖平全集》第一冊第四四六——四四七頁)

　　三月，以《楚辭》屈、宋與《列》《莊》所學宗旨全同，《騷》爲《詩》餘，蓋實《詩》說，於是始以《楚辭》說《詩》，其言曰：

　　　　先師舉《楚辭》以說《詩》，亦如《詩》《樂》諸緯，精確不移。……大約除名物以外,所有章句言語,不出于《詩》,則出《列》《莊》。……所著諸篇,皆以發明道德宗旨、風雅義例。(《廖平全集》第一册第四四六—四四七頁)

五月,重訂《知聖編》,旋於安岳刻之,跋曰:

此册作於戊子,蓋纂輯同學課藝而成。在廣雅時,傳鈔頗多。壬辰以後,續有修改。借鈔者衆,忽失不可得。庚子於射洪得楊絢卿茂才己丑從廣雅鈔本,略加修改,以付梓人。此册流傳不一,先後見解,亦有出入,然終以此本爲定云。辛丑五月十五日季平自識。(《廖平全集》第一册第三七六頁)

據此知此書有三本:(一)戊子原本,即廣雅傳鈔本,亦即康有爲所得之本;(二)壬辰以後修訂木;(三)辛丑就廣雅傳鈔本修改本,即今本。今一、二本不可見,今本較早之説始於戊子,可視爲修改之説有二:

其一,因表彰微言,以致群相駭怪,攻及《公羊》,先生乃據《論語》《孟子》以證明其説之不可易。

其二,駁改制之説以爲改制近於叛上,並駁孔子改制之説。先生以改制有二義:一者斟酌損益以求一是;二者以孔子爲素王,六經爲一王大法。後説實由前説推衍之結果。(《六譯先生年譜補遺》,《廖平全集》第十五册第七一九頁)

鄭可經跋云:

甲辰《四變記》成,以《易》《樂》《詩》爲哲理之"天學",《書》《禮》《春秋》爲實行之"人學"。三變大小,亦更精確,詳於《四譯館四變記》《天人學考》《尚書》《周禮》《楚辭》《山經》疏證等編。此册師席本不欲存,及門以存踪跡,以爲學者階級,因並存之,而附記於此。受業鄭可經識。(《廖平全集》第一册第三七七頁)

《知聖篇讀法》云:

《勸學篇》兢兢於"開民知",此編特爲"開士知"。今日序庠宗法認爲孔子爲八比家,而孔子遂成村學究,乃師法相承,堅於自信,豈不較焚坑之禍更酷。今更引而闢之,以見聖人非匯參十八科所能盡也。此編初成于戊子年,東南士人當時擬刊,或以發難爲嫌,乃有用其義著書立説,至形之奏牘,或以焚坑歸咎孫卿。今議刊此篇,既曰自明,更以闢謬。(《廖平全集》第三册第一二四〇頁)

又云：

> 或以某等傳四益之學，其有無不足辨。惟朱子師法二程，立義非標程
> 説，別無明據，方足以云宗派。某等著書甚多，無一語齒及，則足見非私
> 淑，且采拾舊聞，持之有故，言之成章，並以見四益此編，亦述舊聞，輯舊
> 説，初非自創門户，好爲奇詭也。（《廖平全集》第三册第一二四〇頁）

又云：

> 學人持議易至離宗，變本加厲，去道愈遠。攻之者當按理擘脈，絶其
> 依託之根，彼則自敗，不必定攻其依託之書。如某引《公羊》《孟子》以附
> 會己説，明著二書本旨，與彼懸殊，則不攻自破。如引《公羊》攻《公羊》，
> 引《孟子》攻《孟子》，牽引勁敵，互鬥不休，是反墜其術中。大抵古説流傳
> 數千百年，必有實義，未可草率命師，但當追尋本旨，甄落誤解附會足矣；
> 不可輕挑大敵，致使藉兵齎糧。（《廖平全集》第三册第一二四〇——一二
> 四一頁）

又云：

> 素王之説與素封同，即《孟子》《春秋》天子之事”，《論語》“庶人不
> 議”，以匹夫而擅作述之柄爾。孔子自云受命爲之，原非教人學步。自孔
> 子作經以後，百世師法亦絶，不許人再言作，其理至爲平常，即程子《春秋
> 序》實亦主之。自亂法者假舊説以濟其私，變本加厲，謂孔子以改制立教。
> 人人皆可改制，更由立言推之行事，此説者之過，非本義有誤。攻者不察，
> 竟以“素王”二字指爲叛逆，但就名義言，已失“素”字之義。六藝教人行
> 習，別有專條，何嘗以天生之事遍加“芸生”二字。自莊子以下至兩漢，幾
> 無書不有，無人不談，當時叛逆之人誰是因二字所致。董江都從祀孔廟，
> 宋人所稱爲純儒者，于二字發揮尤詳，有何流弊可指。《孟子》謂《詩》曰：
> “以意逆志，是爲得之。”如但以辭，則觸處疑難，奚止二字。自學人不知
> 微言、大義之分，遂解素王爲真王，改翻經爲亂政。我今日所不敢學步，遂
> 群起而攻之，一倡百和，牢不可破。使將二字文義本旨，平心潛玩，當亦啞
> 然自失。或曰：此説實有流弊，故爲亂法者所依託。嗟乎！古今無流弊者
> 孰有過于“謙恭”二字，乃王莽以之奪漢室，亦將爲周公咎乎。（《廖平全
> 集》第三册第一二四二——一二四三頁）

又當時東南談時務者，苦於中國無書可讀，倡言廢經，主持大教者，惡其
離叛，乃推舉宋儒。先生以爲帖括之毒深矣，積習重如泰山，今方知改。又
復標舉舊學，以桎梏天下。即使家程、朱而入游、楊，何濟國事。又以近來談

義理者困於帖括，講音訓者溺於章句，二者之中，皆無人才。於是謂救時之道，仍當求之經傳，而其要則在於聖。當先生以《王制》遍説群經時，即謂通經致用在明制度。近復標《周禮》以括政典，且曰："聖人不可學，學聖者必自諸子始。諸子各有聖人之一體，皆不能無弊，其偏勝正其獨到之處。"又曰："諸子既自標學派，豈不知擇務從事，勢因寒投涼以濟喝。自晚近貶駁諸子，人才日以困墜。舉天下聰明材智，群消耗於空疏謭陋之一途。諸子中尤以縱橫家爲當務之急。言語一門，言宋學者至無人止迷，而以平正爲歸，不知聖人當日何以不求平正而立此一科。"又曰："今日外務部，於四科爲言語，精純者爲《左》《國》，詭隨則爲《長短》。蘇、張之學，談何容易。凡中外語言文字、故事典章、人才經制、當時君相知愚好惡，與夫强弱衆寡、未發之機函、隱秘之言事，無不洞達，方足爲使才。宋元以後，此學中絶，一臨外侮，所以上下交困。"（《知聖編讀法》）

上張之洞書論《周禮》，書云：

時事日亟，軍國勤勞，未敢以不急之言上瀆鈞聽，故久缺稟箋。乃族弟承璠赴轅稟謁，殷殷垂詢近狀，眷愛深厚，感激無極。

竊自丁酉宋芸子大史傳諭：講求《周禮》，務須求通，不可攻訐。數年以來，專心致志，始悉《周禮》即外史所掌三皇五帝之書，兼治全球。《孝經》文十一國言周知天下，與《王制》僅言中國方三千里者小大懸殊。鄭注訓周爲普遍，視《周禮》爲孔子皇帝政教之學，非周公之舊稿。故《大行人》帝幅，以九千里爲九州；大統皇幅，土圭之法以三萬里開方，得所依歸。昔日疑難，悉化腐朽爲神奇，一大一小，與《王制》並行不悖。且大地四游，升降三萬里，神州崑崙等説，鄭注早有明文。旁求古義，爲之疏解，不用《今古學考》舊説，以皇帝王伯分經，年内可以卒業。證以《詩》《易》，相得益彰。雖敵人礮利船堅，四面轟擊，自謂無隙可乘，洵乎爲天下之奇書，古今之絶作。然發凡指授，悉出裁成，奏凱旋歸，敢不布露以相告。

又受業早年未定之説，爲外人所攘竊，變本加厲，流行失真，海内名宿，頗多指摘。《翼教叢編》等書，未能攻堅，反助其缺。特命兒子師慎編集《家學樹坊》二卷，以正其謬。獅子搏兔，顧無須全力。此篇一出，扶正學，挽狂瀾。苗雖似秀，不無真僞之分；盾不禦矛，庶免註誤之累。現在《詩》《易》《周禮》六經皆已脱稿，餘者刊刻凡例，以俟後賢編纂。

受業行年五十，從此不再治經，擬以餘力講求時務。以《周禮》五書十二教統括西政、西教，觀其會通一是，妙義紛披，得未曾有。目下西士傳教，爲中國一大患；孔教絶滅，《勸學篇》中之意焉。擬撰《襖教折中》三卷，近除中人仇教之患，遠引西士自新之塗。既非援儒入墨，庶乎異道而同歸;血氣尊親之説,庶不致流爲虛談。謹呈序例、目録,伏乞鈞鑒。如其不乖於聖人,自可通行於中外。再呈全書,統祈斧削。西人政學各書,川中難購,每欲致力,其道無由。擬於到任後借差赴轅,盡讀新書,而領訓誨。稱心而談,頗嫌夸大;其言不讓,師席當亦莞爾而恕其狂愚。(《六譯先生年譜補遺》,《廖平全集》第十五册第七二〇—七二一頁)

七月,將舊作《王制》《春秋》兩圖表加以修補,統名《春秋圖表》,凡爲圖十、表二十、考一,重刻於安岳。陳鼎勳《春秋圖表叙》云:

今天下西學熾矣,朝廷日思破除陳法,以求通知時事之士,士亦忞忞焉多以西學爲學矣,顧欲學西學不先通中學,通中學不先通經,不先通圖表,則顛倒失次,王仲任所謂"知今不知古,謂之聾瞽"而已。廖季平廣文,蜀中經師也,余在粤蚤耳其名,去冬始見于安岳鳳山書院。廣文學兼中外,撰述灝博,嘗作《王制》《春秋》兩圖表,刊于《四益館經學叢書》;邇來《穀梁古義疏》出,四方學者争先快睹,第圖表未克附見,且中間有未定之説。今年掌教,暇取二書復加修補,統名曰《春秋圖表》。或謂經皆聖人手訂,資圖表者奚翅一《春秋》,不知扶三綱而叙九法,明天理而正人心,五經如法律,《春秋》則斷例也;五經如藥方,《春秋》則治病也。五經皆以政治,《春秋》獨以撥亂,故有五始、三科、九旨、七等、六輔、二類、七缺,自學《春秋》者莫識其微言隱義,于是詭類舛錯,或曲學阿世,或作頌權門,或謂孔子改制,以《春秋》當新王,或謂聖人據事直書,善惡自見,安得許多義例。齗齗聚訟,人自爲師,經生家幾無從折衷一是。兹編圖十、表二十四、考一,精詳絶特,言前人所未言,創獲者疑爲别有授受,實則以經説經,引《春秋》大義,與群經互相發明。夫形而上者謂之道,形而下者謂之器。不觀西人制器乎,當其始,閫奥未洩,頭緒紛如,幾以爲無可措手也;洎繪圖貼説,建表開方,何者小以基大,何者一以反三,何者推陳出新,何者絶長補短,頭頭是道,井井有條,不禁令閲者神智頓生,相悦以解。蓋中學、西學源流雖殊,其以圖表爲引入之初、取徑之捷者,西人未嘗不先得我心也。《易》曰"通其變,使民不倦",《莊子》曰"目擊而道存"。學者苟于此循序漸進,將由經學通中學,由中學通西學,體用兼賅,内外一貫;他日本其得力,見諸施行,必能裨益時勢,備國家珠槃玉敦之使者。是《春秋圖表》一書,非特經學津逮,抑亦西學階梯也。余故趣廣文亟付剞劂,以爲學西學不學中學者發其聾、啟其瞽焉。光緒二十有七年歲在重光赤奮若相月,知安岳縣事嶺南陳鼎勳梓樵甫譔。(《廖平全集》第九册第二三九九—二四〇〇頁)

　　卷上詳目爲:《春秋禹貢九州推廣爲八十一州即全球大九州圖》《大九州十五服合爲三十輻圖》《禹貢五服五千内九州外十二州圖》《畿内九十三圖表》《州方千里封三等國表》《一州封建二百一十國牧正帥長之圖》《王制附庸考》《大國卿大夫士食禄表》《國里口軍表》《方三百里出車千乘圖》《春秋一統圖》《春秋列國實地圖》《春秋經義九州封建圖》《春秋與詩相通表》《春秋九州分中外與易八卦方位相合圖》《經見八伯五十六卒正表》《附解梁州八國》《經見魯國七卒正二十一連帥表》《諸侯累數班序表》;卷下詳目爲:《諸侯本爵異號並見表》《子伯非爵表》《春秋十九國尊卑儀制不同表》《王臣人名字子表》《夷狄州國氏人表》《王臣通佐表》《王子表》《監大夫表》《王臣從行公卿大夫元士表》《天子諸侯異制表》《内外異制異辭表》《一見表》《左傳諸侯三等名器表》《左傳補例表》《左傳删例表》《左傳與周禮專條不同表》《史法左例空言不同表》《左氏天子伯侯牧小國附庸十九國考》。末附《今古學考》卷下之一條,康映奎跋云:

　　此條舊載四益館叢書《今古學考》中,本年先生掌教鳳山書院,將舊著《王制》《春秋》兩《圖表》審定增補,付手民重刊,併曰《春秋圖表》,命映奎董其事。工竣,同學跋尾,不乏標新領異之作,而能道此書之所由作與其中甘苦,究不若此條之親切。其行文蜿蜒,經途曲折,縷述沈思索解之情狀,能于故紙堆中掃滌灰垢,尋出至寶,加以旁徵博考,印證確實,一經抉摘,石破天驚,無一義不新,却無一義不舊,此良由先生之敏悟。吾儕後學,步塵循轍,樂與有成,其亦知創始之難,否耶。(《廖平全集》第九册第二五二五頁)

　　同月,歸井研。八月,返安岳。

　　九月,赴成都。初六日,往訪江瀚。《江瀚日記》云:

　　黄梅修、周伯孚、喬英甫、廖季平來談。(《江瀚日記》第一六三頁)

　　九月十三日,留函江瀚。《江瀚日記》云:

　　季平亦留一函,爲人説項。(《江瀚日記》第一六四頁)

　　作《諸子宗旨》二卷。大意以“《孟》《荀》皆儒家,爲治中國之學。以宋學言之,《荀子》言‘性惡’,使人不驕敖,必須禮樂以自修,如禪宗之漸學,頗似程、朱。《孟子》專言心學,推廣良知,堯舜可爲,如禪宗之頓悟,頗似陸、王”,“實則學者成就,寬不如嚴,荀不下孟”。“宋以下獨傳心學,積成一空陋無用之世界。若論寬猛相濟之義,孟子外宜以荀立學,既可辟陳,且可化虛爲實,不自滿假,不唯與臨深履薄相協,且典章制度,漸學終勝於頓悟。至於貴民輕君,本儒家常義,非孟有而荀無。或乃因偶合西人,指孟爲大同,荀爲孽派。”“貴民輕君,《左》《國》實多其説,亦將指爲大同耶。”(《廖平全集》第三册第一二六九——一二七〇頁)

光緒二十八年壬寅(一九〇二)　五十一歲

奉札代理安岳教諭。始悟天人之學,《四益館經學四變記自序》云:

> 壬寅後,因梵宗大有感悟,始知《書》盡“人學”,《詩》《易》則遨游六合外。因據以改正《詩》《易》舊稿,蓋至此而上天下地無不通,即道釋之學,亦爲經學博士之大宗矣。竊以由聖人而求至神,其小大淺深,亦猶道德之於仁義,必至無聲無臭,而後超變化而行鬼神。(《廖平全集》第二册第八八四頁)

二月,錦江書院、尊經書院、四川中西學堂三校合並,組建四川通省大學堂,後改稱四川省城高等學堂。(《四川書院史》第三〇八頁)

四月,子師慎爲弘先生之學,效法“鄭同撰《鄭志》,以明家學立義本源”之義,病中力疾,欲成《家學樹坊》二卷。自序云:

> 往年鏡吾兄編前編,未卒業,提要刊於《縣志》。辛丑,燮夫從鄂索稿甚急,鏡吾館事牽掣不暇,慎乃補足前編,並以新學輯爲下卷。壬寅,病中力疾鈔入新稿諸編,共爲兩卷。輯録初成,精華苦竭,蒲柳之資,愧乎重器,不足以仔肩家學也。壬寅四月一日,師慎自序。(《廖平全集》第三册第一二三一頁)

五月,尊經友人丁樹誠病逝。張森楷《訓導丁君樹誠墓表》云:

> 君諱樹誠,字治棠,合州明月里人。少從贈公雲村先生學。年十七爲州諸生,旋補增廣生員。光緒初,受知南皮張宮保師,以高材生調住尊經書院。一年選充齋長。己卯舉於鄉。庚辰留兼分教。甲申應瑞山書院山長聘還州。歷掌合宗書院,門人前後數百,修撰麻哈、夏同龢最知名。己丑大挑二等。庚寅選儀隴縣訓導。……壬寅五月卒於官,年六十有六。(《合川縣志》卷七十三第二一頁)

五月初二日,子師慎卒,年二十六歲。

五月二十五日,孫女孝貞生,師慎遺腹子。

同月,特授綏定府教授。

七月初一日,《家學樹坊》成。侄師政記云:

是書上卷初稿出政手編，去年鄂中索稿急，因付慶弟補編，並及下卷。編成疾革，未踰月，遂以勞卒。弟輯《紀聞》等書，卒業者少，此書遂全署弟名，或足慰弟泉下之志，四益喪明之痛，其亦藉以稍解乎。七月朔日，井研廖師政拭淚記。（《廖平全集》第三冊第一二三一頁）

《樹坊》一書包括先生“尊今抑古”至“古大今小”之間著書提要及短篇文稿。提要爲姪師政、子師慎手筆，文稿爲先生著作。上卷篇目爲：《知聖編》及《孔子作六藝考》提要、《藝文志》子部儒家類《家學樹坊》二卷附《家學紀聞》縣志提要、《知聖編》讀法、《知聖編》撮要附《致鉥室主人書》、《素王改制本旨三十題》附《家學求原》提要、《諸子凡例》提要、《諸子出四科論》提要、《四益館經學叢書》自序、《古今學考》二卷、《五等封國説》、《三服五服九服九畿考》。凡例云：

一、四益之學，庚子以前自撰及朋友子姪共百四五十種，彙刊於《井研縣藝文志》中。凡欲攻其學者，均宜先讀《縣志》，必觀其全體，知其精神所注，方能得其肯要。若一知半解，論其從違，則徒貽笑方家。辛丑以後，續有新書，《提要》五六十種另行。

一、四益之學，無一不新，實無一不舊。凡所標立綱目，莫不由苦思而得，然皆本舊説，不過精思所至，鬼神相告，有非尋常循行數墨者所能望其肩背。若徒詫爲新奇，則殊爲門外人語耳。

一、今古小大淵源及各經宗旨，皆著有專書，此冊不過略舉綱目，以示宗旨，如欲求詳，須讀原書。又凡內不足者，乃以口給禦人，大端既明，則流弊悉化。故此篇多在自明，讀者自能冰解而去。

一、四益撰述宗旨，多本緯候。宋儒欲刪緯文，不知泰西所稱新學新理，皆早見於緯候，未當其時，故詫爲奇詭。今日證明，始知一經一緯，的爲聖門傳授微言。

一、四益所撰各經注疏，固曰尊崇舊説，而青出於藍，每多獨到。即以《公羊》論，雖董、何不免有異同，《群經大義》條考於《白虎通》，亦有糾正。大約獨闢門徑，與駁正舊説以千萬條計，故欲論得失者，須先就一經一派入手；若不自立旨歸，恐終目迷五色，勞而無功。

一、四益著述既久，成書亦多，雖屬小種偏端，亦超出前人。神龍一出，葉公退走，固其常也。欲使閲者舍己相從，殊難取信。常設一譬，以爲當以讀西書之法讀之。西書事事與中異，乃專門別派，自成一家。四益卓然自立，凡所疑慮，皆有通解，非以西書讀之，不能先入取信。

一、此冊分二卷。上卷王伯，十年前舊學；下卷皇帝，近日新學。素王改制，自有真解，《周禮》《左傳》，別有明説。略載《凡例》。皇帝之説，多涉時事，意在合通中外，精進千里，不知將來歸宿，精進何如。但就今日論述，已足包括古今，統制中外矣。

一、《詩》《易》二經，射覆占影，自古無心安理得之書，百世下俟，至今日乃顯。然海外九州，人尚疑其怪誕。驟語二經象占比託之實，徒遭按劍。唯《周禮》典制之書，一成不變，今故先詳《周禮》。已篤信《周禮》，乃可再以《詩》《易》進。今於二經略詳宗派，推詳實義，姑俟異日。

一、諸經“新義”之作，四益皆先攻舊說，如攻《左傳》十年，攻《周禮》二十年。洞徹癥瘕與其生死之所以然，乃起而立綱改目，經營彌縫，以成新撰。近派多以史讀經，望文生訓，從無於未有文字之先，殫精竭思如此之久，宜聞者之掩耳。乃觀新作，則文約事明，條理深切，無一切影響悠謬之談，較古注疏，事半功倍。

一、《論語》四科，政事爲今政務部，言語爲今外務部，德行爲帝王學，文學爲師儒事。宋以後德行、言語科斬絕無遺。是篇志在復古，以存舊法。

一、是書亦爲防弊而作，似不欲戰，且多代申之辭，何也。曰：是非真偽多在疑似之間，但自明宗旨，依託自無所立，叫囂醜詆，非著書之體，且菩薩低眉，固勝於金剛怒目。

一、今日時局，即乘桴浮海施及蠻貊之候。聖教發源《春秋》，至今乃洋溢中國，漸及海外。《春秋》進吳、楚以成小九州，今引非、澳以成大九州，事理相同，相比自見。

一、采用西法，即禮失求野。公羊家説之改文從質，今人詫爲異聞。聖賢於二千年前已言之鑿鑿，未值其時，郢書燕説，至今證明，始知爲今日時局而發，決非當日所有。

一、中外合同，即《公羊》“大一統”，《論語》之“周監二代”。今所謂中外，即《公羊》之文質，《詩》樂之齊、商。周即週遍、週帀，《詩》《易》《周頌》《周》《召》《周髀》皆謂地球一週。經傳全爲俟聖，指今時局而言，不必詫爲新奇。

一、皇、帝、王、伯即《論語》之道、德、仁、義，君子小人，《春秋》《尚書》三王爲全球立法，《周禮》《詩》《易》爲別行星立法。百世俟聖，必來取法，非此不足以統括全球，師表萬世。

一、皇帝之學即《中庸》之“無爲”“無名”，《中庸》之“並行”“並育”。明證既多，時會相值，血氣尊親之聖，雖不能快覩，大同公理，天下人心所趨，固可默計。

一、世局進境無窮，今日僅就目見推比，後來進步不可預知。雖全寓經傳，未值其時，則熟視無覩，專望後之君子匡所不逮。

　　一、此編除同學所撰及已刊各書及經解、文集外，多采自《經話》，小統乙編，大統丙編。不更注所出原書，名氏則改作四益編纂，未能盡善，識者諒焉。（《廖平全集》第三冊第一二三二——一二三五頁）

　　八月，偕安岳門人赴潼川府參加鄉試，康映奎、何光國、張光博、劉正雅等均於是秋鄉試中舉。是時，先生嘗與吳朝品、馮蘭臺等游琴泉寺、東山寺。吳朝品《同廖季平馮蘭臺游琴泉寺》云：

　　幽谷泉鳴作梵音，身閒地僻喜登臨。尊前朋輩清如玉，篋內文章重似金。信有溪山能避俗，偶談時事欲沾襟。當年杜老留題在，惠義爭探祇樹林。唐時惠義寺即此，工部有詩。（《涪雅堂詩草》卷一第六七頁）

　　《東山寺瘋僧歌并序》云：

　　潼川東山寺有瘋僧，年六十餘歲，破衲垢汙，靜坐一室，日出倚門外，張目對日，目不轉睛，僧徒與之食則食，或數日弗與亦不飢也。余偕何符九、廖季平、馮蘭臺、張惠門諸君游寺中，覓瘋僧見之，不交一語，惟瞠目仰視而已，似知道者。余恒有絕塵之意，偶值此僧，爲之歌曰。（《涪雅堂詩草》卷一第九六頁）

　　冬，經資州赴綏定任。駱成驤《資州東塔呈廖湘波先生》云：

　　河北瞻雷首，江南望石頭。登高千井出，回瞰兩京收。此地當衝要，吾心託壯游。建標迎上日，倒影漾中流。劍氣光難定，鈴聲語不休。井參天地邐，巴蜀戶庭悠。穎各傾囊出，邊誰借箸籌。子淵榮使漢，萇叔憤存周。塔劫清涼迥，觚棱夢想留。因聲蜀父老，遙指帝王州。（《駱狀元詩文注》第二七頁）

　　　　按：據《駱狀元詩文注》知，廖湘波即先生之別稱。惟此一稱呼不見他處，疑爲駱成驤專稱先生者。湘波，疑指先生師承湘潭王闓運，承其學之餘波而述三傳。

　　孟冬，《知聖續編》成，序云：

　　初用東漢舊法，作《今古學考》，今主《王制》，古主《周禮》。一林二虎，合則兩傷。參差膠轕，疑不能明。戊戌以後，講“皇帝之學”，始知《王制》專詳中國，《周禮》乃全球治法，即外史所掌三皇五帝之典章。土圭之法，《鄭注》用緯書“大地三萬里”說之。《大行人》：藩以內皇九州。九九八十一，即鄒衍之所本，故改“今古”爲“大小”。所謂《王制》今學者，王霸小一統也；《周禮》古學者，皇帝大一統也。一內一外，一行一志；一告往，一知來；一大義，一微言，經傳記載，無不貫通。因本《詩》《易》，再作《續篇》。方今中外大通，一處士橫議之天下，東南學者，不知六藝廣大，統綜六合，惑於中外古今之故，倡言廢經。中士誤於歧途，無所依歸，徘徊觀望，不能自信。此篇之作，所以開中土之智慧，收異域之尊親。所謂“前知”“微言”者，不在斯歟。將來大地一統，化日舒長，五曆周流，寒暑一致，至聖之經營，與天地同覆幬。六藝《春秋》小始，《易象》大終，由禹甸以推六合者，其說皆具於《周禮》。正浮海洋，施之運會，驗小推大，俟聖之義始顯。時會所值，不能笑古人之愚，而緣經立說，理據章明，亦不敢因知我者希而遂自阻也。光緒壬寅孟冬，則柯軒主人序。（《廖平全集》第一册第三八三—三八四頁）

宋育仁致書請與外國教友相約，研究道教真理，不立門户，不分主客。《中外比較改良編序》云：

　　因退而撰此篇，名之曰《中外比較改良編》，以答宋檢討十年致書之雅意焉。宋芸子壬寅嘗致書云：“請與外國教友相約研究道教真理，不立門户，不分主客”云云。時予方以離經叛道彈章罷官，閉門思過，不敢外交，今乃得如其願。（《廖平全集》第十一册第六七九頁）

庚子以後，已成未成之新書，又有五六十種，擬別編爲《縣志未收書目提要》。《家學樹坊》凡例注云：

　　辛丑以後，續有新書，《提要》五六十種另行。（《廖平全集》第三册第一二三二頁）

帥鎮華《答劄室主人書》云：

　　近來續有新作，在《縣志》外，擬別編《縣志未收書目提要》。又《縣志》本以篇幅過重，多從删節。將來擬合新目全文，重編《廖氏書目提要》。（《廖平全集》第三册第一二八五頁）

《六譯先生年譜》云：“其中頗疑有《井研志》删節之本。”又云：“如《左氏源流考》《左氏群經師説考》諸書，似皆非己亥以後所作。又有四變時所作，如《左氏天人學考》《小大天人學考》《尊孔篇》《倫理約編》《會典今證》之類，皆是。至於庚子至壬寅三年中所作究爲何書，殊難確指。惟辛丑在九峰課題中，似多擬作之書，惟仍不易分別也。”（《廖平全集》第十五册第五七一頁）

光緒二十九年癸卯(一九〇三)　五十二歲

先生在綏定,曾續修《綏定府志》,後因故未果。《記續修縣志始末》云:

> 縣舊志成於清嘉慶十九年,洎後同光之朝,雖有顧復初、廖季平兩先生續修府志,俱未成功而廢倏焉。(《民國新修四川縣志叢談》第七八頁)

先生在綏定,居綏定府學署。《達縣志》卷十三《學校門》學宮:

> 府學一署二齋,先爲達州儒學署,在學宮之右,係明洪武四年知州魏子忠建,永樂中知縣瞿銳重修,嘉靖中知州趙鳴鳳重修未竣,繼任吳昇始畢其事。明清之際,復毀於兵。迄康熙二十四年,知州董守義蒞任,乃復捐建重修。三十七年,知州馬雲從建明倫堂。雍正十年,學正徐若稬重新改建。嘉慶七年,升府設縣,永寧道陳預、知府劉佳琦、知縣余永甯奉文改州學爲府學,即以舊署爲之,設教授一員,添設訓導一員,重加修建,計正房三層各五間,中爲明倫堂,樹卧碑於側,堂後廚湢書舍,左右各一川堂,左室爲府教授居之,右室爲府訓導居之。……光緒三十年科舉停廢,學官亦撤。(《達縣志》卷十三第一二頁)

綏定知府牛瑗奉清廷"廢止科舉,興辦學校"之命,協同先生籌辦預備中學堂,以府屬漢章書院作爲校址,定名綏定府中學堂,聘先生兼任學堂監督。《達縣志》卷十三《學校門》書院:

> 漢章書院,在城東文昌宮左側。……院長一席,每屆年終,由知府禮聘學優望重者主之,且興月課季課,以定膏火之多寡,外有府縣官課,凡考列優等者,得獎尤厚,寒畯之士,深資津潤,由是學子日多,人才輩出,迄於清末罷科舉考試,書院之款則歸入綏定府中學堂,而院舍則設達縣勸學所。(《達縣志》卷十三第一七—一八頁)

《學校門》綏定聯合縣立中學校:

> 清光緒二十九年,知府牛瑗、府教授廖平就漢章書院試辦中學。(《達縣志》卷十三第二七頁)

正月,子成芝卒,年三十五歲。初,成芝不受約束,先生逐之,遂致流落。至是,卒於外。

三月二十二日,友人張祥齡卒於陝西大荔任署,先生《清誥封朝議大夫張君曾恭人墓誌銘》云:

君諱祥齡,字子馥,漢州人。曾祖朝鑑。祖宗奎。父選青,辛亥舉人,江津教諭。母氏吳,江蘇嘉定知縣作霖妹。君生咸豐癸丑四月十六申時。乙酉拔貢,戊子舉人,壬辰進士,甲午庶吉士,乙未散館。選陝西榆林府懷遠知縣,歷署長安、襃城,調補大荔。辛丑,陝山合闈,山西同考官。癸卯三月廿二丑時卒於大荔任署。著《經支》九卷、《六箋》一卷、《黃金篇》三卷、《媿林漫録箋》、《玉杯精舍答問》、《受經堂文集》、《詩集》、《詞集》六種、公牘、集聯。曾恭人諱彥,字季碩。父追贈太僕寺卿、道光甲辰進士、吉安知府諱詠,字吟村。母氏左,諱錫嘉,字冰如。兄光禧,福建崇安知縣;光煦,山西定襄知縣。弟光岷,己丑進士,刑部員外;光文,山西文鄉知縣。丁巳十月初一子時生,庚寅十月初□丑時卒於蘇州,寄殯閶門外。著《婦典》卅卷、《桐鳳集》一卷、《虞共室訓稿》一卷。子四:長、次、四先後殤,三宣。女五:長同,鄒出。適即選知縣陽湖嚴君温初四子謙潤,分省知縣;次芷,適湖南即補道常州袁君學昌四子勵修,安徽知縣;三蘇,適陝西留壩同知揚州王君懋照長子祖培;四荃,字成都江南儲糧道胡君延三子壽彭;五荷。皆魏出。宣以丁未四月廿五丑時葬君於漢州北關外樂善橋祖塋,壬山丙向,乞志其墓。井研廖平哭而銘之曰:

淵雲絶響,江沱閟靈。陰陽撰德,並降隗倫。《詩》《禮》圖畫,閨門師友。秦徐趙管,孫此嘉偶。二南提獎,蜀比魯齊。錢塘湘綺,聯步摳衣。自況過高,視人猶蟻。道盛情寡,獨我親昵。音訓詞翰,知識相誘。角巧鈎沈,我輒瞠踣。久厭書劍,超脫籬樊。文質異道,君爲其難。窈窕賢才,交馳並競。邾妻彈丸,乃抗齊晋。燕市建除,虎丘姜柳。才愧鄒枚,望塵却走。閶門歌驪,彼此重喪。臆不能對,後事遂茫。老母病篤,屢咨叔嬸。哭母未終,又聞君隕。靈輀北還,臨穴哭奠。子母單寒,典篇零亂。君狀陳劉,妙肖如神。後死無貸,才弱逡巡。綺歲飛英,老而談理。才智隨年,未足爲異。初陟清華,聲流犖犖。名公倒屣,子意不屬。度支行在,銷患蒙疆。遺愛懷遠,服官之常。才高招毀,交契知名。老韓同傳,駘駑從横。桐鳳片羽,悼亡百篇。當世無匹,王俞序言。魷魷《經支》,儒法名墨。妙筆玄言,鑑花水月。婚宦塵務,成業無前。技進於道,敢不執鞭。咸陽罷耗,君哭我死。我今尚存,君乃長已。章句觕就,未判魚鳶。臣精已竭,魂兮言旋。巫陽徵夢,司馬游仙。大惑未解,親爲我傳。蜀吳往來,鸞鶴應苦。敢告蕕孤,鄒曼有母。文梓連理,證我石銘。千秋萬世,孫子繩繩。(《廖平全集》第十一册六八二—六八三頁)

六月,兄登樓卒。

六月十八日(立秋後一日),作《公羊春秋補證後序》,云:

　　《學堂私議》以尊經分官爲指歸，《賈子》帝入五學，所上不同，《學記》："春、秋教以《詩》《書》，冬、夏教以禮、樂。"是援六藝立六大學堂。東《詩》上親，南《樂》上齒，西《書》上賢，北《禮》上貴；太學分左右，上《易》下《春秋》。所以必立六學者，上下四旁，情性不同，好惡相反，各因所短以施教。每學分經，各立宗派，亦如《六家旨要》，分六學專門獨立，事半功倍，其教易行。若一學兼包六藝，事雜言厖，教學皆困。《王制》左學右學有互移法，蓋左右分經異教，性情才思，不合於此，必合於彼，使兩學重規疊矩，何必互移。此立學分經之説。今以七經分立五學：蒙學《孝經》、《禮》、樂、《容經》，小學《王制》，中學《春秋》，高等《詩》與《周禮》，大學《易》。方言實業，別立專學，聽資性相近者學之，不與各學相瞞。蒙學修身，凡俊秀士農工商之子弟皆入焉。《孝經》標宗，《禮》《容》治身，不但仕宦，齊民皆必學。小學以上爲仕學，立官治人屬焉。主《王制》，統典考，中外政治律例學屬焉。《王制》爲普通，專業則分擇一門，如司徒、司馬、司空、冢宰、樂正、司寇、司市，擇性所近爲專習。蒙學詳，不再立課程。蓋考典章如識字，記識功多，用思事少，於小學相宜。卒業後入中學，以《春秋》課之。《春秋》如會典、律例，先師決獄皆所取。入中學，治身掌故所已明，就《春秋》以推詳當世成敗。全經爲普通，《王制》官事，各就本門推考得失，治國齊家，上而天王二公，下而卿大夫士，就行事推論經權；君臣父子夫婦鄰國外交，分門求之。《王制》如陣圖，《春秋》則操縱變化，在乎一心。古無史家，班志附《春秋》，中外史書讀不勝讀，然精華全包《春秋》。或分書分官事，既已貫通，餘力可以涉獵，凡國家以下，綜攬無遺。《春秋》治法基礎，董、劉、公孫專經，文章事業，燡炳史册，《春秋》既通，治術思過半矣，然後升之高等。時局合通，不似漢、唐，但治《春秋》，已無餘事，故必進以《周禮》《尚書》。《周禮》大統，《王制》《尚書》小統，《春秋》驗小推大，簡易易行，藉證大統，家國因天下而益顯，故雖任小，亦必知皇、帝宗旨。又道家君逸臣勞，逸者天下，勞者家國，積家成國，積國成天下，知人善任使，其要領也。學問於此觀止。補吏授職，不再入學。京師泰學，專爲《易》教，皇、帝法天調濟損益之至功。每因事故，如學飾飭，《盛德》篇有獄則飭；六官分司，分職任事，尊法無爲。又六儀有禮、樂，帝學亦有禮、樂。六儀爲治身，帝學爲化民。宗旨不同，取效自別。以蒙學萬人計，入小學不過百，入中學不過三十，入高等不過五人，入大學不足一。蒙學成，散歸實業之農、工、商、賈；中學成，皆補吏。考漢博士多補吏、郎，後由吏、郎至宰輔。不仕而任教職者，或爲博士，或教授鄉里。當時儒、吏不分，《秦本紀》"凡學者以吏爲師"，吏即博士之入仕者。人才由閲歷而出，學成必先爲吏，以練其才識，印證其學術；既有登進之路，又無學識之患，故小學以上，皆爲仕宦學。分官分學，終身不改，人才多，取效易。後世數易官，官如傳舍，故相率不學，權歸書吏；由學、仕分途，於事功外別有所謂道德，以致儒、吏分途，所當釐正者也。今以《春秋》立王、伯之准，又以年、時兼皇、帝之説，原始要終，其道畢矣。方今中外交通，群雄角立，天下無道，政在諸侯；然小大不同，迥異前軌，所謂撥亂世俟後之堯舜者，固爲今日言之也。讀是書者，先通《王制》，考悉國家巨細之政故，推衍經傳，以觀其變化與等差經常、應變方略。所有京師國都邑野山川，即今之萬國地法也。王侯卿大夫，如地球千名人傳；征伐勝敗，滅國取邑，《世界大事表》三百年中戰奪攻取也；朝聘盟會，各國條約會盟，國際公法也。所襃之忠臣孝子名士烈女，立綱常以爲萬國法，《孝》教也；誅絶之亂臣賊子，撥亂世以爲當世法，《樂》教也。世卿，同姓婚，三年喪，不親迎，郊祀宗廟不以禮，立新制、革舊弊以改良，《禮》教也；彰王法，嚴討賊，明嫡庶，辨等威，强幹弱枝，謹小慎微，以絶亂原，《書》教也；内本國，外諸夏，内諸夏，外夷狄，用夏變夷，民胞物與，天下一家之量，《詩》教也；張三世，別九旨，通三統，明六曆，隨世運升降以立法，循環無端，百變不窮，《易》教也。大之體國經野、設官分職，小之一家一身、一言一行，無所不具也。舉廿四史典章制度，成敗得失，大無不包也。地球百《春秋》之地，興利除害，革故鼎新，損益裁成之法，不啻叠矩重規也。《春秋》據魯史，爲王、伯、方伯、卒正、連帥五等之中；五學以《春秋》居大學、高等、小學、蒙學之中。蒙學、小學，修身之禮容，治國之典章始基來源也；高等、大學，皇帝之大同，推驗其歸宿也。舉《春秋》以括終始，得其中而首尾備，故中者，握要之圖。身、家細小不求詳，皇、帝高遠所不迪。一年綱領條流，可以大通，再以二年仿董、劉舊法，涉獵普通，據一經以應萬事，左右逢原，泛應曲當，始終三年，上下俱達。大、高各以一年，化小爲大，取效不難。小學之功，寬以三載，蒙學以後，統計八年。平、治、修、齊，通可卒業，得所依歸，效可操券。且諸學蟬連，事同一貫，提綱挈領，成效自速，庶可洗"寡要""少功"之耻。存此私議，以張舊法。野人食芹而甘，願共同好。易危爲安，轉敗爲勝，其機括或在是歟。刊成，用志鄙懷，願與同志商之也。光緒二十九年立秋後一日，則柯軒主人自識宣漢講舍。（《廖平全集》第七册第一五〇八——一五一二頁）

先生小大之説，創始戊戌以前，壬寅雖已爲天人之學，但三變則至本年完成，中間凡經八年。《三變記》云：

戊戌在資中，因《詩》之"小球""大球"，與"小共""大共"對文，《顧命》之"天球""河圖"，緯説以"河圖"爲九州地圖。……先"小"後"大"，即由内推外。蓋當是時講《詩》《易》，前後十餘年，每説至數十百易，而皆不能全通。於三傳、《尚書》卒業以後，始治《周易》，宜其容易成功。以《詩》論，其用力較三傳爲久，而皆不能大通。蓋初據《王制》典章説之，以致齟齬不合。乃改用《周禮》《墜形訓》“大九州”説之，編爲《地球新義》。當時於《周禮》未能驟通，僅就經傳子緯單文孤證，類爲一編。不敢自以爲著作，故託之課藝，以求正於天下。見者大譁，以爲穿鑿附會，六經中絶無大地制度，孔子萬不能知地球之事，馳書相戒者不一而足。不顧非笑，閉門沈思，至於八年之久，而後此學大成。以《周禮》爲根基，《尚書》爲行事，亦如《王制》之於《春秋》。而後孔子乃有皇帝之制，經營地球，初非中國一隅之聖。庚子井研修《藝文志》，用邵子説，以《易》《詩》《書》《春秋》四經，分配皇、帝、王、伯。……至癸卯年而皇帝之説定，《周禮》之《集説》成。以全書文字繁重，“小”“大”之分尤在疆域，故取《周禮》疆域，別編爲《皇帝疆域考》，繪圖立説，明白顯易，附會穿鑿，庶可免矣。惟當再變之時，專據《王制》立説，所有與《王制》不同之舊文典章，如《大戴》、《墜形訓》、緯書、《莊》、《列》，概以爲經外別傳，遺文瑣記，徒資談柄。及考明《周禮》土圭三萬里與《大行人》之大九州，乃知皆爲《周禮》師説。根本既立，枝葉繁生，皇、帝之説，實較王、伯尤爲詳備。一人之書，屢變其説，蓋有迫之使不得不然者。……故編爲《小大學考》。於《周禮》取經，去其師説謬誤，故改“今古”之名曰“小大”。蓋《王制》《周禮》，一林二虎，互鬥不休，吾國二千年學術政治，實深受其害。合之兩傷，甚於洪水猛獸。今以《王制》治内，……而海外全球……則全以屬之《周禮》，一如虬髯公與太原公子，分道揚鑣。所有古今載籍皇帝之師説，師無統帥，流離分散，蒙晦殘佚，一如亡國之人、喪家之狗，立此漢幟，招集流亡，紛至沓來，各歸部屬。茫茫荒土，皆入版圖。……與《王制》一小一大，一内一外，相反相成，各得其所，於經學中開此無疆之世界。……孔子乃得爲全球之神聖，六藝乃得爲宇宙之公言。（《廖平全集》第二册第八八八—八八九頁）

又云：

初據《王制》以説《周禮》，中國一隅，不能用兩等制度，故凡與《王制》不同者，視爲仇敵，非種必鋤，故必刪除其文，以折衷於一是。自三皇五帝之説明，則《周禮》另爲一派。又事事必求與《王制》相反，而後乃能自成一家，故以前所刪所改之條，今皆變爲精金美玉，所謂“化朽腐爲神奇”。《莊子》所言“彼此是非”，“各是其所是，各非其所非”。其中所以是非不同之故，學者所當深思自得者也。（《廖平全集》第三册第八八九—八九〇頁）

七月,刊《公羊春秋經傳驗推補證》於綏定中學堂。提要云:

當今中外交通,智慧互換,政藝新,學術亦不能再守舊;故無論中外,凡百年以前政學各書,皆屬塵羹土飯,宜束之高閣。此天下公言也。井研廖氏,表彰孔子皇、帝之學,著書二百餘種,四益、則柯兩叢書《提要》,集漢、宋之大成,發中外之隱奧。其中《公羊補證》一種,藉桓、文之史事,推皇、帝之共、球,於中學專主微言大義,漢、宋支離空疏之積習,一掃而空;於西學,以《春秋》文俗勘合時局,《春秋》撥亂世反之正者,指今二十周世界言之也。卷首附《宗旨》《圖》《表》,及《凡例》《百目》,信乎可以汰除中國庠序之積弊,環瀛循軌改良,由亂世進太平者,不外是也。其書擇精取長,包羅萬有,學者手置一篇,不惟經學明,子史、政治、掌故、輿地、外交、脩身、倫理,別有簡要,怯可迎刃而解,保存國粹。

又意在通俗,故文義淺顯,與注疏晦塞驟難索解者不同。近日學堂風尚,守舊者不免頑固之譏,維新者又倡言廢三綱、尚平權;以是編救之,庶兩無其弊。于廢經革命之說闢之尤力,然皆平心而論,借矛攻盾,足以饜服其心,與尋常肆口謾罵者迥不同。孔子之道兼包中外,以《春秋》爲始基,故凡入學堂者不可不先讀此書,以爲中學西學之根柢。附《春秋圖表》《知聖篇》,皆與是書互相發明。以此提倡,鄉國庶比于齊魯乎。(《廖平全集》第七冊第七二八—七二九頁)

按:此書本名《公羊補證》。至本年另創《凡例》,續有增補。《凡例》云:“近來學派,守舊者空疏支離,時文深入骨髓,尤難滌拔;維新者變本加屬,廢經非聖,革命平權,三綱尊尊不便其私,尤所切齒。不知‘禮失求野’專指生養而言,至於綱常名教,乃我專長。血氣尊親,文倫一致,舍長學短,不知孰甚。”(《廖平全集》第七冊第七三九頁)並附入《素王制作宗旨四十題》及《公羊驗推補證凡例》,乃易今名。又名《公羊驗推補證》。其以“大統驗推”名者,先生以爲齊學恢宏,《公羊》與《齊詩》多主緯候,詳皇帝大一統,借方三千里之禹迹,寓皇帝規模,與今世界情形巧合,撥亂反正,小大相同。鄒子游學於齊,傳海外九州之學,與《公羊》同源,齊學家法,本來如此也。

冬,三子成彰殤。

十月,綏定舉人劉士志,指鹿爲馬,摭細事指控先生,上書翰林院編修、四川學政吳郁生,吳不分青紅皂白,定先生離經叛道之罪,被參落職,革去安岳縣教諭、綏定府教授、綏定府中學堂總監之職。《德宗實錄》云:

以離經畔道,行檢不修,革四川綏定府教授廖平職,交地方官嚴加管

束,並銷毀所著刊各書。(《德宗實録》卷五二二第九〇八頁)

《四川學政吳奏綏定學官離經畔道請旨革職片》云:

綏定府教授廖平,學非宏博,逞臆説經,多離經畔道之語。近今所著,益加誕妄。且行檢不修,孳孳爲利。從前主講書院,及今充該府學堂教習,生徒不服,屢經控告。若不從嚴懲治,實爲川省人心學術之害。相應請旨將綏定府教授廖平即行革職,交地方官嚴加管束,並請飭下四川總督及新任學臣查取該革員著刊各書,凡立説奇衺者,概行銷毀,以端士習而崇正學。是否有當,伏乞聖鑒,謹奏。奉硃批:著照所請。該部知道。欽此。

按:《六譯先生年譜》謂,學政吳郁生見先生《公羊補證》,遂以離經叛道附片揭參,今暫以劉士志指控爲由,乃有吳揭參之事發生爲説。

王季璧《省達中前身述略》云:

一九〇二年(清光緒二十八年),綏定府(轄大竹、渠縣、新寧、東鄉、太平、達縣、城口)知府奉清廷"廢止科舉,興辦學校"之命,協同綏定府教諭(相當於今之地區文教局長)廖季平先生,籌辦了綏定預備中學堂。利用府屬漢章書院(解放初期一完小幼兒園所在地)作爲校址,定名爲綏郡中學堂。學生來自府屬七縣在漢章書院攻讀經、史、詩、文的秀才和廩生。當時没有校長名稱,總的領導由綏定府知府兼任學務監督,由教諭負責學堂行政。教師稱爲教習。學務監督決定學堂的教學任務,並且每月必須評閲學生的文章若干次。

綏郡中學堂是清末在四川開辦最早的少數府屬中學之一。學堂成立不久,教諭廖季平先生就調離了綏定。(《達縣市文史資料選輯》第一輯第二三—二四頁)

或謂先生游湖北時見張之洞,歷指《書目答問》之謬誤,之洞爽然久之,曰:"予老矣,豈能再與汝遞受業帖子耶。"自是頗言高郵派之非,南方人士知受先生影響,謂廖説若行,南方經學,罕能立足,遂授意吳郁生,而參劾先生之事發生矣。(《吳虞集》第二二四頁)先生離職後,先遣家眷回井研,己則赴成都。

十一月初七日,《江瀚日記》載吳郁生劾先生事,云:

日報載,吳蔚若劾廖季平折,謂"若不從嚴懲治,實爲川省人心學術之害",且云"近今所著益加誕妄",豈《地球新義》外又別有奇邪之説?故欲

概行銷毀矣。(《江瀚日記》第二四三—二四四頁)

是年，龔道耕嘗欲撰文以辯先生之誣。龐俊《成都龔先生墓誌銘》云：

於時鉅儒井研廖氏、儀徵劉氏，並有重名，斷斷辨誦，先生高揖其間，容色睟然，及所發正，不爲苟同，斯所謂深造自得者乎。(《養晴室遺集》第一九九頁)

《記成都龔向農先生》云：

井研廖季平，尤善別今古，益爲閎肆，窮高極深，淪於不測。……當是時，蜀人言經，必曰廖氏。游食之士，攀附光景，惟恐弗及。……先生故深恥之，益閉門自精，於廖說不爲苟同，嘗欲作書申鄭君，以辨廖氏之誣，屬草未具，會治他書而輟。(《養晴室遺集》第三七四頁)

是年，擬編《則柯軒經學叢書提要》，未果。

光緒三十年甲辰(一九〇四)　　五十三歲

是年，兩妾分居仁壽縣秦家灣。正月，先生在成都，居嘉定公學，勸葉秉誠舍史專經，命葉秉誠效馬丁路德難舊教之九十五條以相難，往復一周，楊贊襄從旁記之。葉秉誠挽先生聯跋語云：

甲辰歲春，穫親教益。先生勸以舍史專經，移榻嘉定公學，命誠發論，效瑪丁路德難舊教之九十五條，往復一週。楊蘭皋君從旁筆記。今宿論不存，而哲人其萎。感念疇昔，愴何如之。(《六譯先生追悼錄》，《廖平全集》第十六冊第八三九頁)

　　按：葉秉誠(一八七六—一九三六)，字治均，號茂林，四川羅江人。十八歲中秀才，入尊經書院肄業，光緒二十九年中舉。曾任成都大學教務長兼歷史系主任，精通宋、金、遼、元史。逝世後由蒙文通徵集遺文，然所刊甚少，遺著有《中國通史教材研究》《復宋芸子論國學學校書》等。

二月，回井研。

三月十七日，母雷太宜人卒。雷氏爲井研世族，先生母能識大體，歸復槐公於貧賤，其歷艱辛數十年如一日，極愛三子登樓及先生，於先生常稱四先生而不名。撫諸孫極慈愛。先生事母亦極孝順，愉色婉容，先意承志，如恐弗勝。偶聞噫噎，則惶恐無措。方撻人時，聞母至，未嘗不釋杖歡笑。(《六譯先生年譜》卷四，《廖平全集》第十五冊第五七七頁)廖幼平《我的父親廖平》云：

　　我的祖母姓雷名貞慈，是井研千佛鄉人。……她温和善良，勤勞樸實，且頭腦清楚，明辨是非，認定該做的事會義無反顧地堅持下去。祖父由於有她這個好幫手、好内助，才能夠把這個窮家支撐下去，把子女一個個撫養成人。父親也由於有她這個好母親的支持、鼓勵，才能走上探討學術，著書立論，成一家之言的大道。……

　　父親工作之餘就陪祖母閑談，祖母的老龍門陣，别人都聽厭了，父親還是感到很有興味。父親也常把外面聽來的新聞趣事，有聲有色地講給祖母聽，逗得祖母大笑。

　　祖母勞動一生，老來也閑不慣，就績麻消遣。父親回家來就泡上一杯茶坐在祖母身旁看書。他怕老人過於勞累，就常用腳趾拇悄悄地將祖母懷中的麻絲一縷一縷地扯去。祖母没有察覺，還高興地向父親説：“老四呀！我還没老，一會兒績了一只麻。”父親樂得哈哈大笑。……

　　父親從中進士後奉養了祖母十五年，到光緒三十年（一九〇四）三月，祖母病逝於井研東林鄉老宅，享年八十八歲。（《廖平全集》第十六册第九八五—九八八頁）

　　五月，聚徒講學於距家十里之高洞寺，從游者有金碩甫、黄心綬、祝心魁、金庶咸、邵澄波、戴可經、范受生、廖明齋、廖宗彝、張敬修、廖叔武等十一人。是時，先生嘗就《白虎通義》編爲《群經大義》，《凡例》云：

　　《漢志》：“仲尼殁而微言絶，七十子喪而大義乖。”《董子》：“《春秋》文成數萬，其旨數千。如冠、祭、鄉飲諸篇，大義詳，綱領與《大傳》比。《勸學篇》以六經章句繁多而寡要，欲求簡約，以爲兼讀西書地步，擬撰《群經大義》，收經傳之功效，無章句之繁勞。因撰此篇，以副香帥作育苦心。（《廖平全集》第二册第六四六頁）

　　序云：

　　經學有微言，有大義，有事文，有取義。《勸學·守約篇》擬編纂《群經大義》，蓋去幽奥，取顯明，舍糟粕，擷精華。因其章句繁多，博而寡要，勞而少功。説堯典二字，至三萬言，青年入學，皓首不能通一經，儒者無用，實經累之。方今去古逾遠，史册政典，日新月積，數十百倍於經傳。西學度海，篇帙繁博，過於中典，子史流派，尤屬蕪雜，書簡繁多，古今變局也。南皮慮學人訟言廢經，欲掇精華，以便誦習。惟是事體大思深，海内無人應命，知難而退，固其常也。蘇子瞻云：“藥雖進於醫手，方多傳於古人。"若已經效於世間,不必皆由於己出。計窮智出,化舊爲新。因取《白虎通義》爲監本,略加排次,以應師命。綜考原書,長義可數,略舉梗概,有十二絕:

東漢初,中國經學,天子臨雍,標題講義,迥非寒素所能比儗。西漢石渠講論,其書早亡,群書引用者,亦止數條,惟《白虎通》歸然獨存,爲中國有一無二之作。一也。

兩漢博士,由少漸次增立,東漢立十四博士,爲經學古今盛會。博士篤守師法,專門名家。魏晋以下,不能有一,何況十四。又其身價尊貴,難乎供奉。明帝時當全盛,以國家禄位尊養,乃得供給京師,同堂講論。二也。

東漢去古未遠,孔門傳授師説,淵源可考,不似魏晋以後,分門別户,黨同伐異。東漢以後,師法絕響,是書粹然鄒魯微言大義,迥非後世所及。三也。

古典制度,一經不能全備,故漢師古文家。以設明堂,建辟雍,彼此相難。十四博士萃集一堂,各出所藏,以應詔命,克臻美善,無抱殘守缺之憾。四也。

入學既屬高賢,詔命班孟堅論次其説,文章裴然,條暢華贍,故雖談經之書,辭旨無注疏支繁、理學空衍諸弊。即以文論,非後世所及。五也。

今古學調和彌縫,儒林勢成聚訟。當時古文雖興,未能成派,辨別異同,不敢參入。諸老篤守師法,志同道合,尊仰尼山。古文晚説,百不取一,不似魏晋,事雜言厖,以僞淆真。六也。

班《藝文志》著録古書,全在故府,今則百無一存。以見行《公》《穀》論,當時各本俱存,故多佚文。如"伯姬歸於紀",明待年也,與譏娶母黨之類,皆今本所無。《樂記》引八音配八風,今本亦屬遺佚。《穀梁》作三軍,傳有脱文,范氏因之疑傳。是書獨存古本全文,出范本遠甚,多足補正今本。七也。

魏晋以下,儒生專宗鄭學,全失家法,浸淫至於六朝。唐初《正義》,不知取舍,爲經學大厄。是書遺文墜典,一字千金。如三公居守,順八風施行政事。《論語》天子四飯,取諸四岳所貢,故文遺義數十百條。又僞古文經傳與《毛詩》公孤、百二十女、周制七千里、司空缺官之類,絕無其説。真文秘記,允堪寶貴。八也。

道德天命,陰陽五行,爲皇帝家法。後儒誤解,於平治修齊外,別有所謂道德,趣天下學人,同歸禪寂。是書表章皇帝,道出於天,不似後儒有王伯無神化,聖教囿於偏隅,不足以收血氣尊親之效,繼往世,開太平。九也。

　　自馬鄭學盛，孔子外別主文周，與博士日尋仇釁。如《五經異義》《墨守》《膏肓》，古今分爭，攻戰不已。如仍主異同，經義何能得一是。原書不別姓氏，本爲長義。又以史讀經，糟粕芻狗，啟後人廢經之説。是書首論六藝，推及百行，繼往思來，萬世師表。儒不如吏，庠序蒙羞忍詬，頑固彌堅，以是立基，別有天國，資我遨游。既得真詮，足奪迷惘。十也。

　　國朝經學，初雜心説，繼困音訓，刊録雖多，尚屬門外。陳氏《疏證》，踵事增華，後來居上。既習是書，阮、王《經解》，皆可束閣。又原文不過五萬，綱領俱全，義雖深淵，辭極顯豁。蒙學誦此，可不再讀全經。《大學》法政始基，王伯可治；《春秋》入手得宗，不迷歧路。功鉅事簡，從此經籍光昌。十一也。

　　漢宋章句繁碎，鄙俚語言，識同學究。近人治經，鑽研音訓，空衍義理，一入仕途，必須別換心手，所習全無所用。此書專言政法普通，綱領洞悉，然後擇治專經，以簡御繁，收效輕易。且經切人事與史，法政掌故、風教輿地，疊矩重規，尊經即各學堂之准繩，博覽又經學之輔翼。能通治是書，乃知經統中外，聖學當與地球相終始。凡後來論説，皆可屏絶。學術一明，人才必盛。十二也。

　　惟學堂之設，專取中材。古之作者，曠代一覯。董、劉、匡、韋，或學究天人，或勳閥宰輔。考其致力，仍屬專經。四君歷二千年來，不可多得，尚且專經。今中國學堂百千萬億之學生，能如是，是亦足矣。乃以古者聰明絕世之偉人所不能不敢之事，强此芸芸，有何仇怨，陷以深阱。且專經而經存，兼習而經亡，覆轍昭然，昔賢所嘆。學生藉是書爲經學普通，擇一官爲專業，千谿萬逕，以適國爲歸。既得歸國，奚必遍歷歧途，往勞車馬。管中窺日，終勝霧裏看花。若董、劉諸君，文章政事，取諸宮中，原逢左右，由精而博，應變無方。蓋各經包羅萬有，泛應不窮，然非專治，則熟視無睹。行有餘力，方可學文。一國三公，心何所至。故功課繁，教者亦難，騖廣貪多，斷難成業。藉是書爲老馬，改道前驅，事半功倍。若因其簡要，便於檢綜，則失編録之苦心。《王制》一册，包典考而有餘。《春秋》一編，即廿史之模範，必先分學分經，分官分事，各究偏長，合爲全善。學堂數百萬人，各究偏長，每門可用，不下萬人。即屬專材，何憂乏用。若求全備，以周公才藝，遍責學生，清夜自思，亦當發笑。即使人皆周公，受職之外，均屬枉勞。時局需人，尚欲別開速途，本有迫不及待之勢。與其一日遍習十餘事，遍讀四庫書，大而無當，徒勞仰屋，何如改弦易轍，仿速成科，一人十年課程，分之十人，則一年而畢，共分二十人，則半年而畢。中外學術，專科有師，一年皆可有成。以此求速，則三年之艾安見終身不得乎。日本章程，譯者恐失其旨，否則明於局廠，昧於庠序。博考四國，原不盡同。日本

初亦全師外人，自福澤諭吉保國粹，張祖學，以馭外界，而後人才出，國勢
張。芻蕘之言，智者不廢。敬告同人，急求改良，師法諭吉可也。清光緒
三十年正月序。（《廖平全集》第二册第六四一——六四五頁）

此書編成後，先生以班氏以外，餘義尚多，因編爲二册，分經立題，以俟
補撰。撰録未就，而題目尚存，因附刊於《群經大義》後，名曰《群經大義補
題》。壬子自識云：

> 余以《白虎通德論》改爲《群經大義》，以應學校之急需，班氏以外，餘
> 義尚多，因編爲二册，分經立題，以俟補撰。此壬寅以前事也。撰録未就，
> 而題目尚存，因命孫輩録之，存此泥印，未嘗非過渡時代必經之階級也。
> 壬子四益老人識。（《廖平全集》第二册第七二八頁）
>
> > 按：今《六譯叢書》中《群經大義》署洪陳光補編，與《凡例》所訂目
> > 録不合。又據《自序》知，此書編於甲辰。壬子自識則云在壬寅以前。
> > 惟自識又云"以應學校之急需"，然壬寅以前，學校尚未普遍，當從《自
> > 序》。（《六譯先生年譜》卷四，《廖平全集》第十五册第五七八頁）

又當時擬爲《白虎通》注本，於陳氏《疏證》外，加入西説。又擬別撰《經
學大同》《群經折中録》二書，以平差舛，均未就。《群經大義·凡例》云：

> 《白虎通義》稱論五經異同，今本異説絶少，蓋由班氏删汰。群經家
> 法，惟《五經異義》最詳。今於原書異同折中之外，別撰《經學大同》一書，
> 以平差舛，務永息干盾攻戰。
>
> 門類有互見牽涉，不盡可分。又《五經異義》詳録宗派，多與是書相
> 關。別編《群經折中録》附此篇而行。（《廖平全集》第二册第六四九頁）

十一月，梁啟超（署名中國之新民）《論中國學術思想變遷之大勢（續）》
刊《新民叢報》第三年第十號，略云：

> 湘潭王壬秋閩運弟子井研廖季平平集其大成。王氏遍注群經，不斷
> 斷於攻古文，而不得不推爲今學大師。蓋王氏以《公羊》説六經，《公羊》
> 實今學中堅也。廖氏受師説而附益之，著書乃及百種，可謂不憚煩，其門人
> 某著有《廖氏經學叢書百種解題》，又廖所著書，其目見於《光緒井研志》。而其説亦屢
> 變。初言古文爲周公，今文爲孔子，次言今文爲孔之真，古文爲劉之僞，最
> 後乃言今文爲小説，古文爲大統，其最後説，則戊戌以後，懼禍而支離之
> 也。蚤歲實有所心得，儼然有開拓千古、推倒一時之概；晚節則幾於自賣
> 其學，進退失據矣，至乃牽合附會，撱拾六經字面上碎文隻義，以比附泰西
> 之譯語，至不足道。雖然，固集數十年來今學之大成者，好學深思之譽，不

能没也。蓋自今古之訟既興，於是朱右曾有《尚書歐陽夏侯遺説考》、陳喬樅有《今文尚書經説考》《三家詩遺説考》《齊詩翼氏學疏證》、陳立有《公羊義疏》，專憑西漢博士説以釋經義者間出，逮廖氏而波瀾壯闊極矣。……吾師南海康先生之治《公羊》、治今文也，其淵源頗出自井研，不可誣也。（《新民叢報》第三年第十號第二四—二五頁）

廖季平先生年譜長編卷六　四變

　　四變起光緒三十一年乙巳,訖宣統三年辛亥,凡六年,爲先生學說四變言天人之學時期。《四益館經學四變記》云:"四變天人位育。"又云:"光緒三十一年乙巳,去乙酉《今古學考》廿八年矣,乃有天人之變。六合以内爲人學,皇、帝、王、伯全就人事立象,制度亦分四等。《詩》《易》則在六合以外,故陟降、上下、飛逃皆神游魂游變化,故三垣北辰爲皇之大一統,列宿四宫爲帝之分方法。昴星統一爲一王,日繫統八行星爲八伯,如伯之一匡。由小推大,升高自卑,乃由地以推六合以外。著有《天人學考》《三才説例》《生知説》《俟聖篇》《易經新解》《詩經新解》《楚辭注》《山海經注》《穆天子傳》《列子》《莊子》注等書。"(《廖平全集》第三册第一〇八四——一〇八五頁)又云:"《春秋》爲人學之始","《易》爲天學之終","《大學》爲人學兼天學","《中庸》專爲天學";"善言人者,必有驗於天","善言天者,必有驗於人","人帝學,以祭祀通鬼神","天皇學,直接鬼神,上天入地。"(《廖平全集》第三册第一〇八五——一〇八六頁)《四變記》云:"天人之學,至爲精微,其精微分别之數,難以言盡。"又云:"《大學》爲人學,《中庸》爲天學。""人學爲六合以内,天學爲六合以外。""將來世界進化,歸於衆生皆佛,人人辟穀飛身,無思無慮。"(《廖平全集》第二册第八九〇——八九六頁)

光緒三十一年乙巳(一九〇五)　五十四歲

　　講學高洞寺,兩妾由秦家灣遷回。

　　二月十九日,妻李安人去世,年五十二歲。

　　生一子,旋殤,帥出。

　　八月,高洞寺門人赴省院試,先生因赴成都。獲售者二人:戴可經、金碩甫。

　　八月初六日,爲吳虞《駢文讀本》作序。序云:

　　　《七略》無史學,故《太史公書》附於《春秋》,班、范乃爲史。兩京無文苑,馬、揚發源道德,建安諸子乃爲集。屈、宋變子家爲辭賦,作者嗣音,莫不鋪張皇猷,刻鏤帝繫,上徵下降,逍遥四荒。雖典雅遲速,工拙不同,然皆發源《詩》《易》,模範《列》《莊》,學有淵源,語非詭寓。故湘潭王氏論文，以爲儒術不及道家，非如後人流連光景，求工章句，不窺學術，徒矜文藻者也。新繁吳子幼陵，澹於希世，不事科舉，顧從吾友名山伯揭吳氏，問鄉人卿雲之學。蜀處奧壤，風氣每後於東南。自中外互市，官局士夫，譯刊西書，間有流布。吾鄉老宿，因宗教指其政治、輿地、兵械、格致各學爲異端，厲禁綦嚴，不啻鴆酒漏脯。幼陵不顧鄙笑，搜訪棄藏，博稽深覽，十年如一日，蓋成都言新學之最先者也。乙巳秋，有東洋之游，將以徵驗舊聞，出所選《駢文讀本》八卷，擬携以付印。編中去取繁簡，與別家頗殊，蓋本其獨往之意以選文也。或以駢體浮靡，古譏俳優。申公爲《詩》學大師，以爲政不在多言，顧力行何如耳。幼陵既欲研求法政，何以小技雕蟲自耗時力。然吾師南皮張尚書以兵爲諸學之精，閒嘗以文易之，所謂文以載道。尼山垂教，科學有四。編中樂毅、李斯之文，則政事科也；淳于、莊辛之文，則言語科也；揚雄、王逸之文，則文學科也；屈原、宋玉之文，則德行科也。仲子政事專門，何必讀書，然後爲學。不立言語，仲尼譏之。子成救弊，改周質而已矣，何以文爲。菲薄文藝，卜子惜焉。文武之政，布在方策，是不但行人外交，首重辭令，天王庶績，亦非文不行。當今四表，會歸大同，樂利近在日暮。孔子爲古大思想家，假借文字，垂範新經，碧落黃泉，不聞不睹，乃以草木鳥獸，雌雄驪黃，九疇五土，託興無方，謹話縝文，言近旨遠。故治大同之學者，尤當鉤索舊文，推求旨意，統古今，括中外，所以談天雄辯，徵驗在乎坤輿；曳綸玄言，禮失求諸鄙野。政之與文，不且異曲同工乎，要在讀者之善悟耳。或以八家中興，專宗《史》《漢》，切理中情，功在起衰。駢文體格萎靡，穠豔纖冗，君子無取。然典謨非盡單行，風雅尤多離句。魏晉以降，凡修史注書，論事論理，習用駢言，同能達意。韓、柳號稱復古，不過義緣經術，詞削繁冗，實則全集各體皆備。此選沿襲舊名，義取從衆，有無實用，由於才識，豈在體格哉。下編近賢著作，或以晚近爲嫌，不知雅俗之分，非因古今而別。蓋考古則高文重典，以奧雅爲宜；用世則指事言情，以明達爲貴。舍舊圖新，變通不倦，此仿誥擬詩，見譏塵土，約章公法，兼用臘丁，若以古今分貴賤，豈通達之言乎。用書簡端，以當凡例。時光緒三十一年八月初六日，則柯居士井研廖平序。（《蜀報》一九一〇年第二期，《吳虞文續錄》第一六九——一七二頁；《國立四川大學週刊》第一卷第五期，《廖平全集》第十一冊第七〇〇——七〇一頁）

　　先生既至成都，與吳虞交往頻繁。吳虞《愛智盧隨筆》云：“乙巳八月，廖季平丈過余，談甚久。季平丈去後，余將所言錄於日記，茲特選載入隨筆。其有益學子，正不淺也。”記先生之言曰：

　　　　陳蘭甫調和漢宋，王湘潭謂之漢奸，近日朱蓉生一新、繆小珊荃孫即其一派。蓋略看數書，以資談助；調和漢宋，以取俗譽。《東塾讀書記》是也。又多藏漢碑數十種，以飾博雅。京師之爛派頭，大抵如此也。昔年游廣東，居廣雅書院室，與朱蓉生、屠京山寄、陶心雲浚宣諸人僅鄰。一日聞蓉生言，講學問須自作主人，勿爲人奴隷。因亟往問如何方能作主人。而蓉生所言，則仍奴隷之奴隷也。高郵王氏，惟談校勘，但便學僮，實不知學。故其所著之書，牽引比附，望文生義，絶不知有師説。俞陰甫尚知《穀梁》一家，喜用某字，王氏則不知也。陳左海壽祺父子喬樅所著書皆今學。陳卓人立所著書，有八分今學，二分古學。張南皮常囑予看卓人《公羊義疏》何如。予云："專心講禮制，不知經例，以注《白虎通》之法注《公羊》，故凡傳中言禮制者，必詳徵博引；至言經例處則承用舊説。"凡考據家不得爲經學家，真正經學家即當以經爲根據，由經例推言禮制。凡禮之條例，必由經而生，此乃爲專門經學。蓋十四博士所言，皆由經文而生，彼此不同。若不言經證，謂由經文而生之證也。但詳典禮，如説《公羊》而牽涉《詩》《易》舊説，則於本經爲贅説，每至矛盾矣。漢學乃惠、戴出死力探求而得者，如尋美洲之哥侖布也。清初諸老，皆宋學而參漢學者耳。清代今學，無成家者，孫淵如星衍以《今古文尚書疏證》合而爲一，此必不可通之説。晚年自悟其非，於是將原著《今古文尚書》中古文家説別提出爲一書，曰《尚書古文説》，而今古文之説始分。陳左海父子則集爲《今文尚書歐陽夏侯師説考》，此本乃專爲今學。特其書又於文字專詳聲音訓詁，不知今古典制之別。又其書但鈔古説，不能推考融爲一片，所謂明而未融。至於張皋文、魏默深、龔定庵，妄詆康成爲操、莽，實則於經傳少有心得。王湘潭於經學乃半路出家，所爲《春秋例表》，至於自己亦不能尋檢。世或謂湘潭爲講今學，真冤枉也。康長素本講王陽明學，而熟於廿四史、九通，蓋長於史學者，於經學則門外漢。章太炎文人，精於小學及子書，不能謂爲通經也。

胡安瀾爲余言：季平丈游湖北，見張南皮，歷指《書目答問》之謬誤。《書目答問》爲莫子偲底本，或言繆小珊也。南皮爽然久之，曰："予老矣，豈能再與汝遞受業帖子耶。"是後，南皮頗言高郵派之非，湘潭即高郵一派。南方人士知受季平之影響，謂廖説若行，南方經學，罕能立足，遂授意吳郁生，而參劾季平丈之事發生矣。趙啟霖爲湘潭弟子，以廖學與湘潭參商，亦大不洽。故南皮之亡，同學公祭，季平丈獨痛哭，蓋感南皮之相知也。

余常謂蜀學孤微，不僅受南方人士之排抑，正續兩《經解》、正續《碑傳集》、《文苑》、《儒林》，皆不收蜀人。即蜀中士夫，亦未嘗有崇拜維持之事。且於一代不數見之人才，淡漠視之，傾陷及之，務使其沉埋困頓而後快。其所標榜者，皆虛僞不學之輩也。而後生之繼起者，於前輩爲學之本末，用心之深苦，毫無所見，亦復雷同訾謷，予智自雄，意氣甚盛，浮薄淺陋，罪過尤甚。

余書至此,不能不爲蜀學前途悲也。

　　季平丈雖不屑爲詞章,然所言無不精到。嘗爲余言:"《白虎通》爲十四博士專門之説,實諸經之精華。此書即十四博士之講義,而録講義者爲班孟堅,文筆尤妙。當時招集十四家博士講説,其事體重大,用度繁巨,非皇帝之力量,殆難辦到。且此書皆今學,極爲難得,真現在中國少有之書。詞章家不能深研經學,能精此書,殆可横行天下。專精之書,一部已足,豈在多乎。然看《白虎通》,宜先看陳左海《五經異義疏證》,方易了晰。今人讀書,務博而不求精,不知精之中自有博。即如《史記》、兩《漢書》,注中人迹不到之地正多。老僧寸鐵殺人,豈在多也。一部《楚辭》,所用事實,不出《山海經》。昔年看《文選》,每日看文一篇,請湘潭講之。湘潭喜謝詩,"通蔽互相妨"一篇,尤所酷好。《文選》之佳勝,在每一文李善必詳注其作此文之原因及其關係。唐以來之選本,未有佳於《文選》者。欲爲有才識之文,宜從史書中所録文觀之,然後能詳其此文之關係何在,而其文之妙處始可求。但看選本則不能,如屠京山爲文,專學《宋書》,是其例也。余按:史書所録之文,非於當時有關係之作,必當時最有名者,讀之增人才識,視姚鼐、林紓、吳曾祺選本,自有天淵之異。屈、宋、揚、馬諸人,皆出道家,觀《大人賦》可見。故詞章有源於道家者,有源於儒家者,《易》與《詩》所衍一派是也。觀《大招》篇後半,實具皇帝之學術,而有撥亂世反之正之理想,則詞章一道,何可輕哉。一部《文選》,不用道家之意,必用道家之詞。讀《文選》之佳者,觀其注,必係老、莊、列、文之語可悟,殆直可以《文選》合於道家也。"余按:如劉孝標《辨命論》,全本《淮南·俶真訓》,是其證也。

　　余問:"湘潭重徐而不滿於庾,後學深信其特識,丈以爲何如。"答曰:"學徐可上合於任、沈諸家,學庾則不能。因庾既自立一幟,與古人大異,不能復合也。後來學庾者多不再向上求,故從而尊庾,猶李、杜並稱,而後人尊杜是矣。學汪容甫、洪稚存文者,宜熟於《文心雕龍》《水經注》《列子注》《淮南子》《世説新語》《宋書》。《志》尤好。至桐城派古文,天分低者可學之。桐城派文,但主修飾,無真學力,故學之者無不薄弱。欲求亂頭粗服之天姿國色於桐城派文,不可得也。吳伯羯、宋芸子兩先生,其文實出《淮南》,但自諱之耳。故其文多紆徐漫衍,須多看數行,乃能知其意之所在也。曾季碩名彦,華陽人,著有《桐風集》。詩,爲四川第一。季碩伏案既勤,且未讀唐以後書也。沉雄壯邁,不及男子,則會朋友閱歷少之故。凡人伏處山林,詞章斷難造成。蓋人闊然後詞章乃得佳也。季碩在四川時,篆書並未寫成,出游後始工矣。凡讀書,當專求恩人與仇人。合於我之學者,恩人也;反對我之學者,仇人也。無恩無仇之人,置之可也。"

　　丈言:"居蜀時,未敢自信其説,出游後,會俞陰甫、王霞舉諸公,以所懷疑質之，皆莫能解，膽乃益大。於湘潭之學，不肯依傍。故湘潭《與陳完夫書》謂："楊度但以慕名之心轉而慕利，暗爲梁煥奎所移而不自知。前之師我者，亦以名也，非求益者也，與夏時濟同，與廖登廷異。登廷，季平丈榜名。廖登廷者，王代功類也，思外我以立名，楊、夏思依我以立名。名粗立，則棄予如遺矣。故康、廖猶能自立，楊、夏則隨風轉移。"而丈祭湘潭文，亦有避水畫火之語。蓋學貴自立，無與感情；依傍既空，方覘真識。依人以立名，奴隸之學也；不依人以立名，豪傑之士也。夫以湘潭之才學，自好者猶不屑依之以成名，況才學出楊度下遠甚者，乃急於依之而不知所擇，斯亦可哀憫之尤者矣。

　　章太炎、王湘潭，皆一代之怪人也。太炎國學既深，又富於世界知識。在日本時，讀其《高等師範講義》，悉能理解。高等師範生與之談，恒爲所窘。嘗評嚴幾道之知識深，梁任公之知識寬，則自負可知矣。故其學説，去國家社會最近。湘潭長於文學，而頭腦極舊，貪財好色，常識缺乏，而自待甚高，唇吻抑揚，行藏狡獪，善釣虛譽。故其學説去國家社會最遠。遠則遨游公卿，不爲所忌，依隱玩世，以無用自全；近則影響政治，易惹波瀾，激切人心，引起贊成與反對。其力至偉，而常不免於賈禍。蓋王怪屬於舊，章怪屬於新，要皆有以自成其學而獨立，與夫近來口談名教，依草附木，毫無新舊學之可言者，誠有鳳凰鷄鶩之別矣。(《吳虞集》第二二三—二二七頁)

　　　　按：此文又作《六譯老人餘論》，刊於一九一五年十月《國民公報》，後收入《吳虞文續録》(成都美信印書局木刻本)，然無最後一段。又吳虞嘗云："先生稱葛洪才美。"

　　先生至成都，適成都縣中學校成立，規定讀經，嘗應聘教授《春秋三傳》。(静山《先君孫震德操先生年譜》，《大將風標》第一七〇頁)

　　十月，歸井研，爲母、妻營葬。

　　十一月二十日，《群經大義序》刊《國粹學報》第十一期。

光緒三十二年丙午(一九〇六)　　五十五歲

　　春，郭沫若從先生門人帥鎮華學。郭沫若《我的童年》云：

　　　　結果只剩着兩位先生。一位是帥平均。他是本縣的廩生，是以本縣的官費最初送出東洋的。他是那時候日本人特別替中國人辦的騙錢學校宏文師範畢業的學生。他擔任的教課是算術、音樂、體操、讀經講經。
　　　　……帥先生的授課比較有趣味的還是他的讀經講經。第一學期中他整整地教了一篇《王制》，這是使我和舊學接近的一個因數。《禮記》中的

《王制》是佶屈不可卒讀的,但他把它分成經、傳、注、箋四項,以爲經是仲尼的微言,傳是孔門的大義,注、箋是後儒的附説。就這樣把它分拆開來,也就勉强可以尋出條理了。

帥先生説:這不是他的發明,是得自他的"吾師廖井研"的傳授。這"吾師廖井研"的五個字在一點鐘裏面他怕要説上一二十遍。因此他的綽號也就成爲"巫師吊頸",再反過來便成爲"吊頸巫師"。廖井研就是四川井研縣的廖季平先生了,他是清朝末年我們中國的一位有名的經學家。他是張之洞、王壬秋的門下生,聽説張之洞有些學説是剽竊他的。譬如《公》《穀》《左》三傳一家説便本是廖季平的創道。他的根據是公穀雙聲,羊梁迭韻,同爲卜商的音變。《論語》孔子有"啟予者商也"的一句話,啟予就是左丘。子夏喪子失明,左丘失明厥有《國語》;所以左丘明就是卜商。

廖先生的經學多半就是這種新異的創見。他以離經畔道的罪名兩次由進士革成白丁。就在宣統年間清廷快要滅亡的時候,他還受過當時的四川提學使趙炳麟的斥革,把他逐出成都學界,永遠不准他回到成都。他在新舊過渡的時代,可以説是具有革命性的一位學者。康有爲的《新學僞經考》,聽説也是采取了他的意見。

廖先生大約現在也還健在罷。他的著作極多,他的弟子可以説普遍於四川。帥先生是他的一名高足。帥先生很尊敬他,在我們當時看來,覺得他就好象是一位教祖。

帥先生的功課就是這幾門,但這幾門是並不吃力的學問;就是應該很艱澀的經學也因爲他的教材有趣,我是一點也不覺得辛苦的。(《郭沫若全集》文學編第十一册第七二—七四頁)

正月十四日,徐兆瑋於書攤得先生《群經凡例》一册,略謂:"廖氏力主孔子改制之説,爲康長素議論所自出,惜其全書未獲見,然大綱已具凡例中。"(《徐兆瑋日記》第五八五頁)

二月二十二日,九峰書院、尊經書院門人鄭可經、帥王佐、楊漢卿等迎先生至青神漢陽壩講學,孫宗伯隨侍。

二月二十五日,徐兆瑋閲《王制訂》《群經凡例》,謂先生之説大抵武斷。《徐兆瑋日記》云:

讀廖平《王制訂》一卷、《群經凡例》一卷。廖季平著述,予向未之見。新歲在廠肆書攤得此册,略見一斑,大抵武斷,説經別開生面,康南海孔子改制之議實由季平開也。(《徐兆瑋日記》第六〇八頁)

　　先生在漢陽壖所命題凡一百六十餘，大抵天人小大之説爲多，其有關時事及新出各書者爲《左氏古派法補》《輯荀子民權説》《春秋撥亂世今證》《孔子以前時勢略如今泰西考》《海外無宗廟議》《泰西各國官制異同表》《泰西姓氏學考》《西人政治學述意》《引法意支那諸條以釋春秋穀梁傳》《讀群學肆言分篇述意》《五大洲女俗通考書後》《天演論書後》，可見先生事事皆以經爲歸。

　　當時擬編之書有《蒙學修身課本》（專用《容經》）、《修身課本》（用《洪範》五事、六情、三德、六儀）、《經學王制課本》（兼用圖表，義例采《王制凡例》。古用《春秋》《尚書》經説，今用《會典》，間采西書，分經傳，用《王制訂》體例）、《山經天學釋例》（分象形、交通、祭典、巫祝、神游、降雲、天象）、《經學周禮課本》（分輿地、官制、西事、外交各門）、《西漢博士考》。見於《四譯館書目》者有《中國一人例》（就經傳所有心思耳目等字編爲此書）、《天下一家例》、《釋射》、《尚書疆域圖説》、《道德真旨》（疑即《書目》之《道德發微》）、《天官書經説》、《天學上下考》（《四益館書目》作《列莊上下釋例》）、《天人學考》（《書目》作《小大天人學考》）、《經術由始皇始見施行考》（《書目》名《戰國諸侯始行經術考》）各種。又輯《則柯軒叢書提要》（中分《靈》《素》《楚詞》《地形》《列》《莊》《讖緯》）、《天學書目提要》（中分《易》、《詩》、《樂》、道、佛、鬼、神、《山經》、《左氏》、圖書、符瑞）二題。知先生爲天人學後作書當不少，除上記者外，餘均不可考。先生號則柯軒主人，在已爲天人學之後，叢書以“則柯軒”名，所以別初變、二變之《四益館經學叢書》也。

　　三月，命鄭可經編《四益館經學四變記》，文由先生口授，鄭可經筆記。先生自序曰：

　　　　癸未至今，二十四年矣。初以《王制》《周禮》同治中國，分周、孔同異，襲用東漢法也；繼以《周禮》與《王制》不兩立，歸獄歆、莽，用西漢法。然今學囿於《王制》，則六藝雖博，特中國一隅之書耳。戊戌以後，始言大同，乃訂《周禮》爲皇帝書，與《王制》大小不同，一内一外，兩得其所。“凡有血氣，莫不尊親”。蓋鄒衍之説大明，孔子乃免拘墟。壬寅後，因梵宗大有感悟，始知《書》盡人學，《詩》《易》則遨游六合外。因據以改正《詩》《易》舊稿，蓋至此而上天下地無不通，即道釋之學，亦爲經學博士之大宗矣。竊以由聖人而求至神，其大小淺深，亦猶道德之於仁義，必至無聲無臭，而後超變化而行鬼神。嗟呼！星紀再周，歸宿四變。苟不先狗馬填溝壑，或尚有進乎此。然所詣至此，其得於神明誘導、師友贊成者，寔非淺鮮。顔子稱“既竭吾才”，此之謂矣。近著書踰百種，恐久而散佚；又知己遼隔,或僅聞鄙説,未詳大旨之所在。因屬及門,條例舊文,附以佚事,編爲四卷,聊以當年譜耳。丙午季春四益館主人自叙。(《廖平全集》第二册第八八四頁)

按:鄭可經(?——一九二三),字綽權,號席五,四川青神人,曾任四川省高等審判廳廳長。光緒二十六年舉人,中舉後曾在青神漢陽場創辦小學堂,適逢先生講學不合,有忤當政,避禍來漢陽講學,故嘗攜妻弟帥正邦向先生求學,深得先生器重。嘗欲爲先生作年譜,後因故未果。

帥王佐,字正邦,號紅岩山人,四川青神人,清末拔貢,有"川南小詞客"之譽。曾與鄭可經共同創建漢陽小學,並親撰校歌,云:"看校外,大江東,波滾滾,勢洶洶。須臾間,出羌戎。頃刻里,過巫峰。濤激英雄,浪去秋冬,茫茫前途,狂瀾洶湧。問誰倒挽,高唱大風。"

又按:自序云"條例舊文,附以佚事,編爲四卷",然今本除初變、二變、三變、四變外,並無佚事,且非四卷,當非原稿也。

《四益館經學四變記》既成,因撮要編爲《經學改良表》,"以明新舊之所以不同"。鄭可經記云:

祆教當明中葉號稱最盛,積久失真,兩《約》不免背道而馳,路德不辟患難,起而矯之,去僞闡微,別標門目。雖以教皇權力,舊黨環攻,無所撓屈,至今談其軼事,猶凜凜有生氣,誠不世出之偉人哉。新教雖未能折定一尊,然與舊教中分天下,或且過之,其始固一匹夫之力也。吾國以經爲國粹,勢之盛衰,問於六藝,乳瓶金水,不能不望有路德其人者一振興之。四譯既編《四變記》,因撮要編爲一表,以明新舊之所以不同。其於路氏之説有合與否,閱者自能得之,固無俟予之贅言。編竟識此,以明嚮往。光緒丙午,鄭可經記於中巖。(《廖平全集》第十一册第八一一頁)

四月望日,撰《楚詞新解》成。叙云:

《離騷》者,子屈子之所傳也。昔者尼山垂文,以詔後世,六合以内,切於人事。傳曰:"書者,如也。"又曰:"《春秋》深切著明。"言皆切實,意不溢辭。後世史臣志紀記傳,蓋仿斯體,所謂無韻謂之筆,六合以外存而不論。詩託物起興,上天下地,意在言表,後世辭賦祖之,所謂有韻謂之文者也。聲歌所謂"存",與論辨人學事出兩歧。蓋聖門立科,首分志行,《中庸》:"事前定則不困,行前定則不疚。"政事、德行,今之實行家,言語、文學,言前定則不跲,道前定則不窮。爲今之哲學。文以載道,故文學爲道家之祖,子游傳大同,莊子爲子夏之門人。道家詳矣。至聖則存而不論者,凡神聖天道,一切閎誕悠渺、玄漠寂寞，未至其時，易滋流蕩。此方内方外之分，聖作賢述之所以別。《易》曰：“其初難知，其上易知。”亦如讖記，當時則顯。故經存其大綱，諸家傳其節目。靈應將啓，兩美胖合，此道非經無所宗主，道不明，而經亦因之不顯。此辭章喜談道，《詩》二千年來無一定解足以饜服人心者與。子屈子傳《詩》，與《列》《莊》別爲一派。鳶飛魚逃，察乎天地，非顓頊以後絶地天通之聖人所知能。《中庸》發明《詩》之總綱，《楚詞》亦因是而昭顯焉。其曰“上征下浮”，即經之魚鳥，四荒、四極，經例尤詳。若夫“周游六漠”，非即所謂六合與。以俟聖言，皇帝王伯，同屬後生據衰而作，託之遠古。自古在昔，先民有作，傷今思古，長言詠歎，而《大傳》出焉。其發揮經旨，不啻《繫辭》之於《易》，《伏傳》之於《書》。苟能通其旨，《詩》之道思過半矣。三家以序説《詩》，班氏譏非本義；九天、九淵、神游、雲飛，歸宿于泰初爲鄰，乃采《春秋》，録雜事以説之，可謂誣矣。自太史公誤以所傳爲自作，《離騷》指爲“離憂”，沈淵而死，後來承誤，《楚詞》遂爲志士失意發憤之代表。孟堅譏其露才揚己，忿悬自沈，解者甚至以“南夷”爲醜詆君父。按《楚詞》經營四荒，周游六漠，揖讓五帝，造問太微，乘雲御風，駕龍馭螭，且媮娛以自樂，超無爲以至清，乃至高之□，亦至樂之境界，以爲窮愁，失其旨矣。使果爲國爲身憂憤撰述，亦如《漁父》《卜居》指陳切實，何爲舍切近之墳典，遠據《山經》爲藍本，徵求神靈詭怪於天地之外哉。長卿作《大人賦》，即《易》之“大人”，《中庸》所謂至誠、至聖、至道，《列》《莊》所謂真人、神人。其文全出《遠游》，武帝讀之，飄飄有凌雲之志；又如黄帝之夢華胥，秦穆之聞天樂，此人間至樂，借證大人，其爲游僊，而非失志，稍知文義者固能辨之矣。使果爲愁憤失志，長卿作賦何以襲之。屈子沈淵，本爲私事，可據以解《漁父》《卜居》，乃附會舊傳，並以彭咸亦枉死；彭咸爲十巫之二，《九章》七見彭咸。《抽思》曰“望三五以爲像兮，指彭咸以爲儀”，何得指爲自沈。他如“遺則”，於三皇五帝後言“彭咸”，皆與自沈淵不類。前人疑之者，乃因《惜往日》“不畢詞而赴淵兮，惜壅君之不識”，及《悲回風》子胥、申徒與介子、伯夷死於山上者相比。而然。考天學，離世獨立，略於人而詳上下。《詩》曰：“鶴聞于天，魚潛于淵。”《悲回風》“回”讀淵，“風”爲上鳥所憑，“淵”爲下魚所居，亦猶“匪鶉匪鳶，翰飛戾天，匪鱣匪鮪，潛逃于淵”。莊子以爲夢鳥、夢魚皆猶上下起例，是也。本篇又曰：“鳥獸鳴以號群兮，草苴比而不芳。魚葺鱗以自别兮，蛟龍隱其文章。”屈子沈淵，即有其事，若傳文原爲夢魚逃淵，非求死自沈明矣。本爲《詩》傳，故《詩》獨詳。《悲回風》竊賦詩之所明，《惜往日》受命詔以明《詩》，是曾受命學《詩》。《東君》“展詩兮會舞”，又引詩人“不素餐”之説，其餘名物典訓與《詩》相發明者以百十數，與緯同爲大傳。舊所撰《詩》説專就地球立説，言無方體，或以

附會爲嫌。近乃由《楚詞》得明天人之分。《書》結人學之總局,《詩》開天
學之初基。惟文義繁賾,蒙蝕已久,恐遭按劍,故藏之匣匱。《楚詞》寥廓
無天,崢嶸無地,以視世界,不啻毛粟,神靈詭異如《天問》者,俗亦安之,
不足爲怪。今除屈子自作外,別爲新解,以明天學,閱者不斥爲不經,然後
《詩》乃可觀。若尚齟齬,則本屬集部,語怪固亦無妨。假此以卜《詩》解
之從違,如能借《騷》以通《詩》,則至困之中有至樂,是或一道與。光緒丙
午四月望日,則柯軒主人序於中巖雪堂,時年五十四也。(《廖平全集》第
十冊第三八一——三八三頁)

　　《新解》即出,謝無量《楚辭新論》第二章"屈原歷史的研究"即稱述此
書,並提出"屈原並沒有這個人","《離騷》首句'帝高陽之苗裔'是秦始皇的
自序,其他屈原的文章多半是秦博士所作"。至是,國內外研治《楚辭》者每
有否定屈原存在之說,多引謝氏述先生之論。然先生此書非但未曾否定屈
原存在,反倒肯定了屈原之存在。至其緣由,則因近人如謝無量、郭沫若、聞
一多未見原書,而妄引謝無量《楚辭新論》之引文爲據。謝無量云:"廖先生
的《楚辭新解》我還沒有看見過。他的詳細的論證我自然無從知道,但在這
個簡單的轉述中他主張的要點是揭示出了。"

　　先生在青神,別成《書經大統凡例》,題記云:"前清甲午年,已編《今文
尚書要義凡例》,刊入《群經凡例》。近因分割天人兩派,乃專以《周禮》說
《尚書》,爲六合以內人學之大成,即《詩》《易》天學之初步,故於舊《凡例》
之外編輯《大統新義凡例》,與《周禮》并行。"(《廖平全集》第四冊第一一
頁)黃鎔識云:

　　　　此《書經大統凡例》,前清光緒丙午,四益先生講學於青神漢陽之國
　　粹精舍,時已勘明《書》怡,證合《周禮》,胸有成竹,口授鄭君習五,彙編條
　　說,草創規模。洎今十年,鄭君游學京師,銓選赴鄂,兵燹之餘,此稿無恙,
　　幸也。民國乙卯,鎔輯《皇帝疆域圖表》以次告成,因再推原師說,加之補
　　葺。昔漆雕習書,使仕未信,蓋彼一時此一時也。賢者樂此,其諸可以不
　　惑乎。黃鎔謹識。(《廖平全集》第四冊第四〇頁)

　　五月初二日,先生自青神回井研,端午節後赴成都,蔡民、邵澄波同行。
成都初設補習學堂,王章祐任監督,聘先生講經。五月中旬,先生由漢陽壩
赴成都,寓補習學堂。同時兼任選科師範(王章祐兼監督)、高等學堂(監督
胡峻)、成都府中學堂(監督林思進)、客籍學堂、成都縣中學堂課,共三十二
點鐘。

　　先生有《群經總義講義》二冊,疑即本年所作,以應學校之需者。一冊

十六課，曰《雅言翻古》，曰《論作述》，曰《先野後文》，曰《世界進化退化分經表》，曰《大小六藝》，曰《教育史》，曰《開士智》，曰《忠敬文三代循環爲三等政體》，曰《禮失求野》，曰《神權駁》，曰《宗法非世族政治》，曰《中外古今人表》，曰《讖緯》，曰《闕疑》，曰《中國一人》，曰《墨學出于孔辨》。一冊六評，曰《尊孔》，曰《世界先野後文》附《世界進化退化簡明表》，曰《教化由小而大》附《孔子前後皇帝王伯不同表》，曰《論知行之分》言用世者全在力行，曰《立德立功與立言之分》，曰《俟後新經》附《專經統各科學表》，後附《左氏春秋十二要》《左氏春秋十論》《左丘明考》。

　　　　按：此二冊似有先後，當係因分教兩校而作。又其目與去年所擬《群經大義補題》同者，當係本就《補題》撰錄而別有增補。先生近年遍覽譯籍，故所著取證與西人政治學術風俗者爲多。

　　六月二十日，《公羊春秋補正後序》《公羊驗推補正凡例》《春秋孔子改制本旨三十問題》及王闓運《湘綺樓講學札記》刊《國粹學報》第十九期（第二年第七號）。

　　七月初十日，曾上珍《代廖季平答某君論學書》、金銘勳《代廖季平答某君論學第二書》（未完）刊《廣益叢報》第四年第十九期，曾書云：

　　前蒙賜井研先生書，師實感激，引爲知心，久欲覆書，事繁終寢。蒙不惴劣陋，略代陳之。足下論所傳聞云云，固未深信，悠悠之口，不足計較。至以六經歸聖人制作，指爲詫異。蓋講章八比，汩没人才，應作如是語，未深知心也。其事繁多，非一二所能盡，率對以臆，於吾師之志未得其髣髴也。蓋地球開闢，先野後文，此中外公理，亦古今實事。中國開化早，占全球先。盤古以下，不知幾千百年，而至於孔子，夷風未化，文明程度，尚不及今歐美，就經傳言之，可見事實。開化之端倪，上古鄙夷，孔子實爲開化之祖，凡一切制度文爲、綱常名教、政治典章，至孔子制作而大備。六藝之作，二派相爭，如舊學全歸帝王國史，征夫思婦，孤行二千年，鄙屑孔子，直同鈔胥，有何精奧，耐人循思。不知西人但就先後考之，古之帝王，必不能如此，中士從而和之，亦以爲史臣粉飾譌傳。電化新書，十年前已不觀，何況此三千年前之陳迹。此中外廢經，皆由古文家以孔子爲述一語之所招。如表張微言，六藝新經而非舊史，知來而非既往。至誠前知，不須學問，六藝雖有本文，未經試行，如堯舜之四表上下，周禮之土圭法，於兩冰洋立表測地，至今猶不能行，而謂古人能之乎。故欲存經，則必以爲俟後；欲言俟後，則必全歸孔作。此前後新舊經史存亡之所分，其要皆在孔作一語，此旨不立，則六經瓦解，此學宗一立，則收拾散亡，猶足成軍，便可自立於不敗之地。井研所以超越千古,功勞在此一語。足下隨流俗而攻之,實亦不能詳其説之有何等害誤。學問爲天下萬世立言,豈可苟焉而已,此必先明所以然之故,然後可徐論其得失,請略言之。世言唐虞三代之盛也,後皆莫及,不知乃出於孔託,實跡迥殊。考孟子以孔子賢於堯舜者遠,此事實之真堯舜。又《孟子》“當堯之時,洪水横行”云云,及“舜與木石俱”云云,與墨子“茅茨土階”“大羹玄酒”諸陋野,較今非、澳、南美何異。此極荒蕪之時代也。即《尚書》亦云,百姓不親,五品不遜,蠻夷猾夏,寇賊奸宄,文明程度必不能如《論語》諸所云也。孔子欲爲萬世立極,垂法後王,乃削掩其實跡,將後來之新制,託諸皇帝之文明,如“大哉堯之爲君”云云,舜無爲而治,唐虞之際,於斯爲盛,此經傳之堯舜,即賢於堯舜之堯舜,其彰明較著者也。既無僭越之嫌,又塞輕古之口,此聖人作經之妙用也。至於禹、湯、文、武,雖較前進化,尚不及今歐美。如官職一門,《明堂位》云唐虞之官五十,夏官倍,殷二百,周三百,官少事繁,政治何能完備。比今歐西,實多遜讓,其簡陋缺略,不問可知。傳言三公、九卿、二十七大夫、八十一元士,及封千七百七十三國,政美法良者,乃緣《王制》經文以説之耳。當時政治實未如此。此禹、湯、文、武之經書,由聖人雅言譯出之明證也。降及春秋,鄙野無文,君臣、父子、兄弟、夫婦之間混同淆亂,毫無禮節等級之可言。如臣弑君,子弑父,兄弟相殘,夫婦無禮,君納臣妻,父娶子媳,姑姐不嫁,僭越法度,干犯名教等事,言清行濁,三傳諸子,彰彰可考。近春秋猶如此,則以前數千百年,不更可知乎。又考經傳所載,如《禮運》“先王未有宫室”等云云,《易大傳》“庖羲氏没”等云云,言上古之狉獉,不一而足。孔子作經,或因或革,或損或益,將一切不可爲訓者諱莫如深,將一切可以垂法者歸之帝王,舊跡消磨,新章顯著,此綱常名教之典禮,聖人作經爲之也。泰西交通,後挾其長,以臨中土,專門天文、地輿、算理,以爲古實不通,萬不能知。如《周禮》土圭之三萬里,緯之地四游成四季,鄒衍之大九州,《月令》之曆法,實早三千年,而精美非近今所及。上古之事實如彼,聖經之所言如此,謂非前知聖作,究將何屬之耶。況東漢以前,諸博士及講學家皆言孔子制作六經,與《左》《國》別爲一派,一作一述,兩不相妨,東漢以下古文家乃專以爲述。不知先秦以前,列子、莊子已傳微言派,斥述者之非,著書防弊,以芻狗陳跡、糟粕成説,不一而足。史公以爲詆訕仲尼之徒,蓋即爲古文家而發。故以作爲微言,述爲大義,二者雖爲兩派,亦如宣夜、渾天,立法雖異,得數則同。聖作則於古人似有貶辭,不知述則不得爲聖,至兩者不能相保,與其聖帝王,不如聖孔子,兩害相形,則取其輕,足下試求之自得矣。況今海禁宏開,學戰沸騰,中國舊説,無不敗覆壓倒,莫能自立。加以新舊分黨,更易支絀。以今之現象,再推數百年,中國文廟,勢不改祀耶穌不止。鄙見以爲,欲保國須明祖學,使人心有固志。今一切崇拜外人,有一生民未有覆幬六合之聖,必排之裋之,必賢而非聖乃止。蒙所爭者一線命脈,繫以千鈞,誠蒙與足下及中國士人所當仰天椎心,痛哭流涕而不可終日者也。故井研宗旨,欲言學必知聖,不知聖之如日月,如天地,而以尋常馬、鄭、韓、柳、郭、邢儒生博士傳箋文藝相角逐,斯何以足爲德配天地哉。今中國政治不用舊來之弓矢,而改鎗砲;不用舊來之兵制,而改洋操;不用舊來之舟車,而改輪軌;不用舊來之書院,而改學堂,盡棄數千百年之舊法,改計圖存,時變所至,無可如何,何獨於學不然,而株守古文,必祖周公,而配以孔子,周南孔北,亦甚惑矣。夫《經學不厭精》《新政真詮》等書鄙夷舊説,攻之體無完膚,前車之覆,後車之鑒,在今日情形固有偏袒不受節制之嫌,與其全軍覆没,何若振旅而還。周亞夫堅壁不出,左良玉全軍而反,後來者猶取爲奇策,此時不豫爲計,非王公將相士大夫之恥,乃蒙與足下等講學之恥也,是豈爲好辯哉。足下諒知其心矣。足下東游,才能智識大優庸衆,外國學界何如,必能深悉。如以中學置其中,足下其以爲勝乎,其以爲不勝乎。蒙不言,足下亦必曰不勝矣。蓋莫可如何中求一戰勝歐美,舍明經術無由。聖經原始要終,包括中外,凡一切皇帝伯王之政教,任人把取,是今世界獨一無二之美善,可傳之無窮者。惟我土聖經出於一手,他人不能思議,非井研妄創者也。講皇帝學,尊聖人者,蓋舍是不足以見至聖之大,尤不足以收外人尊仰之心。將來我教不滅,我國不滅,我種不滅,其機括或在此不在彼也。蒙愚及此,敢質諸左右,伏乞垂教,并請撰安。曾上珍謹上。(《廖平全集》第十一册第八四八—八五一頁)

七月二十日,金銘勳《代廖季平答某君論學第二書》(續)刊《廣益叢報》第四年第二十期,詳云:

去年得讀賜則柯師書,頃者同門擬欲裁答,蒙雖謭陋,心煩技癢,願貢所疑,以釋二三君子之惑焉。孔子作述之分,當時弟子各主所見,傳有二派師説,以爲言述宜於秦漢,言作宜於後世,王伯則其害尚淺,皇帝則其害甚深。孔子繙經,以《春秋》論制度考文,進退當日之王公卿大夫,故孟子以爲天子之事。使明目張膽,以微妙出於一心,爲一人之私書,人情賤今貴古,不足以悦服人心,反招時人所指責,故《公羊》有"定哀多微辭"之説。當時六藝初出,其道未光,必以爲帝王舊制,而後如秦之博士,漢之陸、賈、董、劉,其上書陳言,皆主尊經法古,帝王政德如此,所以興,秦不師古,所以亡。必用微言之説,以爲出於一人新書,非古帝王之舊,反不能推行盡利。此述而不作,宜秦漢之説也。董子以後,凡非孔子之言,皆已屏絕，經教張明，絕無疑阻。朝野推崇至聖，衆口同心，必張微言，出於聖作，乃以免芻狗糟粕之譏。如必以爲出於史臣，則事雜言龐。如杜征南之解《左傳》，於一經之中，分出周公、仲尼、史臣，甚至以爲史非一人，有深有淺，有文有質，《春秋》之文學因以大壞。或又以《詩》推諸狂夫怨女，此東漢以後經已大明，必以爲聖作之説也。三王春秋事近地狹，以爲先王舊史，雖有不合，其利害尚不相遠。至於《周禮》，三皇五帝之學，土圭三萬里，九千里、六千里、三千里爲一州，公侯封地，至於方四、五百里之大，十二年巡狩殷國，其所經營，當在海外，若仍以爲皇帝之陳迹，不惟無此事，并無此理；不惟西人攻之，即中人亦懷疑而不信。此皇帝之説，一言作則百美俱備，一言述則萬事瓦解。當今海禁宏開，萬國會同，皇帝之學已將見之施行，萬不能再用舊法，以孔子鈔胥。東漢以後之古文家説，以經爲舊史，不惟閣下信之深，即師昔亦持此論，因同學考究數年之久，始敢持以問世，師友相難者無慮數十百起，推考源流利弊，乃定爲此説。不惟主聖作，其推詳細密，即主孔述，博考詳求，擇精取良，亦迴出於陳言之上。閣下謂以經爲依託皇帝，亦可謂堯、舜、禹、湯、文、武亦無其人，六經爲地球始終之絕作，説六經爲有一無二之重任，陰陽黑白，美惡得失，推究其極，皆在幾微之間，少縱則失。故讀則柯之書，必須平心静慮，忘餐廢寢，遲之又久，乃能得其理解，初非鹵莽滅裂，一知半解，便足以相難也。考《中庸》以古帝王爲有位無德不敢作，孔子有德無位亦不敢作。或以爲天既生孔子以德，何不并受以位，使其位德兼隆，見諸施行，不必依託故人，豈不直切了當。曰：善哉問也。因此可以見天心，亦可以明聖人之意。秦博士以古之帝王不過千里，降及春秋，略有教化。別有夷狄之中國，不過方千里者三四州，外皆夷狄。無論孔子爲晋楚之侯國，即使生周繼統而王，以顏、賜、由、求爲三公四輔，其功業所至，不過如春秋撥亂反正，用夏變夷。如海外者，孔子後二千餘年乃始通，所以由伯而王，由王而帝，由帝而皇，絕非期月、三年、百年之所能成。考《春秋》一書，記孔子當時之法度，王、帝、皇三等，必賴空言垂教，以俟百世之後聖，此天所以命孔子爲素王，而不爲真王，絕不肯爲政於常時，如立功之王霸，而爲立言之聖人，天心人事，故可考見者焉。《中庸》又有上無徵，下不尊，民不從之説。帝王孔子皆不能作，然古有通工易事，以有易無，合之則兩美，離之則兩傷，故孔子用通工易事之法，以己之德，合帝王之位，相輔而行，則德位兼隆。故帝有位而兼有德，則自作，亦如秦皇、漢祖自作詔書，不必依託於古之帝王。孔子有位有德，則以其空言，不如見諸實事，乃不得不如此變局，託於好古敏求，擇善而從，以我心之所欲，爲託之伯王，並託之帝皇，然後有位兼有德，無位者可以因人之位以行我之德，此孔子所以不自作，而并託之於堯、舜、禹、湯、文、武、周公者也。故《論語》曰:"述而不作,竊比於我老彭。"又曰:"蓋有不知而作之者,我無是也。"多聞多見,擇善而從。究其外言之,則自爲述,此《左》《國》所傳大義派也。自其内言之,則自爲作,此孟、荀、列、莊所傳微言派也。然作非作,述非述,兩派各有得失利弊,必合觀之,因時制宜,乃足以變通盡利,此孔子化無位爲有位,帝王變無德爲有德,其始二者皆不敢言作,其後二者皆得而作。《論語》以《詩》《書》《禮》《樂》皆雅言也。《爾雅》爲後世繙繹之名,故《莊子》引孔子言"繙十二經"。《莊子》之"繙",即《論語》之"雅言"。孔子告哀公學爾雅以知言,《漢書·藝文志》:"惟《尚書》讀近爾雅,通古今語而可知。"當時二帝三王周公,如晋之《乘》、楚之《檮杌》、魯之《春秋》、夏時、乾坤之類,時人或不能讀,讀之或不能通。孔子自命爲通古今語,取古人之書,以當時文學寫訂之,如中國之繙釋典繹局之繹西書。孔安國以隸古定寫《尚書》,各隨人之學問高下。故今西書如化學、電學一書而有數繹本也。不惟彼此深淺文義不同,而其形式亦各不相謀,讀者非治其源委,不能知其原出於一書也。孔子之繙六經,由古史變爲新經,其中因革、損益、筆削,出於聖心,作中有述,述即爲作,或作或述,任人自取。如以爲真作,則必如《史》《漢》之記事考言,秦皇、漢武之誥令。孟、荀、莊、列無所承襲,自成一家之子書。孔子之作,爲作者之一變局,與凡作者不同。如真以爲述,則必如刻帖之雙勾,刊經之印本,千金不易一字。今既不能將孔子所譯原本與相印證,且作與述原不可考,而書皆出孔子一人,豈無因革損益。故師席以孔子所述者不得以爲全屬舊文也。在閣下必搜古書以相難,不知自孔子後,諸賢承其流風,別爲經説一派,所有典章制度,皆緣經立説,與當時行事、故府典章,彼此不同,互見雜出。今可分爲二門:凡帝王列國通行舊制事迹,稱爲史事類。聖爲天口,賢爲聖譯。諸賢諸子祖述孔子,據經立説者,以爲經説類,如夏禹桐棺三寸,服喪三月,見之《墨子》及古書者,此史事也。《禮記》曰"夏后氏三年之喪",與《堯典》"三載四海遏密八音",此經説也。周時同姓爲婚,故穆王有盛姬,齊、晋、魯諸侯卿大夫皆所通行,此實事也。《春秋》譏魯昭公,乃創不娶同姓之義,而《左傳》《國語》所言,當時不婚於同姓,一切議論,皆爲《左傳》據經立説,此經學派也。古之帝王疆域小,《春秋》於荆、徐、梁、揚皆以爲夷狄,此史事類也。《左》《國》據《禹貢》立説,以爲周之先王規方千里以爲甸服,由侯綏以推要、荒,至於五千里,此經學派也。二派彼此不同縱跡。如孟子論爵録可謂詳矣,乃謂諸侯惡其害己,而去其籍,嘗聞其略,既已去矣,孟子又何從而聞之。蓋孟子所説者經學派,諸侯所去者史事派,彼此兩歧,遂以所傳之經説稱爲先王之舊,諸侯所行爲後來流失經説。周行三年喪,魯、滕之先君皆莫能行,可以相觀而明矣。又王者封二王之後，用其服色，守其典禮。如杞之於春秋，事隔千年，則夏禮爲杞國世守則有之，以外之傳聞蓋不可考矣。孔子學三代之禮，乃《論語》"夏禮吾能言之，杞不足徵也；殷禮吾能言之，宋不足徵也"，是孔子所說之夏、殷禮，蓋爲後來三統之夏、殷、周立法，文明美備，迥非杞、宋所守之文獻。孔子所說，多爲二國所無，故曰"文獻不足徵"。蓋孔子自立三統之說，待其人而後行，與二國先王已行之史事不同。恐學者執簡而争，亦如魯、縢自據其國之舊典以相難，故爲文獻不足徵之說。蓋同者可徵，其不同者以爲子孫所守缺略，非先王之全文，足見經學與史事一新一舊，事出兩政，不能皆同。故孔子聞宰我之問社，而曰"成事不說，遂事不諫，既往不咎"，蓋自明所說之三代，爲將來之三代，而非既往之舊文，正與列、莊陳迹，西人維新之說互相發明。《公羊》所謂"非樂道堯舜之道乎，堯舜之知君子也"，是作經以俟後聖。在孔子自己發明，使必言述，不可言作，孔子何必以此自明其宗旨哉。蓋古之三代，由簡而文，前後二千年之久，因時立法，不能相同。如唐虞之官五十，夏官倍，殷官二百，周官三百。田畝夏后五十而貢，殷人七十而助，周人百畝而徹。先野後文，不能循環，此三代之真事，所謂成事、遂事、既往者也。至如以松、以柏、以栗，以爲三統立法，可以互見更換，周而復始，此在文明已備之後，不能增損，如史之先少後多，彼此互書。蓋經說於制度大定以後，折衷一是，以垂久遠，後來但守成法，不得有所變改。然易姓而王，必有變易，故又定爲三統之法，於一定之中，分爲三品，彼此交換，變通不窮，不改而改，變而不變，如松、栢、栗三統可以循環，周而復始者，此爲經說派，爲杞、宋故府之所無，專爲後世法夏、法殷、法周三統立法。故孔子聞宰我與哀公三統循環之說，因其事以明三統。經說與三代史事不同，故成事不說，遂事不諫，既往不咎。所謂成事、遂事、既往，則爲三代真史事，如設官與田賦之類。考三統可以循環立說，同學嘗集爲成書，不下數百條，而舊聞史事，如設官、田賦之不可循環之類，同學嘗集爲《古制佚存》，二書對觀，作述益明。蓋弟子所傳，皆經學派，爲故府之所無。舊文孔子不說，見於不諫、不咎，因以遂滅，乃設官田貢二條，特見《明堂位》《孟子》者，蓋循環之說詳矣。然不將杞、夏、周故府舊文略傳一二以爲先野後文之證，則讀者必反疑三統經說實爲當時故事，經史之分不明，聖作之功不見，此所以循環之中必參見一二條不可循環者，以見孔子"既往不咎"之大例也。觀史事經說異同分合之故，孔子之或作或述，經之爲舊爲新，不相觀而益明哉。閣下力主舊史，意若言聖作則有大害於名教，萬不可行者，其實亦如測天家之地動、天動，說異而得數則同，不過先入爲主。全歸孔子，則於古帝王似有貶損。其實聖帝王則必賢孔子，聖孔子則必賢帝王：二者必居一於此。

孟子“賢於堯舜”，早有明文。自唐以後，學官黜周公，尊祀孔子。國朝尤極推崇孔子，乃爲尊國制，明師説，并無違犯、有傷於名教。師昔持此説二十年矣，當日并不爲抵制西人起見。近來新學大倡，凡其集矢聖經，得此一説，反足以牁懍全球，表張微言，此爲則柯第一功勞。蓋其中有鬼神相告，實出天誘，非此不足以尊經存經。至於所稱用今日外國譯名以解經，我爲俄，日爲倭，悠悠之口，更不足較。報章有爲師席作傳，推尊舊説，於皇帝宗旨有微詞，蓋亦先入爲主。又所見者皆良工之璞，同學亦辯論，容後繼呈。稱心而談，語無倫次，肅覆，伏乞鑒諒，并懇垂教。恭請撰安，後學金銘勳頓首上。(《廖平全集》第十一册第八八二—八八八頁)

七月二十九日，廖宗彝《代廖季平答某君論學第三書》刊《廣益叢報》第四年第二十一期，詳云：

同學擬爲答書，學識淺陋，不能有所發明，特就素聞函丈者略爲呈之，伏乞裁正。經所言之三代，非國史舊文，乃孔子新經，彼此不同，孔子嘗自言之，不必遠徵諸子。師説即以《論語》言杞、宋爲夏、殷之後，世守其典禮，孔子欲學夏、殷，常之杞、宋。乃孔子云“吾説夏禮，杞不足徵；吾説殷禮，宋不足徵”，歸咎於文獻不足，是經傳所言典禮有出於夏、殷之外，新舊不同，文野懸隔。又如宰我論社所言“夏以松，殷以柏，周以栗”，爲經傳三統循環之説，制度一定，無所損益，改其文而不改其實，爲後來變通之法。三代前後二千餘年，精進改良，月異而歲不同，如官之由百、二百以至三百，喪之由三月而五月、以至九月，是爲當日史文故事，經傳皆存而不論。故孔子曰“成事不説，遂事不諫，既往不咎”，三語非以責宰我，一語指一代而言，謂如松、栢、栗三統之三代皆屬未來法夏、法殷、法周之後王，初非杞、宋所守之成事、遂事也。《禮·檀弓》一篇爲齊學，其中專言孔子制作禮樂，並非周公以前所遺，不下數十百條，細心讀之，自可考見。考吾師作述雖分，於經文並無去取。國初承明餘緒，考據初有萌芽，義理之學極盛，僞《古文尚書》尤爲理學家之所主，“人心惟微”十六字，直以爲帝王之薪傳。閻百詩作《古文尚書疏證》，有一百二十八條，斥爲晋人所譔僞書，欲盡廢其書不傳。雖素崇信之聖經，閻氏一人創論，遂欲焚毀，以視但易作述，而於經文無所改易者，其相去爲何如。使在今日，亦必如劉歆争立博士，幾受不測之禍者不止。乃當日理學諸公多居顯要，何不聞一人與閻氏爲難。事久論定，博雅之士以讀僞古文爲恥。聖作之説，今日雖有異同，大抵先入爲主，門户之見，安知數百年後，中外學人不奉爲著龜，以與閻氏之書相頡頏；且閻氏分訂，只在《尚書》一經。井研之宗旨既不如閻氏之駁人聽聞，六藝各得真宰，盡祛謬説，其功績且數十百倍於閻氏，安知後日吾子不自悔失井研之學通行海外。以足下所云，轉相告語者盈千累百，一經覆答，各釋所疑，皆得怳然而去。耕當問奴，織當問婢，立此標準，以招天下之兵，實在好學深思，不可爲淺見寡聞者道。悠悠之口，未能習讀其書，追求命意之所在，蓋先秦諸子無不以經文出於孔作，以《春秋》爲國史，《詩》爲輶軒所采，《禮》爲周公所撰，甚至以《爾雅》亦爲周公作，然皆發源於劉歆。不知劉歆未爲國師以前，仍以經爲孔作。其《移太常博士書》首言仲尼没而微言絶，七十子卒而大義乖，文中言自衛反魯，然後樂正，雅頌各得其所。以經爲孔作，與博士無異辭。作者爲聖，所以有微言大義之説。使但鈔録纂集，如昭明之《文選》，李昉之《文苑》，不惟不能言作，又有何微言絶與不絶之可言。足下以爲一言孔作，亦可謂孔子無其人，是直以孔作出於一人之私言，並無舊説可循。試檢孔子作六藝考與改制考，然後知皆古師説，此何等事，豈能杜撰以欺天下後世。按《左傳》不以空言解經，孔子既托之於二帝三王，賢爲聖譯，故以經義寓之當時公卿大夫，以掩蓋聖作之跡，以爲帝王周公實已如此，不使人疑孔子六藝爲一家之私言。季札之論《詩》，季孫之解《書》，宣子之觀禮，下至《繫辭》之論四德，亦以爲出穆姜。後來古文家專主此説，此一派也，東漢古文家主之。列、莊爲四科德行之派，專詳道德皇帝之學，推崇孔子，與孟、荀相同，糟粕、芻狗、陳跡諸説，大聲疾呼，恐後人誤讀《左》《國》，以孔子爲鈔胥，如東漢古文説。故《史記》謂莊子詆訾仲尼之徒作而非述，履而非跡，殆爲賈、馬諸儒而發，與孟子“賢於堯舜”“生民未有”宗旨相同，墨子以禮樂出於儒者，指陳尤爲著明，又一派也，西漢博士主之。二説各有主義，相反相成。然定、哀之微辭，爲當時而發。諸子去古稍遠，經説已行，無所嫌疑，故力反左氏之説，以尊一經。至今日古文家説孤行二千餘年，六藝失其主宰，七分八裂，使人疑經攻經，删經改經，且至於廢經。亦如割據之世，閏運僭號，戰伐攻取，民不聊生，必得其聖人出，掃蕩群醜，廓清宇宙，同軌同文，而後可以言太平，求樂利，一定之勢也。況强鄰壓境，危亡已迫，乃家異政，人異教，干戈仇釁，日起於蕭牆之内。善於謀國者自當明祖制，消仇忿，彌縫缺漏，和衆心，明其政刑，以消息於未萌，以圖自存。使六藝果爲古文，當時教化所及，不出千里，其經營構造，僅如今一大郡之地，不得張皇太平，動云血氣尊親，六合同風。凡爲帝王者，設施不出版圖之外，蠻觸相爭，至於微末。後來文明日啟，版圖較大，當日雖竭力經營，不足以爲後來之興觀。故無論堯舜，即三代實事，苟其書尚存，徒資笑柄。且書契未興，誰人秉筆，故非、澳、南美土著野蠻，並無舊史可徵，即華夷雜處，猫猓至今不聞傳有載籍。且開闢之時，政教月異，而歲不同。歷史數千年，何以經傳官名、服制先後如同一轍。西人就祆教以推文明程度，莫不先小後大，并無既已文明，後又蠻野。故《左》《國》之説，一經指摘，處處疑難。惟以諸子聖作之説，雖有皇帝王伯大小之異，實出一人載紀。故皇帝王霸，疆域雖有大小之分，而政教名物，莫不相同。至誠前知，垂法後聖，因其行事，以加王心，以言立教，或伯或王，或帝或皇，不妨以一人兼撰四代之制度。故曰待其人而後行，可知非從前已往之事。由春秋以上溯皇帝，春秋版圖尚不足三千里之制，則以前可知不能有皇、有帝、有王，不待辯而明矣。既爲後人立法，原可以別立名目，不必依託古之帝王。然虚擬後來之四等制度無所繫屬，不成體式，亦如《春秋》非藉當時行事不能成書，故舉後來之由小而大者，如光之取影對觀之，反爲由大而小。既得此法，雖千萬年後一統之皇，五分之帝，二十分之王，七十二分之二伯，凡待人而後行者，皆可依年分疆畫界，詳其政教。故凡後來政治，心摩力追，皆可筆之於書，爲立言之木鐸，乃能創造此生民未有之絶業。凡古之帝王，皆屬立德立功，不唯不能作俟後之經，且亦無此思想。唯孔子爲後世法，事不能行於當世，乃創爲立言變局，所謂“天將以夫子爲木鐸”，故凡經傳諸子，如黄帝、管、晏皆出孔子以後，一言一行，各不相同。故莊、列以此事如神游，如夢想。《楚辭》之《遠游》，是當日之夢境。《春秋》説以爲孔子修《春秋》，筆則筆，削則削，就《春秋》説《春秋》耳。實則當時六藝亦皆此法。六藝《春秋》最爲平實，《春秋》不能贊，而謂國史、怨女曠夫能爲之乎。顛倒其説以立法古之教，故法古之説，先秦以下皆用之，實出經説。使就實事言之，泰西精進改良，愈古愈遠，一力求新，無可法之古矣。《中庸》曰：“生今之世，反古之道，如此者灾及其身。”是即西人精進維新之説。孔子以新爲古，法古既以爲新，與泛言法古者名同實異。六藝顛倒其説，孔子之弟子及當時諸人何以信之，則以有緐繹之例。《莊子》引孔子“吾緐十二經以立教”，《論語》以《詩》、《書》、執禮爲雅言，托言古有載籍，時人不識古文，不通古語，故不能讀。孔子以當時之文字緐繹古書，成爲六經，亦如漢儒之以隸古寫定《尚書》，以爲作則非作，以爲述則非述，故曰“述而不作，信而好古”，又曰“蓋有不知而作者，我無是也”。《左》《國》與諸子各持一説，以當時本有此二派，然一虚一實，學者當知所擇矣。在孔子本因心作則，取後來小康大同之事迹，分類筆之於經。故孔子曰堯有三年之喪，而弟子行，古來有公田，而時人亦信之。然其微文隱義，時有所見。如子張之問諒闇，魯滕不行三年喪，周無公田，而《詩》有之。使六藝果爲當時實録，何以有此參差乎。夏喪三月，國恤古今無行三年者，宰我請以期爲斷，漢文帝以日易月。《堯典》曰“百姓如喪考妣，三載四海遏密八音”，周喪且以期斷，而謂堯之史臣所自撰乎。當今海外習聞中國經爲古史，又教化先大後小，以爲乖於情理，故著書倡言攻經。東漢古文家説，無不披靡，用聖作則經可推行，言述則經必廢亡，其利害相去，豈可以道里計哉，而其樞機在作述之轉移間。説者以古文爭一虛名，忍使六經廢亡，而不思改變，不知於孔子有何深仇夙怨，而堅執此義之甚也。西人自誇其坤輿之説，謂爲經傳缺典，以爲可以自外駢疆，別樹一幟。考中西相通，始於明之萬曆中。春秋以前之中國，黑子彈丸，其所設施，豈能及遠，不知經非實録，乃俟後之空言，載筆非史臣，乃前知之孔子。《周禮》爲三皇五帝之書，專爲海外而作。其他不足論，但就土圭言之，地球三萬里，升降四游，遠在西人采得澳、美與測量地員繞日之上。至聖去今二千年，當時不必有輪船探地球測量之實事，乃能將其大地周圍直徑明白開載，且就其中辨方正位，體國經野，取五分一之陸地，以爲幅員，畫井分疆，爲九九八十一禹州，以五土分畫五大州之人種、動物、植物，又有五書詳各州之風俗美惡利害，攻伐會盟，使館報章，至詳且備。以爲《詩》《書》《易》大同之典章明白平實，無待附會穿鑿，可以立言起行，以視鄒衍海外九州之説，乃帝制之九州，大行人九州之外爲藩國，《周禮》九服九千里之師説也。時賢於鄒衍咤爲奇談，不知當日何以有此奇想。《詩》《易》《尚書》宏深精博，姑不具論，《周禮》爲三經師説，不過如《春秋》之王制耳。然博大精詳如此，果誰爲之耶，屬之堯舜歟，屬之五帝歟，屬之三皇歟，知不得不屬之我前知俟後之孔子也。西人所繙繹者《味根録》《五經體注》，庸惡陋劣之坊本耳，使其得讀《周禮皇帝疆域考》，其皈依孔子，當較耶蘇爲尤甚。張明祖學，以執全球牛耳，保國保種之法，無俟別求。以爲聖作，有百利而無一害；以爲賢述，有百害而無一利。且得經傳明説，并非有意左袒，害利相形，足下安所適從乎，知不得不歸作於孔子也。蒙從學日淺，言一漏萬，又所呈臆妄，貽笑尊前，伏乞鈞鑒。後學廖宗彝謹上。(《廖平全集》第十一册第八五九—八六四頁)

中秋，刊《大統春秋公羊補證》十一卷附《大統春秋條例圖表》，内署光緒丙午中秋則柯軒藏板。

十一月初五日(陽曆十二月二十日)，章太炎《説林》之《定經師》《第小學師》《校文士》刊《民報》第十號。《定經師》略云：

　　昔吳萊有言，今之學者非特可以經義治獄，乃亦可以獄法治經。……進世經師，皆取是爲法。審名實，一也；重左證，二也；戒妄牽，三也；守凡例，四也；斷情感，五也；汰華辭，六也。六者不具而能成經師者，天下無有。學者往往崇尊其師，而江、戴之徒，義有未安，彈射糾發，雖師亦無所避。蘇州惠學，此風少衰；常州莊、劉之遺緒，不稽情僞，惟朋黨比周是務。以戴學爲權度，而辨其等差，吾生所見，凡有五第。研精故訓而不支，博考

事實而不亂，文理密察，發前人所未見，每下一義，泰山不移，若德清俞先
生、定海黄以周、瑞安孫詒讓，此其上也。守一家之學，而爲之疏通證明，
文句隱没，鈎深而致之顯，上比平津，下規西莊，若善化皮錫瑞，此其次也。
己無心得，亦無以發前人之隱義，而通知法式，能辨真妄，比輯章句，秩如
有條，不濫以俗儒狂夫之説，若長沙王先謙，此其次也。高論西漢而繆於
實證，侈談大義而襍以夸言，務爲華妙，以悦文人，相其文質，不出辭人説
經之域，若丹徒莊忠棫、湘鄉王闓運，又其次也。歸主素王，以其言爲無不
包絡，未來之事，如占蓍龜；瀛海之大，如觀掌上。其説經也，略法今文，而
不通其條貫，一字之近於讖文者，以爲重寶，使經典爲圖書符命，若井研廖
平，今其次也。雖然，説經者明是非，無所於黨。最上者固容小小隙漏，而
下者亦非無微末蟻子之得也。故曰："與其過而廢之也，寧過而存之，使左
道亂政之説，爲虜廷所假借。至於錮其人、燒其書，則肉食者之罪，上通於
斗極。"（《民報》第十號第七七—七八頁）

十二月，歸家。

作《大學平天下章説》，以作講義，詳云：

今夫治國之事則主三王，而五伯爲之佐，至平天下則主三皇，而五帝
爲之輔。《書》頌皇帝之功德以爲"光被四表，格於上下"，六矩正而天下
平，其斯爲《大學》之在成功矣。皇帝御宇，居中建極，首在辨方正位，以
設官分職。方位者何，上天，下地，東左，西右，背陰，向陽，上下四旁是也。
天不言，陰陽交，四時行，而歲功成。皇者法天，羲和四子各奉其職，庶績
咸熙而宇内定。蓋天下者，國之所積也，六宗合矩，以爲民極，囊括無遺
矣。《詩·頌》法三皇。《魯》天統，主質；《商》地統，主文；《周》監二代，
人以法三垣。古有天皇、地皇，而泰皇獨尊，三分天下，乘時而王，循環無
端，周而復始，是三才之教也。《大學》三引《詩》以法三皇，人居地中，爲
天祖，《詩》曰"先祖是皇"。文家尊尊，以法君臣；質家親親，是爲父子；君
子者，文質彬彬，作民父母，以爲天下王。元首有壹，《周頌》有之。南山
爲土圭之地中，是爲皇極。東皇太乙，緇衣羔裘，以龍名官，天公法日，即
上帝也。次引節《魯頌》，天統也。殷居下方，與東皇作邦作對。以鳥名
官，少昊在御，有白狼之瑞。《詩》曰"克配上帝"，地統《商頌》也。《尚
書》以五誥法五帝，《康誥》居中國之中，黄帝法之，司中央之極萬二千里，
后土佐之；南方之極萬二千里，炎帝司之，其神祝融。惟汝荆楚，居國南
鄉，世建大號，今之王，古之帝也。故以楚書居前，占南方七宿。昔晋與楚
夾輔周室，屈完所謂"君處北海，寡人處南海"是也。北方之極，顓頊司
之。《春秋》之所謂帝丘。表裏山河，形勢處中國之北，冬官司空，陰常處

於虛空。虛，不用也。舅犯者，世居坎位，重冰苦寒，故有陶唐之遺風。考
《尚書》王統五篇，《顧命》居中。四嶽：南《甫刑》，北《文侯之命》，東為
《費誓》，秦楚西嶽。《大學》之《秦誓》主西極，少昊之墟，方位同而大小異
焉。《書》之《費誓》曰："魯人三郊三遂。"孟獻子，魯臣也，居中國之左，以
代太昊，為《春官》之司徒。五引《書》以配五帝，與《詩》合為三五，所謂
"三五在東"者，三皇五帝皆在神州，驗小推大，故以配皇帝也。聞之，王
為古皇，於文以一貫三；絜矩之道，上與下合，左與右合，前與後合，而貫以
居中之皇極。所謂"一以貫之"，"從心所欲，不踰矩"者也。惟二詩配上
下，四書配四配，《有臺》與《康誥》不免有二心之嫌，然借三五以起皇帝，
義別有取。且周東西通畿，有兩京焉，《有臺》及《康誥》以為居行二京，亦
無不可也。（《廖平全集》第十一冊第五二七—五二八頁）

　　撰《樂經說》《尚書周禮說集證凡例》，皆佚。又撰《天人學考》，今收《四
益館雜著》，改題《天人論》，略云：

　　　　未知生而思知死，未知人而思知鬼，亦如《中庸》"洋溢乎中國，施及
蠻貊"，未及其時，不可躐等，既至其時，則又不可自畫。蓋皇學帝學之交，
即天學人學之界也。《論語》曰："不怨天，不尤人。"又曰："不知命，無以
為君子；不知言，無以知人。"《中庸》曰："質諸鬼神而無疑，知天也；百世
以俟聖人而不惑，知人也。"自是以降，於士之稍具學術者仍曰"學貫天
人"。夫由帝推皇，由《尚書》《春秋》推《詩》《易》，由人學推天學，其程度
次第即《大學》先後終始本末之說，故昭昭在人耳目。使孔子言人不言
天，則王霸之制既已詳於《春秋》，皇帝之制既已詳於《尚書》，六合以內，
包括無遺，僅作《尚書》《春秋》，已無餘事，《詩》《樂》及《易》，雖不作可
也。考六藝以天人分，各占其半，人學之中既分皇、帝、王、霸四等，則天學
亦必相同。按西人說日會世界者，以為八行星與小星共為九軌，軌各繞
日，則日當為一恒星。雖他恒星所統行星與月，皆違不可見。然行星既繞
日，日又不能無所繞，西人有日繞昴星之說，雖未能大定，然日之率行星以
繞大恒星，則固眾人所公認無異辭者。劉歆以為西宮之一宿。西宮以七
宿合為一宮，合數十星為一宿。西宮以星體計，共為一百幾十國，四方四
宮，以繞三垣，三垣各星又繞北極之帝星。若以人學之皇帝王霸言之，北
極為皇，四宮分居四方，為四帝，四宿昴星之一為王，日會所統為霸，故佛
說大千三千世界，自比恒河沙數，《山經》由五山以推十二篇，共為一十七
篇，《天文訓》九天九野，以二十八宿分配地九州，《論語》言"為政以德，譬
如北辰，居其所而眾星拱之"，所區大學統系，亦如人學之以皇統帝、以帝
統王、以王統霸也。就北辰四宮而言，無極無盡，不可思議，人學王、霸，不

過就一帝所統之一王分言其制，以爲舉一反三之例。以地球論，如《春秋》之王者有百，齊、晋之二霸者有二百，魯、衛之八伯者有八百。以地制合天象，天球星宿或且千百倍於地球。惟是世界雖多，五官九野之大綱則天人合一，故《春秋》之王如昴星，霸如日會，人學既有皇、帝、王、霸爲三經之主宰，推之天學，無不相同，《易》爲皇、帝，《詩》爲王、霸。善言天者必驗於人，善言人者亦必驗於天。在天成象，在地成形，亦如《淮南子·天文訓》據地之辨方正位以言天，《墜形訓》則據天之五官九野以畫地也。故天、人之學重規叠矩，如表之有影，聲之有響，一而二，二而一。天道遠，人道邇，知人即所以知天。(《廖平全集》第十一册第五四五—五四六頁)

毛澂(一八四三—一九〇六)卒。毛澂，字蜀雲，號瀚豐，又名稚瀏，四川仁壽人。光緒二年優貢。六年赴京會試，中進士，殿試三甲，朝考一等，授翰林院庶吉士，以知縣待選。光緒三十二年六月六日卒於滕縣任，著有《稚瀏詩集》《群經通解》《三禮博義》《秦蜀山川險要記》《齊魯地名今釋》《遼宋金元中外形勢合論》《治河心要》等。除《稚瀏詩集》外，餘皆散佚。

光緒三十三年丁未(一九〇七)　五十六歲

正月，除服母、妻喪，月底赴成都。除仍在原任各校教授外，並在官班法政學堂講授《大清會典》，因取光緒二十九年重修本摘爲四卷，名曰《會典經證》，以作講義，並草《會典學十要》，其目如下：

一、明綱。《會典》爲則例之綱。今又就重修本以明綱中之綱。

二、括目。得魚在目不在綱。學者仍宜置全本，並推詳則例。

三、原經。秦以下皆用《王制》三公五官之法。明初分權六部，乃仿北周以《周禮》六官爲主。今推本於經，以明俟後之旨。

四、證西。參考西法，以求旁通。大抵西人最詳戶政，宗人禮部皆所略。

五、通史。《會典》以官統政事，即歷史職官志。歷史就吾國試驗千回百折，乃成今本。必知兵法之難，乃不易言兵。

六、建官。凡創設一官之初，皆有不得已之事實，當由有官之後推想無官之始。

七、分職。學者當就性情所近，分占一科，……以二百人分治二百官，合之即爲全才。

八、補廢。《周禮》言工、商、學、警、農、化諸學及地方自治極詳。自講經者未能發達，害及政界，當學之外人，以還我舊。

九、達旨。政法各書，過時則成糟粕，得其意則無所不可。

十、樹德。《尚書》因德命官，故凡欲學何法，須有其德。（《廖平全集》第十五冊第五九五—五九六頁）

先生在選科師範講倫理，以近日課本非腐則謬，不足采用，乃自編《倫理約編》作講義。其書大旨在取外國先野後文之箴言，以合《公羊》撥亂反正之範圍。李光珠序云：

自海禁開而儒術絀，海外學説，翰灌中邦，拾新之士，立説攻經，即老師宿儒以名教自任者，其推論中外，亦謂希臘羅馬制或符經，由野進文。斯崇耶教、更新制，青年英俊，中者過半。心失權衡，手無規矩，既貽卑己尊人之羞，兼伏洪水猛獸之患。土崩魚潰，岌岌不可終日。議者知窮術盡，推尊至聖，以挽已散之人心，禦鉅艱之外侮；然微言大義，十弗聞一，雖復虛尊大祀，然德配天地之真，卒未窺睹。四譯先生昔應選科師範之聘，主講倫理一科。以爲近日課本非腐則謬，不足資采用，學者請自編，先生許之。其編書大旨，在取外國先野後文之箴言，以合《公羊》撥亂反正之範圍。每題次以十目：曰西俗，博采西人近俗學説。曰中證，孔子未生以前，中國程度比今西人。古來軼文孤證，尚有可考。曰求野，中國藩服，各史《夷狄傳》，與《北魏》《元史》之類。曰禍亂，西國無倫理，其禍亂譯書多諱之，惟小説稍有真象，而隱伏禍害，每多可言。曰撥正，用《公羊春秋》"撥亂世反之正"語，每條引經爲主。孔子初作禮，以撥中國之亂，今日推之全球，以撥世界之亂。曰師説，凡傳説與進化宗旨相近、與尊孔切合者，引入此門。曰比較，以中外倫理相比較其得失，考其利害。曰引進，外人染華風，知自別于禽獸者，入此門。曰解誤，經傳之説，有從來誤解者，如《斯干》之男、女指爲真男、女，以爲貴男賤女，此解之誤。曰防弊。唐宋以後，語多過甚，有爲外人攻擊、宜改良者，入此門。條分縷晰，得若干條，而《坊記》等編《新解》附焉。升堂講授，髦俊傾誠，縱桀傲性成、專心外嚮者，言下莫不立悟。蓋野文先後，作述顛倒，誼由四譯詮明。從古無此奇變，故宇宙無此奇作。雖按時立説，四譯不得獨居其功，然以此爲尊孔第一奇書，蜀學之上乘，則固不待好學深思，即某等淺譾，可與聞矣。是書初成，亦如電、化各學，初發見于世界，是動天下之兵；又句奇語重，難索解人。或且據舊説以相難，不知敵情，惟好議論，巨寇當前，敗衄立見；剩此孤軍，獨立旗幟，制勝雖不在一時，而死灰猶幸有復燃之一日。名城大將，既已亡俘，敵所不能攻者，我乃攻之。藉寇兵，齎盜糧，已爲非計，況乎反戈。然連軍拒敵，折竿揮之而有餘；若以贏卒持朽械，無端搆釁，主人深居閉壘，不發一矢，不遣一卒，任其環攻，遲之日月，徒爲笑資，竟何損其毫髮乎。受業李光珠撰。（《廖平全集》第三冊第一〇二五—一〇二六頁）

先生自識云：

　　倫理範圍，所該至廣，且師說孔多，非短篇所克罄。今撰此編，聊陳梗概，引而申之，別詳專書。四譯館主人識。（《廖平全集》第三冊第一〇二六頁）

　　是編以《總論進化資格》爲首，以《明孝》《扶陽抑陰》《宗廟》《喪服》《諱名》爲題，每題次以目錄若干，曰：西俗、中證、求野、禍亂、拔正、誤說、漸進、防弊、師說、傳記、中律、引進、流弊、比較、解誤等。先生極佩西人進化之說，此編尤注意於此。其言曰：

　　欲明倫理學，須知教化由小而大之理。……俗解皇降而帝，帝降而王，王降而霸，教化由大而小；西人乃得以矛陷盾，謂……中國孔子之教，由大而小，由文而野，所以日見銷亡。……又如今之學堂所講古史，堯舜以前之三皇五帝，言蠻野則極蠻野，言文明則極文明，二者形隔勢禁，萬不能通。……《禹貢》九州既已承平，而《春秋》荆、徐、梁、揚未爲夷狄，亦不可通。今考古事，……大抵此事當分爲二派，一曰史學派，一曰經學派。凡言上古、中古、近古之史事，亦如《黑蠻風土記》，此爲當日之實事；所言五帝三皇，堯舜三代，愈古愈文明，則爲經學派。蓋地球開辟情行，每州莫不相同，經說之皇帝，盡美盡善，較堯舜而猶有加者。此俟後之說，世界初未有此文明。（《廖平全集》第三冊第一〇二九——一〇三〇頁）

　　別附《西與經合條目》，其言曰：

　　中國春秋以前，人民程度與今海外相同，孔子乃就其資格改良精進，以爲經教。其特別改良之條，則歸入撥正中；其中外所同之說，則歸入此篇。蓋擇善而從，或損或益，其有不必損益，則彼此相同。近人或鋪張歐美，以炫彼長，又或於中國倫理秘爲獨得，以爲非外人所及；左右佩劍，其失維鈞。（《廖平全集》第三冊第一〇四五頁）

　　又曰：

　　中外所同。《格致原始》已著爲專書，條目甚多，今略舉十數條，以發明其例。由一反三，是在高明之推廣焉。（《廖平全集》第三冊第一〇四六頁）

　　又附《撥亂反正條目》，其言曰：

　　初，因講《春秋》編此條目，以發明據衰而作，以俟後聖之宗旨。繼因講倫理,乃舉其中十數條目編爲課本,其餘本末未盡搜錄;略舉數條,其例可推,其實亦不必盡編也。故此二目附於《約編》之後,以明其原。倘有餘暇,或悉諸目補入本編,抑或於此目外再爲推廣,皆不敢自定也。(《廖平全集》第三册第一〇四六頁)

又曰:

孔不生于草昧以前者,必有春秋時之資格,而後可以立教也。外國不通商于元明以前,亦必有今日之資格,而後可以法孔也。董子云:"文成數萬,其旨數千。"科目繁賾,固非此區區所能盡,然而宏綱巨領,亦已盡隅舉之能事。太羹玄酒,聊勝于無云爾。(《廖平全集》第三册第一〇四九頁)

仿明黄道周《坊記集傳》之意,作《坊記新解》。民國二年冬至自序云:

明黄道周《坊記集傳提要》云:"自序以爲聖人之坊亂,莫大於《春秋》。故其書以《坊記》爲經,而每章之下皆臚舉《春秋》事迹以證,意存鑒戒于君臣、父子、兄弟、夫婦之間,原其亂之所由生,究其禍之所由極,頗爲剴切。"云云。按春秋時代,由禽獸進于野人,大約與今海外程度相同。孔子撥亂反正,作《禮經》以引進之,所以用夏變夷,爲禮以教人,使人自知別于禽獸,如用之,則吾從先進者也。由秦漢至今二千餘年,驗小推大,二十二行省,人倫禮教,浹髓入神,至聖之賜也。自歐化東行,一二喜新之士乃欲用夷變夏,所謂以舊坊爲無用而棄之,正爲今世言之。故仿黄氏之意,再解此書,用進化説,獨尊孔經,以撥全球之亂,推禮教于外人。所謂"凡有血氣,莫不尊親"者,禮教固不囿于中國一隅也。癸丑冬至,廖平自序。(《廖平全集》第五册第四三一頁)

五月,歸家。

七月,赴省。妾劉氏隨往,住文廟前街。兩孫隨其母至省,因命入第九小學讀書。

十一月初四日(大雪),應門人林思進約,錄酈道元《水經注》一則,文云:

崑崙之上,有木禾、珠樹、玉樹、璇樹,不死樹在其西,沙棠、琅玕在其東,絳樹在其南,碧樹、瑶樹在其北。旁有四百四十門,門間四里,里間九純,純丈五尺。旁有九井,玉横維其西北隅,北門開,以納不周之風。傾宫、璇室、懸圃、涼風、樊桐,在崑崙閶闔之中,是其疏圃,疏圃之池,浸之黄水。三周復其源,是謂丹水,飲之不死。河水出其東北陬,赤水出其東南陬,洋水出其西北陬,凡此四水,帝之神泉,以和百藥,以潤萬物。崑崙之邱或上倍之,是謂凉風之山,登之而不死;或上倍之,是謂玄圃之山,登之乃靈,能使風雨;或上倍之,乃維上天,登之乃神,是謂太帝之居。禹乃以息土填鴻水,以爲名山,掘崑崙虛以爲下地。

先生記云:

　　山腴仁弟囑録《水經注》酈注,素不工書,屢索不已,藉此應,以博一哂。時光緒丁未大雪,四益館老人記。

跋云:

　　此段出《淮南·墜形訓》,所謂崑崙即釋氏之須彌,應不在此南瞻部洲。《楚辭》天有九重,一崑崙爲一大千世界。自其小者言之,一日系爲一須彌,四州即八行星,總爲四表,分屬十方上天,乃爲六須彌,其小大之分,亦如恒河沙數,無極無量,爲星辰之大一統。《論語》譬如北辰,居其所而眾星共之,即爲道釋之所祖。山腴爲譚佛理,何時眾生同佛,相與周游六合以外,亦如穆王之到華胥也。季平又筆。(四川省博物館藏《龔有融、趙熙等蜀人書畫合璧手卷》)

作《清誥封朝議大夫張君曾恭人墓誌銘》。

以舊作《左傳集解辨正》付排印。

先生舊有《容經學凡例》十九條,今增七條,意以《容經》作學堂修身教本。惟所增七條不詳何年,因有作修身教科書之言,故以意附《倫理約編》之後。

作《論尊孔》,刊《四川學報》第五册,略謂:

　　嘗調查東西大高中小各等學堂科目,與吾國頒定章程,大同小異,獨經學一科,爲吾國所獨有,是經學爲全球有一無二之絶業。吾國獨生至聖,爲天下萬世師表,乃有此至精至美之祖學。惟聖門相傳,微言大義,東漢後失其傳。古文家以六經雜出於古史,文周魯史又爲舊解所誤,遂視爲空疏無用,所以疑經考經,不但外國《經學不厭精》等書而已。祖學已亡,何以立國。考東西學堂,皆本國祖學爲根本,而以各科學潤澤之。歐美之宗教、日本之神道、武士道,何能與吾至聖相抗衡。然諸國敝帚自享,即國粹以覘國之强弱。鄙人謭陋,未嘗游學各國,然讀《東游録》《湖北師範講義》,其名人宿學每云吾國非無學者,無人物也,非無學問,未能歸之實際有用也。又云:"積理之研究,探奥之哲學,於支那之學術,寧患其多,唯其不足者,則利用厚生之道。"又云:"古來支那人於世界之舞臺所成事業,如何偉大。試回顧之,以振興貴邦人飛躍之志,信非難學也。"又云:"貴

國古代文明與印度同,不可棄,是所以要研究也,弟亦欲研究之也。"又云:
"東洋道德、西洋工技,合之始成,賢者當合併東西,陶鎔一冶。"又云:"道
德莫尚大聖孔子,大定之日,必風靡東西矣。"此皆中國之所自有,見推於
日本者也。若日本雖采歐美之制度,合於本國者用之,不合於本國者在所
不取。故講義言,如歸國辦教育,萬不可株守伊國,必彰明本國舊有之祖
學,以起其忠君愛國之心思。故必祖學昌明,而後人心乃能愛國,愛君,能
公,能武,能實,以徐圖強。此保國保種之道,專在發明祖學。苟不以祖學
爲根本,縱各科學極其精深,所謂盡棄其學而學焉,楚材晋用,其患彌大。
現在學生,每謂中國無一人可師,無一書可讀,詬詆經學,至成風氣。所以
朝廷特頒尊孔一條,使學界不至惑於歧趨,蓋因有不遵孔之邪説,陷溺人
心,毀傷國體,所以特頒旨以挽其弊。願與諸君舍舊維新,獨尊孔經。夫
至聖,中外教宗統領,彰明國學,正不妨借用其法,篤信孔子,亦如歐美各
國迷信其宗教,凡與孔子爲難邪説,如董子所謂不在六藝之例者,屏絶不
復道,然後學堂乃能收實效,吾國乃能獨立於競爭之世界。(《廖平全集》
第十一冊第七六○—七六一頁)

光緒三十四年戊申(一九○八)　　五十七歲

　　正月,由家赴省,任教於成都各學堂。
　　二月,優級師範選科學堂第一次畢業訓詞刊《四川教育官報》第二期,
題作《優級師範選科學堂第一次畢業并研廖季平先生訓詞》,詳云:

　　　今日時勢甚棘,專望興學造材以保國,流弊所至,或以興學,而反對自
攻,不且以學自速其禍乎。朝廷不得已,乃以尊孔標題,欲以挽潰渙之人
心,定紛亂之學術。顧尊之必張明生知前知、萬世師表之實義,初非黃屋
左纛徒升爲大祀,遂足以使祖學張大,與外人相形,其氣不餒。我有我之
專長,禮失求野,救文以質,原不必深閉固拒。但不可如扶醉人,顛倒失
據。考世界亡國,必先亡學,諸強滅國,必先使習其語言,禁其土音,以絶
其故國之思想。故今日本雖崇法歐美,去短取長,參以本國宜俗,自成爲
日本特色。以吾國今日而論,外國雖未禁吾祖學,吾且重棄其學,而專法
外人。比例以觀,滅國新術,豈不大可震恐。梁亡,鄭棄其師,豈非不待人
滅而自滅乎。孔經之所以尊貴,中外之所以有優劣,三期之久,諸君當各
有把握,無待贅言。惟願諸君將來仔肩教務,不背此意,使學者因愛學之
心,推以愛國,不再如丐子拾得一錢,便自矜誇,拾人唾餘,起伏風潮,自相
殘害,且不以富強爲文明。孟子云飽食煖衣,逸居無教,則近於禽獸。冒
頓非不強橫,回紇亦嘗醉飽。當今世局,蠻野不能自存,黑蠻爲人奴隸,論

者以爲公理。方入學堂，遂以野蠻自晉其祖宗，其實數典固忘其祖，於外人亦僅詫其皮毛，而未嘗窺其堂奧，亦何取乎。總之，吾國非取法外人，不能自强，然非收拾人心，先不能成國。尊孔所以開通智慧，收拾人心，爲救亡圖存之要道。中外亡國，其先莫不人心散亂，自相屠殺，而後國隨以亡。不善學者，出新報，講民權，全不考察外國革命之前，其景象與吾國不可同年而語，從風而靡。近十年來，吾國青年聰穎之士，罹此死亡者，累百盈千，此輩皆一時之秀，圖保種國，別有良圖，使得諸君爲之師保，不使誤入迷途，翩翩英才，不得謂無當禦侮柱石之任者。人之云亡，邦國殄瘁。古之滅人國者，先間其將相，今之滅國新術，在收拾人心，去其英材。未來現象，何堪設想，誰實使之，誰實聽之。言不敢言，忍不敢忍，願諸君立志出而挽之也。(《四川教育官報》光緒三十四年第二期，《廖平全集》第十一册第七七〇—七七一頁)

三月初一日，女幼平生，帥氏出。

五月，回井研，置東林場附近田地二十四畝。爲此事涉訟，事由姜帥氏主持，非先生意也。

六月初二日，《江瀚日記》云：

> 日昳，出門答拜，晤公猛，並以黎刻《續古文辭類纂》見贈，内有余與廖季平書，刻寫顛倒錯亂，亟應改正。(《江瀚日記》第二六八頁)

七月，携側室劉氏及兩孫至成都，賃屋文廟前街，延趙□□爲兩孫師。

> 按：廖宗澤《六譯先生年譜》云："初秋，賃屋於文廟前街，命妾劉氏及兩孫至省。延趙某教兩孫書。時蕭參(中侖)、張荔丹均與先生同居。"則與廖幼平《廖季平年譜》不同，今暫以《廖季平年譜》爲準。

秋，黄鎔根據先生學説成《經傳九州通解》一卷，綴輯經中廣狹疆域之語，以《春秋》《王制》爲始基，以《尚書》《周禮》爲竟境，一名《春秋王制尚書周禮聖域大小考》。黄鎔自序云：

> 中國者，文明發達最早，饒有學問之國也。夷考古籀、篆、隸之遞變，方牘、竹柰之流貽，二酉積軸，四庫萃珍，載籍極博，要以孔經爲純粹之祖學。迺邇來論者謂孔經範圍僅在中邦，不能遍及全球，即其道不能推行海外。噫，是言也，殆將奪尼山之俎豆者也。竊以宗孔之彦，胥當力祛其説，一雪學戰之恥。鎔從游四譯先生十餘年矣，經傳義例，饟識崇倪。洎乎晚近，沃聆緒論，得悉皇帝王伯之宗旨，遠近天人之梗概，爰掇經中廣狹疆域之略，以《春秋》《王制》爲始基，以《尚書》《周禮》爲竟境，一經一傳，相得

益章。參以載記、子史諸家之碻證,既得經義宏廓之規模,亦明經旨貫通之關鍵。可見孔聖生知,當日車馬周游,略一流覽,即能推測世界,以垂爲經。故地員見於《大戴記》,地動見於《考靈曜》,皆立論在二千年以前。迄今地球圖出,咸服先見之明。則大小九州之蘊藏於經而未經抉發者,亦奚足怪。從前海航未通,儒者囿於所習,僅就中國一隅解說六經,其小之也固宜。今則彼一時此一時也,倘再於孔經蘊火不能發洩,奚啻守寶藏而憂貧窶哉。鎔不敏,願與有志爭光學界者共事於斯。顧以區區之一得,揆諸四譯之經派。不過稊米於太倉,礨空於大澤焉耳。光緒戊申之秋,樂山黃鎔自序。(《廖平全集》第四册第五八二頁)

李光珠序云:

經華先生與余同里同學,交最摯,時人有管、鮑之譽。嗣四譯主講九峰院,先後從游,凡閱四五寒暑,先生治《詩》《書》,余治《春秋》。丁酉,先生登賢書,一試春闈不第,遂絕意科名,寢饋經誼,戞戞乎其獨造矣。壬寅,余領鄉薦,兩次汴闈報罷,留學東瀛,講求法政,凡經二載畢業,遄返都門,供職於民政部。旋膺省垣紳班法政學堂聘,歸任刑事部講課,時先生已由青神官學辭聘,歸主華美學堂經學課。二年,分任嘉中學堂國文科。一旦,出其講義以示余,捧讀一遍,竊歎西風東漸,心醉者逐末忘本,先生獨能窺孔教底蘊,由一經以通各經,由小統以至大統,頗能發明宣聖爲萬世立法之遺,而又本周秦諸子之師說,糾正漢唐以下之謬誤,不獨親炙者聞所樂聞,即一時文人咸以先睹爲快,是真能保全國粹者也。余因促付梓,以公諸世。李光珠序。(《廖平全集》第四册第五八一頁)

成《春秋左氏古經說義疏》十二卷,成都府中學堂爲刊之,蓋先生嘗用作此校講義也。按:此書即《光緒井研志》藝文二所稱《左氏古經說讀本》二卷,提要所謂“刺取全傳解經之說,別爲一書”者,當時不加注,故衹二卷,謂之“讀本”。今略加注,故仍爲二卷,但非《左氏古經說漢義補證》原本。今本前載潘、宋兩序,後附《左氏撥正錄》《五十凡駁例》及《劉申綏左傳考證異說》,以五證駁劉氏以《左傳》爲劉歆僞作之說。《左氏撥正錄》目如下:

一、三綱。言平等皆欲廢三綱,蓋挾晚近流弊以疑經,又以其說晚出,初見《白虎通》。集矢尤多。綱與目對文,一君而多臣,一父而多子,婦從夫姓,且一夫或不止一妻,以綱統目。此三綱之立名,初何嘗有苛刻暴虐、專制生死之謬說。《白虎通義》云:“父殺其子當誅,何以爲天地之性人爲貴,人皆天所生也,託父母氣而生耳。王者以養長而教之,故父母不得專也。”

二、天子尊號。

三、由先進至君子，由從質至尚文，即從先進、從周之義。略見《墨家道家均出孔學辨》。

四、哲學思想論。《論語》以學、思分二派，人事爲學，天道爲思。"思"即古"詩"字，"詩"爲思想，故思字甚多。《周禮》掌夢與卜筮，同爲知來，考其六夢，統於第三之"思夢"，是"詩"全爲思想，全爲夢境。《楚詞》之周游六虛，即"詩"神游夢想。師說中託之魚鳥上下，《列》《莊》之華胥化人、蕉鹿蝴蝶皆同。蓋世界進步，魂學愈精，碧落黃泉，上下自在，千萬年來娑婆世界和相往來之事迹，預早載述，使人信而不疑，(略)則惟恃此夢境以道之。(略)故以人學言，則如《列子》之說，以覺爲真，以夢爲妄。至於天學，則衆生皆佛，反以夢爲真，以覺爲妄。

五、五行。以五行之行爲天行道路，指招搖周流。凡以五起例者，皆爲五帝分方說。與莊言六合、佛言四大十方同。以物理學家斥五行非原質之說。

六、道德。道德仁義即皇帝王伯所由分。此《老子》所以名《道德經》，而孟、荀獨詳仁義。東漢以後，以孔子爲儒，主仁義，道德遂無所附。韓愈《原道》更以證經非聖，宋元以下更不知道德爲何物。日本名詞有所謂"道德"者，不過爲美善淳樸之別名，與刑法奸僞對稱，更爲卑淺。別有《道德真解》專書。

七、無其德而用其事。始皇、王莽舉皇帝大同之經制實見施行，而秦、新以亡，《史》《漢》因有"無其德而用其事"之說。實則與儒家同有存經之功，蓋六經之堆貨棧也。

八、行藝說。

九、議院改良。古者老者教，少者學，《王制》所謂"養老於庠序"是也。養老在庠序，故古之議院附於學堂。記曰"養老乞言"，秦漢博士皆預聞朝廷大議是也。《記》又曰"養國老於上庠，養庶老於下庠"，又以東序、西序分，右學、左學分，即今上下兩院之意。人生少、壯、老三時節，幼學、壯行、老教。少老同在學，壯者任艱難之行事，各因其時用其長，故議院不用壯者，以力行則老不如壯，若知謀則壯不如老。(略)以經義與歐美較，則議院養老附學較爲精良。(略)以議院附學堂，此博士所以多人才。唐宋以下學與仕別爲兩途，仕以吏爲師，而鄙儒爲迂疏寡效，儒別有所謂道德，天子不能臣，諸侯不能友，貧賤驕人，自謂樂堯舜之道。馴至勝朝，朋黨盛而宗社亡，識者歸罪於八比，非虛言也。

十、民權。大意同《忠敬文三代循環即三等政體論》。

十一、三世。《公羊》三世之說，凡三言異辭，則每世自異，非合三世祗一異。由三推九，以至無窮，統世界進化終始而言，不當專屬《春秋》。又曰："歐美初啟，故重生養。使治八比千年，再與中國較科學，其得失不知何等。"

十二、地圖。謂以疆域分大小。

十三、素絢説。

十四、據《周禮》説《尚書》。(《六譯先生年譜》卷五，《廖平全集》第十五冊第六〇〇—六〇三頁)

作《哲學思想論》《五行論》《道德論》《行藝説》《議院改良説》《論民權大意》。(《廖季平年譜》第六九頁)今僅《五行論》存，收《廖平全集》第十一冊，餘佚。

宣統元年己酉(一九〇九)　五十八歲

任教成都各學堂。命媳任氏携兩孫至成都，延門人季邦俊於文廟前街曾文誠公祠課兩孫。張祥齡妾魏氏自漢州携子女來同居，先生命其子女與兩孫同讀。買汪家拐宅，自文廟前街移居之。成《尊孔篇》一卷，付排印。撰《左丘明考》成。先生以左丘明即啟子商，爲子夏之後，《公羊》《穀梁》爲子夏姓名之異文，三傳並爲子夏所傳。

閏二月四日，《錢玄同日記》云："師言王、廖、吕三人，皆不信《説文》，治今文故。而未能昌言排斥，惟謂《説文》序中言'漢時稱隸書爲倉頡時書'之語，實在不錯，許君惑於劉歆之古文云。然近來廖季平固昌言排斥《説文》矣。"(《錢玄同日記》上冊第一五二頁)

秋，四川提學使趙啟霖以先生"三傳同出子夏"之説穿鑿附會，令各學堂毋得延先生講學。趙啟霖《瀞園自述》云：

　　暑假期内，調取省城各學堂講義核閱。時井研廖平爲高等學堂及優級師範學堂經學教員，所講經學離奇怪誕，即飭該學堂將廖平辭退，並通飭各屬學堂不得傳看廖平講義。廖平爲乙未進士，在川省夙負資望，有經師重名。省中學紳見予遽行辭退，群起反對。予曉以正論，言辭退廖平乃爲川省士習人心起見，衆始無辭。各學堂有囂張不靖者，輒嚴懲不少寬縱。(《湖南文史資料》第二十八輯第一八頁)

學部丞李熙、柯劭忞、戴展誠、孟慶榮、喬樹枏、林灝深、袁嘉毅、吳魯等《致趙提學公函》云：

　　前經貴署將川省高等學堂講義送部查閱，其中如"經學大義"及"人倫道德"二講義殊多未合，不得不爲執事一言之。查《奏定學堂章程》載：

“公羊家後世經師之説，多有非常可怪、不合聖經本義之論。如新周、王魯、以春秋當新王之類，流弊無窮，適爲亂臣賊子所藉口，關係世教甚巨。故講《公羊春秋》者必須三傳兼講，殆免藉經術以禍天下之害。”此所以爲學校慮者，意至深遠也。今四川高等學堂“經學大義”一門專授《公羊》，固已顯違奏章，而又沿襲近人新説，謂《易》《詩》《書》皆孔子自作，故“取妻如之何，匪媒不得”，“取妻如之何，必告父母”皆載《毛詩·齊詩》，講義乃據爲孔子以前亦自由結婚之證。又於《春秋》“譏始不親迎”，復申孔子以前本無親迎禮，殆以此禮亦孔子所創制，其妄爲何如乎。至謂“楚子稱尹如拿破侖，楚大夫稱臣如畢士麥麻客”，及所擬遷移變化之圖，皆駁雜支離，有乖古誼。苟在私家者著述，尚不妨其自抒所論，若與學堂講授，則貽誤後學，實非淺鮮。（趙爾巽檔案，中國第一歷史檔案館藏，轉引自《廖平先生年譜長編》第一九九頁）

趙啟霖《復學部丞參諸公書》云：

啟霖於本年暑假期内，調閲省城各校講義課本，見高等學堂及優級選科師範一校所講《經學倫理》多可怪詫，早已陳明督師將該教員撤換，並通飭各屬以免效尤。其公讀見八月初九日《成都日報》中，附呈鑒核。當啟霖發佈此事時，學界中悠悠之口，且多有詆其操之過慼、意存反對者。習非勝是，可爲嗟歎。茲得鈞函下逮，敬當即爲傳知。俾各校曉然於學説之不容龐雜，宗旨之不宜偏謬。所謂正朝夕者視北辰，正嫌疑者視聖人。以後蜀中學風漸有挽救之望，而啟霖亦藉以奉循準的，少寬咎責。（趙爾巽檔案，中國第一歷史檔案館藏，轉引自《廖平先生年譜長編》第二〇〇頁）

或謂趙啟霖爲王闓運弟子，以先生與王闓運説不同，遂有此舉。吳虞《愛智盧隨筆》云“趙啟霖爲湘潭弟子，以廖學與湘潭參商，亦大不洽”是也。章太炎曾評此事云：

俗儒定其是非，考其殿冣，何其倒也。余見井研廖平説經，善分别今古文，蓋惠、戴、凌、劉所不能上，然其餘誣謬猥衆。廖平之學與余絶相反，然其分别今古文，墒然不易。吾誠斥平之謬，亦乃識其所長。若夫歌詩諷説之士，目録札記之材，亦多詆平之違悟，已雖無謬，所以愈於平者安在耶。充成都校師，發妄言，爲提學者所辱。或言平憤激發狂故然。若然，誰令平以經術大師屈身爲輊材下，縱後受賞，猶之辱也。平所説多荒唐，受辱則宜。然俗吏多不通方，異己即怪。曩令漢之杜、鄭，唐之劉知幾，宋之二程，以其學爲博士，亦乃爲主者辱矣。所以名德之士，聚徒千人，教授家巷而不與辟雍、黌舍之事者也。由此言之，師者在官，作述者在野，其爲分職，居然殊矣。（《太炎文録初

編》卷一《程師》)

　　　按:章氏"師者在官,作述者在野",正與先生仕學不分之説相反,先生雖受辱,然與其主張合也。先生曾評章氏曰:"章太炎文人,精於小學及子書,不能謂爲通經也。"(《吴虞集》第二二四頁)

　　李肖聃《與熊作範論尊師》云:"故以皮先生之高名,而趙爾巽擅行無禮;以廖季平之宿學,而蜀提學公然驅逐。"(《李肖聃集》第四二三頁)

　　八月十六日,子成勵生,劉出。

　　張之洞去世,尊經同學公祭,先生獨痛哭,蓋感相知之深也。(《吴虞集》第二二四頁)

　　冬,命媳任氏回井研主家事,兩孫隨歸。

　　四川總督趙爾巽、提學使趙啟霖奏設四川存古學堂。闢南校場楊遇春故宅爲校址,延梓潼謝無量任監督。招生徒百人,課以經史、詞章之學。《成都城坊古跡考》云:

　　　在外南釁門街。原爲楊遇春別墅。清宣統二年(公元一九一〇年)遇春後代捐作校舍,官府遂於此設存古學堂。民國元年(公元一九一二年)更名爲國學院。海内學者如廖平、吴之英、劉師培、謝無量等皆嘗在此講學。大抵承襲尊經書院遺制,而廖、吴又爲尊經高材生,故尊經書院雖廢,而其風未沫。歷史學家蒙文通畢業於此。繼改爲國學專門學校。民國十六年(公元一九二七年)又改爲中國文學院,爲公立四川大學之一部份。民國二十年(公元一九三一年)成大、師大、公立四川大學合併爲國立四川大學,此院併入川大文學院。遺址爲濟川中學校舍(解放後改爲成都十六中學)。(《成都城坊古跡考》第四一八—四一九頁)

　　成《尊孔篇》一卷。序云:

　　　學經四變,著書百種,而尊孔宗旨,前後如一,散見各篇中,或以尋覽爲難,乃綜核大綱,分四門:一曰微言,二曰寓言,三曰禦侮,四曰袪誤。分二十四題,著其梗概,並附略説數紙於後焉。

　　　今之學人,守舊者不必知聖,維新者間主無聖。不知學人之于聖,亦如沙門之于佛,其階級相懸,不可以道里計。學人之尊孔,必如沙門之尊佛,斯近之矣。夫亡國必先亡教,今之尊孔者十人不得二三,所尊之孔又音訓、語録之孔,豈足以當世之衝突乎。

　　　今之學者,未能發明生民未有之真相,而沈德符、魏源尚欲推周公爲先聖,移孔子于西面,故尊孔之作,所以表揚列代推崇之至意,以挽回向外之人心。(《廖平全集》第二册第九九七頁)

跋云：

　　此乃私家撰著，不必引爲學堂課本。蓋宗旨雖極正淳，而入理至爲深邃，恐程度不合，反生疑怪，爲中外提倡微言，發明哲理，閱者以哲學視之可也。（《廖平全集》第二册第九九七頁）

微言門：

　　受命制作（生知、前知，説詳《論語微言述》）、空言俟後（詳《待行録》）、人天（人、天各有皇、帝、王、伯之分。詳《天人學考》）、翻雅（詳《翻譯釋例》）、貶孔流派九條、正名造字、周公讓表意見、愈古愈野證。

禦侮門：

　　《列》《莊》所譏、儒術一體、西教反對、東方研究、中士書報、懷疑中立、經史之分。

　　　　按：廖宗澤《六譯先生年譜》云：“以上僅十五目，且袛微言、禦侮二門有之，寓言、袪誤乃無一目。今按其文，當有誤置，且有闕漏。”

《尊孔篇附論》云：

　　今以言作爲微言派，《公》《穀》最詳，《檀弓》《坊記》尤著。孔子作經之説，凡典禮義例與《左傳》相同，而《左傳》託之名卿大夫者，皆以爲出自孔子，與《公羊》《穀梁》沈子傳經之先師寓言，全在孔子前，微言全出孔子後。二説冰炭水火，即三傳互異，乃可考見其家法。（《廖平全集》第二册第一○一六頁）

又言：

　　制義家從古史説，以爲周監二代，至爲明備。若是，則西東周皆折入于秦，是秦之襲周，亦如清之襲明，所有殿閣、宗廟、郊壇，一切典禮，皆當襲周之舊制矣。乃遍考《國策》《史記》，秦所襲取于周者，實無一物。但云參用六國，以成秦制。是古周于明堂、辟雍、郊社、壇坫、天神、地祇諸典制，百無一有。《史記》于禮、樂、封禪、食貨各志言帝王三代者甚爲詳明，一入春秋，則云禮壞樂崩，無可考校。使六經非全出孔子，周制文備，孔子且屢言之，何至秦一無所得。（《廖平全集》第二册第一○一七頁）

《尊孔大旨》云：

　　前賢所爭學術，今古、朱陸，近則在于傳作先後。自東漢以後，誤讀

"述而不作"，群以帝王周公爲作，孔子爲述，孤行二千餘年，淪膚浹髓，萬口一聲，無或致疑。今乃起而矯之，所以專主尊孔，曰孔作非述，聞者莫不詫怪，以爲病狂。今爲申其説。（《廖平全集》第二册第一〇一二頁）

且云：

近之學人，崇拜歐化，不一而足。攻經無聖之作，時有發表，動云中國無一人可師，無一書可讀。中國文廟既主尊孔，鄙意非發明尊孔宗旨，則愛國之效不易收，盡删古史舊説之罅漏，而後能别營壁壘。

又云：

有此四大原因，而世顧出死力以相争者，以尊孔則……欲滅去堯、舜、禹、湯、文、武、周公諸名詞，更大誤矣。堯舜名詞有三：古史之堯舜，已往者也；法經之堯舜，未來者也；學説之堯舜，隨更其所學而變易者也。……昔曾文正有感於史筆附會，謂漢高不識果有其人否，今人動以文正之言相譏。夫據孟子而言，前古非無真堯舜也。《漢·藝文志》古書多亡，出依託。書爲今書，人則古人，苟無其人，何爲託之。即如左史，必謂其言皆傳史，毫無修飾，固爲癡人。若文正本爲戲言，鄙人固不以爲實無其人。（《廖平全集》第二册第一〇一四——一〇一五頁）

宣統二年庚戌（一九一〇）　五十九歲

春，携眷回井研，杜門家居。租東林場小高灘蕭氏宅戊子年所嘗居者，藏書其中，常督家人翻曬。

　　　按：據《井研縣志》記載，蕭氏宅藏書數千卷，土改中由榮縣送交西南局文教部。（《井研縣志》第五三二頁）

夏，達縣劉士志卒。潘梧岡《達縣劉舍人墓誌銘》云：

嗚呼！吾友尚論千古之士志，乃竟一旦逝耶。清蔭昔年銘士志之父，銘士志之前婦，今復以銘士志，不亦悲夫。以清蔭之衰朽，嘗屬兒子以銘累士志，今轉爲銘士志，尤重可悲已。士志姓劉氏，名行道，四川達縣人。父敬之，以孝謹聞於郡，有子四人，士志爲長，生於同治六年，以光緒六年入庠食餼，廑年三十。幼敏嗜學，嘗問途徑於余，後乃自光大之。十九年癸巳恩科，中式舉人。科舉既罷，久之援例爲内閣中書，非其志也。生平孝友廉介，博學善誘，嘐嘐然，硜硜然，殆行兼狂狷，而不知取裁者。宣統二年，以末疾殞京師，將年四十有三。配吳氏，爲同邑白衣庵名族。繼室其女弟,共育六男,長孝顗,謹厚能持家;次孝頤,學極有基,將游美洲就學,所成未可量;次孝顔、孝頖、孝頔、孝預均尚幼。同志感念氣誼,必能扶翼成學,士志可無歉地下已。將以本年某月歸葬邑南翠屏鄉紙槽溝祖塋之次,某弟行達來乞銘,銘曰:

孝弟爲同里所稱,文雅爲同輩所欽,危言抗節初爲異趣者所齗,而正論卒伸。其育材善教,及門生前敬長,而殁後如失所親。及供職都間,橐筆史館,尤競競於守禮遠名。綜計生平學行,正如贛叟之稱君,實當求諸古人。(《蜀中先烈備徵録》卷一,《四川辛亥革命史料》下册第二五三頁)

八月,《駢文讀本序》刊《蜀報》第二期。

十二月一日,《錢玄同日記》云:"思國朝今文家,蓋可分爲三派:……廖平、康有爲輩乃欲合以西人之言,强相比附,不辨家法,不遵師説,惟以一字一句之可附於西學者是尚。至謂六經非因古史成文而參以筆削,堯、舜、禹、湯皆無其人,爲孔子之臆造。此其立説之無據,無怪治古文者之欲屏斥之。平心論之,此派即謂今文者亦應排斥耳。"(《錢玄同日記》上册第二〇八頁)

撰《莊子新解》成,實止解《莊子·天下篇》,以"天人小天"説《莊子》,解題云:"班書《藝文志》先六經而後九流,以九流爲經之支裔;此篇先六經而後六家,六家聞古之道術而起,亦以爲經之支裔。"(《廖平全集》第十册第三一九頁)

　　按:《光緒井研志》有《莊子新義》四卷,舉《詩》《易》以解《莊子》,成否未知。《新解》或本此意而爲,然全本亦不可見。

宣統三年辛亥(一九一一)　六十歲

春,大病幾死。尊經同學曾培任川漢鐵路公司總理,聘先生任《鐵路月刊》主筆,因携眷至省,仍居汪家拐。

二月二十五日,《東方雜志》載日人山本憲《中國文字之將來》一文,條證中西文字之優劣,言中文將來必通行全球,并謂言漢文不便係出一二歐人學漢文者,先生極贊其説。

五月,長孫宗伯娶妻劉氏。

清廷宣示鐵路干道國有政策,四川士紳於鐵路公司集會抗議,以罷市罷課相争。七月十五日,四川總督趙爾豐拘禁川漢鐵路股東會正副會長顔楷、張瀾,四川咨議局正副議長蒲殿俊、羅綸及股東代表鄧孝可等十餘人於督署,激起民變。

八月十四日,武昌軍民推黎元洪爲都督,各省響應。

是月,遣眷回井研,己則獨留成都。

七至八月,劉師培隨端方入川。十二日自武漢經宜昌溯江西上,二十二日至宜昌。在四川夔州作《悲秋詞》,自云:"辛亥八月,途次夔州,感宋生《九辯》之作,因賦此詞。"詞云:

悲風兮蕭條,嚴霜淒兮草凋。怊悵兮永思,軫予懷兮鬱陶。青蠅兮營營,榛棘兮森森。顧盼兮屏營,感不絕兮愁予心。夜皎皎兮既明,月曖曖兮飛光。顧南箕兮經天,緣北斗兮酌漿。夫君兮不歸,寤擗兮永懷。水滔滔兮日度,抱此哀兮何愬。(《左盫外集》卷二十)

門人范受全以川滇戰事卒。《范華階事略》云:

范華階,遺其字,榮縣人也。其弟受全,常從井研廖平受《公羊春秋》,而華階好言兵法。清末朝廷失政,天下紛然,華階兄弟既入同盟會,陰結蜀中亡命千餘人,出沒富順、威遠、榮縣間。當是時,清軍出巡,道榮縣,君率所部伏榛莽中襲其後,遂敗清軍,奪其槍械而東。宣統三年,川路釁成,民軍四起,華陽秦載賡召華階爲前鋒司令,率民軍千餘人,橫挑强敵,戰必身先士卒,所殺過當。其九月,滇軍以援蜀入境,華階慮其有侵略之志,遣受全說南路民軍統領周鴻勳,合威遠、犍爲、富順、榮縣之民軍禦之,鴻勳從其言。於是傳檄四縣民軍,禦滇軍於南路,轉戰十餘日,鴻勳不克而死。滇軍乘勝據自流井,掠鹽款殆盡,又分道出兵攻富順。時華階爲富順司令官,偕受全集城內民軍,披堅執銳以待。滇軍恐堅壁難下,乃先使人和,而陰設阱以誘之。華階偕受全輕騎入滇營被執,兄弟同及於難。(《蜀中先烈備徵録》卷二,《四川辛亥革命史料》下册第四二一頁)

十月,四川軍政府成立,蒲殿俊、羅綸爲正副都督,旋去職。尹昌衡繼任都督,殺前清四川總督趙爾豐。

四川軍政府設樞密院,襲唐宋舊制,實爲咨詢機關,聘先生、樓黎然任正副院長,下設院士數人。

十月六日,新軍第三十一標一營督隊官陳鎮藩率新軍起義,殺端方及其弟端錦,拘捕劉師培。劉文典聞訊,趕赴上海,商之章炳麟。章炳麟不念舊惡,全力救助。十月十一日(陽曆十二月二日),上海《民國報》發表章炳麟宣言,議論時局,云:

昔姚少師語成祖云:"城下之日,弗殺方孝孺。殺孝孺,讀書種子絕矣。"今者文化陵遲,宿學凋喪,一二通博之才,如劉光漢輩,雖負小疵,不應深論。若拘執黨見,思復前仇,殺一人無益於中國,而文學自此掃地,使禹域

淪爲夷裔者,誰之責耶。(《章太炎宣言》,《民國報》一九一一年十二月一日)

十月二十七日,《吳虞日記》云:

> 天冷如冬,一人枯坐,真不知生人之趣,然後知老、莊、楊、墨所以不並立之故,而中國之天下所以僅成一治一亂之局者,皆儒教之爲害。如廖平者,乃支那社會進化之罪人,其學不足取也。耶、孔二教之消長於明年決矣。(《吳虞日記》上冊第四頁)

冬,劉師培至成都。《劉師培年譜長編》叙之甚詳:

> (一九一二年)一月,劉師培由舊友營救穫釋,赴成都。十一日,章炳麟、蔡元培聯名在上海《大共和日報》刊登啟事《求劉申叔通信》,謂劉師培"如身在地方,尚望先通一信於國粹學報館,以慰同人眷念"。又聯名電請臨時大總統孫中山出面保釋劉師培。時任安徽都督府秘書長的陳獨秀,與鄧藝蓀、李光炯等人也聯名致電孫中山:"儀徵劉光漢,累世傳經。髫年岐嶷,熱血噴溢,鼓吹文明。早從事於愛國學校、《警鐘日報》、《民報》等處,青年學子讀其所著書報,多爲感動。今之共和事業得已不日觀成者,光漢未始無尺寸功,特惜神經過敏,毅力不堅,被誘僉任,墜節末路,今聞留繫資州,行將議罰。論其終始,實乖大法,衡其功罪,或可相償,可否懇請賜予矜全,曲爲寬宥,當玄黃再造之日,延讀書種子之傳,俾光漢得以餘生,著書贖罪。"鑒於各方輿論,資州軍政分府致電臨時大總統孫中山,請示辦法。二十九日,臨時大總統府電令資州軍政署,將劉師培"派人護送來寧,勿苛待"。蔡元培任總長的教育部同日也電告四川軍政府轉資州軍政分府,請該府"護送劉君來部,以崇碩學"。

獲釋後,劉師培無顏赴南京,舊友蜀中名士謝無量邀主四川國學院,旋赴成都,任四川國學院講席。林思進《劉申叔〈左盦遺詩〉序》云:

> 儀徵劉君申叔,辛亥來蜀,違難成都。予始識君謝無量所。其時無量方主國學院,因以講席留君。而井研廖季平師、名山吳伯竭先生,皆先後來居院中,予得時時過從,文燕之歡,友朋之樂,固一時之盛也。(《清寂堂集》第六二〇頁)

十一月二十五日,晤吳虞、謝無量、劉師培。《吳虞日記》云:

> 晤廖季平、謝無量,同至無量處談。晤劉申叔。季平極不以當事諸人及老魔爲然,主張新理,謂諸人及老魔所爲太不平也。(《吳虞日記》上冊

第一四頁）

　　十一月三十日,吳虞來訪。《吳虞日記》云:"早飯後過廖先生,探問成渝交涉。據云已議好,張爲副都督。"(《吳虞日記》上册第一五頁)

廖季平先生年譜長編卷七　五變

五變起民國元年壬子，止民國七年戊午，凡七年。黄鎔《五變記箋述序》云："癸丑之秋，先生旅居滬上，重輯四變綱要，石印於《孔經哲學發微》。今行遠登高，功業益上，至魯至道，五變有成。"（《廖平全集》第二册第八九七頁）又云："戊午之歲，改去今古名目，歸之小大，專就六經分天人、大小。"先生嘗謂："'人學'重行，在先；'天學'重知，在後。'人學'之《春秋》《書經》，切用於今時；'天學'之《詩》《易》，待用於後世。《大學》剖劃人、天之界，'明德''新民'二公之政可以行；'知至''意誠'，上天之理在於知。《中庸》'至誠無息'，'不動而變，無爲而成'。雖知亦聽其自然，無庸勉强。宋儒欲以所知，施之治國，捕風捉影，終歸虚幻，宜其無實效也，將安用之哉。"（《廖平全集》第二册第九四四頁）

民國元年壬子（一九一二）　六十一歲

寓汪家拐，嘗自署楹聯曰："燮理陰陽，初諳人寸；掃除關尺，進以皮膚。"門人鄭可經、李堯勳來同居。四川軍政府設樞密院，聘先生爲院長。尹昌衡任都督後，以整頓四川文獻、編光復史爲由，改組樞密院爲國學院，以吳之英爲院正，劉師培爲副院。改存古學堂爲國學館，附於國學院。吳之英手書"國學院"三大字於國學院校門，並親撰一聯曰："斯道也將亡，留此四壁圖書，尚談周孔；後來者可畏，何惜一池芹藻，不壓淵雲。"

是時，國學院廣納名流學者，樓黎然、曾瀛、李堯勳、曾學傳、楊贊襄、釋圓乘等紛紛執教斯院。吳虞《國立四川大學專門部同學録序》云：

國學專校，創自民國，其時吳伯揭師、廖季平前輩、劉申叔、謝無量諸公，聚於一堂。大師作範，群士響風，若長卿之爲師，張寬之施教，蜀才之盛，著於一時。（《吳虞集》第二五三頁）

國學院即成，乃擬定宗旨及所辦事件：

本院設立，以研究國學，發揚國粹，溝通今古，切於實用爲宗旨。所辦事件：一、編輯雜志；二、審定鄉土志；三、搜訪鄉賢遺書；四、續修通志；五、編纂本省光復史；六、校定重要書籍；七、設立國學學校。

正月初四日，妾帥氏、劉氏自井研至成都。先生遂購少城橫通順街房屋一所。《吳虞日記》記之甚詳，如：

> 二月初六日　雨　……飯後過廖先生，晤謝無量，近移斌升街，挨城牆左手第一家。……廖、謝過都統街商業學堂，議建築公司事，約余同去。
> 初七日　晴　萬國改良會請午後四鐘。廖先生買房地價二百餘金，交定銀四十元。
> 二十四日　旗務局函請午後三鐘至少城昭忠祠議事，晤王信孚、榮惠民、趙石清住都統街內、廖先生。先生囑清福宅地添二十金了事。石清、惠民勸余照先生說，余從之。但言此後一切事皆由石清擔保，不得再行需索。石清允之，許明日午前來余處。蓋石清乃清福之母舅，素爲旗人所信服，現充保正又大爺也。（《吳虞日記》上冊第二七—三〇頁）

二月，存古學堂改名國學館，謝無量任校長，旋即辭職赴滬，劉師培繼任，聘先生主講經學。當時略仿尊經舊制，命學生作札記，每周繳閱一次，爲之批答。時吳之英、劉師培均住館中。劉師培好與先生辯難，常至夜分，雖嚴寒不輟。（《六譯先生年譜》卷六，《廖平全集》第十五冊第六〇八頁）

三月，弟登松卒。

四月，曾孫德麟生。

四月十四日，《吳虞日記》云："昨夜微雨也。歸途至胡安瀾處小坐，云所送賀聯廖先生書也。"（《吳虞日記》上冊第三七頁）

五月二十六日，吳虞評先生《今古學考》云：

> 廖季平以前，治漢學者率昧師法。廖書斷古文學爲僞，誠非定論今亦不主此說，武斷穿鑿，厥跡尤多。然區析家法，灼然復漢學之真，則固魏晉以來所未有也。（《吳虞日記》上冊第四四頁）

七夕，作《古經診法序目》，略云："辛亥元日，讀徐靈胎《難經經釋》，確知《難經》出於叔和後，與高陽生時代相近，故與《脈訣》如出一手。大抵仲景、叔和皆恪守古法，婦女同診頭足。齊、梁以下，不能施之婦女，俗醫欲售其術，乃縮喉足於寸口，所謂持寸不及人，握手不及足，專診兩手，是漢末庸醫取便利己，懶及頭足，無怪後世寸口診法專行於世。惟《脈訣》歷代通人無不疑其僞謬，徐靈胎、俞理初曾有專書攻之。"（《廖平全集》第十二冊第二五九頁）

七月初九日，吳虞投柬邀約。《吳虞日記》云：

> 早令余元與廖季平一柬，請其十一日來。（《吳虞日記》上冊第五二頁）

八月初一日,《吳虞日記》述章太炎之學説,有及先生者,謂善分別今古文者廖季平。(《吳虞日記》上册第五五頁)

八月初十日(陽曆九月二十日),《四川國學雜志》創刊,内刊先生《曆禮篇》、《周禮凡例》(未完)、《莊子經説叙意》、《古經診法序目》(未完);曾學傳《國學雜志義例》、《國學鈎元》;樓藜然《修身教科書》(未完);吳之英《周政三圖》(未完)、《致劉申叔謝無量書》、《西蒙漁父詩集》;劉師培《春秋繁露爵國篇校補》、《四川國學會序》、《致吳伯朅書二首》、《陰氛篇》、《八瓊篇》、《大象篇》、《蜀中金石見聞録》;謝無量《重刊〈弘明集〉〈廣弘明集〉醵貲啓》、《致吳伯朅書二首》、《蜀易繫傳》(未完)。《曆禮篇》附識云:

> 此篇係舊日演稿,曾由謝君無量筆述,今重加改訂,輯爲是篇。四益主人識。

八月,成《人寸診比較篇》二卷、《古經診皮篇》二卷、《古經診皮篇名詞解》一卷、《釋尺》一卷。

先生以上古診法精詳,各經之病,專診一經之脈,最爲切直。鍼經以婦女不便取期門,穴在毛際,必卧而取之。乃移之大衝。在足大趾。馴至婦女足趾,亦不可取,俗醫乃沿男女異穴之法,取之於手。行之便利,又推之男子。至頸上之人迎,亦縮於兩寸,於是杜撰左右手分臟腑之説,十一經有病,必輾轉假借於寸口,而古診法亡。因力主復古診法,以還《内經》、仲景、《脈經》、《甲乙》、《千金》、《外臺》之舊。類輯《内經》之言人迎寸口比較者,爲《人寸比較篇》,刊於《國學雜志》。

《診皮名詞解自序》云:

> 《内經》緩、急、大、小、滑、濇六名詞連文六七見,後醫編入二十七脈,以爲診動脈名詞。不知此爲診絡脈名詞。如曰脈緩者皮膚亦緩,脈謂絡脈,故與皮膚同候。《靈樞·論疾診尺》本爲診皮,是《内經》曾以“診皮”立爲專篇,詳其法,則散見之文尤多。今以《論疾診皮篇》爲主,並録各篇之文於後。至於寒、熱、厥、逆屬於病狀者則不録。所有診皮專名,寒、熱、滑、濇、粗、細之類詳釋於先,於緊、堅、脆、陷、下、賁、起處與診絡之法相通,則歸入《診絡篇》内。(《六譯先生年譜》卷六,《廖平全集》第十五册第六○九頁)

按此自序或爲《古經診皮名詞序》之別稿,與後收入《六譯館叢書》及今收入全集者不同。《古經診皮名詞序》云:

> 前人駁《難經》《脈訣》,云《靈》《素》有寸口無關尺二部明文者,無慮

十數家，雖有其説，未能推行。然據《靈》《素》二經考之，"關"固絶無其説，而"尺"字猶數十見，俗醫據以立寸尺之説，《脈要精微篇》數"尺"字，尤爲兩手寸口三部。配藏府之所本。今案"尺"之爲文，與"皮"字之形相似，其與"人""足"相亂者，詳《釋尺篇》中，此專論"皮"。《玉機真藏論》"五實"，其一曰脈盛皮熱，"五虛"，其二曰脈虛皮寒，二"皮"字與"脈"同見，他篇多改爲"尺"，"脈"與"皮"並見診經；脈不能言寒熱，《玉機》二"皮"字爲古經之原文，其餘乃多誤作"尺"字矣。《論疾診尺篇》尺當作"皮"。云"尺膚熱，即《玉機真藏篇》之'皮熱'。其脈躁者，'脈'與'皮'並見，非指尺脈。病溫也，尺膚寒。即《玉機真藏篇》之'皮寒'。其脈小者，泄少氣"，《診尺》之"尺"即《玉機》之"皮"，固可比而見例者也。俗醫因《難經》縮頭足於兩手，專診寸、關、尺，隋唐以後，其説獨行，《內經》本無關、尺明文，故凡形迹可疑者，皆以"尺"字讀之，後人刻本遂徑改爲"尺"字，於是"尺"字遂十數見於《靈》《素》。夫"尺膚"本"皮膚"也，"皮"以文似"尺"，遂立"尺膚"之名詞，而加之論説。考《診皮篇》先就手、肘、臂、掌、膺、背立説，並及周身，尺以一指之地位，不過數分，何足以診寒熱、滑澀、緩急之六象。且有"尺膚"，必別有"寸膚""關膚"之名詞，三部鼎峙而後可，今有尺而無寸、關，知"尺膚"名詞不能獨立。《靈樞·病形篇》並作"尺之皮膚"，蓋古本有作"尺"者，校者以"皮"校注於"尺"下，淺人以"尺皮膚"三字相連，不成文理，又加"之"字於尺下，於是"尺膚"之外，又有"尺之皮膚"四字連文之名詞。今以"尺之"二字爲衍文，"皮膚"二字爲本義，則蒙霧全消，廬山見面矣。考佛氏説色、聲、香、味以外，別有觸識，醫家望、聞、問、切以外，別有診皮專篇，以循捫補四診之不足，故《論疾診尺》即診皮之古法，診尺即診皮也。《皮部論》爲診絡法。又考《病形篇》，每以"尺之皮膚"與脈同診，唐宋以來注家，皆指經之"脈"字爲兩手三部動脈，考"滑澀緩急大小"六字，爲診皮診絡之專稱，凡診經脈不用此六字，此一定之例也，經脈何能與皮診法相同。蓋經爲常動之脈，深不可見，其浮而在外、與皮膚相連者，皆爲絡脈，絡與皮膚俱浮而在外，故其診法相同。《邪客篇》所云"脈滑者，尺之二字衍文，不同。皮膚亦滑，脈澀者，尺之皮膚亦澀"等語，可見診皮膚者必驗絡脈。故《皮部論》"皮有分部，脈有經紀，紀，即絡脈也。筋有結絡"，言浮絡者六，言絡盛者七，言絡脈者四，末言皮爲脈，以邪客於皮毛，腠理開則入客於絡；凡絡脈之象，必見於皮，故診皮必須診絡，診絡必兼診皮，是以於《診皮篇》繼以《診絡》，二者相須，即可互證。《診皮》末附以《五診法》。經每以皮、腠理。絡、一作"肉分"。經、《三部九候》診經脈。筋、有《經筋篇》。骨，筋、骨亦作臟府。以淺深層次分屬臟府及邪風傳移，最關緊要，今別彙爲一門，名曰《五診法》，因《診皮》居其第一，故以附於此篇之後。四益主人自序，時壬

子中秋日,年六十有一。(《廖平全集》第十二册第一八三—一八五頁)

別有《古經診法》十二種,其目爲:《補證楊氏太素脈口人迎診》二卷、《三部九候專病診專脈法》一卷、《張仲景三部診法》一卷、《張仲景九候診法》一卷。《診絡篇》一卷、《診皮篇》附《釋尺》一卷、《診筋篇》一卷、《診骨篇》一卷附《診藏腑》、《四時異方篇》二卷、《五診篇》一卷、《營衛運行篇》、《鍼灸候氣法》、《運氣候氣法》、《持摹導引法》。(《廖平全集》第十二册第二六〇頁)

蒙文通入存古學堂就讀。同時入學者有楊永浚、向宗魯、楊潤六、李曉舫等。蒙文通《經學抉原序》云:

> 文通於壬子、癸丑間,學經於國學院,時廖、劉兩師及名山吳師并在講席,或崇今,或尊古,或會而通之。持各有故,言各成理,朝夕所聞,無非矛盾,驚駭無已,幾歷歲年,口誦心維而莫敢發一問。雖無日不疑,而疑終莫解。然依禮數以判家法,此兩師之所同;吳師亦曰"五經皆以禮爲斷",是固師門之緒論,僅守而勿敢失者也。廖師曰:"齊、魯爲今學,燕、趙爲古學。魯爲今學正宗,齊學則消息於今古之間。壁中書魯學也,魯學今文也。"劉師則曰:"壁中書魯學也,魯學古文也,而齊學爲今文。"兩先生言齊、魯學雖不同,其捨今、古而進談齊、魯又一也。廖師又曰:"今學統乎王,古學帥乎霸。"此皆足導余以先路而啟其造説之端。(《蒙文通全集》第一册第二三四—二三五頁)

《井研廖師與漢代今古文學》云:

> 文通昔受今文之義於廖師,復受古文學於左庵劉師,摳衣侍席,略聞緒論,稍知漢學大端及兩師推本齊魯上論周秦之意。自壬子、癸丑迄於癸亥,十年之間,尋繹兩師之論,未得盡通,然廖師之論每以得劉師之疏疑釋滯而益顯,中困於匪窟,而作《經學導言》,略陳今古之未可據,當別求之齊、魯而尋其根,以揚師門之意。(《蒙文通全集》第一册第二九八—二九九頁)

屈守元《精於校讎的學者向宗魯》云:

> 先生肄業存古學堂時,膏火出師友資助,生活極艱苦。寒暑假回重慶,往往步行。而鋭志向學,遇欲得之書,不惜典衣被、減膳食以取之。廖季平先生晚年好爲深沉之思,束書高閣,不屑意於佔畢,漸至斥賣。凡廖先生賣書,先生皆百計售之。廖先生既知此事,每欲有所賣,輒告左右云:"勿使向承周知之,此子求書計切,不辭鬻去被帳。頭遭蚊螫,已似亂葬墳矣!"先生苦學好書,此可見其一斑。(《向宗魯先生紀念文集》第七三頁)

羅元暉《考據學家向宗魯》云：

當廖季平獲知宗魯乃是勤奮好學的窮苦學生時，便主動給他免去學費，每月還津貼他兩塊大洋的伙食錢。有一次，他去廖山長處領錢時，另一人正在向其借錢。廖老婉言説明目前拮据情況，無錢相助。宗魯聽了這一席話，遂不便啓齒，回頭就走。剛步出門外，聽見廖老喊他："你以爲我真是窮得兩塊大洋都没得麽？即使再窮，你的伙食錢，我還是早已準備了的。"隨即從衣袋裏拿出兩塊大洋遞給他。宗魯家境貧寒而頗有骨氣，從不亂開口向人借貸，生活上艱辛儉樸，從不亂花一文錢。他在成都放假回重慶，返家鄉，迢迢千餘里，都是來去步行。既爲節省用度，也爲鍛煉吃苦耐勞精神。

宗魯愛書如命，可一日無吃喝，而不可一日離書。他凡遇善本、絶本書，不惜節衣縮食乃至舉債以求必購。每得好書，就高興得眉開眼笑。廖季平先生早年收藏的經典書籍很多，每當他選擇出不需用的書，就託人帶至市面出售時，宗魯得知後，總要千方百計又去把廖老賣的書買回來，以至弄得他自己食難裹腹，衣不禦寒。這事被廖老知道後，不便明言阻止他買書，祇好暗中囑咐賣書經手人在出售時不要讓他知道，並説："你看，向承周知道我賣書，把蚊帳拿去賣成錢來買我那些不用的書，他的腦殼已被蚊蟲叮得像'亂葬墳'一樣了。"

宗魯在國學院三年學習中，仍十分勤奮用功，每讀一本書，都把所理解的或者懷疑的地方，采取提要鈎玄的方法，一一在書本上記下"眉批"。廖季平是一代經學大師，蜚聲海内，其研究成果常爲驚世之論。然與宗魯攻讀思索所得，不盡相同。因此，宗魯經常引經據典，提出疑問，向廖老領教。師生切磋學術，相互辯論，共同探討。其證既博，其議尤精，常使廖老點頭，心折靡已。自此宗魯聲名大噪。（《向宗魯先生紀念文集》第六六—六七頁）

九月，存古學堂改名四川國學院附屬國學學校，劉師培任校長。吳之英任四川國學院院正，謝無量、劉師培任院副，另聘先生、樓黎然、曾學傳、曾瀛、李堯勳、楊贊襄、釋圓乘、謝無量等八人爲院員。

是時，先生與劉師培、謝無量、吳虞等發起成立"四川國學會"，附設國學館。

同月（陽曆十月），章太炎、馬相伯、梁啓超等發起"函夏考文苑"。"函夏"，語出《晉書》，指華夏。"考文苑"，擬仿效法國，開設研究院，下設研究所，以"作新舊學"，"獎勵著作"。當時擬聘人員有沈家本、楊守敬、王闓運、黃侃等。馬相伯《函夏考文苑文件十種》之十《考文苑名單》附注云：

　　説近妖妄者不列，故簡去夏穗卿、廖季平、康長素，王壬秋亦不取其經説。(《中國近代思想家文庫·馬相伯卷》第一一九頁)

　　九月十一日(陽曆十月二十日)，《周禮凡例》(續)、《古經診法》(續)刊《四川國學雜志》第二號。

　　十月十二日(陽曆十一月二十日)，《尚書周禮皇帝疆域圖表》(未完)、《古經診法》(續)刊《四川國學雜志》第三號。作《牧誓一名泰誓考》，識云：

　　《饗禮》即《鄉飲禮》，未嘗亡也，鄭氏以爲亡，褚氏因有《饗禮補亡》之作，所録多屬論説，而儀節全無發明。《左氏》所引晋楚卿相儀節、詩歌樂奏甚詳，以其與經文同，斥爲鄉人飲酒，而非饗禮，不敢引用，誠屬笑柄。昔曾考明其事，刊入《經話》中，閲者自悉。《大誓》即《牧誓》，亦與此同，《大誓問答》與《饗禮補亡》事同一律。俟纂《尚書傳説》，再爲申明之。壬子十一月二十日，四譯又識。(《廖平全集》第十一册第四八四頁)

　　十一月，作《釋尺自序》。詳云：

　　《内經》所言"尺"字有二彙，一真一贋。真爲尺字者，如尺澤，尺動脈、尺五里皆爲"皮"字之誤。此穴名之真尺也；如"人長七尺五寸"、"八尺之士"，以及《骨度篇》《五十營》《腸胃》等篇所言之尺寸，此身體物彙之真尺也。合五十五字。其餘如"尺寸反者死"、"人迎俱少而不稱尺寸"等字，此"人"之誤"尺"者也；又如"尺之兩旁"、"尺内以候腹，尺外以候腎"，此"足"之誤"尺"者也；又如"持尺"、"循尺"、"尺膚"、"尺之皮膚"，皆"皮"之誤"尺"者也。然何以贋。自《難經》立寸、關、尺之名，廢古三部九候頭足並診之法，獨診兩手，故凡形體相似之字，皆誤改爲"尺"，以就己法。考《内經》診手惟診寸口，並無關、尺連診之説，故《金匱要略》及《脈經》真本數卷專稱寸口，不分三部及左右，乃《難經》增立關、尺於兩手，其名義殊難解矣。"二難"云："分寸爲尺，分尺爲寸，故陰得尺中一寸，陽得寸内九分，尺寸始終一寸九分，故曰尺寸。"諸家解説皆曰："分寸爲尺者，分一尺之一寸爲尺也；分尺爲寸者，分一尺之九分爲寸也"，"陰得尺中之一寸爲尺者，以一寸爲一尺也；陽得寸内之九分曰寸者，以一分爲一寸也。其實尺寸始終得一寸九分而已。"即如此説，當云三部脈位共一寸九分，何必虚冒尺名乎。案：魚際至高骨爲一寸，此《内經》所謂寸口也，並未言後又有關、尺共分尺之一寸九分，況既名曰尺，豈止一指之長乎。若分一尺之寸爲尺，則尺止一寸也，若分一尺之九爲寸，則尺已分去一寸矣，又何足以名尺乎。若以一分爲寸，則十分爲寸即一尺，是寸口一寸即尺也，何於寸後又列關、尺乎。顧名思義，殊多未安，故《四診心法》言脈非兩條，並無三截。今於寸口一脈强分三部，用三指診之，其法最爲不通，蓋以舍頭足而專診兩手，大悖《内經》之義也。夫尺合十寸而成，故《内經》不曰寸脈而曰寸口，以後至肘身度有一尺之長，故曰足，肘曲有陷，故名尺澤，《内經》言尺澤，尺之動脈，尺之五里，則當爲“足”之誤。其名義多矣，何得曰分尺之一寸九分；除寸關外又不及九分，何以爲尺位乎；且以左寸關前代結喉旁之人迎，又以尺代足診下焦，何以確知其病原乎，無怪庸醫之殺人也。愚故於真“尺”外得“人”“足”“皮”三字誤爲“尺”字者，仍注改還“人”“足”“皮”本字，以求合於《内經》古法；復輯其簡要，撰《釋尺》上下二篇，不改字者爲上篇，凡改字者爲下篇。學者研究而精之，其庶幾乎。壬子冬月，四譯老人自序。（《廖平全集》第十二册第一九四——一九五頁）

十一月十二日（陽曆十二月二十日），《尚書周禮皇帝疆域圖表》（續）、《大學十圖》、《子書出於寓言論》、《古經診法》（續）刊《四川國學雜志》第四號。吴之英《寄井研廖平》亦刊同期，序云：

同進士季平廖平，井研人也。茂質灝氣，渾庬孤靈，余與同學十餘年。始治《春秋》公羊説，後兼明《三禮》。鋭思深入，輒撤藩籬，襲宦奥，據所有，作主人，叱喏指麾，肆意焉規切弗止也。漸有成書，恒自寶不輕出。初刊《例言》，爲江南北、山東西學者傳誦。或迻述其法以譁説，是亦偏師横行者矣。英老矣，一卷空山，自鳴古趣。籤籤畸論，辜此年華。鬱久生情，懷吾故友。憾人事違異，離索邈深，不得捊肘張眉，長于紅鐙白酒間，辯覆短長，罔喜怒哀樂之意。長歌自遣，借寄相思，知君罪君，故無忌耳。

詩云：

古人已往形骸落，曲曲心情無可託。六經由來出太始，帝王相襲但如此爾。兀與尼父怛苦辛，圖書滿目自游神醇。瀟瀟波瀾雖壯快，辯塞支離恢故界。嬴家皇帝不讀書，糾會孔經與焚如書。漢劉受命七十載，屋壁巖穴發精采在。重説大誼尚鏗鏗，前輩傳經有盛名生。劉歆不學憙生事，校編七略成私例義。豈知班固亦云云，徑删六略志藝文分。首列六藝叙爲九，因收三藝陪其後否。何况論語箸綱常，宜歸尚書應帝王章。諸子分門流品賤，賦爲四等詩不變。

疆留數簡在人間，不寫精醇寫糟粕。正因宗派過支離，常懼波瀾泿泿爾。直抉心情對古初，始見糟粕化精醇。七十七子守師傳，從此經説無雜派。當時博士詗靈讖，譔得諛辭作緯書。可惜古樂遂彫殘，六經饒有五經在。舊聞史遷班五藝，魯劉燕趙九先生。次略六藝補樂篇，苦無專師揚古義。已識輯略非要典，餘略猶然依次分。三藝果非五藝法，叙九題六已否否。孝經元坿禮家説，小學入詩是辭章。兵法四種數術六，四分方技爲之

殿。標目如許太糾樊，支節難鳴斷割冤。若解綜關三藝意，盡屬五經言外
言。志成萬篇數故牘，出者除之入者復。種類爰離三十八，名家五百九十
六。種類名家都異科，三家相校竟如何。枝葉繁密根株簡，史遷自少劉班
多。專經諸老舊相擠，弟子尊師還互詆。更有同經持異說，特為經文分三
體。今文先出龜與蛙，古文後出龍與蛇。更有籀文中古書，藏入秘府拱璠
華。秘府藏書不可獲，籀文知是古文格。鄉塾嬗傳今古文，兩家齗齗爭點
畫。今文立學諸經同，時有四種解難工。不防鈎稽說漏者，乃在古文篇第
中。書多十六殊莽莽，三十九篇禮尤廣。論語故說增一篇，孝經四章亦加
長。今文舍此更無嫌，四種已聞盡魯淹。後來為亂他經法，都學奇字寫新
縑。古有不傳心獨寫，今所共讀可寶也。今文雖讓古文博，古文不及今文
雅。倘能合勘俱可憐，縱然剖別已蹄筌。所以後師觀大略，至今密密二千
年。篤生吾兄獨捷足，忽舞文法理舊獄。初入何室竊寶書，旋倚戴門續狗
曲。謾言今古學派歧，此派攸分據禮儀。今學今禮既可考，古學古禮將不
疑。自叱鑿空得奇趣，動有妖祥為詭遇。說令相遇苦相難，定按新律裁章
句。裁去若仍與律乖，黜為雜種更安排。最怪人情喜沿習，坐見新說渡江
淮。吁噓！五藝明明五為斷，豈容史遷獨通貫。劉班造逆未整齊，吾兄代
斷得兩段。禮制何必說古今，歷代損益聖賢心。試讀鄭玄三禮注，兩文更
據如瑟琴。但道春秋張變例，變出禮文成今制。未覺今制無禮文，咫復古
法匡三世。當年纂述贊新猷，六經大旨共源流。不然早是今古雜，學夏學
殷更從周。吁噓！先師故訓半淪滅，幾多疑竇待人說。嚼得靈根清漉漉，
不成芳汁自成血。漫云奇險闢別宗，鑽來孔穴尚重重。且饒巧借錐槌力，
破出奇險又中庸。與君比舍素相戚，愛君精神壯無敵。匪唯吃口鬱橫恣，
確有匠心助堅僻。我今成書亦薈薈，不襲陳言游方外。近日幸免舛悖名，
憝媿經筵稱邱蓋。每思君法我欲去，又憾我法君不與。擬革君法用我法，
古人心情在何許。(《壽櫟盧詩集》第三〇—三二頁)

　　自《國學院徵集圖書碑拓廣告》發佈以來，劉師培、楊少碧、呂友芝等紛紛捐助圖書金石，先生捐《穀梁古義》一部、《四益館經學叢書》一部。(《四川國學雜志》民國元年第四號《國學院捐助圖書金石題名》)

　　同月，江瀚《與廖季平論〈今古學考〉書》刊《中國學報》第二期。

　　十二月十一日，《錢玄同日記》云："晤蔡淺愚，謂彼處有《孔子改制考》，又有王壬秋《詩箋》《公羊箋》。並謂王氏於群經皆有箋釋。康學出於廖，廖學出於王，而廖則中途變卦，王則其說全同康氏。"(《錢玄同日記》上冊第二五五頁)

　　十二月十四日(陽曆一九一三年一月二十日)，《倫理約編》《尚書周禮

皇帝疆域圖表》《牧誓一名泰誓考》《釋尺》刊《四川國學雜志》第五號。

十二月二十三日,子成劫生,帥出。

歲末,龔煦春以所藏《張船山南臺寺飲酒圖》徵題,先生與吳之英、劉師培、謝無量、曾學傳、朱山等十二人均有詩。先生素不爲詩,遂題曰:"几山好收藏,我久厭李杜。强逼人題畫,牽牛上皁樹。物以罕見珍,寶此荒年穀。寄語後來人,何分鷄與鶩。"跋云:"余久不作有韻之文,於古董尤外行。逼我爲此,空遭點污,船山及同人當同捧腹也。邑子廖平。"

謝無量題詩跋云:"余還蜀居郭外,距南臺寺甚近,卒未一往。今將有江南之行,几山先生出此圖索題,輒爲賦此。中華元年壬子六月,無量。"

朱山題詩跋云:"几山世友屬題南臺寺飲酒圖,壬子初秋昌時。"

劉師培題詩跋云:"南臺寺今已無僧,前歲改蠶桑講習所,今則幼孩工廠也。去冬再過其地,几山先生出此圖索題,輒爲賦此。癸丑元宵日師培力疾書。"

龔煦春自題云:"余舊藏張船山南臺寺飲酒圖,申叔、伯揭、季平、習之、無量、雲石既賦詩其上,余亦漫題長句一首。"中有詩句云:

> 朱山倉卒機中俎,謝生飄飄江上船。習之落魄不偶世,揭公高蹈蒙山巔。客中申叔最蕭瑟,長卧病榻憂悁悁。四益先生獨矍鑠,垂老萬里馳幽燕。余亦牢愁久厭俗,徑欲歸耕溪上田。

跋云:

> 南臺寺昔爲成都游賞之地,李藍亂後駐兵,無復游者,今則改爲工廠,故中段感慨及此。民國二年癸丑五月,几山居士龔煦春題。(江玉祥《讀張問陶〈南臺寺飲酒圖〉》,《川大史學考古卷》第三四〇—三四二頁)

授意李堯勳作《中國文字問題三十論》,先將題解刊於《國學雜志》,而論未成。作者識云:"論嗣出,文義明白顯著者從略。是編多述井研先生舊説,現值民國初立,與世競争,文字亦一大問題,是否有當,尚待高明。倘蒙撥正,不勝拜辭,未敢守一家言也。作者識。"(《廖平全集》第十五册第三八六頁)其目如下:

人物皆以聲音相通,而表示聲音,必用字母;中國未有六書文字以前,亦如地球各國,同用字母;造字三家,倉頡與梵、與佉盧同爲字母;聲音直言之,數十年一小變,數百年一大變,故《爾雅》專爲通今古語而設;聲音橫言之,每因大山大川所囿,自成一種。即以中國言,方音不下數百種,一人精力萬不能通;字母專爲耳學,圖畫則爲目學,無古今中外彼此之殊,盡人可曉。若方言則囿於方隅,萬難統一;六書本於圖畫,緯以聲音,耳目皆用,可以行遠;

六書之聲、形、事、意，即字母之拼音、名辭、動辭、形容辭，可見四家因語言門類而作；結繩爲字母，易以書契之後聖，專指孔子；六書、六經，地球有一無二，孔子爲繙經，乃特創古文；六經不能用字母繙譯；《論語》“雅言”“正名”“闕文”，《莊子》“繙經”，《説文》引孔，皆爲孔作古文之證；秦焚史書，非孔經；秦坑策士，非真儒；秦因實行同文制度，乃焚字母書；百家非子書，由各國語言學術而異，故爲私學；秦漢以前，所謂史皆字母書；《史記》八言古文，皆歸屬孔子；西漢以上古文與字母書並見；《王制》《周禮》繙譯之官，皆因文字不同，若太平用同文之制則不用譯官；揚子雲《方言》即中國初用字母遺意，特以文字繙譯言語；醫藥、卜筮、種樹、技藝之書，以方言字母爲便，故秦始不燒此等字母之書；禮樂刑罰非同文，則官吏、人民上下皆困；中國簡字法，日本欲去漢字，皆不能用；莽、歆徵求古文，東漢古文學由此而起。六書、六經皆傅會文王、周公、史官；古籍舊題在孔前者，如《老》《管》皆屬依託；鐘鼎、泉刀、彝器款識，非贋作即誤釋；八體同爲象形，六書變體，非列聖代作；埃及碑即真，亦圖畫，非文字；將來四海統一，折衷一是，於地球中擇善而從，必仍仿秦始皇盡焚字母各書，獨尊孔氏古文。(《廖平全集》第十五册第三八六—四〇二頁)序曰：

六書文字，創自孔子，中國文字分兩階級：倉頡造字，純爲字母方言；孔子正名繙經，始有六書文字。傳之萬世，統一全球，《禮記·禮運》言大同，《中庸》言同文，孔子制作，固非爲一時一隅計，此所以爲大哉孔子也。非中國文字不爲功。學者不察，醉心歐化，習海外語言，語言在識外情，通科學，非變易中國文字。忘中國精粹，病六經，詆孔子，並文字亦屢議變易，近人勢乃宣、江亢虎皆變易文字。江亢虎仿英文字母拼音辦法，已試習於北京女學校，卒不能適用。不大惑乎。夫文化階級，由漸而進。人類交通，初用語言，繼以文字。文字規定，由簡單進於複雜，始卑邇終於廣遠，自然之勢也。自有史以來，《史記》以前古書凡稱史者，皆爲字母書，經史之分部，即古文與字母之別。世界文字淘汰消滅不知幾千百種，亞洲文字獨中國六書字體行之最久且遠。一統之世，尚不足論，六朝紊亂，五代迭更，元清入主中原，異文屢雜，終歸同化，其勢力優勝已如此，匪特國內也。日本、高麗語言各異，同用漢字。崇拜歐風，日本爲先，屢議廢止漢文，中東戰後，日本趨重歐學，文部省屢議廢止漢文未決。卒不能行。山本憲日人。著論斥之，且言中國文字將來必遍布於宇內，見去年《東方雜志》。其比較中西文字，謂西文不如中文，條例甚詳。卓哉！其深通字學，識孔子同文之制也。乃生長於是邦，不究其本，輒附和一二歐人學漢文不便者，山本憲言，漢文不便，係出一二歐人學漢者。思變易之，遽謂歐西言文一致，易於科學，是豈然哉。言文不能一致，亦不必一致。歐人高深學術，非盡人能解，方言各異，欲於語言假音、字母連綴謂可通行，必無是理。歐洲現行各國文字不能强同，皆限於字母，方音不能爲標準也。中國六書，形聲義畢具，望而即知，不必由音造，此大同文制也。至於方音，絕無妨礙，惟統一語言，審定音則，同趣官話，是當留意耳。豈文字不如歐人乎，若歐人字母文字，不過語言之進步，實中國已經之階級。當草昧之初，所有語言假音，亦必同用字母。考中國藩屬如蒙、藏、回疆、安南、緬甸、廓爾喀皆用字母，内地各行省上古時亦然。《易大傳》言"上古結繩而治，後世聖人易之以書契"，湘潭王氏説以結繩象字盤曲之形，太史公稱字母爲百家言，六經爲孔氏古文。《史記》八言六經，皆屬孔子，與古史字母對針，非東漢以後古今文也。此中國上古用字母之徵也。所稱後世聖人，必爲孔子無疑。《説文》言孔子作字者數條。《左傳》言武盡，緯書言字體者尤多，與《説文》不合，此古今之分派也。中土字母，秦漢以後久已銷沉，别無蹤跡可尋。然讀《莊子·天下篇》與《史記》本紀、表、傳，當時尚有兩種文字即百家語言與古文六藝。書籍並行於世，是以孔子以前但有語言假音，孔子繙經正名，乃特創六書雅言。當時二體通行，亦如今之中文與字母分體爲書，並行不悖。蓋字母利於通俗，凡卜筮、種樹、農工技術用之易曉，至於國家政治、禮樂、刑罰，則必於語言之外别立文字，折定一尊，不與土音相傳比，而後通行及遠。考春秋百餘國，分土而治，自成風氣，不下百種語言。齊魯學者同傳孔氏學，語言已自不同。戰國兼并爲七大國，《始皇本紀》謂天下諸侯並作語，《説文序》曰戰國分爲七國，田疇異畝，車塗異軌，律令異法，衣冠異制，言語異聲，文字異形，秦始皇初兼天下，丞相李斯乃奏同之，罷其不與秦文合者。秦無焚《詩》《書》事，《史記》遂傳秦"撥去古文，焚滅詩書"，"古文"與"詩書"對舉，亦如下文六經與百家對舉。"撥去"當爲"撥正"，"詩書"當爲"史書"，謂焚滅字母史也。去、正形近，詩、史相通，因而致誤也。蓋文字參差，方言錯雜，從政困難，莫爲治理。《論語》云："名名古訓字。不正則言不順，言謂命令，殊方異語，字母難於通行。言不順則事不成，事不成則禮樂不興。禮樂不興，則刑罰不中。刑罰不中，則民無所措手足。"謂此也。故始皇折定一尊，崇孔氏古文爲秦文，抃字母史書爲雜語。《史記·自叙》云"厥協六經異傳，整齊百家雜語"是也。舊説謂始皇焚書係孔氏六經，史無明徵，祇有百家語言。通考史稱百家言，皆與古文對比，知百家語言係字母各書，與孔氏古文絕異。始皇百家語言，絕非孔氏古文。六書文字，遂流傳至於今日。今世界大通，文物雜陳，無異一大春秋、大戰國。考海外各國，無論程度優劣，同用字母。徵之中史，殆《史記》所謂百家言不雅馴、薦紳先生難言之者歟。又考歐西文化，莫古於希臘。希臘文化肇基小亞細亞沿海岸，而《出三藏記》稱造字之祖凡三人：長曰梵，其書右行；次曰佉盧，其書左行；又次爲倉頡，其書下行。右行、左行二家皆爲字母，則中國下行文字，其初亦爲字母可知。當孔子時代，已歷字母階級，進於六書。今外國左行、右行二體歷時雖久，未與字母體製相離，以至聖不再生，故因陋就簡，歷久不變。然準秦始同文之例，由中及外，驗小推大，又何必更生孔子乎。孔氏古文統括古今萬方，無慮音語扞格，一通以文字，觸目即解。歐西拼音成字，曷克臻此。此孔子之功也。山本憲謂必遍布於宇内，亦勢有必至。夫孔子，中國教宗也；六經，中國國粹也。無教宗無以繫人心，無國粹無以固國體。一時勢弱，何遽自棄。今且論中國文字源流，立三十題，各爲一論，文多不及畢載，每題略注數語，標明宗旨。全文續出，並摘附山本憲條例一通，以質今之言字學者。（《廖平全集》第十五册第三八二——三八五頁）

劉師培《與廖季平書》云：

《說文》伊從人尹，是阿衡以前本無伊字；《夏書》有伊洛，《禮》有伊耆氏，均出阿衡之前。當阿衡未尹天下之前，果爲何字。引而伸之，足爲尊著孔製六書之驗。又如偰字及偓、佺二字，均以人名爲正詁，然必有取名之義。如申繻所言是。是知取名之義，字無正形；字有正形，因人而製。推之許書女部諸字，姬、姜皆水名，何字不從水而從女。厥例均同，亦足資尊說之助。（《廖平全集》第十五册第三六〇頁）

作《中小學不讀經私議》，詳云：

《書大傳》曰：“古之帝王必立大學、小學，十三年始入小學，見小節焉，踐小義焉；年二十入大學，見大節焉，踐大義焉。”劈分大小，以爲二派，此經例也。前清變法，創立大學、小學各種學堂，其名目仍用經說，乃不求大小二學之所以分，茫茫然唯異邦之是崇。國無人焉，其誰與立，亡也宜矣。嘗讀《莊子》，孔子對老子曰“吾繙十二經以教世”，舊以六經六緯説之，非也。考六經漢以前亦稱六藝，而《周禮》别有禮、樂、射、御、書、數之六藝。竊以六經六藝合爲十二，此即大節大義、小節小義之所以分也。六經以《春秋》爲始基，皆治人之事，所謂修齊治平者是也。其高遠之《詩》《易》《尚書》更無待言。朱子《章句》云：“大學，大人之學。”天子之元士、諸侯之適子、與凡民之俊秀入焉。其學制遠如漢之博士，近之法政，所謂學焉然後入官者也。其未入大學之前，必先入小學以治六藝，此如海外普通科學，凡士農工商，必小學通而後人格足。畢業已後，各就家學，以分職業，所謂士恒爲士，農恒爲農，工商從同。其大較也；其有出類拔萃者，妙選資格，然後入之大學，以備仕宦之選。《論語》云：“《詩》《書》執禮作藝。禮，皆雅言也。”《詩》《書》爲六經，執禮爲六藝，禮爲六藝之首，故云藝禮。雅言者，即繙爲十二經之繙。小學主六藝，大學主六經。凡入大學者，必先入小學，不入仕宦者，不入小學治經。此其科級之分，嚴肅判決，不可蒙混者也。海外無六經，所教不出六藝範圍。禮、樂二門，經與藝名目相同，而以大小分之。凡灑掃、應對、視聽、言動小禮，與《禮經》之大禮異。琴瑟磬鏄小樂，與《周禮》之大樂異。語言繙譯、算法測量，各種實業專門，則以射御工伎爲標目。前清大學科目幾乎全爲六藝。既未先立小學，何立大學。爲小學治科學，確爲古法，而於古小學專書，則以其屬四庫經部，而一切廢之。夫經恉宏深，義取治人，不適用於幼童普通知識，因科舉而必責之課讀，此其失也。然傳記之中，如《禮》之九容、足容重，手容恭，目容端，口容止，聲容靜，頭容直，氣容肅，立容德，色容莊。《論語》之九思，視思明，聽思聰，色思温，貌思恭，言思忠，事思敬，疑思問，忿思難，見得思義。又《曲禮》《少儀》《内則》等篇及朱子所輯録之《小學》，明白淺易，不傷腦力也；又如《容經》爲古修身之課本，緯以六儀，最利施行。循名核實，原爲小學專門，宜別立科目，標舉舊書，課督髫齡，乃不分別，概曰不許讀經。童子無知，不自以爲程度不足，反倡言經不足學，堤防一潰，洪水滔天矣。夫經猶飲食衣服也；膏粱可以適口，脱粟未嘗不可救饑；錦繡可以章身，縕袍未嘗不可禦寒。童蒙不敢望高卓是也，乃並其平易者而亦奪之，幾何不凍餒而死也。部章之未實行者多，何必獨以此事見長。總之，廢經之名不可立，尊經之旨不可移。試觀兩漢，崇獎儒術，置五經博士，其時户誦孔子，人知大義，名臣循吏，多出其中。記曰：“少成若天性，習慣如自然。”博士弟子非可驟隮，若凡民之俊秀，雖在童年，一日千里，自不可與中才一視，必拘年齡、循資格，使英才短氣，志士傷時。且博采輿論，其所以令小學讀經者，幼小悟性絀而記性優，長則悟性優而記性絀，故成誦貴在初年。分經誦讀，一人初讀一經，不過數千字。耗時不多，至於傳記，不在禁例，且趨向不歧，則成就自易。經既爲孔教，縱使先後齟齬，儘可存而不論。今之説者皆以始皇爲專横，當其焚書焚字母書。坑儒，策士，托名儒生。諸策士犯法相引，太子扶蘇諫曰：“諸生皆誦法孔子，陛下以法繩之，太過。”案諸生犯罪有據，扶蘇猶以誦法孔子之故，欲要寬典。今之教經讀經，雖近於欲速，不能不謂之非誦法孔子也，乃即以讀經見斥，此如律令，凡有明法律爲人解説者，雖有罪免一次，而後來酷吏乃專以明律爲其罪，不謂之賞罰顛倒乎。質而論之，以年齡分大小者，其常也；因材施教，資格貴於早分等級，難以年定。如前清部章，駿駑同棧，鈍利取齊，兩敗俱傷，同歸廢墜。故自學部有定章，而師保無教術。以今之學生較前之成材，優劣固可指數。況以讀經言之，不成不失爲良民；不讀經言之，新法實多流弊。故整齊畫一之法，朝廷且有時而窮，何能以繩束庠序，畫圖以索驥，刻舟以求劍。前清以興學而宗社亡，當今學術關係，其問題不區區在中小學讀經不讀經一節也已。牛羊成群，一牧人收放之而有餘；堯牽一羊，舜鞭而驅之，復使皋陶、大禹執其角，握其尾,徒見其儦耳。或曰:教育無法,可乎。曰:法不徒法,須得法意。
《孟子》曰:"此其大略,若夫潤澤之,則在君與子。"總其成者,但持大綱,
慎選師傅,疎節闊目,齊削魯斤,因地爲良,男粟女布,交相爲用。使教者
得盡所專長,學者各成其性近,鑄鎔材器,方足以濟時用。若以一二人私
見定一理想範圍,牛毛繭絲,紙上經濟,而欲使全國學堂之書籍教授必出
一途,人材必成一律,黃茅白葦,終亦何益。大抵譯書已誤,讀者又誤,人
盲馬瞎,半夜深池,前清之成效已昭揭如日月。前車之覆,後車之鑒,主其
事者如能改弦更張,是爲祝禱。(《廖平全集》第十一册第五八四—五八
六頁)

　　約在是年,贈《楚詞新解》予謝無量。謝無量《楚詞新論》云:

　　　我十年前在成都的時候,見著廖季平先生,他拿出他新著的一部《楚
詞新解》給我看,説:"屈原並沒有這人。"他第一件説,《史記·屈原賈生
列傳》是不對的,細看他全篇文義都不連屬。他那傳中的事實,前後矛盾,
既不能拿來證明屈原出處的事跡,也不能拿來證明屈原作《離騷》的時
代。那些選古文的人,差不多箇箇都選這篇不貫氣的文章,認他神韻最
好,真是瘋子。他第二件,拿經學的眼光説,《楚詞》是《詩經》的旁支。他
那經學上的主見,以爲《詩經》本是天學,所講都是天上的事,自然《楚詞》
也是一樣,所以有那些遠游出世的思想,和關於天神魂鬼的文詞,也是適
用《詩經》應該有的法度。這種廖先生所創的特別經學系統,我們不敢批
評。但他的説法,實在比匡衡所説的齊詩,還新奇得有趣。我當時自然也
就"解頤"了。他第三件,説《離騷》首句"帝高陽之苗裔",是秦始皇的自
序。其他屈原的文章,多半是秦博士所作。《史記》"始皇不樂,使博士爲
《仙真人詩》,及行所游天下,傳令樂人歌弦之"——這就是廖先生的根
據。但平空在文學史上,去了一箇屈原,加了秦始皇或秦博士,豈不連《楚
詞》這箇"楚"字,也要推翻了嗎?廖先生所説的第二件、第三件,或者是
我們不懂,或者是我們找不出法子來證明,且不去議論他。但他所説的第
一件,是很有意思的。我們研究《楚詞》的人,自然應當先研究屈原的歷
史。(《楚詞新論》第一二—一三頁)

民國二年癸丑(一九一三)　六十二歲

　　教育部欲統一國音,設讀音統一會於北京,召集各省及蒙古、西藏、華僑
各舉代表出席。先生與蔣言詩、王錫恩被推爲四川代表。二月由成都赴京,
侄師政隨行。至天津與王闓運相遇,自是不復見。至京,住皮庫營四川會
館。會中意見紛挐,先生含意未申。《中華大字典序》云:

去年余以讀音統一會赴京,會中紛挐,含意未申。(《廖平全集》第十一册第六七〇頁)

先生在京,嘗與王樹枏、江瀚握談。先生爲王氏言對於文字之主張,王氏以先生持之有故,言之成理,然非有古用字母之實跡,不足以懾服人心,致先生無以應。《中華大字典序》云:

吾國當未有六書之前,亦必有字母之時代,所謂孔氏古文,不能不由結繩而改進。始皇同文之後,百家雜語,至子雲譒爲《方言》而盡絶。若東方曼倩、太史公,皆於孔經外讀異書、識異字。余嘗主此義,命及門李堯勳著爲《文字問題三十論》,刊入襍志。在京晤新城王君晋卿,以鄙論持之有故,言之成理,然非有古用字母之實跡,不足以厭服人心,當時無以應也。(《廖平全集》第十一册第六七一頁)

王樹枏《六譯先生墓表》云:

及癸丑入都,相與握談,乃知其學經六譯,益歎其言高深幽渺,如入娜嬛福地,讀未見之書,不復能贊一辭也。(《廖平全集》第十六册第九二六頁)

正月十五日(陽曆二月二十日),《天人論》《倫理約編附録》《四益館經學四變記》《古經診皮篇》(續《古經診法》)刊《四川國學雜志》第六號。《四益館經學四變記》後收入《孔經哲學發微》,伍師政作一跋語,云:

四益四變,近八年矣。同門所記,略有三本,詳略不一,體例亦各殊。惟其學萌芽,亦如《公羊》,多非常可駭之論,非觀其終始不得肯要。四卷本經劉申叔摘刊於《蜀學》雜志,今以此本最爲簡明,先爲登録,然後及其詳備者焉。伍師政謹識。

按:《蜀學》雜志誤,當爲《四川國學雜志》。

二月十三日(陽曆三月二十日),《經學改良表》《論詩序》《山海經爲詩經舊傳考》《詩經國五帝分運考》《三部九候篇》(續《古經診皮篇》)刊《四川國學雜志》第七號。

三月初二日,李稷勳題詩寄贈。《甓盦詩録》卷四《癸丑上巳前一日雨中至東山寺看牡丹題寄廖平二首》云:

雪瓣風枝只獨看,籬西牆角試凭欄。漫山桃杏燒天熱,剩得瓊樓一種寒。

舊夢春明柳絮風,洛陽花事更匆匆。獨憐冰雪留根蒂,暮雨深寒古寺中。(《巴蜀近代詩詞選》第二〇五—二〇六頁)

　　三月二十一日（陽曆四月二十七日），旅京同鄉於湖廣會館舉行孔社成立大會，請先生講演，所講者爲《孔學關於世界進化退化與小康大同之宗旨》，大旨以經學爲新作，所以俟後。帝王、周公皆屬符號，先小後大，先野後文，以駁經爲古史、專主退化之舊説，其演説今題《世界哲理進化退化演説》，收《世界哲理箋釋》。黃鎔題云：

　　　　民國二年癸丑，四益先生以讀音統一會代表税駕詣京，同鄉諸君子發起孔學歡迎會，萃集中外名流於湖廣會館，迎請演説。先生辭不得已，因就孔經制作之大綱、世界施行之次第略舉概要。（《廖平全集》第三册第一二〇一頁）

　　詳云：

　　　　鄙人謭陋，於中外學派無所知識，諸公過采虛譽，發起大會，不勝慚忝；又期期拙於談辯，方音土語，尤見困難。惟明承雅愛，不敢辭謝，謹將孔學關於世界進化退化與大同小康之宗旨，述爲此章，以當喉舌。伏乞大雅君子不吝教誨，是所切禱。
　　　　一、經爲古史帝王周公所遺留，孔子述而不作。
　　　　海外法政學説昌明，因時立法。三王且不同禮，五帝且不襲樂，果係古史，芻狗糟粕，今日已萬不能見之實行，更何能推之萬世以後。此必須改爲至聖立言，師表萬世，決非已往陳迹，而後經乃可以自立。
　　　　一、經由皇降帝、由帝降王、由王降伯，專主退化。
　　　　日本學説以六經退化有違進化公理。春秋時，王伯疆域，人民程度尚且如是，二千年前萬不能有堯舜文明。或以爲史官諛飾，或以爲神教荒唐，必須改爲聖作新經，帝王周公皆屬孔氏學説符號，先小後大，由退知進，數往知來，而後孔經乃可自立。
　　　　一、經主退化，先文後野。
　　　　海外學説以中國文字、倫理，希臘羅馬皆通行，因其不便，乃改爲自由拼音。近來學者厭故喜新，以中國爲半開化，必廢五倫、無家族、無政府、齊財產，乃爲大同。亦如海外去倫常、用字母，而後爲文明，必須改良。以經據衰而作，由遞降可悟漸升。經言先野後文之明説具在，不能以經專主退化。大地見當進化時代，不能仍主張退化，而後經書大同之宗旨可明。
　　　　三大綱已立，而後經乃可獨立於世界，以統括各種學説。其本已立，外人所有攻孔廢經諸條件可以迎刃而解。再作十表，以明進化退化真理。潛心致志，好學深思，當不致河漢斯言也。（《廖平全集》第三册第一二〇一——一二〇六頁）

又立《世界進化退化六表》《世界退化四表》，其目爲：

世界進化六表：五大洲次第出海成陸如兄弟表；現在五洲比例表；五洲次第引進表；四弟用夏變夷與兄同冠年代表；中國孔經以前事實程度比今五洲表；中國孔卒以後經術進行比今五洲表。

世界退化四表：六經據衰而作專言退化表；亞洲退化用夷變夏例表；五洲退化次第表；中國教化自具五等資格表。

《孔社成立大會速記録》云：

孔社本部於陽曆四月二十七日在虎坊橋湖廣會館開成立大會，社員及各界來賓蒞場者約有四五千人。二鐘振鈴開會，公推曹經沅君報告組織本社宗旨及經過歷史，惲毓鼎君報告開會宗旨，旋推徐琪君爲臨時主席。三鐘，大總統派代表夏壽田君蒞社恭讀祝詞，主席徐琪君恭讀答詞。禮成各退。宣告散票選舉，徐琪君得六百九十九票，當選正社長，惲毓鼎君得四百十四票，當選副社長，饒智元君得二百六十一票，當選副社長，宣布表決。各部代表孫雄、杜關及來賓演説者甚多，而孫雄君、周鑄民君、廖平君尤多崇論閎議，能發明孔學精義，於世道人心關係尤巨，爲近來集會中最有價值者。一時樓上下鼓掌之聲不絶，洵盛會也。（《北京檔案史料》一九九四年第四期第七頁）

《教育週報》紀聞《學界歡迎廖季平》云：

蜀中廖君季平，近因讀音統一會之聘蒞京，學界人士以廖君爲我國國學先進，於今日在湖廣館開會歡迎，聞屆時演説世界學理競爭之大旨，以明尊重中國舊有之學説，而參以世界的新學理，是亦保存國粹之一種也。

按：廖君初受業於張文襄、王湘綺，專講孔子微言大義，尤能自出心裁，融化中外。學經四變，著書百種，其書目提要刊於《井研藝文志》。章太炎、梁任公書報尤所推獎，然皆庚子以前之學説。上海重印《知聖篇》《今古學考》《公羊世論》尚屬鱗爪，不足以窺全豹。近來歐化東漸，中華當其衝。廖君近來四變已成，由中國以推全球，更由諸子以判人天。至聖精蘊，世界無論何等學派、何等疆域，皆在範圍之内，而後中國學粹分量乃能圓滿。其切要尤在先考泰西各種學説，以折中於聖經。故東西洋學者皆以其學爲哲理，請求著作，公同研究，非如俗説是己非人、不讀西書、妄自尊大者所可比擬也。（《教育週報》第十一期第二〇—二一頁）

三月十四日（陽曆四月二十日），《論學三書》《世界進化退化總表》《治學大綱》《孔子天學上達説》《論周禮》《素問靈台祕典論篇新解》（天下一人例之本義）刊《四川國學雜志》第八號。

四月十五日（陽曆五月二十日），《大學平天下章説》、《忠敬文三代循環爲三等政體論》、《續論詩序》、《王制集説》、《四益館雜著》之《重刻日本影北宋鈔本毛詩殘本跋》刊《四川國學雜志》第九號。

在京期間，康有爲在日本，四月十六日，先生致函云：

長素先生足下：羊城分袂，倏忽廿載，音書未通，情感常切，想同之也。世運變遷，浮雲蒼狗，台端以高騫而見疑，鄙人潛伏，亦不能免咎。國事差池，忽焉揖讓，個人升沈禍福，更何足云。項因事北游，訊悉近況，妙晤任公，積愫良慰。君未能遽來，我不能驟往，東望茫茫，彌增忉怛耳。憶昔廣雅過從，談言微中，把臂入林，彈指之頃，七級寶塔，法相莊嚴，得未曾有，巍然大國，偪壓彈丸。鄙人志欲圖存，別搆營壘，太歲再周，學途四變，由西漢以進先秦，更由先秦以追鄒魯，言新則無字不新，言舊則無義非舊。前呈《四變記》摘本一册，求證高明，周璞鄭鼠，不知何似。子雲言“高者入青天”，自非同游舊侶，恐山陰道上，轉成迷惑耳。惠頒《不忍》二册，流涕痛哭，有過賈生。然中外優劣，後止者勝，積非成是，洽髓淪肌，非有比較，難決從違。間常判五洲爲昆弟，推世界於中華，據撥亂言之，禮爲孔創，使別獸禽。《春秋》所譏，《坊記》所防，皆與海外程格相同，中人日用，舊疾久愈，藥方流傳，博施同病，洋溢蠻貊，今當其時。前陳《倫理約編》，頗爲申叔、無量所許，以爲戰勝攻取，非此莫由。特鈎深索隱，難得解人，以石投水，端在足下。政學中外，同剖野文，指揮若定，進退裕如，所謂深入黃泉者非耶。以是爲救時保教奇策，台端其許之乎。鄙人畢生勞瘁，晚成二編，一以尊孔，一以救國。嗟乎！尋行數墨，世不乏人，若此秘微，惟恃知我。獨是臣精衰竭，無力擴充，非藉群才，難肩巨任。匠門多材，何止七十，深望閲兵秣馬，分道攻守，大功告成，克副素志，敢不選奏凱歌，歡迎大纛，亦世界未有奇藥耳。倉卒臨穎，不盡所懷，并乞時惠德音，開我茅塞，手此敬請撰安不具。廖平頓首，四月十六日作於京師皮庫營新館。

（《廖平全集》第十一册第八三二—八三三頁）

　　按：據丁文江、趙豐田《梁任公先生年譜長編》知，梁啟超於是年四月九日（即舊曆三月初三日）邀集一時名士四十餘人修禊於京西萬牲園，知梁啟超自天津回京當在二月下旬，先生所云“妙晤任公”當在二月底三月初。

康有爲覆函云：

季平仁兄先生：大劫飛灰，人間何世，醫院卧病，淒苦寂寥，故人之書，忽來天上,循誦三四,如見神采,軒輊鼓舞,頓爾忘憂。參商東西,無由合併,願言懷思,我勞如何。昔聞執事説經鏗鏗,見忤當道,其與僕書三焚,不略同耶。道大不容,與君正堪共笑耳。僕昔以端居暇日,偶讀《史記》至《河間獻王傳》,乃不稱古文諸書,竊疑而怪之。以太史公之博聞,自謂"網羅金匱石室之藏,厥協六經異傳,整齊百家雜語",若有古文之大典,豈有史公而不知,乃遍考《史記》全書,竟無古文;諸經間著古文二字,行文不類,則誤由劉歆之竄入。既信史公,而知古文之爲僞,即信今文之爲真,於是推得《春秋》由董、何而大明三世之旨,於是孔子之道四通六闢焉。惟執事信今攻古,足爲證人,助我張目,道路阻脩,無由講析,又寡得大作,無自發明,遙想著書等身,定宏斯道。方今大教式微,正賴耆舊有伏生、田何者出而任之,非執事而誰歸。卧病困苦,無由一一吐盡肝膈,且待後日。今僅上《中庸注》《禮記注》各一卷,惟乞是正。端啟敬問興居,不盡悸悸。(《庸言》一九一三年第一卷第十四號,《廖平全集》第十一冊第八三三—八三四頁)

四月下旬,與江瀚相見,然不及半日,又因佳客滿座,故言不及私。先生《答江叔海論〈今古學考〉書》云:

憶在京師,二老白鬚對談,酒酣耳熱,擊碎唾壺,固人生一樂也。……到京急欲從叔海縱談別後十數年甘苦,以相印證。乃寓京月餘,晤叔海不及半日,又生客滿座,言不及私。避囂隱遯,今又月餘。津門咫尺,飛車往還,本擬直搗大沽,流連彌月,小事牽制,未獲如願。(《廖平全集》第十一冊第六三六頁)

北京人士發起倫禮學會,延先生定期講演,並擬本先生之説編訂倫禮教科書,發行倫理雜志。北京同人公啟《倫禮會成立宣告書》云:

《記》曰:"禮不由天降,不由地生,緣人情而爲之節文。"蓋人之初生,渾渾噩噩,飲血茹毛,雖形狀與羽蟲毛蟲別異,而不能離猩猩、鸚鵡之心,所謂禽獸時代也。遲之又久,乃近人道,太羹玄酒,茅茨土階,有名無姓,貴壯賤老。《商君書》曰:"秦有夷狄之俗,父子異居,男女無別。"《記》曰:"徑情直行,戎狄之道。"此則野人境界耳。聖人有作,因夫人心厭亂,天道悔禍,作爲禮以教之,使之別於禽獸野人。男女自由,血族婚娶,其生不殖,乃禁同姓爲婚以救之;媒妁不用,爭婚奪壻,互釀殺劫,則爲婚禮以救之。主婦燕賓,易內飲酒,殺身亡國,不止離婚,於是大饗廢夫人之禮。父奪子媳,二姓歡然,庶孽奪適,禍延數世,於是親迎以女受之壻。有國無家,不言氏族,是滅種之道,故立孝道,以無後爲大罪。立禮以袪亂原,猶立坊以除水患。我中國自孔子撥亂反正，二千餘年服禮飾教，習俗相沿，深入人心，由近及遠，此洋溢之盛軌，桴海之初基。或者曰：天心仁愛，降衷維良，上棟下宇，何必先以巢穴。上衣下裳，何必先以獸皮。書契同人而生，可無結繩之事；夫婦禮之所始，早傳儷皮之文。特先野後文，進化公理，人事所必經，天道不能易。天不生孔子於草昧幽忽之時代，以早成化民成俗之偉功，而必遲之又久，經數千萬年而後水精降誕，端門受符，以爲木鐸立言之至聖者，時爲之也。《禮》曰：“有禮則生，無禮則死。”又曰：“人而無禮，胡不遄死。”故無夫婦之禮，則爭奪謀殺、離奇之新聞、伏隱之禍害，男女將盡爲情死矣。父子不相收養，養子無益，不惟鬼其餒，而人種亦將絕滅盡矣。海邦群哲，不盡皆迷；見微知著，莫不愁苦；撫膺隱痛，時發微言，如孔教會所登西儒論説函件，咨嗟太息，蓋有由矣。有疾求藥，不能諱醫，同病良方，成效昭著。此吾倫禮之至善，雖不能一時推行於海外，相形見絀，興利除弊，藉助友邦，皈依至聖，此今日西儒之微言，即將來大同之實事，所謂禮緣人情而作者，此之謂也。又凡人之情，公私知愚，每成反比例。父子之倫，親養其幼，子養其老，即以平人論，亦報施之禮則然。且子孫衆多，榮施祖父，骨肉天性，情由性生。外人羨我爲有子之國，故外婦避孕，中婦求生，即此一端，優劣自見。乃彼西方哲論，力圖改革，師法我國至聖所傳之倫禮。我國維新青年，初踐藩籬，未窺隱伏，乃放言高論，盡棄故有，全師外人。夫工械算計，本爲泰西專長；形上之道，維我獨優。以有易無，各得其所。《孟子》云：“通工易事，則男有餘粟，女有餘布。”則通工誠是也。若廢棟宇必反之巢穴，廢衣裳必反之獸皮，黜膏粱之味而求毛血，鄙文字之繁而求方音，豈真瞽者無與文章之觀，聾者不審鐘鼓之美，無抑心失是非，萬物遂隨之顛倒乎。凡心有物蔽，在乎審觀，是非難明，取法比校。井研廖氏素尊孔學，於倫禮尤爲兢兢。昔在成都，曾編講義，登堂講説，聽者傾心，雖素來醉心歐美者，莫不言下頓悟。誠一時救病之良方，萬國改良之要道。同人因之發起倫禮會，訂期講衍，並發行《倫禮雜志》，編訂學堂倫禮教科書，刊發中文、洋文兩種白話報等事。大會成立，再行集衆審定《章程》及辦事手續，爲此廣告，伏乞裁酌。（《廖平全集》第三册第一○九一——一○九三頁）

四月中下旬，嘗與章太炎會於北京。章太炎《清故龍安府教授廖君墓誌銘》云：

民國初，君以事入京師，與余對語者再，言甚平實，未嘗及怪迂也。（《廖平全集》第十六册第九二一頁）

按：據《章太炎年譜長編》知，章太炎在京在陽曆五月下旬至六月四日間,故"對語"事當在此期間。

五月初四日(陽曆六月八日),下午一時至五時,在虎坊橋湖廣館講演《世界哲理進化退化之理》。五月初九日(陽曆六月十三日)《申報》第六版《歡迎國學大家廖季平大會》云:

井研廖季平先生爲湘綺老人王壬秋之高弟,於學無所不通,而尤長於《春秋》,近世言公羊學者,自劉申受、龔定庵後,當代大師首推湘綺、康南海及季平先生爲三大家,學說各有異同。廖氏之學雖出於湘綺,而變幻奇肆,與師說多有異同。其講大同主義,推及全球,與南海相類;而南海言政教合一,重在實行,而季平之説偏重理想。所著書累數十種,其自述所學凡四變。年六十餘,鬚眉偉然,接見後輩和藹可親,現僑寓皮庫營四川會館。昨日京師學界在湖廣會館發起歡迎大會,季平演説《世界哲理進化退化之理》。先期由旅京各界同人遍發歡迎大會啟云:

蜀中廖季平先生,初受業於南皮張文襄、湘潭王壬秋先生,後專講孔子微言大義,尤能自出心裁,融化中外,學經四變,書著百種,畢生以尊孔爲宗旨。其《百種書目提要》刊於《井研藝文志》。章太炎、梁任公書報尤所推獎,然皆庚子以前之學說。上海重印《知聖篇》《今古學考》《公羊三十論》尚屬鱗爪,不足以窺全豹。近來歐化東漸,廢經貶孔,風潮日棘,守舊者雖知孔學將大行於全球,然所主持非語録之講章,即音訓之考據,孔子直爲鄉黨之善士,獺祭之學人,不得神化之,其何以禦海外之侮。欲求中華,因孔以戀國,知聖以自雄,其道莫由。先生近來四變已成,由中國以推全球,更由諸子以判人天。至聖精蘊,足以俟後聖,質鬼神世界,無論何等學派、何等疆域,皆在範圍之内,不能自外生成,而後孔學分量乃能圓滿。其切要尤在先考泰西各種學説,以折中於聖經,故東西洋學人皆以其學爲哲理,請求著作,公同研究,非如俗説是己非人、不讀西書、妄自尊大者可比,誠爲保國之良方,撥亂之捷徑。今幸先生因讀音統一會涖京,凡我旅京各界君子,欲識先生丰采者固多,欲聞孔氏微言大義者尤衆。兹謹訂於本星期日下午一時至五時(陽曆六月八號)在虎坊橋湖廣館開講演大會,届時敬希駕臨本會裏禮,並請各界學問大家届時演説世界學理競争之大旨,以明國學、收人心。本會同人不勝盼切之至。旅京各界同人公啟。

五月初九日(陽曆六月十三日),《申報》第七版《雜評》之二《廖季平之學説》(署名萍)云:

經學一途,顓經而支離繁碎者腐,研經而穿鑿附會者妄。前清經學,超越往古,始於顧寧人,終於廖季平。其間經學顓家,大師輩出,有篤守漢說者,有兼宗宋說者,更有於漢派中而獨宗西漢者,擺脫一切,自命不凡,愈變而愈失其真,不失之腐即失之妄。腐者恒喜考訂於名物器象之微,以《禮經》爲鼻祖;妄者恒喜附會於三科九旨之微,以《公羊》爲先師。要之皆非宗孔之正軌,而失治經之微旨者也。今者廖季平之學以《公羊》爲師承,由是而南海、而湘綺、而定庵,以推之於申受,一脈相傳,宗風西漢,其諸所謂穿鑿附會者歟。

五月初十日,倫理學會發布先生講演公啟,定於五月十八日由先生講演。《北京中外倫理講演會公啟》癸丑五月云:

> 敬啟者,吾國自光復以來,偏重歐美禮俗,倡言廢經黜孔、無政府主義學說,其攻擊倫理尤烈,海內同志發起孔教各會,其中以上海孔教會爲尤著,非推之者如此劇烈,則挽之者亦未必如此奮興,此固孔教大行之朕兆。查其會發起源於上海西教之尚賢堂,一時東西博學者儒咸往赴會,共相討論,西儒如李佳白、李提摩太諸君,尤爲竭力提倡,並推論泰西倫理不及中國之善,具見該會雜志。旅京同人讀之,尤爲感觸,考日本帝國大學設倫理學會,每週必開講演會一二次,凡擔任倫理講座諸博士,各標題目,依次講說,無論何界人皆可入聽,收效甚速,與泰西各教堂時常講演《聖經》宗旨相同,故凡入會之人皆敬國教,注重道德。昨因歡迎井研廖季平先生,經同志多人提議,發起倫理學會,暫假皮庫營四川會館爲會所,約集中西通儒共同研究,仿日本例,每星期開會講演,西學所長,固可兼采,以祛吾國舊說之誤;孔經真理經眾討論,苟得海外尊親,則新出偽說自必銷沉。轉移人心,推廣孔教,莫要於此。茲特定期於本月二十二號舊曆五月十八日下午一鐘,開豫備會,研究一切,並請各界蒞會演說。特此公啟。
>
> 發起員、贊成員公啟

五月十六日(陽曆六月二十日),《尊孔篇附論》、《墨家道家均孔學派別論》、《四益館經話補遺》、《五行論》、《王制集說》(續)、《離騷釋例》(附《楚辭跋》)刊《四川國學雜志》第十號。《大同學說》、《書陰曆陽曆校誼後》、《與康長素書》刊《中國學報》第八期。《書陰曆陽曆校誼後》跋云:"去年平在成都國學會演說陰陽曆優劣,其詞未經登布。名山吳君總其大要,作《陰曆陽曆校誼》,與《中國學報》二、三期普定姚君所撰《改曆芻議》頗有異同。今更發表意見於後,用祈姚君商證是幸。"(《中國學報》第八期第十四頁,《廖平全集》第十一冊第八○五頁)略云:

> 姚君引《周禮》正年歲,謂《周禮》曆法兼用陰陽曆,其說是也。按《周

禮》五官,正歲、正月之文並見。凡天道、農事,皆用歲法,所謂"三百有六旬有六日",即斗建十二宮二十四節氣之説也。其云"正月"者,專述人事,起元旦,至除夕。王者布號施令,皆以正朔爲斷,"以閏月定四時成歲"之説也。姚君云:"陰曆但有虛位,而無實體;但作號志,而無實用。"又云:"民智未開之時,借徑陰曆,俾有號志之可識,日出而作,日入而息,月照於夜,悉與人事無與,但供測候家之徵驗,與詞章家之資料。且非惟無與人事也,而實足爲人事之累,正宜改弦而更張之。"下引沈存中説爲據,則不能無疑。考日系諸行星,與本地球相去太遠,無甚關係。月附地球而行,最爲密切,故凡天文、輿地、政事、醫藥、山川、鳥獸、草木、水族,每因月體圓缺而變動,朗載各書,吳君已略陳大概。謂月與人事無關,此非天下公言也。據進化之理推之,以爲中國春秋以前之曆法,取北斗日躔而遺月,與今西法相同,形而下者謂之器。孔子立教,專主法天,所謂形而上者謂之道,《尚書》"欽若昊天,敬授民時"是也。《易》曰:"懸象著明,莫大乎日月。"孔經作曆,由陽曆而改良精進,制閏法以求合月體,故陽曆取斗日而已,陰曆則加月爲三。《春秋》書日食,專就月體以定朔。故《公羊》曰:"食之前者朔在後,食之後者朔在前。"藉使月體與人事果全無關係,法天之學,亦不能舍月而專言斗柄日躔,一定之理也。中曆可以包西曆,西曆不能包中曆,陽曆在前,陰曆在後,前者爲草昧簡陋,後者爲精進文明,晦朔弦望之説,明見經文者,無慮數十百條。《論語》曰:"畏聖人之言。"《記》曰:"非聖者無法。"沈存中號爲通人,此條違經反道,爲全書之累。中國學説,專主尊孔法經,未便主張沈説,反對經文。民國改用陽曆,與剪髮、西服,皆屬一時權宜之計,取其交通便利。中國閏月,經傳明説,尚屬純全保存,將來國是大定,漢家自有典禮,法古從人,尚難預定。即使長此終古,經傳閏月之法,秦漢以來,實行已久,必不至於澌滅。姚君駁西曆建月大小之不合天道,歲首之不始於冬至,欲於外國陽曆之外,用沈説別爲中國陽曆,其用心誠苦。特西曆之參差得失,彼用彼法,不足計較。乃因差誤,略爲修正,於中法削去閏月,遂自命爲修改中外曆法之偉人,使經傳閏月古法,由姚氏一人而斬,亦見其惑矣。按歲月日名詞,歲取歲星,日取日度,月則專取月體。如不用閏法,則月之名詞不能立。陽曆以月名,乃用中名翻譯西曆而誤者。姚氏云以節氣立月,是爲純粹陽曆,不知言節氣則不能言月,節氣全用十二宮、十二次,或改曰建、曰次、曰宮,均可,斷不能仍襲陰曆月字之名詞也。姚氏既知陰曆陽曆並行不悖,正年歲並用,已見《周禮》,中國實行已二千餘年,有何窒礙,而謂適足爲人事之累,并謂其表面之陰曆,原在可有可無之間,舉而廢之,原自易易云云,放言高論,不但反經,且乖事理。《論語》云:"不以人廢言。"使其法果善,無論出自何人,皆可奉行。陽曆之不首冬至,與二月祇用二十八,直斥爲非可也,何必牽引羅馬陽曆,含有多數專制污點,徒爲附會,真屬贅疣。姚氏保存國粹之意,本爲深切,惟駁西法,乃致與經反對,不得不特爲發表,以明陽曆在前,閏爲孔法,以爲尊孔明經之一端,以求正於姚君。更希高明不吝教誨,匡所不逮,無任感禱。(《中國學報》一九一三年第八期,《廖平全集》第十一册第八〇五——八〇七頁)

吳之英《陰曆陽曆校誼》云:

成都國學院講會,廖季平有陰曆陽曆短長之議。之英請巳其說曰:曆者所以御陰陽也,天不能有日而無月,人不能有男而無女,大明生東,月生西,陰陽之分,夫婦之位也。天道遠矣,曆之何也。曰:聖人爲敬授民時而有曆象。俶黄帝作調曆,爰後有顓頊曆、夏曆、殷曆、周曆、魯曆、六曆,各有曆元,遺說猶可考也。其法奈何。曰:《虞書》稱"曆象日月星辰",知"欽若"之意,成象姟存焉。原容成推步之法,首命大撓編甲干以紀日。日數十,天以六爲節,因而六之,爲當期日,用符天度,故曰"期三百有六旬有六日"。諒首法本以日紀,左氏述史趙據亥文說絳老甲子,士文伯以二萬六千六百六旬釋之,援此例也。日之積不可遠紀,必有所節。月節日者,朔望弦晦其候也。校其候,剖甲子,半六而月,半月置氣,三分候之,乘三變氣,以命四時,倍六而歲,爲常歲,概故曰"以閏月四時成歲"。以有奇分,分積不閏,不得爲成也。閏成而奇積不理,曆爲漏,法則七閏十九歲以爲章,四章以爲蔀,二十蔀以爲紀,三紀而復以爲元,而五星伏逆遲留胥會焉,故曰"在璇璣玉衡,以齊七政",謂稽古同天之功密也。秦漢以來,曆家帥沿古誼,近貶稱陰,迺傳陽曆之名,謂自西國創法,以日紀名,陽歲首十一月爲正月,日皆三十,或逾一,唯二月止二十八日,四歲而二月閏一日,訖冬至律十二月成歲爲常。法新甚,談說之士異之,解之曰:中西異地,數學分門,歐人巧慧,未可究詘。然有三說焉:法毗於日,理不當以月計,一也。月競贏數減,閏編居二月,二也。積銷與分銷一致,配日之尊,徒譔盈闕於虛界,周年而十二作,既采名,幡棄質,三也。有此三疑,故陽曆可得而說也。何也。至陽肅肅,月祐靈曜,繼日育物,大用無名。景星代月,猶爲嘉瑞,寧有重明麗照,等之幻人,牖標茂烈,以章陳趣。其餘功用,可隨證而析也。其關於天者,元精沕穆,灝然壹運,犁爲晝夜,以月主陰,助陽宣化,月有生成。延其氣則夏至日南,秋冬局納,司半歲焉。擴其運則麗正趨間,劑晦出明,司降氣焉。虛作致滿,滿爲招虧,方於中昃,無愆允軌,流轉根靜,恒久不息,昭其德也。色如丹砂,焦及桑曆,道假房南,連月焱焱,占日用之,五星陵犯,憂在兵亂,占星惡之。傳曰:"冒以鰲,其應雪,席以龜,其應雷,入箕爲風,麗畢而雨。"又曰:"亘惟霧,沈陰沍,淳無雲,露華新。"又曰:"月中人被蓑,高壤歡歌;月中人持戈,車驟馬馳。"距年播爲詠謡,井里服習而有驗者也。其關於地者,《春秋運斗樞》曰:"月中實者地景,空者水景也。"語曰:"天鈎入月,地爲之坼;樞星摩,地爲波。"故海運潮汐,準月輪張縮。枚乘觀濤廣陵,棋在八月之望,正以金水之氣,動而有孕,則《淮南子》援以立説焉。其關於人者,方諸津水,以配玄尊,大事用之,藉以教孝。夜明設祭,姊長倫兄,拜出西門,時巡特典,藉以教弟。《素問》施鍼,按死生爲痏,循穴補瀉,藉以教仁。銅盤承液,甘潤合餌,藉以教和。攝斗建命舍,則周髀家之故步,藉以教義。六律六同,稟氣名,察清濁,藉以教信。至於孤寒夕憤,光凝蠹簡,索絢段燿,紅女代燭,故月得四十五日,藉護勤儉。生麗胎娠,十月爲算,喪服制衰,二十五月而差,藉達性情。其蝕也,捄以弓矢,縈社而鼓之,天子素服省刑,后修陰令,卿士主其適,藉勑明罰。明堂肆觀,閏月居門,旬服來祀,諸侯異位,藉張王制。群吏之守,國用常秩,月有要,百工伎藝,廩賜所及,月有試,藉稽浮沈。其尤重者,十有二番懸書,順時頒憲,則禮樂兵刑庇焉。其關於物者,牛胞黄珀,注目而吸,虎合牝牡,弇靈而瘱,犬吠其蠱,鵀尾其雛,燕來春中,雁歸秋半,熊兔蟾諸蝎蛇之屬,巢户穴突,是區高下。妊孚迕氣,或複或奇,三五啟斂,陸産所宗準也。犀肉通蔽,魚腦增損,蟹膏日稟,鰕顆日益,螺蚌函肉,鱉龜裹珠,仰觀盛衰,效其精髓,水種之承畀也。牡桂暐暐,滲華伏霸,蘆灰播圓,畫離抱珥,月繼受朔,月盡則凋,黄楊蔽节,逢閏鞠勾,曇花收光,霄霆歟實,藑茇章薈,葉謝還舒。三千餘族,難與悉舉,草木有心,無忘恩殖矣。然則月者,體尊用宏,不能具也,而固遺之,是擅離日耦也。夫歲之首至,曆法也,亦周正也。改朔所以張革,故《革》象曰:"君子以治曆明時。"而常事咸用寅正者,陽闔氣發,民析任作,子丑陽微,董仲舒所謂空虛不用之地陰所積也。顓頊之法曰:正月朔日,日月五星起於天廟,故紀月。漢大初法:月二十九日八十一分日之四十三,先藉半日月先朔見,是曰陽曆,不藉月見後朔,曰陰曆,或宜朝陰從陽,肇奠斯名,仍從月判。先王正時,所謂履端舉正歸餘,故於朔合元,通調陰陽之術,不宜得偏稱也。或謂孔子修《春秋》,書日遺月,疑於彼月維常。不知日食之書,爲月立典,食魁舉朔,起月辰所集,明食日者月也。大其用,諱其迹,猶書恒星不見,夜中星實如雨然,以是爲書月正例也。何以不揭,陰雖有美,從陽而成,所謂實予而文不予也。弟子之問公羊子也,曰"何以不月",不問"何以不日",知聖人重陰之補陽以成道矣。世稱歐人善言天數,詢其曆,乃主日而忘月。譬諸親父而忘母也;親父忘母,果學也,先其名母可也,其俗又貴女而抑男。學與俗錯,是殆别有微理,而故銜牟譎邪。

歐人之巧慧，良不得一二尋流也。（《廖平全集》第十一册第八〇七—八一〇頁）

《大同學説》既刊，學者稱之，遂有引而伸之者，馬一浮《井研廖氏之大同説》即其一也，詳云：

井研廖君季平撰《大同學説》，大旨以爲：大同者，化不同以爲同之謂也。物莫不有類，自近及遠、由小推大，始於同，終于不同。然不同之中，固有其同者焉。由一人之身推之於親黨、州里、邦國、天下，不同見矣，其均爲人則同也。由人以推之萬物，不同見矣，然俱在天地之中則同也。更由人性以推物性，由人類以推鬼神，由六合以内以推六合以外，各隨人之分量而異其景象焉。由聖賢以推至誠神化，其分量亦有數等。不同之至，實大同之至也。經傳之所謂小康者，舉王伯以爲説；大同者，舉皇帝以爲宗。王伯雖言胞與，猶未盡去其私，故爲小康；皇帝貴異而不貴同，化諸不同以爲同，故爲大同。

六經猶飲食，九流猶藥物。藥之有毒者亦能治病，故九流之言雖有所短，不可廢也；不善飲食者亦能致病。聖人猶海也，上下周流；九家猶江河，未嘗不大，不足以盡水之量也。六藝無所不包，大哉孔子，無可無不可。儒墨褊隘，黨同伐異，所以小也。皇帝、王伯並出六藝，以王自畫不可也，并攻伯亦不可也。故必去種族之界，消人我之見，而後可進於大同矣。其致用之方，在《春秋》《尚書》二經。

大同有天、人。天學可緩，而專致力於帝學。人學有王伯之别，王學可緩，切要者在伯。今中外周通，言疆域則土圭之三萬里也，於五洲則五帝之分方萬二千里，畫爲九疇則鄒衍之九九八十一也。儒家舊説專詳中國之一隅，所謂五服五千里者，不過大同三十六州中之一州耳。由《王制》以推《周禮》，由中國以推外國，其致一也。《尚書》所言皆帝學，大成一統則分用二十一歷，所謂協和於變也。

今諸國林立，無所統一。赤道以南猶屬草昧，各親其親，各子其子，會盟征伐，互相雄長，不過比于隱、桓。所謂亂世小康，一統猶未能也。凡欲致用，要在《春秋》。帝與伯雖大小不侔，然三千里者，未嘗不可爲三萬里之小影也。考《周禮》爲皇帝之書，司盟司約，君臣往來，於諸侯外交亦如《春秋》。蓋凡實據，無大小，皆有分合二局之不同。《春秋》由分而合，五洲將來必至一統。唯見當割據時代，因時立法，宜以《尚書》之帝學開拓其版圖，而以《春秋》之見局求其實用。三傳，《公》《穀》詳於經例，而於邦交、政事不如《左傳》之詳明。故三傳之中，《左》尤切要。

《春秋》爲侯後之書，安知不爲今日世界大春秋之陳法。故學宜先就三千里中外,以南北中分,方伯多在豫州。……數十條大義,詳考其與今日世局相同者,然後求諸國之史,證明經傳。如弭兵會,經也,納之會屬地使館盟約等。以今證古,以中統外,而詳考其異同、文野之分別。凡今日諸國所已行之陳事,即將來成敗得失之歸宿,皆可於經傳中得其指歸。《左傳》文繁義雅,有《大學》《詩》《易》各經説。今當分門另編爲成書,凡《左傳》所不詳而見於他書者,并取以補傳之不足。如内政之教育、用人、財政、兵制,外交之朝聘、會同、盟約、公法、行人、辭令,以小學大、以大字小,諸大綱,編爲成書。《周禮》行文五書,尤當仿其例,分門編纂,以爲周知天下之根本。《王制》《周禮》爲二經之傳記,在所必詳。至於《詩》《易》爲哲學,欲求實用者,則《周禮》《左傳》尤爲切要。將來世運變遷,必不能出此程度。大約五百年内,此法尚可通行。今之中西風氣、禮俗相反,學者遂歧而二之,不知陰陽之分、文質之别,大在中外,小在一家、一國、一物,皆得言之。《顔氏家訓》當南北朝時,一人身仕兩朝,於南北學術、典禮、音聲、體質、風俗皆分判之。今讀其書,亦如今國使館所記外國事。自中國一統一後,南北之形跡化矣。中外再數千年,安知不如中國南北之分,久遠遂化一統。此小大,當初莫不有分别,而終有小同、大同之一日。則吾中國古者南北之分,實即今日中西之界。來者之視今,亦如今之視昔,世界大同固可由中國小同而决之者。莊子曰,小有"小同異",大有"大同異",此之謂也。(《馬一浮全集》第四册第四三四—四三六頁)

《語録類編》云:

近人廖季平所爲書,頗有判教意味。初分今古,以爲《周禮》古文,《王制》今文,故不盡符合。比如鄭氏説禮,有違異處,則以屬之殷制,或以漢制説《周官》,廖氏伎倆亦無以異。繼而講小大,舉經中言小大處,如"大同""小康"之類,一一排而比之,其意以爲小者不必是惡也。最後講天人,以爲《詩經》所言,全是天事,以"聊樂我云"爲"聊樂我魂",其言乃荒誕不可究詰。廖氏雖經文熟,天資高,而不知義理,不讀佛書,向壁虛造,臆説武斷,流而爲康有爲,誤人不淺。(《馬一浮全集》第一册下第五七三—五七四頁)

五月,吳之英積勞成疾,上書尹昌衡、張培爵,請辭院正之職,並薦賢舉能。《答張培爵書》云:

院中人士,美盡西南。德行如伯春,鴻括如季雅,記室如傅毅,主薄如崔駰,輻湊轂函,謂皆翹足獨步。至於謝、劉、曾、廖,脱穎出囊,尤堪宗主關西,弁髦岷幡。(《吳之英詩文集》第二五九頁)

《辭國學院院正致尹昌衡張培爵書》云：

　　院中群才濟濟，譬入瑤林。最著者謝無量，碩學通敏；劉申叔，淵雅高文；重以曾篤齋、廖季平，淹該多方，歷年歷事之數子，佚足絕馭，負重致遠。謂喻駑馬，亦副駑牛。（《吳之英詩文集》第二六四頁）

　　臨行前，吳之英慷慨解囊，捐銀元九百元與國學院。謝無量撰聯相贈："自王伍以還，爲人範，爲經師，試問天下幾大老；後揚馬而起，有文章，有道德，算來今日一名山。"（《吳之英詩文集》第五三六頁）

　　六月初二日，作《答江叔海論〈今古學考〉書并序》，序云："叔海作此書在二十五年之前，郵寄浮沈，久忘之矣。六七年前，祝彥和云：有學生自上海歸，得黎氏《續古文辭類纂》改訂本，中有鄙人與叔海書；久之，持原書相示，方晤告者主客顛倒耳。南北天涯，未及覆答，非敢有不屑之意。語出原書。今年春于成都得《學報》第二册，再讀校改之本，二十年老友規過訂非，一再刊布，其愛我可謂至矣。行裝倉卒，未及作答。憶在京師，二老白鬚對談，酒酣耳熱，擊碎唾壺，固人生一樂也。又叔海在成都時，常約聚于草堂別墅主人張子苾，當時各有徒衆，定難解紛，每至達旦連日。子苾已故，叔海不還，吾舌雖在，久如金人之三緘其口矣。到京急欲從叔海縱談別後十數年甘苦，以相印證，乃寓京月餘，晤叔海不及半日，又生客滿座，言不及私。避囂隱遯，今又月餘。津門咫尺，飛車往還，本擬直搗大沽，流連彌月，小事牽掣，未獲如願。長夏多暇，相思尤切。由愛生慍恨，欲有所以感觸之，適原書在案，率意口占，命姪子錄之，以志吾二人交情，留之兩家子孫，作爲矜式，更藉抒離情，豈非一舉而三善哉。時癸丑夏六月初二日，井研廖平作於宣武門外皮庫營四川館東院，時年六十二，《四變記》刊本初成之時也。"書云：

　　叔海先生老棣足下：戊子大作，重入髦眸，恪誦把玩，不忍釋手。老兄博采規箴，逼成《四變》，凡屬疏遠，莫不慶歡，況四十年舊交，不吝牙慧，既刊文選，又改登報章，誨我之誠，有加無已者乎。具呈數端，以當談笑，無愊焉，惟亮之。一切繁文，皆不致覆。

　　《今古學考》之作，原爲東漢學派，本原出於《五經異義》，駁則出於鄭氏，足下所推博大精深，兩漢之冠者也。嘉道以下，學者皆喜言之，老兄不過重申其説，著爲專書，周孔之分乃大著明耳。足下謂老、墨、名、法，諸子雜家，言之蹖駁者多矣，而通方之士獨有取焉，奈何皆爲誦法洙泗，乃妄分畛域，橫相訾謷，非《莊子》所謂大惑不解者歟。按今古之分，許、鄭在前，孫、陳、李、魏在後，明文其在，作俑之罪，端在漢師。足下歸咎於我，《國粹學報》又以惠、莊二人瓜分之，實不敢貪天之功以爲己力。且足下云，漢師皆爲誦法洙泗，斥我妄分畛域。足下書中自云：馬融指博士爲俗儒，何休亦詆古文爲俗學，是猶辭章、科舉更相非笑云云，是漢師冰炭水火，足下已明言之，不能以分今古爲我之妄，固已明矣。昔南皮不喜人出其範圍，斥《地球新義》爲過創，首禍之咎，我不敢辭。至以《今古學考》爲罪，則許、鄭、陳、魏之書，何嘗不在《書目答問》中，雖投之有北，不敢首肯。即以足下大論言之，通方之士，博取諸子，博采是也，而未嘗盡去老、墨、名、法之舊名而淆混之。《今古學考》臚列今古各師宗旨，《書目》亦與《藝文志》同，何嘗有所偏倚。今古之分，亦如諸子，其原質本自不同，不能强合，亦不能强分。今以諸子皆原於諸經，《藝文志》乃妄分畛域，橫相訾謷，可乎。來書所言，毋乃類是。足下謂君子之於學也，惟求其是，譬之貨殖，或以鹽，或以鐵冶，或以畜牧，或以丹穴，其操術有不同，至富則一也。按此爲殊途同歸之說，敬聞命矣。今古之分，則同途而自相違反，故除去文字異同、取舍異趣無關門戶者不計外，專以地域、制度分，同出一原，自相矛盾。如一《王制》也，或以爲真周制，證之《左》《國》《孟》《荀》而合，盧、鄭師弟或以爲博士所撰，或以爲夏殷制，同一疆域也，或以爲方三千里，或以爲方五千里，或以爲方三萬里；如“弼成五服，至於五千”，經文本自詳明，而鄭注必解爲方萬里；《周禮》九服九千里，明文數見，與鄒衍九九八十一之說相同，鄭注《周禮》必以爲方七千里，七七四十九方千里，王占其一，八伯各得方千里者六，一牧之地，倍於天子者五，此可見之實行乎。此非空言所能解釋者，不得已乃創爲早年、晚年之說以溝通之。黃仲韜同年曾疑其說，刊入《古學考》。按《列子·仲尼篇》告顏子曰“此吾昔日之言，請以今日之言爲正也”，則孔子且嘗以今昔分門矣。同法洙泗旨趣，文字異同可解，制度之參差歧出不可解，以《王制》《周禮》同爲周制，同有孔說，使朱子之書自相函矢如此，則晚年定論奚待陽明而後作，朱子且自判之矣。仲韜如在，攻人易，自立難，就漢師言，漢師必能釋此巨疑，然後可以笑我，不然，則如筠室主人論《今古學考》云：筠室主人論刊入《亞東報》，事在十年前，至今尚不知其人也。“謹陳所疑，思慮未周，特望作者之自改。”今自改已有明說，負固不服，聊博足下莞爾。《王制》之可疑者多矣，足下單舉二事，謂簡不率教者，黜歸田里可也。放流之刑，舜所以罪四凶，若庠序造士，何至“屛之遠方，終身不齒”。考司徒簡賢黜不肖，即《尚書》之天命、天討、舉賢四等之法，優於後世之科舉。庠序既即有選舉之權，何於放流獨不許之。若以歷代舊制放流例歸法司，學校選舉，又何嘗有專行之成案。考《王制》選舉之制，亦與公卿共決之，非教官專行，放流文雖未備，可例推也。《書》曰“刑以弼教”，實則選舉亦所以弼教，賢者選舉，不肖者有放流。由教育推言之，不必皆庠序所專行，若以廣義言之，《魯頌》曰“在泮獻馘”，征伐之事，尚且干涉，更何疑放流之小者乎。又四誅不聽者，所以深罪舞文弄法之官吏，《莊子》所謂大盜負之以趨，最爲法律之蠹。附從輕，赦從重，別自一義。後世赦文附十不赦，即與此同義。言各異端，不必强同也。

足下謂：西漢博士，勝既非建章句小儒，破碎大道，建亦非勝爲學疏略，難以應敵。嚴彭祖、顔安樂俱事眭孟，質問疑義，各持所見，孰爲師法。按西漢博士之弊，舊撰《經話》中曾列數十條，其中不無小有異同，正如足下所列曾子、子游之前事。八儒分立，宗孔則同。勝爲嚴守舊聞，建則推廣新義，嚴、彭傳本偶有出入，更不足計。所謂家法，即足下洙泗二字。今、古戰争，端在孔子、周公，孔則爲新經，周則爲舊史，孰今孰古，一望而知。故古學主周公，凡涉及孔子，即爲破壞家法；今學主孔子，必如古學之主周公，乃爲破壞家法。由是以言，則一爲佛法，一則婆羅門，別有教主。平分兩漢，今學則東漢尚有流傳，若古文，西漢以上全無所見，即《白虎通義》全書不過二三條，鄭説大行，乃在魏晉以下。足下乃慮博士之家法不可考，過矣。以漢師家法比今之功令，近於譴矣。至以利禄鄙漢師，更不敢强同。利禄者，朝廷鼓舞天下妙用，古今公私學説，其不爲噉飯地者至尟矣。漢之經，唐之詩賦，宋之心學，明之制義，下至當今新學，同一利禄之心，特其學術不能不有等差。武帝之績，出於《公羊》；宣帝之功，成於《穀梁》。朝廷立一利禄之標準以求士，士各如其功令以赴之，同一利禄之心，而優劣懸殊，不能尊王曾而鄙宋祁，以沙彌乞食爲佛法大乘。史公之歎利禄，蓋深慕武、宣善養人才，不虛擲其利禄之權，預料後來所不及。足下乃因利禄而鄙薄其學術，以爲不足重，恐非史公之本旨矣。原書稱漢師皆爲“誦法洙泗”。按“洙泗”疑當作“周孔”。西漢以上，博士説經全祖孔子，並無周公作經立教之説，謂博士誦法孔子可也。至東漢，古文家以周公爲先聖，退孔子爲先師，《周禮》《左傳》爲周公專書，下至《爾雅》，亦以爲周公作。其派孤行兩千餘年，如兩《皇清經解》，雖取消孔子，大致亦無所妨礙。劉歆所得，以《周禮》《左傳》爲主，古《書》《毛詩》皆由二書推説之。故凡馬、鄭傳注於博士明著之條，無一引用，故專詳訓詁而不説義。如古文《書》《毛詩》傳箋無一引用《王制》明説者，可覆案也。

足下謂我崇今擯古，以《周禮》《左傳》爲俗學云云。案《學考》平分今古，並無此説，此乃二變康長素所發明者，非原書所有。舊説已改，見於《四變記》中。足下以漢師同爲誦法洙泗，舍周公而專屬孔子，與扶蘇諫始皇同，專主孔子，不及周公。此説乃與二變尊今抑古，把臂入林，與鄭學大相反對者也。

足下以康成之學，博大精深，爲兩漢冠。按兩漢分道揚鑣，亦如陸車水舟,其道不同,各尊所聞,何足以較優劣。如謂康成後出,集古文大成,爲古文家之冠,庶乎不誣。考前人謂康成混合古今,變亂家法,指爲巨謬,我久不主此説。如謂康成《詩箋》兼采齊、魯、韓云云,試問何據,則皆據文字立例,屬魯、屬齊、屬韓,皆是影響,不知古今異同,端在制度師説,不指文字。兩《經解》毛、鄭同異之作最多,枝離依附,枉耗神思。至於三家制度師説,鄭君實無一字闌入,不得謂其混合也。案,鄭君一生安心定命,以《周禮》爲主,《左傳》爲用,而推廣於《詩》《書》,其説《詩》《書》,必牽合於《周禮》,故經文之五千里必强説爲萬里,此正其嚴守家法、不參別派之實據。考《禮記》一書多屬博士所主,以家法言之,鄭君不注此書可也,乃博遍通群經之名而牽連注之,故於《王制》則以《周禮》之故不得不排爲夏、殷制,於一切文義皆必求合於《周禮》,雖與經文顯悖亦所不辭;於是以《周禮》之説竄入博士,博士明條附會《周禮》,合之兩傷,以致成此迷罔之世界,其罪不在劉歆之下矣。使其果欲旁通,今學之書專用博士,《周書》傳記專詳古文,離之兩美,豈非兩漢經師之冠。惜其忠於《周禮》之心太切,遂致倒行逆施,使其説無一條可通,無一制能行。如《周禮》封建尤其一生著力之中心點,乃創爲州牧地五倍於王之盲説。大綱如此,其餘可知。此説雖駭人聽聞,然不直則道不見。凡舊所條列鄭誤各件,如有精于鄭學者實能通之。解釋所疑,則即取銷此説,非敢故與古人爲難也。

　　足下又謂:自王肅、虞翻、趙匡輩妄加駁難,吹毛索瘢,本無深解,不揣冒昧,以爲鄭君自無完膚,何但毫毛。今且以《周禮》論之:《大司徒》土圭一尺五寸以求地中,康成明注爲三萬里者也;日南日北日東日西,鄭君《尚書緯》《孝經緯》注明以今西人地球四游説之者;九服九州爲九千里,九畿九州爲方萬八千里,此經之明文,鄭君所深解,乃因蠻夷鎮三服合稱爲要之一孤證,遂改九服爲七服,以七七千里立説,至諸侯大于天子五倍,非喪心病狂,何至如此荒謬。竊嘗推原其故,而歎鄭君之不幸不生於今日,而生於漢末也。《周禮》本爲《尚書》之傳,爲皇帝制法,《河間獻王傳》以爲七十弟子之所傳,孔子俟後聖之新經,非已行古史、周公之舊作,故經傳師説與今地球相合者,不一而足。古文家法不主孔子,不用立言俟後宗旨,皆以史讀經,指爲前王之陳迹。春秋之時,地不足三千里,用夏變夷,乃立九州;海禁未開,地球未顯,就中國言,中國何處得此三萬里、九千里之地以立九州乎。故明知經文實指三萬里,實爲地球四游而言,不敢據以説《周禮》,此鄭君一生致誤之由,皆在以《周禮》爲古史、周公之陳迹誤之也。《周禮真解凡例》已詳,今不具論。近代宏博,以紀、阮二文達推首,二公皆不信地球周員四面有人之説,今日則乳臭童子執地儀而玩,周游地球昔日不乏人。就此一事言,二文達其智未嘗不出童子下,然不能因此一事而謂童子之學勝於二公。鄭君使生於今日，再作《周禮》注，地球得之目見，於以發揮其舊日之所聞，必不肯違經反傳，舍目見之明證存而不論，而向壁虛造此無稽之誣詞，此固可信者也。鄭君不幸不生於今日，然我之撥正必爲鄭君所深許。蓋今日之形勢鄭君非不知之，而無徵不信，鄒衍徒得荒唐之譏，故不敢不遷就當時而言，不能爲鄭君深咎者，此也。

　　憶昔治三傳時，專信《王制》、攻《左氏》者十年，攻《周禮》者且二十餘年，抵隙蹈瑕，真屬冰解。後來改《左傳》歸今學，引《周禮》爲《書》傳，今古學說變爲小大，化腐朽爲神奇。凡昔年之所指摘，皆變爲精金美玉，於二經皆先攻之不遺餘力，而後起而振救之。伍氏曰"我能覆楚"，申氏曰"我能興楚"，合覆興於一身，以成此數千年未有之奇作，説詳《二變》《三變》，無暇縷述。每怪學人不求甚解，以迷引迷，如兩《經解》者，大抵諛臣媚子，不顧國家安危，專事逢迎，飾非文過，盲人瞎馬，國事如此，經術亦何獨不然。古今學者，大抵英雄欺人，一遇外邦偵探，未有不魚爛瓦解者。琴瑟不調，必須更張。竊謂自有《周禮》以來，綢繆彌縫，未有如今日者。嘗欲挑戰環攻，以判堅脆，舊事已矣，再約新戰，特不可自蹈不屑之教誨。量有大小，不能不慍，且並以此外交情。前呈《四變記》，即作爲二次戰書可也。足下云：決別群經，悉還其舊，誠一大快事。雖然，吾生也晚，冥冥二千餘載，何所承受取信，徒支離變亂，而卒無益於聖經。又云：務勝人，斷斷焉以張徽志、爭門戶云云。群經事業，其艱巨奚啻填海移山。二千年名儒老師，其敗覆者積尸如麻，欲以一人之身擔負此任，真所謂以管窺天，以蠡測海，無功有罪，一定之理。誠爲愛我之深，規我之切，雖至愚亦必感動。然足下所云，智叟之見解，老兄所懷，則愚翁之志嚮。一意精誠，山神且畏之，而請命於帝。昔生公譯經，知眾生亦有佛性，倡立此說，而下卷未到，群起攻之，乃求之頑石，得此靈感。方今共球大顯，生此時代，不似文達以前囿於中土，無世界觀念，又中外互市，激刺尤多；古人竹簡繁重，一冊盈車，今則瀛海圖籍，手握懷卷，前世所謂荒唐之虛言，今皆變爲户庭之實事。此鄭康成求之而不能得者也。中國歷代尊孔，雖古文主周公，事未實行，反動力少；今則各教林立，彼此互攻，乃逼成一純粹尊孔之學說，此又唐宋以下求之而不得者也。昔因《王制》得珠，略窺宗派，誓欲掃除魔障，重新闕庭；棄官杜門，四十年如一日，己卯前頭已白。在子苾處，瞿懷亭診脈云："不可再用心。"至今日頑頓如故，又我之幸也。三傳已刊，《詩》《易》稿十年前已具，因近改入天學，未及修改；見方再改《尚書》《周禮》舊作，先刊有《十八經凡例》。至於《四變記》成，心願小定，即使今日即死，天心苟欲大同，則必有嫗婦稚子，助我負土；即使事皆不成，説皆不存，行心所安，付之天命。足下相習已久，初何嘗有求名邀利之見存。所謂"張徽志"者,不得不張;"立門户"者,不得不立。劉申叔以我近論尤動天下之兵,風利不得泊,亦處于無可如何之勢。昔湘潭師與人書,每云"大人天恩,卑職該死",借以解紛,静俟雷霆處分。相見不遠,再容面罄。(《廖平全集》第十一册第六三七—六四四頁)

同月,致函康有爲。自識云:"是書囑陳博士轉寄,未審達否。但鄙見如是,坿刊諸此,與海内人士公論之。平識。"函云:

　　長素先生足下:得某日回書,悉台端病留醫院,未遂安痊,不勝懸念,伏乞珍重爲道,是爲至禱。來京即託友人呈拙著作二册,意在求證高明,斟酌可否,來函並未提及,不審前寄浮沉,抑醫院中不欲以文字相擾,故未蒙溜覽耶。在京撰《孔教會序》,於尊旨頗有異同,曾呈任公託寄商訂。昨陳博士來京,聞其轉述足下宗旨,以爲小康有君,大同則無君,不審此足下昔年之論,抑至今猶未改者。夫小康七人從禹始,則大同直指堯舜矣。五帝雖官天下,然堯讓舜,舜不能不謂君,舜禪禹,禹受命則不得復爲臣。然則謂小康、大同分家天下、公天下可也,謂大同以後遂無君不可也。君與民本對待之稱,直言之,同爲人。謂大同以後無君,則將謂大同無民可乎。不能同謂之人,特别有民視、民聽之小名,則舜禹之爲君,固不能取締。且無論二帝也,上之三皇五天帝,更推之至尊之上帝,皆不能不統於一尊。《莊子》"君臣之義,無所逃於天地之間",雖下至神鬼禽獸且然,而况於法律學説之人。蓋嘗推論世界進化之理,以爲中國文明最早,當孔子三千年前,爲單獨之君權,一人暴属於上,較土司、酋長爲尤甚。夏日炎威,鑠石流金,民不堪命,相激而成單獨之民權,如湯武之革命,曰聞一夫紂,未聞弑君,一時如釋重負,安享幸福,此秋日之和也。積陰不已,變本加厲,履霜堅冰,窮陰酷寒,裂膚墮指,雖與君權如水火冰炭之不同,積久弊生,爲害則一也。物窮則變,説者乃兼取其長,並去其短,化二者單獨之原質而冶爲一鑪,有所謂共和者,則爲年表所託始。單純君權、民權共和皆在春秋前,爲已過之態度,《論語》所謂"成事不説,已往君權,夏。遂事不諫,已往民權,殷。既往不咎",已往共和:周。大抵皆爲野蠻時代事實,如八排黑蠻土司諸記,歷史各外夷列傳,言不雅馴,不可爲訓,古史闕文,聽其燬銷,以爲亂世作經,撥正以俟後聖,接輿所云"往者不可諫,來者猶可追",此之謂也。故《春秋》之所非譏,皆當時之所風尚,積長增高,後來居上。即以王伯、小康論之,如《春秋》《王制》君不獨君、民不獨民,點化淘融,渾然無迹,此君民二端,前史後經,所以有天淵之差别,萬不可同年而語者也。《孟子》云:"不揣其本而齊其末,方寸之木,高於岑樓。"今吾子乃以共和以前民主指爲大同,遂謂大同可無君,又作虛君等説,真属認賊作子,不免衆生顛倒矣。足下《十一國游記》中，於海外革命原委利害言之詳矣，君權專橫，民不聊生，一如陳勝、漢高，別無生路，男婦老幼，舍命反對，以要幸福，物窮則變，天道之常，亦人事自然之準。西人革命，自圖生存，爲世界進化必經之階級。吾國數千年前湯武革命，何嘗不如此。直謂西人之革命師吾國學説可也。路索、孟得斯鳩等因時勢以立言，當時不顧生死利害，以先覺覺後覺，吾愛之重之，以爲造時勢之英雄。凡欲立一學説，挽回風氣，非有此堅強剛毅之魄力不能有成，匪特不薄之，更將師之耳。然天下無不敝之法，三統循環，文質相救，一定公理也。君權積久而敝生，足下既言之矣。民權之流弊，海外碩輔耆儒，身受激刺，創深痛鉅，而莫可如何，其太息痛哭，不少賈生之言論，足下亦既聞之熟矣。夫人方思深憂遠，痛改良之無術，我乃不問國勢、不問民情，與夫得失利害，茫茫然蒙虎以羊皮，斷鶴續鳧脛，亦至無當矣。足下素知，無俟縷呈，惟足下推中國爲專制，謂大同爲無君，不啻爲虎作倀。變法足以強國，至今日圖窮匕首見，路人相責，無可文飾。足下如欲挽救，則當深自引咎，如陸宣公草詔罪己，痛陳前日誤説，以啟同人之悟，徐圖桑榆之收，不宜人未能信之時，急急刺取外政，以一人之見，斟酌損益，定爲章程，自行挑戰，殊爲失計。夫章程之得失不足慮，必先求開誠布公，守法奉行之人，無論子之草案未是也。即使如《呂覽》一字不可易，而謂能使兩院通過乎。且今日之大患，不在無法，在乎立法者之太多。代議制人人有發言權，不論是非，多數取決，一國三公，何所適從。外國可行之法，移之吾國而無效，地勢使然。縱使必襲外政，主張言論，必痛陳中外不能相襲之故，簡切顯豁，使人有信心起疑慮，然後可以進謀用中可，用外亦未嘗不可。今吾子所擬草案，與兩院所主，乍合乍離，大同小異，執薪握脂以救火，携石牽繩以救溺，以熱益熱，以寒益寒，辨淄澠，審商羽，在足下或以爲同牀異夢，而不知夢中又夢，將無已時也。吾人立説，當鈎深索隱，發微闡幽，不宜人云亦云，隨聲附和，以自託於識時務之俊傑。不然，路、孟二氏使當日從同，則亦無今日之馨香俎豆矣。相望甚深，乞勿河漢。總之，就陳博士之説推之，足下在誤認屯蒙單獨之民權以爲大同，中間有數等必經之階級，不可躐等，不能飛越。若以諸黨角立，標金錢權力之資格，與有天下而不與聞，得天下而辟逃，君愛民如赤子，臣喪君如考妣，其相去豈非有天淵之別哉，奈何堯、舜、桀、紂同一視也。足下喜言《公羊》張三世例，以太平爲《春秋》之大同，不知此乃《書》《詩》師説，非三千里可言。又《公羊》大一統之義，本以年月日言之。王陽習騶氏《春秋》，以爲大一統者，六合同流，九州共貫，内州州爲九宫、十干，外六合爲十二支、十二月。騶氏即鄒衍所傳海外大九州學説，本於《洪範》五紀，不可專據《春秋》言之。又《公羊》本國、諸夏、夷狄、周

召分陝而治,周公東征西怨,新周王魯,故宋絀杞,皆爲《詩》説,先師借用
之,非本經專條也。日前晤任公,嘗笑足下引孟子爲孔子大同嫡派,但據
"國人""寇仇"二句,而不引"臣視君如腹心"一義,未免偏而不全。今特
撰《君民九等資格表》證明鄙説。倉卒命筆,疵漏甚多,更望引而進之,是
爲至盼。專此敬覆,並候撰安。(《廖平全集》第十一册第八三五—八三
八頁)

顧印愚卒,黄華《記晚清詩人顧印伯先生》云:

昔張文襄公督楚,幕府號稱多才,如梁節庵鼎芬、易實甫順鼎、陳石遺
衍、程子大頌萬、顧印伯諸君,一時並稱,俱以詩鳴,篇什流布,爭相傳誦。
二十年來,惟石遺僅存,餘子已後先謝賓客。就中印伯先生身丁國變,流
離瑣尾,佗傺以没。蓋先生爲不幸者已。……先生以咸豐五年生於官署,
弱歲肄業尊經書院,受《毛詩》於王壬秋,與綿竹楊叔嶠鋭,戊戌六君子之一。
齊名,並稱楊顧,南海譚叔裕先生宗浚督蜀學,刻《蜀秀集》,最稱二君。光
緒己卯舉於鄉,八上春官不第。以大挑官洪雅訓導,越二年,改知縣,需次
湖北,始攝漢陽,尋除武昌。光緒癸卯,奉文襄檄,赴日本考察學務,事竣
歸鄂,充鄉試同考官。宣統二年,調署武昌府通判,官清事簡,益以詩酒自
遣,嘗與節庵、子大諸人雅集,各鈔所爲詩,竟夕成册。屬汪鷗客洛年製《相
館鈔詩圖》,各限閒山韻題詩,因組閒山社,賡和未已。辛亥革命,先生處
危城中,其門人寧鄉程康,字穆庵,默叟之子,子大之侄。以救濟會船兩迓,先生
還書,惟以次子楚寶相託,堅不肯出,終亦無恙。事定,仍居武昌,賃廡平
湖門迤東菱湖之濱,明月橋南,石步臨水,樓眉貯書室之一隅,取《詩·豳
風》"塞向瑾户,入此室處"意,榜曰塞向宧,自署曰塞向翁。自辛亥九秋
至壬子之春,寂寞宧中,八九絃望,成《塞向宧雜詠》六十首,繫以小序,時
太夫人健在,故詩序中有"樹菱堂北,樂且忘憂"之語,顧閉關戢影,齎橐
彌影。餐素維艱,幾無以供菽水。歲臘,從弟桂生先生歸愚力趣北游,明年
六月疾作,卒於舊京,得年五十九歲。太夫人居武昌,以高年龍鐘,家人秘
不令知,偶然憶及,則飾辭以對,如是者數稔,直至老病彌留,卒未悉噩耗
也。癸丑冬,返葬武昌洪山之原,有子二人。(《中央時事週報》一九三五
年第四卷第十七期)

劉師培返江蘇,國學院院正由曾培擔任。年底曾培堅辭,國學院停辦,
僅存四川國學館。劉師培《與廖平書》云:

穆穆清朝,白駒遠逝。瞻望弗及,實勞我心。每誦采蕭,輒增慨嘆。
龔生至止,就訊興居,云便結驂,徑旋益土,西人慕德,童冠宣風,高堂詠

歸，洋洋盈耳，是道之竟未墮于地也。文王既歿，剛柔始交。山梁之秋，仲尼所慎。玄業未遠，宜有斐然。七十從心，庶豐此慶。某不敏，進思黃髮之詢，而退懷索居之恥。常恐隕歿，犬馬齒窮。既竭吾才，仰鑽官禮。深惟大義，欲罷不能。每用悼心，坐以待旦。興言攻錯，思我九皋，輒誦鶴鳴。簡縣胡生，升堂睹奧，可與適道。今也其人，三臺陸生，師聲分明，約之以文，亦可弗畔。西南有美，乃睹連城。願勗日新，以光大業。老子有言，知我者希，則我貴矣。臨書不盡，可並示之。（《左盫外集》卷十六）

蒙文通《廖季平先生與清代漢學》云：

憶昔初見劉師，師詔之以初學治經，但宜讀陳喬樅父子書。經術有家法，有條例；《詩》《書》者有家法，無條例；《易》《春秋》者有家法，有條例。廖師於陳氏書又抉擇其冗而無關於大體者，於《春秋》又抉擇其孰爲後師據文推衍者。嗚呼，廖師又宏遠矣。世之言今古學者攻訐如仇讎，惟劉師與廖師能相契。劉師之稱廖師曰："洞徹漢師經例，魏晋以來未之有也。"惟就經例以窮漢學，故廖劉相得而益彰；舍經例而言漢學，爭今古，由賢者視之，則蛙鳴又何辨乎公私。劉師推清世考據學風之起，以爲始於明末之楊升庵、焦弱侯。（《國風半月刊》第四期第三七—三八頁）

重訂己亥所編《四益館經學叢刊目録》爲《四譯館書目》。因四變乃改四益爲四譯。先生跋云：自四變之後，頗有異同，略爲删補，編爲此冊。並擬將其序、跋、凡例彙爲專書。後因故未果。所删者有：

《詩》八種：《詩緯古義疏證》、《詩緯經證》、《樂緯經證》、《董子九皇五帝二王升降考》、《顛倒損益釋例》、《序詩》、《文質表》、《詩經釋例》；

《書》四種：《禹貢驗推釋例》、《尚書記傳釋》、《四代無沿革考》、《尚書王魯考》；

《春秋》五種：《春秋比事》、《三傳賸文》、《春秋驗推》、《穀梁釋例》、《王制圖表》；

《禮》十種：《儀禮經傳備解》、《饗禮補釋》、《鄉人飲酒禮輯補》、《十等禮制表》、《兩戴記補注》、《大戴補證》、《大統加八表》、《古周禮糾繆》、《周禮紀聞》、《三禮駁鄭輯説》；

《論語》一種：《論語輯證》；

子類二十二種：《家語溯源》、《尸子經義輯證》、《陰陽彙輯》、《群經灾異求微》、《陰陽五行經説》、《公孫龍子求原記》、《名家輯補》、《國策今證》、《長短經箋》、《司馬法經傳新證》、《墜形訓補釋》、《八星之一總論説》、《九流分治海外考》、《家學紀聞録》、《家學求原記》、《覺覺篇》、《三游紀略》、《太命釋例》、《太一下行九宮説例》、《蔣法辨謬》、《地理辨正疏補正》、《顛倒順逆釋例》；

《爾雅》二種：《爾雅釋例》、《爾雅犍爲舍人注校勘記》；

經總五種：《古緯彙編補注》、《諸緯經證》、《經學求野記》、《經話》、《古今學考》；

史類八種：《兩漢經説彙編》、《五極風土古今異同考》、《皇帝政教彙考》、《釋周》、《海外用夏考》、《全球古今政俗考》、《帝繫篇補釋》、《四益館史論》；

集部六種：《四益館五經義》、《四益館駢文》、《師友辵音》、《雙鯉堂課鈔》、《漢四家集注》、《讀選札記》。

總計七十一種。所補有：

《易》二種：《説易叢鈔》四卷、《天官經説》四卷；

《詩》八種：《詩本義》六卷、《詩經提要》、《詩比》四卷、耿樹憲同撰。《賦比興釋例》一卷、《穆天子傳》一卷、《楚辭新解》、《列莊上下釋例》、《内經三才學説》；

《書》五種：《尚書十篇中候十八篇考》二卷、《五運六氣説例》二卷、《五紀釋例》一卷、《五行釋例》一卷、《書人學格光説》；

《春秋》四種：《大統春秋凡例》、《董子繁露補説》二卷、《左氏群説師説考》二卷、《左氏天學考》四卷；

《禮》七種：《大學古本注疏》一卷、《中庸注疏》一卷、《禮運三篇經傳合解》一卷、《學校議院考》二卷、《周禮辨微》一卷、《周禮書傳非舊史考》、《古文説證誤》；

《樂》一種：《理學求源》一卷；

《論語》四種：《道德發微》、《道藝説》、《小大天人學考》、《待行録》。己酉年本《四變記》有《俟聖編》，疑即此書。

子二種：《靈素皇帝學分篇》、《靈素陰陽五行家治法考》；

小學十種：《孔氏古文考》、《秦焚字母文考》、《中國一人例》、《天下一家例》、《推人合天例》、《九官釋》、《釋公田》、《釋射》、《釋車》、《釋五服》；

經總七種：《六藝六經合爲十二經考》、《古史皇帝篇經説》、《孔子繙經考》、《白虎通訂釋》、《五經異義釋》、《古經彙解》二卷、《群經天文考》二卷；

史二種：《王莽行經考》、《戰國諸侯始行經術考》；

集一種：《楚詞疏證》。

共計五十三種,中三十二種無卷數,已刊者《大統春秋凡例》《楚辭新解》《禮運三篇合解》三種,有稿者《道德發微》《中庸新解》,有名字變易者《孔氏古文考》《秦焚字母文考》《孔子緟經考》。

六月十七日(陽曆七月二十日),《中外比較改良篇序》《哲學思想論》《灾異論》《坊記新解序例》及廖師政編《家學樹坊》、先生評日人丹波元簡《脈學輯要評》刊《四川國學雜志》第十一號。

七月十九日(陽曆八月二十日),《孝經學凡例》、《坊記新解》、《王制集説》(續)、《史記無其德而用其事説》、《洪氏隸釋跋》及評日人丹波元簡《脈學輯要評》(續)刊《四川國學雜志》第十二號。

秋初,出京赴滬,滯留彌月,嘗偕龔煦春往訪名妓傅彩雲,時彩雲已老。近人曾樸爲彩雲作《孽海花》,書中人名,大抵有所射影,如唐猷輝即康有爲,繆寄坪即先生。然所記諸事,皆非在滬情形,如:

> "上回有一個四川名士,姓繆號寄坪的來見,他也有這説。他説:孔子反魯以前,是《周禮》的學問,叫做古學;反魯以後,是《王制》的學問,是今學。弟子中在前傳授的,變了古學一派;晚年傳授的,變了今學一派。六經裏頭,所以制度禮樂,有互相違背,絕然不同處。後儒牽强附會,費盡心思,不知都是古今學不分明的緣故。你想古學是純乎遵王主義,今學是全乎改制變法主義,東西背馳,那裏合得攏來呢。你們聽這番議論,不是與劍雲的議論,倒不謀而合的。英雄所見略同,可見這裏頭是有這麼一個道理,不盡荒唐的。"龔尚書道:"繆寄坪的著作,聽見已刻了出來。我還聽説現在廣東南海縣,有個姓唐的,名猶輝,號叫做什麽常肅,就竊取了寄坪的緒論,變本加厲,説六經全是劉歆的僞書哩。這種議論,才算奇辟。劍雲的論《公羊》,正當的很,也要聞而却走,真是少見多怪了。"(《孽海花》第七三頁)

八月,倮師政將尊經題目以外者所記存題目編爲《四益成經學穿鑿記》二卷,序云:

> 海内讀四譯書者,每苦不得門徑。蓋自考據、義理二派專行已久,學者先入爲主,於四譯新解輒多扞格。故初學尚易領悟,所謂"甘受和,白受采";從事漢宋工深者,轉多迷罔,非先除蕩積淤,不足以啟信從。四譯二十年前襄校尊經,當時應課者常二三百人,分經立課,用志不紛;每課題目,由數十道以至百餘道,率皆大例巨疑,經衆研究,堅確不移者,乃據爲定説,否則數變或數十變而不止。凡所推究,又皆艱巨,自古所望而生畏、率知難而退者,今則合數百人之心力,精研數年之久,所以敢犯前賢不敢

犯之險，發自古不能發之覆。四譯二變，皆群策群力、集思廣益，而後有此成效。《二變記》一本，詳列尊經課藝題目及諸同學姓名者，此也。七級寶塔，由一磚一石集合而成，所有磚石，又皆新廠新法特別製造而成；若以舊來破磚泐石相比較，其不能相合也宜矣。當時以題多難於鈔錄，間預刊印給發，今存者猶近百頁，書局所云“尊經題目”是也。一人不能作多題，因有此目，或餘日補考，或據目與同經別題相商，或又據目與別經研考交通之條。後來後學，雖離群索居，得此一冊，研究疑難，已不啻石渠、《白虎通》之抗議；良工作室，群鳥託處，成效大驗，卓著鄉邦矣。凡治經之道，由疑生悟，大疑大悟，小疑小悟，不疑則不悟。經文簡奧，音訓疏説，鐵案如山，凡屬枝節，略有推敲，稍涉繁艱，群焉慴息。故學子之讀經書，每如沙門之誦梵咒，惟求口誦其文，不必心了其義。或且專主平庸，一見能解，治經之書，以此爲名者多矣。轉鄙精研，以爲穿鑿。讀不能疑，疑不求解，經術沉晦至今，所以成此國勢。凡欲成官室器用，孰能舍穿鑿。若舍穿鑿，則匠失其巧，純任自然，則道家之無爲，豈匠人之職哉。此篇大疑數百，小疑數千，濬聰明，啟神悟，磚石原質，皆可把玩，積長增高，成其寶相。熟此難端，再讀四譯編成專書，則煥然冰釋，怡然理解。竊以《翻譯名義》《佛爾雅》比之，蓋四譯持規執繩，鈎心鬬角，斧鑿痕跡，多在此中；非此不足以判新舊、別真僞，亦所謂消文而後解義，因小而後推大。昔人云：“鴛鴦繡出憑君看，不把金鍼度與人。”繡固非一鍼所能成，然謂之非鍼，則固失其名實矣。今除尊經已刊外，再補以題目記存，編爲二卷，以爲入門初級之書，名之曰“經學穿鑿”。四譯恃此而成，學者因此而奏巧。如野人食芹，而甘公之同好。然則穿鑿者，固亦學者所不能廢也。癸丑秋八月，侄師政編成識此，願以推之同志者也。（《廖平全集》第十五冊第四〇三—四〇四頁）

　　先生在滬，成《孔經哲學發微》二卷，並作凡例。後因兵事留歇，中秋乃議赴曲阜參加孔教會第一次全國大會。道中寄書謝無量，希其序之，函云：

　　僕所造《孔經哲學發微》，義皆新拔，將求人攻難，非以自樹也。生平治經，其説凡四變。一説纔動，聞者相怪議。及共口談，往復利鈍，略至相化，後竟用僕。僕誠樂與世流通，如鄭君之付子慎，郭象之資子期，但有知吾心者，政不必謂自僕出耳。往以《王制》説《春秋》，有二伯、監大夫，時人嗤然，久漸融達，無謂非是者。今益將抉小大之觀，窮天人之變，故《周禮》治三萬里，象今之天下，有聖人起，當調變於冰燠，通南北之氣，土圭可立，埶中之道可行，此經術之驗也。僕此説出，世人必更出力排詆，僕猶卒冀其悟，如曩諸説，蓋嘗約其語於《發微》，惟吾子序而傳之也。（《廖平全集》第三冊第一〇五九—一〇六〇頁）

　　先生在滬,嘗囑劉師培爲《孔經哲學發微》作序。劉師培《廖氏學案序》
跋云:"去秋在滬,屬作哲學史序,惟書名弗雅馴,故易稱《廖氏學案》。不知
尊意以爲何如。"序云:

　　　　廖氏學案者,井研廖平諸弟子所輯師説也。書凡一卷,序其岿曰:自
　　蒼姬訖録,赤兑膺圖,庠序設陳,七經宣暢。扶風便秩於魯、齊,淡長諍訐
　　於今古。發藏屋壁,斯諦從周;考瑞端門,因宣王魯。至於經邦要典,地域
　　廣輪,牧伯之制既歧,畿服之名靡准。藩垣屏翰,巨君儳之而未周;甸采要
　　綏,弘嗣通之而自貿。樞緘東觀,晦結南宫,錯綜前聞,參差綿歲。廖氏德
　　亞黄中,智膺天挺,綜緒曲臺,聞風石室,慨洙泗之邈遠,悼禮樂之不舉,退
　　脩玄默,摶心六學,即《王制》而甄三傳,援官禮而徹七觀。嗣復景迹韋
　　編,宣靈始際,契坤乾於殷道,協《雅》《頌》之得所。覃精三紀,成書百表。
　　以爲縣古芒昧,綱紀夌遲,九流之軫未宣,六書之明翳察。孔子推集天變,
　　却觀未來,爰作六經,以俟後聖。託小包大,守約知詳,始於《春秋》,終乎
　　《詩》《易》。老、墨縮其初終,皇、霸樞其始極。推放准於四海,制瀍通於
　　百世。古以託始,特因事以寄文;制弗空生,必應時而顯用。殊方所以會
　　軌,異代於是率繇。察上下而極幽明,應變化而通殊類。治有廣狹,故損
　　益異宜;紀有後先,故質文遞進。信乎蠲歷世之疑,極尊聖之軌者矣! 若
　　夫周合群籍,沙汰衆學,探綜圖緯,鋭精幽贊;抗六典之崇奥,齊百家之雅
　　語;執節掌握之間,正度胸臆之際;釋彼鈎鍵,通其流貫;各春部居,伴成坿
　　類。閲一孔以總萬物,即共理以屬同條。契會歸於殊途,合節符於既析。
　　堅者喪其墨守,辯者息其矛伐。景君奥集,愧斯瞚眇;洼丹通論,遜是幽
　　玄。昔北海箋經,洽比《周官》之誼;洪休稽古,耀光魯壁之文。咸通六藝
　　之歸,用成一家之業。以此方之,其詣一也。兹復牁柭弘綱,綴述大略,揭
　　科表識,鱗次相承;等君山之《序志》,譬淮南之《要略》;所以明統紀之宗,
　　求尋婚之易也。惟是奇觚異衆,孤管嘘咮,太常之讓未興,聖證之爭斯集。
　　河漢無極,肩吾驚其逕庭;玄素異尚,子雲惜其覆瓿。儃連傃隱之譏,寥落
　　鈎深之契。竊以運有定次,雖變可知,見於未萌,體於未顯。孔子將聖天
　　縱,應期命世,鈎劾紀録,准萌纖微;援河洛而考禎符,序命曆以鈎文曜,用
　　是立象盡意,察數究機,調暢萬物,瞻言百里,步遠邇之殊同,極成敗之符
　　驗。遂知來物,具鑠前徵。至於孕育殷周,甄陶虞夏,絋維垓極,經緯天
　　人,集鳳麟之嘉休,通魚鳥於窹寐;自非綜厥幽微,未易質其毗驗。方今景
　　命聿新,孔業淑著,謹彼庸青,侚其矩度。雖聆言而成理,實叩實而易竭。欲
　　弘經軫,貴極聖功。若必逞隅曲之觀,馳域中之智,則是《中庸》非讚聖之
　　書,鄒衍息譚天之論也。域井鼀之語海,慕樊鷄之搶榆;無資式古之功,徒

陷守文之惑。師培少耽古學，粗綴津緒，蜀都於役，獲奉清塵，降德忘年，屬製弁首，因綜述全書大恉，以告讀者。儀徵劉師培序。（《廖平全集》第十五冊第三六一——三六二頁）

八月十七日，作《孔經哲學發微凡例》。

八月二十七日，謝無量作《孔經哲學發微序》，略云：

昔天生仲尼叡聖，還轅於魯，乃定經術。於是鴻筆於《詩》《書》，修起《禮》《樂》，制作《春秋》，以爲後王之法。故曰"其諸君子樂道堯舜之道與，未不亦樂乎堯舜之知君子也"。夫告往而知來，當須之乎百世，苟非其人，道不虛行，而董仲舒、何休猥曰漢德之符云爾。嗚呼！其今猶未知厥辰，何古之與。有當世井研廖君，博聞人也。初明《公羊》，漸關通群經，至老勿倦，凡素王之道，昭遭於心，嶷然而不滯，炳然而大成。世之爲學者，或好君之小數末慧，爭取之衒名聲，馳騁自得，而莫能宗君之大道。歲癸丑，君抵燕趙，泛於江淮，卒乃濡滯上海者彌月，出一文曰《孔經哲學發微》。於是山東曲阜縣以八月孔子生日，大會四方之士，來祭廟林，君走會之，道中送書。……今觀君所著《發微》，一曰尊孔總論。謂春秋以前，字若繩紐，孔子正名，乃制六書、翻經，爲孔氏古文，而舊之史文，便從闕廢。二曰撥亂。人服禮化，各有倫等，爲設六位，以別禽獸。肇乎野人，終於聖域，因其成德而爲之分。故瀛土之士，未離質野，當廣孔氏之教，有以正之。三曰貴本。《大學》修身爲本，以喻褒聖臨世。天下既平，一日克己，四海歸仁，精感神明，乃能止定靜慮，行先知後。始終之道，蓋與舊說夐乎異焉。四曰流演。諸子九流，皆出經術，乃各明其一方，實非立乎二術。五曰立言。六藝各有疆畛，與時偕行，不徒爲中國，取效朝夕，名物之號，異實同名，在善分別，乃無不貫。六曰小大。《春秋》《王制》所以治中國，《尚書》《周禮》所以治天下，六合之內，於茲備焉。七曰天人。六合以外，《詩》《易》主之，游神變化，不可方物，道、釋之流，茲其由枰。八曰宇宙。六緯所傳，天地成毀，來往變異，萬族之故，殊域遠鄙，播爲教學。已上凡八篇，雖獨愷微言，撟乎恒誼，亦可謂博雅廣大，近世所無者矣。總其指歸，在稽古立制，被端委於裸邑，別九服於異代，洽聲化之遠邇，明一統之無外，殆莊生所謂旦暮遇之者，君其志焉。僕於君負鄉閈之近私，夙以疲痟之疾，違服膺之慕。蓋顏生之材，蚤竭於鑽仰；周任之止，不待於陳就。惟取足於飲河，徒興嘆於觀海，於君之業，匪能贊也。夫宣尼弘教，七十之徒咸謂通藝，四科八儒，成器攸殊。蓋門戶所入，無關於衆塗；仁智之見，悉原乎一道。今儒服之倫，揚屬國聖，稱頌旁薄，詎必同軌。君張其閎辯，俟人攻難，憤悱必發，直諒之任，譬諸墨翟嬰城，諒勿庸躊躇於矛伐邇。癸丑八月

二十七日謝無量序。(《廖平全集》第三冊第一〇五九——一〇六一頁)

八月二十八日，孔教會第一次全國大會在山東曲阜聖廟奎文閣召開。先生赴會，被推講演，大旨云孔經言退化實言進化之意。言如倒影、文野、進退標準，當以倫常爲主，不純在物質。《闕里大會大成節講義》云：

今日乃我孔教第一次全國大會，老師夙儒，咸來會萃，平不佞，忝推講席。試問一部十三經，從何講起。四顧茫茫，幾難開口，微言大義，如何闡揚。第如此盛會難得，平欲無言，勢固不可。中國數千年來，講孔學者多矣，各有所得，各省名家，辨真別僞，絕非頃刻口耳間事。簡言之，東海、西海、南海、北海有聖人出焉，此心同，此理同也。孔子爲生民未有、萬世師表之大聖，非一代帝王治世數十年、數百年而止者，果何以能放諸四海、俟諸百世而不惑乎。故平謂貫澈六經，須證明新義。諸君初聞，當覺駭怪，殊不知八股講章風行後，孔子之道不明，已相習成風。孔子立言，功豈止不在禹下。孔子爲將來萬世計，若專述過去陳迹，直塵羹土飯，安在其合於萬世之用乎常。據新經義，知天生孔子，作六經，立萬世法。孔子以前既無孔子，孔子以後亦不再生孔子。前無古人，後無來者，此其所以能統一全球也。故孔子居立言之位，其道兼包天人，統括小大，原始要終，與天地相終始。若於春秋時代，即使爲王，則其功囿於一時一地已耳。試考之《周禮》，言版圖三萬里，於兩極立表，以測地中。據此則必冰洋不冰，熱帶不熱，始爲太平，可知《周禮》爲三皇五帝治世之經也。《尚書》大義亦與此略同，皆以孔教統一全球者。若誤認二書爲史書讀，則是涇渭不分，直將孔子降與遷、固儕列，一譯手而已，何足以配大祀哉。更以西哲進化之理攻之，孔教益無以自存矣。西人所譯中土經傳，大抵皆科舉之書，以孔子爲村學究，鄉黨自好之士皆能之。至謂人人皆可爲孔子，是豈知孔子之真象。若使知之，其敬仰當較耶穌尤盛。平常以新經義考之，知孔子之意，乃是以皇降帝、帝降王、王降霸，立退化之倒影，告往知來，使人隅反。蓋治世之制，實係由霸進王、由王進帝、由帝進皇也。孔子以前爲蠻野之世，其男女無別，父子平等，載諸《春秋》者不一而足。孔子特撥而正之，漸而進之也。至論文野進退，主在倫常，不純在物質。物質文明者，倫常反多蠻野；倫常文明者，物質亦不盡文明。不得專以物質爲進化標準。若進化退化之公例，譬如登山，由麓陟巔，仍由巔降麓，一來一往，一上一下，互爲乘除。西人主進化，亦有退化之時；孔經言退化，實示進化之意。寄語西人，毋徒矜物質文化以自豪，而凡我孔教諸子，更當昌明聖教，放諸四海，以企同文同軌，致太平大一統之盛焉，是在吾黨。(《廖平全集》第十一冊第四六九——四七〇頁)

先生在山東,嘗與金天羽同登泰山。金天羽《寄懷廖季平先生成都》云:"巖巖訪岱宗,大河當前橫。栖栖滯闕里,接席多豪英。"(《甲寅雜志》第一卷第二號第二頁)

九月(陽曆十月),《闕里大會大成節演説詞》刊《孔教會雜志》第一卷第九號。《倫理約編》(未完)刊《宗學聖報》第一卷第五號。

十月,《倫理約編》(續)刊《宗學聖報》第一卷第六號。《孔經哲學發微》由中華書局出版,目爲:

> 孔經哲學發微序
> 凡例
> **尊孔總論**:孔經舊史文字異同表、史有經削表、經有史無表;
> **四益館經學四變記**:初變分今古、二變尊今偽古、三變改今古爲小大、四變天人位育、孔子人天學名號地位絶部子別先後表;
> **撥亂觀**:倫禮會成立宣告書、倫禮約編序、倫禮約編叙例;
> **貴本觀**:大學以修身爲本;
> **流演觀**:道家出於六經、墨家出於孔經、諸子以皇帝王伯爲優劣符號學説表;
> **小大觀**:《王制》《周禮》疆域不同表、《尚書》《周禮》五千里一州圖、《尚書》《中侯》考、《尚書》十一篇表、《中侯》十八篇;
> **天人觀**:《內經》天人四等名號學術説考、四經人物名號依託表、天學神游説;
> **宇宙觀**:地球成住毀三劫九十年命運表。

凡例略云:

> 哲學名詞,大約與史文事實相反。惟孔子空言垂教,俟聖知天,全屬思想,並無成事,乃克副此名詞;六藝爲舊,六經爲新,孔前舊史爲駢音書。六書文字,固專爲孔氏古文也;諸子及帝王卿相,師法經術,其善者不過得聖人之一體,在孔子爲思想,在後儒爲事實,此孔後不當再言哲學;北宋以後,人天顛倒,以禪悦責之童蒙,致爲人才大患。今以性道定静歸入天學,《大學》從修齊入手,方有餘力研究國家天下事理。一切妙空玄談,俟諸異日;陰陽五行,古爲專家,皇帝之佐,辨方正位之符號耳。自專家不傳,流入藝術,瞽説俚言,致累聖籍。今恢復專家,以明帝學。泰西學制,統以六藝統之,歸入孔前;天道爲星辰學,性爲五土種學,皇帝大同之法,王伯以下,可以不言。後儒言性言心,專就一身,徒勞無益,錢穀刑名,乃爲實用;通經致用,必始《春秋》。當今實用,一經已足。由遠自邇,縱治他門,

亦必由此經過；天堂世界，衆生皆佛，不假修持，自然而得，未至其時，所有飛昇、辟穀、坐化、神游，皆屬應化。俗儒每以自了爲聖賢，須知戶戶道學，家家禪寂，天下正自彌亂耳；以良知較孔學，誠如太倉之一粟。世以孟概孔，豈不痛哉。故言孔學，須分天人，分大小，就其中擇術專精，得成才器足矣；《周禮》十二教，大抵以十二州分六千里，自立一歷，則別成一教。內九宮爲八正，又別爲八教，共爲二十教。此皇帝大同，化諸不同以爲同之法也。孔子未生以前，以祆、回爲教，既生以後，則由六藝以推六經。今黑道尚爲冰海，必天行移，地球長，赤黑二道寒暑同黃道，全球統一，乃爲太平。地球今日所無之人物儀器，又不知其變象何如。《尚書》《周禮》，今日所不能解者，大抵皆數千萬年後婦孺所共知，亦如地球四游升降之説也；吾國非讖緯之學極發達，不能有真經學；非諸子之學極光明，不能有真人才。考據空理，久錮聰明，齊東野語，尤爲狂肆，若徒莊言，必遭按劍。故託之恢詭，自比荒唐，離而復合，其亦牛鼎之義乎；至聖天仙化人，非世界所能囿，更何論乎吾國學問公理，故人我俱忘。予聖自封，惜未能譯爲西文，求證大哲。如有好事，彼此溝通，華嶽雲開，美富畢顯，交易互退，敢不馨香祝之。（《廖平全集》第三册第一〇六二——一〇六五頁）

另附《孔經哲學發微續編》目録，以故未果，今附其目，略云：

祛誤門：其説統爲貶孔派。以一名定孔子。教育、宗教、政治、哲學、儒、聖。周公先聖，孔子先師；以經爲史。伏羲、文、周皆立言作經。孔守先法古集大成。孔以前有六經；欲行道當時。庸言庸行。格致誠意正心爲四條目。退化專言降；陰陽五行。尊君專制。古有六經文字。六經同治中國；以禪爲聖，静坐、良知。《易》爲四聖之書。不知地球。諸子創教。孔以前有子書；以仙道爲孔。周公當爲先聖。《書》有百篇。《河圖》《洛書》；先天後天之誤説。周公作《周禮》。六經皆我注腳。抱道在躬。孔子與人相同。人皆可爲堯舜。賤伯，以道爲異端。韓闢佛。孔子以前金石文字即六書體。

禦侮門：其目編時更有增損，又一人聞見不能周知，更望同人推補。中人：疑經、攻經、反經。諸子及各集散見類而申明之；外人：疑經、攻經、反經。如《經學不厭精》《五大洲女俗通考》及無政府學説之彙；諸子：貶孔、攻經；外教：貶孔、攻經。尊君、專制。初級民權即爲大同，大同無君；近議：廢經、攻孔。章氏著書尤横肆。（《廖平全集》第三册第一一六四——一一六五頁）

跋云：

昔撰《尊孔篇》，分四門四目：曰受命、曰立言、曰祛誤、曰存疑，二十四題，文甚簡約，不盈廿紙。大抵西漢以下，所有尊孔者皆流爲貶孔，至語録、制義而極。近來歐美風行，乃全與漢宋相悖。聖經將大行，藉此掃蕩俗誤，而後反之周秦真實義，欲揚先抑，闇而彌章，天心人事，皎然可睹。因兵事留歇，中秋乃議赴曲阜大會，倉卒編此。上卷大抵皆受命、立言二門，以袪誤、禦侮歸之下卷，以俟補編。不直則道不見，亦受攻而彌縫更堅。外患深鉅，小嫌捐除，合志同心，不似摸象捫盤，迷妄顛倒。至聖真象，六經微言，庶可以中興於世界，願與同志共勉之也。井研廖平編目畢敬述。（《廖平全集》第三冊第一一六五頁）

十月十七日，錢玄同閱先生《今古學考》，許爲"最爲確正，而已多怪論"。《錢玄同日記》云：

閱廖季平《今古學考》，此爲此君早年著作，已最爲確正，而已多怪論，如《儀禮》，經爲古文，記爲今文，《孝經》爲古文，無今文之類，已怪誕矣。（《錢玄同日記》上冊第二七二頁）

先生在上海，得丹波元簡《脈學輯要》一卷。至冬初，作《脈學輯要評》，冬至，乃作序云：

予觀古今論脈之書，其不背古而最適用者，惟日本《脈學輯要》乎。其書用二十七脈舊名，專診寸口，雖沿《難經》、僞《脈經》之誤，然不分兩手，不以寸、關、尺分三部，則鐵中錚錚，自唐以後，無此作矣。予力復古診法，以袪晚近之誤。他脈書程度太淺，不足以勞筆墨，惟此編不以脈定病，與兩手分六藏府之診，上海曾有翻板，風行一時，故就而評之。而於二十七門分部類居，不用原目序次，學者先讀此編，則可徐進於古矣。癸丑冬至，四譯主人自序。（《廖平全集》第十三冊第九二五頁）

《脈學輯要原序識》云：

是書已將《難經》兩手部位之誤，一切刪除，故論脈不分左右，不拘寸尺，直用一指診之，即是不必三指矣，而不言一指者，恐駭衆耳。由寸口推之人迎少陰，更推之九候動脈，皆可用，以其原無左右部分矣。言脈之書多矣，今獨批此書者，齊變至魯，魯變至道，是書雖未至道，較於齊繼長增高，至道不遠。或以爲崇奉外人，則非也。季平識。（《廖平全集》第十三冊第九二四頁）

冬，由滬返川。經宜昌，遇中江王乃徵，相與談堪輿之學，擬暫留"登山度穴，藉資考證"未果。金天羽《寄懷廖季平先生成都》云：

大道寂不語，聖者天喙鳴。詩禮閟孤塚，發之賢愚驚。天壤着百家，虚空綴繁星。東魯卓日觀，燄燄光天庭。尊孔攬群賢，鉅細包六經。絕學樹堅壘，高座闡大乘。四變達位育，泛濫窮滄溟。巴蜀挺此豪，十載想儀型。一朝得捧手，挈之東魯行。巖巖訪岱宗，大河當前橫。栖栖滯闕里，接席多豪英。經筵推祭酒，胡牀獅子憑。翻轉大千案，舌辯波瀾生。聽者三日聾，奔走如中酲。曰通天教主，海外馳聲名。孔教大會，德人自青島來觀。窮秋動歸思，驅車下彭城。諸生遮不留，惆悵難爲情。下邳劉靜幾仁航在徐，邀先生稍留，不允。過江暫別去，風笛吹離亭。十日書復來，書來告行程。巴船整帆索，布被秋風輕。蜀道青天難，我老惜頹齡。及此重握手，他生再合并。奉命走瀘江，江上寒潮聲。寒潮送君去，漢皋駐行旌。尚復記阿蒙，書來話生平。仲冬天雨霜，上水過夷陵。定知瞿塘峽，水縮石淩兢。峨峨錦官城，門生當郊迎。夜觴跋燭淚，秋子敲棋枰。禮堂寫述作，下帷筆不停。蜀漢車軌同，西行當擔簦。來上夫子堂，清酒假三升。奮髯抵王霸，脫屣輕公卿。青城峨眉秀，撰杖吾猶能。（《天放樓詩文集》第九七—九八頁）

十月二十三日，華陽鄒履和卒，其子致鈞囑爲銘，題作《清湖北勸業道鄒君墓誌銘》，詳云：

君諱履和，字元辨，華陽人。原籍鄒縣，遷高安，高祖以成乃入華陽籍。曾祖隆恒。祖作善。考人恕，寄居市廛，世有隱德。君生咸豐壬子十月七日丑時，甲戌，督學張文襄公補君弟子員，調尊經肄業。以貧廢學，館於國氏。巴縣教案，幾搆大難，賴君左右，和平完結。辛卯，文襄電召赴鄂，入幕廿餘年，多所襄贊。歷署廣濟、孝感、江夏等縣，准補穀城縣，先後以礦廠、糧運、洋務勞績保直隸州，歷辦紗布、絲麻、籤捐、水電、善後等局，得軍機處以道員存記。戊申，因陳督奏請，得補勸業道。己酉，調署施鶴道。卸事踰年而國事變，君瀘居二載，癸丑十月六日以事赴鄂，遂以是月廿三日丑時卒於寄舍。予與君同歲同學，別三十年，在瀘時過從；鄂游本約同行，君避客，先一日發。予方抵成都，而君凶問至，哀哉。致鈞扶柩回籍，將以四月廿一日葬君東門外桂溪寺以成公塋前右側，辛山乙向。屬爲銘，銘曰：

官至監司，或悲其小；年踰六十，或痛其夭。渚宮既已建瓴兮，從事不必尸其名；龍馭且自上升兮，臣又何蘄乎久生。邱首先壟兮，葬之言藏；藤蘦罩施兮，華高汶長。（《廖平全集》第十一冊第六八四頁）

冬至，作《坊記新解序》，略謂：

明黃道周《坊記集傳提要》云：“自序以爲聖人之坊亂，莫大於《春秋》。故其書以《坊記》爲經,而每章之下皆臚舉《春秋》事迹以證,意存鑒戒于君臣、父子、兄弟、夫婦之間,原其亂之所由生,究其禍之所由極,頗爲剴切。"云云。按春秋時代,由禽獸進于野人,大約與今海外程度相同。孔子撥亂反正,作《禮經》以引進之,所以用夏變夷,爲禮以教人,使人自知別于禽獸,如用之,則吾從先進者也。由秦漢至今二千餘年,驗小推大,二十二行省,人倫禮教,浹髓入神,至聖之賜也。自歐化東行,一二喜新之士乃欲用夷變夏,所謂以舊坊爲無用而棄之,正爲今世言之。故仿黄氏之意,再解此書,用進化説,獨尊孔經,以撥全球之亂,推禮教于外人。所謂"凡有血氣,莫不尊親"者,禮教固不囿于中國一隅也。癸丑冬至,廖平自序。(《廖平全集》第五册第四三一頁)

十二月,作《中外比較改良篇》,自序云:

今年在京,孔會孔社邀予演説。予以爲,中國服膺孔子二千餘年,世代相傳,淪肌浹髓,尊孔之説,今日奚爲岌岌,豈非以外界學説、青年風潮,一推一挽,激而至此歟。然則不就中外考其得失,而惟私學舊論是崇,則各尊所聞,各行所知,立説雖極精微,敵乃如入無人之境。以戰線不明,鍼鋒差舛,守非所攻,頓兵空聞,敵得乘瑕抵隙,以覆我聖域,此計之左也。今欲尊孔保教,必先舍去制義講章之腐語,與夫心性道妙之懸言,而專就日用倫常研究其利害堅脆。苟外人有所長,不能負固不服,背乎禮失求野之訓。若夫千慮一得,寸有所長,則又何必用夷變夏,盡棄其學而學之。慎思明辨,不惟我中人所當專致。海邦哲士研求真理,見微知著,經營未來,知彼知己,百戰百勝,好而知惡,惡而知美,智慧交换,豈無康莊大道範我馳驅者乎。願兩家捐除自譽之克伐,以圖實事求是之良規,則道一風同之效未必不由是而興。因退而撰此篇,名之曰《中外比較改良編》,以答宋檢討十年致書之雅意焉。癸丑冬十二月井研廖平自序。(《廖平全集》第十一册第六七九頁)

十二月初三日,徐兆瑋閲《知聖篇》,論先生之學。《徐兆瑋日記》云:

廖季平《知聖篇》附會公羊,誠多蹞駁。然其論阮刻《學海堂經解》多嘉道以前之書,篇目雖重,精華甚少。一字之説盈篇累牘,一句之義衆説紛紜,蓋上半無經學,皆不急之考訂;下半亦非經學,皆《經籍籑詁》之子孫。凡事有本有末,典章流别,本也;形聲字體,末也。諸書循末忘本,纖細破碎,牛毛繭絲,棘猴楮葉,皆爲小巧。即《詩經》而論,當考其典章宗旨,毛、鄭所説相去幾何,而辨論其異同之書層見叠出,樂之爲樂爲療,永之爲羕爲泳,有何關係,必不可苟同。以《尚書》論,今古二家宗旨在於制度,文字本可出入,不問辭,專考字;不問篇,專詳句。説《堯典》二字三萬言,詢以羲和是何制度,茫然也。近人集以爲匯解,一字每條所收數十説,問其得失異同之故,雖老師宿儒不能舉。又如用其法以課士一題,説者數十百人,納卷以後詢以本義究竟如何,舊説孰得孰失,論辨異同之關係何在,皆茫然不能對。此一段説盡經學流弊,自是不刊之論。其論王刻江陰《續經解》,選擇不精,由於曲徇情面與表章同輩。前半所選多阮刻不取之書,故精華甚少,後半道咸諸書頗稱精要。陳氏父子《詩書遺説》,雖未經排纂,頗傷繁冗,然獨取今文,力追西漢,魏晉以來無此識力。邵《禮經通論》以經本爲全,石破天驚,理至平易,超前絶後,爲二千年未有之奇書。推尊陳、邵,未免逾分,而議王氏曲徇情面與表章同輩,亦確論也。(《徐兆瑋日記》第一四三〇頁)

　　十二月十四日,詢胡少端吴虞近況。《吴虞日記》云:

　　　至道署。午後二時半公事畢。路遇胡少端言:廖季平詢近日各報反對孔教文字,外間多傳係余作是否屬實,恐遭人妒忌宜慎云云。歸家乃擬一告白,言余自癸丑陰曆五月至今,於各報館概無文字云云,以免訛傳失實。(《吴虞日記》上册第一一七——一一八頁)

　　十二月二十日,歸井研。
　　先生壬寅始爲天人之説,至是年漸臻完備,《四變記》云:

　　　天人之學,至爲精微,……今就《戴記‧大學》《中庸》列表以明之。《大學》爲人學,《中庸》爲天學。考《中庸》動言至誠、至道、至聖、至德,於聖、誠、道、德之上,別加至字,以見聖、誠、道、德有小、大、至、不至之分。考皇帝之説,每以至爲標目。《禮記》之所謂三無,《主言》篇之所謂三至。故人學言道、言誠、言德、言聖。皇爲天學,人用其學而加至字以別之。……至字一或作大,若《莊子》所謂“大智若愚”“大德無爲”“大孝不仕”是也。故皇與帝同言道德,而皇則加以至字。蓋皇與帝皆爲聖人名號宗旨,……又有優劣之分。……至儒者不講天學,遂以聖人爲止境,於道家之所謂天人、至人、神人、化人,皆以爲經外別傳,無關宏指。不識《中庸》之至德、至聖、至誠,《孟子》已言神人,《荀子》已言至人,《易》言至精、至聖、至神、大人。《中庸》曰“及其至也,雖聖人亦有所不知”、“所不能”。明以見聖人之外,尚有進境。今故以經傳爲主,詳考至人、神人、化人、真人、神人、大德、至誠、大人,以爲皇天名號,而以《靈樞》《素問》、道家之説輔之,以見聖人人帝之外尚有天皇。此天人學之所分也。初以《春秋》《尚書》《詩》《易》,分配道德仁義之皇帝王伯,故《知聖篇》有“套杯”之

喻。大小分經分代，……以免床上床、屋上屋……之流弊。初以《春秋》
《尚書》爲深切著明之史記體，《詩》《易》爲言無方體之辭賦體，一行一知，
一小一大，故以《易》《詩》配皇、帝，《尚書》《春秋》配王、伯。……久乃見
邵子亦以四經配四代，惟以《詩》爲王、《尚書》爲帝不同。……惟《詩》配
王，不惟與體裁不合，與“思無邪”、“王于出征，以佐天子”、“宜君宜王”、
“王后爲翰”，亦相齟齬。故懷疑而不敢輕改。遲之又久，乃知四經之體
例以天人分。人學爲六合以内，天學爲六合以外。《春秋》言伯而包王，
《尚書》言帝而包皇。《周禮》三皇五帝之説，專言《尚書》；《王制》王伯之
説，專言《春秋》。言皇帝王伯，制度在《周禮》《王制》，經在《尚書》《春
秋》。一小一大，此人學之二經也。二經用史記體，深切著明，與《詩》
《易》言無方體者不同。人學六合以内，所謂“絕地天通”、“格於上
下”。……至于《詩》《易》以上征下浮爲大例，《中庸》所謂“鳶飛于天、
魚躍于淵”，爲“上下察”之止境。周游六漠，魂夢飛身，以今日時勢言
之，誠爲力所不至。然以今日之人民，視草昧之初，不過數千萬年，道德
風俗，靈魂體魄，已非昔比。若再加數千年，精進改良，各科學繼以昌
明，所謂長壽服氣，不衣不食，其進步固可按程而計也。……自天人之
學明，儒先所稱詭怪不經之書，皆得其解。（《廖平全集》第二册册第八
九〇—八九三頁）

民國三年甲寅（一九一四）　六十三歲

　　正月，携兩妾赴成都，仍寓汪家拐。國學館改爲國學學校，四川民政長
公署照會先生仍任校長。時學校半年無主，學生星散，先生乃招新生以實
之，資格取中學畢業者，次孫宗澤即於是時考入，學制五年。課程略仿書院，
每日上課四鐘，學生須作日記，每季考課一次。科目爲《王制》、《春秋》、《尚
書》、《周禮》、國文、算術、地理，蓋與部章所規定者迥異。然當時校款微末，
學生不過數十人，惟圖書尚富，兼有尊經書院及存古學堂所置書數十萬卷，
研究者不患無所取資而已。

　　斯時，聲韻小學教員饒焱之、地理曾海敖、史學楊贊襄，詞章江津戴孟恂
（伯摯，尊經高材生）、成都陳文垣（鄉泉，尊經高材生），國文資中駱成驤（公
驌，尊經生，乙未狀元）、雲南孫愚（古之，己丑進士），新增黃鎔、季邦俊任教
經學、國文。教務長爲宋育仁遙領。至民國五年，新增哲學一課，由江蘇龔
鏡清（成都商務印書館經理）主講哲學概論。經學多爲先生自任，修身亦先
生自教。因斯時先生主天人之説，參雜緯書及歧黃，故學生多旁通醫學。又
嘗集同人等“相與保存國粹”。黃鎔《五變記箋述》云：

鎔幸與聞盛舉，先生不棄菲，持《凡例》問序。鎔贊襄國學學校，相
與保存國粹，宗旨合契。（《廖平全集》第二冊第九三四頁）

蒙文通始從先生問經學，蒙文通《廖季平先生與清代漢學》云：

年二十從本師井研廖季平先生、儀徵劉申叔先生問經學。廖師屢曰：
"兩《經解》卷帙雖繁，但皆《五禮通考》《經籍籑詁》之子孫耳。"又言清代
各經新疏及曩在江南見某氏未刻之某經正義稿，大要不能脱小學家窠曰。
劉師則直謂"清代漢學未必即以漢儒治經之法治漢儒所治之經"，又言：
"前世爲類書者，《御覽》《類聚》之類。散群書於各類書之中；清世爲義疏者，
正義之類。又散各類書於經句之下。"兩師之訕諆清代漢學若此。余初聞而
駴之，不敢問，以爲兩《經解》尚不足以言經術，稱漢學，舍是則經術也、漢
學也，將於何求之，亦竟不能揣測兩師之意而想像其所謂。（《國風半月
刊》第四期第三七頁）

《廖季平先生傳》云：

自奉極薄，而周恤宗族不少吝。豪於飲，數十杯一舉立盡。在國學學
校時，每夜醉，輒笑語入諸生舍爲説經，竟委曲無誤語。積書至萬餘卷，嘗
示文通《漢書》中事，於積帙中信手抽出，展卷三數翻，直指某行，同學侍
立者皆驚愕。（《新四川月刊》第一期第五五—五六頁，《蒙文通全集》第
一冊第三〇五頁）

正月（陽曆二月），《四川國學雜志》更名《國學薈編》，先生《尊孔篇》、
《闕里大會大成節講義》、《王制集説》（續）及評日人丹波元堅《脈學輯要
評》（續）刊於是期。《聽湘綺老人講經感言》刊《宗聖學報》第一卷第七號，
署名寄萍。

正月二十八日（陽曆二月二十二日），吳虞聽聞先生在上海往訪賽金花
事，引而論曰："尊孔者道德如是，可發一笑。"《吳虞日記》云：

飯後過闇君，談久之，言廖季平在上海溺一妓賽金花，幾致墮落。尊
孔者道德如是，可發一笑。（《吳虞日記》上冊第一二二頁）

二月，王乃徵自漢口致書先生，相與論地學，並附疑問十一條，書云：

季平先生同年：侍者邂逅彝陵，叨聞緒論，一字啟發，勝於十年讀書，
乃知古人學術之重有師傳也。惜以匆匆逆旅，甫侍霽光，征帆遂發。是日
適值游山，返已日晡，猶疑先生尚未解纜，趨步河干，上下訪尋不得，薄暮
始歸，惘然若失，積今兩月餘，未嘗不拳拳在抱。然先生新學説，使人驚猶

河漢，凡海內鉅子，大都在下士聞道之列，淺陋如潛，復何贅辭，謹當與《宛委》奇書、《龍威》秘籍同珍篋笥爾。獨堪輿之學，素苦理氣一家，無從問津，得先生微示端倪，遂如暗室獲燈，忽若有睹。顧乃未及請業，交臂而失，爲憾何如。竊以此事在漢晉以前各有師承，而文字簡略，至唐已爲絶學，獨楊公得之，著爲《青囊》《天玉》諸書。而義主秘密，引而不發，傳其理，不傳其術，使人如射標覆，各生一解，詭異歧出，轉滋世惑而貽之害。今先生甚推重蔣氏之説，而謂有不盡合。竊觀蔣氏之書，尤侈言秘傳口訣而滋世惑，然則彌願先生證其得，糾其失，而發其秘密之義，示大公於天下，詎非斯道快事耶。前見手批《天玉》《青囊》兩種，暨卷首所標卦例，匆匆一讀，未及鈔録，欲乞嘉惠，再批一冊。凡鄙見蓄疑十數則，另紙繕呈，並冀先生以淵海之學、玄解之識，探原於漢晉以前諸書，爲之鉤玄而提要，必能使楊公之學復明於天壤，可斷言者。夫堪輿之義，兼有天學、地學，爲儒者所宜究。人子安親，其事尤重。楊公既著書垂後，轉以秘密禍世，真所謂大惑不解者。意先生宜有以發其微而矯正其失。比得菊丞書，亦願先生疏解諸書以利世，未識先生許之否。又賜之詳答其挨星用法，非詳示條例，無從領解，幸先生毋再秘惜。又善言古者，必有驗於今。潛此次宜郡葬地一穴，就形勢論，殆無可疑，而理氣則屬茫然。另繪詳圖一紙，請以挨星法判其吉凶衰旺，俾藉此爲一隅之示，毋任厚幸。如他日先生有此學新著傳世，當爲剞劂校讎之役，尤所至樂也。潛嘉平初旬葬事畢，始旋漢上。身世百無足言，都不贅陳。崇肅。王潛頓首。（《廖平全集》第十五冊第二二八—二三二頁）

先生答書云：

　　聘三先生同年大人：在宜本擬隨侍左右，登山度穴，藉資考證權奇，突追同舟，未得如願，至爲悵歉。頃得來教，江天遥佇，彼此同情。別易聚難，古今所歎。來書推奬踰量，使人愧忾無極。弟專以研經爲主，醫與堪輿，餘力及之，不過故紙堆中略見斑豹。至於臨證游山，無此暇時與此足力。能言而不能行，紙上談兵，終成畫餅。每欲約集友朋，共相研究，推空言於實踐，學業當更有精進。知力交換，庶可成家，於世不無小補。空山足音，徒勞夢想，濠上之游，實難其人，亦莫如何耳。台端學理既粹，練習尤深，偶相對談，使我心醉。昔太原隱於醫，在宜尚不知公深於醫，故僅言堪輿，未能將醫學新解一貢所疑，是爲至憾。平階潛於地，皆勝朝遺老，既以消閒，兼可濟世。台端才力兼包二賢，大智淵廣，不廢芻蕘，敢不悉罄鄙懷以資采擇。前函十二條，謹爲條對，別紙另呈。稱心而談，居然有當仁不讓之勢。愆謬所至，更望加以教言，使就繩墨，不勝懇禱。基圖一紙，弟於諸法，心略知其意，尚未經行家考驗確實。圖敬謹收存，一俟稍有實驗，再爲質疑請教耳。弟平頓首謹覆。(《廖平全集》第十五冊第二〇九—二一〇頁)

三月十三日(陽曆四月八日)，贈吳虞《孔經哲學發微》一冊。《吳虞日記》云：

> 至道署，用洋五十元。廖季平丈送來《孔經哲學發微》一冊，上海中華書局印，有謝無量序。平常。(《吳虞日記》上冊第一二五頁)

先生因范源廉、歐陽溥存、陸費逵之請，作《中華大字典序》，主張與《文字問題三十論》同。惟因去年王樹枏之言，更舉古用字母十六證以應之。序云：

> 中華書局《大字典》將出版，范、陸、歐陽三先生走書屬爲序文。按今之學風，每欲廢漢字，此書乃力主之。又每厭中文繁，廿年前簡字之説已盛行，此書乃更加推廣，皆與時俗不同，豈故爲是矯異哉。乃推三先生作書本旨，而爲之序曰：環球各國，無論其建立新舊、程度優絀，皆以方言拼音，有聲無字，《公》《穀》所謂耳治，六書所謂象聲。惟吾國六書以圖畫補耳學之窮，四象之中，聲占其一，正名播經，冠絕全球。《易》曰："後世聖人易之以書契。"或以六書見《周禮》，爲孔子以前事，駁詳《周禮凡例》。説者據《史記》八引古文，歸功至聖，《僞經考》以此八條爲歆羼，今以專指孔氏六書爲古文。非但人言，且代天語。去年余以讀音統一會赴京，會中紛挐，含意未申。説者謂語文合一則識字易，可以普通文明。按語文通俗，則便於鄉音，致遠則貴乎形象。吾國久沐同文之化，試官之去取詩文，讞員之審決情實，固已無所不通。東洋、高麗即可筆談，無須播譯。如以方言爲便，蘇、白小説，蘇人能讀之，五百里外則不知爲何語。吾川高腔劇本刊刻最多，而外省則無人留閲。商工契券，固與博士不同，語文合一，市井鄉曲所通行，不足奇也。若誥敕、奏章、獄訟、刑判，必責以方音俗語，所謂名不正則言不順，禮樂刑罰皆失，民無所措其手足。始皇同文，專爲法律，故醫卜、種樹、通行字母不廢也。又廣州凡力役及婦女幾無人不識字，而其程度不高於鄰省。工役識字，以言語難通；婦女識字，利用於賭。若以難易論之，中文分高下，海外普通記固所易曉。科學名詞，彼此嚮壁虛造，而不相通。字典數年一增修，繁重十倍。普吾國恒患其不足，我國通字典尚有人，彼則絶無全記誦或猶各科學名詞者。以此比較難易，何異寸木岑樓，循末忘本，亦見其惑矣。此條詳《東方雜志·中國文字之將來》。六書文字未有之先，非至聖不能興；埃及古碑乃誤以畫爲字。既立之後，雖東洋不能廢。《采風記》以埃及因古文不便乃改字母者誤也。其中自有天心，亦兼人事。主此議者，欲以異邦理想見諸實行，圖窮匕首

見，且亦不能自持其説。新出《大字典》凡四百餘萬言，意在通俗，然新語名詞皆歸坿屬，於兼通博采之中，寓保存國粹之意，與時流宗旨迥然冰炭。兼用圖畫，尤與四象相發明，可謂獨見本原，超超元箸矣。草昧之初，人禽混雜，同以聲音相通。中國邊隅，回、蒙、衛藏用字母。歐美雖號爲文明，亦不能立異。進化之理，中外所同。吾國當未有六書之前，亦必有字母之時代，所謂孔氏古文，不能不由結繩而改進。湘潭王氏以結繩爲字母。始皇同文之後，百家雜語，至子雲譜爲《方言》而盡絕。若東方曼倩、太史公，皆於孔經外讀異書、識異字。史公所謂文不雅馴，薦紳先生難言之。余嘗主此義，命及門李堯勳著爲《文字問題三十論》，刊入襟志。在京晤新城王君晉卿，以鄙論持之有故，言之成理，然非有古用字母之實跡，不足以厭服人心，當時無以應也。今年與二三同學研究，共得十六證以應之。（《廖平全集》第十一册第六七〇—六七一頁）

其目爲：

象聲、畫卦、舊史、《論語》闕文、馬號、魯鼓薛鼓附工尺、掌紋、花紋、符籙、方音、異文、合讀、切韻、譯官、語傅、同文。

又云：

余箸書百餘種，用字不及《字典》十之二三，不憂不足，所謂寸有所長，殤子爲壽之説也。《大字典》固較《字典》詳盡，然全球語言日益新出，數千百年後，繼長增高，一部字典雖重至百四十斤、千四五百斤，亦當有不足之患，所謂尺有所短，彭祖爲夭之説也。大統合一之時，非再有始皇、李丞相出，盡焚諸侯並作語之文書，使必盡通全書，乃得爲吏，雖停廢百學，專科研究，老死不能盡，後之視今，當亦如今之視昔。然未來之事，固不能預備，則此書爲切時備用之名箸，推中文於全球，未始不由此基之。每怪學界如飲迷藥，推崇字母如天書，不知古文與字母二千餘年交相爭戰，優勝劣敗，事在歷史。古文其初發明囿於鄒魯，見《莊子·天下篇》。今則東西南北萬里而遥，所有齊語、楚咮、方言、百家語、外家語，無不爲其所吸收，傳所謂"器從正，名從主人"者是也。遼金元皆有國語、國書，如字母可通行，當其盛時，何不全用國語。議廢漢文用字母則文明，謂三族程度高於漢家可也。至今讀三史，人名、地名者亦莫不以譯譯蠻語爲苦。此猶遠事也，降而至於清，其拼音結繩與海外同也。祖宗推重國書，設專科，箸禁令，其保存之心無微不至。字母易識，婦女皆識得，其程度之高下，於漢人不必論，試問旗人習國文者多於漢文乎。騰黃印章，滿漢並列，漢人固不識清書，旗人已經全讀漢文。滿州以一隅取中國，謂其初兵力之强，由國書而致，似矣。何以既主中國，以帝王之力，不能廢漢文，而其清語亦與蒙古、回回近於銷滅。竊以中文比於乾陽，土寄四時，萬方同化。婦人生子，從夫之姓，遼金元清已嫁之婦，歐美非澳待年之女，一統同文，秦非前事之師乎。請查今東三省地方通行爲漢文乎，抑清文乎，亦如回部，幾不知有回文矣。方讀音統一會之開，創字母，正音讀，種種條呈，余常爲私議云，創始難，守成易。前清所頒清文書記，各種俱備，無待改作，請諸人先就旗人立爲模範，事半功倍，果如計畫，然後推行各省。此已往成事，不足鑑乎。《大字典》所以專主中文也。又近時新説，謂以字母譒經，則可以推行孔經於海外，尤爲大誤。孔子譒經必用雅言，六經六書相爲經緯，絶非字母所能譒。如《易》之“乾、元、亨、利、貞”，《春秋》之“春、王、正月”，“霣石於宋五”，“六鶂退飛過宋都”，《書》之“曰若稽古帝堯”，《詩》之“關關雎鳩，在河之洲”，使以字母譒之，皆不能成語。吾國注疏傳説解經，即所以譒經，有此思想，同此文字，每經一條，雖數十百説，而意義無窮，推闡不盡。海外無此名詞，《采風記》以外人不能譯“孝”字，以無此名詞。無此讀法。先實後虛。以一二人單獨鄙陋之見譒經，與乞丐説皇帝、餓鬼説菩薩無以異也。外人所譯中經，同有此病。故漢文可以譒梵咒，字母不能譯聖經。《大字典》以中統外者，用此義耳。或以爲書多采俗語，不爲典雅。考行遠之書，必求通俗。漢之《説文》，清之《字典》，同以通俗，乃能盛行。若《三倉》當西漢末，字數猶僅三千，許氏加入流俗異體，數乃近萬。許氏引漢初法，必讀九千字乃得爲吏。所謂九千字者，後人據《説文》改益，其初不過一二千字，孳乳相生，繁衍衆多，既有事物，不厭其推廣。是書以六年乃成，至四萬餘言，因時制宜，克副窮通之變。鄙人學業迂僻，不合時宜，加以琴南林先生珠玉在前，何敢再作班門削斲。惟不有求正之見，或反見咎於主人，用是發攄鄙見，用求教正。至於本書之精深博大，更以掛名簡端爲幸事焉。

（《廖平全集》第十一册第六七二—六七四頁）

五月，《脈學輯要評》成。校畢識語云：

今就二十七脈分隸診經、人寸比類、診皮、診絡、診筋、四方異診、評脈、經脈變象，共八門，皆據《靈》《素》原文定其名義，各有依據，不相蒙混。考經本依類定名，而後來脈書，全以二十七部同診兩手，如動、緩、滑、澀、弦等字，不顧名義違反，悍然歸之經脈寸口，百思不得其解；繼乃知《難經》全廢古法，獨診兩寸，使但用浮、沈、遲、速四大名詞，其餘名目皆將起而與之爲難，不得不作此一網打盡之伎倆，遂以各類名詞全歸兩手。古法既已全廢，名詞亦自應歸統一，故雖運氣、候氣之諸如字，用鍼候氣之來至去止，亦同編立名詞，歸入診經；王燾所謂“風利不得泊”，有迫之使然者。

考僞立脈名,《脈經》與《千金》有專門篇目,《千金·指下形狀》及《脈經·脈形狀指下秘旨》兩篇用二十四名,即《脈訣》之七表八裏九道,合爲二十四;《傷寒·辨脈》則隨文散見,其高、章、卑、惵、損五名,既不見於《内經》,又不見於仲景,真所謂無知妄作,肆無忌憚者矣。考後世僞法,自《難經》"二十九難"以前,專論診脈。創立新法,別爲一書外,其以成篇竄入古書者,如《傷寒》之《平脈》《辨脈》二篇。《千金方》之《平脈篇》,《千金翼》之《色脈篇》,《脈經》之一、二、四、十四卷,共八篇。此八篇於原書如冰炭水火之相反,苟一推求,罅漏自見。考八篇中,有采取扁鵲,及依附《内經》、仲景而小小變易,無足深究,其罪魁禍首,則專爲排部位、立脈名。其言部位者,如《千金·平脈》《五臟脈所屬篇》《三關主對篇》《診三部脈虚實决死生篇》,《千金翼·色脈》《診脈大意篇》《診寸口關上尺中篇》,《脈經》《平三關陰陽二十四氣篇》《平人迎氣口神門前後脈》,共七篇。其改定脈名者,如《傷寒》《平脈》、《辨脈》二篇,《脈經》《脈形狀指下秘旨篇》、《千金》《指下形狀》共二篇,此當抽出急爲焚毁者也。其零星改竄者,如《傷寒》《金匱》中之"關""尺"字,共十五條。《千金》五藏六府每門皆全用《内經》、仲景原文,乃其中雜有《脈經》《三關陰陽二十四氣》及《人迎氣口神門前後》二篇全文,與全書診法不合。查日本翻印宋西蜀進呈本目録,所屬《脈經》每條有"附"字,則二篇全文爲後人所附無疑。又考《傷寒》,《平脈》首段二百七十餘字,人皆以爲仲景原文,初疑其文氣卑弱,且全係四字句,不類東漢文格,及考宋本《千金方》稱爲《脈法贊》,每句脱空排寫,初不以爲仲景書也;再考《千金翼》,《平脈》又重載此文,惟末多"爲子條記傳與賢人"八字,孫氏一人之書,兩載此文,已屬可怪,《傷寒·辨脈》竟直以爲仲景之書,則爲怪之尤者矣。初疑《千金·平脈篇》《翼·色脈篇》爲後人所屬,及考孫氏全書診法,無一與二篇相同者;卷首醫學九論,論診候在第四,是孫氏論診詳於卷首,無庸復出二卷。且醫書體例,論脈必在首卷,乃《千金》三十卷,《平脈》在廿八;《翼》三十卷,《平脈》在廿五,明係僞屬,不敢列卷首,故退藏於末。又《千金》第四論診候,首段三部九候全引《内經》原文。今本作"何謂三部,寸、關、尺也。上部爲天,肺也;中部爲人,脾也;下部爲地,腎也。何謂九候",以下皆《内經》原文。考《難經》,"何謂三部,寸、關、尺也。何謂九候,浮、中、沉也",欲改孫氏原書,則當全改三部九候,若三部從《難經》,九候從《内經》,牛頭馬身,豈非怪物。"上部爲天,肺也;中部爲人,脾也;下部爲地,腎也"十八字,尤爲不通。肺、脾、腎既與下文九部重出,以《難經》法推之,又有右手而無左手,真屬不識文義者所爲,可謂荒謬絶倫矣。今擬別撰《診法删僞》一書,專篇列爲一類,零星屬改列爲一類,必使《傷寒》《金匱》《甲乙》《脈經》《千金》《外臺》全祖《內經》，道一風同，不參《難經》一字一句。醫道重光，先由診始，再求推合中外，分別人天，庶乎其有合乎。至於各部名詞實用，皆詳見八門專篇中，陸續刊印，故於此本未有詳焉。甲寅五月校畢識此。井研廖平。

又云：

此書於部位之誤一掃而空，惟立脈名之誤全在。大抵所論皆爲立脈名之僞説，故不免附會影響。評此書，全在攻立脈之一部分，識者鑒之。季平又識。（《廖平全集》第十三册第九二七—九二九頁）

夏，作《脈學輯要評跋》，略云：

六朝以後僞法，專診寸口，諸古法全絶，今所專攻者四書。……自唐以下，未嘗無名醫，即以金元大家言，亦全用二寸法，似能否在於各人。《靈》《素》《難經》可以並行，不必推倒千餘年從俗之常法，力張漢、晉之絶學。獨是名醫診法，各有別傳，彼此不必同，每難以言傳，一人死而一法絶，一人起而一法興，每每於舊傳脈書屏而不觀；是醫之名不名，不關脈之訣不訣，則俗傳脈法本在可焚之例。且診法雜在經傳，脈法誤，經傳因多誤解。初學以持脈爲入門，人手悠謬，終身迷罔；有志之人，本可深造，恒因脈無定法，倦而思變。醫道不昌，此爲厲階，持刃殺人，尤其餘事矣。今力復經診九法，古書積誤，群得豁然，簡約平實，便於試驗。從此脈學昌明，諸法當因之而進步。予於《內經》，以截斷運氣歸入陰陽五行家，專以人天治術爲第一大功，此明古診，抑其次也。

此書不分三部，不辨左右，如《內經》、仲景所云寸口而已。以仲景法言之，有趺陽、少陰，此獨診寸口，何以自立。三部左右、分配部位，本出《難經》，今本《脈經》有祖《難經》者，即有與此書同不分部位者。既知部位之非，決然舍去。乃以爲《難經》所無，歸獄於王氏《脈經》，此由不知《脈經》真僞參半。其僞書與《難經》如出一手，《脈經》尚有古法，《難經》則專言左右手三部配法，爲此書所最不信用之法。甲寅夏季平跋。（《廖平全集》第十三册第一〇三二—一〇三三頁）

秋，成《詩緯新解》，即《四益詩説》。黃鎔補證，并附《詩緯搜遺》《詩學質疑》《孔子閒居》。解題云："《詩緯》者，《詩》之秘密微言也。每以天星神真説《詩》，今略舉其文，以示大概，未能詳盡。"叙云：

余十年前成《詩》《易》全經新注並疏，當時尚囿於大小學説，以《齊詩》多祖緯候，詳於天學，故於《詩》注題曰"齊詩學"。自丙午以後，天人之説大定，二經舊稿未及追改，亦不敢示人。自《尚書》《周禮》修改略備，《皇帝疆域考》陸續刊板，乃推及《詩》《易》，先於《楚詞》《列》《莊》《山經》《淮南》《靈》《素》各有門徑，乃歸而求於《詩》《易》，因請精華補證此篇，以示程途。行遠自邇，升高自卑，一定程度也。每怪世説《老》《莊》、譯佛藏，皆與進化公理相背，遂流爲清談寂滅，生心害政，以致儒生斥爲異端。苟推明世界進退大例，則可除一人長生久視之妄想，有法無法之機鋒。莊生曰："大而無當，游於無有。"《詩》曰："衆維魚矣，兆爲旟矣。"此固非一人一時之私意所可徼幸者。荀卿曰：《詩》不切。其斯爲不切乎。甲寅秋四譯叙。（《廖平全集》第五册第一一一頁）

七月初九日（陽曆八月二十九日），送吳虞《鄒元忭墓誌銘》二張、《夢話》一册。《吳虞日記》云：

同吳科員往看戲，午後一時歸。廖季平丈送來《鄒元忭墓誌銘》二張，并所爲《夢話》一册。（《吳虞日記》上册第一四三頁）

七月十四日，劉師培自京來函，頗疑釋非經所能統。《與廖季平論天人書》云：

季老經席：申江話別，裘葛代更，想履候惟宜，與時俱適。往奉清塵，承示《四變記》。天學各則，條勒經恉，致極鈎深，理據皢然，無假椅榷；惟比同孔、釋，未消鄙惑。夫經論繁廣，條流夅散，仰研玄旨，理無二適。蓋業資意造，生滅所以相輪；覺本無明，形名所以俱寂。勢必物我皆謝，心行同泯，理絶應感，照極機初，超永劫之延路，拔幽根於始造，非徒經緯地天，明光上下，逞形變之奇，知生類之衆已也。至於《詩》《易》明天，耽、周抱壹，鄒書極喻於無垠，屈賦沉思於輕舉，雖理隔常照，實譚遺宿業，使飛鳶之喻有徵，迀龍之靈弗爽。然巫咸升降，終屬寰中；穆滿神游，非超繫表。何則，輕清爲天，重濁爲地；清升濁降，輪轉實均，是知宙爲遷流，宇爲方位；宙兼今古，宇徹人天。內典以道超天，前籍以天爲道；玄家所云方外，仍內典所謂域中耳。以天統佛，未見其可。竊以儒、釋殊同，古鮮達説，繹尋尊恉，在極聖功，妙統三才，足章無外，至內典要歸，惟詮出世，無色之外，方屬化城，譬之月不知晝，日不知夜，部居既別，內外有歸。引爲同法，無資崇孔，括囊空寂，轉蠱孔真，正恐夷夏、化胡之論復見於今耳。不揣樗昧，愊揭所疑。書不盡言，幸更詳究。山川悠遠，引領綦勞，幸惠餘音，用披藴滯。師培拜啟。七月十四日。（《左盦外集》卷十六，《廖平全集》第十五册第三五九—三六〇頁，文字略有小異。）

先生覆書云：

獲讀手書，紬繹玄言，羅覼眇論，直諒之益，惠我優渥，樹義之堅，何段掎摧。惟孔子制作，生民未有，六經五緯，道澈人天。墨列老莊，咸承派别，秦漢儒者，私淑遺聞，局於一隅，妄爲推闡，遷就悠謬，爲世詬病。賈鄭乘之，恣其搏擊，遂奪孔席，以與周公。望風承流，有唐輳極，逮趙宋請删緯言，而孔子之道息矣。豈惟神游物化，斥以誕荒，即言論道經邦，修身已足，夫無倦無隱。夫子自道誨人，而鬼神不告於仲由，天道不聞於端木。蓋大義所揭，止於聖人，而微言之好，則極六合以外，無聲無臭，載以上天，曰隱曰微，乃爲顯見，誠不可掩，至則聖窮，其體爲《詩》，其用爲《易》，鶉鳶鱣鮪，上浮下征，變動不居，九流六漠，化人神人，與夢爲一。所謂覺本無明，形名俱寂，未有甚於此者也，即出世深詣，有識無識，三界四生，人天魔龍，法輪常轉，皆名曰幻，亦衍莊列之緒，而揚涅槃之波。至于海性種元，世界無量，則國風三五，實配星垣，斗極巍然，天官具列，亦若鄒生瀛海，群斥不經，而輪舶既通，卒無以易。蓋爲高因陵，爲下因澤，張學恢道，亦在乘時。自揣顓愚，敢言先覺，然例以進化，千萬年後，人不能輕身遠舉，服氣錬形，竊不信也。先生鉤深極遠，日進無疆，沉醖既深，自輳悟境，重違雅意，肅布區區。（《廖平全集》第十一册第八四三頁）

七月望日，作《讀甲乙經跋》，略謂：

或謂《甲乙》引《難經》，爲《難經》出於秦越人之證，此大誤也。考《難經》之名出於宋以後，隋唐時尚無此名，何况於晋。細考《甲乙》引《難經》者共十餘條，皆出宋人新校正。《甲乙》全書體例雖録《鍼經》《素問》《明堂》三書，然皆不引書名。其有書名，如《九卷》、《靈樞》、《素問》、仲景、楊上善、《千金》王冰注、《外臺秘要》、《難經》者，則爲宋校所加，皆有校語言其同異，亦如《傷寒》之可汗、不可汗諸篇爲叔和所輯，非原書本文，亦有叔和案語可證。《傷寒》自成注以後，同以爲仲景原文，以叔和所附混同一例，致使後人以叔和語爲仲景。《甲乙》今本原文與宋校接續，致使人以宋校爲原文，亦如《水經注》經注混淆。案宋時校正醫書，凡《素問》《九卷》《脈經》《甲乙》《千金》《外臺》皆一律詳校各書，有高保衡等序可證。今通行本惟《素問》新校正甚詳，《九卷》《千金》《外臺》全不可考。大約校正本皆佚不傳，故不能如《素問》之詳明。《素問》凡新校正皆雙行，每條皆冠以"新校正"三字，故其原文與校語最爲分明。又《素問》校語先引别經異同，後加自斷，同爲雙行。今本《甲乙》所有校語雖間係雙行，全無"校正"字樣，凡引别書證其異同語，既非雙行，又不低格，致使經校揉雜，無從區別。今細校全書，凡不引書名者爲原文，其有書名爲校語。引書以後，必自下己意，亦如《水經》與注之各有條例，可以校正分明也。……至於瑣碎短文，不盡録。其中於《靈樞》或稱《九卷》，疑爲後人所改。其稱"九墟"者，或即《明堂》之異名，不指《靈樞》也。新校正序於《素問》《靈樞》之間稱"九墟"，合爲三書，與皇氏原序三部同歸之文相合。"九墟"即所謂《明堂孔穴》，今尚存卷首一卷，文與《九卷》多同。《甲乙》素無注文，今擬分別校語，詳録篇名，取隋唐舊説爲集注，以張明古法。又《明堂孔穴》十三卷，袁刻日本所得《太素》中有《明堂孔穴》，首《肺經》一卷，黄以周擬仿其例補之。考《甲乙》文有爲今本《内經》所無者，必出《明堂》無疑，俟將其佚文輯出，歸還《明堂》，而後補之，乃爲有據也。甲寅七月望日，四益主人跋。（《廖平全集》第十一册第八八二—八八五頁）

七月十六日（陽曆九月五日），贈吴虞《國學薈編》六册，囑代派。《吴虞日記》云：

飯後至道署，鄧岳皋、劉季剛均以栽竹爲然。廖季平送來《國學薈編》六册，囑代派。（《吴虞日記》上册第一四五頁）

七月三十日，錢玄同閲《春秋復始》，因謂先生之學怪誕不足道。《錢玄同日記》云：

閲《春秋復始》，據《春秋》義例以正《左氏》事實之不合古史，其言實有金湯之固，非苟爲立異也。此説出，足以閉古文家詆毀今文家不明事實、空談書法之誣辭矣。不特王湘綺之膚淺，廖季平之怪誕不足道，康長素猶有不盡不實之處，雖劉申受，猶覺其未盡實也。（《錢玄同日記》上册第二七五頁）

八月（陽曆十月），《倫理約編》（續完）、《中華大字典序》、《撼龍經傳訂本注》（續）、《黄帝内經太素診皮篇補正》刊《國學薈編》第十期。

九月初八日，犍爲賀熙隆去世，其子昌期等介其宗人賀龍驤囑先生志其墓，題作《清授榮禄大夫江蘇候補道賀公暨元配謝夫人合葬墓誌銘》，略云：

公諱熙隆，一字吉夫，祖觀國、父人孟皆業儒，以公貴，贈如例。原籍湖南常寧，明末遷蜀三台，公高祖國純遷屏山，曾祖正桂遷馬邊。公以業鹾，乃遷犍爲。人孟公四子：長永禧，母氏張；次公，繼母氏袁；三熙朝，四熙宇，庶母張所生。公以同治十年補馬邊學附生，年二十七矣，旋補增廣生。乙酉秋闈報罷，遂絶意科舉，專心貨殖。吾蜀咸同間滇寇作擾，土匪響應，宋士傑盤踞馬邊者數載，舊家靡不中落。公乃以三百金適五通橋而設肆焉。凡大埠富商大賈，擁貲數萬，煮鹽百盆，高輿怒馬、窮奢極費者比比也。公與謝夫人以微貲僑處其間，所謂泰塵海滴，久之無所表見，時不免困折，經商之恒，無足異者。丁丑，丁文誠改辦官運。舊商以官奪其利，互相齟齬，局委間有交涉，衆怨所歸，冀其中敗，非懷觀望，則陰摧殘之，官商因兩失其利。公體幹魁梧，辨論閎肆，尤豪於飲，載鹽往來，雖所過糞除，而知之者鮮。會遵義蹇公子振奉檄辦理犍廠鹽局，宿逆旅，獨酌無聊，急欲求一善飲能談者銷寂寞，倉卒莫從得此客，傭保苦無以應。公適投宿，布衣草履，遂延之入座。蹇公善知人，以公時會已至，可與有爲，不徒以酒交，有相見恨晚之歎。而公亦自以異鄉孤客，匏繫巨埠，於官運初無嫌疑，詩酒往還，諸商亦不得以立異相詰責，互相借助，而公業以成。異時舊家皆出商會，公之孤立勃興者，官運之力爲多。癸未，官有之利濟竈招售，無敢應者，公以賤值得之；未匝月而功成，今春先是也。先春接辦金山、金灘、豢灘三全井，癸巳創鑿匡家山裕豐，脈淺鹹多，爲全廠冠，衆或目爲井王。公又别設肆，凡井竈所需雜物靡不具，子金雄厚，他肆恒有逋負絀折，莫能償，公肆諸負，悉取之廠局，故其利什倍。統前後三十年，不動産以鉅萬計，雖古之卓、程，何多讓焉。吾聞井商之創垂者類皆工心計，深刻機變，察及錙銖，所謂治生産，猶孫吴用兵、商鞅行法，各有所長，非苟而已。公獨寬厚豁達，不諳九九，詢其經營産積、乘時角逐之故，居恒雖善言論，訥然不能出諸口，而惟以知人善任使告。雖時藉旁助，公福厚自不可及，治生猶國，非所謂休休有容之个臣與。昔陶朱三致千金，不過自試其術。聚而不散，虜守何爲。公先以夷務功獎從九，繼加捐布經歷，捐同知。廠局派捐，無意仕宦也。辛丑，山西賑務急鉅，乃以巨款捐升道員，加二品銜，賞戴花翎。公自以生長鄉僻，未瞻京都江海之盛，癸卯引見，游歷京師，分發江蘇候補。甲辰，迭委寧滬鐵路差、寧城保甲差，皆未就。旋假回籍，見川鹽受逼外鄰，日形困罷，又以列邦富强，肇於商戰，集廠衆發起商會。舊居囂雜，乃養静省垣。以甲寅九月初八卒於少城棚子街本宅，距生乙巳年十二月十四酉時，享年七十。……昌期等將以乙卯七月十五日葬公省北闕鳳凰山前新塋，因啟欑祔葬焉。昌期等介其宗人舉人賀龍驤，囑爲文志其墓，犅撮狀要，並爲之銘曰：

維公崛起，貨殖之雄，斯茫沃饒，不穫而豐。少有棄智，既饒待時，滑稽簪紱，曼倩是師。昔嘗邊荒，既富且貴，今依會城，精靈來萃。主人遠游，虚寥池館，江月扁舟，昔會縱覽。飫聞軼事，又親杖履，撰次百一，敬告輶使。（《廖平全集》第十一册第六八五—六八七頁）

冬，成《楚詞講義》十課。此書本先生隨手編撰，供學校講授之用。大旨以《楚詞》乃秦博士作，著録多人，故詞意重複，工拙不一，年遠歲湮，遺佚姓氏。及史公立傳，後人附會，多不可通。又僅掇拾《漁父》《懷沙》二篇，而《遠游》《卜居》《大招》悉未登述，可知非屈子一人作。而《漁父》《懷沙》因緣蹈誤，亦不過託之屈子。《橘頌》章云"受命詔以昭詩"，即序始皇使爲《仙真人詩》之意。故《楚詞》本天學，爲《詩》《易》二經師説。序云：

《秦本紀》：始皇三十六年，"使博士爲《仙真人詩》"，即《楚詞》也。《楚詞》即《九章》《遠游》《卜居》《漁父》《大招》諸篇，著録多人，故詞意重複，工拙不一，知非屈子一人所作。當日始皇有博士七十人，命題之後，各有呈撰，年湮歲遠，遺佚姓氏。及史公立傳，後人坿會改祝，多不可通，又僅綴拾《漁父》《懷沙》二篇，而《遠游》《卜居》《大招》悉未登述，可知《遠游》《卜居》《大招》諸什非屈子一人撰，而《漁父》《懷沙》因緣蹈誤，不過託之屈子一人而已。……《橘頌》章云"受命詔以昭詩"，即序始皇使爲《仙真人詩》之意。故《楚詞》本天學，爲《詩》《易》二經師説。京氏《周易章句》於乾坤八卦各言游神歸魂，即"周游六虚"是也。不但《卜居》《漁父》二篇解咸恒二卦，周游即《周南》，周，遍也；《召魂》即《召南》，召，招也。如"魂兮歸來"即"之子于歸"，"于"與"云"篆相近，"于"即"云"，"云"即古"魂"字。《韓詩》以"聊樂我云"，"云"字作"魂"。《遠游》篇"僕夫懷予心悲兮，邊馬顧而不行"，即《詩》"我僕痛矣"。（《廖平全集》第十册第三四七頁）

劉永濟《天問通箋》評曰："《天問》爲屈子呵壁之作，自來亦無異辭。近蜀人廖平獨非叔師之説，謂此篇本言天上人物史事，如佛經之華嚴世界，後人不得其解，乃謂屈子據壁圖而作，試問壁圖者何處得此藍本。按廖君殆不信古有畫壁之事，又好爲異説，故有此言。"（《學衡》第七十七期劉永濟《天問通箋》第一頁）

又作《離騷釋例》，略謂《楚詞》爲大同之學，"大同者，化諸不同以爲同。……去舍相反，好尚各異，各從其性，交易而退，各得其所，故《詩》《易》與《楚辭》名物，當以《莊子·齊物論》讀之，不復有美惡是非之見。故鴟能'懷我好音'，葛與蕭、艾混同一視也。"（《廖平全集》第十一册第六四五—六四六頁）又云：

六合以外爲神游，神游始於天之四極，故《招魂》於四極招之；"反故鄉"下當以《招魂》之文列於其下，因有招之者而思歸，以上皆爲近游。自此以外，則昴星日軌月界，爲遠游；因其太遠，不敢遂行，故請靈氛巫咸占卜之，欲遠行。下又以《大招》招之，則《離騷》未反故鄉下當書《大招》之文，招之不正，乃決意遠游。當以《遠游》列《離騷》下，以《招魂》《大招》二篇坿之。又所言《九歌》《九辯》下，亦當以十八篇坿録於下。《離騷》爲

正篇,所坿五大篇乃有始終,本末詳備。(《廖平全集》第十一冊第六四
六—六四七頁)

成《高唐賦新釋》一卷,自識云:

"高唐"即下"高廣",指天地言。《中庸》"高明配天,博厚配地",博
與廣義同,指上征下浮,即鳶飛魚逃之旨。又"高唐"《詩》作"高岡",
《易》作"高尚",《蠱·上九》曰:"不事王侯,高尚其事。"上天玄,下地黄,
《詩》曰"陟彼高岡,我馬玄黄",《易》曰"其血玄黄"。

此賦當分爲二篇,王所叙爲一賦,玉所作又爲一賦,彼此詳略互見,王
所叙實即一賦體也。(《廖平全集》第十一冊第五五五頁)

又云:

王賦中詳朝雲,玉賦中遂不一及神女。神女如掌夢,一招以往,其事
即畢。下、中、上三望,皆神游三界、上征下浮之事也。中,所謂四旁,亦不
在本世界中。

《古文苑》與嚴選《上古文》皆引《襄陽耆舊記》,《記》即鈔撮此賦叙,
而附會以帝之季女瑶姬等語,遂以薦幸爲狎邪實事,不知託興本旨。《耆
舊》晚出,不足據。

《文選·神女賦》亦後人擬《高唐》而作,其附會與《耆舊》同。《高
唐》爲神游,道家專門學説;"醮百神,禮太乙",典禮何等隆重嚴肅,初何
嘗涉及男女幽會。後人誤解,乃至於此。

《神女賦》序全摹此賦序,竟以稱天説地之語全歸之一婦人之身,此
後世《幽會記》《雜事秘辛》之所祖。妄相模儗,真屬唐突。

《神女賦》五百字並無寄託,專賦一婦人邪狎之事,汙人齒頰。《高
唐》本出於《詩》,擬賦至於如此鄙陋,無怪朱子《集傳》直以《詩》多淫辭,
孔子之作《詩》,不過如時俗之戒淫文。吾則謂《詩》中絶無一真男女,或
以華夷分,或以卑賤分。神游之文已超出色界之外,猶以畜生魔道説之,
可不謂污凟太清乎。畫眉深淺,洗手羹湯,言在此意在彼,不以文害辭,乃
足以言《詩》。

《詩》爲辭章之祖,因有此誤解,稍事風雅,便染輕薄,且謂古人已然,
詞章之士遂與德行相叛。因以是救其敝。知我有人,定助張臂也。

舊賦説解,一神女也,楚襄幸之,楚懷幸之,宋玉又夢之,不啻狐鬼傳,
專以惑人爲事;乃轉相祖述,真可謂不知人閨羞恥事。不知此道家神化之
説,可一不可再。後來《離魂》《幽會》等小説,皆誤相祖襲。季平自識。
(《廖平全集》第十一冊第五六二—五六三頁)

作《四川圖書館書目序》，序云：

圖書館藏書十萬餘卷，目録編次印行，山腴爲之跋，謙讓不自滿，説者亦頗以謂一省收儲恒不及一家，推比南北各省，尤嫌簡略，按此收藏家以多爲貴之説也。儲蓄圖書，昔人比之掩埋骷骸，或且號之曰骨董。今歷朝正史多缺卷缺頁，即以鄹書論，非汲古刊傳，始一終亥，本必亡佚不傳；諸天雖未必得道，要其護法之功，不可没也。至於讀書，則貴精專，不貴泛濫。吾國自通習五經而經學亡，自普通設科而中學且絶，荀子《勸學》所謂二螯八跪之蟹不及蚓，五技之鼠徒爲世訾。吾觀自古俊偉英奇之士，其用功誦讀，每以敝箧得一二焚餘殘簡，專心致志，不得謂其不譾陋窮困也，而其成就乃迥非世家大族、收藏宏富者之所敢望。不必皆玩物喪志，務歧神擾，而所入不深。大抵學人多中先博後約之病，皓首博猶未盡，何有約時。誤解經恉，墜此迷津，含冤枉死，大可悲憫。蓋學問之道，先行後知，本專末博。吾深痛夫普通之病國亡學也，故略言讀書與藏書之别，非爲山腴解嘲。後來難欺，必有感於斯言。井研廖平。（《廖平全集》第十一册第六七五頁）

林思進《四川圖書館書目序》云：

圖書館之設，雖盛於歐西，而其實吾國文瀾、文彙之制，搜集舊本精鈔名刻及有用諸書，以便考古者之尋繹，抑其先例矣。近者天津、京師、江南、河南，相繼創設，而成都實自癸丑歲始。京師舊爲輦轂，江南號稱文物，購求往籍，搜之藏書之家，其事較易。然亦經營至十餘年，始克漸備，就中江南爲盛，京師猶遜焉，洵乎聚之不易而搜求之難也。吾蜀僻遠，又歷代兵燹之餘，大家文物，蕩然無存，即有清承平之世，所謂藏書之家者，如萬卷樓李氏，知價宬顧氏，今皆凋零，即遺編殘簡，亦無復流傳於世。其後有仁和之葉，蕭湖之沈，貴筑之楊，會稽之章，近亦散失，不可復聚。今則渭南嚴氏，大關唐氏，積數十年之精力，訪求殘闕於不易得之餘，遂爲成都藏書稱首。彼皆勤於搜羅，多歷年所，物聚所好，固其宜也。而此圖書館則僅於兩年前拓地建樓，草創經始，坊刻石印，略具椎輪，而經費亦復有限。及予繼事承乏，凡力之所能及者，無不多方采購，一年之間，始漸得海内官本私家精刻，都凡有書若干卷。雖未能如江南京師之備，嚴氏唐氏之精，然亦可以備一特之尋繹。使劙以歲月，更肆搜求，安見吾蜀之書不騤騤日臻其備哉。至於外國圖書，將俟購置略多，別爲部居，以便觀覽。書目既成，略識其後。甲寅冬至日。

自記云：

　　予主館事七年,至戊午辭去時,別編書目十五卷,較此目增購爲多,惜後來繼任未能印行,殊爲可惜。(《清寂堂集》第六一二—六一三頁)

　　十月十二日(陽曆十一月二十八日),吳虞還《國學薈編》六册。《吳虞日記》云:

　　　　又與廖季老還去《國學薈編》六册。(《吳虞日記》上册第一五六頁)

　　十一月中旬(陽曆一九一五年一月),《詩學質疑》(續)、《十翼爲大傳論》、《莊子新解》、《楊氏太素三部診法補正》刊《國學薈編》第一期。《四川公報增刊·娛閒録》第十六册刊登吳虞《駢文讀本》廣告:

　　　　吳君又陵選録古文中之深茂者,彙爲兩巨册,雖名曰駢文,并非專尚四六排偶之文。海内名人劉師培、廖平、謝無量諸先生均爲之序,其有價值可知。現已由本公司印出,圈點悉有研究。中外國紙,每部定價八九角。講求國文者,亟應手置一編。

　　十一月二十八日,《錢玄同日記》云:"近細考康、廖、皮諸家之説,復證以王充《論衡》、歐陽氏《易·童子問》、崔述《考信録》,確宜文王只重六十四卦爲三百八十四卦,卦辭、爻辭必爲孔子作。《彖傳》《象傳》《繫辭傳》《文言傳》四篇,皆弟子作,《説卦》三篇更爲漢人僞造,決無疑義。"(《錢玄同日記》上册第二七九頁)

　　十二月中旬(陽曆一九一五年二月),《易經古本》(續)、《容經凡例》(未完)、《胡敬修先生暨德配彭夫人七十雙壽徵言序》、《診筋篇補正》、《脈經考證》、《診絡篇名詞》、《三部診法補正》刊《國學薈編》第二期。

　　先是,先生於上海得袁刻東洋殘本隋楊上善《黃帝内經太素》,極爲珍秘,中有《人迎脈口診篇》,與己持論相合,因取舊作《人寸比類篇》,先列楊注,注不足則補以己意。《内經》之外,別立張仲景、王叔和、《甲乙》、《千金》、《外臺》五家比類表,以明《難經》出於叔和之後,遂更名爲《人迎脈口診補證》,序云:

　　　　此册原名《人寸比類篇》,去年《國學雜志》曾用鉛字排印,因得袁刻東洋殘本《黃帝内經太素楊注》,有《人迎脈口診篇》及景金大定本《鍼灸圖》,因將舊名改爲今名。楊注《太素》猶存此門目,足徵是爲古説,非予一人之創論。故先列楊本所有,補録者附於其後。《内經》之外,別立張仲景、王叔和、《甲乙》、《千金》、《外臺》五家比類表,以明《難經》出於叔和之後。其於診皮、診絡、診筋、診骨各篇,亦引張、王、皇甫、孫、王舊法以證《内經》,足見唐天寶以前醫法純守《内經》家法,宋元後《難經》乃盛行。

《内經》鍼法於足厥陰肝經云:男子取五里,女子取足之太衝。考男女穴法皆同,無別取之必要。經之所以男女異穴而取者,以期門穴必臥而取之,其穴又近毛際,故避而別取於足之大指。久之,婦女足指亦不可取,俗醫乃沿古經異穴之法,取之於手。行之便利,又推行於男子。至喉頸之人迎亦縮於兩寸,人迎雖不如太衝、期門之窒礙,以手捫婦女喉頸,亦屬不便。行之數十百年,天下便之,而後《難經》盛行。故欲行古法,必須女醫,非女醫則古法不能行於婦女矣。

明李濙《身經通考》云:以《内經》九候考之,人身分三才之部:上部天,兩額之動脈;上部地,兩頰之動脈;上部人,耳前之動脈。中部天,手太陰也;中部地,手陽明也;中部人,手少陰也。下部天,足厥陰也;下部地,足少陰也;下部人,足太陰也。上部天以候頭角之氣,地以候口齒之氣,人以候耳目之氣;中部天以候肺,地以候胸中之氣,人以候心;下部天以候肝,地以候腎,人以候脾胃之氣。江州王九達云:上部天以候頭角,脈在額兩旁,瞳子髎、聽會等處,足少陽膽經脈氣所行也;地以候口齒,脈在鼻孔下兩旁,近於巨髎之分,足陽明胃經脈氣所行也;人以候耳目,脈在耳前,陷中、絲竹空、和髎等處,手少陽三焦經脈氣所行也。中部天手太陰肺經,脈在掌後寸口中,是名經渠,足手太陰肺經脈氣所行也;地手陽明大腸經,脈在手大指次指岐骨間合骨之分,即手陽明大腸經脈氣所行也;人手少陰心經,脈在掌後銳骨之端神門之分,即手少陰心經脈氣所行也。下部天足厥陰肝經,脈在氣衝下三寸五釐之分,女子取太衝,在足大指本節後二寸陷中,即足厥陰肝經脈氣所行也;地足少陰腎經,脈在足内踝後跟骨上陷中太谿之分,即足少陰腎經脈氣所行也;人足太陰脾經,在魚腹上越兩筋之間箕門之分,即足太陰脾經脈氣所行也。三而三之,謂之九候。上古診法精詳,故兼取十二經動脈;後世診法簡約,故獨取寸口。《内經》云:"氣口成當爲'人'字之誤。寸,以決死生。"氣口既可以決生死,則餘經之動脈可以弗診矣。況女子取太衝,如何可行。此今古之異也。

觀此,足見古法之所以不行,以婦女之故。經因婦女五里不可診,乃移之太衝。後來太衝亦不便診,故俗醫縮上下於寸尺。特各經之病,必專診本經之脈,乃爲切直;使兩寸可代九藏,則三部九候,經又何必立此繁重之法以困後人哉。必知兩手祇爲手太陰肺經之脈,脈止一條,非有三截,又非三條可分藏府。仲景本經專診本經之脈,最爲捷便,十一經有病必輾轉假借於寸口,毫釐之差,千里以謬。細考李氏所說,本因婦女而杜撰診法,以求通俗,此爲齊梁以後私家求售之市道,其不足以言醫,固不待煩言而解矣。(《廖平全集》第十二册第四五七—四五九頁)

　　因《太素》卷十五有《尺診篇》，先生以尺爲皮字之誤。亦先列楊注，後録己
説，兼正其誤，遂更舊作《診皮篇》爲《診皮篇補證》，以《仲景診皮法》、命侄孫
宗瀋輯。《診皮名詞解》、《釋尺》三種附之。序云：

　　　　《太素》不録本經篇名，今補之。案此經爲診皮正篇，楊氏不改字，仍
　　原文，而曰“尺膚”“尺分”之皮膚，就誤字立訓，過於迂曲。且其立篇曰
　　《色脈尺診》《尺診》《尺寸診》，尤與經脈名目相混。“尺”與“皮”字相似，
　　本爲“皮”之剥文，後來寸、關、尺之説大盛，皆從尺脈解之，無人知爲皮
　　膚，轉使僞法得以影射經文，而診皮之法因以斷絶。固不必避此小嫌，遺
　　世大害，今故直讀作“皮”，以與《玉機真藏》二“皮”字相同。仿姚氏校《國
　　策》之例，凡楊氏誤文皆作陰文，補改之文作正文；楊氏立説之誤，則隨補
　　證於本條之下，楊氏所未及之單條短節，則附録於後，名曰補證。庶古法
　　得以復明，當亦楊氏所甚願也。

　　　　又，診皮法指全身皮膚而言，所有發熱身寒、四肢厥逆、手足自温皆在
　　診皮法中，不止診皮經中臂、肘、掌、腹而已。楊氏不肯改字，雖不指尺膚
　　爲尺脈，然拘於尺澤至尺之皮膚，是診皮圉於肘中一尺之地位，其他則所
　　不計；改“尺”爲“皮”，上頭下足，腹背兩手，皮膚所在，無不包舉，以較楊
　　氏圉於一尺之地位者，其得失何如哉。

　　　　經有“尺膚”之文，俗説以尺爲兩手尺部，一指地位，何足以診六變之
　　象。且有尺膚明文，而別無寸膚、關膚，足見“尺”當爲“皮”字之誤。且
　　《玉機真藏篇》於脈外言皮熱、皮寒，與《診尺篇》脈外言尺熱、尺寒相同。
　　足見《玉機》爲不誤之本字，“診尺”“尺”當爲“皮”字之剥文，固一定不
　　移。考仲景全書，言身熱身寒、厥逆自温、皮膚甲錯、緩緊滑澀者共數十
　　條，是爲診家矩蠖，萬不可缺此一門者也。

　　　　《靈》《素》二書，唐宋以後雖存若亡。惟仲景書有方文約，習之者尚
　　多，接引後賢，其尤在仲景乎。今故彙輯仲景診皮古法，別爲一卷，附《内
　　經》之後。《脈經》《甲乙》《千金》《外臺》，大抵不出仲景範圍，仿《外臺》
　　之例，標其相同，諸家有出仲景外者，亦附於後。（《廖平全集》第十二册
第一五三—一五四頁）

　　成《診絡篇補證》三卷、《分方異宜考》一卷、《營衛運行楊注補證》一卷，
三書皆引楊注，補以己言，《營衛運行》並引丹波元堅《醫賸》、董子《陰陽出
入》篇馬元臺注。成《難經經釋補證》二卷、《脈經考證》一卷。《難經經釋補
證》自識云：

　　　　經學分大經小經，小經習者多，大經習者少。《靈》《素》之與《難經》，

其大小之分,至爲懸絶,喜易惡難,小讀《難經》,便足以抵抗《靈》《素》,宜其黨羽之衆。然魑魅魍魉不能顯於光天光日之下,其亦稍衰歇乎。

　　楊氏《太素》亦引《八十一問》,亦引吕注,然其文多爲後人記識誤入正文,非楊氏原文。如《甲乙》亦有引《難經》者,乃宋校語。故《太素》有引《難經》,乃間於《靈》《素》之中者,亦如《史記》“本紀”、“世家”中之有僞《尚書》百篇序,非古所有。丹波《素問識》屢言《靈》《素》爲宋人校改者是也。

　　丹波《脈學輯要》不用寸、關、尺,而又疏證此書,不知此書專爲寸、關、尺而作。辨部位,立脈名,是其兩大罪狀,餘皆小過,不足深咎。後人喜之,亦如《備旨一説曉》,自然通行村塾。(《廖平全集》第十四冊第一七二七——一七二八頁)

　　又云:

　　《難經》專爲創造兩寸診法而作,當初自我作古,如彭氏《太素》以脈占休咎,經外別傳,未嘗不可入作者之林,乃假託佛名,實行魔術。且其人粗識文義,不知著作體例,直録經文,以爲問答,謬誤顛倒,動成差錯。如徐氏既攻其謬,乃囿於診兩寸法,曲爲排解,以爲別有師傳。丹波氏既屏寸、關、尺三部診法,其《疏證》又爲之回護。今考訂九種古診法,則其書出齊梁後,不惟仲景、叔和無一法相同,《千金》《外臺》亦且屏絶弗道矣。(《廖平全集》第十四冊第一七二七頁)

　　又云:

　　書出齊梁以後,非晋人,蓋出在《脈經》之後,與高陽生《脈訣》同出一手。今考診法,故尚取一難至二十二難言診者。又此書之作,立意在尚診寸口,故除診法以外,隨手雜湊至八十一問,非其命意所在也。

　　日本丹波元胤撰《疏證》二卷,不主寸、關、尺三部,只用寸尺二部;不用藏府分配六部之法,但以廿七脈定病。蓋明知三部之僞,乃以尚歸獄於《脈經》,不知今本《脈經》尚有古法,所攻之叔和,乃全出《難經》與僞《脈經》五卷而已。故別輯扁鵲脈法,以明其非越人作;別撰《古診法十種》,則其書之鬼蜮乃大顯於此時耳。(《廖平全集》第十四冊第一七三一——一七三二頁)

　　又云:

　　《靈樞》爲經,《素問》爲傳,《素問》所引“經曰”多出《靈樞》,此醫家之通論,元、明以來,莫之或易者。《提要》乃以《難經》爲在《内經》之前,不知《難經》所引"經曰"出於《靈樞》者多，《素問》並無其文，何以謂經反在問難之後。《甲乙》從《靈樞》鈔輯而成，《靈樞》爲原書，《甲乙》爲類輯之本。《甲乙》原書不著篇名，今有篇名，皆宋校所加捕證。今《靈樞》各有篇名，首尾完具，如前清開四庫館修書，從《永樂大典》輯出之書數百種，而原本尚存者，其篇目、次序、完缺各不相同。《甲乙》爲《大典》輯本，《靈樞》爲佚存原書，今乃謂原本完善，爲由《大典》本采綴而成，真爲悖繆。前人疑《靈》《素》者，因以爲黄帝時真書，必有以異於戰國以後文字，試問古今究以何書爲真黄帝時手筆耶。以今本《靈樞》爲僞，則必以《甲乙》所録之本爲真矣，試問《甲乙》之所以勝於今本者何在。杭大宗疑心生暗鬼，所指《靈樞》爲僞之諸條件，《靈樞》有之，《甲乙》遂無之耶。凡古今僞書，皆衍空言，不能徵實，如僞古文《尚書》之類是也。《靈樞》所載藏府、經絡、筋骨，較《素問》尤爲徵實，與《考工記》之鈎心鬥角、比寸較尺相同，後人不能僞造一節二節，何況繁重至於八十一篇之巨帙乎。試問《僞書考》中，除一篇一卷空言理數外，再有如此徵實僞書之巨部者乎。蓋六書之文，出於孔子，黄帝古書，全屬依託，不止《靈》《素》爲然。若以雜有後世事實，書原託祖，記録在後，春秋以上，有何六書古書相傳。今以儒法經、記、傳、問、説、解考之，六門之書，至少必更六傳。如孔子作經，弟子門人作記與大傳。下至漢初，乃以問、説名書。今傳《公》《穀》，定於武、宣之代，釋書、道藏其例相同。今《靈》《素》具有六種書體，全書同稱黄、岐。釋伽即著經，又作論説、語録，此必無之事。本書所以不避雷同之嫌，蓋藉以明依託之旨。如盜跖斥仲尼，卞和愧文仲，作者非不知時代不符，特留此破綻，以啟人領悟耳。黄、岐作經，必不能再作傳，即已據經問難，則必在數傳以後。況《靈》《素》以解、評名篇，至六七見，此豈一人所爲。而皆託於黄、岐，此如《本草》之於神農、《湯液》之於伊尹，託始寓言，非真有古書。不然，試就《全上古三代文》中考之，所有堯舜以前之文字，與戰國有何分別。藉此可以自悟。孔子以前，並無古文之書傳，凡託古人書，皆出孔後。實則《靈》《素》全出孔門，以人合天，大而九野十二水，爲平天下之大法；小而毛髮支絡，爲治一身之疾病。先知前知，理無違異，不假於解剖，無待於試嘗。弟子撰述，初作經篇，《素問》問難，半成於扁鵲、倉公以後；書雖晚出，不改師傳，故同目黄、岐，以端趨向。故二經凡屬陰陽五行者，爲九流專家之書，乃《尚書》之師説，非專於治病。若治病之書，以經絡藏府爲要，不徒陳五行。今爲分出國病二門，相醫二法，經學得以光明，醫學亦不歧道亡羊矣。

　　《提要》以《難經》爲真越人，已可怪，至以呂注爲真出三國，則尤爲無識。考《難經》，《新唐書》乃題秦越人，原不足據；呂注亦必出依託無疑。

《隋志》注中雖有《七録》有吕注，明言已亡，是吕注《隋志》已不著録，今復有傳本，必後人假託爲之。僞中之僞，此有實據，非空言也。考吕稱吴太醫令，其人與鄭康成、仲景相先後，在叔和、士安之前。仲景書幾亡，而賴叔和以存，吕書乃能附《難經》以獨傳。經至宋始題撰名，而注則早在千載以上，一也。康成、仲景篤守古法，叔和、士安不參異學，雖下至《千金》《外臺》亦然。吕氏一人，乃於三國時已創專診兩手之法，經晚而注先，萬無此理，二也。《靈》《素》二經之主，今存書以隋楊氏爲最古。單《素問》注，始唐王氏。單《靈樞》注，至明乃有之。而吕氏時代，乃與仲景同遠在隋明千載以上，使果真書，豈非醫門至寶。扁、倉遺法，必多存留。今考吕注，空疏謭漏，順文敷衍，與紀、滑晚出之書有何分别。以此爲真古書，則申培《詩傳》、子夏《詩序》亦真三代漢初之書矣，三也。三國時吴人注書，今所存《國語》韋注、陸氏《易説》，與兩漢不甚相遠。今以吕注比韋、陸，何啻霄壤之别，四也。專診兩寸，創於《難經》，丹波元簡、唐容川言之詳矣。唐君彭縣人。康成之寸口陽明九藏同法，《内經》、仲景於婦女亦診趺陽少陰，吕氏生長其時，何能突改古法，創診兩手。此齊梁以後，婦女不便診喉足，乃立此法以求食。經在叔和以後，注出叔和以前，五也。大抵今本吕注，因《隋志》之文而補撰，《隋志》即僞，此本尤僞中之僞。紀、熊號爲博極群書，善於甄鑒，以《靈樞》爲僞，吕注爲真，其與三家村學究相去幾何，此則不能曲爲之諱者也。（《廖平全集》第十四册第一七五一——一七五三頁）

又云：

《難經》之僞，凡深於醫者皆知之，既經徐靈胎著專書攻之，丹波氏猶强爲辯護者，不過以《史記》張守節《正義》引楊玄操序，以爲秦越人耳。使其書早出，《集解》《索隱》何不引據。今考《正義》引《素問》十一條，《素問》皆無其文；又引《素問》而無《靈樞》，是其於醫學毫無研究可知；又《千金》《外臺》診法，原書無一與《難經》同者。是《難經》與《脈訣》世俗雖有流傳，老醫達人皆鄙夷不屑道，《正義》因素不習醫，喜其簡易，故摭拾以塞責。《倉公傳》“以經脈高下及奇絡結”，《正義》引《素問》云：“奇經八脈，《内經》無此名詞。往來舒時，止而復來，名之曰結。”結本診筋絡名詞，移作診經，僞《脈經》乃有此説。《扁鵲傳》“不待切脈”，《正義》引《素問》云：“待切脈而知病，寸口六脈，三陽三陰”云云；《難經》專診兩手，乃有此説，《素問》固無之。不惟《素問》無其文，且與《素問》冰炭水火之背馳。大抵所引《素問》皆出《難經》，或稱《八十一難》，或稱《素問》，隨手杜造，以至於此。又其所引王叔和數條，皆出今僞本《脈經》中，於《素問》無一引用，於王氏真本

《脉經》亦無一引用，則其人耳食浮慕，毫無黑白，不待言矣。又卷末自宋本附有《正義》一千七百餘字，丹波氏以爲中有紀注及張潔古《藥注》數十則，雜鈔醫説，其人皆宋以後，則非《正義》原文可知，且乖注史體例。嘗疑此卷中《正義》爲晚醫所識記，刊本誤以爲《正義》，並非張氏原本所有，故卷末所附一千七百餘字別本乃無之。考史書如《史記》猶多後人附入記識，何况《正義》乎。此《正義》之所以不足爲據也。《太素》之附呂注，疑亦後人記識補入者。

又真《脉經》《千金》《外臺》皆有扁鵲診法，今除《史記》本傳及三書外，再爲采補，輯《扁鵲診法》一卷。此書出，而《難經》之真偽自定也。《千金》《外臺》，其出尚在後，尚且寶貴，以其尊經也。若反經背古，雖真古書又何足取。（《廖平全集》第十四册第一七六七——一七六八頁）

《脉經考證》之《脉經以陰陽分藏府三十六診駁義》跋云：

兩手寸口同爲太陰，脉止一條，並無三截六截九截，浮則俱浮，沉則俱沉，遲、數尤不能强分。不唯一手不能分，即兩手亦不能分。俗醫每於兩手六部之中，謂其或浮或沉、或遲或數、或大或小、或强或弱，真所謂吞刀吐火，疑心生暗鬼，久於其術者必有心得，每有小效，終屬魔法，非正道也。

予於《脉學輯要評》中，屢疑所引《千金》與《難經》同者必非孫氏原文，及得日本大小兩刻翻宋本者細爲考校，乃知其致誤之由。蓋孫氏診法猶祖仲景、叔和，《難經》偽法，屏而弗受，《三部九候表》中所列《千金》寸口、人迎、少陰諸表，是其鐵證；《千金》二十八卷之《平脉》、《翼》二十八之《色脉》，皆後人偽書羼補者，決非孫氏之筆。考《外臺》無論脉專篇，《千金》首立九論，其四即爲論診，其十一卷至二十卷各卷首爲五藏脉證，其文大抵皆出《内經》、仲景，故有趺陽與人迎同見者，此用《内經》兼襲仲景舊名之實事也。其卷中所列各條，皆與《脉經》偽卷不同，惟偽《脉經》卷一《脉形狀指下秘訣第一》與二卷《平人迎神門氣口前後脉第二》篇，則羼入其論證之首，是群仙中忽雜鬼魔，至不可通。及考宋本目錄及本卷，題下皆有“附”字，然後知此二篇爲後人刊本，取晚法以補原書之缺者也。略陳大略於此，餘詳《脉經偽卷補證》中。（《廖平全集》第十三册第一〇五五——一〇五六頁）

民國四年乙卯（一九一五）　六十四歲

任國學學校校長。租校側楊氏宅，自汪家拐移居之。

春，蒙文通作《孔氏古文説》，辨舊史與六經之別，先生嘉之，後刊《國學薈編》第八期。蒙文通《古史甄微自序》云：

　　乙卯春間,蒙嘗以所述《孔子古文説》質之本師井研廖先,廖先不以
爲謬。因命曰:"古言五帝疆域,四至各殊;祖孫父子之間,數十百年之内,
日闢日闢,不應懸殊若是。蓋緯説帝各爲代,各傳十數世,各數百千年。
五行之運,以子承母,土則生金,故少昊爲黄帝子。詳考論之,可破舊説一
系相承之謬,以見華夏立國開化之遠,迥非東西各民族所能及。凡我國
人,皆足以自榮而自勉也。"蒙唯諾受命,已十餘年,終未遑撰集。(《蒙文
通全集》第三册第三頁)

　　仲春,編《游戲文》成,收《不以文害辭》《子曰三人行必有我師焉擇其善
者而從之其不善者而改之義》《子曰泰伯其可謂至德也已三以天下讓民無
德而稱焉義》《周有八士伯達伯适仲突仲忽叔夜叔夏季隨季騧釋義》《三軍
可奪帥也匹夫不可奪志也義》《成事不説遂事不諫既往不咎義》《所謂平天
下一章議》《詩云雨我公田遂及我私惟助爲有公田由此觀之雖周亦助也義》
《太師摰適齊一章義》《十有三載乃同義》,叙云:

　　　予素無志學文,偶爾染翰,都爲經説。及門求刻文集,經説以外每多
散失,閒存一二,不足名家,不願傳布。惟每得一新解,輒仿經藝體以發明
之,恢詭荒唐,僅資笑噱,既不便編入文集,又未純爲經説,無所附麗,聽其
飄零而已。癸丑在京,或答疑詞,或抒懷抱,亦如詩人作詩,以消永晝。合
舊作共十餘篇,寫定一册。曲園刊《擬墨》以助賑,人多以文章爲游戲。
科舉既停,久絶此體,或又以爲面目雖同,精神各别,由舊翻新,前所未有,
留此花樣,以驅睡魔,其猶有曲園之意乎,或又以戲迷傳、十八扯視之,亦
可也。因題曰《游戲文》,以付梓人。四譯老人識,時乙卯仲春。(《廖平
全集》第十一册第四二九頁)

　　正月(陽曆三月),《四益詩説》、《佛學考原》、《地理辨正補正中卷》、
《四益館游戲文篇叙》、《所謂平天下一章義》、《詩云雨我公田遂及我私惟助
爲有公田由此觀之雖周亦助也義》、《真藏見考》(未完)、《十二經動脈表》刊
《國學薈編》第三期。

　　二月(陽曆四月),《隋本靈樞目録》、《真藏見考》(續完)、《難經經釋補
正》(未完)刊《國學薈編》第四期。作《佛學考原》成,記云:

　　　昔年立經統老釋之説,曾抄《子史精華》"釋道"一卷,以明釋老相同
之證。去年申叔自京來函,頗疑釋非經所能統,因抄此册遺之,不知其同
異何如也。乙卯二月四譯記。

　　序云:

按：周、秦、西漢以上，無言佛者，《魏書·釋老志》云："劉歆著《七略》，班固志《藝文》，釋氏之學所未曾紀。"《隋書·經籍志》云："推尋典籍，自漢以上，中國未傳；或云久已流布，遭秦湮没。"而辭而闢之者則如北魏世祖詔云："漢人劉元真、呂伯彊之徒，乞胡之誕言，用老莊之虚假，附而益之。"唐傅奕云："孅兒幼夫，摹擬莊老。"宋宋祁作《唐書·李蔚傳贊》云："華人之譎誕者，又攘莊周、列禦寇之説佐其高。"皆以爲釋氏本於莊、老，然自白馬駄經以來，貝葉流傳，於今具在，皆本横行梵字譯爲震旦之文，非剽竊老、莊以成篇句也。顧嘗詳讀内典，參求宗旨，與老氏則秦越，與列莊實伯仲，豈所爲三代之時"久已流布，遭秦湮没"之説信歟。抑是法不二不隔，華戎有自然而合者歟。今周、秦、西漢既無言佛之書可編録，輒擇列、莊之語同於宗門者著於篇，而每語各著其所以同者焉。（《廖平全集》第十一册第五六四—五六五頁）

命次孫宗澤輯《〈黄帝内經太素〉篇目》一卷、《〈靈樞〉隋楊氏〈太素注〉本目録》一卷、《〈素問〉隋楊氏〈太素注〉本目録》一卷。《〈靈樞〉隋楊氏〈太素注〉本目録序》云：

《靈樞》爲經，《素問》爲傳，雖不能劈分，大略如是。醫書之於《靈樞》，較《素問》尤爲根原。《素問》全注雖亡，次注猶爲唐人之作，古法不盡亡佚；《靈樞》注本，今日所傳者，大抵明人，其去隋幾千年，師傳亡佚，錯誤滿紙，最可痛惜。《太素》出於隋，古法存者不一而足。以《太素》比明注，其相去不可以道里計。黄氏所作，未見傳本，今仿其例，别爲此書。考楊本全篇已有五十三，未經全引者十四，其佚者不過十五篇而已。今以原書六十五篇，提出别行，再推廣其法，以注所佚，則成完帙。此固醫家金鍼寶筏，爲地球至精至貴之秘書也。（《廖平全集》第十二册第四四頁）

又命楊岳宗輯《隋本靈樞》九卷，借鈔日本康賴《醫心方》三十卷，藏之校中。

二月二十日，三女芸輝生，劉出。

三月，吳虞《復王光基論韓文書》有言及先生者，云："舊聞吳伯朅先生、廖季平丈之餘論，亦甚薄八家，深非所取。"（《吳虞集》第二〇〇頁）

三月下旬（陽曆五月），《地學答問》（續）、《祅教折中目録》、《脈經考證》（續民國四年第二期）、《難經經釋補正》（續）刊《國學薈編》第五期。

四月十六日，吳虞作《三君詠並自述》，後刊《四川公報》特别增刊《娱閒録》第十九册。三君者吳之英、饒伯康及先生也。詩云：

延州激清風，高蹈謝時彦。江山契玄賞，纓冕釋塵願。顧問非所期，

樂道固無厭。寂寥釣臺高,千秋有餘羨。吳伯揭先生

孔教日沉淪,陋儒益標榜。苦心探墜緒,微言炳天壤。南北感深燕,章康傳逸響。蜀學寄何人,斯文實心仰。廖季平丈

饒君秉孤介,性懶意弗擾。西方鬱靈英,東溟拾瑤草。矯矯鸞鶴姿,宛宛龍蛇道。江漢日蕭條,藏身諒爲寶。饒伯康君

馬遷先黃老,揚雲好辭賦。任心非外獎,高世無餘慕。古誼殊未遙,薄俗方難瘉。悠悠千載情,及身寧感遇。自述(《吳虞集》第三九四頁)

四月下旬(陽曆六月),《書經大統凡例》(未完)、《容經凡例》(續民國四年第二期完)、《游戲文》之《不以文害辭》、《九州之外謂之蕃國義》、《游峨眉日記》、《診經篇補正》(未完)、《內經平脈考》(未完)刊《國學薈編》第六期。黃鎔《春秋圖表》亦見同期。《不以文害辭》題下注云:"文作《說文》之文解。"附識云:"此丙子年張文襄提學四川科考覆試題文,爲文襄所激賞。時平年二十四,至今近四十年,文襄墓有宿草,錄此以志哀感。"(《廖平全集》第十一冊第四三一—四三三頁)

五月初二日,曾孫女婉容生。

五月下旬(陽曆七月),《游戲文》之《十有三載乃同義》、《內經平脈考》(續)、《診絡篇補證》(續)、《營衛運行考》(未完)刊《國學薈編》第七期。孫宗澤《公羊春秋傳例序》亦刊同期。

六月下旬(陽曆八月),《四益館文鈔》之《縱橫家叢書八卷自敘》、《省建秦蜀郡太守清封通佑王廟碑並頌》、《營衛運行考》(續完)、《內經平脈考》(續完)、《脈經考證》(續民國四年第五期)及蒙文通《孔氏古文説》刊《國學薈編》第八期。

初秋,刊《長短經是非篇》於成都存古書局。命孫宗澤將《靈素以解名篇考》彙輯爲《靈素五解篇》一卷。黃鎔序云:

《靈樞》《素問》分政治、醫診二大派,天道人事,異轍殊趨,釐定部居,剖析涇渭,庶政學收功於大統,醫術不遁於虛玄。乃諸家注説,舉干支運氣,概收納於人身藏府,致脈診病評,不啻星士談命,炎炎大言,其失也誕。故《靈》《素》有醫診專篇,不宜牽混政治學説,而專篇又互相訓解,無俟煩言;若舍本逐末,雕繪枝葉,曰若稽古,説至萬言,奚中肯綮哉。伊古作家創始,具理幽玄,深恐後人眛昧,必示以嚮往之方針,《王制》指《春秋》之迷,《周禮》導《尚書》之路,《詩》以《楚詞》爲階梯,《易》於《山海》見神異;一經一傳,遺餉來兹。或猶以另本單行,失其繩墨,古聖慮周思遠,特於本經立義,互起言詮。如《十翼》附於卦爻,二《雅》根於《周》《召》,禹州推大於《洪範》,禪讓再見於《金縢》,尹氏武氏,乃譏世卿之連文,滕子薛伯,

即紀子伯之比例；經中要義微言，不乏彼此互證之處。至於傳記，則小、大《戴》既多犯複；《公》《穀》《左》不厭求詳，輾轉推勘，駕輕就熟，正欲人易於通解耳。《内經》《靈》《素》，亦猶是也。考《素》以“問”稱，與《服問》《三年問》《曾子問》同例；《靈》《素》篇以“解”名，亦訓釋之取義。故《小鍼解》《鍼解》即解《九鍼十二原》篇，《八正神明論》即解《官鍼篇》，《陽明脈解》即解《經脈》陽明病狀，《脈解》亦解《經脈》足六經病狀。其他散見之文，足以互相證明者，尤爲繁夥；惟此數篇，綱領明著，歷來解家未能合之以成兩美，大抵分篇作注，不免支解全牛。豈知獲麟屬詞，要貴此事；撼龍尋脈，須識分宗。《靈》《素》五《解》之相得益章，同聲同氣，實出一原，歧而視之，非所宜也。《内經》本爲皇帝外史所掌，旁涉於醫，其書實出自孔子之徒；人各一藝，殊途同歸，七十、三千，不張異幟。《帝德》爲《堯典》之傳，《月令》釋《皇篇》之文，離之兩傷，不如合爲完璧也。今廖生宗澤者，井研先生次孫也，明達貽謀，幼聰繩武，孔孟既獲淵源，岐黄又承祖烈。遝入醫會，領講大有啟悟，援以經證經之例，取《靈》《素》五《解》篇，植綱張目，如磁引針。其餘鍼刺、脈法類之零散各篇，互相爲解者，并以附後。殆於《靈》《素》獨得真詮，亦於先生醫學叢書之中，丕振家法。子思克闡乎天命，小同僅肖其手文。得此岐嶷，誦揚先芬，來景方長，造究曷極。予既勸付剞劂，因志崖略如此。民國乙卯秋初黄鎔序。(《廖平全集》第十三冊第八五九—八六〇頁)

七月下旬(陽曆九月)，《隸釋碑目表自序》、《三部九候篇》、《難經經釋補證》(續民國四年第五期)刊《國學薈編》第九期。《隸釋碑目表自序》云：

漢石著録之盛，未有如洪氏者也。由酈注至《集古》《金石》而有加，洪氏則更有加。洪氏以後，收藏無過之者，至於今日，乃毀泐幾盡矣。《隸釋》自十九卷以下，八卷皆收各家碑目，而目録於各碑下凡經三家收著者亦皆注明，豈不以金石之學目録綦重，詳其碑之見收，可以辨其真贗，資其考證，又可以見碑之存亡，以自計其收藏之效，誠爲金石家所重者。特是諸家藏本各異名字，由酈至洪，蓋數變焉。別號既繁，殊難記憶，三家各以得碑早遲爲序，後先互易，不便檢閱；又碑所立之時地，並其存亡亦不可不知也，因撰爲此表，以相統屬。以《隸釋》爲主，故居首；《水經》次之；《集古録》次之；《金石録》又次之；《集古録目》《天下碑目》又次之；以上五目，皆洪書所有。《字書》爲《釋隸》之書，又次之；碑目存亡者殿焉。凡同名者，但依原書，注有字異名則各爲標出；諸家碑目，均仿《字原》之例，詳其數於下方；趙氏無跋諸碑，《隸釋》附録於後，則又加“後”字，以相別異；洪書所無，則取原書之數以附益之，務使各書異名並碑目存亡暸如指掌，源委俱在。共爲一卷,目曰《碑目表》,或亦讀《隸釋》不可少之作也。至於諸碑異名,頗有得失,彙加考訂,以俟異時。(《廖平全集》第十一冊第五九一—五九二頁)

八月(陽曆十月),因黎元洪致函四川省公署,省公署轉囑先生徵集其師張之洞著述。《槭國學學校校長廖季平徵采張文襄著述一案》函云:

> 逕啟者,頃奉黎副總統函,以張文襄公遺稿現君立公子正擬搜集付刊,囑即裒集寄京等由。查文襄公督學蜀中,創設尊經書院,與蜀中人士執經論難,文字流傳當復不少。貴校長爲文襄公入室弟子,疇昔親炙,所得必多。即同方同術諸君子必有所師說紀入簡編者。除飭綿竹縣轉行楊叔嶠之子將家藏文襄著述錄稿鈔錄逕寄外,相應函請貴校長代爲徵集,殺青之餘,并希將《尊經書院記》及楹聯等飭書一并鈔錄,彙送本署轉寄爲盼。此致。稟批。(《四川公報》十月十六號第三十二冊)

八月二十日(陽曆九月二十八日),《張子馥墓誌銘》《冷吟仙館詩餘序》刊《世界觀雜志》第一期第二卷。

八月下旬(陽曆十月),《書經大統凡例》(續民國四年第六期)、《周禮鄭注商榷》(未完)、《地理辨正補證上卷》、《駁醫門法律營衛》、《難經經釋補證》(續完)刊《國學薈編》第十期。《地理辨正補證》署井研廖平學,樂山黃鎔筆述。黃鎔《地理辨正序》云:

> 粵考《孝經》卜宅兆,《禮運》竅山川,《周禮·冢人》爲之圖,《春秋》定公譏晚葬,典制公言,故不詳其數術;西漢堪輿之學,垂爲經典;《五行大義》引《堪輿經》,子平《冢賦》詳其形勢。公明、景純,傳人踵繼。靈臺筠松,其書盛傳,晰形勢於《撼》《疑》,立法課於《寶照》,箸述一家,偉矣備矣。然詞意渾涵,索解不易,注疏增滋,惟華亭號稱善本。其於先天後天、河圖洛書,頗能破宋儒之理障,以合師傳。《提要》譏其以一人之意見盡變歷來所傳舊法,然千人喏喏,不如一士諤諤,善則爲多,何必取決於衆。唯蔣書多存啞謎,不以大公示人,致使讀其書者苦於不解,謬其傳者矜而自封,行其術者巧以藏拙。艱深隱僻,世多以術數目之,所以其道日蕪也。四益先生治經之暇,留心游藝,以爲此經傳之精華、天學之左證,不可聽其終古長夜。迺以窮經之精思,研古先之舊法,博采傳、緯、子、史諸說,如《周禮》律呂,《禮運》太一,《鄉飲酒》之賓主位次,《緯》之北斗明堂,《靈》《素》之九宮,《史·天官書》之類。勘明楊、曾立法之原,書成,名之曰《補證》。蓋儲材閎富,抉理玄微,批窾解牛,宜其游刃有餘也。先生於《辨正》外別有《繁露玄空注》《天文訓補注》《太玄陰陽交會考》《律曆志三統元運考》《九星九宮古說》《三盤

説例諸法指謬》《協紀辨方摘要》《撼龍經傳訂本淺注》諸作，周折合貫，九曲穿珠，是以凡所徵引，罔非孔道之精微；足見地學肇端於聖經，推廣爲六合，扼要於天樞，會歸於《周易》，彌綸上下，詎小術哉。鎔瞻仰在前，步趨恐後，飲河既飽，觀海猶深，端木於天道得聞，揚子之玄文幸與。竊以蔣説多言訣，《補證》則詳理；蔣傳囿於授受，《補證》究其根原；蔣氏拘泥舊文，《補證》溝通變化；蔣氏懼於漏洩，不免秘密之談；《補證》比之説經，不畏鬼神之責。稽古作法，其道多塗；龍門日家，吉凶各異。既能知合天之主宰，自可悟因心之妙用，直探本根，翦除附會，是謂能自得師；若以《補證》有體無用，則誤矣。中江王君，聘三。華陽王君，菊存。勸其剞劂，因附薈編。豳公觀京而闢國，太保相宅以造周；西銅東鐘，靈應如響。此不特《辨正》之幸，中國大幸也。受業黄鎔序。(《廖平全集》第十五册第一一—一二頁)

九月初九日，作《南皮纂輯左氏春秋説長編三十六門目録跋》，略述此稿由來：

案此三十六題，庚寅年秋，南皮師相在鄂，所命編纂者也。辛卯，約同人分纂，冬初畢業，由李岑秋、施燮夫賫呈師座。原戊子初，師席在粤，電召命纂《左傳》以配國朝十三經義疏，踰年而成，今經傳本是也。師閲，不以爲然，以爲欲自爲之，先使作長編，待林下優游，乃自撰録。因列此三十六題，作爲長編。呈稿後，聞又續延有人編録，不得其詳也。師席捐館已五六年，素願未償，此稿家無副本，其存佚不可知，又或爲淺人所塗乙羼亂，雖存亦失其真。偶檢舊稿得此紙，補刊於此，以志鴻爪。他年此稿或别出，亦未可知。感念師門，有懷莫副，不勝惘惘。乙卯重九日，弟子井研廖平識尾。(《廖平全集》第十一册第五七七—五七八頁)

按：《南皮纂輯左氏春秋説長編三十六門目録》《尊經書院記》等爲先生應黎元洪囑所搜集。《致黎副總統附送廖校長徵集張文襄公纂輯左氏春秋説長編三十六門目録暨尊經書院記請轉交函》云："前奉鈞函囑搜集張文襄公遺稿寄京等因，當經肅函奉復，一面函致國學學校校長廖平暨飭綿竹縣轉飭楊叔嶠之子楊慶昶分别徵采去後。兹據廖校長函送《文襄纂輯左氏春秋説長編三十六門目録》暨《尊經書院記》石揭本一通前來聲明，文襄當日并未撰有尊經書院楹聯。此後續有搜集，再爲呈送等語，相應封固，先行送呈，即請轉交君立公子付刊，一俟再有徵集，另行彙寄。再文襄公在蜀所著《書目答問》《輶軒語》二書及在鄂所著《勸學篇》一書，川省均有刻本，此項原稿如或遺失，奉示後即當購寄。肅此。恭請崇安稟批。"(《四川公報》十一月

十三號第五十七册）

九月初十日,八子成劭生,帥出。

九月二十日(陽曆十月二十八日),王乃徵《與廖季平書》、先生《答王聘三書》刊《世界觀雜志》第一期第三卷。

九月下旬(陽曆十一月),《書經大統凡例》(續完)、《周禮鄭注商榷》(續完)、《莊子經説叙意》《游戲文》之《三軍可奪帥也匹夫不可奪志也義》《成事不説遂事不諫既往不咎義》《子曰泰伯其可謂至德也已三以天下讓民無得而稱焉義》《子曰三人行必有我師焉擇其善而從之其不善而改之義》《太師摯適齊一章義》《周有八士伯達伯适仲突仲忽叔夜叔夏季隨季騧釋義》、《分方治宜篇》(未完)刊《國學薈編》第十一期。《三軍可奪帥也匹夫不可奪志也義》自識云:

> 康、梁主虚君之説,往歲在都中,因作此以調之,閲者不以辭害意可也。季平自識。(《廖平全集》第十一册第四五〇頁)

《成事不説遂事不諫既往不咎義》自記云:

> 凡傳記連舉三代制度可循環者,爲三代例;不能循環,由質而文,爲進化例。進化例猶可以既往之三代言之,若三統循環,皆爲法禹、法殷、法周之後王而言,斷非成事、遂事、既往之史事也。四益自記。(《廖平全集》第十一册第四五三頁)

《子曰泰伯其可謂至德也已三以天下讓民無得而稱焉義》自記云:

> 蕭隱公先生《論語二十四問題》有此章,戲拈此以答之,知必見笑方家也。"舜有臣五人"章"亦有至德",亦指堯舜。惟其説甚長,不便加入,當别爲一首以釋之。四譯自記。(《廖平全集》第十一册第四四二—四四三頁)

九月初一日(陽曆十月九日),列碩學通儒。《吳虞日記》云:

> 華陽縣城區選舉調查員賈策安(名治)來,言初選事已辦竣,現辦復選。華陽劉知事(名人傑)開碩學通儒廖季平、林山腴、余及徐炯凡四人,須調查所有著述已刻未刻者。(《吳虞日記》上册第二二〇頁)

十一月十四日(陽曆十二月二十日),成都創刊《尊孔報》,月出一册,每月二十日發行。先生與門人黄鎔、季邦俊任編輯,杜之樂任印刷,杜燾任發行。社址在四川國學學校内,由國學學校印刷所代印。分知聖、輯録、折中、禦外、評報、證誤、倫禮、藝文、圖畫、紀事等。宗旨在"立國立基,必先保存國粹,乃可鞏固民心,而頑頡於競爭之世","練武備,辦實業,爲治國之標;尤當尊孔教,闡明新經爲立國之本","以孔教爲吾華祖學,維風化人心,實爲今之大藥靈丹"。(《四川報刊五十年集成》第六一頁)

十一月二十二日(陽曆十二月二十八日),《圖書館書目序》刊《世界觀雜志》第一期第五卷。

十一月下旬(陽曆十二月),《春秋三傳折中》、《四益館文鈔》之《上南皮師相論易書》(其二)、《楊少泉夢語序》、《生行譜序》、《診骨篇補證》刊《國學薈編》第十二期。同期又載《四益館雜著標目》。《楊少泉夢語序》云:

> 或曰至人無夢,愚人亦無夢,然則吾儕固終身在夢中。泰西靈魂學發達,一時學者喜言夢,至人神骨俱融,無所謂真,亦無所謂妄,夢覺兩忘。中人拘於耳目,不識鬼神情狀,夢想顛倒,是當以夢得法者,乃不得不假夢以立教。《楚詞·招魂》以掌夢,六夢八徵,《詩》之大例,《列子》《周官》,蓋皆爲游魂學說;掌夢大人,占夢博士,俟聖之旨託於夢。《論語》:"甚矣吾衰也,久矣。吾不復夢見周公。"鼓琴見文王,食見堯於羹,立見堯於牆,皆夢也。往者不咎,來者可追,故凡夢者,皆知來也。少泉《夢語》大抵仿《百年一覺》《夢游二十一紀》,以真實寓之荒唐。百五十歲老人,固孺子後生所謂牛非牛、驢非驢,山水林立,迷離恍惚,又嘗在人心目間。少泉之語固夢,吾今爲之序夢,不又所謂甘與同夢乎?昔佛以喻言提撕覺寐,有新舊《譬喻經》及《百喻經》等,《夢語》所述,亦猶此志。吾則以《詩》全部皆爲《夢語》提綱,於《斯干》《無羊》與《中庸》之"戾天""逃淵",《詩》之"匪鶉匪鳶"、"匪鱣匪鮪"、"無羊"、"無牙"、"無角",妄耶,真耶,爲熊爲羆、爲虺爲蛇,"如山如阜、如岡如陵",真耶,妄耶,以爲妄,則無所真;以爲真,則何處非妄。傳曰"獻吉夢於王",《詩》曰"吉夢維何",夢果爲虛,如何可獻。既曰可獻,則必非空。少泉爲癡人說夢,尚寐無覺,尚寐無訛,入迷國而以不迷者爲迷,則寤、寐一也,又何有取去於其間耶?吾聞世人入夢,佛作獅子吼以祛其睡魔,則醒夢者莫若獅;今獅又大睡,方且神游六虛,以妄爲真,吾且窮於術,而莫知其嚮。或曰:解鈴繫鈴,物極必反。獅之入夢也酣,則其瞋亦烈。以夢引夢,是或一道。與夢居士題。(《廖平全集》第十一冊第六九四—六九五頁)

十一月二十六日(陽曆一九一六年元旦),錢玄同閱先生《群經凡例》,因謂先生之學遠不逮康有爲之能取古文諸經摧陷而廓清也。《錢玄同日記》云:

燈下點閲廖君《群經凡例》中《禮經》《周官》諸篇。廖氏以《周官》即
《周禮》卅九篇合爲六篇,其説無徵,且古文經既爲僞作,則魯恭、河間所
得豈可憑信。廖君此等處所見太不明晰,遠不逮其弟子康君之能取古文
諸經摧陷而廓清也。要之《周禮》確爲歆造,殆無疑義。……廖君於
《易》,明《卦辭》《爻辭》爲孔子作,《十翼》爲弟子作。於《詩》力斥《衛
序》,於《書》力斥百篇之序,並證明《史記》所引,悉爲後人所竄入,與崔君
可云暗合,康氏不能知也。於《禮》深信邵位西十七篇爲完篇之説,皆能
力闢榛莽,獨標真諦者。獨以《春秋》雖知《公羊傳》之善,而又依違於
《左》《穀》二家,《周禮》又直信爲真書,此皆千慮一失之處,不逮康、崔矣。
(《錢玄同日記》上册第二八二頁)

十一月二十八日(陽曆一九一六年元月三日),錢玄同謂"當世學者,本
師以外尚有廖季平、劉申叔諸先生",又自述年來學問師承,亦有先生影響。
《錢玄同日記》云:

在尹默處遇心孚來索《中國學報》稿,余告以當世學者,本師以外尚
有廖季平、劉申叔諸先生,珠玉在前,則糠粃固不足以登載。……年來雖
略問學,顧均取諸人以爲善,……道術大原,古人取自莊子,取自廖季平。
群經義訓,古人取諸董仲舒、劉向、何休、劉申受、陳朴園、邵位西,取諸廖
季平、李命三、康長素、崔先生。(《錢玄同日記》上册第二八三頁)

十二月初二日(陽曆一九一六年一月六日),錢玄同謂先生之學洞見道
本。《錢玄同日記》云:

六經皆孔子所作,其中制度皆孔子所定,故《堯典》制度全同《王制》,
此義發明於廖、康二子,可以撥雲霧而見青天。……雖然,廖氏謂孔子以
前洪荒野蠻,全無禮數,其説亦有大過。……廖氏之學洞見道本,一掃漢
唐箋疏,魏晉清談,宋、明空談之説,信哉二千年來未有之一人。雖然,大
體誠精,而小處罅漏亦殊不少。案廖氏最精者爲諸子皆出孔經,儒亦不能
代表孔子,其説最精,與《莊子·天下篇》相合,余所謂洞見道本者也。其
他考訂經典,則疏漏尚多,如其別今古文真僞,則不逮康氏之掃盡葛藤獨
標真諦也;論《周禮》,則不逮李命三也;論《春秋》,則不逮崔觶廬師也。
(《錢玄同日記》上册第二八四—二八五頁)

十二月初三日,錢玄同謂先生六書文字始於孔子,未盡可信。《錢玄同
日記》云:

廖君以六書文字始於孔子,其説誠未盡可信,然古人文字通借太多,

實是可疑之處。竊疑廖君所云中國有拼音文字一層，非盡不可信，蓋由拼音文字易爲衍形文字，於是假音譯字而通借字遂多矣。(《錢玄同日記》下册第二八五頁)

十二月初四日，錢玄同謂深信先生諸子源於孔子之説。《錢玄同日記》云：

吾閲廖君之説，謂百家皆源於孔子，於是各持道本於一散於爲諸子百家，故不得以儒自畫而屏諸子爲異端，於是昔之參商者，今則魯衛矣。今幼漁又復舍其前説，主張今文，亦深信廖君之言。(《錢玄同日記》上册第二八五頁)

十二月初五日(陽曆一九一六年一月九日)，晤吴虞。《吴虞日記》云：

飯後過昌福公司，晤廖季平丈，談久之。(《吴虞日記》上册第二三六頁)

是年，先生"曾抄中國從前解剖舊説"，"交華西學校莫醫生"，"屬其繙爲英文"。《中外解剖學説異同互相改良説》云：

予欲溝通中外醫學，民國四年，曾抄中國從前解剖舊説，如《内經》《王莽傳》《醫林改錯》《癸巳類稿》之類十餘事，交華西學校莫醫生，屬其繙爲英文，通告歐美醫會，研究改良之法。(《廖平全集》第十一册第八八六頁)

成《撼龍經傳訂本》一卷，自序云：

此楊公古本，流傳既久，高公謂經後人竄易增益，故各篇之中，章法淩亂，真理翳霾。今仿《王制》《周禮訂本》，分經、傳、説三等級，舉大綱以張細目，抽絲剥繭，乙乙就緒。其枝生節外、無關經旨者，則在害馬當去之例，要期理求其是云爾。(《廖平全集》第十五册第二七五頁)

　　按：此書見《光緒井研志》藝文四，題作《疑撼經訂本》(署名董含章)，原爲先生手批本，今始由黄鎔補成。

友人譚焯藏日本康賴《醫心方》三十卷，爲宋太宗時卷子本，先生借鈔之，以鈔本存校中。《何君俶尹六十壽序》云：

日本醫書多唐本，有唐《千金方》原鈔本，僅僅保存一卷，信爲希罕之珍。日本康賴撰《醫心方》三十卷，右書必合一戴三十幅，以爲繼《千金方》與《翼》而有作也。《千金方》與《翼》，前人以皆孫氏作；《千金方》與《翼》重複十之五六，孫氏一手所作，不應雷同至此。查古今以翼名書者，必非一人作,即原序所引《孔子翼》《太玄翼》等書是也。顧前人以爲孫氏合作。《醫心方》有《千金方》,而《翼方》則絶無引用者,豈其書未行日本與,何其相懸至於此極也。《醫心方》首卷引《千金方》張湛條"血脈有浮沈弦緊之亂",至今宋校本作"寸關尺"三字。考唐真鈔本,往往與《醫心方》合,而不與宋校合。蓋《醫心方》爲宋太宗時卷子本,直存唐本之舊,不雜北宋以後校語。考北宋糾纏《難經》,唯唐真鈔本不雜《難經》片語隻字,以是知真本之可貴也。《難經》至唐末大行,然真本密記猶不言寸關尺,故三字《醫心方》自始至終全未見引用也。吾友何俶尹先生初習申、韓,歷至大幕,民國後,棄而習醫,用時診而有心得。壬戌春,余索醫案,答以未遑録十餘事,以求記録。(《廖平全集》第十一册第七〇六頁)

先生爲學生講授《戰國策讀法》,仍有表彰縱横之意,中有一條,言其對語言學堂之主張:

中國當於邊海設二三語言學堂,擇中學已深、天資絶妙者入校肄業,優其出身。其餘各省,聽人民自便。各學校可停此科以專中學。蓋此科非天資絶高者不能有成,非人力所及,不如一筆删去,以求有用之學。

將唐梓州趙蕤《長短經》中《是非篇》提出重刊。

光緒丙午(一九〇六年),先生在漢陽壖,本《周禮》證合《尚書》之旨,口授門人鄭可經,爲《書經大統凡例》若干條。至是復由黄鎔加以補葺,共成六十八條。

成《三部九候篇》二卷,序云:

鄭康成《周禮·疾醫》注:"脈之大候,要在陽明、寸口而已。"然則以人診府、以寸診藏,但言人、寸比較,陰、陽、藏、府,包括無遺。經於人、寸之外,別詳三部,加入少陰,岐伯乃以少陰爲任、衝,少陰不動,動者爲衝,《太素》注詳言之。考醫家詳兩傍而略中心,丹家乃專詳中部。任、衝與督帶爲十二經之主宰,少陰統於藏,惟任、衝乃能於人、寸外獨立營壘,自成部分,亦如丹家之專詳任、督也。中國舊説以外腎爲附庸,不列十二經中,而別造命門,以主生命。張景岳於《内經》頗爲熟習,乃亦盛推命門,審是則《内經》於生理逐末忘本,反有待張氏補其根原;苟一研思,當亦啞笑。考人身生死疾病,專責藏府,生化飄舉,則責在衝元;故以形體論,腎氣無關於死生,而欲久視長年,則以築基爲根本。此《難經》重腎,爲魏伯陽之餘風,而盛衰生死,則法不在是。考西醫解剖,生殖爲一大門。内傷外感,屬於人、寸;男女傳種,惟在衝、任,而修儒程途,亦於是始。故《上古天真》極言沖舉,而生殖盛衰,兼詳壽命。此三部之中,以衝、任爲君主,居中建極，臨馭四旁，如《九歌》天皇太乙；肺、胃統轄陰陽，文武並用，如羲、和二老，夾輔皇居，則《九歌》之大、少二司命也。或曰：經言少陰，明屬一藏，奈何以衝、任當之。曰：少陰無腧，謂督腦爲少陰，少陰獨下行。以衝、任爲少陰。此少陰二字，誤爲凶與神之合音，不謂心腎。考《內經》藏府，心、腎二號，異實同名，腦爲心主，腰爲髓屬，亦名心主，合之腔中，實有三物：腎竅於耳，指膽而言；腰與外腎，二物一名。大抵心腎名詞，主乎任督，神明所出，端在元首，積精存神，最重伏衝。故凡督任關係，端在男女，生育練神，推人合天。以攝生言，則調腦中爲久視之本；以治術言，則京師乃首善之區。《難經》所謂命門，舊固屬之鹿督，景岳所推種種關係，實則一外腎，少陽足以盡之；以附肝之膽，道家所謂龜蛇；腰屬腦，而與三焦表裏，故脈獨在掌中。《素問·五藏別論》："腦、髓、骨、脈、二字注文。膽、女子胞。三字注文"骨脈屬於腦髓，睾丸即同女胞，此乃專指督任立言，是爲二物，舊讀誤爲六名。試問方士之立說，雖至奇異，何至以骨、脈與髓指爲藏府乎。附肝之膽，留而不泄，爲藏當無疑義。惟配少陽之睾丸、女胞，有泄時有不泄時，與六府腸、胃、膀胱之泄糟粕水溺者不同，故曰奇恒之府。此膽與女子胞實爲一物，非附肝之膽藏也。(《廖平全集》第十三冊第六八三—六八四頁)

作《素問靈臺秘典論新解》，以天下一人例之義說之。先生不以《靈樞》爲僞書，其言曰：

《靈樞》爲經，《素問》爲傳。《素問》所引"經曰"多出《靈樞》，此醫家之通論。……凡古今僞書，皆衍空言，不能徵實，如僞古文《尚書》之類是也。《靈樞》所載藏府、經絡、筋骨，較《素問》尤爲徵實，與《考工記》之鈎心鬥角、比寸較尺相同，後人不能仿造一節二節，何況繁重至於八十一篇之巨帙乎。……蓋六書之文，出於孔子，黃帝古書，全屬依託，不止《靈》《素》爲然。若以雜有後世事實，書原託祖，記錄在後，春秋以上，何有六書古書相傳。今以儒法經、記、傳、問、說、解考之，六門之書，至少必更六傳。如孔子作經，弟子門人作記與大傳。下至漢初，乃以問、說名書。……釋書、道藏，其例相同。今《靈》《素》具有六種書體，全書同稱黃、岐。釋伽既著經，又作論說、語錄，此必無之事。本書所以不避雷同之嫌，蓋藉以明依託之旨。如盜跖斥仲尼、卞和愧文仲，作者非不知時代不符，特留此破綻，以啟後人領悟耳。……況《靈》《素》以解、評名篇，至六七見，此豈一人所爲。……不然，試就《全上古三代文》中考之，所有堯舜以前之文字，與戰國有何分別，藉此可以自悟。孔子以前，並無古文之書傳。……實則《靈》《素》全出孔門，以人合天，大而九野十二水，爲平天下之大法；小而毛髮支絡，爲治一身之疾病。先知前知，理無違異，不假於解剖，無待於試嘗。弟子撰述，初作經篇，《素問》問難，半成於扁鵲、倉公以後；書雖晚出，不改師傳，故同目黃、岐，以端趨向。（《廖平全集》第十四册第一七五〇——一七五二頁）

《分方異宜考》云：

陰陽五行本太乙下行九官之法，運氣之所從出。皇主天道，陰陽五行爲其二伯四岳之法。故其説以干支歲時月日爲本。……後來爲其學者，天下萬事萬物，莫不以五行推之。……天下所有事物，盡舉五行以配合之，其中有離有合，皆屬後起之義，爲古陰陽五行之支流餘裔，出於《洪範》五行紀例者尤多，皆爲治法，當以歸之經説。若醫家專門切要之事，則詳經絡，考部位，識病名，知針藥，於《内經》中取其切要者，不過二三十篇；其屬通論，治國、醫人皆所合通者，不過三四十篇；其高深玄遠之《陰陽大論》，與政治陰陽五行家之專篇，則儘可束之高閣。書少功多，庶乎可以自得，收五行以歸經學。……治法可以重光，於醫學中掃除荒蕪，自有澄清之望。（《廖平全集》第十二册第六四三——六四四頁）

民國五年丙辰（一九一六）　六十五歲

任國學學校校長，兼任華西大學國文及文學史教授。成《診筋篇補證》一卷附《古今圖書集成》之《筋門》、《十二筋病表》、《診骨篇補證》一卷附《周身名位骨》《中西骨格辨正》、《仲景三部九候診法》二卷。

正月初八日（陽曆二月十日），《中小學不讀經私議》刊《四川教育雜志》第一期。

三月（陽曆四月），《易生行譜例言》（續）、《書尚書弘道編》（未完）、《群經大義補題》（未完）、《撼龍經傳訂本注》（未完）、《仲景三部診法》、《太素篇目》、《傷寒總論（録外臺第一卷）》（未完）刊《國學薈編》第四期。《書尚書弘道編》《撼龍經傳訂本注》署井研廖平學、樂山黄鎔筆述。

成《大學中庸演義》一卷附《大學古本以書詩分人天考》《大中引書詩爲人天學説界劃表》。自記云：

吾國古學校以《大學》爲標準。前清鶩格致而國亡，宋明崇誠正而社亦屋，經説之誤人國家，固如是其烈哉。今乃合讀《大》《中》，次第人天，而爲之説。幽深隱微，頗不合於時好。然就經言經，於今日教育宗旨，或足以聊備一解，未始非千慮一得也。丙辰四月，四益自記。（《廖平全集》第五册第四〇九頁）

略云：

經云："自天子至於庶人，壹是皆以修身爲本。"是功用從修身始，不應於修身以前加入正、誠、格、致。若宋元學派困於格、致，終身不至修、齊，何論治、平。……欲講大學，不可不以天下爲志；欲知治法，不可不分先後。一言而已明，不必求虛索隱，泛濫蒙混，以童蒙、物理、方名等事責之德行。科學如今西人格致，乃古蒙學，專屬技藝，仕宦初不主之。……舊説之誤，在以皇帝爲入德之門，成人之學乃在言行，本末相反，正中顚倒之弊。（《廖平全集》第五册第四〇九—四一〇頁）

又云：

"物有本末，事有終始"二句，物字有明文，本末先後爲格物。"知所先後，則近道矣"二句，知有明文，能分先後，即爲致知，數言可了。

又云：

今於大學既以修身爲主，不用宋人、西人格致之説，又以治國爲本，平天下爲末。所有修、齊皆屬比喻，化五爲三，直不啻化三爲一。儒者博而寡要，勞而少功，唐宋以後，尤空疎無用，不能與吏胥相比。删去枝葉，獨標精蘊，專心致志，事半功倍，再不致蹈幽繆無據之阱，以卿相之選，談市井之言，以老宿治童稚之事。《格物章補傳》《或問》，即二字名義亦老死不能解，學堂何得此名目難解之課程。名目已難解，其課程更可知矣。（《廖平全集》第五册第四一二頁）

六月，黃鎔成《書經周禮皇帝疆域圖表》，凡圖表四十二。自述云：

鎔賦性迂拙，夙耳經學之奧，然卅年虛擲，不得其門久矣。前清乙未丙申間，井研先生來主嘉州九峰講席，始負笈從焉。其時先生學通三傳，師説本諸《王制》，鎔以《公》《穀》《左》巨軼汪洋，疑義繁賾，門户水火，鑽仰大難，欲趨簡捷之途，竊附專家之列，不揣譾薄，請事《書經》。爰先辨古今之真贋，次察《書序》之羼增，二十八篇法象列宿，以爲道在是矣。迺進考全書之禮制，推求歷代之官儀，字句梳剔，章段區分，將期告厥成功。先生謂説經最重師法，淵源授受，貴有本根，否則柳絮隨風，浮游漫衍，郢書燕説，弊不可言。故《春秋》經，《王制》傳；《尚書》經，《周禮》傳。聖作賢述，傳習有由。若欲闚典謨之肯綮，當以麟經爲津梁，循序程功，毋容躐等。鎔聞之，始基《王制》，鈎稽筆削，竊歎鄙之急圖捷徑者，適以證其拙且迂也。若此者數年，素王褒貶，畢露端倪。閒因涉獵《周禮》，比櫛《書經》，封疆則五服、九服不同，計里則五千、九千不合，州制則九州、十二州相近，《禹貢》《職方》州名互異。巡守則五載、十二載有差。《書》以和叔宅朔方，《周禮‧冬官》等於史闕；《書》以司空主水土，《周禮‧地官》掌以司徒；《書》之帝王在中國，《周禮》乃周知天下地域廣輪；《書》之三公無闕文，《牧誓》《梓材》《立政》。《周禮》無司空，而司馬、司徒皆有大小名目。《書》於唐虞無司馬，《牧誓》始見明文，與夏官合。似《周禮》專爲周書也。禮稱虞官五十，夏官百，殷二百，周三百，與《周禮》符，似《周禮》真爲周書也。諸多枘鑿，安能如《春秋》《王制》水乳交融乎。繇是區畫疆輿，溝通州域，如此者又數年，而《經傳九州通解》始成於戊申之歲，可不謂拙而迂乎。然一逕初闢，荊莽尚多，吾才既竭，頹焉欲罷。猥以庚戌會考，籤分長蘆，不戒薄冰，遽罹足疾，蹣跚旋梓，進襄國學。先生於皇帝疆域已刊三圖，積稿猬煩，囑令編輯。鎔祗領之下，棼治亂絲，如魚入網，從衡奔突，不獲周行。然次第推摩，片紙隻辭，罔非至寶。匆匆數月，草草報命，繩尺糾駁，改易復陳，如此者數四焉，輄得以徐徐引緒，猶幸每一啟發，輒透玄微。先生又有《經話甲編》《周禮新義凡例》以資臂助，懇懇蒐采，析彙別門，援經合傳，互證旁稽，屢遭疑難，日夜窮思，鬥角鉤心，難名苦況，莫非迂拙者之爲也。次年乙卯，《書經大統凡例》補綴成編，迄今丙辰，《疆域圖表》亦次完竣，而刪削殘棄者，較成帙幾三倍之。所有二書矛盾諸條，均已融解，殆與《春秋》《王制》同有經傳相得之美焉。雖凡立一義，嶄然新裁，要皆孔門之舊解也。溫故服膺，披揀不暇，奚遑加損乎。《列禦寇》云："吾脩《詩》《書》，正《禮》《樂》，將以治天下、遺來世，非但脩一身，治魯國。"此非仲尼之言耶。杏壇制作，下俟後聖，本有至誠前知之哲想，驗小推大之謨猷。無如海外阻絕，人莫覘地球之廣。西漢博士識其小者以適時宜，一切遠大之規，闕如不講。迄漢季發得《周禮》，竟莫知辟雍巡守之儀，乃欲以泥遠之小道出應大敵，降而愈趨，又欲以脩一身者推治天下。夜郎自尊，去聖益遠。故其後《周禮》雖立學，仍與《書經》別道分馳。時地限人，不免群盲説夢。今則地改闢矣，時已可矣，典制輿圖，兩相印證，天孫雲錦，離蹤巧合，殆於作經之心與述傳之意庶幾窺測萬一乎。昔日馬、鄭諸儒生不逢辰，範圍自蹙，不足深咎。禹、稷、顏子易地皆然耳。鎔裴徊《書》恉，取道既迂，承先生之指授不爲不久，所成之以續貂者，三年以來，區區一編，不其拙乎。然發明大統規模，不自知量，期以之試用於將來，得毋與趙括兵書、房琯車戰竝以迂拙貽譏乎。夫《書經》《周禮》之傳世也，知其不可而爲之，當日聖賢已拙也；不知其不可而仍爲之，當日聖賢又迂也。扼其大略，潤澤在人，自有不迂不拙者。興學至始皇而設博士，州牧至李斯而置郡守，夏時至漢武而改《太初》，服制至唐明而重母喪；經義由漸施行，推放四海，胥准此道。如果人存，何難政舉哉。顧鎔則坐言不能起行，目爲迂拙，無所於辭。然《書經弘道編》《周禮訂本略注》方若爲山一簣，如此者假之數年，始克藏事，又不知若何迂拙焉爾。謹志閱歷之艱，不忘師承所自。若夫鴻綱大義，具詳圖表之中。兩美二難，後先合轍，閱者可以周覽而知，毋庸贅也。民國五年丙辰季夏，樂山受業黄鎔自述。(《廖平全集》第四册第五七一——五七三頁)

　　　　按：先生己亥有《大共圖考》之作，後續有增補。甲寅刊其三圖，以餘稿命黄鎔編輯。鎔每成一圖，輒用作國學學校講義。其中繩尺，糾駁改易復陳者至於數四，至是卒業，共得四十二圖，每圖皆詳爲解説。(《六譯先生年譜》卷六，《廖平全集》第十五册第六四〇頁)

　　八月，社會名流、地方士紳曾鑒、趙熙等領銜，先生與省城各高校校長駱成驤、周翔、顏楷、文澄、廖學章、譚焯、龔道耕、文龍等二十四人聯名上書省長公署，要求主持地方籌款，在四川高等學校基礎上速建大學。十二月，省議會一致通過省長決議，改辦國立四川大學，後因故未果。(《龔道耕儒學論集》第二四四頁)九月初二日(陽曆九月二十八日)《申報》第六版《川政務會議之要題：紳學界請設大學》云：

　　省公署又開政務會議。是日，羅護省長未出席，由政府廳長尹仲錫代行主席，其會議之結果，第一案《清理財政處簡章》結果付修正，第二案《警團聯合辦事簡章》修正後咨交省議會，第三案酌辦四川大學經費擬在中資捐及財政廳某項經費内撥用。兹將川省紳學界請建大學致省長文録下：

　　敬日啟者，世界日趨文明，教育日益發達，東西最强各國，其軍學政治之日進無疆者，皆其外見之標也，其根本未有不出於學校者也。中國以廣土衆民，見絀於全球者，學校不完全也。川省以廣土衆民而見絀於各省者，亦教育不發展也。中國學校之不完全，教育部限之也。中國方制萬里，東南北三方，地勢平衍，交通便利，尚有五大學星棋羅布之議。西南各省土廣人衆，地邊路險，議賦税則名曰大省而推爲冠，議學校則名曰邊省而棄若弁髦，不求政策之均而欲人心之平，其可得乎。近來議教育者，陽以提倡國民教育爲名高，而陰以消滅人材教育爲實策，馴至各方，大學未開而各省高校盡停，一般青年學子進無所歸，退無所就，中小各校望風阻喪，而議者方以推廣小學爲大願，其可得乎。紳等前於陳督任内曾具理函請達部，就現在高校推廣講室，籌三十六萬元，酌辦大學數門，附設預科，爲全省學生深造之地。部覆深諒苦衷，一則曰事屬正當，再則曰實堪嘉許，而卒以經費支絀、招生困難爲辭，緩而廢之。竊謂川省歲費幾何，其有益於民者幾何，區區之數又得歲費百分之幾何，政府不難按冊而稽也。經費誠支絀矣，他務何不盡停，獨至學校而吝之。此部文之難解者一也。各專門學校招生難足，誠爲事實，民國二年春，高校擬招生二班，而各縣畢業中學生踴躍前來，遂添招至四班，尚不能盡，是中學生之普通心理，欲進大學以深造者多，欲專門以速成者少。況距今三年，停止招生，則中學堂之希望升學者人益衆、心益切，而概以專門例之，此部文之失察者又一也。今者專制既倒，共和重新，則教育行政似宜在地方權限之內。中央一秉大公，當不苛爲限制。前日蔡督蒞任，宣言川省可以有爲，願矢十年心力，以强川省者爲强中國之本圖，英雄卓識，迥異群流，紳等何勝感佩。竊念川省一隅，以人數論之，多於日本、德國，日本建四大學、八高等，德國柏林大學一校學生多至萬二千餘人，其餘大學不可勝數，四川區區一高校，至多僅容五百餘人。今并此而裁之，不知謀國者將何術爭衡於列强乎。今雖蔡督病退，以大府素同心力，託重川局。紳等前以此説進，深蒙嘉納，允提各款，急建大學，并通告滇黔，協商并進。紳等或忝參顧問，或分司教育。仰思國家根本之圖，俯念人民憤懣之意，既不忍國事全誤於章程，尤不忍川民沉淪於僕隸，是以再四籌商，合詞上懇大府力爲主持，地方自行籌款，速建大學，先設預科，電請中央許可，即行着手試辦，以慰群情，不勝禱祝之至。曾鑑、陳鍾信、曾培、趙熙、駱成驤、周翔、顔楷、廖平、陸慎言、陳彰海、文澄、田明德、廖家淦、朱華綏、龔道耕、譚焯、張鉾、劉彝銘、文龍、辜德華、鄧汝昌、文天龍、劉震、王蜀瓊。（民國五年九月二十八日《申報》第六版）

八月十八日（陽曆九月十五日），錢玄同謂王闓運較之先生不可同年而語。《錢玄同日記》云：

　　取閲王壬秋《莊子》《墨子》注二序。……此公文辭雖有聲譽，顧一味模仿，不足自立，學問之事更非所知，較之其徒廖季平不可同年而語。（《錢玄同日記》上册第二九〇頁）

九月上旬（陽曆十月），《地理辨正補正》（續）、《撼龍經傳訂本注》（續）、《四益館文鈔》之《翻譯名義三卷序》、《傷寒平議》（未完）刊《國學薈編》第十期。

九月初十日，錢玄同謂“至於近世，始有有思想者，康有爲、廖平、宋衡、夏曾佑、譚嗣同及本師章君而已”。《錢玄同日記》云：

　　吾謂神州長夜之獄，宋氏歸咎於叔、董、韓、程四人，吾謂叔實不足道，第一罪魁宜在李斯，苟令世無李、董、韓、程，則自戰國迄今二千年，發展思想，明通哲理，不知較歐人要如何進步。即以科學論，苟令思想發展，則以神州民族之聰睿，決不讓西人，乃壞於此四人，於是長夜漫漫，待旦無期，至於今日，與晳種較衡，不啻孩提之童與壯年力士，可歎，可恨。此中間有一二聰睿者，李之後有賈誼，董之後有司馬遷、王充、王弼、阮籍、鮑敬言、陶潛、劉知幾，韓之後有周敦頤、邵雍、程顥、張載、葉適、陳亮，程之後有陸九淵、鄧牧、陳獻章、王守仁、王艮、黃宗羲、顏元、戴震諸人而已。至於近世，始有有思想者，康有爲、廖平、宋衡、夏曾佑、譚嗣同及本師章君而已。若梁啟超，若蔣智由，若蔡元培諸君，因人成事，尚未足以語此也。（《錢玄同日記》上冊第二九三頁）

九月二十四日，東莞蔡澄波之女、法部僉事張滄海之妻蔡氏去世，先生《題蔡夫人墓道》云：

東莞張君伯楨由京師寄到《愁思集》，囑作散文一則，以光泉壤。按蔡夫人懿行，傳誄詩詞詳矣。余知生知死，義窮於辭。惟卷中坿圖，所謂泉壤螺岡，居士說略不可謂光芒萬丈乎。考其山水分龍，大抵師法華亭，審是則水龍經真，蔣書何又云別無他書傳世。山水自相管是矣，何以水必在隅，山必在正乎。方云此山此水，忽云非山非水；又云水即是陽，山即是陰，隱謎乎，正言乎，《提要》所謂四个一、四个二，艮丙辛坤壬乙，術家不得其意義之所在，不又重添公案乎。余注蔣書初成，因質所疑於螺岡，因疑得訣，以爲後世法，非所謂光被四表乎，庶可解伯楨愁思於萬一也。（《愁思集·墓誌》第二頁）

九月二十四日，王闓運去世。十一月初，尊經同人設奠於尊經書院舊址，先生輓云："一代詩歌明七子，兩朝禮樂魯諸生。"（黃應乾《王闓運掌四川尊經書院前後》，《文史資料存稿選編》第二十四輯第六九五頁）並爲文祭之，略云：

文襄以鄉土之誼，祖述河間，專崇姬旦，中年從政，遂輟仰鑽。承襲舊聞，老而彌篤。嘗命撰《左氏長編》，既據作傳，不能不主聖修，非其本意，終弗善也。夫子以餘力箋注群經，提倡微言，主張董、何。西漢師傳，千鈞一髮。他編宗旨，雖不必盡同，若《公羊》一家，信爲偉業。無傳而明日月不蒙諸條，至爲精審。莊、孔尚未窺其藩籬，餘子更目瞤無覩。受業造膝摳衣，頗與機要，避火畫水，投荒《穀梁》。石渠重光，無復知有魏晋；關中既建，大難以次削平。卌載專精，用分一絕。小隊偏師，逍遙河上。不敢摹擬《騷》《選》，自比淵、雲。侵犯神嚴，知難識小，自由才薄耳。……受業以蕞爾介居兩大，時論紛然，頗有同異。特妾婦之道，從一而終，轉益多師，古所不禁。況儒生傳經，亦如疇人制器，秘合差離，久而後覺。使必株守舊儀，禁新法，專己守殘，殊非師門宏通之旨。又凡真賞過喜，每多溢辭，難拘常解。割雞本屬戲言，非助亦爲。甚至鳴鼓之命，取瑟之歌，亦別有微旨，否則天視之慟，比於庶幾。而何皇望文，屢見排於門外，學者即屬非賢，教者何以自聖，以古準今，其則不遠。（《廖平全集》第十五冊第六四〇—六四一頁）

據末數語觀之，似當時同門中不無排擠先生事實。先生嘗評王闓運云："王湘潭於經學乃半路出家，所爲《春秋例表》，至於自己亦不能尋檢。世或謂湘潭爲講今學，真冤枉也。"（《吳虞集》第二二四頁）尊經同人公祭云：

維丙辰秋九月二十六日，故翰林院侍講、我夫子王先生告終赴聞，踰月赴告，同門受業某某等乃畢集，爰就舊尊經書院講堂，昔者設教習禮於茲，爲位設奠，相嚮而哭盡哀乃舉奠。維禮喪祭異於吉祭，比於始死之奠，無用牲之文。謹以庶羞常饌，致奠於夫子之靈曰：

嗚呼！天降喪亂，道消明哲。爲世而生，逢辰之缺。濁揚厥清，緒延將絕。龍悔于亢，或躍在淵。天喪斯文，未喪斯文。六萩芳潤，凝其清芬。汪汪萬頃，觀海瀾淪。玄雖尚白，黑不代蒼。邦國殄瘁，云亡哲人。老聃隱真，禮聞柱下。漆園道聖，經傳子夏。粵若夫子，斯人之亞。沐浴聖涯，咀茹道真。鄭稱學海，休曰經神。有變復貫，無治而棼。平難墨守，兼綜古文。兩家之學，宏於一身。群流仰正，四海前聞。蟬蛻夭泥，龍蛇用舍。蓬累而行，時而更駕。潛於大明，丁此長夜。望世茲深，世喪逾下。殆守先王，以待來者。蜀士觥觥，迎師大庠。明詩執禮，用賁國光。王道之易，始觀於鄉，望古不復。迷陽實傷，衡山再隱，哀國無良。懿維夫子，天情超邁。早謝公車，無情高蓋。登稷市南，歌薪延瀨。形潄光成，道窳心泰。符采映時，文章蓋代。高歌金石，聲滿江關。清談名理，鈞沈九淵。辰星在霄，魯殿歸然。稽古桓榮，采芝商皓。爰徵翰講，晉爲國老。世忘我難，邦遭不造。匪惠爲恭，匪彭伊老。薦領史局，游於異轂。與爲無町，還從所好。天地易方，星辰反覆。歲讖龍蛇，龍蛇起陸。驚告山積，如何不淑。守望莫從，填膺及腹。錯比雄文，誰知阮哭。厭世褰裳，閟音空谷。嗚呼哀哉！朝野驚歎，國均悼摧。人能弘道，命不可回。逝者不作，來者何依。逝如可作，吾誰與歸。橫流靡屆，益揚其波。水深獨瀘，益汨其泥。誠聞達節，麟兮已悲。嗚呼哀哉！禮有心喪，始奠猶閽。門人喪子，相嚮皆哭。群居之經，免疑所服。冠裂禮崩，裸壞同俗。萬古一漚，薪窮火續。天地同塵，祝皋來復。伏維上饗。（《清王湘綺先生闓運年譜》第三三八—三四〇頁）

吳虞《哀清翰林侍讀王壬父詩》云：

湘綺樓空楚水流，蕭蕭斑竹迥生愁。何如憔悴薑齋老，著罷黄書望九州。王薑齋所著書，於種族之感，家國之痛，呻吟嗚咽，舉筆不忘。

少年抗志動湘淮，勸進文傳素願乖。白首就官非得已，劇秦當日亦詼諧。

寂寞江山燕子飛，興亡容易付斜暉。書生盡解談王命，應怪夷齊怨采薇。

文章留得晋陽秋，黎蒓齋曰："《湘軍志》文質事核，不虛美，不曲諱其是非，頗存咸、同之真，近世良史也。"案壬父四十已後始著《湘軍志》，爲其生平著述之有用者。後曾沅甫欲殺之，乃毀其版。今成都志古堂所刻《湘軍志》，蓋由楊叔嶠借得壬父手寫之原稿，未經刪改者，誠可寶也。挾策從横感舊游。老共侏儒争一飽，滑稽方朔太俳優。

被髮伊川歎昔賢，憂來誰爲洗腥膻。漫師辟世陶徵士，宣統居然紀六年。壬父書"聖清"二字抬頭。吳蒙山祭壬父文於"清賜進士"亦抬頭，文中並有"大清皇運"等字。康有爲所進光緒諸文皆稱"臣康有爲序"。羅振玉《續彙刻書目序》則竟書宣統六年矣。予常謂儒者但知君臣一倫，而無種界、國界之辨，麻木不仁，非過言也。

誰是文翁小吏才，千年石室長青苔。飄零杜老悲諸將，空向江頭痛哭來。自張香濤建尊經書院，延壬父主講，蜀學始興。後改爲高等學校，羅佩金時又有改作講武堂之議，蜀學衰矣。(《吳虞集》第三九七—三九八頁)

十月上旬(陽曆十一月)，《地理辨正補正》、《傷寒平議》(續)、《傷寒講義》刊《國學薈編》第十一期。

十一月上旬(陽曆十二月)，《地理辨正補正》、《傷寒平議》(續)刊《國學薈編》第十二期。

十一月初九日(陽曆十二月三日)，吳虞致函陳獨秀，有言及先生者：

> 拙撰《宋元學案粹語例言》引李卓吾語，前清學部曾令趙學政啟霖查禁。癸丑在成都《醒群報》投筆記稿，又由内務部朱啟鈐電令封禁(此次方准啟封)。故關於"非儒"之作，成都報紙，不甚敢登載。章行嚴曾語張重民曰："《辛亥雜詩》中'非儒'諸詩，思想之超，非東南名士所及。"不佞極愧其言。然同調至少，如此間之廖季平丈，及貴報通信之陳恨我君之見解，幾塞宇内。(《吳虞集》第四〇七—四〇八頁)

成《診筋篇補證》一卷附《十二筋病表》、《診骨篇補證》一卷附《中西骨格辯正》、《仲景三部九候診法》二卷。

民國六年丁巳(一九一七)　六十六歲

任國學學校校長，兼任成都高等師範學校諸子學教授。上半年，四川教育會同仁曾鑒、宋育仁、徐炯等二百九十九人聯名上書北京政府，認爲"中國道德之要,備載群經,不讀經何以言道德,將何以爲國乎",要求"明令學校次第讀經,以正人心,以明國教"。

正月,孫宗澤娶妻蕭氏。

正月十七日(陽曆二月八日),《吴虞日記》云:

> 《中論》雜志約照像,並章程一份,余名在廖季平、宋芸子、吴華峰之後。(《吴虞日記》上册第二八六頁)

二月,作《謝母丁恭人六十壽序》。

二月二十六日(陽曆三月十九日),成都創刊《中論》雜志,聘先生、宋育仁、吴虞、周鍾岳、顏楷、徐錚、潘大道等三十人任主任。《中論雜志社編輯部通告》云:"本志以討論學理,敷陳時政爲主旨。關於宗邦文藝並期廣爲搜羅以宣國光。"又云:"本志不存新舊之見,不襲黨派之争。""凡所立論,均就全域着眼。對於四川一域之事,有關全面者亦附及之。"設社論、譯論、選論、大事記、法令、學録、文苑、筆記、小説等,其編輯之責由潘大道任之。(《四川報刊五十年集成》第六四頁)

二月十八日(陽曆三月十一日),游花市,晤吴虞,購《聿修堂醫學叢書》。《吴虞日記》云:

> 吴選樓約游花市,晤余蒼一、王孟瑶、張衡之、劉豫波、廖季平、葉士俠。廖丈買《聿修堂醫學叢書》數種,余買三色本初印《李義山詩》一部。同廖丈、士俠茗飲久之,廖丈别行,余同士俠至劉教賓處歇息久之,遂分手而歸。(《吴虞日記》上册第二九二頁)

閏二月初四日,朱蓬仙謂先生"此等議論,皆言甚是"。《錢玄同日記》云:

> 蓬仙於廖先生以堯、舜、文、周等字爲理想時代之代名詞之説,頗以爲然。孔子以前,榛榛狉狉,極爲野蠻,孔子修明禮教,撥亂反正,及《莊子·天下篇》"古之人其備乎"之古之人,即孔子。此等議論,皆言甚是。惟廖君謂六書文字始於孔子則未能信。此意皆與我同。(《錢玄同日記》上册第三一一頁)

閏二月初五日,錢玄同謂"先生之解釋《詩》《書》二經,其説大足供研究"。(《錢玄同日記》上册第三一一頁)

閏二月十九日(陽曆四月十日),晤吴虞,同至裕文齋。《吴虞日記》云:

> 至志古堂國民公報社小坐,即行晤廖季平丈,同到裕文齋取篆聯。携

聯往內姜街,值玉叔,遂在素卿處小坐,將聯交玉叔。(《吳虞日記》上冊第二九八頁)

閏二月二十三日,錢玄同謂先生謂史公雜糅各書不相同之堯舜混合爲一傳,頗有見地。《錢玄同日記》云:

廖君謂史公雜糅各書不相同之堯舜(各有各的託義)混合爲一傳,此說頗有見地。(《錢玄同日記》上冊第三一四頁)

三月,曾孫德厚生,宗伯出。《傷寒平議》(續)、《瘧解補證》刊《國學薈編》第五期。

三月十一日,《錢玄同日記》云:

日前購得《唐石經》之七經,五經文字,擬將五經抄寫一過,因經義貴就白文細玩,注疏雖有時足供參考,然若字字點看,則徒亂人意,如章太炎師之於《説文》、廖季平先生之於群經、諸子,其所發明之精義皆由涵詠白文而得,全不似吳學末流、書院課藝之專務盤旋於許、鄭、段、王之胯下也。(《錢玄同日記》上冊第三一四—三一五頁)

三四月間,四川督軍羅佩金、第二師師長劉存厚在成都巷戰,難民麕集學校,停課數周。

四月(陽曆六月),《大學中庸演義》、《瘟疫平議》、《傷寒平議》(續)、《傷寒講義》(未完)刊《國學薈編》第六期。《傷寒總論》附《太素內經傷寒總論補證》成,其目爲:熱病説、五藏熱病、邪中、邪客。又成《傷寒講義》,自識云:

日本內藤氏《傷寒彙編》以六經爲病名,不指經絡,此類是也。病在表,不分六經,同爲宜汗。病在裏,亦不分六經,同爲宜下。此太陽字,讀作三日以前病,所謂純陽無裏證。少陰脈沉,同爲四五六日病,所謂純陰無表證。雖用太陽、少陰名目,實以病在表、病在裏爲主。此當如內藤氏讀作病名,所謂表證、裏證,三陽、三陰者也。又《翼》本太陽有六法,首桂枝、麻黃發汗二法,爲脈浮,病在表,陽證。承氣、瀉心、瓜蒂吐下,爲脈沉,在裏之三陰證。柴胡、青龍,在表裏中,所謂半表半裏,故不用汗下法而和解之。

《千金》九卷《發汗湯門》以三解肌爲主,餘解肌附。所有桂枝、麻黃、大青龍、陽毒、陰毒、陽旦、陰旦各方當入《翼》本,與《金匱》同。汗、吐、下後方亦當入《翼》本,而居《翼》本汗、吐、下後方之前。

桂枝湯疑義,前曾刊《講義》一首,讀作麻黃、大青龍、陽旦、陰旦四方,以四方皆有桂枝立説,此專就《翼》本、成本言。然二本皆無解肌方名,四方皆非傷寒正對法。《千金》九有三解肌湯,故此專就《千金》九卷立説。前刊雖未確實,然足以發起學者之疑悟,故仍存之,而歸結於此篇,亦先河後海之義也。刊既成,故自識於此。四益自識,時丁巳佛生日也。(《廖平全集》第十四册第一五五二——一五五三頁)

五月(陽曆七月),《傷寒雜病論古本》(倒續民國六年第九期)及子廖師慎《家學樹坊》(未完)刊《國學薈編》第七期。

六月,四川省長戴戡、劉存厚巷戰,焚殺較前尤烈,戴勘戰死,劉存厚兼理軍民政務。

六月(陽曆八月),《禮記識》(未完)、《傷寒平議》(續民國六年第六期)及子廖師慎《家學樹坊》(續完)刊《國學薈編》第八期。

七月(陽曆九月),《禮記識》(續)、《傷寒雜病論古本》(未完)、《傷寒講義》(續民國六年六期)刊《國學薈編》第九期。

八月初七日(陽曆九月二十二日),旅滬維持川局會同仁致電成都、重慶士紳,請弭川禍,内及先生:

　　成都劉軍長、各師旅團長、省議會、省商會、省農會、省教育會、省報界公會、熊斐然、孫元青、盧錫卿、廖季平、劉春霆、曾焕如、宋芸子、曾篤齋、周葆臣、徐子休、駱公驤、彭志先、陳戎生、楊辛友、張鋭夫、顔雍耆、方和齋、楊敏生、陳孟甫、陳省吾諸先生;重慶周代督軍、熊鎮守使、夏之時先生、商會、農會、教育會、各報館並轉順慶鍾師長、張代省長、各道尹、各統領、各屯殖使、各法團均鑒:

　　吾川六年來,迭遭兵禍,瘡痍滿目,饑饉薦臻,其流離困苦無告之慘狀,言之傷心,實非筆墨所能罄述。今西南各縣,横被滇黔軍隊,兇殘暴虐,比之明末獻忠毒川,殆尤甚之。可憐十里錦城,頓成一片焦土。是滇黔軍隊,蔑視人道,罪大惡極。吾川人雖寢其皮、食其肉,猶不足以蔽其辜而洩吾川七千萬人之憤恨也。況滇黔軍隊現雖挫敗,而陰謀險計,明認調和,暗實增兵,若不一致團結,預籌抵禦,墮彼奸謀,吾川靡有孑遺矣。吳查辦使刻尚在途,中央雖有優恤戴戡之令,實爲緩和戰事之苦衷。同人等業懇其嚴束所部,迅速入川,秉公確查,是非既明,爭端自息。周代督軍、張代省長及各師旅長諸君,或身任疆寄,或職掌全川,或指麾旅團,皆負保障人民之天職,即應盡維持地方之責任,務望同心同德,消除意見,一致抵禦,勿失事機,以免一誤再誤,任彼魚肉,方不負全川父老之希望。總統、總理之任命劉君積之,職膺軍長,捍衛桑梓,勞苦功高,更當勉勵將士,再接再厲,以驅逐此殘暴貪酷、行同盜賊之滇黔軍隊出我川境,免其蹂躪。

熊君錦帆鎮守川東,手握全師,尤當知機見義,一志一心,盡力保障,爲吾川稍存元氣,乃不愧爲蜀人。同人等遠居滬地,無補鄉邦,痛定思痛,惟有電懇吾鄉統兵將帥,俯念人民出餉養兵,辛苦艱難,互相讓步,消弭殺機,挽回劫運,感召天和,俾全川父老兄弟皆得安居樂業。倘有爲一己權利之是争,置地方生命財産於不顧,居心作倀、甘爲罪魁者,實爲吾川七千萬人之公敵,勢必共賦同仇,勿謂我川無人也。情急勢迫,言質理壯,希爲諒之。

旅滬維持川局會周新吾、曠大昌、李鴻賓、徐道恭、王宗培、秦家穆、范梅君、羅政、鄧雲卿、孫陶、王漢章、李汝梅、段大鵬、鄧崇峻、李焕、田崇章、繆家輔、曠文清、王仲儒、陳維新、戴在田暨全體同人叩。會所設滬東畫錦里二十九號。(民國六年九月二十二日《申報》第十一版《旅滬維持川局會請弭川禍之電稿》)

八月(陽曆十月),《禮記識》(續完)、《傷寒雜病論古本》(續)刊《國學薈編》第十期。

十月初五日,吳虞妻曾蘭(一八七五——一九一七)卒。曾蘭,字仲殊,號香祖,四川華陽人。祖父曾詠,曾任吉安知府;祖母左錫嘉,著有《浣香小草》《吟雲集》《冷吟仙館詩稿》等;姑母曾懿、曾彦,曾懿著有《浣月詞》及醫書數種,曾彦有清代第一女詩人之稱,有《桐鳳集》傳世;弟曾闓君留學日本,亦爲蜀中名士。曾蘭在日,先生嘗以曾四先生稱之。(《吳虞集》第三二〇頁)

十月初九日,四女堯草生,帥出。

十二月,辭國學學校校長職,宋育仁繼任,新聘灌縣王昌麟教授文學史,仁壽辜予渠教授經學,資陽陶鼎金教授古文。先生致林思進函云:

山腴老弟大鑒:養老之費,雖足下亦與芸老相題而論,事屬並行,我不願獨占優異。我近來健亡(忘),前途所有優異辦法,望詳細開載國。事權管理,究竟何人,今但憑空作閒談,我便無以對家人;且學生既由政府放縱,我之不願再辯,祇取辱耳。維此新舊之間,諸事困難,既得回音,以後再往下耳。專此,近叩,近好。廖平左書。

林思進跋云:

此師晚年在國學院時與宋芸老不平,余極爲調處之,而師誤信諸門下言,謂我左袒問琴,後乃知其不然,故後有一箋相謝也。

十二月二十三日(陽曆一九一八年二月四日),《吳虞日記》云:

　　至岳安處小坐,有洪憲時劉申叔在北京辦《中國學報》五册,中有申叔《蜀中贈朱雲石詩》一首,《蜀中贈吳虞詩》三首,《上海贈謝無量詩》一首,又有伯揭師、季平、陳子元諸人文,乃李雪岑物也。(《吳虞日記》上册第三七〇頁)

　　季邦俊補成《春秋三傳折中》一卷,刊印時署季名,然依季叙知當署"井研廖平學,門人季邦俊筆述",叙云:

　　　自來門户之分,莫甚於三傳,習《左氏》者駁《公》《穀》,習《公》《穀》者駁《左氏》,入奴出主,呶呶不休。戰國先秦,二傳已著,自武帝好《公羊》,宣帝好《穀梁》,受《公羊》者非有詔不得受《穀梁》,《公》《穀》二傳,劃然兩家。至石渠論《禮》,白虎譚經,群儒義議異同,《公》《穀》猶後也。《左氏》立學稍晚,號爲古學。今考天子一坼、坼方千里、一國三公之説,胥與二傳相合。賈氏稱其同《公羊》者什有七八,或文簡小異,無害大體。至何氏《墨守》《膏肓》《廢疾》諸作,遂致家門骨肉,等於重仇。至許氏顯稱《異義》,過爲區别,名繫《五經》,實只三傳,微言大義,靡有發明,枝節小嫌,日尋征討。自漢至今,言三傳者,喜言其異,不言其同,雖馬季長有《三傳異同説》一書,而異者自異,同者自同,初未敢於不同之中以求同也。三傳同係一源,必於不同之中以求同,斯爲可貴。今井研師著書百餘種,三傳鐫後,别爲《折中》,如"鄭伯克段",《左氏》謂:"如二君,故曰克。"《公羊》曰:"克者何,殺之也。"《穀梁》曰:"克者何,能也。能也何,殺也。"鄭伯處心積慮,志存於殺。訓殺之義,傳無不同。又如"天王使宰咺來歸惠公仲子之賵",杜注誤解"未薨",便成巨疑,一死一生,殊乖情理。《公羊》以仲子爲桓母,《穀梁》以爲惠母,此當從《穀梁》"母以子氏"例比成風。此等皆先師口授,經鮮明文,各以意説,於義無妨。又如"尹氏卒",《左氏》以爲聲子,聲子有傳無經,尹氏有經無傳,當從二傳作"尹氏",與武氏、崔氏相同。世卿之譏,全經大義。本條下即連書"武氏求賻",《左氏·隱五年傳》亦尹氏、武氏連綴,證據甚昭。"子同生",杜氏《釋例》以爲季友與莊公同生,是也。《公羊》以爲病桓,專就世子立説,《穀梁》曰"時日同乎人",或曰與桓公同日而生,合而比較,厥義愈明。"築王姬之館",《左氏》以爲:"於外,禮也。"《公羊》曰:"於外,非禮也。"《穀梁》曰:"築,禮也。""築之外,變之正也。"先儒詮釋,不獲其解,各師一説,罔敢求通。考《左氏》據仇齊而言,《公羊》據主昏而言,主昏仇齊,並非兩事,何至異端。譬若三男,貲財鼎剖,偶來定省,方是一家。此書成後,剞劂告竣,海内驚喜,儒林寶貴,疑竇冰消,悉還本來之面,絶泯穿鑿之痕。先生以爲經中固有之義,因人罔解而已,不居功。洵係西漢以來未有之作,矜家法者卷舌,爭門户者緘口,不徒七萬餘言作三傳調人也。先生治經四十餘年,嘗謂《六經》有大小天人之分,而三傳無彼此是非之異,宏綱巨領,靡或不同;文字偶殊,不關典要。其得力尤在以先秦諸子闡揚經術,其學似直接七十子而來者。見又箸醫書十餘種,發揮《靈》《素》。今日耆年已逾,而猶好學不倦,我輩勉旃。受業樂山季邦俊拜叙。(《廖平全集》第九册第二五三三——二五三五頁)

是年,張勳擁清帝復辟,黎元洪去職,馮國璋、段祺瑞逐張勳出京,馮國璋代理大總統。廣州非常國會舉孫中山爲大元帥,下令北伐。先生與四川法學會同仁曾致電總統府、國務院、參衆兩院,爲民爭利。《廖平先生十五人之條議》云:

日昨總統府、國務院、參衆兩院接到四川法學會廖平等電云:竊共和國度,根據憲法;憲法精神,本諸民意,稍有偏倚,遺禍無窮。凡代表民意者,不得以個人感情、一己意氣,認爲社會心理,肓昧主張。讀《草案》一九條,以孔子之道爲修身大本,孔教猶天,包羅萬有,僅以修身規定,猶屬初階。查會議紀事,竟有訾議之者。國維不張,於斯已極。二六條:評論員得兼國務員,立法、行政併爲一説,推其原因,國務員必盡出議院,則彈劾規定,乃等虚文。且閣、議員地位相對,何能併於一人。此事有礙行政統系。四四條"參議院審判被彈劾者,並得奪其公權",及七三條"復權必得國會同意"等語,則彈劾爲議院特權,而審判被彈者,非組織特別法庭,即交付最高法院。公權通作,各國所同,剥權、復權,司法作用與黜陟全殊,豈可以議院專執從違,而害司法獨立。至省制不加入憲法,則省會何所根據。自爲風氣,收拾維艱,統一精神,由此而損。凡此各條,皆《草案》之重大缺點,爲防流毒,用敢冒昧直陳,幸垂察焉。(《廖平全集》第十一册第八四七頁)

成《傷寒古本考》,其目爲:補《傷寒》首三卷、傷寒古本考、平脈法砭僞平議、傷寒論四本編次、傷寒論方條辨編次、傷寒論尚論篇編次。其中《傷寒古本考》含:

一、《翼》本乃《傷寒》中部,首尾别在他書考條目
二、成本出於《翼》變亂羼補考條目

《補傷寒首三卷序意》云:

余笑方、喻以下《傷寒》本佚去頭部,爲刑天。《傷寒》以乳爲目,以臍爲口,左手執干、右手執戚而舞,不自知其七竅不具也。既據《千金》補此三卷,或猶恐其過於新創,見者按劍。竊以成本出於《千金翼》,今取《千金》九卷,加於《翼》本之首,璧合珠聯,固無疑義。且考自明方、喻以下,

全祖成本,成出於《翼》。成本載王叔和序,以《翼》本爲"三陰三陽"篇,《千金》之"可與不可"爲仲景原文。成本取《千金》三卷以補《翼》本之缺,於《脈經》原文,凡涉六經之文,與《翼》本同者,皆不具録。不以《翼》本爲完書也。與余據《千金》以加《翼》本首,前後同揆,成氏誠先得我心者。方、喻以下,乃取成本之引《千金》總例三要方,汗、吐、下三例,在《翼》本之外者,盡删之。《翼》、成二本,遂成爲刑天氏之無首,而別以風寒與兩感爲三大綱,删去《翼》本太陽七法,合爲三卷。今試舉成本,證明其意,然後知非成本之過,全出於方、喻之無知妄作,則方、喻不誠《傷寒》之罪人哉。(《廖平全集》第十三册第一二六一頁)

成《瘟疫平議》一卷,原書即陸九芝《世補齋醫書》之《温熱病説》三篇,先生駁其温熱寒屬陽明之誤,略云:

"傷寒"、"温病"、"熱病"、"時行",《病源》《千金》《外臺》同一汗、吐、下治法,惟藥有小異耳。温爲春病,即中風,喻、黄已明言之。熱爲夏病,熱與寒反,冬與夏反,同爲四時病,同以汗、吐、下三法治之。六經固不拘,而汗、吐、下三法則同。陸氏專以屬陽明,亦誤。觀其所列諸方,固不離乎三法,言三法則不必專屬陽明府證。(《廖平全集》第十四册第一四八四頁)

又云:

陸氏此三篇可以不作,但立一條文云:冬傷於寒,屬寒氣,可用辛温發散;夏傷於熱,熱與寒反,當用清凉,治寒之劑在所禁。明白切直,不必糾纏牽混,法未立而弊已叢生。(《廖平全集》第十四册第一四八七頁)

又云:

我以爲《内經》詳熱病至於五篇,仲景詳傷寒不過《熱病論》半篇耳,二書互文起義,各詳一門。學者欲詳熱病治法,當詳《内經》,不必沾沾於《傷寒》中求之。然深得仲景之法,則能治寒,即能治熱,神而明之存乎人。若如陸氏以温熱專屬陽明,除三方以外皆可通行。此等誑語,不似未讀《傷寒》全文,止知有膏黄數方,不知有温熱重劑者乎。(《廖平全集》第十四册第一四九〇頁)

又成《傷寒平議》二卷,上卷目爲:陳修園《傷寒論淺注》凡例、張隱庵《傷寒集注》凡例、柯韻伯《傷寒注》總論、黄坤載《傷寒説意》五目、錢塘錢天來《溯源集》、王安道《溯洄集》。陳修園《傷寒論淺注》凡例云:

《淺注》取村塾蒙童《四書進學解》體裁以注《傷寒》,是爲魔道。仲景書豈可以童蒙法解之者。只此一端，其淺陋可見。動言仲景原文、伊尹湯液法、五運六氣、孔子聖經云云，此皆門外張皇語，深於《傷寒》學者不如此也。看其淺注"首太陽之爲病"一條，已不敢再看。一云："太陽主人身最外一層，有經之爲病，氣之爲病。"何以爲氣。《內經》云："太陽之上，寒水主之。"又云："其病有因風而惡寒，有不因風而惡寒。"又人身八萬四千毛竅，太陽外衛之氣。既不知惡風、惡寒之爲二證，"太陽外衛"四字不知由何得之，據寒水司令以解傷寒，去題何只萬里。承僞踵誤，捏造謠言，直謂不辨菽麥可也。成本誤亂《翼》本，又止全書中部，説詳《古本考》。《翼》本因雜證乃詳六經，後來囿於六經，穿鑿附會，皆爲謬誤。説詳《千金補卷》。（《廖平全集》第十四册第一三四〇頁）

《柯韻伯傷寒注總論》跋云：

仲景分别六經，各經俱有中風傷寒脈症治法。叔和時"太陽"篇存者多而失者少，古本詳略，别有精義。他經存者少而失者多。"陽明"篇尚有中風、脈症二條，少陽經只症一條而不及脈，三陰俱有中風欲愈脈，俱無中風脈症。以《傷寒論》爲全書，不亦疏乎。

上論《傷寒》診病大略。柯注本《傷寒》，不用各家編次，自以方分類，爲特别一孤本。凡解《説文》者，多據大徐本。而朱氏《通訓定聲》不以形係，而以聲次，閲者多不知其用心之所在。朱氏於許氏原文多所删改，使依原本，閲者取别本相校，則變古之實迹顯然，或以屢亂而輕之，故移其章次，使人目迷五色，其中删改形迹，雖歷久亦難於校對。柯氏之於《傷寒》，亦同此意。其中或篇删其條，條删其句，句改易其字，日本丹波《輯義》多爲表出。其詆《傷寒》非全書者，以便於改屬耳。

柯本"太陽"篇以方標目，以下仍用舊本次序，正與《翼》本暗合，最得古義。特不讀古書，未詳經旨，乃欲平分六經，使數條相等，如人家子孫分受産業者，然最爲大謬，以囿於六經俗説故也。（《廖平全集》第十四册第一三八〇—一三八一頁）

下卷篇目爲：柯氏《傷寒翼》、柯韻伯《傷寒翼》、喻嘉言《尚論篇》、瘟證平議、宋郭雍《傷寒補亡》、瘟疫平議、日本丹波元堅《傷寒述》。《柯氏傷寒翼》跋云：

此書有大瑜，不免又有大瑕。柯氏悟境過人，故能發前人所未發，疑前人所不疑。而風疾馬良，去道愈遠。如六經分路，演爲兵事、輿地等説，由心自造，影響離奇，駁不勝駁，亦以於宋以下諸家盤旋，而不讀唐以前書之過也。（《廖平全集》第十四册第一四四二頁）

又云:

> 柯氏此篇頗近游戲,新安程文囿《醫述》《傷寒要旨》乃獨取之以爲楷模,非是。

> 柯氏與王溯洄大抵誤於以成注爲足本,不知《千金》九卷乃爲《傷寒》正對方。又不知發汗之有膏、散、丸與解肌湯。因麻、桂難用,遂構種種迷罔。使細讀《千金》,則群疑皆釋矣。

> 自南宋以後,成本孤行,千有餘載。學者皆以爲足本,故糾纏六經。日本醫士乃以開放六經爲主義,至内藤氏《傷寒類編》全以病名説六經而盡致。雖矯枉過正,然大足以辟柯氏之謬。(《廖平醫書合集》第六五七頁)

民國七年戊午(一九一八) 六十七歲

任成都高等師範學校教授。正月,熊克武繼劉存厚任四川總司令,楊庶堪任省長。是時,成都軍閥混戰不休,先生以住城郊華西壩,故受影響較小。廖幼平《我的父親廖平》云:

> 民國七年,成都軍閥混戰。開戰之初,華西壩洋人提出抗議。軍閥雙方答應爲了保證洋人安全,不轟擊南郊。於是狀元、翰林、進士先後都到國專我家避難來了。後來聽説那兒也不保險,母親勸他們去雙流暫避。父親堅持不走,母親祇好帶着我們走了。停火後我們回來,見牆壁上不少槍眼,堂屋内幾張方桌并排在一起,上面放了五六床被子,地上是空酒罎和花生殼。我的堂兄告訴我們:"交戰時,他們都躲在桌下,外面子彈嗚嗚響,他們在桌下飲酒高談闊論,有時還高聲大笑。很快就把預備的東西吃完了,再不停火就慘了。"(《廖平全集》第十六册第九九九——一〇〇〇頁)

正月,林思進謁先生於南郊村,有《戊午正初,謁廖井研師平南郊村居,時方罷國學院講席,因有是贈》詩記其事:

> 村居静掩扉,春郭帶餘暉。酒熟新年釀,經談古學微。吾衰無復夢,道在久忘機。寂寂懷通德,旌門事已非。(《清寂堂集》第一三一頁)

約在此後不久,大慈寺方丈釋圓乘招同先生、林思進等大慈寺看近人所摹尊宿像。林思進《圓乘長老招同廖季平師、王詠齋丈太慈寺看近人所摹尊宿像百軸,並約題名其後》云:

> 破寺千年佛,開堂一老僧。高顴澄觀似,畫手貫休能。應請隨緣遍,題名記昔曾。道場銷歇久,此會見傳燈。(《清寂堂集》第一三六——一三七頁)

三月初一日，李亞衡之母孫太宜人去世，後先生作《清旌表節孝誥封宜人李母孫太宜人墓誌銘》，略云：

　　宜人之喪，孤權彙刊强、戴、宋三公舊作以徵文，更乞銘以志其墓，蓋取原始要終之義。按宜人父孫公樹穀，亦贊善弟子，重其家教，故爲元魚聘焉。同治壬戌，元魚瘵故，宜人聞訃乞奔喪，贊善不以爲可，豈不以高人絕世之行，禮不强人以難能，兄弟之子猶子，年高厭世，不肯再貽身後累歟。甲子贊善薨於成都，宜人請奔二喪，孫公不能難，因携西上。當時政府及鄉前輩嘉許宜人素志，謀所以成之者，門人請再撫贊善三弟耐軒公子仲言爲後，俟有長子先後元魚，亦如朝議穆宗德宗相繼立後故事。大署及府縣並立案，恐其事中變，元魚冢嫡之延，或不得如宜人之意也。壬申權生，實焦宜人之所出。甲戌，宜人從閬至省，定撫事，所謂爲李氏延一綫之傳，非有志者事竟成歟。元魚無後而有後，贊善無孫而且多孫，朝廷三十餘年所卒不能得者，匹婦七年乃克滿其願，此雖天心，亦有人事焉。如必謂《禮經》拘泥大宗不必後，則武鄉奚必求喬仲慎改字伯松哉。存亡繼絕，不能不爲宜人頌焉。然考宜人從閬至省者三，有三從之義。甲子奔喪，爲李氏婦，丙寅姑馬病，來侍疾，喪後復旋閬；甲戌來定撫事，則爲夫死從子，時權已二歲。壬辰由權迎養，母子始同居，蓋孫公之没久矣。綜此二十年中，在室多於夫家，權由乳哺以至昏娶，前後母子聚守不過期年，宜人既以撫承爲己志，則當如晋賀僑妻表，先爲衣服以待其生，洗浴斷臍，即爲取還，取藥下乳，分肌損氣，使子一情相親，絕本恩於所生，乃可告無罪於所天。雖父老病，亦不使顧其私親，不能撫人子以爲己後，而劬勞教養，一以委之焦宜人，幾如大禹三過其門，呱呱弗子，既無包胎之氣，又少長養之功，雖曰女孝，於母德無乃有所遺歟。余則曰，奔喪守貞，贊善尼之，長子後宗，父老疑之，乃宜人矍鑠壽考至八十三而終，嗣子敬愛，踰於所生，兩侄植涵，敬事如母，同居通財無間，較當日立案所議，遠過倍蓰，此固大家世族，深仁厚澤，禮教遺風，而不可以尋常薄俗穉鉏德色者同年而語。且戊戌仲言迎宜人母子如黔，焦宜人敬事如禮，凡事請命，以介婦自居。無何，焦宜人卒，植涵依賴宜人，亦如權無母時，十年如一日。瑾既絕嗣，並謀遣攀還奉瑾祀，鍾郝交稱，篤鬮如故，雍和靜睦，相感以誠，母慈子孝，姒敬娣賢，報施來往，親疎勞逸之見，久已融化於無迹。宜人當時之不留省而歸閬，必別有時勢相妨，不足爲外人道者，利害相形，舍此而就彼，由後事以證前行，則固毫無疑義者。孟子曰“君子之所爲，衆人固不識者”，非此之謂歟。宜人卒於戊午三月初一日子時，距生於丙申七月二十三日子時，享年八十有三。權以五月初六日卜葬於仁壽四面山先壟之右，艮山坤向，距元魚墓僅丈許。權昆季吾友焦佩箴之甥，因次所聞，凡强、戴、宋三公已詳者不贅焉。爲之銘曰：

　　　執元宗而承重兮，維贊善之冢孫。羌一稊而歧秀兮，如仲麃與伯壎。純德萃於一堂兮，歎人世之高行。嗟滄海之成陸兮，感帝女之精誠。四面高兮陰溪清，不襯葬而陪塋。維紫胎之先兆兮，尤鬼福之及人。（《廖平全集》第十一册第八九九—九〇一頁）

三月十三日（陽曆四月二十三日），《吳虞日記》云：

　　　立三言，星期約培甫、屺懷同予往國學院，請廖季老自述其學派，由今古學起。予允擬定日期同往。（《吳虞日記》上册第三八五頁）

五月，吳之英去世。

五月初二日，孫媳蕭氏死於難產。

五月十四日，陳氏女死於難產。

五月二十九日（陽曆七月七日），先生《中外解剖學説異同互相改良説》、劉師培《廖氏學案序》刊《戊午週報》第八期。《中外解剖學説異同互相改良説》略云：

　　　予欲溝通中外醫學，民國四年，曾抄中國從前解剖舊説，如《内經》《王莽傳》《醫林改錯》《癸巳類稿》之類十餘事，交華西學校莫醫生，屬其繙爲英文，通告歐美醫會，研究改良之法。此世界中醫學一大公案也。按西醫以解剖爲根本，其法多解剖死人，其部位、藏府、經絡，據目所能見者，中外皆同，特中醫詳於手足十二經，西人詳於腹内奇經八脈，考《全體闡微》等書，中人所譯者已多參用《内經》學説，中西不同者不過小半耳。彼此抵牾，互相是非。亦如三傳同傳《春秋》，末流支派，務求相反。如丁福保以肝左肺右爲與解剖部位不合，而疑《内經》。不知表心裏腎，肝左肺右，此爲政治四方例，非藏府部位。如以爲部位，不惟左右可疑，心腎又何表裏之可言。惟海外解剖學説，新益求新，每數年小變，數十年大變，不敢故帚自封。將來必有絶大改良，今欲溝通中外，西人精於製造，今以人身比製造機器，分爲四大門。（《廖平全集》第十一册第八八六頁）

六月，因擬回籍析產，先遣妾帥氏歸。同月，開縣唐宗堯四伯父元吉主人珍廷八十晋一誕辰，先生作《珍廷唐先生八十晋一觴集序》，後刊《戊午週報》第十一期（六月二十一日），略謂：

　　　開縣唐宗堯議長長吾蜀省議會，民國七年六月，爲其四伯父元吉主人珍廷先生八十晋一誕辰，子姓鄉黨，將稱觴獻壽，具事略徵求壽序，以爲觴樂之助。按事略,宗堯之學業,全屬先生所養成,慈祥愷悌,明達機警,排難解紛,事實具載。宗堯為省議會之表率,先生不又為宗堯之先導乎。宗堯之為議長也,固早能如一个臣,於諸議員有技,若己有之,彥聖不啻口出,利哉可占。當今時勢日非,川中全局,水深火熱,論者束手無策,惟悼歎劫數不可挽回。然千人諾諾,不如一士諤諤。值此大疑巨難,衆所不決者,責在議長;議長所不能決者,典型不遠。先生雖未就養成都,然八秩晉一,已在禮九十有問就室之例中。電達往來,崇朝千里,淝水之績,出於東山,借箸之謀,原於黃石,先生未必無奇謀碩畫,足以轉危為安,轉禍為福,如古人所稱善謀者,詢茲黃髮,則罔所愆,吾蜀父老子弟,其庶有瘳乎。昔端木受命,一出中國,列強興衰成敗,由之改革,微弱之魯,終得保存。言之不文,行之不遠,若是者可謂文矣,不知者猶或非之。使世有斯人,余雖為之執鞭,所欣慕焉。井研廖平頓首拜撰。(《廖平全集》第十一册第八九六頁)

六月初六日(陽曆七月十三日),《吳虞日記》云:

范麗誨附識云:成都吳愛智先生與廖井研齊名,前年承寄示《秋水集》詩一卷,清新俊逸,得未曾有。生平主張非儒主義,於古代宗法政治,掊擊尤力,較井研近日《知聖篇》《孔經發微》等作支離破碎,甚難實非者,迥然不同。(《吳虞日記》上册第四〇一頁)

六月初九日(陽曆七月十六日),《吳虞日記》云:

夜李亞衡來談,以廖季老為其太夫人所作墓誌銘稿見示,並借去《青年進步》,二更後方去。(《吳虞日記》上册第四〇二頁)

六月十四日(陽曆七月二十一日),《氣血二管即中國榮衛陰蹻陽蹻說(續解剖改良說)》刊《戊午週報》第十期。

六月二十八日(陽曆八月四日),《補傷寒首三卷序意》《清旌表節孝誥封李母孫太宜人墓誌銘》刊《戊午週報》第十二期。別有《井研學案》,亦刊同期,略云:"廖先生以尊孔愛國之精神,發揮其進化論之新學説,而斷定以為六經所戴三代禮俗之文明,皆孔子待後之學説,當時社會之觀象,實與黑蠻紅印無殊。而春秋以後之禮教,較之三代,決為進化,此孔子制作之功也。於是臚陳五大端以證實之。"曰明孝、宗廟、喪服、諱名、扶陽抑陰。又云:"廖先生進化的倫理談,其大要如此。廖先生之言,是非醇駁,當世必有評論之者。要之先生之為人,精力彌滿,能驅使經史以為己佐證,凡他人所視為疏漏者,先生固已慮之,而別有説以彌縫之矣。"(《廖平全集》第十六册第

一〇八一——一〇八三頁）

七月初,自成都偕門人鄭可經、季邦俊、侄師政歸井研。十一日,將小高灘、秦家灣兩地田產一百二十畝分授兩孫三子,人得二十四畝附土數畝。成都兩屋,留以自住。先生平生產業盡於此矣。

七月初五日(陽曆八月十一日),《補傷寒首三卷序意(續)》刊《戊午週報》第十三期。《井研學案》(續)亦刊同期,略謂:"廖先生之說經,其迹經四變。初以《王制》《周禮》同治中國,分周、孔同異,用東漢法也。繼以《周禮》與《王制》不兩立,歸獄歆、莽,用西漢法也。然今學囿於《王制》,六藝雖博,特中國一隅之書耳,於是始言大同,訂《周禮》爲皇帝書,與《王制》大小不同,一內一外,兩得其所,凡有血氣,莫不尊親。蓋孔學之大明,鄒衍之功亦不少也。其後涉獵梵宗,乃斷定以爲《書》盡人學,《詩》《易》則遨游六合外,因據以改正《詩》《易》舊稿。先生之學,至此而上天下地無不通,即道、釋之學,亦爲經學博士之大宗矣。先生以爲,由聖人而求至神,其大小淺深,亦猶道德之於仁義,必至無聲無臭,而後超變化而行鬼神。"(《廖平全集》第十六冊第一〇八三頁)

是時,鄭可經嘗欲爲先生作年譜,已列干支年歲,然仍未作成。

先生回縣,繼聞井研縣縣長廖世英之德政,初頗疑之,後乃信矣。《邑侯廖公芷材德政頌》云:

> 秋初還縣,聞治匪已逾百,嘗以哀矜之說進。避暑城南臨江寺,犍爲送盜者飯於寺門移時,余家傭亦以送匪來告。邑侯謂余曰:"此亡命者皆自尋死,無法以生之,奈何。"相與黯然久之。還家,侄成鎔絮譚告余曰:"捕匪鎗斃者衆矣,囚知必死,或陽狂高歌,示無所畏,或詛咒稱冤,自謂枉死,或婉轉哀求改過自新。"邑侯所治者近百人,臨刑咸俯首帖耳,各生後悔,其歸怨長官,詬屬團警者絶無其事。余初聞而疑之,訪之鄉鎮,詢省中從縣來者,咸無異辭,不審果操何術以致此。雖韋仁壽囚爲禮佛者何以過焉。(《廖平全集》第十一冊第八九七頁)

至廖世英治績,《井研縣志》記之甚詳:"民國七年,熊克武主持川政,派廖世英任井研縣知事,整飭社會治安,從嚴治匪,烏拋鄉哥老會舵把子周富廷、謝玉廷、黃華廷和大保正李現廷號稱'四廷',爲匪通匪。知事廖世英化裝到烏拋探視匪情,弄清情況後,即派大批縣警扣捕'四廷'。匪徒聚衆百餘,妄圖搶奪,廖知事宣佈:'你們要保四個廷的命,即速退走;否則,我就立即砍掉他們的頭。'匪衆退後,知縣即召集全鄉保甲人員和百姓,當衆責問'四廷':'今天你們能保十八個甲百姓的生命財產安全,我就不殺你們。只要你們洗手爲良,我可以交他們保釋。'全鄉十八個甲長都具了保條文書,放

了'四廷'。"(《井研縣志》第五〇〇—五〇一頁)

七月十九日,先生回成都,仍教授高等師範學校,並任國學學校校長。存古學堂第一班學生於民國二年夏肄業期滿,教育部以不合部章,僅允以中等學校資格畢業,當時先生在京,曾篤齋代理校務,電請先生力爭。後此辦理數年,迄未立案。至是因學生之請,省署乃照專門學校章程改組國學學校,設文史哲三科,以經費缺乏,史學科暫緩。咨部立案,更名爲四川國學專門學校。

八月,遵教育部大專學校規定,改國學學校爲四川省立國學專門學校。先生仍任校長,招生仍是春季始業,規定招收中學畢業生,而同等學力不能超過十分之三,四年卒業。預科一年,正科三年,每年招生一班。辦文哲兩科,本年爲哲學一班,明年爲文科一班。教員黃鎔、季澤民復任,彭山陳希虞(日本留學生)教授倫理、論理二課,永寧曾緘(慎言,京師大學堂黃侃弟子)任教務。至民國十年,駱成驤接主校政,聘酉陽蔡錫保(松佛,京師大學堂畢業)任教務,兼教心理學與哲學,秀山易銘生(靜仙,尊經高材生)教儀禮,資中鄧宜賢(輔相,存古畢業)教經學,華陽李永庚(榕莊)、資陽甘麟(石甫)、仁壽尹端(莊伯)教國文,簡陽胡忠淵(皋如,存古畢業)教詞章,成都盛世英(璜書,尊經高材生)專改詩課(因耳失聰),資中駱成驤講《左傳》,成都龔道耕(向農)授《經學通論》,華陽徐炯(子休,尊經高材生)教倫理學,閬中蒲殿欽(賓虞,香港大學畢業)教論理學。小學爲饒焱之講授,史學爲曾海敖講授,學監爲資陽林伯熙、簡陽吳桂薰(雪琴)。伙食由學生自辦,組成若干伙食團。附設有補習班,以投考落第生或自願補習者讀之,以待明年再考。

斯時,國學專門學校學生中頗有攻擊先生者,八月十七日(陽曆九月二十一日)《吳虞日記》云:

發君毅信四紙,附去《國學院學生公啟》攻擊廖季平者。(《吳虞日記》上冊第四一九頁)

何域凡《存古學堂嬗變記》云:

存古學堂在九年中,三經嬗變,其造就人材較著者有三台陸著那、崇慶楊永浚、資陽曾爾康、鹽亭蒙爾達、巴縣向承周、資中鄧宜賢、井研廖宗澤等共約二十餘人。此輩或擅詞章、或治小學、或通經史,誠爲當時翹楚。其他或從政、或教學、或纂輯地方志乘,猶不乏人,而研醫學以濟世者尤多。宋育仁主校,僅達一期,即退而講學,嗣修通志。(《四川文史資料選輯》第三三輯第一六二—一六三頁)

八月二十五日,嚴雁峰去世。

九月十一日（陽曆十月十五日），《吳虞日記》云：

> 豫波至，經過張立先姨丈，看所藏日本刻唐卷子《養心方》。序中言，書經宋人校改，多失其真。廖季丈之言實本於此。（《吳虞日記》上冊第四二二頁）

九月二十五日（陽曆十月二十九日），吳虞轉交吳之英挽聯及《學藝》二本。《吳虞日記》云：

> 令老巫與廖季平丈交去吳伯揭師挽聯及《學藝》二本。（《吳虞日記》上冊第四二五頁）

約在九月前後，先生往訪林思進於松館，因話昔年與林父林毓麟交游事。林思進《廖季平師來松館看菊留飲，因話昔年與先君往還，余家尚居板橋時事，感呈二首》云：

> 白髮門生術業荒，蟹鱔怍對菊花黃。板橋重説先人舊，三十年前意味長。
> 海内靈光魯大儒，青雲驥尾感如何。傳經縱是慚師法，終勝無裁呂步舒。（《清寂堂集》第二三五頁）

約在十月前後，作《邑侯廖公芷材德政頌》，略謂：

> 縣長廖侯芷材涖吾邑之六月，戡匪安民，功在闔縣。龔君熙臺述中區紳耆意，撰《述政記》，韓碑柳雅，朗然可誦矣。而東南兩鄉耆舊以龔記既開於先，不可無以繼其後，爰合集五場，走書索文。余以珠玉在前，李劉擱筆，續貂遺笑謝之。象以東南與中區同受姘懤，既不能開始於前，又復逡巡於後，感恩戴德，無一言以紀其烏私之忱，人其謂我何。按今日時局，親民之官非武健不能為能吏。前任之李、曾，咸以治匪稱，縣人方君琢章歷任繁要，所捕治或數百人，多則以千計，已去任，民思之，未到任，民望之，載在報章。時會所趨，殺以止殺，雖惠人慈母，不能不明刑以弼教。……傳曰："以生道殺民，死而無怨。"鴻鵠高翔雲表，余猶有人之見存真，所謂多見不知量者矣。東南各鎮與仁、榮接壤，外匪伏莽，互相鈎連，較文明、拱辰兩鄉為尤甚。邑侯之保護奔走，籌畫亦愈苦。最可佩者，舒軍、陳軍到縣籌餉，幾至衝突，邑侯居中調處，彼此解決。所籌款項未能與鄰縣相抵，邑侯以縣小民貧，不能再事搜括，至以去就生死相争持。兩軍素諗公治術清廉，愛民如子之血忱，得從末減。吾民親睹鄰邑受禍之慘痛，室家離散，傭僕鞭打，十室九空，吾邑雞犬無驚，若不知有籌款事者，莫非邑侯

之庇蔭保育所致。《康誥》曰“如保赤子”，邑侯誠所謂“愷悌君子，民之父母”矣。企彼公堂，稱觴獻壽，豈敢復計文詞之工拙，無一言以達鄉曲僻遠之孺慕，故粗具梗概如此。凡襲記所已載及他奉行政事，俱從略焉。乃爲頌曰：法正人慭，罪當人從。用猛遷善，姑息養癰。髖髀之解，非斤則斧。短鍼攻疽，繄何有補。桓桓君侯，寬而能栗。因時通變，蔚爲時率。火烈民畏，斯獨愛之。果操何術，蓋亦無思。惠既洽矣，百姓且寧。我揚斯頌，式昭德音。（《戊午週報》一九一九年第四十期，《廖平全集》第十一册第八九七—八九八頁）

　　　　按：廖芷材即廖世英，四川陸軍第一混合旅參議官署理井研縣事，民國七年四月署任，民國八年元月卸任。先生文云“縣長廖侯芷材涖吾邑之六月”，則十月也，故定此文作於十月前後。“前任之李、曾”指清末知縣李少川、民國五年知縣曾裕先。

　　十一月十三日（陽曆十二月十五日），與劉豫波、林思進、吳虞等聚於聯合中學並留影。《吳虞日記》云：

　　　　十一鐘過聯合中學石室同學會，廖季平丈、劉豫波、張衡之、林山腴、康千里、龔熙臺、祝彥和諸人皆在，照像後始散。（《吳虞日記》上册第四三五頁）

　　十二月，次孫宗澤畢業於四川國學專門學校。

　　十二月初四日（陽曆一九一九年一月五日），《吳虞日記》云：

　　　　晚餐後，雷樹人交石室同學會像片來，付去銀一元。此片因與廖季平丈同坐照者，故特印一張。（《吳虞日記》上册第四四一頁）

　　十二月初九日，侄師政卒於四川國學專門學校，年僅五十二歲。按：師政爲先生三兄登樓之子，早年從先生肄業尊經書院。嗣以貧教讀江蘇，時任四川省議員，寄寓校內。師政侍先生極久，其死，先生甚痛之。

　　十二月十八日（陽曆一九一九年一月十九日），《桂枝湯講義》（未完）刊《戊午週報》第三十六期。

　　十二月二十五日（陽曆一九一九年一月二十六日），《桂枝湯講義》（續）刊《戊午週報》第三十七期。

　　是年，黃鎔推本先生之説，成《書尚書弘道篇》《書中候弘道篇》。《書尚書弘道篇》題記云：

　　　　舊名《尚書緯説》。尚者，上也。上託帝王，因加“尚”以尊之。故前十一篇法古，爲《尚書》，後十八篇侯後，爲《中候》，不得概以《尚書》目之。

今統加以大名曰《書》。(《廖平全集》第四册第五九頁)

《書中候弘道篇》題記云:

《書緯·璇璣鈐》:孔子删《書》,以一十篇爲《尚書》,十八篇爲《中候》。候通侯,《開元占經》引作《中侯》,"中侯"謂中鵠。《孟子》稱孔子"集大成",猶射于百步之外,即《論語》"執射"之義。經立正鵠,以待後王射中,故《中候》乃俟後之書,託古周公、成王,推爲大統。《荀子·勸學篇》"《詩》《書》故而不切",《列子·仲尼篇》"吾脩《詩》《書》,將以治天下,遺來世",皆《中候》之説也。(《廖平全集》第四册第一八一頁)

黄鎔《五變記箋述》云:

鎔承五譯先生之教,編成《皇帝疆域圖表》,比櫛印證;又成《書經弘道編》,發明斯誼。巍巍大統,俟後施行。既非四代史册之遺經,亦不爲前朝記事。蓋孔聖哲想周遍全球,由王《春秋》。進帝,地方萬五千里。由帝進皇。地方三萬里。世界漸通,孔經亦漸以適用。俟百世而不惑,藏美玉而待沽。將來"泰皇"獨尊,統一宇内,則《周禮》"周"字之名義顯,即《書》如天行之緯説亦明。世之以經爲史者,曷深思而決擇之乎。(《廖平全集》第二册第九一六—九一七頁)

將舊所批《禮記》二卷付刊,題作《禮記識》。將舊作《易説》一卷付刊,題作《四益易説》。《禮記識》卷上識云:

從周爲文明之至,四經各自爲比例,姑發其凡,必編爲專書。以人天分,以小大分,人學、天學均有小大二派,凡古史野文神怪以此分之,則經學大明矣。四代分經,最爲緊要,此四譯之偉論。(《廖平全集》第五册第三〇三頁)

《四益易説》云:

"三易"之説出於《周禮》。自劉歆以來,説《易》者皆以文周作經,孔子作傳。"三易"之説,疵病百出。十翼即《易傳》别名。出於孔子,自歐陽公以下疑者數十家。東漢之初,古文家但云文王作《易》,馬、陸又添出周公。考《禮運》云"商得坤乾",是孔子所得之《易》出於商,孔子繙爲乾坤,乃别爲經。非文王作明也。且治經以本經爲主,《繫辭》言伏羲畫卦,文義詳明。伏羲,天神蒼龍之精,天星所作皆爲神物,此不過言易卦出於自然,乃天象,非此卦果出自伏羲,但以畫卦論,繡工織女所優爲。使《易》爲文王、周公所作,則當有明白陳説。今考《繫辭》三言作《易》,皆以爲殷人,與《禮運》相合。又言其人當文王與紂之時，則決非文王、周公所作。《左傳》所稱，當以《易象》爲正文。至於《周禮》"周"字乃"普匝"名詞，不必爲姬氏國號。今據本經、《大傳》與《禮運》，定《易》爲殷人所創，其姓名不傳。莊子言"孔子翻十二經"，又云以《易》《春秋》《詩》《書》說老子。西漢以上諸書皆以六經爲孔子作，既定此義，乃知《易經》所有經文多指《春秋》實事，不但箕子明夷爲文王以後之事。故先儒說《易》，多以周公、孔子立說，此爲古義。如《韓詩外傳》以《謙卦》六爻全主周公，六爻分屬六事，最爲精確。乾龍素履，《史記》文王作《易》兩見，而文義可疑，以與各篇雜錄《書序》相同。《史記》多後人纂補之語，細爲推考，其義自見。總之，聖作賢述，孔子必不能以經師自居。至諸經皆作，不應以《易》爲述。《左》《國》以諸經皆出孔子前，別有特義。若果出於文王、周公，與西漢以前之說皆不合。今以本傳、《禮記》爲據，列考諸說，破綻顯露。《童子問》論雖似創，理實平常。不然，則必如朱子之說，分伏羲、文王、周公、孔子，一國三公，已不知所從，況四聖乎。（《廖平全集》第三冊第一三二三——一三二四頁）

成《傷寒雜病論古本》三卷，自識云：

《外臺》一卷，與《千金》九卷同爲《傷寒》原文之首帙。《外臺》二卷引《傷寒雜病方》，則與《翼》九、十兩卷同，此爲《傷寒》中帙。三爲天行，四爲溫熱，雜病則與《千金》十卷同。知唐初本《千金》九卷，爲首一、二、三卷，《翼》九、十兩卷爲第三至第十卷，《千金》十卷居其末，爲《外臺》第四卷，包《金匱》在其中。此唐初之古本也。（《廖平全集》第十三冊第一二〇六——一二〇七頁）

先生五變之說，至是而備。其於六經，分天人、大小，與《四變記》同而較爲詳備。歸重於六經皆孔作，孔作六經，必須造字。自爲《五變記》，大略如下：

（一）人學三經：

《禮經》——人有禮，乃爲人。六藝中，先有小禮、小樂，此爲《禮經》，乃修身、齊家事，爲治平根本。

《春秋》——治國學。地方三千里，與《書經》比較爲小。王伯學，爲仁、爲義。

《書經》——平天下學。地方三萬里，與《春秋》比較則爲大，爲皇帝學，爲道、爲德。

《周禮》爲之傳——"人學"之大標本，道家、陰陽家主之。

孔經初立此二派，先小後大。《春秋》之"王伯學"，中國已往略有端倪，至於"皇帝學"派，必待數千年乃可得其仿佛。

（二）天學三經

《樂》——凡言大、言至、言無者，皆爲天學。附《大禮》——禮爲別，樂爲和。

《詩》——神游學。神去形留，不能白日飛昇，故專言夢境。

《易》——形游學。周游六虛，即飛相往來，在六合以外。

黄鎔作《羅玄德先生中文古籀篆隸通序》，案語云："天生孔聖，受命作經，託言'信好'，後儒竟以删訂纂修，殽惑聖制。五譯據《史記》八引'孔氏古文'，以爲孔作六經，先制文字。新城王晋卿先生謂必有實據，乃足徵信。近數年來，竭力搜稽，碻證繁夥，豁然通貫。"（《廖平全集》第二册第九二七頁）略云：

> 竊以讀書必先識字，造字乃以作經。認定"六書"字體爲宣尼手澤，則曩昔失物皆可次第收回，故"孔氏古文"之説，不可不奉爲鐵案也。人之稱"倉頡古文"者，大抵根原許氏耳。按《説文叙》列倉頡於庖犧後，不過溯文字之始源……並無"倉頡古文"之明文也。其曰：孔子書六經、左丘明述《春秋傳》，皆以古文。即謂孔子肇造古文，又曰亡新居攝，時有六書，一曰古文，孔子壁中書。又"馬頭人"等説，"皆不合孔氏古文"，則明明以古文專歸孔子，……許氏引"孔子曰"，即孔子初造古文、解説字義之證。然則《易·繫》"後聖""書契"，謂孔子也。……倉頡之書，在孔前有可考者……《爾雅》"歲陽""歲名""閼逢""旃蒙""困敦""赤奮若"之類，二音三音，煩重無義，此爲孔前音多字多之證。……又《爾雅》月名"陬""如""寎""余"等十二名詞，莫可索解。章太炎謂巴比倫有此名詞，此即《史》贊所謂"不雅訓"之文也。……至於會意一門，合數字成一字者，尤足見字母遺跡。……其時字母詰屈，鄙陋繁瑣，不足以載道垂法，乃不得不起造點畫，以四象、轉、叚爲六經之首基。……自此以後，傳記爲緯，凡用"六書"文者，莫非孔經之支裔。即託人名在孔前者，……莫不承用"六書"古文，即皆孔經之傳説也。夫所謂"孔氏古文"者，對博士今文隸書而言也。……劉歆校書秘閣，發得《周禮》《左傳》，皆古文。……疏請立學，不遂。弟子憤仇博士，謡諑朋興。謂周公制作，而孔子無經；謂倉頡古文，史籀大篆，而孔子無字。於是三代鼎彝，往往而出。考其銘式，要皆"六書"古文之變體。《説文·叙》駁之，以爲"世人大共非訾"。……班志所列黄帝等書目，……多由臆造。……總之，字母語煩音賾，遷移不定；"六書"古文，擇言尤雅，有形有義。（《廖平全集》第二册第九二九—九三二頁）

廖季平先生年譜長編卷八　六變

六變起民國八年己未，訖二十一年壬申，凡十四年，爲先生學說六變以《内經》説《詩》《易》時期。《八十自壽文代序》云："六譯先生既號六譯，《四變》《五變》，十年前刊版問世，六譯終寂默無聞乎。"（《廖平全集》第二册第九六七頁）《六變記》云："己未春，先生得中風，聲瘖掌攣，而神智獨朗澈，優游中得《詩》《易》圓滿之樂，遂半生未解之結，於《靈》《素》獲大解脱。"（《廖平全集》第二册第九八五頁）《經學六變記》云："後世學者，誤以雷公與六相混同之，余嘗撰一聯：'黄帝六相説《詩》《易》，雷公七篇配《春秋》'。《内經》在先，早有成書，然後《詩》文就陰陽傳依次排定，所以班氏謂就人事説《詩》，咸非其本義。諸儒説《内經》乃戰國時文字，不知孔子作六書，戰國時然後大行，故戰國文字，'文王作《易》''蒼頡造字'，皆謡言也。《内經》泄天地之秘，非至聖不能作。《内經》在黄帝時，何以歷代傳授絶無影響。蓋孔子作經，諸弟子同時作《内經》，道一風同，全爲'天學'。王啟玄《次注》補七篇，尤爲玄中之玄，秘中之秘，非但醫人之疾，直爲《詩》《易》二經傳説。後世《銅人圖經》偶爾一穴失傳，絶不能補，誠《易·繫》曰：'近取諸身，遠取諸物。'日本丹波氏不信運氣之説，不誠千慮一失哉。"（《廖平全集》第二册第九七五—九七六頁）

民國八年己未（一九一九）　六十八歲

任國學專門學校校長。籲請四川省政府"興辦井研中學，以宏教育"。民國九年開建，民國十二年三月開校，定名"井研縣中高合校"，即今井研中學前身。（《井研縣志》第五六五頁）

正月初七日，曾孫德輔生，宗伯出。

正月十六日（陽曆二月十六日），《詩經國風五帝分運考》《邑侯廖公茞材德政頌》刊《戊午週報》第四十期。

正月二十三日（陽曆二月二十三日），《山海經爲詩經舊傳考》刊《戊午週報》第四十一期。

二月初一日（陽曆三月二日），《論詩序》刊《戊午週報》第四十二期。

二月初八日（陽曆三月九日），《張芷圃先生詩經異文補釋序》刊《戊午週報》第四十三期。

二月十六日，四川省省長張瀾呈大總統爲考核屬吏暨獎勵士紳呈請分別給予勛章文，給予先生三等嘉禾章，薦語云：

井研縣士紳廖平，學術淵微，著述宏富，實當代之碩儒，亦西川之耆舊，應請給予三等嘉禾章。（《政府公報》民國九年三月四日第一千一百六號）

三月初六日（陽曆四月六日），《重刻日本影北宋鈔本毛詩殘本跋》刊《戊午週報》第四十五期。

三月十七日晨，先生在寓剃頭。晚餐時忽失箸，聲瘖掌攣，昏迷不省，逾時始蘇。急延譚焯、徐堪至，診視後，投以表劑無效。縣人胡益智謂面有光彩，恐亡陽，主用補陰回陽之藥。陸景廷云，高年陽衰，内邪發動，因剃頭爲風所乘，非實風也，當以參、附、術助正氣，而佐以化痰開竅之劑。十日後，飲食漸復。惟自是以後，言語蹇澀，右手右足均拘攣，行動眠食，非人不舉矣。

先生病後，不廢著述，作字惟恃左手。與諸生講説，則命孫宗澤書其稿於黑板，略説數語，聽者不曉，則宗澤復爲重述。

三月二十日（陽曆四月二十日），吳虞始知先生中風事。《吳虞日記》云：

晤劉子立，言廖季平丈中風。……過學道街晤達三，言季平丈眠食如常，氣色尚好。（《吳虞日記》上册第四五七頁）

三月二十一日（陽曆四月二十一日），吳虞、吳理君來訪。《吳虞日記》云：

吳理君來，約同步至廖季平丈宅，看其風疾，口不能言，右手足不仁，心耳如舊，蓋剃頭受外風引動内風也。如係蹉跌而得之風疾，則必較此爲重矣。值陸景廷在彼主方，言是陽虛腎虛，痰濕過重，小解帶紅則濕熱也。廖丈見予笑，頻點其首，後又令予與理君在房中小坐，然後令予等去，轉入睡室。廖丈藥須花紅，陸景廷言，盛吟皋有之，予作書與馮劍萍，託其代覓。（《吳虞日記》上册第四五七—四五八頁）

四月初六日（陽曆五月五日），《吳虞日記》云：

四川成都人尚好，以外士氣極多。雲南人失之魯笨，貴州人失之狹小，四川人失之土而妄，蓋四川人好亦好得土，壞亦壞得土，求一出色當行者，實不可多得。如廖季平講經學，偏要將歐美事情牽强附會在内之類，所謂好亦好得土也。然則吾蜀人之懷才抱志者能不自勉耶。（《吳虞日記》上册第四六一頁）

八月,長孫女適同縣張盛勛,次孫宗澤自井研來侍。斯時,先生欲聘吴虞任國學專門學校中國文學教職。《吴虞日記》記之甚詳:

八月十九日:曾慎言同歐永齡來,約任國學院中國文學事,每周六鐘文、二鐘詩,文以後漢至隋爲適用,詩則《詩品》亦可講,如得予同意,再與季丈商之送聘。(《吴虞日記》上册第四八〇頁)

八月二十二日:午飯後,曾慎言來,代表廖季平丈送國學院本期關聘,每周予止認國文六鐘,餘詩二鐘推與蒲芝仙。(《吴虞日記》上册第四八一頁)

八月二十五日:廖季平丈來拜。(《吴虞日記》上册第四八二頁)

九月十二日:飯後,過龔鏡清,同游國學院,晤廖季平丈、羅雲裳。(《吴虞日記》上册第四八五頁)

九月二十六日:飯後過國學院,晤廖季平丈、曾海敖、曾慎言。(《吴虞日記》上册第四八七頁)

以此知,先生力主吴虞任國學專門學校中國文學教職,吴虞亦有允應之意。然就事後情形知,吴虞任教時間並不長久。十月十四日日記云:"國學院決意辭去,俾稍爲清閒。"十五日日記云:"國校決意不去,故今日亦不出題矣。"(《吴虞日記》第四九一頁)十月十七日日記云:"作一書至季平丈,推薦馬光瓚、胡安瀾。"(《吴虞日記》第四九一頁)吴虞致先生函今已不存,然據其日記知,信函内容必爲辭任國學院教職事。廖宗澤《六譯先生年譜》云:

吴虞於先生極推重,然不敢聞先生近說,是時教授國專,曾以自述命題,謂學生曰:"言文史心得均可,慎勿闌入廖先生學説也。"(《六譯先生年譜》卷七,《廖平全集》第十五册第六五三頁)

九月十三日(陽曆十一月五日),吴虞記先生論《史》《漢》之説,云:

廖季平丈言《史記・儒林傳》謡言少,《漢書・儒林傳》謡言多。(《吴虞日記》上册第四九五頁)

十月二十四日,姜劉氏回井研,先生戀之,姜帥氏勸先生辭職回家,季邦俊力挽之。

十月二十八日(陽曆十二月十九日),吴虞致函先生,告學生聽言錯誤及不能到校事。《吴虞日記》云:

飯後與廖季平信,申明學生聽言錯誤及不能到校,由郵寄去。(《吴虞日記》第五〇四頁)

　　十月底,國專學生劉慕山等反對先生,先生亦聞政府有延黃侃主校之說,乃致函省署請辭未許,後即懸牌不理校事。

民國九年庚申(一九二〇)　　六十九歲

　　春,復任國學專門學校校長。孫宗澤與李嵩高共同經辦廣益消費社(社址在井研縣城正南街,今勝利街),主要經營圖書、課本、文具等。(《井研縣志》第五三三頁)

　　二月,孫宗澤入法文專門學校肄業,先生謂其棄所學阻之。

　　八月二十九日,妾帥氏以用度頗窘,先生又嘗責之,憤歸井研,先生亦不挽留,惟曼聲誦曰"壺內有酒好留客,壺內無酒客難留"。

　　秋,鈔《大學新解》。

　　九月,妾劉氏自井研至成都。

　　九月(陽曆十月),梁啟超《清代學術概論》出版,內有述先生與康有為交涉者:

　　　　有為早年,酷好《周禮》,嘗貫穴之著《政學通議》,後見廖平所著書,乃盡棄其舊說。平,王闓運弟子。闓運以治《公羊》聞於時,然故文人耳,經學所造甚淺,其所著《公羊箋》,尚不逮孔廣森。平受其學,著《四益館經學叢書》十數種,頗知今文家法。晚年受張之洞賄逼,復著書自駁。其人固不足道,然有為之思想,受其影響,不可誣也。(《清代學術概論》第七七頁)

　　臘月十七日(陽曆一九二一年一月二十五日),陳嘉異《東方文化與吾人之大任》刊《東方雜志》第十八卷第二號。內云:"《春秋》存三統、張三世之義,在《公羊》則發王魯、新周、故宋之說,而在《穀梁》則為尊周、親魯、故宋之詞,《公羊》家言,明於世運進化之理。"注云:

　　　　《春秋》三傳之誼,本自各別,其間最生爭議者,即《公羊》家言孔子改制之說。此說倡於董子而著於何休。迄有清末葉,有所謂常州學派者,始以治《公羊》微言大義之說相推重。及至廖季平、康南海兩氏出,以之通於《王制》《禮運》諸篇,於是孔子學說分大同小康兩派之說,幾風靡天下。廖、康均不愧為今文家大師,惟廖氏晚年著作,乃益恣肆恢詭,其著《孔經哲學發微》一書,直類方士之言。至是,今文學派乃不得不一落千丈。(《東方雜志》第十八卷第二號第一三頁)

　　臘月二十八日(一九二一年二月五日),四川省國立、省立各校校長聯名致電省署,辭去校長之職,先生與焉。電云:

　　竊川省自民國五年軍事發生以來，教育經費悉被挪移，國立、省立各校，積欠達數十萬元之多。同人等以教育爲立國根本，雅不欲以款項支絀聽其中止，竭盡綿力，勉爲擔持。初意以爲川局底定，學校經費或有轉機，詎意日引月長，拮据益甚。至八年末，各校教職員以欠薪過多，當局亦無確實救濟辦法，全體催索欠薪，詰難備至。其時，同人等向當局再四交涉，省長擔保：自九年二月以後發款，當有七折中之八成，并按月補發欠薪七千元，列爲定案，僅此履行。一月以後，發款竟低至七折之二三成。至九年十一月，雖有靖川軍總司令部指定省會教育專款之四門，統捐局及成、華兩縣徵收局兩款，而統捐每月僅千餘元，成、華徵收局又以各軍逕往提款，竟至不名一錢。比屆陰曆年節，各教職員請照向年之例發全月薪修，同人等向當局籌商數四，僅允發七折中之八成，即百分之五十六。及歲除已近，仍不踐言，同人內之不忍見教職員之窮蹙，外之不能逃各商家之逋負，艱窘之狀，甚於疇昔，智盡能索，除自請解職之外，實無法以自處。茲將同人等應行解職理由謹爲披瀝陳之。

　　教育事業，經緯萬端，自學款無着，同人等日惟汲汲於將伯之呼，凡百設施均不遑顧。及耗鉅量之心血，而於教育之實際無補，此不得不請解職者一也。川亂雖稱敉平，軍隊增加未已，固有之學款既經移用，各縣糧稅預徵者亦及數年，是以後所恃爲教育經費者，來源已竭，無米之炊，巧婦難爲，此不得不請解職者二也。教育特籌基金或指定專款，中央業經規定，各省亦多實行，川省省會國立、省立學校常年經費，每年僅四十餘萬元，照前熊總司令通令七折開支計算，不過三十餘萬元，以川省財賦所出，濟此有限之需，挹彼注茲，當不困難，乃前雖屢指專款，或則涓涘無補，或則阻礙橫生，當局既未力予維持，同人等又將何法應付，此不得不請解職者三也。歷年各校領款始而爲數僅及百分三十五，繼而降爲百分二十一，辦公乏費，且不必言，就令教職各員節衣縮食，以謀此公共事業，至再至三，將何爲繼，此不得不請解職者四也。當局對於各校學款，常以暮四朝三之術虛與委蛇，各校據之訂爲契約，不能履行，迹已近於欺人。信用既失，何能再向勤苦將事之教職員有所要約，使支此破産之教育於萬一，此不得不請解職者五也。自治之聲，瀰漫全國，川省對此問題亦如洪鐘之響應，究之教育，爲民治之根本事業，未聞當局有具體之籌畫、積極之主張，自治區內有此若斷若續之教育，輿論縱不加詰責，同人等又安能靦顏久膺斯任，此不得不請解職者六也。就教員而論，聘自外國者一次缺薪，動生交涉，即本國教員爲生活所迫，或改業他去，或就聘外省，人材無從維繫，教育安能發皇，此不得不請解職者七也。各校因陋就簡，已歷年所，與其擁此殘破不完之學校，貽誤青年，致國家受莫大之損失，毋寧解職求全，以明功罪，此不得不請解職者八也。

綜上各種原因,是以同人等一體於十年二月五日提出總辭職書於省署,請予解職,特恐邦人君子不明真相,特電梗概,幸垂察焉。

成都高等師範學校校長楊若堃、四川法政專門學校校長楊伯謙、外國語專門學校校長廖天祥、工業專門學校校長文澄、商業專門學校校長張爲琦、農業專門學校校長高巍、國學學校校長廖平、省立第一師範學校校長祝同曾、省立第一女子師範學校校長陸慎言、省立第一中學校校長夏峋、省立第一甲種工業學校校長陳敦儁、圖書館館長祝介、省立中城小學校校長石生同、省立南城小學校校長劉震、省立西城小學校校長廖沆、省立北城小學校校長彭遐志虞印。(民國十年三月十日《申報》第七版)

作《熊寶周先生六十壽序》《伍母郭孺人墓誌銘》,皆佚。

自是年至民國十二年,杜鋼百嘗往先生處研習經學,深受先生影響。趙彥青《杜鋼百傳略》云:

先生幼年即受到維新派思想的薰陶。廣安學校大多由維新派人士胡駿、蒲殿俊等創辦,因之先生受康有爲、梁啟超維新派思想影響。後又聞四川經學家廖季平實爲清末維新思想之先導,康有爲受廖季平的影響著《孔子改制考》《新學僞經考》等,倡維新之説,先生乃由對康、梁的欽佩探源轉而崇敬廖季平之經學派,開始樹立學習經學的志願。……一九二〇年,先生進入成都高師時,正當五四運動之後,新文化運動蓬勃發展,先生亦深受其影響,但對於經學仍感興趣。他認爲經學雖爲舊文化,但文化發展不能割斷,今日之新文化是由以前的舊文化發展而來,正因爲要發展新文化,更應該研究舊文化。因此在當時一片反對讀經的口號聲中,先生仍孜孜不倦研究經學。當時廖季平先生名義上仍擔任四川國學院院長,但因老病長期休養,寄居在成都南門外。鋼百先生經成都高師國文教員譚炯(灼庵)介紹,拜廖季平先生爲師,深得廖先生之賞識。鋼百先生一面在成都高師就讀,一面隨廖季平先生研習經學,前後近三年。廖先生口授了他的著作《孔經哲學發微》,同時指定自己的一些著作如《六譯館叢書》中的《今古學考》《知聖篇》《闢劉篇》《王制集説》等,以及《周禮》《詩經》《易經》等,命鋼百先生閱讀。鋼百先生對廖先生所講天人學説雖不甚瞭解,但對皇帝王伯的學説和《禮運篇》的大同、小康學説以及《春秋公羊》的張三世、通三統的進化論解説均深感興趣。先生從此踏入對經學研究的領域,在廖季平先生的指導下,遍讀《四益館叢書》《六譯館叢書》,進而閱讀《清經解》等,學業日益精進。在此期間,曾寫成兩篇論文,一曰《名原考異》,一曰《中庸僞書考》,蓋承廖先生之餘緒。(《清華同學與學術薪

傳》第一三一——一三二頁）

民國十年辛酉(一九二一)　七十歲

任國學專門學校校長，又以六變説成，自號六譯老人。姜亮夫考入成都高等師範學校，嘗往少城拜謁先生。姜亮夫《四先生合譜叙録》云：

> 余自入蜀郡，拜見井研先生於少城，皤皤一老，光光童顔，始教以漢宋古今之辨，而稍窺學術之圍。於先生之學，三變以前，略能仿佛。時成都龔道耕先生授古文經，故於先生之學不能盡好也。(《學術集林》第十四輯第七四頁)

二月初九日，先生壽誕，門人黃鎔、楊虓、李光珠、黃炳彝、郭述皋、劉泌子、賀龍驤、王世仁、王志仁、胡淦、黃龍江、帥鎮華、周濂洸、李堯勳、季邦俊、鄭廉生、孫爾康、唐温源、李沅、陳國儒、帥正邦、鄭可經等爲文以壽。文爲黃鎔所撰，於先生四十年中學説變遷言之頗詳。劉豫波《壽廖君季平同學》云：

> 微言奧旨費鑽堅，海外争傳廖井研。心醉六經尤嗜酒，目營八表更談天。河汾道義開來學，方朔詼諧引大年。老去心思明妙甚，城南結屋傍秋煙。(《廖平全集》第十六册第一○九四頁)

二月初一日(三月十日)，《申報》刊登《川校長總辭職之通電》全文。

自訂新舊著作爲《六譯館叢書》，統由存古書局印行。然因《穀梁古義疏》板在湖南，未能收入。

又欲將《六譯館叢書》再付中華書局出版，藉資廣布，中華以卷帙太重謝之。嗣以《穀梁古義疏》似已絕版，擬單印此一種，已有成議，因加重訂，略增新義，並命門人趙遵路校之。

四月初十日(陽曆五月十七日)，吳虞致函柳亞子，云及吳之英，略及劉師培及先生，云：

> 吳伯褐師著作，正富均不肯付刻。昔年謝無量來成都，抄得一册，曾於《獨立週報》、《甲寅》雜志、《民信日報》略登一二而已。劉申叔稱其文學當於秦漢間求之，至爲佩服。惟性情高簡孤僻，不肯出於示人，故不似廖季平丈知之者多也。(《吳虞集》第四一六頁)

八月，李思純《宗教問題雜評》刊《少年中國》第三卷第一期，内云："孔夫子主義算不算中國的宗教，這話聚訟紛紛。據我的意見，孔子確非宗教家，而孔教之在中國，確是宗教。正和老子確非宗教家，而崇奉老子的道教，確是宗教一般。孔子被人强擡作宗教偶像，其罪歸於漢儒。甚麼麟德素王、陰陽五行、微言大義,製造了無數的假證據、假傳説。因爲孔子學説被勉强製造成了宗教之後,以致他們的 Dogmatism 專制千古。此種專門製造宗教的人,至今還不絶於中國。最著的有廣東的康有爲與我們四川的廖平。——章太炎先生説的,廖平以經典爲圖書符命。——至於陳焕章之流,立孔教堂,設傳道會,更是等而下之了。"(《少年中國》第三卷第一期第七三頁)

冬,柏毓東、徐溥等創設國學會課,推先生和宋育仁主之,遂由先生主講《詩》《易》,應課者千餘人。

十月上浣,柏毓東成《六變記》,跋云:

> 毓東以駑騫之乘,負笈師門,積有年歲。初治《春秋》,通三傳,再熟《尚書》。《大統圖表》即已驚心駭目,歎未曾有。今復從侍左右,講貫《詩》《易》條例,卜知此六譯之説,一成不變。因就樂山黄經華所撰先生七旬壽序,重加潤色,訂爲《六變記》。俾與《四變》《五變》兩記,合行於世,以示我師門一貫之旨焉。時辛酉冬十月上浣也。(《廖平全集》第二册第九八九頁)

又云:

> "六譯"蓋先生七旬初度之自號也。……己未春,先生得中風,聲瘖掌攣,而神智獨朗澈,優游中得《詩》《易》圓滿之樂,遂半生未解之結,於《靈》《素》獲大解脱。(《廖平全集》第二册第九八四—九八五頁)

臘月二十五日,《吳虞日記》載:

> 小柳託買劉止堂先生《四書五經恒解》來,又詢廖季平書,予將寧洛刊處之《今古學考》一册贈藤塚,《何氏公羊解詁》一册、《知聖編》一册、《群經凡例》一册贈小柳。小柳又託我要《廖氏書目》,坐久之而去。(《吳虞日記》下册第七頁)

臘月二十八日,吳虞"寄廖學章片,通知渠講演稿登出,並囑索寄廖季平書目單二份來"。(《吳虞日記》下册第八頁)

臘月二十九日(陽曆一九二二年一月二十六日),吳虞致函青木正兒,告先生著書甚多,云:

> 《費氏遺書》三束,今日下午封好交郵便,外又封寄四川廖季平先生《今古學考》一册奉贈,至乞查收。廖氏著書甚多,他日寄來必再行奉上。(《吳虞集》第四二八頁)

臘月三十日,吳虞"寄青木《知聖篇》《群經凡例》《文字源流考》",收到

先生寄國學會課卷,並轉交寧洛刊。(《吳虞日記》下冊第一一頁)

民國十一年壬戌(一九二二)　七十一歲

任國學專門學校校長。

春,借何俶尹醫案未果。《何君俶尹六十壽序》云:

> 吾友何俶尹先生初習申、韓,歷至大幕,民國後棄而習醫,用時診而有心得。壬戌春,余索醫案,答以未遑録十餘事。(《廖平全集》第十一冊第七○六頁)

正月初二日,吳虞贈先生《文字源流考》予馬幼漁、沈兼士、錢玄同。《吳虞日記》云:

> 又贈幼漁、兼士、玄同《文字源流考》各一冊。(《吳虞日記》下冊第一一頁)

正月初六日,曾孫德修生,宗澤出。

正月初九日(陽曆二月五日),吳虞致函青木正兒,詢前寄諸書到否。略云:

> 一月二十七日呈寄《知聖篇》《群經凡例》《文字源流考》各一冊,二月三日又呈寄《費氏遺書》一部三冊,湯淺先生處同時寄去,不知均收到否。(《吳虞集》第四二九頁)

正月初十日,吳虞收到青木正兒來信,告《費氏遺書》《今古學考》均收到,遂論先生之學云:

> 廖季平學説,在日本亦非常尊重,前數年,小島裕馬(支那學同人)在《藝文》(京都帝國大學文科機關雜志)上,介紹他的學説,小島君很心醉他的學説。(《吳虞日記》下冊第一五頁)

正月十三日(陽曆二月九日),吳虞致函青木正兒,有言及先生者:

> 《論堯舜是儒家理想的人物》,極爲高妙。韓非説,孔墨不可復生,將誰使定堯舜之真乎。儒墨兩家所説的堯舜聖德,都是假堯舜,不是真堯舜。廖季平也説,堯舜是孔二先生假設的,與先生的主張頗合。大文若撰就發表,那是很重要的了。(《吳虞集》第四三○頁)

正月二十五日(陽曆二月二十一日),吳虞致函青木正兒,寄呈先生《群經大義》一冊,略謂:

今寄呈廖氏《群經大義》一册贈先生,外《今古學考》一册贈湯淺廉孫君,請先轉交是幸。(《吳虞集》第四三一頁)

二月(仲春),作《文學處士嚴君家傳》,略云:

吾友嚴君雁峰諱嶽蓮,捐館之某年,其子式誨詳具《行述》《墓誌》《行狀》,乞更爲《家傳》。嚴君志狀,富順宋芸子、合州張式卿既撰偉辭,於君文章、經濟、學業,既詳且盡,余何贅辭。然君於己卯、庚辰間,湘潭師主講尊經,一時從游鼎盛,號有司馬、子雲之風,君以外籍從游,每與上下,其議論折角爭席,頗嘗聞焉,芸子"文學"之諡,信不虛也。君家富藏書,於醫部尤詳,凡日本丹波《聿脩堂叢書》、北宋《聖濟總録》及明刻《醫統正脈》等籍,皆尋常不可多得之書。君少交游,於世途多落落不合,經傳子史外,口讀手寫醫書數十巨帙,從俗之請,僅刻成《金匱》《傷寒方論》《本草逢源》《温病條辨》。晚年欲續《醫統正脈》,擬其目録交式誨,屬其續刊。……君博聞强記,幾於過目成誦。當時與友人私語,謂余號經學專家,凡讀經首先成誦,吾能暗倍誦《十三經》,試設法以較優劣。余素健忘,知其語深中余病。人禀受皆秉於天,使余好深沈之思,天復假强記之識,今日成就,不當僅此。學業偏重,辜負良友,然思之思之,鬼神通之。野人獻曝之忱,不敢自惜,爰舉一時偏見,以作《家傳》,付式誨登之家譜,以見吾兩人神交云。君卒於戊午八月二十五日,年六十四歲。清封文林郎,晋奉政大夫。妻氏祝,清封宜人,無出,以其從子式誨嗣。孫真善,孫女貞媁。(《廖平全集》第十一册第七〇二—七〇五頁)

又自述醫學取法云:

余著醫書二十餘種,專駁《難經》之亂古法、創新診。余撰醫書,不設市;君亦深《長沙》《千金》,而不行醫。或有嘲余者,吾撰書,志在醫醫,而不醫病。(《廖平全集》第十一册第七〇二—七〇三頁)

二月初八日,吳虞贈先生《今古學考》予胡適。《吳虞日記》云:

與胡適之送去《今古學考》一册。(《吳虞日記》下册第二〇頁)

命宗澤纂集《莊子》、緯書中言孔作六經之文。嘗見宗澤讀龔自珍詩,先生曰:"此打油詩也。"

四月,國專發生學潮,斥退爲首學生魏大猷等十四人。

是月,作《何君俶尹六十壽序》。

是月,作《伍非百墨辯解詁序》。伍非百挽先生聯跋語云:

季平先生學經六變，窮究人天。於壬戌夏用左腕書爲著《墨辯解詁序》千餘言，刻《六譯館叢書》之首，取《管子》七法説明墨辯之義，并勉以“前賢畏後生”之語。謙光盛德，迫懷莫繼。謹撰此聯，用志景仰。（《廖平全集》第十六册第八〇一頁）

五月十五日，妾劉氏以病歸井研，閏五月十五日卒。
七月，辭國學專門學校校長職，駱成驤繼任。駱鳳麟《駱成驤事略》云：

駱曾與井研廖平同處尊經書院，從王壬秋學，嘗謂王爲文好新奇，廖則專務新奇。民國壬戌，廖氏以年老辭成都國學院事，人舉繼任者問之，皆堅持以爲不可，言及駱某始首肯。駱至院，盡改廖氏學説。生徒中有不平者，於廖返校移交時，憤然而質曰：“廖先生學説，駱先生乃謂全不可用。”駱徐喻之曰：“吾與廖先生之爭，數十年矣，豈自今日始耶。”廖爲之大笑。言者不得要領，逡巡自去，而駱廖之友誼始終甚篤。

《述略》云：

先君與井研廖季平先生同處尊經書院，雖往還無間，而持論迴不相合。先君嘗謂王湘綺爲文好新奇，廖則專務新奇，然猶文士積習也。康長素以新奇爲干譽干禄之具，其用愈廣，望影趨風者愈衆，内容愈不可問。康在京，曾一度乘夜來訪，以廖氏緒餘相詫，一經反詰，輒窮於詞，轉而言他。亦如是，後遂不再至。蓋其所據以駁人者，根本殊脆弱；所主張者，本人亦自惝恍也。……民國壬戌，廖以年老辭四川國學院事，人舉繼任者問之，皆堅持以爲不可；及言先君始首肯。先君至院，盡改廖氏學説。生徒中有甚不平者，於廖辦移交返院時，憤然面質曰：“廖先生學説，駱先生乃謂全不可用。”先君徐喻之曰：“吾與廖先生之爭數十年矣，豈自今始耶。”廖爲之大笑。言者不得要領，逡巡自去。二老人之往返仍昔，其後裔亦仍昔也。（《駱狀元詩文注》第四五七—四五八頁）

是《事略》本《述略》也，然其持論則一，可證先生與駱成驤之學不盡同。駱成驤《國學專門學校公函》云：

敬復者：前於九月六日，准貴部照會，屬任國學專門學校事。七日到校，晋謁前校長廖季平先生，值入城就醫未遇。八日，廖校長派員送印前來。九日，復到校查閲齋舍，並召集住院生徒，訓以國家辦學及子弟向學之道。即日分謁各教員先生。十一日，分致省内外各教員關聘。十二日，躬率職員移住校舍。十四日，躬謁徐子休先生，請爲本校師長，承許義務教育，經師人師標准於是大定。其餘輔助諸課，校長、監學、教務員略可分行擔任,或臨時按照科目再行職延,以符成規。竊成驤學植素淺,加以荒落。前承政務向廳長將命枉顧,悉數縷呈鄙懷,並修箋達,不蒙寬解。復以廖先生既超然高引,政府亦極其尊禮,遂乃指潢污而爲江漢,强爝火以繼秋陽。竟蒙虎皮,忘覆公餗。然誦讀不動,率教不謹,子弟之過也;教習非人,約束不嚴,校長之罪也;若脩脯不備,橫舍不足,敢請明公,先負其責。查本校與專門高校,定章視爲同等,而經費懸絶,過於倍蓰。舊有生徒,堂室均無以容,日來要求旁聽者,又紛至沓來,窮於應付。明公既有勸學之盛心,必不阻向學之美意。則常年經費與臨時建築等費,當如何酌量增加,方爲合宜。本校不敢專擅,應請鈞座酌派深明練達之員到校,詳爲商度,刻期辦理。庶下以慰學子之殷望,上以達明公之素懷。成驤介紹者也,宣德達情,無諱無隱,樹梧檟而有成,則場師可告無罪矣。求牧芻而不得,則古人具有明訓矣。耑此函復四川總司令劉。(《駱狀元詩文注》第四一四—四一五頁)

先生任國學專門學校校長,嘗與駱成驤組織武德社,以習射爲主。文守仁《廖季平之春聯》云:

井研廖季平先生寓成都日,余猶及見之。先生嘗與駱修撰公驤等組武德社,以習射爲主,蓋以射爲古代六藝之一也。先生與諸老不時在國學院前,御長袍,着馬褂,張弓曳箭,指手劃足,其樂融融,行人每駐足觀之。先生身材中等,體肥碩。所居即在國學院左近,旁爲華西壩,地頗幽静。每歲春聯均書:“推倒一時,開拓萬古;光被四表,澤流八荒。”先生於經學確有創解,康有爲竊取其説,主張維新運動。所謂推倒一時豪傑,開拓萬古心胸者,誠足當之無愧。惟下聯亦有竊議之者。然由此亦可見此老抱負不凡。(《蜀風集》第三二五頁)

駱成驤《觀射示國學院諸子》云:

十年幽夢繞燕雲,射虎餘威世共聞。破的一聲心一快,不知身是故將軍。

天人心械兩無機,高視乾坤獵一圍。有手不援天下溺,空招繁弱弄忘歸。

拂羽心空手自空,泰山毫末有無中。樓煩鬬易緣何事,不待君前問庚公。

蛟在江心虎在山,是誰開柙滿人間。由基兩箭留分汝,莫譴悠悠自往返。(《駱狀元詩文注》第二八六頁)

八月十二日,四川省憲籌備處致電先生等人徵求制憲意見,電云:

　　成都抄送周奉池先生、宋芸子先生、廖季平先生、駱公驌先生、曾煥如先生、徐子休先生、陳孟孚先生、尹仲錫先生、劉豫波先生、文海雲先生、顔雍耆先生、張重民先生、任叔永先生、榮縣趙堯生先生、井研熊錦帆先生、南充張表方先生;北京全蜀會館轉李伯申議長,並請轉四川國會議員及同鄉諸公;上海法界漁洋里謝慧生先生、朱叔痴先生,並請轉四川國會議員及同鄉諸公均鑒:川省本人民之公意,制百年之大法,發端甚宏,創造匪易,扶掖振導,當賴時賢。先生遠察世潮,近慮鄉俗,必有宏規,藉作准則。現本處組織成立,着手籌備,除依據四川省憲法會議組織法,首設起草委員會,並已由省議會選舉起草委員,本處電函敦促,克期從事起草外,務請先生發抒偉論,早日見貺,以憑匯交起草委員會。掬誠奉懇,敬候教言。四川省憲法會議籌備處主任劉成勛,籌備員但懋辛、鄧錫侯、向楚、曾寶森、石青陽、肖德明叩。(《四川軍閥史料》第三輯第二〇九頁)

九月初五日,吳虞以吳康之需,寄贈先生《今古學考》《群經大義》二册。《吳虞日記》云:

　　李滄萍來,言吳康在廣東師範學校,託要《今古學考》《群經大義》二册,交滄萍轉寄。(《吳虞日記》下册第六〇頁)

十月二十日(陽曆十一月三十日),《申報》刊登中華書局出版之《新古文辭類纂稿本》廣告,略云:

　　姚惜抱《古文辭類纂》選擇精審,體例完善,治古文者翕然宗之。王氏續選繼起,有清中世之文略備。惟近代之文,去吾人愈近,研習愈亟,而選本缺乏,學校教課、學子研究均覺不易搜羅,難窺全豹。諸暨莊瑞藻氏勤於讀書,見有可資諷誦之文字,輒手書之,積之數年,蔚成大觀。本局商取手寫稿本付諸石印,以應社會之亟。全書著錄各名家,摘要列下:

薛福成	黎庶昌	張裕釗	吳汝綸	王先謙	楊　峴
黃遵憲	孫詒讓	譚嗣同	王闓運	嚴　復	易順鼎
繆荃孫	劉師培	陳寶琛	沈曾植	康有爲	林　紓
廖　平	唐文治	陳三立	鄭孝胥	張　謇	蔣智由
章炳麟	梁啟超	馬其昶	樊增祥	吳增祺	羅振玉

此外尚有百餘人不具錄。(民國十一年十一月三十日《申報》第三版)

周永德(一八五六—一九二二)去世。周永德,字達三,成都華陽人,精目錄版本之學,曾任成都總商會會長及公斷處處長。其祖父、父親曾經營尚友堂、九思堂書鋪,然皆不幸毀於火。後在其父學徒王述齋書鋪習商,兼習版本目録之學,並得繆荃孫指點。後受王述齋之託,主持業務,歷五十餘年。光緒間開設志古堂書肆,先後得張之洞資助校刻《説文》,代總督吳棠刻《韓詩外傳》《杜詩鏡銓》,校書百餘種。去世後,先生撰《周達三先生墓誌銘》,略云:

> 華陽周君達三與余爲四十年老友,……任志古堂經理,刊汲古閣本《説文》,成都學子得購《説文》自此始。會張文襄公督學四川,提倡《説文》之學,創設尊經書院。時江蘇目録大家藝風老人繆君荃孫,因冒籍停科留川,張文襄《書目答問》藝風實左右之,助其編纂。達三因時過從,故晚年目録之學別成一小宗焉。自光緒五年至二十六年,凡隸尊經籍者,無論先後皆從達三游。自旦至暮,賓客常滿。達三博聞强記,於題跋口稱而筆述之。一時講學家或初見異書,未識門徑;或偶而遺忘,借誦於口;或增減損益,高談雄辯。此三十年中蜀學之盛比於齊魯,唯諸賢之自立爲不可及,而達三補苴提挈之功不可没也。(《華陽縣志》卷十七第一六頁)

駱成驤《記周達三先生》云:

> 周達三先生,蜀中隱君子也。佐志古堂書肆,始終無間,當世謂託孤寄命、今之武鄉侯也。蜀僻遠,少書籍,先生擇要刊行,並廣購省外名本。蜀學之興,先生功不在吳勤惠、張文襄下。先生日手一編,盡得群書要領。凡尊經群彦,皆樂與賞奇析疑。自先君子暨余讀書成都中,往還者五十年,皆有贈遺。嘗贈余武侯碑、温公集,余重其意寶焉。晚歲辭成都商會長,杜門謝客養疴。惟舊交至,談論如疇昔。卒年六十有六。先生貌恂恂然,目炯炯然,言侃侃然。束身塵網之中,游神坱莽之外,敻乎不可測矣。(《駱狀元詩文注》第四二七頁)

民國十二年癸亥(一九二三)　七十二歲

正月,應嚴雁峰之請,作《賁園書庫記》,略謂:"成都圖書館,余嘗以林山腴之請爲序,以發明寒士專一之效。踰數季,賁園後出。然賁園收藏在先,其作庫以應士林之校讀顧在其後。二家公私不同,收儲亦不盡合。藏書家舊分兩派,惟收藏而不校讀,徒飽蠹魚,人多以骨董誚之。賁園先生喜收書而能讀能解,易記難忘,或以藏書家目之,非賁園之本意。夫賁園財力既厚,尤精鑒別。……賁園之義,取《周易·賁卦》,曰:'束帛戔戔。'賁者,西方之卦,頤之爻辭,舍爾靈龜,觀我朵頤,拂經於丘頤,此孔子作經之實證。丘頤,聖諱也,以頤卦立教,以求口實,千秋萬歲,後變空言爲事實。賁以名園,其諸聖人之徒與聖人之徒與。歲在昭陽大淵獻陬月朔井研廖平謹譔。"(《貰園書庫目録輯略》附録第二—四頁)林思進《貰園書庫記》稱:"四益前序館目,今記斯庫,亦咨嗟於兩家似異實同,非無見也。"(《貰園書庫目録輯略》附録第五頁)

楊叔明於吃春酒時爲念蒙文通《近二十年來漢學平議》。楊叔明與蒙文通函云:

> 你《近二十年來漢學平議》的主張,曾同我講過幾次,我也是很贊成的。我前天請廖先生到家中吃春酒,就把你的文章念與他老人家聽,他老人家很贊賞你的識力。但是説:諸侯不立博士,河間獻王無博士,須考得其立博士之憑據後始可説。又云:《逸周書》乃三國時書。《逸周書》有二,其出自家中者多後人加入之語。又《漢立博士考》可細閲,足知立博士之難,云云。過後,我們大家説得鬧熱,先生也非常高興,又親自左手寫了一篇,囑我抄給你,我想先生晚年左書不可多得,我簡直就與你挂號寄來保存,自不待説。依先生的説法,你再討論一番,必更一篇驚人之論也。文敦在此朝夕相處譚究,甚樂也。(《蒙文通先生誕辰一一〇周年紀念文集》第二三頁)

先生評云:

> 講《春秋》是小統,孟、荀主之。講《尚書》是大統,鄒衍、《淮南》主之;講禮制突分小戴、《春秋》説。西漢以上《白虎通》群以《春秋》説。突分大戴派,多同《周禮》,是古學根原;今文學西漢盛説《春秋》是也。古文家據《周禮》以解《尚書》是也;《易》《詩》天學,古文家説,隔靴搔癢;河間獻王不得立博士。古文家以朝廷所立爲今學,河間所立爲古學,一派謡言。今文所立博士,其詳其慎。秦始皇所立七十二人,漢立博士是法古非創立;蒙文通文如桶底脱,佩服佩服,後來必成大家,謹獻所疑以待評定。井研廖平記。(《蒙文通全集》第一册第一九三頁)

又云:

> 西漢今文家講《春秋》是其所長,《尚書》是其所短。孟、荀説法,講《春秋》是其長。《白虎通》亦如此,《白虎通》通部有四條摻雜古説外,皆今説。章帝時古學猶未盛,馬、鄭出,古學始成家。(《蒙文通先生誕辰一一〇周年紀念文集》第二三—二四頁)

正月十八日,先是,陳安岳致信吳虞,至今日,吳虞收信,知先生病癱後,印書事不能經理。《吳虞日記》云:

　　陳安岳來信,二月十二日寄。……廖季平病癱後,印書事不能經理。(《吳虞日記》下冊第九八頁)

　　次孫宗澤頗受新潮影響,先生謂其擇術不正,恐至沉淪。

　　正月十九日(陽曆三月六日),吳虞致函青木正兒,略及先生:

　　　　昨日弘文堂書房又寄來《支那學》第三卷第四號一冊,是又復寄。弟因其介紹有《六譯館叢書》,遂與廖季平寄往四川。(《吳虞集》第四三三頁)

　　二月初二日,先生失足,跌傷後腦,流血甚多,旋愈。

　　五月,孫宗澤回井研,先生令將《公羊補證》中有關革命文字録出,作爲《外編》,未果。

　　以曹錕賄選,與宋育仁聯名致函章太炎,詳云:

　　　　太炎足下:天下之無學者久矣。吾兩人不幸見稱爲學者,又不幸與太炎同見推於蜀之後進,老韓同傳,千載傳疑,不得不爲太炎足下一言之也。足下讀書,豈得不知名義,非湯武不得爲革命,非列國不得有同盟。洋譯假定革命之名詞,孫黨妄竊同盟爲符號,後生不學,就事假名,若曾讀書,豈可隨聲附和。袁孫應合,破獄出囚,獵受勳位,此事卿本無功,民國何所謂爵。劉安拜將,適同左角之蝸;彭寵居功,大類遼東之豕,不滋笑乎。與蔡元培矜氣節無異,如遇黃門而稱貞,稱南軍府爲義師,豈果慕秦王之奇勇,不知民國爲何物。多數所同然,舊人絶口不問法治,新人猶知諱言名義。足下冒稱學者,謬附偉人,文理本不甚優,法理又非所知,而獨好舞文弄法,民八民六,自爲孫曹兩系之代表。在兩系當然入主出奴,在兩黨當然一彼一此,何以見爲合法、非法。言之不慚,稱之不已。湖南譚、趙之爭,無非權利,何足控搏。江浙和平之約,制止議會政潮,自是弭兵正僕,而乃必爲之左右偏袒,又首鼠兩端,於浙則故入以降曹,於湘又自辯其非向北,中心疑者其詞枝,夫亦可以休矣。今曹氏賄選,與受同科,天下共棄,而在滬議員之緊急會議,有曰急須有所組織,不問人數,舉行非常會議,討論制憲。其間爲"由國民自己負責,將制憲權歸還國民"二語,詞嚴義正,而多數似陽奉陰違,有曰推代表分赴各省接洽,有曰冒名頂替,詳加調查,有曰頭緒紛繁,稍遲討論,有曰政治問題,由行政委員會議商辦,有曰應從事調查,先從上海著手,西南實力方面意思如何,亦爲重要。仍屬習狐鼠之故技,窟城社爲憑依,無非暮四朝三,固定私相授受,人之視己,如見肺肝,彼自爲謀,無煩齒頰。獨報載邵瑞彭君直揭檢廳電詞云:"幼承庭誥,自行束脩,及爲議員,不鶩黨爭,不競名利,舉發五千元支票爲賄選鐵證,謂政變之應如何處置,曹錕之宜爲總統與否,皆當別論。若夫選舉行賄，國有常刑，不爲舉發，無所逃罪。"是誠火內青蓮，滓中蟬蛻，操行廉潔，志節嚴正，而又事理通達，權責分明，新舊人才，此其選矣。吾於此君百拜議折，議員諸公寧不羞死。諸公又豈何地無賢，而涇以渭濁，國會適足爲賢者之污，乃猶倚爲藏身之固乎。況已經破裂，即爲解散，而不意號稱讀盡者，攘臂其間，發出迷離譫語，如太炎足下所云，牽引四年六年及今年六月，爲內亂之罪已成，雖依法選出總統，國民何能承認，受賄猶第二事。惟有回復戡亂原狀，再設攻守同盟。夫篡位之與復辟，不可並世而語；揖遜之與革命，豈有同時並興。在陳宧輩志在爲洪憲佐命，宜其指鹿爲馬，在孫段黨自居於共和巨子，何妨喝雉成梟。且皆不學，苦於不知；若嘗讀書，儻所謂卿讀《爾雅》不熟，死未知冤者乎，又不寧惟是也。後世書生汩於史家氣習，每好談兵，但皆謂敵王所愾，爲國騷除耳。未有談兵而以作亂者，有之，則黃巢與趙諗皆自爲之，未有好兵而仗人作亂者也。今原野羴人之肉，川谷流人之血，誰生亂階，是誰作亂，乃曰戡亂，試思戡亂是何原狀，爲何而改爲民國，必將曰爲民。爲何而攻守同盟，則將曰護國。護國又所爲何事，而且曰護法。護法又所爲何來，仍必曰爲民也。試問之多數人民，其願設攻守同盟而護法乎，抑願解除非法議員之法不法也，有願回復戡亂原狀而復行稱亂乎，抑曰稱亂可戡，而願回復治安原狀也。戡亂之原狀，爲爭局部權利也；攻守之同盟，爲爭割據地盤也。詖詞知其所離，遁詞知其所窮，立死於言下，尚何説之辭。彼犧牲他人之生命，率土地而食人肉，足下曾讀史，長槍大戟者任自爲之，毛錐子安用哉。何必蠡於其間，爲人奴隸齒也。誠不禁爲今日讀書人流汗而泣下也。毋亦途殫日暮，盎漿乞瀨女之遺邪。許唱於行橋，學輿人之誦，良亦可哀。學生之盲從，孤寒之影附，誤於先導者久矣。足下與梁卓如、蔡孑民、胡適之爲淺人所稱學界山斗，迷誤後生，非一朝之故，固不能一一盡言。而今日之言，爲害尤甚。夫以破裂之國會，串成賄選之總統，吾輩當約同言論界，昌言絕不承認，四字可了。誰堪戡亂，何謂同盟，師出何名，所持何義，有讀書學者弄兵之理乎。一言可以喪邦，好惡拂人之性，爲足下與諸人懼也。幸勉旃，毋多談。吾兩人與太炎足下皆未識面，而頻有人自南來致聲，有念相聞，爲體應求之初心，一盡直言之藥石，相約爲書已久，至今箭在弦上，不得不發。若能立心自贖，尚可斷足成身。昔聞初在江南，有偶句云："群兒鼠竊狗偷，死者不瞑目。"則當日胸懷，迥非今比。後又聞學佛，懺悔前愆。聖門以知非爲進德之方，佛氏以悔罪爲回頭之岸，能改過者君子也，於足下又豈無望乎哉。廖平、宋育仁致言。(《廖平全集》第十一册第八四四—八四六頁)

六月初二日(陽曆七月十五日),熊克武在成都就任討賊軍總司令,致電孫中山、趙熙、徐炯、宋育仁等,聲討曹、吳。電云:

萬急。廣州孫大元帥、國會議員諸先生、省議會、廖省長、各總司令、各報館,天津黎宋卿先生、段芝泉先生、國會議員諸先生、省議會、各報館,北京國會議員諸先生,上海何護軍使、國會議員諸先生、章太炎、岑雲階、張溥泉、譚組安、汪精衛、柏烈武、張季直、馬相伯、胡展堂、蔣雨崖、楊滄白、謝惠生先生、各報館,長沙趙省長,雲南唐省長,貴陽劉省長、唐督辦,奉天張總司令,杭州盧督辦,各省省議會、省長、總司令、督軍、護軍使,各埠各報館,成都省議會,省憲籌備處、省憲審查會、劉總司令、但前督辦、石總司令、藍總司令、陳督辦、彭師長、劉旅長、孔代表、陶代表、高代表、李代表、戴代表、趙堯生、廖季平、徐子修、宋芸子、曾煥如、尹仲錫、周羋池、徐申甫、尹碩權、駱公驤、陳孟甫、文海雲、顏雍耆諸先生,成都總商會、各校長、各法團、各機關、各報館,內江賴總司令、呂總司令、余師長、張旅長、鄭旅長,彭縣劉師長,合州喻師長,順慶何師長,重慶周師長,重慶總商會、各機關、各法團、湯師長、忠州賀旅長、長壽顏總司令、廣安鄭總司令、大竹陝軍張總司令、敘府劉師長、嘉定陳師長、新津張總司令、大邑劉甫澄先生、保寧王旅長、劍閣陳縱隊長、各道尹、各縣議會、各知事均鑒:

克武曩與川中賢豪,協圖自治,旋即解除軍職,以踐廢督裁兵之約。乃自治宣佈,既已三年,阻礙橫生,憲章未就。雖茲事體大,非可旦夕程功,然揆諸草創初衷,方且引爲深懼。詎意直系軍閥,欲以力征經營天下,乘隙持釁,侵擾西南。尤復處心積慮,百計以造成川亂。於是縱兵深入,肆其蠆毒,狼奔豕突,千里爲墟,火熱水深,怨聲載道。既爲自治公敵,實亦民國大憨。所幸川省軍民,各懷亡省之懼,人懷致死之心,發憤圖存,起而自衛,且舉戡亂大誼,來相責勉。旋奉大元帥孫公電命,授以討賊重任,議會諸公,各軍將領,函電敦促,期望至殷。克武綿力薄材,曷克負荷,惟念於役革命,且二十年,目擊艱危,未遑云補。川省父母之邦,今則寇騎憑陵,橫施宰割。況復兆焰鴟張,變本加厲,黷武窮兵,尤未饜其欲壑,竟敢肇亂京師,覬覦非分。向所奉爲法統,業已毀棄無餘,有賊不除,國無寧宇。於此而尤懷諉卸,非直鄰於畏葸,抑且負我宗邦,謹即拜命視師,獎率部衆,用副我大元帥委託盛意,摩頂放踵,所弗敢辭。抑克武尤有請者,各省出師討賊,固爲目前切要之圖,而國家建設方略,實乃百年不拔之計,施行雖容有後先,策畫則無分緩急。民國成立一紀,政變迭興,中央與行省權從未明晰規定,國人安常習故,觀聽未移,甚或視中央爲朝廷,擬疆吏於藩服,集權之說,儼然科律,暴力相激,動成反應,是以專制割據之流毒相沾洏,極至曹、吳等輩,行同劫略,亦復偶託統一,詿耀群衆,昧者不省,轉相扇惑,變亂頻仍,非無故也。大元帥孫公早見及此,鄭重宣言,宣導自治。近頃海內耆碩,商榷政制,亦咸趨於一軌,心理大同,無間南朔。今後完成統一,發皇民治,舍此別無善策。所望高瞻遠矚,毅力主張,俾民國建設大業,早觀厥成,我革命先烈實式憑之。敢布悃忱,敬候明教。川軍討賊軍總司令熊克武叩。(《陸海軍大元帥大本營公報》一九二三年第二十五號,8月24日公電,轉引自《各方致孫中山函電彙編》第七卷第二〇一——二〇三頁)

六月十日,蒙文通作《近二十年來漢學之平議跋》,於先生聽後記多有感謝,略云:

這篇稿子是一時潦草的作品,裏面就有不少自相矛盾的説法,既説古學不立學官是河間獻王的關係,後面又説是秦始皇焚書和立博士的關係,未免前後不符。六譯老人已在這裏提出來駁正了幾句,這真使我十分感激而且非常高興。全篇中像這樣矛盾的地方定還不少。是因爲這篇稿子的大意雖是短時間內所組成,但是所取材却有遠至三年前的説法,前後見解既不統一,稍一疏虞便自相牴牾起來了。這的確是我潦草的遇失。我本也没想做文,平素是最怯懦最缺乏發表勇氣的,此回却因楊效春君的相強,纔有這篇稿子的草創。六譯老人既加以指正和鼓勵,又囑楊叔明君遺書論斠,纔引起我再印的興趣。今天有這本小册子和許多朋友通信討論,我很感激楊效春君,尤其是很感激六譯老人。(《蒙文通全集》第一册第一九二頁)

六月二十六日,姜帥氏卒。

冬,鄭可經卒於成都鶹園私第。

冬日,與張森楷、林思進等小集霜甘閣。林思進《癸亥冬日小集霜甘閣,酒後感時作歌,呈廖井研師平、張式翁及同坐諸子,兼柬宋問琴東山》云:

偏邦豈不生豪桀,揚馬文章曠然絶。東漢傳經六博士,蜀人自擅儒林色。百年窳陋不迎師,王翁西來開講帷。昔祀南皮配叔黨,尊經一閣今欲陋。弟子成名盡飆起,廖經宋賦張讐史。歐風變轉學術新,澤宮改奉黄車使。小年我從四譯游,我今五十嗟白頭。三老居然各無恙,名山著述不肯休。嚴李名公好孫子,夏趙驚來吾倒屣。沈生金石襲抱經,更有橫通一瞎李。新知已樂況舊歡,金樽注酒列珣盤。不愁坐席團欒滿,祇覺滄溟浩蕩寬。文字紛紛閱今古,識字盲推南閣許。閉門失笑井中天,世上如今要白語。人生辛苦噉虛名,年少矜誇意氣橫。被髮適聞辛有歎,壁書聊作濟南生。君不見,西方醫師炫圭藥,巧範人形冓枝絡。廖師攀曳廢五年,村醫一針手足活。由來治國如治身,百家之説非一倫。升堂御蓑裘御雨,付與時人分舊新。(《清寂堂集》第七二—七三頁)

小雪,林思進作《賁園詩鈔序》,略云:

秦中古多詩人,自蘇武造河梁之聲,爲五言祖,汔漢唐明,作者軼興軼盛,獨有清一代,闃然不聞。雁峰先生家世渭南,兒時即好爲詩,故未冠而有《辟咡》之集。避寇入蜀,又有《既冠》《入蜀》兩集。居蜀久,受詩學於王湘綺之門,體格大變,今集中所署爲《太華歸來集》者,歸秦時作也。先生既澹於榮進,而家又大貲,一應鄉試不第,遂棄去不顧。遍游南北,搜求奇書故籍,費巨萬計,盡裝槖來蜀,築賁園書庫居之。讀書其中,罕與人接,所得益深邃閎肆,而口不復言詩,顧取何景明、李獻吉、王元美、李于鱗四家詩,手斠而刻布之,則先生論詩微旨可推校知也。憶先生初來余家,以長卷寫所爲詩歌媟先君子。余時長僅踰案,然已能誦唐人詩,先君子指卷中"葉落僧廚碧,霜凋梵塔丹"十字,令諷詠之,蓋《太華歸來集》中句也,故至今不忘,而情事渺然則已如隔世矣。其後余少有知解,欲就先生上窺橐鑰,輒謝不許,惟於扇頭寫《終南圓明寺》詩相答而已。昔皇甫持正以童子見顧逋翁揚州孝感寺,逋翁披黄衫,白絹鞱頭,眸子暸然,望之如白圭振鷺。既與持正接,歡然目爲揚雄、孟軻。更三十年,逋翁之子非熊出詩集昇持正爲序,持正以謂知音之厚,曷嘗敢忘。余愧無持正之文,而緬想先生風度,炯炯清立,固今世逋翁也。穀孫能世其業,亦於非熊非讓,及其求余之序,即又適然相符。持正稱逋翁詩得太湖、洞庭清淑綿秀之氣,非尋常所能及,余亦謂先生詩境,巒壑群趣,青蒼雜錯,如在太華、雲門閒望明星玉女也。讀斯集者當自會之,蓋近百年秦中詩人之首矣。癸亥小雪華陽林思進譔。(《賁園詩鈔》卷首)

《賁園詩鈔》既成,卷首有林思進、龔道耕序;末附張森楷《故清遺老嚴雁峰先生行狀》、宋育仁《文學處士嚴君墓誌銘并序》、先生《文學處士嚴君家傳》、金正煒《嚴先生傳》。

十二月十六日,納婢張氏。

梁啟超作《中國近三百年學術史》,於先生之學多所批駁,若《清代學者整理舊學之總成績(一)》云:

清儒頭一位治《公羊傳》者爲孔巽軒廣森,著有《公羊通義》,當時稱爲絕學。……晚清則王壬秋闓運著《公羊箋》,然拘拘於例,無甚發明。其弟子廖季平平關於公羊著述尤多,然穿鑿過甚,幾成怪了。康先生有爲從廖氏一轉手而歸於醇正,著有《春秋董氏學》《孔子改制考》等書,於新思想之發生,間接有力焉。

先生《穀梁古義疏》,時人、今人皆以爲善,梁氏則曰:

穀梁學自昔號稱孤微,清中葉以後稍振,其著作有鍾朝美文烝之《穀梁補注》,有侯君謨康之《穀梁禮證》,有柳賓叔興恩之《穀梁大義述》。

而絕不稱先生,且曰:

清代春秋學之成績,《左》《穀》皆微不足道。(《中國近三百年學術史》第二一六頁)

民國十三年甲子(一九二四)　七十三歲

正月,楊叔明爲先生誦讀蒙文通《經學導言》,先生“獎歎歡喜,隨有批正”。二十三日,楊叔明至函蒙文通:

數接來書,情致懇懇,疏懶未答,深用自疚,亦因潤陸臥病,時及半年,醫藥擾攘,致愆暇也。《經學導言》已送出十餘册,呈井研時,時方病目,弟倚几朗誦,師獎歎歡喜,隨有批正,兹轉録附上。

聽至二十三篇《古學》時批曰:百家是字母,係已燒者。又曰:《莊子》《詩》《書》《禮》《樂》,鄒魯之士能言之。又曰:西漢儒者多是山東人。《春秋》齊、魯、左氏,《詩》齊、魯、韓三家,皆山東人。又曰:《封禪書》灾異,盡是山東人謡言。

聽至廿五篇《魯學》批曰:西漢講今學,東漢講古學,百中一二講今學者。今古平分,古文家派頭已立,而以古學改今學之名。今學因有古學立名。“孔氏古文”纔立古文家。《史記》八個“古文”,皆言“孔氏古文”,古文家師其意而立其名。所謂古者非古也。又曰:劉歆《移太常博士書》完全今學,王莽時始變,此事不易知,從此始混成一路。

聽至廿六篇《魯學》時批曰:孝宣後立梁丘等,仍是今學,不大同小異,及齊、魯、燕、趙是一派。又曰:《泰誓》三篇,是謡言,只有一篇。又曰:經本子不同。

聽至卅五篇批曰:孝武始開派,始尊孔子。又曰:孝惠宗黄老。

聽至卅七篇《齊學》批曰:淳于髡爲孔再傳弟子。

卅八篇《齊學》批曰:齊之孔學占大部分。

四十篇《齊學》批曰:諸侯並作百家語。又曰:六國有人養客,秦始皇統一,無人養客,聚集京城,造謡生事。又曰:山東人乃儒家之根本,秦始皇焚書坑儒,未令一人到山東去。

　　聽至《王伯篇》批曰:十二年一巡狩,大統《春秋》之法:東嶽三年,南嶽三年,西嶽三年,北嶽三年(詳《天官書》),隨歲星而轉。普通天下是大統《春秋》,《王制》三千里(大統《春秋》是三萬里的說法),《尚書》三萬里,大小各別,不是簡便縮短。一條一條講實義,不能混說。又曰:漢之制極嚴,諸侯不得立博士,一切謠言皆自漢魏之間造出,伯制就是王制。

　　上抄師語,請再細爲研究。《內學篇》及《支那禪學考》急欲一見。聞仁山弟子黎某精性宗,有著述否。內院所出《唯識抉擇》《唯識講義》《唯識今釋》俱已見,《聲明略》《起信料簡》亦得,尚有新出著述否,能寄示一二甚佳。惠詩蒼秀而時有商音,南朝山水,豈亦別有會心耶。能久住南京精研法相否。此頌,大安。(《蒙文通先生誕辰一一〇周年紀念文集》第二四—二五頁)

　　正月二十六日,赴嚴穀孫之約。《清寂堂日記》云:

　　午赴穀孫之約,爲張式卿餞道,明日將歸矣。坐客廖季平師爲約相農。

　　二月十二日,訪林思進,囑託嚴穀孫刊印《穀梁古義疏》。《清寂堂日記》云:

　　季平師送來《穀梁古義疏》稿本,屬轉送與穀孫校勘。此書成於癸巳年,正師精力瀰漫之日,又手經訂改數過。記庚子、辛亥間,湖南書賈鄒某願以三百金在成都刻板一次,予亦校讎數卷。其後,鄒回湘,遂攜板以行,近來坊間竟無印行者,故師極欲再刻,因爲慫臾穀孫任其事也。

　　二月十三日,林思進"以穀梁稿致穀孫"。

　　二月二十日,由南門外賃宅遷少城橫通順街自置宅。侄成勱、侄孫宗翰、婢張氏隨侍。

　　二月二十六日(陽曆三月三十日),甘蟄仙《新蜀學史觀——爲〈重慶商務日報〉十週年紀念作》刊《重慶商務週報》十週年紀念刊。略謂:

　　清初蜀學界,受二曲影響最深者,楊愧庵也;受夏峰影響最深者,費燕峰也。……道咸以降,濮陽平、李中天皆有可稱。顧申夫側重事功,伯平專宗稼書,猶不能無待於後學之折中也。晚清有廖季平者,妙造姬漢,蔚然經師,關於今文之學說尤多獨到處。(《蜀學》第七輯第二九二頁)

　　三月,成都佛學社延請先生講《詩》《易》,先生即以近年《詩》《易》稿作講稿。蒙文通《議蜀學》云：

> 近者先生方論《詩》《易》於錦城，聞其六變之説，蓋其道益以幻眇難知，而愚方滯渝中，尚未得聞其旨要，不具論，以俟面聆天人六譯之緒者贊而辨之。（《蒙文通全集》第一册第二三〇頁）
>
> 　按：成都佛學社，一九一四年由中江劉洙源、綿竹龔輯熙等發起成立，原名華嚴壇，後改名佛經流通處，最後定名成都佛學社，社址設在少城公園（今成都人民公園）内，以研究佛教、流通經典、弘法利生爲宗旨。

夏，《詩易合纂》成，交成都佛學社排印。

七月十三日（陽曆八月十三日），憲風《餐櫻廡漫筆》刊《申報·自由談》，略云：

> 《蜀學報》編纂諸君，富順宋芸子育仁、仁壽楊範九道南、名山吴伯傑之英、井研廖季平平皆名流碩彦，淹貫中西，留心當世之務者。（民國十三年八月十三日《申報》第八版）

秋，作《董貞夫墓誌銘》。宋育仁提議重修《四川通志》，於是省署聘宋育仁爲重修四川通志局總裁，陳鍾信、尹昌齡、顔楷、龔道耕等爲名譽校理，林思進、周翔等爲名譽纂修，文龍爲坐辦協理，蘇兆奎爲名譽協理，先生與曾鑒爲名譽，徐烱、方旭爲名譽總校理。（《龔道耕儒學論集》第二四六頁）

九月，作《文學處士嚴君像贊》，詳云：

> 維漢嚴氏，世傳公羊。有清崛起，厥在渭陽。鎮星感精，比於宫牆。大頭美肩，善耐秋冬。如山如河，牆篲楚室。苑苑坎坎，土德是備。書擁百城，能校能刻。甲乙丙丁，四部羅列。金匱玉版，藏書之府。經營構造，比於齊魯。崇志漢唐，吐棄科舉。私謚文學，天上笑許。螟蛉有子，果嬴負之。教誨爾子，式繫似之。大開文館，甫梓穀梁。補續醫統，焜耀家邦。毛刊解字，蜀刻九經。有子象賢，垂裕後昆。第一行"上官"誤書"宫牆"。

林思進補記云：

> 右井研師所撰贊。師晚年廢不能書，命予代書，時甲子九月也。穀孫頃乞大千重摹此幀後，請予補書。二十年中，廖、宋俱亡，予亦垂老，蓋不勝歲月之感矣。甲申閏月，清寂翁記。

同月，女幼平、子成劫、孫宗澤至成都，迎先生歸井研，寓居書院街曾氏祠，間亦回小高灘。蓋斯時先生子女在書院街，兩孫在小高灘也。今僅摘廖

幼平《我的父親廖平》中相關者,以見先生鄉居生活狀態:

　　民國十三年,他退休回鄉後,生了一場大病,身體更弱;眼睛似乎患了白內障,老光眼鏡之外再加放大鏡也不行了,這纔被迫停止了閱讀。他僻居山鄉,沒有可交談的朋友,沒有可散心的娛樂,長日無聊,唯一的消遣是聽人念《三國演義》和《水滸》。這時我母親已去世,這任務就落在我這個停學在家,代母親照看弟妹的十三歲的一年級中學生肩上。有時候不免念得結結巴巴,或認錯了字,父親立即糾正。我感到委屈,放下書就要走,父親讓步就:"對的對的,念下去,念下去。"

　　他最喜歡聽《三國演義》的"三顧茅廬"、"長坂坡"、"草船借箭"、"空城計"等章節。《水滸傳》是"智取生辰綱"、"三拳打死鎮關西"、"野猪林"、"景陽崗"等章節。尤其是武松打虎,百聽不厭,每到精彩處還哈哈大笑。

　　當時我喜歡看小説,却不喜歡念書,因而一聽到叫我念書,我就皺眉頭,祇要有藉口,我就要設法躲避。現在我已到父親當時的年齡了,纔深深體會到父親晚年的孤寂與可憐,恨不得拿起《水滸》爲他明聲朗誦,可惜已經遲了。

　　父親還喜歡喝酒。他壯年時期酒量很大,號稱百杯之量。我家別的東西不多,酒却是大曲、白干、紹酒大罈小罈地放着。父親中飯晚飯必喝一兩杯,從不現醉態。客人來了,總是談笑風聲,開懷暢飲,一端就是幾大盅。我常常想:就是茶也喝飽了,這是酒,怎麽受得了?

　　外出作客,常常是醉了用轎子抬回來。當大家從轎内把他扶出,他總是嘻嘻哈哈地笑,有時還哼幾句不成腔調的川戲。然後就沉酣地睡去,從不使酒發瘋,絮絮叨叨。

　　父親平時是很威嚴的,全家都怕他,但酒醉後却變成另外一個人,和藹可親,笑容滿面,逗大的,抱小的。我們常趁這個機會提出平時不敢提的要求,往往有求必應。

　　父親嚴格禁止子孫抽煙、賭博,但不干涉他們喝酒,我的兄輩侄輩都很有酒量。

　　退休回鄉後父親的酒量大減了,祇在晚上喝一小杯。家裏爲他釀有穀子酒,是很香很醇的。酒不多,是他的專用品,因而放在他屋裏。一天夜裏,一群年輕人在一起,説到這種酒都想嘗一嘗,公推我去偷。我走進屋去,見父親在椅上打盹。我把燈移來背着酒罈,就蹲下倒酒。父親聽見響聲,明知有人倒酒,並不阻止,祇長長地哼了一聲。我把酒拿出去,幾個人你一口我一口,用大頭菜下酒,吃得又香又樂。幾十年後,每回憶到此事,總會産生一種温馨幸福的感覺。

　　父親工作之餘,偶爾也參加一下文娛活動,這就是射箭與下棋。……回到井研因爲没有會下圍棋的人,不再下了,圍棋子也不知弄到哪裏去了。象棋倒還有幾付,他常用的是一付黄楊木的,棋子很大很沉,下起棋來幾間屋都聽見"駝駝駝"的響聲。家裏的人大都會下象棋,但除堂兄慶三外,都不是他的對手;但他一見慶三下棋,就不高興,更不用説和他對弈了。原來,慶三是大伯的次子,繼承了祖父的糕點鋪,以賣糕點爲生。他整天坐在櫃檯上與人下象棋,不理正事,本錢蝕光了,父親給以資助,始終扶不起來,四十以後還未成親,故父親見他下棋就皺眉頭。

　　父親晚年性格變得温和慈祥,十分喜愛小孩和小動物。我們小時,他忙於工作,忙於寫作,很少愛撫我們。回到井研後,他把他的愛傾注在孫子、曾孫身上,常把他們抱置膝上,感到無比快樂。以後這一批幼小者也入學了,他就疼愛他那隻麻貓。麻貓也似乎通人性,整天陪着他,一同在大竹椅上打盹、打鼾。父親去世不久,麻貓因無人愛護也死了。

　　父親不願結交官府,却喜與老農擺家常。

　　當時是防區時代,井研經常更換縣長,有些是文官,有的是武將。這些人附庸風雅,一上任都要到我家"執弟子禮"拜見"老師"。有的三鞠躬,有的行跪拜禮。我感到很奇怪,問父親:"他們都是您的學生嗎?"父親十分厭惡地説:"他們配稱學生?"

　　我的一位堂嫂因事與人打官司,見縣長如此尊重父親,就提着鷄和點心來請父親與她説人情。父親一言不發,艱難地站起來走到窗前,把禮物一件件擲出去。堂嫂狼狽而去。

　　這些縣長都設筵招待他,他總是以病殘爲辭。祇有民國十八年縣長李先春正式發出通知,舉辦讀經講習班,父親才去縣府講過幾次《易經》。

　　但他對農民又是一種態度。我家在縣城和鎮上都有住宅,但都在郊外。當大太陽天氣,父親喜坐門前曬太陽,看田間農民耕種。有農民走門前過,父親總要招呼他們,和他們擺談幾句,有時還請他們進屋去抽煙喝茶。他瞭解他們,與他們有共同語言,因而談得很投機。二嫂對此很反感,常暗地説:"這真有點失身份。"父親知道後笑道:"民以食爲天,他們是功臣,失掉我什麽身份?"(《廖平全集》第十六册第一〇〇七——一〇一一頁)

　　十月,黄鎔卒。
　　作《陳師長四十壽序》。

民國十四年乙丑（一九二五） 七十四歲

是年，井研縣人集資修建六譯圖書館於四靈公園內，以收藏先生著述爲主，共有圖書六櫃。（《井研縣志》五三二頁）

九月，子成勵娶妻王氏。

與趙熙聯名致電國民政府，營救熊克武。時熊以卒兵入粵，被拘虎門。

重訂《知聖編》。

蒙文通作《議蜀學》，後刊《甲寅週刊》第一卷第二十一號。《議蜀學》論先生之學云：

> 清代經術之明，稱軼前世，乾嘉之間，家研許、鄭氏書，博名物，窮訓詁，造述之宏，不可遍計而周數也。迄乎近世，特識之士，始喟然慨清儒之無成，獨贊古音之學，實能於散漫繁惑之中明其統理，斯爲足尚，則清學之窮矣。夫清儒述論，每喜以小辯相高，不務守大體，碎辭害義，野言亂德，究歷數，窮地望，卑卑於文字章句之末，於一經之大綱宏旨或昧焉。雖矜言師法，又未能明於條貫，曉其義例，求其能若惠氏、張氏之於《易》，孔氏、莊氏之於《春秋》，金氏、凌氏之於《禮》者，殆不可數數覯，則清學之弊爲不可諱也。道窮則變，逮其晚季，而浮麗之論張，儒者侈談百家之言，於孔氏之學稍疏，經術至是，雖欲不改絃而更張之，誠不可得。井研廖先生崛起斯時，乃一屏碎末支離之學不屑究，發憤於《春秋》，遂得悟於禮制。《今古學考》成，而昔人說經異同之故紛紜而不決者，至是平分江河，若示諸掌，漢師家法，秩然不紊。蓋其識卓，其斷審，視劉、宋以降游談而不知其要者，固倜乎其有辨也。故其書初出，論者比之亭林顧氏之於古音，潛邱閻氏之於古文《尚書》，爲三大發明。於是廖氏之學，自爲一宗，立異前哲，岸然以獨樹而自雄也。蓋三百年間之經術，其本在小學，其要在聲韻，其詳在名物，其道最適於《詩》《書》，其源則導自顧氏者也。廖氏之學，其要在《禮經》，其精在《春秋》，不循昔賢之舊軌，其於顧氏，固各張其幟以相抗者也。世之儒者，矜言許、鄭氏學，然徒守《說文》《禮注》耳。廖氏本《五經異義》以考兩漢學說、今古家法，皎如列星，此獨非許、鄭之學乎。今古之學既明，則孫、曹、胡、黃之禮書爲可廢，此左庵先生《周官古注集疏》之所由作也。然不有乾嘉諸儒之披荊榛、尋舊詁以導乎先路，則雖有廖氏，無所致其功。惟廖氏之學既明，則後之學者，可以出幽谷、遷喬木，於擇術誠不可不審也。尋廖氏之學，則能推知後鄭之殊乎賈、馬，而賈、馬之別乎劉歆，劉歆之別乎董、伏、二戴，漢儒說經分合同異之故，可得而言。左庵先生其最也。斯豈乾嘉老碩所及知乎。左庵四世傳《左氏》之學，及

既入蜀，朝夕與廖氏討校，專究心於《白虎通義》《五經異義》之書。北游燕晉，晚成《周官古注集疏》《禮經舊説考略》，曰："二書之成，古學庶有根柢，不可以動摇也。"左庵之於廖氏，儻所謂盡其學而學焉者耶。其尊推廖氏也，曰："貫徹漢師經例，自魏晉以來，未之有也。"則海内最知廖氏學者，宜莫過於左庵。今世紛紛言今古學，而左庵《禮疏》全帙未顯，則古學可得而言乎。廖氏欲作《王制義證》，康更生欲作《孔子會典》，又皆不成，則今學可得而言乎。昧者不察，乃拘牽於文字異同之故以立論，斯亦游談夢囈已爾，豈足道哉。廖氏既成《今古學考》，遂欲集多士之力，述《十八經注疏》，以成蜀學。夫伊洛當道喪學絶之後，獨能明洙泗之道，紹孟學之統，以詔天下。蜀人尚持其文章雜讜之學，以與朔、洛並驅。自顧氏以迄於今，其道已敝。吴越巨儒，復已悔其大失，則蜀中之士，獨不思闡其鄉老之術，以濟道術之窮乎。是則承學之士，所宜熟思而慎擇者也。然吾之所以欽乎廖氏，匪曰《禮經》焉爾，而尤樂其論《春秋》。三傳異同，爲學者難明，由來舊矣。廖氏匡何、范、杜、服之注，以闡傳義，復推《公》《穀》之文，孰爲先師之故義，孰爲後師所演説，本之於經，以折中三傳之違異。蓋自五家並馳以來，言《春秋》固未有盛於此日者也。漢儒窘於師法，是謂知傳而不知經，宋儒於傳猶有所未喻，則經於何有。清儒之高者，或能發明漢師之説，是謂知注；下者視六藝猶《説文》《漢書》已爾，何足道哉。惟先生本注以通傳，則執傳以匡注，由傳以明經，則依經以抶傳。左庵謂廖氏長於《春秋》，善説禮制，吾謂廖氏之説禮，魏晉以來未之有也。至其考論《春秋》，秦漢而下，無其偶也。七十子喪而大道乖，《穀梁》屬傳，當尸子、孝公之世，蓋自子夏之殁，徒人各安其意，以離其真，而《春秋》晦。先生起數千載之下，獨探其微緒，申其本義，不眩惑於三家之言。謂廖氏之言《春秋》，僅次游、夏而已可也，則亦司馬、北宫之徒乎。六國而後，未易比擬。嗚呼！亦已偉矣。近者先生方論《詩》《易》於錦城，闡其六變之説，蓋其道益以幻眇難知，而愚方滯渝中，尚未得聞其旨要，不具論，以俟面聆天人六譯之緒者贊而辨之。（《甲寅週刊》第一卷第二十一號第八—一〇頁；《蒙文通全集》第一册第二二八—二三〇頁）

七月十七日（陽曆九月四日），唐鐵風致函《甲寅週刊》，略論時賢，云：

　　察國家三十年來，能於學術方面，具有開天闢地之手腕者，惟有四人：一、吾川之廖季平；一、浙中之太炎先生；一、梁漱溟；一、歐陽大師而已。廖曾與之接談，而未暇讀其書。（《甲寅週刊》一卷十號第十九頁）

民國十五年丙寅（一九二六） 七十五歲

井研縣知事李先春延先生至署講《詩》《易》。

按：一云事在一九二九年。廖幼平《我的父親廖平》云："當時是防區時代，井研經常更換縣長，有些是文官，有的是武將。……都設筵招待他，他總是以病殘爲辭。祇有民國十八年縣長李先春正式發出通知，舉辦讀經講習班，父親才去縣府講過幾次《易經》。"（《廖平全集》第十六冊第一〇一〇頁）

同意家中女子赴成都求學。廖幼平《我的父親廖平》云：

民國十五年，在女孩子們的要求下，父親讓家中女孩子與男孩子一道去成都讀書。這對落後閉塞的井研縣城是一種衝擊。在這影響下，接着就有一群女孩子涌上成都投考學校了。

我到成都不久，曾接到父親一封來信，内面祇有他用左手寫的"孫文買完"四個大字。想了半天，纔理解到他叫我把孫中山著作買完，寄回去，他要加以研究。（《廖平全集》第十六冊第一〇一一頁）

林思進《廖季平師女公子來學成都，袖師書致予，有感勷贈》云：

一紙瓊瑶抵萬思，人間祇此井研師。白頭自愧門生長，黄絹初聞幼婦辭。伏女傳經本今法，大家垂訓在閨儀。不巾學士知多少，待看宣文出講帷。（《清寂堂集》第二一〇—二一一頁）

五月，女幼平等自動剪髮，先生亦未提出批評。廖幼平《我的父親廖平》云：

這年五月，我同三妹就自動把髮辮剪了，這在當時是一件反封建的大事。回到井研，紳士們説："倒男不女，不像話！"但父親却未提出批評。（《廖平全集》第十六冊第一〇一一頁）

七月，移居縣城北街吴氏宅。

八月，周傳儒《四川省》收入《少年史地叢書》，由商務印書館出版。第八章《永寧各城》介紹井研縣時云：

近數十年的經師、武人多出於此，廖平、熊克武就是其中最著名的了。（《四川省》第六六頁）

鄭可經妻來井研了結債務。廖幼平《我的父親廖平》云：

有些學生追隨他一生,建立了家人父子般情誼,特別突出的是青神鄭可經和嘉定黃經華。鄭可經號席五,是父親被參貶後到青神講學收的弟子。他與父親情同父子。《四變記》是父親口述,他筆記的。

鄭曾留學日本,歸國後與我家同住汪家拐。後與父親的朋友的女兒結婚。婚後遷居少城,兩家還過往很密。後來鄭患急病死了,父親未中風前,常去看望可憐的孤兒。

民國十五年,鄭妻忽然來井研,企圖了結一場債務。原來鄭先生生前因父病與父親借去大洋五百元,立有約據。父親知鄭妻無力償還,從未過問。但鄭妻怕父親一死,那張約據將是她母子的後患,希望在父親未死之前交結此事。父親慨然用左手書寫下“約據已失,任何人拾得,作爲無效”的字據。鄭妻拿着這張紙條,感激涕零地回去了。(《廖平全集》第十六册第一〇〇五頁)

龔道耕《經學通論》成,中有論先生之學者,若《道咸以後經學》云:

湘潭王闓運亦主今文學,遍注群經。其學流衍湘蜀,號爲大師。弟子井研廖平,益加深邃。平游廣東,述其説於南海康有爲,有爲竊之,作《新學僞經考》《孔子改制考》,風靡一世。然有爲假其説以談變法,希利禄,其爲書精者,率本前儒及廖氏,他皆橫快無倫類。其弟子梁啟超輩,剽竊膚末,隨時抑揚,小人之學,以爲禽犢,而亦自名今文。斯則六經荒蕪,學絕道喪之所由矣。(《龔道耕儒學論集》第三五頁)

《群經學説》四《禮》云:

以清代經學之盛,而注《禮記》者,所見止朱彬《訓纂》、孫希旦《集解》二書,且皆未盡精善。其餘零星考釋者,亦較少於他經,故廖季平先生嘗謂《戴記》如深山窮谷,人迹不到之處甚多,若能編輯諸儒之説,采其精善,補其漏略,纂爲新義疏,以補胡培翬、陳立、奐、劉寶楠諸儒所未逮,則誠不朽之盛業。(《龔道耕儒學論集》第四七—四八頁)

五《春秋》云:

廖平之《補證》,推究益加精密。治《公羊》者,以《注疏》及《繁露》爲本,輔以清代諸家著述,於傳義必有得矣。……

清代有許桂林之《釋例》、侯康之《禮證》、柳興恩之《大義述》、鍾文烝之《補注》、廖平之《古義疏》《起起廢疾》《釋范》諸書,其所發明,勝於舊注疏矣。(《龔道耕儒學論集》第五五—五六頁)

民國十六年丁卯（一九二七）　七十六歲

二月二十八日康有爲去世。

夏,孫宗澤與李亞群、李嵩高等發起成立研新社,以團結縣内青年研究學術,刷新井研爲宗旨,女幼平亦相繼入社。同時創辦《研新》雜志,介紹新思想、新文化;在城内創辦六譯公學,提倡科學,反對迷信,宣傳剪辮、放足,主張婚姻自由,男女平等。(《井研縣志》第五三四頁)

冬,研新社在井研舉行游藝會,先生欣然前往。廖幼平《我的父親廖平》叙之甚詳:

> 我們一部分旅省青年,在五四新思潮的影響下,在成都成立了研新社,目的是研究新思想,倡導新文化,改革井研舊的思想風俗。"研新"成立後,在社長廖次山的領導下,發行了三期不定期刊《研新》,猛烈向故鄉封建勢力開火,引起了很大的反響。父親對研新社的行動,有的默許,有的積極支持。如打東嶽廟的菩薩,抓縣督學的煙燈游街,父親明明知道,却不加以阻止。官紳會首們雖氣得咬牙切齒,見父親未表態,也不敢輕舉妄動。
>
> 以後次山等又在井研北街創辦結純小學。本地教員純粹盡義務,大家都很努力,學校辦得也很有成績,深得學生家長的好評。父親爲表示對學校的支持,曾命最小的妹妹入學。
>
> 民國十六年寒假,研新同仁決定在井研舉行游藝會,苦於沒有幕布,父親知道後,捐贈了一幅幕布,上面貼着他左手寫的"少者懷之"四個大字,下款是"邑人廖平贈"。
>
> 開會那一天,一群年輕人來請父親去看演出,父親欣然前往。當看到三妹與王嘉祥姐妹同跳《葡萄仙子》,廖次山與李亞群合演文明戲《孔雀東南飛》時,父親點頭微笑。但亞群回家,却受到他父親的責備,説:"拿錢送你去讀書,你不争氣,去學小旦!"(《廖平全集》第十六册第一〇一二頁)

十月初四日,劉咸炘作《經今文學論》,認爲"今文家之極若廖季平,吾皆以爲太過",詳云:

> 古文家之極若章太炎,今文家之極若廖季平,吾皆以爲太過。……今文家之興有日矣,其書具在,其前後變遷之跡,總述者亦已有人,其説有得有失,今亦不能詳論。所論者惟限於近之皮鹿門錫瑞、廖季平平、康長素有爲、崔觶甫適諸公,蓋今文之學至諸公而始極始具也。

　　一論其於古書。……廖氏棄其舊說而從之，謂六經皆孔子托古改制之作，非有其事。……諸公謂劉歆僞造古經，竄亂古書，使人疑經，指今文經爲不全，以是爲劉歆罪。而諸公之說乃使人信經爲非實，今之人反以此爲諸公功。章太炎儕六藝於古史，又取王充"知經誤在諸子"之說，此諸公所惡也。而諸公則謂古事皆怪力亂神，今經所載乃孔子文飾，廖、康說於是今之不信經者，兩取其說，非斷爛古書，即儒家假托。立說不同，而其致則一。然則兩家可以無爭矣。尊經於古史之上，而反使經等於諸子，殆非諸公之始願也。

　　二論其於孔子。皮氏、廖氏力主孔子作經，謂非作經則孔子止能編輯鈔録，其道何以尊，何以賢於堯舜，故聞六經皆史之說，則斥爲儕孔子於馬、班。因古文家謂六經皆周公之舊典，遂斥爲奪孔子之聖以奉周公。……廖氏則曰："如謂六經皆舊典，則孔子將無一椽之庇。"爲孔子爭一牛，爭一椽，心良苦矣。乃其改制之說，則以諸子託古爲比，於是昔者高臨九流之孔子，遂下儕於諸子矣。章太炎謂孔子之功，比於劉歆，此諸公所惡也。而廖氏亦曰："孔子之修《春秋》，正如劉歆之改《周禮》。"《古學考》語。述作不同，而其比則一。然則兩家可以無爭矣。欲尊聖於堯、舜之上，而反使聖儕於劉歆，殆亦非諸公之始願也。

　　三論其於孔經。……廖氏平生之說屢變，如其初說，則經似包慎伯之《說儲》；如其變說，則經是《來生福》彈詞；如其終說，則經似俗傳之《推背圖》《燒餅歌》。嗚呼！玄矣幻矣，誠非馬、班之所敢儕也。《論語》一書最爲平易，而諸公亦必說爲制作及寓言，謂經皆大法，決不空言義理。廖氏語。及至今日，六經不信，世之稍欲扶維孔子之尊者，惟恃此書。而鄙棄孔子者，亦僅於此書稍置信焉。謂孔子亦有人格上之價值，非毫無可取。

　　四論其於劉歆。……廖氏則曰：歆愛古籍，不忍亂之。其改《周禮》，爲莽制作，亦一時好奇喜事之舉。夫歆既爲聖門卓、操，廖、康說。何忽又不忍，且因一時好奇喜事而造數大書，又遍竄古書，此好奇毋乃太廢事乎。廖氏之言，可謂滑稽矣。

　　五論其於世間事理。廖氏初作《今古學考》，……乃今按之，則亦不過制度而已。……廖氏《今古學考》表之所列，其重要者不過數大端，今主質而古主文也；今主復夏、殷，而古主從周也；今有選舉無世卿，而古有世卿無選舉也；今天子親迎不下聘，而古下聘不親迎也；今刑餘不爲閹，而古爲閹也；今田稅從遠近分上下，而古皆什一也；今封國多止百里，而古多至五百里也；今山澤無禁，而古皆入官也；今社稷皆祀天神，而古皆祀人鬼也。凡此諸端，今之說誠多優於古矣。……至於止托空言，未見行效，則亦止可謂之智士之名言而已。今古學之起，起於學官博士之爭，廖氏亦歎其爲利祿矣。……廖氏《群經凡例》動謂考明禮制,歸於實用,可以施行,究竟《王制》與今文家所推制度今日如何施行,吾未敢知。竊謂學者張大門庭,大都如是耳。

　　六論其於爲學方法。廖氏初撰《今古學考》,及分撰《兩戴記凡例》,持論多通,方法亦慎密。《戴記》例中有互見列國、不同沿革、宜俗意起、行事私論、因事改易、先後譯改、删潤異解、寓言附會諸例,皆甚合讀古書之法。(《劉咸炘學術論集・哲學編》上册第一七九——一八四頁)

　　十月,大病幾死,衣棺皆具。

　　十一月,大病漸愈。廖幼平《我的父親廖平》云:

　　民國十三年,他退休回鄉後,生了一場大病,身體更弱;眼睛似乎患了白内障,老光眼鏡之外再加放大鏡也不行了,這纔被迫停止了閱讀。(《廖平全集》第十六册第一〇〇七頁)

　　歲暮,張森楷自成都來訪,相見甚歡,留至明年正月始去。廖幼平《我的父親廖平》記之甚詳:

　　民國十六年深冬,父親好友、歷史學家合川張森楷先生突然隻身從北京到井研來看望父親。這意外的重逢,使父親又驚又喜,一下仿佛年輕了二十歲。

　　父親自民國十三年回鄉後,沒有一個瞭解他、可與之深談的人。他的心已静寂得如同一潭死水。張先生的到來,有如一塊石子投入潭中。

　　他們不停地笑呀,説呀。談到死去的師友,相對嘆息;談到少年得意之事又哈哈大笑。可惜父親在民國八年(一九一九)六十七歲上中風後口齒不清,沒有聽慣他講話的人很難全部聽懂。張先生聽不懂了,父親就寫,但他右肢偏廢,書寫用左手,大字還能辨認,小字常常是黑漆一團。張先生認不得,兩人都急了,叫我們去翻譯。他們談的内容我們不懂,也無法翻譯。

　　夜裏他們總要喝上兩杯,一面喝酒,一面談論,有時争得面紅耳赤,有時又高聲大笑。一夜,張先生醉了,我們扶他到書房去睡。他不去,要與父親抵足而眠,説是此生祇此一次了。我們不敢違背,祇好多多與他們蓋上被子。

　　張先生要回合川過春節,父親堅決不讓他走。春節後行期改了三次,最後不能不走了,彼此都知道不能再見了,沒有説再見的話,祇含着淚叮嚀互寫墓誌銘。可是這個諾言並未實現,彼此都未見到對方的訃告就死了。(《廖平全集》第十六册第九九七——九九八頁)

民國十七年戊辰（一九二八）　七十七歲

孫宗澤欲爲先生作年譜，嘗就先生詢往事，先生語以三數事，如尊經五少年、會試磨勘等。後以先生言語維艱，不欲苦之作罷。

孫宗澤與李亞群等人自編自演，在縣城舉辦游藝會，首次上演話劇。（《井研縣志》第五三六頁）

因光緒末年友人蕭藩曾向先生借資七千串，至是年，蕭藩之孫前來償還，致起波折。廖幼平《我的父親廖平》述之甚詳：

> 仁壽蕭藩字西屏，也是父親尊經時的親密朋友。
>
> 蕭是仁壽大地主，家資富裕。讀書似乎不很認真，因爲從現存資料看來，他們在一起研究切磋學術的記載不多。但早在光緒十一年（一八八五）父親還是默默無聞的窮學生時代，他就兩次出資爲父親刻《起起穀梁廢疾》和《釋范》。這確是難能可貴的事。
>
> 蕭很早就死了，父親常關懷他的家屬。民國初年他的一位夫人和兒子在成都做寓公，抽大烟，生活奢侈腐化。後來，他的孫子因債務與我家發生過一次糾紛。從這次糾紛的順利解決，也可看出父輩的友道之隆。
>
> 蕭家光緒末年曾向我家借錢七千串，立有字約爲據。到民國十七年，蕭的孫子來交涉，要以七千串銅元償還這筆舊欠。我的二嫂、大侄堅決不同意。他們認爲光緒年間一串錢可換一個銀元，而民國十七年要二十六串銅元纔能換一個銀元，這七千串等於化成了水，吃虧太大，慫恿父親與蕭孫打官司，要求按當年銀價償還。父親也認爲吃虧太甚，同意訴諸法律。可是他始終煩躁不安，心情很沉重。
>
> 當時我家分成兩派，二嫂、大侄是實權派，一切從經濟利益出發；我同二侄次山是一派，我們受了些“五四”思潮的影響，堅決反對打這種“重錢財輕仁義”的官司。我們暗暗商量，決定采取釜底抽薪法，利用父親與蕭的舊情去打動他，使他主動撤銷這場訴訟。次山怕犯大不韙，我祇好鼓着勇氣前去。
>
> 我走進父親房間，問道：“明天要與蕭××過堂了嗎？”父親點點頭。我說：“人事真難預料，幾十年前，爹爹同蕭伯伯在尊經時，恐怕沒想到明天要與他的孫子公堂對審吧？”我的話刺到父親的痛處，又冒犯了他的尊嚴；他勃然大怒，抓起桌上茶杯向我擲來。我一閃身，茶杯落在地上。我低下頭把碎瓷片撿起，退了出去。
>
> 第二天一早，大侄進來請示，因爲他要代表出庭。父親説：“官司不打了，狀子撤回來。”大侄驚問：“爲什麼？”父親説：“不打了，不爲什麼！”

蕭孫知道後十分感動，親到我家拜見老人，談起他死去的祖父，彼此都很激動。（《廖平全集》第十六册第九九六—九九七頁）

六月二十四（陽曆八月九日），《申報·自由談》刊登馮宗麟《廖季平氏軼事》，詳云：

廖季平氏，蜀之井研人，爲近代國學大師，著有《六譯館叢書》。精深淵博，世罕其儔。其《今古學考》一書，條析今古，別具隻眼，尤爲世人所推重。即餘杭章氏，素主古文而排詆今文家，言者亦稱廖氏之學確有獨到處。其剖析今古源流，有勝於戴、段、錢、王者，則其學之精審可以見矣。至康有爲輩之學則全受廖氏之影響而成，顧康氏所著書中未一及廖氏。惟梁啟超《清代學術概論》略述有一二。但梁仍自詡爲晚清今文家運動巨子，而抹煞廖氏之功，斯可謂忘其所自矣。故胡樸安君痛斥梁氏，謂不得與於學術之林，良有以也。

廖氏之學，今人固不乏知之者。顧其成學之關鍵、得名之由來，鮮有能言之者。兹特述之如次，想亦海内學人所樂聞也。

廖氏家本寒素，少年時天資亦僅中人，屢困於棘闈，意頗抑鬱。其歲又入省鄉試，復未得及第，無聊已極，徘徊街頭，用以自遣。忽見一舊書肆出售舊書數筐，視之則皆經史古籍也，因傾囊購之。顧乃無錢雇力役携之歸家，不得已售其襆被，始能雇一小工携歸。時值隆冬，風雪寒甚，又無力另製新被，因燃一菜油燈，取所購書讀之達旦，藉以忘寒。如是久之。廖氏讀書既多，思想日益精密，學術亦以日進矣。其後又得湘潭王壬秋先生之訓益，廖氏遂蔚成名儒，海内共仰矣。其提倡經今文學，對於近世之思想學術，影響頗大焉。

廖氏肄業蜀中尊經書院時，適值南皮張香濤奉命來蜀督學。院中諸生皆知張氏好訓詁小學，因群起治《說文》《爾雅》，蓋恐張氏之詢問也。廖氏亦於此時始習《說文》焉。及張氏來成都，因即出題以試院中諸生，題爲《不以文害辭》，但自注其下曰："文爲《說文》之文。"廖氏援引《說文》，疏通證明，洋洋洒洒，長數千言。張氏聞之大喜，特召廖氏面談，獎譽備至。詢廖曰："君治《說文》幾年矣，何融會貫通若是？"廖氏對曰："一年耳。"張大驚，以爲罕異，實則廖治《說文》僅及三月，恐文裏致疑，故詭對之曰一年耳。張氏因特出牌告獎勉廖氏。於是廖先生之聲名始大著於世云。觀以上二事，可見廖氏之堅忍精神及其治學之勤勉，故能成爲學術巨子，吾人當以之爲法也。（民國十七年八月九日《申報》第十七版）

六月二十七日，張森楷卒。林思進《合川張式卿先生墓表》云：

　　民國十七年戊辰六月二十七日,合川張先生式卿以疾卒於京師,年七十有一。先生之入京師也,挾其所爲《史記新校注》,將盡搜海内公私所藏宋、元舊槧《史記》,一一讀之,稽考而訂正,欲充實其書,日夜鈔撮不休,精殫神竭,至於不起。嗚呼,孔子稱"朝聞道夕死可也",如先生者,斯近之矣。先生諱森楷,式卿其字,晚年更號端叟,上世自湖湘間遷遵義之正安州,再遷巴縣,最後定居合州東里芋荷溝,州今改縣合川,故又爲縣人焉。曾祖志遠,祖學隆。考興仁,雅工今隷,敏速有則,家貧爲人傭書,久之目耗失明。先生生八歲而孤,母劉太孺人力貧以給讀,猶不供,叔曾祖志大惜其慧,召附家塾。年十八,入州學,遂食廩餼,調尊經書院肄業。時督學使者南皮張文襄、南海譚叔玉編修也。故事,每鄉試,州縣士子例得齋土物,貿扉糗,先生獨齮齕關吏。湘潭王壬父爲院長聞,或從而媢之,抗辯不撓,坐削弟子籍。後四十年,湘潭在史館,先生往謁,師弟歡然,卒許謂直也。邛州伍編修方主錦江書院,召爲都講。先生乃自立職志,專力學史。成都藏書者,首推渭南嚴雁峰文學,因往訂交,借讀其書。八年,撰《通史人表》《歷代輿地沿革表》《二十四史校勘記》,三者互爲表裏。每恨所見不足,上書張文襄鄂中,求假書,不報。適遵義黎蒓齋觀察川東,復上書,用韓愈氏所以干於襄陽者爲比,陳義甚高。黎異之,遽延入幕,盡發篋中書縱令讀,而不責以幕事,學日益邃。光緒癸巳,始舉於鄉,年三十六矣。試禮部不第,則遍游大江南北,訪其魁人鉅儒,如歸安陸存齋、德清俞蔭甫、福山王正孺、會稽李戺伯、江陰繆小珊、滿洲盛伯熙、南海康更生、上虞羅叔言之倫,出所業相質正,諸公咸交把推重,由是先生史學之名大著。(《清寂堂集》第五八四—五八五頁)

　　《學衡》雜志編輯致函龐石帚,搜尋蜀中詩文,至是年某月,龐石帚復函告蜀中詩文耆老。《與學衡雜志》略云:

　　　　承欲搜尋蜀中詩文,甚盛事也。自恨生晚,於耆老所識無幾。敝鄉自名山吳伯竭之英先生下世,則井研廖氏最爲老師,顧其暮年以儒爲戲,誠有如餘杭章先生訶者。然早歲著書,旁行天下,百年來無此人。諸賢當見之矣。(《養晴室遺集》第二七五頁)

民國十八年己巳(一九二九)　　七十八歲

　　正月,孫宗澤與縣人李嵩高、邱挺生等創辦六譯公學於井研東岳廟,實行民主管理,提倡言論自由,師生演新劇、出壁報、搞宣傳,進行軍事操練,并擬建六譯圖書館。復遭地方豪紳指控"思想左傾",僅辦四月即遭查封,圖書館議亦中輟。(《井研縣志》第五六四頁)廖幼平《我的父親廖平》云:

　　民國十八年,研新社在井研創辦私立中學,因爲没有經費,企圖用父親名義募捐,故取名六譯公學。父親首先捐贈五十元大洋,並令曾孫女入學。但此校開辦不到半年,就被當局以"赤化嫌疑"的罪名給查封了。

　　父親一生教書,對青少年特别有感情,他又比較豁達開明,因而我家經常賓客滿門,大都是次山、七弟和我的朋友。有的人簡直是常客,常住我家。

　　後來亞群參加了革命,轉入地下從事秘密活動,回井研常以我家爲掩護。一旦風聲緊急,次山就用佃家衣帽把他喬裝打扮成農民,從後門把他送走。一次亞群在堰塘邊釣魚,八哥去通知他就:"叫你快走,捉你的人來了。"他丢下魚竿就跑了。

　　父親對這些年青人一會兒出現在眼前,一會兒又不知去向的神秘行徑,也感到蹊蹺。但他相信他的孫子和這些青年不是爲非作歹的人,從不追究。由於他的雍容大度,給這些青年很多方便。(《廖平全集》第十六册第一○一二——一○一三頁)

　　　　按:李亞群以先生家爲掩護,亦有詩記其事,題作《登仙人山》,自注云:"回井研後,住東門外廖季平家。當晚二更過後,邱挺生跑來通知我説:'縣衙門的差狗子提着馬燈出來了,你還不快走?!'第二天清早,我出來觀看動静,見冲對門,有幾個差狗押着一個青年往縣城方向走,看樣子是昨晚逮捕的。我只好又回家去。誰知城裏又有人帶口信給我父親説:'你家老二在不在? 通緝文已經下來了,叫他快走。'因此,家裏邊不能住,只好到仁壽回龍場一個親戚家住一段時間。這時候既不曉得組織情況如何,自己又遭了通緝令,心情很苦悶,渴望與組織取得聯繫,以便投入鬥争。"(《李亞群百年誕辰紀念文集》第二○○頁)

二月,五女芸先生,張出。

二月初二日,移居井研縣城東門外,其宅乃賃自教育局者。

是年,蒙文通任教四川國學專門學校,教授《經學抉原》,提倡先生之學,李源澄聞先生緒論而羨之,蒙文通遂致函先生,介紹李源澄至井研從先生學。

七月,犍爲李源澄、仁壽陳學源等三人來學。廖幼平《我的父親廖平》云:

　　民國十八年,父親七十七歲,已退居井研五年。犍爲李源澄、仁壽陳學源忽然來井研求教。對這兩個素昧平生的青年人,他不僅熱忱接待,而且全力以赴,爲他們講經。這是炎熱的夏季,書房又當東曬,師生都汗流不止。加以父親見他們聽不懂他的話,更急得滿臉通紅。一節課下來,滿頭大汗,疲乏不堪。我們見他累得可憐,雖不贊成,但爲他的"鞠躬盡瘁"的精神所感動,便未加阻攔。(《廖平全集》第十六冊第一○○四頁)

復劉雨濤函云:

李源澄先生到我家時,我正停學在家代父親照料家務。因之我接待過他,并爲他們安排過學習的地點和時間。但對他們請教的内容,却一無所知。可是從表面上看來,父親不是系統地講經,而是解答疑難。他們在井研住了一兩個月就走了。幾年後,父親去世了。從此再也不知道李先生的消息了。(《劉雨濤文存》第四一○頁)

蒙文通《廖季平先生傳》云:

先生弟子遍蜀中,惟三台陸海香初治《周官》,洞明漢義,亦不廢先生晚年之説。成都曾宇康爾康治《左氏》,宗賈、服,略與先生殊。崇慶彭舉雲生、巴縣向承周宗魯,亦從聞其緒論,而皆自成其學。文通並時同學知之較悉者惟此數君。犍爲李源澄俊卿,於及門中爲最少,精熟先生三傳之學,亦解言禮,淳安邵瑞彭次公見而歎曰:李生年少而學如百尺之塔,仰之不見其際;丹徒柳翼謀與論學,亟稱之;餘杭章太炎善其文,延至蘇州,爲説《春秋》義於國學講習會,俊卿守先生説以論章氏,人或言之太炎,太炎不以爲忤。太炎謂聞人言廖氏學,及讀其書不同,與其徒人論又不同,殆正謂俊卿也。世俗所言,與深入廖氏學者所言,固區以別也。太炎殁,無錫唐蔚之復延之講經於國學專修學校,能明廖師之義而宏其傳者,俊卿其人也。文通昧瞀,於先生之學僅涉藩籬,不能究洞奥旨。俊卿謂文通曰:"廖師精卓宏深,才實天縱,惟爲時代所限,囿於舊聞,故不免尊孔過甚,千溪百壑皆欲納之孔氏;又當時海禁初開,歐美學術之移植中土者淺且薄,不足以副先生之采獲。先生雖樂資之爲説,而終不能於先生之學大有所裨。使先生之生晚二十年,獲時代之助予,將益精實絶綸也。"文通愕然不知所答,能論廖氏之學者,倘在俊卿也。(《蒙文通全集》第一冊第三○五—三○六頁)

九月,女幼平考入上海中國公學就讀。

犍爲張榮芳、黄印清重刊先生《穀梁古義疏》,弁言云:

井研大師以經學名海内久矣。間嘗讀《六譯館叢書》,嘆其著述之富、識見之宏、考訂之精詳,未嘗不低徊磬折。有清以來,樸學大儒輩出,至先生而集大成。斯文所在,共抑斗山,固不待後生末學贊一詞也。今

秋,先生文孫次山君持舊著《穀梁古義疏》來示予,並言先生於此書凡十
易稿,今耄矣,頗欲及見是書刊成爲慰。予閱之,即前湘刊本重經先生點
定者。同鄉張君富安願任版貲,適因公赴渝,託予董其事,乃鳩工庀材,校
對鈔錄,約期年而全書成。予惟服膺先生久且篤,此書刊行,幸獲先睹爲
快,爰述始末,用識景仰於萬一耳。民國十八年歲在己巳孟冬,後學犍爲
黃印清謹識於成都少城之讀未見書齋。(《廖平著述考》第二〇二頁)

民國十九年庚午(一九三〇)　七十九歲

曾孫德成生。改訂《易詩合篹》爲《易經經釋》三卷、《詩經經釋》一卷。

六月初六日(陽曆七月一日),顧頡剛校《尊經書院課藝目錄》,從康有
爲文稿中理出先生《知聖篇》初稿定本,初七日畢。《顧頡剛日記》云:

> 六月初六日　校《尊經書院課藝目錄》。……從康先生文稿中理出
> 廖平《知聖篇》初稿定本,與今傳本不同,即爲校錄,未訖。
> 六月初七日　校《知聖篇》畢。(《顧頡剛日記》第二卷第四一五頁)

九月初十日,爲回場住居計,擬買教局所提柬生店,致函井研縣縣長劉
光業。涵云:

> 子俊縣長鈞鑒:此次教局議標賣各場店房,鄙人爲將來回場住居計,
> 苦無避靜之所,擬買教局所提柬生店,深居灣中,地頗清靜,即長孫宣伯現
> 在佃居者。敬請鈞署轉囑教局,鄙人指買此店,憑衆議價,以免標售,而杜
> 爭端。諸希維持,特此敬請,順候公安。陰曆九月初六日,廖平頓首。
> (《廖平全集》第十一冊第九一五頁)

> 　　按:劉光業,字子俊,四川榮縣人。民國十八年六月任井研縣縣
> 　長,民國二十一年三月卸任。(《井研縣志》第四四二頁)

民國二十年辛未(一九三一)　八十歲

先生以《六譯館叢書》版存四川大學中國文學院,久未刊行,深以爲憾,
乃集資自行刊印《六譯館叢書》數十部。

三月,五女芸先殤。

十月二十六日,宋育仁卒,享年七十歲。先生授意孫宗澤爲輓聯,有道
不同不相爲謀之意。

民國二十一年壬申(一九三二)　八十一歲

春,嘗至井研縣城隍廟觀川劇,亦嘗點戲。曾加榮《新獲之廖平資料》

二《雷定基老人回憶見到廖平先生以及廖平先生死後的安葬和墳墓被毀情
况》云:

　　我見到過廖平先生。那是一九三二年春天的事,迄今已有七十七年
之久。那年春天,井研來了一個川劇班子,名叫"品娛科社",在城隍廟開
戲院,分堂厢、樓厢、壩壩等級別。廖平當然是坐靠前的堂厢。當時,他年
齡已届八旬,且已偏癱。服侍他的不衹一人,主要的是他年輕的夫人,年
紀不到五十歲。先生穿的是長袍,小便頻繁,都是由夫人執尿壺,揭開長
袍籠着撒的。當時的戲班子演戲,不是自己安排節目,而是請縣城的官
府、士紳、袍哥大爺們點戲。廖平先生也點戲,戲目名稱是用毛筆蘸白粉
寫在黑牌上,周知觀衆。(《蜀學》第四輯第三四頁)

　　二月,重訂《六譯館叢書總目》,廖宗澤《先王考府君行述》云:"今春手
自編定《六譯館叢書》,爲翻譯類三種,論學類九種附一種,《孝經》類三種,
《春秋》類二十種附二種,《禮》類六種,《書》類十二種,《詩》類十種附一種,
《樂》類三種,《易》類八種,尊孔類十種,醫家類二十一種附五種,地理類五
種,文鈔類九種,輯古類七種附八種,都一百四十三種。内除《四益館經學叢
書百種解題》《四益館經學穿鑿記》《六變記》《易經經釋》《易經提要》《詩經
經釋》《詩經提要》《詩本義》《貞悔釋例》《周禮皇帝治法考》《春秋分國鈔》
《左傳漢義補證》《左氏三十論》《論語微言述》《中庸新解》《楚詞新解》《列
子新解》《古孝子傳》有稿未刻,《易經凡例》《詩經凡例》改作未果,《樂經新
義》《樂記新解》擬作未果,《孔經哲學發微》《杜氏集解辨正》《文字源流考》
《地球新義》《群經總義講義》曾排印已絶版,《爾雅犍爲舍人注考》刊入《蜀
秀集》外,餘一百一十五種皆已刻者。"(《廖平全集》第十六册第九一六—九
一七頁)

　　二月初九日,先生八十壽誕,有《八十自壽文》,云:

　　六譯先生既號六譯,《四變》《五變》,十年前刊版問世,六譯終寂默無
聞乎,爰作《六變記》。開首《頤卦解》,孔子以言立教,故托始於《頤》。
《春秋》《儀禮》《尚書》爲人學三經,《詩》《樂》《易》爲天學三經,於"丘
頤"一見聖諱,於二五爻兩見"經"字,上九"由頤,利涉大川",《論語》:
"乘桴浮於海","從我者其由與","子路聞之喜"。浮海即利涉大川之象。
第二,《史記》:鄭人有言曰:"東門有人,其顙似堯,其項類皋陶,其肩類子
産。"堯、皋陶,《尚書》;子産,《春秋》。子貢以實告,孔子曰:"形狀,末也,累累如
喪家之狗,然哉!然哉!"以人學三經思先生之道,以待後之學者。第三,
《韓詩外傳》:子夏問曰:"《關雎》何以爲《國風》始。"子曰:"《關雎》其至

矣乎。"天學三經《詩》《樂》《易》，人首舉堯、舜，天則陰陽、牝牡、雌雄。第四，《王制》《周禮》。《王制》爲《春秋》師説，《周禮》爲《尚書》師説。第五，取《靈樞》《素問》。黃帝六相：僦貸季、鬼臾區、岐伯、伯高、少師、少俞，黃帝受六相之教，授與雷公。《内經》二部，前人以爲戰國文字，天學托始黃帝，其書去堯、舜不知幾何年代。總之，孔子托始，何分優劣也。第六，《論語》："君子有九思。"《坎》《離》所統十卦，形藏四、神藏五。"君子有九思"，四、五合九也。三《頌》：《周頌》法天，其數六；《商頌》法地，其數五；《魯頌》法人，其數四。第七，《論語》："《雅》《頌》各得其所。"《大雅》三十五篇，《小雅》三十七篇，《大頌》十五篇，《小頌》分上中下爲三十三篇。詳"各得其所"之義，既有大小《雅》，亦有大小《頌》。第八，《周頌》本六篇，毛本依《大雅》分爲三十一篇，十八字爲一篇，何足以爲《頌》。不知《左傳》"武王作《武》"，其分章六，引詩文相證，足破群疑。《六變記》草稿未終，慹然中止，學經六變，各有年代，苟遇盤根錯節，一再沉思，豁然理解。爰就《叢書》分十五類，删去重複，提倡絕學，以成一家之言。翻譯類四種，論學類七種，《孝經》類四種，《春秋》類十五種，《禮》類五種，《書》類八種，《詩》類八種，《樂》類三種，《易》類八種，尊孔類八種，醫家類二十種，地理類五種，文鈔類三種，輯古類八種，共一百零六種。

孫宗澤案云：

　　右先大父六譯先生《八十自壽文》，首尾不具，蓋未完之作，以其本叙《六變記》綱要，故録之以代序。先大父治學六變，始民國辛酉，至壬申八十初度，凡十年，而《易經經釋》《詩經經釋》成，乃自訂《六變記》，未成而輟。未幾，先大父遽棄養，所謂"草稿未終，慹然中止"者也。近取原稿加以整比，依《自壽文》次第寫爲一卷。第三、第四原稿闕，第九、第十則《自壽文》所未及也。取《韓詩外傳》補第三而闕其説。《王制》《周禮》爲《春秋》《尚書》傳，已詳《五變記》，則第四但録其目。第九、第十原稿多不具，則據《易經經釋》《詩經經釋》補之，所補率原稿所已提示，不敢以臆增入也。原稿論《内經》語在《頤卦解》中，論《詩》語在論《内經》語中，並改從其類。文字重叠脱誤者，詳其指趣爲之删節補正。樂山黃經華師撰先大父《七十壽序》，柏君毓冬更本之作《六變記》，與此稿大同而小異，並附録於後，見十年變遷之迹。先大父草此記時，澤不在側，致不能及時就質，俾成完書，手澤猶存，典型日遠，斷圭零璧，彌足珍矣。甲戌二月九日次孫宗澤謹識。(《廖平全集》第二册第九六七—九七〇頁)

　　先是，門人等有《六譯先生八十晉一大慶徵壽啟》，今亦附之：

　　井研廖季平先生，學經六變之後，自號六譯，所以志轉變之迹也。初變、二變，海内知之者衆；四變、五變，十年前亦刊版問世；惟六變精微幽窅，知者尚鮮。按先生《六變記》云：開首《頤》卦，解孔子以言立教，故託始於《頤》。《春秋》《儀禮》《尚書》爲人學三經，《詩》《樂》《易》爲天學三經，於丘頤一見聖諱，於二五爻兩見經字。上九"由頤，利涉大川"，《論語》"乘桴浮於海，從我者其由與，子路聞之喜"，"浮海"即"利涉大川"之象。第二，《史記》。鄭人有言曰："東門有人，其顙似堯，其項類皋陶，其肩類子産。"子貢以實告，堯、皋陶，《尚書》；子産，《春秋》。孔子曰："形狀末也，累累如喪家之狗，然哉，然哉。"以人學三經思先王之道，以待後之學者。第三，《韓詩外傳》。子夏問曰："《關雎》何以爲風始。"子曰："《關雎》其至矣乎。"天學三經，《詩》《樂》《易》，人首舉堯舜，天則陰陽，牝牡，雌雄。第四，《王制》《周禮》。《王制》爲《春秋》師説，《周禮》爲《尚書》師説。第五，取《靈樞》《素問》黄帝六相僦貸季、鬼臾區、岐伯、伯高、少師、少俞，黄帝受六相之教授，與雷公《内經》二部。前人戰國文學天學託始黄帝，其書堯舜，不知幾何年代。總之，孔子託始，何分優劣也。第六，《論語》"君子有九思"，《坎》《離》所統十卦，形藏四，神藏五，"君子有九思"，四五合九也。三《頌》：《周頌》法天，其數六；《商頌》法地，其數五；《魯頌》法人，其數四。第七，《論語》"《雅》《頌》各得其所"，《大雅》三十五篇，《小雅》三十七篇，《大頌》十五篇，《小頌》分上中下有三十三篇，詳"各得其所"之義，既有大小《雅》，亦有大小《頌》。第八，《周頌》本六篇，毛本依《大雅》爲三十一篇，十八字爲一篇，何足以爲《頌》。不知《左傳》武王作《武》，其分三章，六引詩文相證，足破群疑。《六變記》草稿未終，悊然中止。學經六變，各有年代，苟遇盤根錯節，一再沉思，豁然理解。爰就《叢書》分十五類，删去重複，提倡絶學，以成一家之言：翻譯類四種，《史記》八引"孔氏古文"，以爲孔子造字根據。論學類六種，《孝經》類五種，《頤象解》屬《孝經》。《春秋》類十五種，《禮》類六種，《書》類七種，《詩》類八類，《樂》類三種，《易》類八種，尊孔類八種，醫家類二十種，内附《診脈》《傷寒》兩種，駁日本丹波之誤。地理類五種，補助蔣大鴻，并證其誤。文鈔類三種，輯古類八種，共一百零六種。此百六種均已刊行，未刊者十餘種不計焉。已刊各種版式，參差校印凌亂，欲其重新整理，改歸一律，及補刊各種以成全著，蓋非鉅金不辦。先生今年八十晋一，雖手足偏廢，而神識朗澈，南北學者，如南海、海寧、新會、富順，皆一時凋落，先生獨巋然無恙，亦今之魯靈光矣。廢歷四月初九日，爲先生懸弧吉日，同人等或同居鄉里，或從學庠序，仰伏生之大年，慶師門之作述，爲此春酒，以介眉壽。敢乞海内長者，有一言以備之，或藉此使先生六變叢書，得收其校勘整理之功，俾可行遠，則尤爲先生壽之意也。

七月二十七日重慶通信。(《廖平全集》第十六冊第九六二—九六四頁)

二月,作《陸香初目録學叙》,云:

> 張文襄督學蜀中,創修尊經書院。丙子科考,蒙調住院。其時《書目答問》始刊,朝夕揣摩,於國朝諸名家,師承源委,縷晰條貫,莫之或先焉。至今五十餘年,未嘗廢學,學經六變,五花八門,蓋未嘗出《書目答問》範圍。丁酉秋間,宋芸子轉述南皮師語,所謂風疾馬良,去道愈遠,野人食芹而甘,願公諸同好。壬申春,香初在四川大學講座教授目録學,發揮《書目答問》,先成史編,繼之以文編、雜編,宗旨與予同。戊子應南皮師之召入粤,庚寅羊城安徽會館之會康長素,有《僞經考》,外貌雖極炳烺,足以聳一時之耳目,而内無底藴,不出目録學窠臼。辛亥,香初居國學,創爲孔子作《周禮》,子貢傳《周禮》,智足知聖以起予。當時劉申叔在蜀,歎此新鋭之師。予竊笑香初爲學能篤實,不能光輝,孤軍深入,難以應敵,患在不治目録學。大抵爲學各有其時,未至其時,雖千百賁育不爲功,時至則一懦夫轉之而有餘。樞鑰一啟,美富備陳,去聖久遠,扶進微學,不可無術。目録學足以救亡,智竭力窮,揭此玄竅,香初自爲之。德不孤,必有鄰,千世而遇一大聖人,知其解者,猶旦暮也。壬申二月,八十一老人廖平叙。

(《廖平全集》第十一冊第八八一頁)

二月二十九日,孫宗伯等爲先生設觴祝壽。先是,家人以徵文需時,擬於入秋後爲先生慶生,先生不悦,遂定二月二十九日稱觴。是日,歡然受祝。祝壽後,先生以嚴式誨允刊近著,急欲至成都促成之,並集資重刻《六譯館叢書》,且圖故舊相叙。孫宗澤等以年高不宜跋涉,泥其行,不果。

柏毓東撰《六變記》。

四月初十日,携子成勵等赴成都,先至嘉定,游烏尤寺。黄大章《挽六譯老人聯並序》云:

> 壬申孟夏,大章因事赴嘉。越日,六譯老人駕亦到,言將入省做生,刻所著《詩》《易》新解。游烏尤寺,大章奉魚羹爲壽,游陳莊,并助團扇照像。留連數日,爲談烏尤寺歷史及中西醫學甚悉。時以《社會醫報》呈閱,因余雲岫醫師評論先生所著《脈學輯要評》,頗有功於世,乃大笑曰:"世人亦知某耶。"遂將《易經經釋》囑寄上海余雲岫醫師披露。大章將返省,蒙賜《六譯叢書》多種,左書對聯一副。今別剛兼旬,而訃耗忽至,因詮次其事,以志悼念。(《廖平全集》第十六冊第八一六頁)

林錦峨挽聯跋云:

季平千古著寰瀛,今夏游嘉,應烏尤、大佛兩寺住持之求,爲之作記,歸而棄世,記此以志不忘。(《廖平全集》第十六册第八三七頁)

致函黄鎔之弟黄農江,謀刊全集,擬將黄鎔稿件一併付梓。黄農江輓聯跋云:

六譯先生講學,晚年致力天人,人鮮能解。先兄經華追隨二十餘年,贊助著述,不幸早卒。今日先生來函,嘆息有加。謀刊全集,命先兄稿件一併付梓。未逾廿日,先生遂於吾鄉歸道山。(《廖平全集》第十六册第七八八頁)

廖幼平《我的父親廖平》云:

民國二十一年,父親去成都過樂山河呷坎,現名磨池。見到黄的寡妻寡媳和孤孫,景況十分淒涼,父親愴然幾乎淚下,立命七弟取銀元一封送與黄妻,鼓勵她將孤孫扶養成人。(《廖平全集》第十六册第一〇〇五——一〇〇六頁)

五月初二日(陽曆六月五日)巳時,先生卒於樂山河呷坎旅次。先生孫廖宗澤《先王考府君行述》述之甚詳:

今年仲春爲八旬晋一,稱觴賀者踵接,頗慰老懷。事後堅欲赴成都謀刊印所著書,並圖故舊之把握。澤等以高年不宜跋涉阻之,不聽。取道嘉定,藉償文債。四日後覺内熱,自疏大黄、芒硝利之,醫來謂不可服,更投清解之劑,則稍效。澤乃請於先祖曰:“曷歸乎。”先祖首肯之,擬六月七日就道,然猶不虞有他。五日之夜,疾忽轉劇,成昏睡狀。次晨,六叔、七叔奉之疾趨以歸,行至距家七十五里之河呷坎,已不救矣,竟無一語及身後事。(《廖平全集》第十六册第九一八——九一九頁)

五月初九日,《吴虞日記》載先生逝世信息:

川報云,廖季老兩周前忽動游嘉定之興,遂由其家人送至烏尤寺,步履需人扶持,精神已衰,然尚清醒。數日前由烏尤寺遷至陳莊。未幾偶患微恙,本月六日竟以返井研途中之河呷場地方逝世。享年八十有四。(《吴虞日記》下册第六二九頁)

五月十七日,吴虞作《哭廖季平前輩》,詩云:

四十非儒恨已遲,予非儒之説年四十始成立。公雖憐我衆人嗤。袁世凱尊孔時,公與予步行少城東城根,勸予言論宜稍和平,恐觸忌。門庭自闢心疑古,膽識沖天

智過師。垂老名山游興在，_{臨逝前數周游烏尤寺。}横流滄海歎誰知。_{近漢奸趙}
_{欣伯創立孔學會，則孔學之宜於帝制可知。}益州耆舊凋零盡，下馬陵高望轉悲。
（《吳虞日記》下冊第六三〇—六三一頁）

五月二十六日（陽曆六月二十九日），《大公報》刊發先生逝世消息，題
作《經學家廖季平逝世——本月六日在河呷坎逝世，遺著有〈六譯館叢
書〉》，詳云：

廖季平爲一代經師，康有爲、梁啟超等均曾受其啟示，聲譽遍全國。
月初於嘉定返鄉途中，竟以微恙逝世。其逝世詳情，據樂山通信云：“舉世
知名之經師廖季平，近數年來，因春秋過高，在其故鄉井研休息，停止著
作。兩週前忽動嘉定游興，遂由家人護送至此間烏尤寺。記者曾往謁見，
其精神已衰，步履需人扶持，然尚清醒。數日前由烏尤寺遷至陳莊，未幾
即聞偶患微恙。至本月六日，竟以在返研途中之河呷坎地方逝世。”廖氏
享年八十有二，爲一代經師，今文家之集大成者也。現代文人康、梁輩皆
直接、間接受其啟示。其著作已刊成，名《六譯館叢書》。議論精奇，有唐
以來未有之著作也。預料其死耗公布後，景仰廖氏者均有老成凋謝之感
云。（六月二十九日《大公報》）

先是既逝，《國聞週報》刊《廖季平之生平》以資紀念，並附《六譯先生八
十晋一大慶徵壽啟》。文云：

全國知名之廖大經師，爲吾川之井研人，於六月六日病故河呷坎，_{樂山}
_{至井研間之一鄉場。}其經過情形，曾載《大公報》。兹復搜集有關廖氏之生平
軼事及其未逝世前，其友人爲之祝壽徵文一篇，特爲志次，以饗讀者。
廖氏名平，字季平，井研人也，清時曾得進士以知縣起用，自謂才不勝
百里，請改教諭，選授綏定府教授，嘗與富順宋芸子育仁，同客張香濤之洞
節府，深爲香濤器重，每召兩人，夜飲劇談，達旦始散。芸子賦詩紀事，有
句云：“借榻名園依水鶴，行階落月采芳薇。可憐十桂鐙邊酒，消得憂時淚
滿衣。”足見當時三人相契之深矣。然廖氏經學，師承王湘綺闓運，與香濤
之論，每相柄鑿。故其後香濤有强迫廖氏焚燬所著書籍之舉。梁啟超氏
《清代學術概論》，以此爲廖氏一生之病，實則環境使然，應加曲諒。廖氏
生平思想，雖屢經變易，而宗尚今文，終無二致，著有《公羊論》《穀梁義
疏》《周禮考》《論語徵》等書。其《公羊論》一書，行文古樸，陳義甚高，與
其師王湘綺《公羊箋》，多不相侔。湘綺謂廖氏曰：“睹君此作，吾愧弗
如。”廖氏入民國後，長成都國學院甚久，其寓所，即在院側，嘗於新年書一
聯云：“人壽丹砂井，春深絳帳紗。”見者皆以爲吐屬雋永，爭相傳誦。次

年過其門，則另易新紙，仍書此聯。又逾年，則但貼紅紙兩張，不著一字矣，其行事之出人意表，往往如此。廖氏與湖南之葉德輝煥彬皆爲近代名流，且皆以擅長屈頸鶴息之法著稱遐邇，惟葉氏偽託敦煌石室遺書，作《素女經》一書，敷疏素女對黃帝所舉五女之法，津津樂道，不稍避忌。廖氏則諱莫如深，靳不語人。聞廖氏晚年雖嬰痼疫，猶眷一侍女，"鑽擎"弗已。洵異人也。

廖氏於本年五月中旬離家赴嘉定，原擬便道赴蓉，藉以整理舊作新著，刊行問世。行至嘉定，因該地士紳及門弟子要求多住旬日，曾撰烏尤寺《烏尤碑記》，繼而陳莊主人陳光玉請其移駐陳莊，曾書對聯數付，照像二張，於六月初因感風寒，致一病不起，歿於河呷坎，而廖先生到省整理舊作將補刊新著之志願，遂終未達到也。因此其門弟子吳辛誠等擬在蓉開一盛大之追悼會，并募資刊行先生全部著作，藉慰先生之靈，而啟發來者。（《國聞週報》第九卷第三十一期第三—四頁）

六月，井研旅省同鄉會呈准四川省政府，以先生著述費移刊遺著。

六月十六日，四川大學致函吳虞，告明日午前十時籌商先生追悼會。《吳虞日記》云：

川大來函，明日午前十時籌商廖季平先生追悼會。（《吳虞日記》下册第六三七頁）

六月十七日，四川大學開先生追悼會籌備會。《吳虞日記》云：

十時至川大文學院，開追悼廖季平籌備會，到者龐、祝而已。推予作公啟，予辭不能。（《吳虞日記》下册第六三七頁）

至籌備會情形，則《六譯先生追悼錄》述之甚詳，云：

自六譯先生逝世消息傳至成都後，四川大學即首先發起追悼會。以後軍學各界及井研旅省同鄉會亦各訂期追悼，并先後發出徵文啟事。嗣因四川大學及井研旅省同鄉以事同一律，不必分別舉行，乃商量由各方聯合辦理。期間定在二十一年十月九日，地點定在四川大學法學院，即前尊經書院舊址，由四川大學及井研旅省同鄉會負籌備責任。九月廿八日於川大文學院開一度籌備會，將職務分配妥貼後，即積極進行（川大任庶務及布置會場，井研旅省同鄉會及各軍部副官處任招待，廖次山任收集及管理遺稿）。經費除由川大撥一部分外，概由各方捐助，頗爲充裕，此籌備大概情形也。（《廖平全集》第十六册第七三三頁）

至徵文啟,吳虞既"辭不能",則由龐俊擬作,題作《國立四川大學爲井研廖先生追悼大會徵文啟》,云:

六譯先生姓廖氏,諱平,字季平,四川井研縣人也。含章挺生,學古有獲。清光緒己丑成進士,以知縣即用,改就儒官,顓志撰述,篤老不輟。凡前後所著書百數十種,而《六譯叢書》早行天下。民國二十一年五月告終故里,年八十有一。國喪雋老,人亡準維;五經無師,百身曷贖。於戲悕哉!粵自清儒籀書,競標漢學;末流易弊,碎義滋多。釋寸策爲八十宗,説稽古至三萬字。然而譚經議禮,莫辨參商;師法明文,乃融冰炭。先生手開户牖,口別淄澠;析同歸以殊途,持無厚入有間。如犀分水,如剪斷絲,魏晋以來,一人而已。既迺嫥精演孔,闡《春秋》詭實之文;詳論闢劉,蔽《周禮》僞書之獄。一編甫出,四海波蕩。長素之考《新經》,師伏之賤《王制》,自此始也。至於鈎河摘洛,畫野分疆,皋牢百氏,揮斥八極。漆園之夢魚鳥,非僅寓言;三閭之喻虬龍,創通眇指。其知者以爲深閎,不知者驚其弔詭。由君子觀之,所謂淪於不測者乎。若夫制行貴清,守志常篤。揚雲寂寞,時人蚩其玄;蜀莊沉冥,國爵屏其貴。中更黨錮,彌厲貞堅;與聖人同憂,爲下士所笑。伊可歎也,孰能尚之。間者大道多歧,小雅盡廢;鳳鳥不至,河不出圖。而一老憖遺,大斋奄及。同人等夙承叡音,咸依名德;愴深梁木,謀奠生芻。宿草將萌,望江都之遺墓;縣蕝所布,即高密之禮堂。所冀當代碩儒,四方魁士,攄其哀素,賁以鴻辭。會黃瓊之喪,豈無徐孺;摘陶公之誄,庶待顔延云爾。(《廖平全集》第十六册第七三四—七三五頁)

又有《爲井研廖季平先生開追悼大會啟事》,附之:

溯自清中葉,諸儒倡導治經,宗主漢儒,嚴守家法。徵文考故,核實循名。一字説至數萬言,一經集至數十義。繁博奥衍,一洗前代空文説經之習,可謂盛矣。然其弊,株守師承,拘牽舊説,殫畢生之精力,齗齗於章句訓詁之間,無關經學閎旨。其甚者,乃至穿鑿失真,破碎害道,識者病之。求其會通百氏,貫串群言,摧馬、鄭之藩籬,窺周、孔之堂奥,獨標新義,特樹異幟者,其惟吾蜀廖季平先生乎。先生蜀之井研人,嘗得故家殘本《説文》讀之,後應科試,以《説文》字詁入制藝,爲學使張之洞所激賞,以高材生調住尊經書院。時蜀士除時文外,固不知有《史》《漢》《説文》等書也。住院後,益自淬勵,覃精極思凡十年,盡通群經六藝之旨。癸未以後,始專治《王制》,創爲二伯之説。因是得識康成泥古之拘、劉歆纂經之謬,爰作《今古學考》《闢劉編》二書,傳布海內,爲學者所推重。戊戌以後,又本

《禮運》《公羊》大同之旨,以《周禮》爲皇帝大一統之書,《王制》爲王霸治中國之書,并分世界爲大小九州,闡明鄒衍談天之有據。於是有《地球新義》《王制集説》《皇帝疆域圖考》之作。厥後讀釋道二家書,因悟《禮》《春秋》《尚書》三經爲人學,以《周禮》《王制》爲之傳;《詩》《樂》《易》三經爲天學,以《靈》《素》《山經》《莊》《列》《楚詞》爲之傳。因作《孔經哲學發微》一書。辛酉以來,復據《素問》五運六氣之説,訂爲孔門《詩》《易》師説,融小大於天人之内,而先生之説經亦以是爲歸宿矣。綜合先生生平治經,成書凡數十百種,先後凡六變。其言汪洋浩瀚,恢詭變幻,然叩其旨歸,無不枝分葉布,同條共貫,蓋自來治經之士未嘗有此也。先生六十八歲,忽風痹,手足偏廢,言語蹇吃,然猶講學著書不輟。《詩》《易》二經乃病風以後之作,又時時爲人作擘窠書以應求者。今年夏四月,先生以謀刊印所著書,由井研赴成都,取道嘉定,留連十餘日,猶爲烏尤寺僧傳度作寺碑記,爲陳君光宇作陟屺亭跋。踰數日,忽病内熱。其子成勵、成劼亟輿奉以歸,行至樂山縣屬河呾坎場道卒。吁!可哀矣!竊先生誕生蜀土,崛起清末,闢漢學之舊壘,啟哲理之新機,光大聖言,發皇儒術,實屬群倫師表,六經功臣,不有誄詞,奚詔來哲。爰訂期於陽曆十月九日(陰曆九月十日)假南較場四川大學開追悼大會。伏冀海内賢豪,蜀中耆舊,憫名儒之凋謝,念吾道之式微,載錫鴻文,藉申哀悰,庶於崇孔教重國粹之旨大有維繫乎。謹啟。

發起人:

劉文輝	鄧錫侯	田頌堯	劉　湘	楊　森	劉存厚	向傳義
郭昌明	文和笙	唐　英	陳鼎勳	孫　震	張清平	馬毓智
李家鈺	黄　隱	夏首勳	冷薰南	林雲根	董長安	曾南夫
王之中	潘文華	王纘緒	王陵基	唐式遵	范紹增	蒲殿俊
尹朝楨	楊光瓚	李　樵	方　旭	曾　鑑	馮　藻	尹昌齡
周道剛	尹昌衡	劉咸榮	林思進	王兆榮	向　楚	陳光藻
張榮芳	沈宗元	龔道耕	吳　虞	李　植	劉筱卿	賀孝齊
龍　靈	熊　嶧	吳永權	周太玄	張　錚	徐　炯	朱青長
黄功懋	謝盛堂	陳鍾信	馮元勳	李德芳	陳子立	趙鵝山
梁正麟	曾慎言	李鐵夫	唐宗堯	宋穆仲	夏　峋	余　舒

(《廖平全集》第十六册第七三五——七三七頁)

又有《四川省井研縣旅省同鄉會爲廖季平先生追悼會徵文啟》:

吾鄉六譯廖季平先生,洽聞遠識,篤學研幾,錯綜今古,判析人天。傾群言其多方,協重譯而無閡。謭見者駴其汪洋,崇謹者怪其幽眇。或驚異而按劍相眄,或拾坐而築壘自雄。皆未能游其藩,孰足以窺其奧。高矣故及門莫階,竅然故鄉里難習。是以行年八十,抱道遲遷,遂於民國二十有一年五月,將謀刻所著書,欲以傳諸識者,嚴駕出游,竟殂於道。烏乎! 中州多故,故老云亡,大義斯乖,來者奚式。媿我鄉人,莫昭墜緒。至於《六譯叢書》百數十種,早年所刻已行天下,晚年遺著方專徵刊。碩學不湮,國人是幸,大聲未闋,里耳焉聞。作祈嚮於將來,冀旦暮而遇解。倘海內名宿相彼先民,揭其深心,彰其灼見,俾至言不隱,大德孔明,則六虛可游,四表攸被矣。(《廖平全集》第十六冊第七三七頁)

六月二十九日(陽曆八月一日),侯堮《廖季平先生評傳》刊《大公報·文學副刊》,略云:

廖先生名平,字季平,四川井研縣人。生於清咸豐二年壬子(公元一八五二)九月初二日,卒於今年(民國二十一年)壬申六月五日(陰曆五月初二日),得年八十有一歲。先生在中國經學史上,既具相當地位,而在晚清思想史上,亦握有嚴重轉捩之革命力量。由先生而康南海,而梁新會,而崔觶甫,迄至今日,如疑古玄同、馬幼漁、顧頡剛諸先生,均能昌言古文學之作偽,更擴大而為辨偽之新運動。近日《辨偽叢刊》照耀人目,凡中國向來今文學家未做完未說完之餘瀝,一躍而為新史界所嘖嘖鼓吹之新問題。前喁後于,當者披靡。回憶四十年來之中國思想界,類似霹靂一聲者,為康南海之《孔子改制考》《新學偽經考》等等,而廖先生則此霹靂前之特異的電力。自是以後,變法維新,思想革命,清政告終,社會改造,吾人於今日審查中國學術思想之進步如何,除東西洋舶來物品而外,要不能不歸功於貞下起元、曙光煥發之廖先生。先生之師為王壬秋闓運,好談公羊學,上承邵位西、魏默深、龔定庵之餘緒,以衍莊、劉等之常州學派。王先生所著如《春秋公羊傳箋》諸書,更足與翁叔平同龢等之言論風裁交映,蔚成同光間之復古色采(由東漢溯西漢)。但此輩或以公羊學為文章聲色之傾助,或以之為食芻豢者嗜藜藿之新轉換,積之既久,翁叔平門下之《公羊》,儼似潘伯寅門下之鐘鼎,玩物喪志,識者譏之。廖先生崛起,著成《今古學考》《古學考》《知聖篇》《四益經話》等書,遂將三千年來之孔子,及數千年之經學,與經學所產生之思想言論,根本改造,發前人所未發。康南海讀其書,如重見天日,大放厥辭,於是操縱中國中心思想之孔子面目如何、儒家經典之價值如何、中古時期之思想與史實之真相如何、由中古思想所影響於數千年之社會政治又如何,此一切一切,皆形成空前之結論,又皆導源於廖先生經學革命之功,故以清代思想史言之,自壬秋以上,似不克與廖先生分爭一席也。(《廖平全集》第十六冊第九二七—

九二八頁)

後經《中國新書月報》第二卷第八號《文壇消息》轉載。又同期《中國新書月報》凶耗欄有先生去世消息,云:"廖季平,四川井研人,年已七十九歲,七月二十七日死於旅行中。"

先生即逝,三台《尚志週刊》發起紀念先生專刊啟事,詳云:"士林宿望井研廖季平先生深研經學,名盛一時,對學術界貢獻良多。今忽逝世,聞者多爲惋惜。敝社擬出專刊,藉資紀念,特徵求關於追悼先生詩文及先生之遺著,如各界人士有關於此類文字,請寄交三台東街敝社或成都署襪街舊交涉署內本報駐省辦事處。一經采用,報酬從優。此啟。"

七月初四日,先生孫宗伯、宗澤致函吳虞,請作遺像贊。吳虞《六譯老人遺像贊》云:

> 尼山垂教,二千餘年。儒生爬梳,枝牽蔓纏。創爲禮教,定爲法律。上下同流,演成風俗。群經行世,其數十三。宗法是崇,帝制代禪。箋注疏解,汗牛充棟。大義微言,冥然若夢。我公崛起,邁迹兩漢。秕糠鄭玄,道通一貫。皇帝王伯,六變是求。學悟天人,自擅千秋。俯視康梁,開拓萬代,掃蕩蚍蜉,靈光獨在。嗚呼我公,絕世遠游。風馬雲旗,歸大九洲。拜公遺像,縱橫涕泗。敢以蕪詞,昭茲來世。(《吳虞日記》下冊第六四〇頁)

七月初七日,吳虞"寄三台東街尚志週刊社《六譯老人餘論》三頁"。(《吳虞日記》下冊第六四一頁)

八月初六日,吳虞收到先生訃書。《吳虞日記》云:

> 廖季老訃書來,予所書撰"遺像贊"照原底印在林山腴之前,頗不劣。(《吳虞日記》下冊第六四七頁)

八月十一日,井研縣開先生追悼會。《井研縣追悼會紀事》云:

> 井研追悼會由教育局、縣立中學校發起,亦即由兩處撥款辦理。因本縣吳嘯岷先生亦於本年夏間逝世,遂合併追悼,定名廖吳兩先生追悼會,於九月十日(夏曆八月十一日)在四靈公園內舉行,即廖先生出喪之前一日也。是日,天亦陰雨,但赴會者仍眾,公祭時行禮如儀而散。(《廖平全集》第十六冊第七四四頁)

八月十三日(陽曆九月十二日)巳時,孫宗伯等葬先生於榮縣清流鄉陳家山祖塋。兆爲先生自營,曾葬母雷太宜人、妻李安人。《廖季平先生的葬禮》云:

　　八月十三日是廖季平先生的葬期。廖先生名平,四川井研縣人,生於咸豐二年,即公曆一八五二年,於今年六月初旬歿於樂山河呬坎的客次,壽八十一歲。先生以治公羊學著稱,在中國經學史上很早就得到相當的地位。他對於清代末年的思想變遷,也有很大的貢獻。他實在是康、梁一流人物的啟發者,他的《今古學考》《古學考》《知聖篇》等作品,是近代思想史裏幾塊最早也最大的界石。……關於先生的生平學術,八月一日以後《大公報》的《文學副刊》裏有侯堮先生做的評傳,可備詳細參考。(《華年》一九三二年第十九期)

　　先生墓毀於一九五八年,今墓爲一九八八年重建,位於井研縣城翠屏山,僅安葬先生遺骨兩塊。《四川文物志》之《井研縣廖平墓》云:

　　廖平墓位於縣城西翠屏山東坡。墓園共占地 6009 平方米。墓在園內西北角,坐西向東,爲圓形穹頂,直徑 3 米。墓中安放廖平骨灰盒一個、遺骨兩塊。墓前主碑高 2.4 米,寬 1.4 米,厚 0.2 米。碑文爲我省著名學者張秀熟題寫,其右上方爲“井研縣人民政府立”,中爲“廖季平先生之墓”,左爲“受業張秀熟題,公元一九八七年七月”。墓後拱衛着 32 面高 1.7 米、寬 0.9 米的石碑,正中爲廖平傳略,系其婿李伏伽撰寫。其餘從右至左爲國內名人祭挽詩文和墨跡,其中有集郭沫若行書之私立齊魯大學挽聯,張海隸書夏斗寅挽聯,高文行書吳虞挽聯,楊超楷書挽聯,李雁行書胡冀挽詩和周而復行書謝治國挽詩等。這些石碑之石料皆爲本地産紫紅色二雅石,鐫刻人爲潘烈仁、廖經緯等。墓園周圍用高 2.5 米的空斗磚環護,並有大門,建築質樸,氣氛莊穆。

　　廖平墓原在縣東林鄉之小高山上,緊鄰榮縣邊界,1933 年建,毀於1958 年。1982 年文物普查中,有關部門察看了已毀的廖墓現場,1984 年四川省文物工作會議後,決定重建廖墓。後經研究並徵得廖之家屬同意,新墓地選定縣城西之今址。1987 年四川省文化廳撥出專款,樂山市財政予以補貼,並在社會各界集資捐助支持下,廖平墓的重建工程終於 1988年 1 月 1 日正式動工,同年 4 月完成主體工程,4 月 28 日舉行了廖平遺骨遷葬儀式。(《四川文物志·近現代文物卷》第一五三三——一五三四頁)

　　八月二十二日(陽曆九月二十二日),先生女廖幼平與顧頡剛談先生事。《顧頡剛日記》云:

　　與廖幼平女士談季平先生事。……與廖女士談,知季平先生以嗜飲食故,六十八歲患右臂偏中,歷十三年始歿。(《顧頡剛日記》第二卷第六九〇頁)

八月二十六日,吳虞作《輓廖季平前輩》,云:

> 恥爲《經籍籑詁》之子孫,超出阮王二家,自成六變;直指《讀書雜志》
> 無師法,離開湘潭一派,獨有千秋。(《吳虞日記》下冊第六五一頁)

八月二十七日(陽曆九月二十七日),《廖季平先生追悼會》刊《國立四川大學週刊》,前有文云:

> 經師廖季平先生,自故里溘逝消息傳出後,海內學者,同聲悲痛,爲文
> 彰其學術者有之,開會追悼者有之。本大學追悼之舉,早有是議。當時除
> 決於十月九日,在南較場理生學院即前尊經書院舊址舉行外,特請龐石帚
> 教授撰徵文啟一通,分送省內外。截至最近各方所錫鴻文巨製,已陸續寄
> 到,追悼期現決仍照原議。

九月初四日(陽曆十月三日),顧頡剛寫《祭井研廖公季平文》。顧頡剛日記》云:

> 寫祭廖季平先生文上白布。……祭廖先生文由芸圻起草,予書之,子
> 植亦署名。布太大,作二寸楷,仿佛寫一碑也。(《顧頡剛日記》第二卷第
> 六九四頁)

九月初八日,吳虞"交廖季平文一篇,與《川大校刊》"。(《吳虞日記》下冊第六五五頁)

九月初十日,先生追悼會在四川大學舉行。有《悼廖大會之盛況》記其事,云:

> 經師廖季平先生物化後,本大學爰定於十月九日,在南較理法學院,
> 即前尊經書院,開會追悼。自徵文啟事發佈以後,海內學者以及各界領
> 袖,無論知與不知,咸抒鴻文,製爲哀詞,藉表輓悼。及期,由本大學設經
> 師靈於理法學院大禮堂,靈之兩旁,分設軍樂隊及與祭來賓席。更自大禮
> 堂至大門首,遍張素彩,懸掛各方承賜輓聯誄詞,無慮千數。是日到會與
> 祭者,除本大學教職員學生外,尚有各界來賓多人。十時開會,行禮如儀。
> 後由本大學王校長及經師老友龔熙臺、經師弟子陸香初先後:(一)講演
> 追悼會籌備經過及意義;(二)經師治學經過;(三)六譯本源與意義,詞皆
> 悽愴。旋攝影散會。開會中並印送經師遺像,以資紀念。以後至者紛紛
> 向經師靈致祭,直至燃燈始畢,可謂極一時之盛矣。

至開會情形,則《六譯先生追悼錄》述之甚詳:

　　至十月九日,四川大學停課一日。會場(川大法學院)由大門至禮堂,遍懸各方輓聯、誄文,并於要道將六譯先生少年、壯年、中年、晚年事跡及其學說六變之大概,用簡明語句分別書貼壁上,俾赴會者得知先生生平概略。在舊尊經閣走廊設一六譯先生遺稿陳列處,所有現存已刻未刻各稿及先生病風後左書對聯與各種照片皆一一陳列,供人觀覽。是日天微陰雨,來賓以先生門生故舊爲最多。正午十二鐘,各來賓均齊集禮堂,舉行追悼儀式,由川大校長王宏實先生主席,廖次山紀錄。首由主席致開會辭,略云:

　　今天是我們追悼廖先生的一天。今年,當廖先生去世後,本校即發起廖先生追悼會,後來因爲廖先生同鄉和軍政各界也要追悼廖先生,便委託本校一并辦理,本校自然義不容辭。我們所以要追悼廖先生,因爲廖先生的逝世不僅是四川學術界的損失,乃全國學術界的損失。在這裏,有軍政學界的人,對廖先生的見解,本不一致,但對廖先生的崇拜却有一共通之點,這個共通之點便是廖先生治學的態度。廖先生有他特殊的地方,他有他的很强的自信力,無論別人怎樣非難,無論別人怎樣用威勢脅迫,他都能不改其說。但是廖先生又并不故步自封,總不斷的爲更進一步而努力,一旦得有新的主張,便把舊的拋棄,所以廖先生的治學的態度是進步的,變動的,不是一成不變的。我們治學便應該學廖先生這種精神。至於廖先生的學說,應請知道得很詳細的人來說。

　　主席致開會辭畢,全體出位,向廖先生遺像行禮如儀。繼由廖先生家屬廖次山答禮,後公推龔熙臺、陸香初、向仙樵諸先生講演。首由龔熙臺先生講演,云:

　　鄙人對廖先生學說并不能道其精微,但以鄙人與廖先生誼屬同鄉,相交又五十年,既承推舉,不能不道其一二。廖先生,人皆知其爲小大天人之學,小大之說乃由《王制》《春秋》以推《尚書》《周禮》之大九州;天人之說則由《春秋》《尚書》以推《詩》《易》,并參合《內經》諸書而成。人有疑其空洞者,不知廖先生之學說以微言大義爲綱要。昔太史公嘗言:"仲尼歿而微言絶,七十子喪而大義乖。"可見微言大義是孔門治經之師法。廖先生本此宗旨,力求微言大義之溝通。惟大義之見於經傳者,尚易明曉;微言則辭奧旨隱,不易尋求。本來莊子曾說孔子繙十二經,前人以六經六緯爲十二經,廖先生本此立說,緯書即古微書,《漢·藝文志》《春秋》諸微即緯爲微書之證。廖先生以緯書、微書即孔子之微言,因緯書有天球河圖,即地球大九州之義,并引《莊》《列》《楚詞》《淮南》諸書及鄒衍九州之外有大九州之義,以證明其說。據子貢言"性與天道不可得而聞",又足證明孔子之學實有天學人學之分。方今世界溝通,大同、大一統之說終必實現,則廖先生之言終不可磨滅。必如此講經,經乃足以自存。其眼光之大,真不可及。滿清二百餘年,大江南北,學者林立,四川獨無一人列箸作之林,可謂大恥。自尊經書院設立,人才輩出,廖先生尤出乎其類。我們無論講何種學問,皆應具有廖先生這種創造精神云云。

次由陸香初先生講演,云:

此地爲舊日尊經書院,井研先生對於這個時間,正何子貞題三蘇祠所謂"魂魄在兹堂"者是也。門人傳述師説,固是天職,但愧以管窺天,所見亦僅。今舉所知,向諸公報告。

一、井研學派出於常州學派

二、井研學派即是尊孔學派

清自道光以後,江南諸儒,講學不出摭拾、校勘兩派,揭《説文》以爲標,以爲説經之正宗,於名物訓詁,是其所長,然其短則:(一)違於别擇、昧厥源流;(二)尋章摘句,不能統其大義之所極;(三)且輾轉稗販,語無歸宿;(四)累言數百,易蹈詞費之譏。碎細卑狹,文采黯然,承學之士,漸事鄙夷,由是常州今文之學生焉。

初常州有孫星衍、洪亮吉、黄仲則、趙味辛諸子,工於詩詞駢儷之文,而李兆洛復侈言經世之術,又慮擇術之不高也,乃雜治西漢今文學以與惠、戴競長。

武進莊存與喜治《公羊春秋》,於六藝咸有撰述,大抵依經立義,旁推交通,間引史事説經,一洗章句訓詁之習。深美閎約,則工於立言;引古匡今,則近於致用,故常州學者咸便之。然存與雜治古文,不執守今文之説,其兄子莊述祖亦遍治群經,説經必宗西漢,解字必宗籀文,摧拉舊説,以微言大義相矜。

劉逢禄、宋翔鳳咸傳莊氏之學,劉氏作《公羊何氏釋例》,總理完密,復作《論語述何》諸書,皆比傅《公羊》之義,由董子《春秋》以窺六經家法。宋氏之學與劉氏略同,作《擬漢博士答劉歆書》,又作《漢學今古文考》,謂《毛詩》《周官》《左傳》咸非西漢博士所傳,而杜、賈、馬、鄭、許、服諸儒皆治古文,與博士師承迥别,而今文古文之派别至此大明。又以《公羊》義説群經,以古籀證群籍,崇信讖緯,兼治子書,發爲緜緲之文,以闡明微言大義,東南文士多便之。

别有魏源、龔自珍,皆私淑莊氏之學,從劉逢禄問故,其大旨與宋氏同,然擇術至淆,以穿穴擅長,凌雜無序,易蹈截趾適履之譏。

王闓運亦治《公羊春秋》,復以《公羊》義説五經,長於《詩》《書》,拙於《易》《禮》。其弟子以井研廖季平師爲最,其學輸入廣東,康有爲繼起,而今文學大昌。

以上井研學派出於常州學派。

孔子生於衰周，運當據亂，鴻筆六經，空言俟後，制度典章，待人推行。考其仁智之懷，發爲哲學，四通八達，其運無乎不在，無如後之學者，昧於真諦，講訓詁則流於繁碎，說義理則鄰於空衍，此其末流也。

吾師廖井研先生爲研究孔經哲學之大家，教人從制度入手，力闢繁碎空衍之弊，所學凡經六變，其時海已早離先生，惜未之學也。今述其四變。

今古平分，周孔并崇，《王制》《周禮》，揚鑣分道，此一變也。抑古尊今，專尊孔子，用《王制》推說群經，疑《周禮》爲新僞纂，此二變也。至於三變，以經皆由孔作，典制緣地而生，文字并未俄空，微言則在俟後，乃區分大小，闡發人學。《王制》說三千里，《春秋》立小統王伯之規；《周禮》說三萬里，《尚書》建大統皇帝之制。然三萬里地盤雖充滿今之地球，而地球較日尚少三十三萬二千倍以外，各行星皆有所屬。地球其上，所生人物，與此地球不同，是則《尚書》《周禮》地盤雖大《王制》《春秋》八十倍，以視大千世界之昴星、天河之星團。更推而廣之，世界海、世界性、世界種，華藏世界之地盤，不啻芥子微塵矣。考《詩》《易》多夢游神游、此月彼月之義，微言所託，則在本世界外也。四變乃以《詩》《易》爲天學，對於疆域則稱無疆無涯之理，然後我孔子之道至矣盡矣，蔑以加矣。

吾師於孔子人學大統皇帝之局，根據《尚書》《周禮》立有數十問題，以發揮經義。師撰有《皇帝疆域考》。綜其學之大旨，《書經》據衰而作，由王伯尚推皇帝，故先小後大；《周禮》以皇帝專書，以大包小，故先大後小。於《周禮》哲學，首舉六條，以證將來之周，由小而大，肇建兩京，東西分治；次舉六條以證已往之殷周小，將來之殷周大；又次舉七條以證小大之用；又次舉二條以證皇者三萬里之地盤爲大一統之極軌、人學之卒、天學之始也，是之謂以人企天；末舉一條以證以大包小，起《周禮》據此作傳之例。於《周禮》哲學，天官舉三條，地官舉三條，春官舉十六條，夏官舉八條，秋官舉四條，皆先大後小，以證大可包小，爲《書》之傳。惟《周禮》法五帝五官爲備，俗儒誤說冬官殘缺，所以不舉《考工記》條文亂其經制也。據此可知，《尚書》《周禮》之運用，小之可以治中國，大之可以治地球，近之可以治當時，遠之可以治萬世，豈若夏蟲不可語冰，井蛙不知有海，斥鷃以尋丈爲遠，蟪蛄以春秋爲長。考以《周禮》傳《書》，小大秩序，井井有條。綜其重軌叠矩，有方三千里小王之地盤，方五千里大王之地盤，各方三千里之王之地盤，各方萬五千里四帝之地盤，各方萬二千里五帝之地盤，東西平分二帝之地盤，素青黑三統三皇之地盤，三萬里之直徑，九萬里之廣輪，泰皇統一之地盤。總以表章孔子不僅爲中國一隅之聖，殆將爲全世界之聖；既爲中國一時之聖，又將爲萬世之聖也。

以上井研學派即是尊孔學派。

井研學派出於常州學派,此爲前因;井研學派即是尊孔學派,此爲後果。綜其前因後果,以律吾師之學說,似外間對吾師之毀譽,未免有失其真實之處。陸海從吾師游,前後不過六年,謹就一知半解,向諸公報告,尤望諸公不惜德音,以匡不逮,是所盼禱。再諸公爲吾師開如此隆重之追悼會,忝在弟子之列,敬爲諸公謝。

向仙樵先生遜謝。末由家屬廖次山致謝詞,詞畢,齊就禮堂前面攝影。在散會時,即將由會印製之廖先生遺像千張分贈各來賓,時已午後三鐘矣。(《廖平全集》第十六册第七三八—七四三頁)

《吴虞日記》云:

廖季平先生追悼會在南城川大。……午後至追悼會,與季平丈上香。同龔熙臺、陳孟孚、王宏實、向仙喬、周太玄、吴質丞、吴金玉及季平丈之孫坐一席。飯後即歸。(《吴虞日記》下册第六五五頁)

十月,渭南嚴式誨重刊《穀梁古義疏》於成都,序云:

西漢五經家學,今惟《春秋》公羊、穀梁尚存。魏晋以來,微言大義晻智不章,徒以文字異同,爲左氏家參考而已。有清中葉,公羊學始大盛,而穀梁猶微,著書傳世者不逮十家,皆未足厭學者之意。蓋公羊家之學,江都《繁露》完書具存,任城《解詁》又依胡母生條例,兩大師家法未亡,故治之猶易。《穀梁》則師說久湮,惟有范武子《集解》。范氏以鄭君家法說《春秋》,鑿枘既多,舊義益以汩亂,故治之尤難。近人至以《穀梁》爲古文家僞造,以附於《左氏》者,良可喟也。井研先生壯年專精《穀梁》之學,所著《古義疏》,數易稿而始定,根原《王制》,溝通二傳,存漢師之遺說,删范、楊之野言,較清代《補注》《釋例》諸家,倜乎過之。昔阮伯元見孔撝約《公羊通義》,歎爲孤經絶學。孔氏書弗能釋是,先生之於《穀梁》,庶近之矣。先生與先文學交最篤,式誨少得侍教,孤露以後,先生時時過從,訓誨有加。既爲先文學作《家傳集序》,乃以此書舊刻疏惡,命爲重刊。剞劂甫竣,而式誨忽遘横逆,先生復貽書當道,遠勤將護。今春方欲躡屬德門,親謁杖履,匆匆未果,而先生赴至矣。哲人云亡,海内同悼,翾託末契,尤所痛心。猶幸是書刊成,足以慰先生於九京,因亟印行之。先生别有《外編》若干種,惟《起起廢疾》《釋范》二書行世,今附刻於後。他日當求禮堂遺稿,盡刊布之,俾西漢今文家幸存孤學得以益晰於世也。壬申寒露後五日,世侄渭南嚴式誨識於成都賁園家塾。(《廖平全集》第六册第一三—一四頁)

　　十月初三日（陽曆十月三十一日），陸香初《井研學派之本源與意義》
（悼廖大會講演）刊《國立四川大學週刊》第一卷第七期。

　　十二月，崇慶彭舉《辛未旅燕雜感》刊《學衡》第七十七期，第六十首云：
"吾蜀井研師，乃今靈光殿。皇霸論九州，天人追六變。風痺欣可書，旄期稱
不倦。百年誰與繼，殷勤屬宋硯。"編者注云："井研廖季平先生平，其時尚
存，今已下世。"（《學衡》第七十七期《辛未旅燕雜感》第一〇頁）

　　十二月十八日，張鵬一撰《讀廖季平六譯館叢書評語》，後刊《國立北平
圖書館館刊》第七卷第二號，略云：

　　　　井研廖季平先生，蜀中經學大師也。本年五月病逝，享年八十有二。
　　蜀中國立大學開會紀念，並有整理遺著之說。頃西安孔教會購得先生《六
　　譯館叢書》，係民國十年成都存古學堂刊本，經子各書六十二種，內有說經
　　十三種未刊外，凡經子四十九種。……先生博通經學今古說，並及諸子、
　　陰陽、地輿、醫術，蓋古之儒，亦今之儒也。其以六譯名館者，民國癸丑，其
　　經學由四變，改舊名四益爲四譯，又由五變六變更名六譯，今即以六譯稱
　　之。六譯學說，主於通經尊孔，以《詩》《書》《易》《春秋》之說，通中以應
　　外，立人以達己，於廢經蔑孔之時，排衆議以明大道，立論宏博，一掃拘墟
　　之見，可謂難能可貴矣。六譯早年，蓋以學官弟子著籍於張之洞之門，後
　　受學於王闓運氏，而通《公羊》之學。然其學《公羊》，不盡依王氏也。《公
　　羊》爲西漢今文之學，與東漢古文學相反。當清之季，京朝達官多爲古文
　　之學，故之洞等反對尤烈。六譯以師友指摘之故，思所以消融古文，化異
　　爲同，因由《公羊》今文以溝通古文，而《周禮》《左氏》之學，遂以成
　　立。……初變爲尊今抑古，以六經爲孔子一人之書、學校素王之制，劉歆
　　以前皆主此說。至劉歆，始牽涉周公，以敵孔子。《禮》《樂》歸之周公，
　　《詩》《書》歸之帝王，《春秋》因於史文，《易傳》僅注前聖，乃不得不闢劉
　　以尊孔。其後又改今古之說，爲大統小統之說。所謂《王制》今學者，王
　　霸小一統也；《周禮》古學者，皇帝大一統也。又由大小變爲天人，以《大
　　學》爲人學，《中庸》爲天學，是爲五變之學說。……自漢初以至清末，二
　　千餘年，所有經說，雖有彼此之分，大都今古互爭，傳統不改。即宋元明三
　　朝，有程、朱、陸、王之分，而五經之說，重規疊矩，先後一也。六譯鑿險縋
　　幽，推求其故，由於時代環境之不同，而新學灌輸，爲其大端也。以時代環
　　境之關係言之，自儒教定爲一尊，三代以前，咸推堯舜，禮樂教化，授時考
　　歷，爲後世之不可企及。學者束髮讀書，神游往古，以爲揖讓之風，邈矣難
　　追，學說相傳，莫敢爲推測之疑關。今則歐風東漸，與中說相反，歐人重
　　今，中人則尊古。歷史測驗，歐人則爲進化，中人則爲退化。六譯推究經

説，有會於心，翻二千年之成説，爲驚人之議論，不外於“孔子改制，著作六經”一語。考此語與當時南海康先生同一主張，六譯同言今文，故針芥相投，其變今古爲大小天人之説者，殆欲成爲一家學説耶。(《國立北平圖書館館刊》第七卷第二號第九九——一〇一頁)

廖季平先生年譜長編卷九　譜後

民國二十二年癸酉(一九三三)

五月初九日(陽曆六月一日)，《建議褒揚廖平》刊《中央日報》第一張第三版。略云：

四川經學專家廖季平於上年六月逝世之後，聞者無不惋惜。昨中央委員謝持、于右任、蔡元培等十五人建議中央，請予褒揚公葬，並宣付史館立傳，業經第三五九次中央政治會議，決定交行政院。茲抄得謝持、于右任、蔡元培等十五委員建議書原文如下：

爲經學專家廖季平氏逝世，敬謹建議，請予議給褒揚公葬，飾終典禮，并宣付史館立傳，以昌國學，而示來茲事。

竊吾國治經之士，自明清以來，各標漢宋，聚訟紛紜。其能匯通百家，冠冕諸子，摧馬、鄭之藩籬，窺周、孔之堂奧，而獨標新幟、扶墜起衰者，則唯近代經師廖季平氏一人爲。氏名平，字季平，四川井研縣人。生於前清咸豐壬子，行年八十有一，於民國二十一年六月五日壽終四川樂山縣屬河呷坎場旅次。

按氏於前清光緒初年，經四川學政張之洞之賞拔，以高材生調置四川尊經書院肄業。氏於其時，寢饋書叢，鑽研探討，卜日不足，而繼之以夜。湘潭王闓運主尊經講席，視氏爲畏友，而經師之名，即已震爍海內。蓋此數年中，氏之學說，已凡四變。所著之《今古學考》，極爲當世推重也。戊子以後，氏著有《知聖篇》《闢劉篇》，目的在尊今抑古。繼思今學囿於《王制》，六藝雖博，特中國一隅之書，不足以廣包孕，於是始精研大同之學，訂《周禮》爲皇帝書，與《王制》大小不同，一內一外，兩得其所，而鄒衍之說大明，孔子乃免構墟之病。壬寅而後，因梵宗之感悟，於以知《尚書》爲人學，《詩》《易》則遨游六合以外，因據以改正《詩》《易》舊稿，至此而上天下地無不通，即釋道之學，亦爲通經之用矣。歷後十餘年，復進而融大小於天人之內，以《禮》《春秋》《尚書》三經爲人學，以《周禮》《王制》爲之傳；《易》《詩》《樂》三經爲天學，以《靈》《素》《山海經》《莊》《列》《楚詞》爲之傳，各有皇、帝、王、伯四等。氏於是時，遂已五變其說矣。乃氏復以自强不息之精神，圖日進無疆之心得，讀王冰所增《素問》八篇，詳言五運六氣，舊目爲僞，氏則以爲此乃孔門《詩》《易》師説，遂據以説《詩》《易》，舉凡《鄘》《衛》《王》《秦》《陳》五十篇，《邶》《鄭》《齊》《唐》《魏》《邠》七十二篇，大小《雅》、大小《頌》及《易》之上下經、十首、六首諸義，皆能璧合珠聯，無往不貫，至此，氏遂以六譯老人自慰矣。氏治經所成書，計緐譯類五種，論學類七種，《孝經》類三種，《春秋》類十七種，《禮》類五種，《尚書》類九種，《詩》類十一種，《樂》類三種，《易》類九種，尊孔類九種，醫類二十六種，地理類五種，文鈔類五種，輯古類六種，共一百二十種，卷目繁多，未易指數。有曾經刊版者，有排印而絶版者，至未經刊印者，尚屬多數。其《詩》《易》之稿，成於病痹以後，珍惜尤甚。此氏治經成學與著書立説之大凡。至其以前清光緒己丑成進士後，考選知縣而不赴，遨游南北，歸任蜀中府縣教職，及各屬書院院長、國學校校長、大學教授等，猶爲餘事。子孫人文輩出，類能讀書繼志，尤足徵明德之後，必有達人。去年因謀赴成都，集資刊行未經出版之各種著述，冀得及身完成不朽之業，殊以劇病折歸，未及至家，竟於途中殂謝。

嗚呼！靈光殿頹，廣陵散絶；斯文在是，先覺所歸；大道不湮，後死之責。綜氏生平經術文章之懿，既已師表人倫，而操行雪亮，立志千古，尤足以挽頹風而振靡俗。且氏首倡通經致用之學，終以大同至道爲歸，不僅爲國學之絶倫，抑實具時代之特質。同人等深維學術之革新，繫文化之張弛，人才之消長，關國政之隆汙。語云“莫爲之前，雖美不彰；莫爲之後，雖盛不傳”，是在我當國者之提倡揚厲也。爰此聯名建議鈞會，請予議給褒揚公葬，飾終典禮，并將氏生平事迹及學術著作，宣付史館立傳，以昌國學，而示來兹。謹此建議，此陳。

中央執行委員會政治會議

建議人委員

謝　持　孫鏡亞　于右任　陳嘉祐　蔡元培　熊克武　經亨頤
石青陽　楊庶堪　戴傳賢　程　潛　居　正　張知本　葉楚傖
黃季陸（民國二十二年六月一日《中央日報》第一張第三版，又見《六譯先生追悼錄》。今引言據《中央日報》整理，正文據《六譯先生追悼錄》整理，《廖平全集》第十六册第七二九—七三一頁）

閏五月十一日（陽曆七月三日），余雲岫《寸口診脈的討論》（三）刊《申報》第十三版，第六節《素問尺内兩旁一節不能附會到寸口脈法上去》云：

《素問脈要精微論》有一節説道：“尺内兩旁，則季脅也，尺外以候腎，尺裏以候腹，中附上，左外以候肝，内以候鬲，右外以候胃，内以候脾，上附上,右外以候肺,内以候胸中,左外以候心,内以候膻中,前以候前,後以候後,上竟上者,胸喉中事也,下竟下者,少腹腰股膝脛足中事也。"這一段文字,似乎和寸口脈法相近。金元以後的醫家,復古的風氣非常濃厚,所以明朝的人們,都把《素問》一節文字,附會到寸口脈法上去,以爲是黄帝岐伯以來相傳的嫡派。可是這一節文字,始終没有人解釋得清楚,既説尺内兩旁,又説尺裏尺外,到底内外兩字作什麽解釋? 王啟玄、楊上善、馬玄臺、張隱菴等都説是脈的兩側,汪心穀、李中梓、張景岳、薛生白等都説是每部的上半部下半部,《醫宗金鑑》駁斥他們的主張,説道:"脈象渾一,並不兩條,亦不兩截。"這句話固然駁得不錯。但是他自己的主張,以爲内外即是浮沉,却又錯了。他既説脈象渾一,却不想到分做寸關尺三部,已經是變成三截了。若是浮沉可以各診一處,豈不是又變成兩層了麽? 還講什麽脈象渾一,豈不是自相矛盾麽? 所以四川廖平以爲《素問》這節文字,左想不對,右想不對,於是把尺字改做足字,説是全身的三部九候,不是寸口脈法的三部九候。廖氏的學説,雖然也不見得真是《素問》的真詮,但於此可見得《素問》這節文字,要想附會到寸口三部九候的脈法上去,到底是講不通的。(中華民國二十二年七月三日《申報》第十三版)

七月,蒙文通《井研廖季平師與近代今文學》刊《學衡》第七十九期。同期《學衡》又刊"廖季平先生遺像"、"廖季平先生墨蹟"各一。編者識云:

廖平先生,字季平,四川井研縣人,生於清咸豐二年壬子九月初二日,歿於民國二十一年壬申陽曆六月五日,即陰曆五月初二日(1852—1932),得年八十一歲。其經學著作極多,彙刻爲《六譯館叢書》。此篇爲先生入室弟子蒙文通君所撰,原登民國二十一年八月十五日天津《大公報》文學副刊,後由蒙君自爲增改,以登本志。編者識。(《學衡》第七十九期《述學》)

李源澄《古文大師劉師培先生與兩漢古文學質疑》刊《學藝》第十二卷第六期,略及先生:

乾嘉諸儒,建漢學之徽識,以與治理學者相攻難,其實不過聲音訓詁之學,於漢師之家法條例,故未有加於理學諸儒矣。井研廖師,明今古之大分,皮錫瑞、劉師培兩經儒出而究其緒,兩漢今古之學遂以大明。……至其善説《春秋》,與廖師伯仲,有清諸子不足邵也。(《李源澄著作集》第二册第九七四—九七七頁)

年底,《六譯先生追悼録》由成都南門新開街雪雪印字館代印刊行。門人林思進敬署書名。內收：遺像二幅、出喪時攝影四幅、追悼會攝影三幅、六譯先生墓、六譯先生手迹、《今古學考》原稿、追悼會紀事、行述、哀誄、輓詩、輓聯、褒揚文件等。

民國二十三年甲戌（一九三四）

二月，杜天縻、韓楚原編《高中國文》第六册由世界書局出版，內收蒙文通《近代今文學與廖平》。

二月初九日，孫宗澤整理《八十自壽文》成。

二月二十八日，富順陳孟孚去世。林思進爲作墓誌銘，略云：

> 民國二十三年二月二十八日，富順陳公孟孚以疾卒於成都，春秋七十有五，聞者嗟悼，莫不稱曰：“老成盡矣。”蓋近頃一二年間，吾蜀鉅人名德，若宋芸子、廖季平、高蔚若、王病山諸先生，并前後凋謝。（《清寂堂集》第六〇二頁）

五月，重慶《新蜀報》記者金滿成《戰區視察的一般印象》刊《新蜀報》四千號紀念特刊，第五節《井研的蕭條概況》云：

> 出東門，在荒蕪的城牆下發現了廖季平先生的故居。是草房，內部掛滿了的輓聯，家下沒有甚麽人。記者個人認得的那位女公子（指廖幼平）及孫公子（指廖宗澤），都不在這家下。招待着我們的是另一位女公子。
>
> 想一代的大學問家，身後是這樣蕭條，更兼是住在這戰後的井研，暉映起來，實在令人生無限的感慨。離開廖先生的故居，離開井研以後的許久，我們大家總覺得，這一次的灾情雖是榮縣最大，但能代表戰後凄凉概況的，則任何地方都比不上井研。（金滿成《二劉戰罷戰區巡禮》，《四川文史資料選輯》第十四輯第一二五頁）

六月十日，王森然《近代二十家評傳》由北平杏巖書屋出版，內有《廖平先生評傳》。二十家者，王闓運、吳昌碩、沈增植、柯劭忞、林紓、嚴復、康有爲、羅振玉、章炳麟、梁啟超、王國維、陳獨秀、周樹人、章士釗、劉師培、李大釗、胡適、郭沫若、李泰棻及先生也。略云：

> 廖平，字季平，四川井研縣人。生於清咸豐二年壬子九月初二日（一八五二），卒於民國二十一年壬申（一九三二）六月五日（陰曆五月初二日），享年八十有一歲。先生初名登廷，字學齋，受知張之洞。已從湘綺學，專治今文。既舉於鄉，易今名，更字季平。張之洞啟廣雅院，聘爲分校。後成進士，以知縣即用，自請改教，選授綏定府教授（詳後），襄校尊

經書院。先成《經話》《公羊論》《王制考》,已爲《穀梁義疏》《論語微》《周禮考》。初以《毛詩》《左氏傳》《周禮》爲僞書,成《古文僞書考》。辛丑,吳郁生督蜀學,劾先生逞臆説經,革職交地方官管束。錫良方作督,仍延之主講學堂。先生嗜酒,醉後喜諷謔,坦直亢爽,不希榮寵,有古俠士風。早歲所爲文,浩瀚壯闊,博辨高識。後以孿經,語漸樸實,若何邵公。湘綺初訾其深思而不好學,已而曰:"博通《公》《穀》,交闡義旨,吾不如廖平也。"先生著《古今學考》《穀梁古義疏》,旁比騶衍神話,謂"子所雅言,詩書執禮","雅言"即翻譯,翻譯即改制。

先生初治《左氏春秋》,後治《穀梁》,以《穀梁》與《王制》相出入。嘗自謂與張文襄論左氏,爲成《條例》若干事。後太炎謁文襄,出廖先生所爲《條例》示太炎,而太炎《左氏》故實竊諸己也。此事爲謝無量君聞先生言,見汪太沖《章太炎外紀》四七頁。由此可知先生在中國經學史上之地位矣。著有《六譯館叢書》、《群經凡例》、《今古學考》二卷、《古學考》、《王制訂》、《容經讀本》、《公羊三十論》、《起起穀梁廢疾》、《釋范》、《六書舊義》、《經學初程》、《經話》二卷、《王制圖表》、《春秋圖表》、《尊經書院自課題目》、《周禮皇帝疆域考》、《墜形訓釋例》、《周禮疏證》、《周禮鄭注商榷》、《古文師説駁義》、《尚書新解》、《公羊大一統春秋凡例》、《皇帝學》、《利益百目》、以上九種,光緒二十四年著。《天人學考》、《三才説例》、《生知説》、《俟聖篇》、《易經新解》、《詩經新解》、《楚辭注》、《山海經注》、《穆天子傳注》、《列子注》、《莊子注》。以上十一種,光緒三十一年著。先生著述最多,詳見光緒三十年《井研縣志》。

……

先生成進士後,猶自焠厲。自民國八年,得半身不遂之疾,右手右足全廢。平時飲食,均需僕媼;惟讀書敏疾如常。喜作文,以左手起稿,命女公子幼平小姐等代爲清繕。繕者既倦,先生則興味盎然,更迭纂稿。染病竟越十年,更可知不因老疾廢學也。

先生所著《六譯館叢書》,刻於川中存古書局。晚年常以改定稿易初稿,斤斤自信;而門人後學,均不以改稿爲是,仍初印稿。先生或斷斷争辯,雖不能有所移易,第頗不謂然。惜吾人此時尚未得見先生易簀前所積改稿之真面目也。聞有二書:一爲《穀梁古義疏證》改定本,存蜀未刻;一爲《論語□□》,原名不詳。由幼平小姐於四年前在上海呈交蔡子民先生,未識此稿今落何處。

先生弟子,在蜀中者甚多,其高足如黃經華鎔、季邦俊等,主講四川國學院,有高足如蒙文通君河南大學教授。等。據蒙君言:"世之真知廖先生學問者,與其謂康南海,不如謂劉申叔。"因先生雖主今文,但亦談《周

禮》，推《周禮》爲《書》傳，《書》《禮》爲人學。談《春秋》三傳折中。劉申叔氏以
《左傳》世其家，或於先生有最深之瞭解也。

　　先生年八十，猶健飯，精神優於常人。壬申年春初，即擬出游，幼平小
姐作書勸阻。孟夏命駕游覽，至河呷坎樂山與井研間之一鄉場。逝世。數年
前黄經華亦客死於河呷坎，前後如出一轍，或冥冥有定數歟。先生哲嗣如
師慎等均殁，現存子三、女三。幼平小姐爲長，肄業上海中國公學大學部，
近在平求學。餘均讀書川中。孫宗澤，字次山，學問最優。以上見天津《大公
報·文學副刊》第二百三十九期侯塏《廖季平先生評傳》。

　　……

　　先生於壬申年五月中旬離家赴嘉定，原擬便道赴蓉，藉以整理舊作新
著，刊行問世，行至嘉定，因該地士紳及門弟子要求多住旬日，曾撰烏尤寺
《烏尤碑記》。繼而陳莊主人陳光玉請其移住陳莊，曾書對聯數付，照像
兩張。於六月初，因感風寒，致一病不起，殁於河呷坎，而先生到省整理舊
作補刊新著之志願，遂終未達到也。因此其門弟子吴辛誠等，在蓉開一盛
大之追悼會，並募資刊行先生全部著作，藉慰先生之靈，而啟發來者。

九月，馮友蘭《中國哲學史》下册出版。第十六章《清代之今文經學·
廖平》之《經學時代之結束》總論先生經學云：

　　廖平所説，吾人若以歷史或哲學視之，則可謂無價值之可言。但廖平
之學，實爲中國哲學史中經學時代之結束。自此方面觀之，則廖平在哲學
史中之地位，亦有相當重要。本篇第一章謂中國哲學史，自董仲舒以後，
即在所謂經學時代中。在此時代中，諸哲學家無論有無新見，皆須依傍古
代哲學家之名，大部分依傍經學之名，如以舊瓶裝新酒焉。中國與西洋交
通後，政治社會經濟學術各方面，皆起根本的變化。此西來之新事物，其
初中國人仍以之附會於經學，仍欲以此絶新之酒，裝於舊瓶之内。本章所
述三人，其代表也。此三人中廖平最後死。其經學之五變，始於民國七
年。其此後所講之經學，可謂已將其範圍擴大至於極點。其牽引比附，有
許多可笑之處。牽引比附而致於可笑，是即舊瓶已擴大至極而破裂之象
也。故廖平之學，實爲經學最後之壁壘，就時間言，就其學之内容言，皆可
以結經學時代之局者也。

　　歷史上時代之改變，不能劃定於某日某時。前時代之結束，與後時代
之開始，常相交互錯綜。在前時代將結束之時，後時代之主流，即已發現。
在廖平未死之前，即在其講經學五變之前，撤開經學而自發表思想者，已
有其人。故中國哲學史中之新時代，已在經學時代方結束之時開始。所
謂"貞下起元"，此正其例也。不過此新時代之思想家，尚無卓然能自成

一系統者。故此新時代之中國哲學史,尚在創造之中,而寫的中國哲學史,亦只可暫以經學時代之結束終焉。(《中國哲學史》下册第二六四頁)

秋,《楚辭新解》印成,前有《叙》《凡例》,正文收《離騷》《九歌》,分别注釋,卷末署"仁壽蕭參覆斠,孫男宗澤校刊"。

民國二十四年乙亥(一九三五)

春(陽曆三月二十一日),唐大圓"自鄂東游,住金陵彌月,中央、金陵兩大學及南京市政府均請余講演佛典文學及東方文化各一次,遂乘興游滬,便道至蘇,訪章太炎先生。……歸寓後約略記録",成《記與章太炎先生談話》,後刊《制言》第八期,有及先生者:

> 大圓問廖平之經學何如,先生曰:"廖平多誤想,彼説《周禮職方氏》言東西若干里、南北若干里,是言全球、中國無此廣大,惟《王制》是專就中國説,此乃誤見,不知古人所謂里數,不若今日里數之長。"(《制言》第八期)

三月,吴興張廷華《評注近代文讀本》由上海大東書局出版,該書爲《歷代文讀本》第七種,内收康有爲《答廖季平書》。

三月,張西堂校點《古學考》列入《辨僞叢刊》之一由北平景山書社出版。序云:

> 井研廖季平先生是清末的一位經學大師。他在一八八六年(清光緒十二年丙戌)刊行所著《今古學考》;隔了八年之後,在一八九四年(清光緒二十年甲午),因爲他的《今古學考》"歷經通人指摘",他又作成這一部《古學考》來"辨明古學之僞"。這書主張"今學傳于游夏,古學張于劉歆;今學傳于周秦,古學立于東漢;此今古正變之分,非秦漢以來已兩派兼行也"。這樣子一反其舊説,其態度略與康有爲《新學僞經考》相同(康書刊行于一八九一年),且有兩處(本書頁一九、二九)明用康氏之説的。
>
> 這書在許多地方對于他的舊説都大加以改訂,實在是比較地有進步之作,但是也還有一些地方未説到的。……
>
> 至于經今古文的問題,這本是一件很不容易解決的公案;這一問題如若重新提出討論之時,是應當:第一,對于這兩派最初争論的要點——古文經傳的真僞問題,予以謹嚴的考辨;第二,對于這兩派因經立説的主旨——今古經説的同異問題,予以詳細的劃分。這兩派的發生,實在是各有各的時代背景,各有各的相當立場,而其興替變化,都是有不得不然之勢的;如若不明瞭這一點,對于這一問題也是無從獲得解決的途徑的。廖

氏在兩書中所用的方法都欠精密,當然他的立説是不免有許多錯誤和混淆不清的地方,然而這不是説他無相當的成功。……

廖氏在《今古學考》中以爲"今,孔子晚年之説;古,孔子壯年主之",而此書則就劉歆移書以證《左氏》學不行于西漢,其書"實不獨傳《春秋》"(本書頁四三),"《毛傳》與杜林《周禮訓》相同,但明訓故而已,非西漢以前之師説"(本書頁三二),《周禮》"乃劉歆本《佚禮》屬臆説揉合而成,……爲王莽以後之書"(本書頁三八等)。他算是對于古文經真偽問題比較地明瞭一些,所以才能有"今學傳于游夏,古學張于劉歆;今學傳于周秦,古學立于東漢"的結論。……

廖氏以《逸禮》即《周禮》之原文,這話是不足以令人信從的。但是《周禮·大司樂》"冬日至,于地上之圜丘奏之,……則天神可降;……夏日至,于澤中之方丘奏之,……則地示皆出"。這種冬至祭天、夏至祭地的説法在《吕覽》《月令》和《淮南·時則》上是都沒有的。大概這種理想正是受了漢成帝建始元年始作長安南北郊的影響。……

但是廖氏在本書中,一方面説"《漢書》以《周禮》《毛詩》並傳于河間,藏在秘府,《左傳》皆有師傳授受;《後漢·儒林傳》以建武立毛詩博士,皆六朝以後偽説行世,校史者據誤説所屬改。……古文《尚書》《毛詩》爲賈逵、謝曼卿始創之説"(本書頁三七),這種説法既嫌證據薄弱,也未免太矯枉過正。而一方面又謂"孔氏寫定《尚書》,以今文篇數推其異者寫成隸字耳。毛公《詩》,班云'自以爲子夏所傳',此二家亦今學也","《左傳》及《官禮》皆爲今學也"。(本書頁四、五)他畢竟是上了這位"作偽名手"劉歆的大當了!

關于今古經説同異的問題,廖氏在本書説:"今古之分,師説訓詁,亦其大端。今學有授受,故師説詳;古學出于劉歆,故無師説。……西漢長于師説,東漢長于訓詁。"(本書頁四一)這比《今古學考》説的多了一點。但是這也是不完全對的;因爲東漢後來也有師説,而西漢也非絶對不講訓詁。關于這一點,近來錢玄同先生在《重論經今古學問題》一文中曾將近人所謂"今文家言'微言大義',古文家言'訓詁名物',這是兩家最不相同之點",與或又謂"古文家言'六經皆史',今文家言'六經皆孔子所作'",一一地加以糾正了。廖氏此説以師説訓詁分今古,與以'微言大義'、'訓詁名物'分今古是差不多的。今人或謂"今文學視孔子爲哲學家、政治家、教育家,古文學視孔子爲史學家"。並且説是"今古文家對于六經次第的排列是有意義的,古文家的排列次序是按六經產生時代的早晚,今文家却是按六經内容程度的淺深"。這是誤會了康有爲《新學偽經考》中"其有舍史遷儒林傳而顛倒六經之序者可引此案以決之"的誤説而然的。

在古文家,劉歆亦謂"孔子憂道不行,歷國應聘,……制作《春秋》,以記帝王之道",並不是只認孔子爲史學家的。我們知道《樂》本無經,《樂》的內容決不比《詩》《書》還要深,《書》的內容也未必比《禮》《樂》都淺;西漢初六經的次第本是無一定的,更無以見得今文家對于六經的排列是按六經內容程度的淺深。所以説今文家只視孔子爲哲學家、政治家、教育家,這也是不對。

今古之分,是應當從各方面來想法子的。然而在西漢的今文説與東漢的古文説都不是一成不變的,所以就是詳細地來設法也是很不容易的事情。如若勉强地説,則廖氏《今古學考》中就體制來分今古學的異同是值得注意的,因爲禮制範圍甚廣,無妨詳細地分,而且同時也可以看出時代背景來。他如篇數的多寡、文字的異同、説解的變遷,都是今古經説同異中的問題,而後者是尤其值得我們注意。在西漢今文家之分化,與東漢今古説之揉合,及今古兩派的爭論,都是互相有影響的。這又是因人而異了!……

至于今古之分,其所以產生之故,是由于不得不然之勢。我們只看小夏侯之從大夏侯分化出來,如大麓之釋爲大録,及孟侯之釋爲諸侯之長,實是基于一種合理的要求,而且後者是比較有根據的。兩者都不外爲有進步的説法。即如孟喜之改師法,那也是能立一新説,故雖有假冒的嫌疑,而結果仍立諸學官。要求進步,要求合理,這是一定會有的趨勢,所謂不得不然之勢。今文家的分化,可以如此看去,不必是爲的利禄之路,也不一定是故意立異;古文家的產生,也有的是如此,一半固是因爲別有作用,也有爲的是"合理的"解釋。但是那些新説往往太合理了而不合于古,往往又脱不了那產生的時代所與的影響的。所以今文家説、古文家説,在現在看來都是各有短長;而古文經説,因爲根據僞的本子,雜采僞的傳説,在這些地方是不及今文經説的。在西漢末,明知孟喜之改師法而亦立于學官,明知張霸之僞造百兩而"奇霸之才,赦其辜亦不滅其經",這是無異于獎勵作僞,結果引起了劉歆的大批作僞,這好像也有一點不得不然之勢的。所以依所謂利禄之路與合理的要求,今文家的分化與漢廷的措施等看來,劉歆之作僞當比王肅之僞《家語》、僞《孔叢》,乃至于僞古文《尚書》等等,有理由得多了!

廖氏在這書中改訂他的舊説,因而確認劉歆之僞古文諸經,雖然不免還有些不澈底的地方,然而確是一部較有進步的作品。這書在《六譯館叢書》中,没有單行本的流傳,學者知是書者較少。顧頡剛先生本打算將這書校點行世,他差不多已經標點過三分之一了。因爲很盼望這書早一點出版,在暑期中由我將這書校點完成,現在更不自揣量地來寫這一篇序。

一九三四年除夕之前一夕,張西堂謹序。

至此事之成,則顧頡剛與有力焉。《顧頡剛日記》云:

> 一九三四年十二月十日(陰曆十一月初四)　西堂送來標點本廖平《古學考》及輯本《唐人辨僞集語》,擬即將《古學考》編入《辨僞叢刊》第一集。(《顧頡剛日記》第三卷第二七〇頁)
> 一九三五年二月十日(陰曆正月初七日)　校廖平《古學考》。(《顧頡剛日記》第三卷第二八九頁)校《古學考》一過。(《顧頡剛日記》第三卷第三〇六頁)

張西堂云:"顧頡剛先生本打算將這書校點行世,他差不多已經標點過三分之一了。"(《辨僞叢刊》之一《古學考·序》第一三頁)一九五五年十月初一日,顧頡剛在蘇聯醫院閱《古學考》,改標點。初二日,標點改訖。《顧頡剛日記》云:

> 在院看廖平《古學考》,改標點。
> 將《古學考》標點改訖。(《顧頡剛日記》第七卷第七六〇頁)

三月二十五日,張希魯往訪王晉卿,歸後作《記王晉卿老人語》。四月四日又作《再記王晉卿老人語》,言及先生,語云:

> 老人問吾知廖季平否? 余曰:"知之。""見其著作否?"余曰:"《六譯館叢書》亦常得睹,成都出售極多,惟論者謂其晚年講學太離奇。"老人曰:"誠離奇太甚,吾亦不解。"(《西樓文選》第五三—五四頁)

五月,無錫國學專修學校教授顧悐生爲《穆傳》致函天津《大公報》記者,略及先生之學,略云:

> 自遜清餘孽作爲《僞經考》,論者謂出於常州今文學派,下走常州人所不能承也。僞經舊說,張於蜀人廖季平先輩,然廖氏《經學五變記》已全改舊說,並斥彼撰《僞經考》之狂妄。今張君不從廖氏晚年定論,而反詆下走信口開河,喪心病狂,是以不狂爲狂而信口開河也。(《國專月刊》第一卷第三號)

六月,本田成之著、孫俍工譯《中國經學史》由商務印書館出版,第七章《清朝底經學》第三節《道咸以後的經學》論先生之學說:

> 還有一層,因爲今文說在經典上的材料甚少,隨便發揮其意見都可以的。更有悍然附會到經書以外的說,因無反證,很易信口開河,所以或說孔子是革命家,或說是世界主義者的呢! 那最出奇說的,莫過四川的廖

平。他始著《今古學考》，以爲經學是在先秦時代已有古學和今學兩途。一以周公做主，一以孔子做主。孔子壯年時代是夢想周公、祖述周公的，晚年遂自立說，欲改前王的制度，而創設一王的制度了。因此，孔子壯年時的門人便守古學，晚年的門人便守今學。齊魯是今學，燕趙是古學的。從經書以至經說，今古兩派，劃然分明。例如在今學：《禮》是《王制》，《春秋》是《穀梁》《公羊》，《易》是子夏《易傳》，及施、孟、梁丘、京，《尚書》是《今文尚書》、歐陽、大小夏侯，《詩》是齊魯韓三家等。古學：《禮》取《周禮》，《春秋》取左氏，《易》取費氏，《書》取《古文尚書》、賈馬傳，《詩》取毛傳等。制度也有不同。今學說：公侯方百里，伯方七十里，子男方五十里，凡三等。古學說：公方五百里，侯方四百里，伯方三百里，子方二百里，男方一百里，凡五等。於是今學用今學統一，古學用古學統一，所做的注釋，容易分明。這樣古今之分在鄭玄以前，誰都守着那界綫的。在今學派中，伏生《尚書》，三家《詩》固不消說，即何休底《公羊解詁》，古文說一字也不用。其和《周禮》有相異的，就因它把《春秋》改制的原故，所以不能强同於《周禮》，這是今學派。及至許慎《說文》，便用古義，把今文家說貶它做"博士說"，又叫做"異義"。杜子春、鄭興、鄭衆、賈逵、馬融們所注的《周禮》《左傳》《尚書》皆不用"博士說"的片語隻字，引用諸書也只用古派而不用《王制》了，這樣今文和古文像陰陽水火的分別了。後來到了鄭玄，便完全把它混合起來。及至王肅出頭，其混合更甚。例如《王制》的廟制是今說，祭法的廟制用古說，但說《家語》《孔叢》的廟制，又雜揉二書而成一說的。以上所說，頗爲明快。（**以上由小島祐馬的介紹**）

　　其後他意思一變，取消孔子壯年晚年的二說，以爲孔子底學，一切都是今學，而古學實始劉歆，說劉歆擡出周公底名，置諸孔子之上，這是古學者底策略，所以對抗孔子的。因此西漢十四博士說是傳孔子之學的，《左傳》《國語》也是今學，尤其《左傳》不止傳《春秋》，實是六經的總傳。這說和劉逢禄全然相反。劉氏謂東漢以後的古學都是劉歆之說，而不是孔子底經的。廖氏對於《春秋》，以爲孔子無王者之位，而做王者之事，所以叫做素王。這素王的義就是六經的根據。可是叫做素王顯然不是真王，不得不託於空言。六經實是其空言，是假託於文王的。這文王原是孔子理想的象徵，而不是歷史上的周文王。這種微言，七十子以後差不多無人知道了，乃想把《王制》及《春秋》，以考查歷史上實際的制度，豈非大謬？他還說，不僅《春秋》，即其他六經也仍有微言，爲了表現微言，纔制定六經的。以上是"闢古""尊經"的言論。

　　其後他底說凡三變。前時以《周禮》爲劉歆偽作，到這時又非常的表章它，謂《周禮》和《王制》同是寫孔子理想之書，但《周禮》不止說中華一國之事，乃説世界全體平和的事。《王制》是説王伯的小一統，即《王制》是國家主義，《周禮》是世界主義。他又把《易》《尚書》《春秋》和《道德春秋》來給帝、王、伯的政治相配合，而以《周禮》和皇帝相配，《王制》和王、伯相配。目前還是國家主義，即是伯者時代。現在的中國，即古時的鄭，英國即古時的秦，日本即古時的魯，現在的明治天皇即春秋時的魯哀公。但世界是進化的，從現在的伯者政治應進而爲王，更進而爲帝、爲皇，便成大同之世，即是世界大一統的理想世界呢。所以他把經學分做兩大別，一爲王伯，即説國家主義的理想，這和小學程度相當；一爲皇帝，即説世界主義的理想，這和大學程度相當。而《易》皇、《詩》帝、《書》王、《春秋》伯。由孔門德行家的顏、閔以至道家、陰陽家，都是説皇帝的大學的標準。文學的游、夏和儒墨名法，都是説王伯的小學的標準，是很有趣味的學説。

　　其後他底説凡四變，叫做天人之學。他以爲從前所説，不過是地球上的人學罷了。至是更進一步，而講上天之學。《中庸》一書，所謂至誠至聖至道至德，凡加有"至"字的，都所以顯出它係最高，這即是天學。又有把大字來替代至字，也同此意。至於"物窮則變"，有所謂大智若愚、大孝不仁、無體之禮、無服之喪等，也是至高的地位。只是當時儒者不諳天學，遂以聖人爲登峰造極了。殊不知道家有所謂天人、神人、化人，乃《中庸》所謂及其至也，雖聖人亦有所不知的最高境地。從前把皇帝王伯以配《易》《詩》《書》《春秋》的，今把《書》和《周禮》以配皇帝了。總之，《春秋》與《王制》以配王伯，還是人學；對於皇帝等所立的神人，而把《詩》《樂》來配它，才叫做天學。《老子》《莊子》《列子》當然是這一路學説了。不過今日還是伯者的時代，不經過萬年，這皇帝的理想，還不能實現的。即天學的理想，也是一樣。然而更歷數萬年之後，或科學益加進步，可以不用衣服飲食，都得到長生福澤，現出這樣的理想鄉，也未可知哩。在後他還有兩度變更其學説，但不過補苴一部分而已。除《今古學考》以外，他還有《六譯館經學叢書》等著作。要之不過從公羊家三科九旨等引伸，而與《禮運》及邵子《皇極經世》書相結合，撰出這理想説罷。但他縱橫驅使經書來立説，算是一位奇才。且拿中國比於古時弱小的鄭國，也算率真。其前輩湖南王闓運，也有種種著述，但到底不及廖平。廖平約在十年前已有六十多歲，今尚生存亦未可知。（《中國經學史》第三一〇—三一三頁）

　　七月，《國專月刊》刊徐炎文《讀經芻言》，於《讀經宜戒除之二弊》中略及先生治經之法：

　　　　使存一好奇之心，掇拾一二事，遂彼此鈎稽，穿鑿附會，而爲怪奇可喜之論,如廖季平所載之西方美人,即指今之美國人之類是也。大抵近今治學者,猶多有此失,因持中庸之論,未易弋名譽與動人之視聽耳。(《國專月刊》第一卷第五號)

李源澄《上章太炎先生書二》、章太炎《答李源澄書一》《答李源澄書二》刊《學術世界》第一卷第二期。章太炎《答李源澄書一》略云:

> 足下以井研高第,不自滿足,而訪道於衰老之士,甚非所敢承也。自揣平生所獲,與井研絶殊,然亦相知久矣。恨彼此拳手日少,不能使井研詘以從我,而已亦不得井研之毚屬。其門下乃有好學如足下者,敢不犗陳固陋以報。(《李源澄著作集》第二册第九九九頁)

李源澄《上章太炎先生書二》略云:

> 《春秋》者,聖人之一教,《公羊》又《春秋》之一支耳。清儒以《公羊》名家,始於曲阜孔氏,故未嘗定於一尊,無不可也。自莊氏作《春秋正辭》,而劉、宋衍其緒,往而不反,推波助瀾,彌失其真。下逮康氏,竊廖師之餘唾,謣世取寵於一時,以改制之説爲利禄之階,樸學之風蕩然。……井研先生,學出湘綺老人,而所得迥殊,好爲沉思,妙識大體,因值舉世廢經之日,遂發其尊孔衛道之懷,此其學之所以累變,考其著書,不難發隱。操術之工拙,可以不論,尊孔之幽情,知必見諒於後之君子也。至其特立獨行,絶於依傍,舉世非之而不加阻,非豪傑之士能爲之乎,然其弊亦在是。影響附會,無所不至。君子之過,如日月之蝕,人皆見之,故不足以爲人害。獨恨乎其弊易見,其善難知,藏金玉於瓦礫,不得人人而得之也。井研明經例,隆禮數,與宋人之明義理,清人之明訓詁,同有明於經術。合而通之,以臻至美,非有待於後之人與。世之共推井研者,曰平分今古。竊謂今古之分,乃由清至今之橋梁。安於橋梁,則不惟不進,且虞有失足之患也。清人明訓詁而不事師法,故井研明今古之學,所以爲治經説之具。然治經説與治經殊科,經説明而經不必明,經説不明而經必不明矣。承其説而以今文名家者有人焉,善化皮氏其人也。承其説而以古文名家者有人焉,儀徵劉氏其人也。皮氏略知家法而不明其底,於其所不知者,則以今古了之,致爲所困。左盦先生文理密察,浩博無涘,西漢古學多賴以明。惟不能盡抉今古之籬,是以旁皇其中,未能獨往,年爲之限耶。世方有嘈嘈然以今古學家自表異者,更有不治經術,而斷斷於今古之爭以爲名高者。狂犬吠影,不知其形已遠矣。井研之旨不明,而流毒至是。學有變遷,無往不復,後之人必以此爲井研詬病,甚矣冤哉。(《李源澄著作集》第二册第九九四—九九六頁)

同月,遺著《致康長素書》、章太炎《墓誌》、王樹枏《墓表》刊《國立四川大學季刊》。

九月,章太炎《清故龍安府學教授廖君墓誌銘》刊《制言》第一期。詳云:

君諱平,井研廖氏,海内所知爲廖季平先生者也。余始聞南海康有爲作《新學僞經考》《孔子改制考》,議論多宗君,意君必牢持董、何義者。後稍得其書,頗不應。民國初,君以事入京師,與余對語者再,言甚平實,未嘗及怪迂也。後其徒稍稍傳君説,又絶與常論異。君之學凡六變,其後三變雜取梵書及醫經、刑法諸家,往往出儒術外。其第三變最可觀,以爲《周禮》《王制》,大小異制;而康氏所受於君者,特其第二變也。《職方氏》大表中國疆域,而相距爲萬里。君以清世版圖,外及蒙古、伊犁,南北財距六千里,故推《周禮》以爲治地球之書,豈未考古今尺度有異耶。《語》曰:“聖人不考,時變是守。”自《周官》之行,逮春秋末,閲歲已五六百,中更霸制,朝章不能無變異。《春秋》所記地望,南不暨洞庭,西不及蜀,雖聖人惡能張大。謂《春秋》無太平制,足以破董、何,其大小何足言。《王制》者,特後儒摭拾殘缺所爲,愈不爲典要,其言東不盡東海,地反狹於《春秋》,海畡盡棄,小亦不得矣。顧君未之思也。君之言絶恢怪者,以六經皆孔子所作,雖文字亦孔子造之,與舊記尤相左,人亦不敢信。初,君受學湘潭王翁,其後説漸異,王翁頗非之。清大學士張之洞尤重君,及君以大統説《周禮》,之洞遺書,以爲風疾馬良,去道愈遠。而有爲之徒見君前後異論,謂君受之洞賄,著書自駁,此豈足以污君者哉。君學有根柢,於古近經説無不窺,非若康氏之剽竊者。應物端和,未嘗有倨容,又非若康氏自擬玄聖、居之不疑者也。顧其智慮過鋭,流於譎奇,以是與樸學異趣。康氏無儒行,其後數傳,言益亂俗,而君持論以教孝爲立國根本,事母先意承旨,如恐弗勝,乃不爲末學狂稚者所借,亦可知君雅素矣。君著書一百二十一種,年八十二而卒,則民國二十一年六月也。清時曾成進士,以知縣用,改教職,受五品封。配李宜人,有丈夫子八,女子子五。其年九月,葬榮縣陳家山之陽。逾二歲,其孫宗澤以狀來,曰:“先生持論與大父不同,無阿私之嫌,願銘其幽。”余聞莊生有言:“聖人之所以駴世,神人未嘗過而問焉。”次及賢人君子,亦遞如是。余學不敢方君子,君之言殆超神人過之矣,安能以片詞褒述哉。以君學不純儒,而行依乎儒者,説經又兼今古,世人猥以君與康氏並論,故爲辨其妄云。銘曰:

斯也燔經,不可以罪孫卿;慮也劫後,不可以誣高密之叟。廖君之言多揚詡,末流敗俗君不與。(《廖平全集》第十六册第九二一—九二二頁)

十月，《人間世》第三十八期刊發夏丏尊、王伯祥、葉聖陶、章錫琛《五十年來中國名著之一斑》，先生《今古學考》入學術評論名著。"其入選之標準，俱依據下列之三項條件：（一）具有獨特之見解者；（二）具有重大之發見者；（三）開一時之風氣，影響及於現在及將來者。"《今古學考》《知聖篇》入徐調孚《百部佳作散稿》，屬"晚清今文學家的著作"之部。

十一月十六日，李源澄《上章太炎先生書三》刊《制言》第五期。略言讀《清故龍安府教授廖君墓誌銘》之感：

> 拜讀先生所爲井研師墓誌銘，反復辨其疑似，滌其瑕垢，井研有靈，當有知己之感矣。井研一生，潛心學問，手不釋卷者五六十年。以知縣改教諭，與凌廷堪後先輝映，其樂道遺榮如此。而世之毀譽皆不能得其實，梁任公且誣之受賄，微先生言，恐後之論者將惑於讒慝之口也。井研智慮逾於常人，其學本不足以動衆，恢怪之處，誠如先生所言，人莫之敢信。即其至當不易者，亦且見非於師友，取謗於及門。世知有井研，潘、康之力居多，井研偶逢之耳。先生之文，誠足爲來世考信也。（《李源澄著作集》第二冊第九七○頁）

陳灝一《隨感》刊《青鶴》第四卷第一期，略云：

> 湘綺先生晚年論學，謂自西學聞於國中，上下承聲，靡然順從，凡不可爲之事，舉犯清議而爲之，初亦不意其害之極，後生小子聞風而説之，轉相效做，而又加厲。吾黨猶有廖平、楊度其人，它可知矣。湘綺之歿已十餘年，季平、晳子亦後先殂謝，今之所謂後生小子者，視廖、楊如天淵之判，詆毀國故，其沉醉西俗，正似盲人騎瞎馬夜行，不見霜露，踣而喪其元，莫悉其致斃之由，可憐可恨，亦復可笑。……心之所安，未遑計好惡是非也。

十一月二十日，龐石帚致函章太炎，略云："吾蜀自廖井研下世，猶有一二耆秀，文辭斐然，言經術者稍希矣。"（《養晴室遺集》第二六八頁）

民國二十五年丙子（一九三六）

五月，《制言》第十六期刊符宇澂《新學僞經考駁誼摘録》略及先生之學，云：

> 劉歆引傳解經，蓋以《左氏春秋》本爲解經而作，《公》《穀》解經，《左氏》同一例耳。康師廖平著《左例》，明白承認《左氏春秋》。廖君曰（見《左例》），或謂傳不解經者，此門外言也。

《左例》即先生《春秋左傳古義凡例》，作於一八八六年。又刊馬宗霍

《歷代經學述略》第十二《述清之經學》，略云：

> 王氏弟子井研廖平，初作《今古學考》，謹守漢法，已乃自名其學，頗
> 閎大不經，而南海康有爲乃竊其緒作《新學僞經考》，由是蜀中粤中亦有
> 今文學。

然謂康有爲竊《今古學考》餘緒則誤，蓋《僞經考》乃緒先生《闢劉篇》而
作，《闢劉篇》即《古學考》也。

七月，錢基博作《現代中國文學史》四版增訂識語，略云：

> 有舊有其人而改作者，……如魏晉文王闓運之增附廖平、吳虞。……
> 疑古非聖，五十年來，學風之變，其機發自湘之王闓運；由湘而蜀（廖平），
> 由蜀而粤（康有爲、梁啟超），而皖（胡適、陳獨秀），以彙合於蜀（吳虞）；其
> 所由來者漸矣，非一朝一夕之故也。……方清之季，吳汝綸之在北直，張
> 之洞之在東南，雖用事不用事，得位得勢攸異；而開風氣之先，綰新舊之
> 樞，則兩公如出一轍也。特兩公者早死，未可以入現代。……廖平論文，
> 謂：“欲爲有才識之文，宜從史書中所錄文觀之，然後能詳其此文之關係何
> 在，而其文之妙處始可求。但看選本則不能。如屠京山爲文，專學《宋
> 書》，是其例也。史書所錄之文，非於當時有關係之作，必當時最有名者，
> 讀之增人才識。”博雖不敏，請事斯語。其人其文，必擇最有關係者。……
> 追憶昔年誦說王樹枏之抗論詆廖平，朱一新之貽書規南海，馬其昶之上疏
> 論新政，方在弱冠，少年盛氣以爲頑朽，斥其昏庸；及今覆之，何乃不幸言
> 中。（《現代中國文學史》第五二九—五三一頁）

七月，孫宗澤重訂《地球新義》，合光緒二十四年戊戌本、二十五年己亥
本爲一，去其重複，共得二十五題，《重訂〈地球新義〉凡例》云：

> 一、此書原有兩本，一爲光緒戊戌資州排印首卷十題本，合《孟荀列傳》及
> 《薛京卿出使四國日記》則爲十二題。一爲光緒己亥新繁羅氏刻上、下卷二十二
> 題本。有薛氏《日記》而無《孟荀傳》。兩本有同有異，今合兩本，去其同者，得二
> 十五題，亦并計《孟荀傳》及薛《日記》。仍編爲二卷。
> 一、先大父謂羅本編次無法，不似排印本之由淺入深。今上卷一仍排
> 印本目次，而於《釋球》前加入《繙譯名義序》，羅本原列卷首。蓋亦發凡起例
> 之意。羅本有而排印本無者，并入下卷，其次序則姑按《家學樹坊》所載
> 縣志提要原稿題目排比，合否所不敢定，聊免臆測云爾。
> 一、此書原託爲及門課藝，排印本、羅本並著撰述人名。光緒壬寅，先
> 大父編《家學樹坊》，乃引歸自著，今故改題先大父撰，原列人名概從删

削，僅於題下注"舊題某撰"字樣，以不没當時自晦苦心。

一、羅本、排印本文多訛誤，排印本爲尤甚，謹就所知間爲校改，所不知姑仍其舊，尚希海內明達有以正之。民國丙子七月二十二日，廖宗澤識。（《廖平全集》第十册第九一頁）

八月，國學整理社《黎氏續古文辭類纂》由上海世界書局出版，内收《江叔海與廖季平書》。

十一月，馬宗霍《中國經學史》列入《中國文化史叢書》，由商務印書館出版。第十二篇《清之經學》論先生之學云：

> 王氏弟子井研廖平，初作《今古學考》，謹守漢法，已乃自名其學，頗閎大不經，而南海康有爲乃竊其緒，作《新學僞經考》《孔子改制考》，由是蜀中粤中亦有今文學。（《中國經學史》第一五〇頁）

民國二十六年丁丑（一九三七）

二月，江陰吳芹編《近代名人文選》由上海廣益書局再版，内收康有爲《答廖季平書》。

賈逸君《中華民國名人傳》由北平文化學社出版，内有專文介紹先生生平學術，云：

> 廖平初名登廷，字季平，一字學齋，號六譯，四川井研人。少家貧，於昆季中行四，父賣藥蜀中，諸兄亦棄書就商。後廖得魚三尾，贄塾師，因得入塾讀書，廖即自名其齋爲"三魚堂"。旋從湘儒王湘綺學，治今文學，有名於時。既舉於鄉，湖廣總督張之洞聘爲廣雅書院分校。後成進士，以知事起用，自謂才能不勝，請改教諭，選授綏定府教授，襄校尊經書院。嘗與富順宋育仁同客張之洞香濤幕，皆爲張所器重，每召兩人，夜飲劇談，達旦始散。戊戌政變後，吳郁生督蜀學，知康有爲學出於廖，而慈禧后方深惡康、梁，乃劾廖逞臆説經，革職交地方官管束。錫良方任川督，仍延之主講學堂。入民國後，長成都國學院甚久，其寓所即在院側，嘗於新年書一聯云：
> 人壽丹砂井；
> 春深絳帳紗。
> 見者皆以爲吐屬雋永，争相傳誦。次年過其門，則另易新紙，仍書此聯。又逾年，則但貼紅紙兩張，不著一字矣。性嗜酒，醉後喜謾駡人，而坦直亢爽，不希榮寵，有古俠士風。民國八年，得半身不遂之症，右手右足全廢。平時飲食，均需僕媼。作文時以左手起稿，由長女幼平代爲清謄。二

十一年六月六日,命駕出游,病故於河呷坎途中,享年八十一歲。

廖爲我國經學大師,所著有《經話》《公羊論》《王制考》《穀梁古義疏
證》《論語微》《周禮考》諸書。川中存古書局並爲刊印《六譯館叢書》。廖
初以《毛詩》《左傳》《周禮》爲僞書,成《古文僞經考》,以示康有爲。康謂
若此經廢其三,且得罪名教,弗可刊行。越數年,康之《新學僞經考》出,
則多竊廖説。然廖終稱康氏,以其有傳孔教海外之意,比爲儒門達摩。廖
氏經説,與其師王湘綺亦多出入,王自嘆弗如。其早歲所爲文,浩瀚壯闊,
博辨高識。後以罣經,語漸撲僿。歿後遺三子三女,長女幼平,曾肄業上
海中國公學,餘子亦均長成云。(《中華民國名人傳》第九〇—九二頁)

七月,錢穆《中國近三百年學術史》由商務印書館出版,第十四章《康長
素》之《康氏之新考據》論先生與康氏之交涉,略云:

長素《僞經考》一書,亦非自創,而特剽竊之於川人廖平。猶《長興學
記》之言義理,皆有所聞而張皇以爲之説,非由寢饋之深而自得之也。朱重
義理,融漢歸宋,廖主考覈,蔑宋伸漢,精神意趣絶不同,長素左右牽引,知其於兩家所涉皆
淺。……廖平,字季平。四川井研人。生咸豐二年,卒民國二十一年,年八
十一。自稱早年研求宋學,漸而開悟,主張尊孔。……長素辨新學僞經,
實啟始自季平。此爲長素所深諱,而季平則力揭之。……季平既屢屢自
道其事,又親致書長素爭之。……《僞經考》既享大名,季平欲藉其稱引,
自顯姓字,故爲《古學考》先兩引長素《僞經考》云云,我以此施,亦期彼以
此報。蓋長素驟得盛名,全由《僞經考》一書,宜季平健羨不能置。而長
素則深諱不願自白。然季平亦震於盛名,方期相爲枹鼓,故書辭亦遜,而
《古學考》亦未及長素攘已書事。及戊戌,長素得罪,季平亦盡棄舊説,則
經學之三變,不復爲今古之辨矣。

《僞經考》一案,凡季平之斷斷於其事者,具如上述。而長素則藏喙
若噤,始終不一辨。及民國六年丁巳爲《僞經考後序》,始稍稍道及
之。……其回翔瞻顧,誠如季平所謂"進退未能自安"者。謂自劉、魏、龔
以來疑攻劉歆者多矣,此特微見彼之所爲不必出自季平,抑不悟其與《僞
經考》初成書時所言異也。……此無怪乎季平之喋喋而道也。長素謂
"道不相謀,翻其反而",事亦有之,惟其事在後不在前。……是則積二十
餘年之攻駁,而一旦盡變其故説,此固三百年來考證諸家所未有。季平不
自慚恧,轉以爲伍胥能覆,申胥能興,覆、興之能事萃於一身,自詫爲數千
年未有之奇,是何其與乾嘉以來所謂"實事求是"之意相異耶。夫既昔年
之所指摘皆變爲精金美玉,則方者尊今抑古之見,固宜如鷦鷯之翔寥廓
矣。……至是而又以尊今擯古之見,推爲長素所發見,不惟不願貪天功,

抑若不欲分人謗,出朱入素,前後判若兩人矣。夫考證之事,貴乎有據,所據苟確,則積證益富,歷年益信。未有前據必搖,後說必移,一人之學,若四時之代謝,以能變爲出奇者也。……不幸而季平享高壽,説乃屢變無已,既爲《五變記》,又復有六變。先號“四益”,後改“五譯”,繼稱“六譯”。及其死,而生平之所持説,亦爲秋風候鳥,時過則已。使讀其書者,回皇炫惑,遷轉流變,渺不得真是之所在。蓋學人之以戲論自衒爲實見,未有如季平之尤也。而長素以接席之頃,驚其新奇,穿鑿張惶,急成鉅著,前後一年外,得書十四卷,竟以風行海内,驟獲盛譽。及戊戌毀版,至丁巳復辟既敗,幽居美使館,不忘前業,重付諸梓,距書之初成,則既二十有七年矣。顧獨如《吕覽》之懸書咸陽門,一字不易,則何其成書之迅,造説之確,與六譯善變,其事雖異,蓋可俱譏矣。

　　抑長素書出於季平,長素自諱之,長素弟子不爲其師諱也。其書亦本由其弟子助成之,而其弟子即不盡以師書爲然。……長素書繼《新學僞經考》而成者,有《孔子改制考》,亦季平之緒論,季平所謂《僞經考》本之《闢劉》,《改制考》本之《知聖》也。今刻《知聖篇》,非廖氏原著;原書稿本,今藏康家,則頗多孔子改制説。顧頡剛親見之。季平必謂孔子造《六經》者亦有説。(《中國近三百年學術史》第七一三—七二三頁)

　　六月,《制言》書評刊文評胡樸安《中國文字學史》,於《文字學後期時代廖平之〈六書舊義〉》節後按語“往時劉申叔嘗爲余言廖季平之説六書極善,時尚未嘗讀其書,兹細核之,極爲可疑”,云:

　　規案劉氏極善《六書舊義》,其言奚若,不敢臆斷。然核以劉氏學術,證以劉氏遺書,殊難令人輕信,惟廖氏説象聲有云:“象聲字其初只是假借取聲而已,無形屬偏旁也,故以象聲爲名,假借已久,後人於假字依類加形,遂成本字。”劉氏或有取於此數語,亦未可知。若漫謂極善其六書之説,則子建盛贊孔璋,恐亦非劉氏所肯任也。觀此二條,劉氏極精之説,則閟而不宣,無實之談,則引資彈駁。(《制言》半月刊第四十三期)

　　十月,鄭振鐸編《晚清文選》由上海生活書店印行,内收先生《公羊春秋補正後序》《群經大義序》。

民國二十七年戊寅(一九三八)

　　四月,子成邵在成都加入共産黨,旋即回井研開展抗日救亡活動。八月,在民衆教育館内成立救國讀書會。(《井研縣志》第五三五頁)

民國二十八年己卯（一九三九）

蒙文通《廖季平先生傳》刊《新四川月刊》第一期。《譜注》云："先生姓廖氏，名平，字季平，初名登廷，字旭陔，四川井研縣人，生於前清咸豐壬子，卒於民國紀元二十一年，年八十有一。以清光緒己丑成進士，考選知縣不赴。歷任蜀龍安、綏定府教授，尊經書院襄校，嘉定九峰書院、資州藝風書院、安岳鳳山書院院長、國學專門學校校長。初號四益，繼改四譯，晚號六譯。子八，孫宗澤能世其學。"（《新四川月刊》第一期第五一頁）

子成邵與楊仕英、邱正爵等組成"抗日救國宣傳團"，下鄉巡迴演出《盧溝橋》《放下你的鞭子》《平型關大捷》《熱血》等。（《井研縣志》第五三六—五三七頁）

民國二十九年庚辰（一九四〇）

五月十六日（陽曆六月二十一日），延安新哲學年會召開，范文瀾作《中國經學史的演變》專題講演，略論先生之經學：

> 始終專心講論，堪稱新文學大師的要算井研廖平。他講今文學比康有爲早些，康有爲的《僞經考》《改制考》，是從廖平《闢劉篇》《知聖篇》推衍出來的。他生在咸豐二年（一八五二年），死於民國二十一年（一九三二年），他一生經歷着清末以來今文運動的全程。他晚年自號六譯，因爲他的經學變了六次。第一變講今古（光緒九年），第二變講尊今抑古（光緒十年），第三變講小大（光緒二十四年），第四變講天人（光緒二十八年），第五變講人學、天學（民國七年），他這五大變，愈變愈離奇，牽强附會，不知所云。他還想再變一下（第六變），雖然有十四年的時間，但終於沒有變出來（變無可變了）。這正證明今文學的末路。（《范文瀾歷史論文選集》第二九六頁）

六月十三日，顧頡剛致函陳槃，有云："廖季平箸作，必當求之井研之家，成都無法可想。成都人心浮華，詩文書畫固有不少小名家，而經史則無聞，剛來此一載，幾疑廖季平、蒙文通非四川人也。不知廖氏弟子何以如此洩氣，竟使其學及身後而絕。"（《顧頡剛全集》書信集卷二第三三二—三三三頁）

夏，孫宗澤爲賀覺非《西康紀事詩本事注》作序，云：

> 丁丑秋，余初入康，識竹溪賀君覺非，君時任職一三六師政治部，循循儒雅，無時下叫囂之習，頗以爲異。君又留意康藏掌故，居理化裁數月，居

康定裁一年，所知與老此者無異。平居雖塵務麇集，不廢簡編。余落落寡
合，獨常就君，君因間出所爲《西康紀事詩》見視，覺其可備輶軒之采也，
曾刊之雜志。其後聞時時有所增益。今年春與君遇於成都，並出其新舊
各作，俾余爲之序，則已哀然盈帙矣。康藏風物見於前人篇什者，有王我
師之《西招紀行詩》、查禮《西招雜詠》，寥寥可數，且均一時意興所至之
作，其能仿孟氏以事隸辭者，蓋自覺非始。風物之外，兼及掌故，問俗考
古，胥在是焉。然則此編固不當僅以韻語目之爾。庚辰夏井研廖次山。
(《西康紀事詩本事注》第五頁)

八月初四日(陽曆九月五日)，毛澤東致函范文瀾，略云：

提綱讀了，十分高興，倘能寫出來，必有大益，因爲用馬克思主義清算
經學這是頭一次，因爲目前大地主、大資産階級的復古反動十分猖獗，目
前思想鬥爭的第一任務就是反對這種反動。你的歷史學工作繼續下去，
對這一鬥爭必有大的影響。第三次講演因病沒有聽到，不知對康(康有
爲)、梁(梁啟超)、章(章太炎)、胡(胡適)的錯誤一面有所批判否。不知
涉及廖平、吳虞、葉德輝等人否。越對這些近人有所批判，越能在學術界
發生影響。(《關於經學問題給范文瀾的信》，《毛澤東文集》第二卷第二
九六頁)

民國三十年辛巳(一九四一)

瀧熊之助著、陳清泉譯《中國經學史概說》由商務印書館出版，第八章
《清代經學》第四節《道咸以後之經學》二《公羊學派(常州學派)》論先生之
學云：

廖平(一八五二——一九三二)，字季平，又字廣文，蜀之井研人，爲王
闓運門下之偉才，著述頗有奇説，爲《公羊》學吐氣。其著述凡百餘種，收
於《井研志》中，而足以代表其思想者，則爲《今古學考》。(《中國經學史
概説》第四一四頁)

十二月十二日，龔道耕去世，享年六十六歲。龔讀籀《先王父向農府君
學行述略》云：

晚近經師，如井研廖氏、儀徵劉氏，府君皆嘗與上下議論。平生以爲
積學深造，不難直追古人，論者亦重府君學，以爲非妄語也。……當遜清
乾嘉間，音韻訓詁之學盛極一時，學者施以治經術，頗有成書，用是有十三
經新疏之議，惟《禮記》付闕如。前賢苦其難治，多未敢自奮，井研廖君，

至論其書如深山大澤,多人跡不到之處,然所著亦但有《凡例》,而未遑造述。(《龔道耕儒學論集》第二七一——二七二頁)

民國三十一年壬午(一九四二)

向楚《廖平》刊國立四川大學《文學集刊》第二期。自識云:"本篇悉依據《六譯叢書》及其子姓門人等所述,時賢論列亦取以入錄。篇中主要:一傳略、二思想與著述、三對於教育之貢獻及影響。"(《文學集刊》第二期第一頁)

五月初二日(陽曆六月十五日),龐石帚《記龔向農先生》刊《志學》第六期,有論先生之學云:

至如西京今文之學,自武進莊方耕、劉申受、長洲宋于庭、仁和龔定庵、邵陽魏默深、德清戴子高,先後推闡,而湘潭王壬父遂遍注群經。弟子井研廖季平,尤善別今古,益爲閎肆,窮高極深,淪於不測。餘論沾被,以啟南海康長素,成其《新學僞經》《孔子改制》之説。於是微言大義,始自毘陵,流衍於吳、越、湖、湘,上溯入蜀,反注於粤,浸淫遍天下焉。先生既盡睹諸儒之書,左右采獲,不爲偏倚。當是時,蜀人言經,必曰廖氏。游食之士,攀附光景,惟恐弗及。……先生故深恥之,益閉門自精,於廖説不爲苟同。嘗欲作書申鄭君,以辨廖氏之加誣,屬草未具,會治他書而輟。(《養晴室遺集》第三七四頁)

民國三十二年癸未(一九四三)

一月,廖宗澤《先王考府君行述》、章太炎《清故龍安府學教授廖君墓誌銘》、王樹楠《井研廖先生墓表》、蒙文通《廖季平先生與清代漢學》及《中央委員謝持、于右任等請予議給褒揚公葬飾終典禮并宣付史館立傳建議書》、《國民政府令》刊《中國學報》第一卷第一期。惟廖宗澤《先王考府君行述》與《六譯先生追悼錄》小異,此僅錄其不同者:

嗚呼! 吾祖死矣。其生平著述,澤不孝,不能蚤爲刊布,以養其志,俾吾祖以八十之年,扶病奔走而死於道,有是哉,子孫之難恃也。即此復有以完成其願。澤之罪,詎可追耶。今先祖逝已遙月矣。謹臚其生平學行,敢告於當代長者之前。不欲失真,不敢溢美,千秋論定,則在高賢。惟是先祖之學,精微玄祕,苦未能窺其萬一。又澤生也晚,於其行事,亦十不識一。戚族長輩又未能悉數以告,則茲之所述,蓋其僅也。(《中國學報》第一卷第一期)

王樹楠《井研廖先生墓表》云：

　　四川爲西南天險之國，北扼劍門，東扼三峽，連岡叠嶺，中貫長江。岷峨、青城、夔巫、玉壘之雄奇，岷雒、青衣、嘉陵、巴瀘、大渡之廣旰，山川佳俠，是生偉人。漢之司馬相如、揚雄、王褒、嚴遵，唐之李白、陳子昂，宋之三蘇、三張、二范，類皆間出之才，咸數十年而一見，或數百年而一見。乃至於今，人才之寥落且千年矣，而井研廖季平先生始繼起而承其後。語云，地靈人傑，然亦見山川之鍾毓，非偶然已也。

　　伏案先生初名登廷，字旭陔，後改名曰平，字季平，晚年更號六譯，蓋自述其所學也。曾祖某，祖某，考諱復槐，配雷太宜人，生丈夫子五人，先生其季也。家甚貧，父爲人牧羊。遭藍李之亂，家益困。先生入塾，不足供脩脯，太夫人每飯必別撮一勺米，積之升則獻之師。又不足，則諸伯兄助以錢，賴以卒讀。同治甲戌，補諸生，食廩餼。時南皮張文襄公督學四川，見先生文，大喜，以高材生調尊經書院，湘潭王壬秋闓運繼主講席。先生食淡攻苦，博通經史及諸子百家之學。凡先儒注疏，或從或否，獨抒己見，不爲鈔襲雷同之説。初以兩漢經學有今古二派，各守家法，不相混淆。古學祖《周禮》，今學主《王制》；《周禮》爲周公所作，《王制》則孔子自爲。孔子壯年主《周禮》，意在守周制；《王制》則晚年所改定，意在救文弊。自鄭康成解經，始合今古兩派而通之，先師家法，遂致滅絶不可復睹。於是爲《今古學考》一書，傳布海內，學者韙之。久之，又本《禮記》大同之説，以《周禮》爲春秋以前皇帝治法之書，《王制》爲春秋以後治中國之書，學術至此，爲之一變。又久之，見時局之變遷，五洲列國之大小強弱，遂悟群經爲孔子自作；人名、國號皆假設之詞，以影射當世。其言恢詭變幻，浩瀚無涯。學術之變，愈出愈奇，愈奇愈玄，非淺學者所能測其萬一。先生嘗以《禮》《春秋》《尚書》爲人學，《詩》《樂》《易》爲天學；天學三經皆空言，語多託比，不似人學三經之切於行事。《詩》指全球，《易》更推之六合以外。故其注《易》立大小例。小爲中國，大爲全球；上經爲治中國，下經爲治全球。又謂《易》與《詩》同流於六合間，合則兩美，離則兩傷，於是爲《詩易相通考》以明之。晚年讀王冰《素問》八篇，以此爲孔門《詩》《易》師説，舉凡《鄘》《衛》《王》《陳》《秦》五十篇，《邶》《鄭》《齊》《唐》《魏》《邠》七十二篇、大小《雅》、大小《頌》及《易》之上下經、十首、六首諸義，皆能貫通聯合。至此蓋六變矣。先生之所謂六譯者即此，而説經之書，亦以是爲歸宿焉。尋自編定《六譯館叢書》都一百四十三種。其説皆冥心獨造，別樹一幟，於清代漢學諸儒之外，堅於自信，不顧人之非難刺譏。自《地球新義》出，見者譁然，師友時時寄書相規戒，南皮張文襄公屢以"風

疾馬良,去道愈遠"爲言,卒被學使吴郁生以"離經叛道"揭參去官;學使
趙啟霖見其説三傳同出於子夏,穿鑿附會,立褫其教育之權,而先生不
顧也。

先生以光緒己卯舉於鄉,己丑成進士,朝考三等,以知縣用。以父母
春秋高,不欲遠出省外,呈請改授龍安府教授。歷署射洪訓導、綏定府教
授,又襄校尊經書院,主講嘉定九峰、資州藝風、安岳鳳山諸書院。誥授奉
政大夫。被劾後任成都優級師範、法政、客籍補習諸學堂。成都府縣中學
堂、存古學堂教員。癸丑之歲入京。返川後,任國學專門學校校長十年,
兼高等師範、華西大學教授。十三年回里,遂不復出。己未之春,忽患風,
手足偏廢,然猶講學著書不輟,時時以左手作擘窠大字,以應求者。《詩》
《易》二書,亦成於是時。壬申夏五月,謀刊其所著,親赴成都,行至嘉定,
忽大病。其子成勵、成劼亟輿奉以歸,行至樂山河呷坎卒,享壽八十有一。
某年月日,其子卜葬於榮縣清流鄉陳家山之陽。

先生性至孝,侍父母能曲博其歡。御下素嚴厲,長子成芝雖授室有
子,時遭杖責。家人皆敬憚,無嘻嗃聲。原配李太宜人,次妻劉氏、帥氏、
劉氏,均先卒。子八人:長成芝,娶尹氏,亦早歿;成學,廩生,歿後妻任氏
守志,褒揚節孝;次成璋;次某,次某,均殤;次成勵、成□,均入學堂肄業。
女子五人:燕、幼平、芳研、堯草、芸先。孫男三人:長宗伯;次宗澤,四川國
學專門學校畢業,歷充中級學校教員,斐然有文,能承其家學;次宗堯。孫
女三人,曾孫六人,曾孫女六人。先生稟賦強健,其子女皆六十以後所生
也。平生自奉極儉薄,唯嗜書,積至數萬卷。俸入雖微,而好周恤宗族親
友,假貸者雖署券,不責償。每歲終必語其家人曰"給某錢若干,某錢若
干"。及歿,鄉里族戚赴弔者多哭失聲,門生會葬者數千人,人比之陳太
丘云。

樹枏宰四川青神縣,時時與先生會於嘉定之九峰書院,爲論兩漢經師
家法,連晝夜娓娓不倦。及癸丑入都,相與握談,乃知其學經六譯,益歎其
言高深幽渺,如入琅環福地,讀未見之書,不復能贊一辭矣。烏虖!若先
生者,真博物君子哉。(《廖平全集》第十六冊第九二三—九二六頁)

三月,王森然《廖季平先生評傳》刊《新河北》三月號。
四月,柳定生《四川歷史》(鄉土教材)由南京鍾山書局出版,第十八節
《近代四川的人文》云:

清初四川的學者,有新繁費密和達縣唐甄。……二人皆終老江蘇,故
影響於四川本土的關係反不如晚清主持成都尊經書院的張之洞、王闓運
創導蜀學之功爲大。……張之洞任四川學政,著《輶軒語》《書目答問》,

教蜀士以讀書方法,四川人士研究學術之風氣於是復興。他在成都創設尊經書院,自訂章程,聘請王闓運爲山長,闓運的經學詞章素爲海内所景仰,他由湘入蜀,即有"蜀即吾家"的志願,決心以教育蜀士爲志。他的毅力畢竟實現了他的期望,凡四川督部將軍皆執弟子禮,雖司道側目,而學士無不歸心。……闓運主尊經書院,力反從前的弊病,他不主張生徒以試業爲目的,他講實學,講義理,終於把四川的士風轉變。……他的高足弟子如廖季平、宋芸子、張祥麟、范至賓等,在晚清學術界上都佔有重要的地位。尤以井研廖季平以今文學派的傳授而有南海康有爲託古改制之說,以思想的激變釀成政治的激變。……今日相距張文襄公創辦尊經書院將近七十年之久。之洞爲有清一代提倡新學最力之人。……而他在四川經學的政策,因王闓運力主人格感化,士知節義,且以今文學之傳授,得廖季平、康有爲的闡發,鼓勵了政治上的革新,其波瀾之壯闊,更屬前古之所未有。(《四川歷史》第六九—七一頁)

五月,王森然《廖季平先生評傳》(續三月號)刊《新河北》五月號。

八月,遺著《評新學僞經考》刊《孔學》創刊號,前有編者題識,略云:

南海康有爲作《新學僞經考》《孔子改制考》成,其徒號於衆曰:"井研廖氏說如此,夫有所受之也。"世人因其同喜爲公羊家言,亦遂以廖先生與康氏並論;詎知夫先生之學,前後凡六變,二三變以後,即尠爲人知,康氏所竊,殆其二變以前者,謂爲先生之糠粃可也。先是康氏得先生《今古學考》,甚喜;後於粵之廣雅書局相值,又出眎《知聖》《闢劉》二篇,乃引申其說,爲《僞經》《改制》兩考,未成,而先生之學又數變矣,故康氏有遺書數千言,以相詆責之事;梁任公所謂受張文襄賄逼,復著書以自駁者,蓋亦指此耳,豈同乎康氏之拾人涕唾,又復淺嘗輒止哉。餘杭章炳麟知其然也,雖持論不與先生同,於此則齦齦爲之辨正,_{並見《中國學報》創刊號廖宗澤君撰先生《行述》及章炳麟所撰先生《墓誌銘》。}茲得先生此稿,遺文墜簡,縱虞非其全璧,然益足徵先生之非康氏師也,故特表而出之。(《孔學》創刊號第一三七頁,《廖平全集》第十一册第八三九頁)

季冬,曾宇康《春秋繁露義證補釋》成,序云:

平江蘇厚菴《春秋繁露義證》一書,視凌氏注本芟蕪穢而挹菁英,積薪居上,竟爲不虛。惟近人治董書者,往往鑿空皮傅,夸世駭愚,啟浮華好異之風,蹈蔑古不根之失,因是過斬平實,力期匡矯,神恉翻晦,滯義孔多。又西京鉅儒,每犟討一經,雜采群言,無分門户。儀徵劉氏,論此綦詳,無竢瑓述。而蘇氏牽於結習,墨守家法,凡董引用《穀梁》、沿襲左氏者,不謂義與之同,即云説亦本此。蔽於一曲,關於大理,殆亦不免孫卿之誚也。余講誦多暇,輒爲補苴,牘尾簡眉,積久漸滿,釐爲二編,用付剞劂,敢云冥討窮搜,自矜一得,聊爲彌縫塞漏,殊愧博綜。再董説《春秋》,摽舉弘恉,妙達隱微,足以印邀前修,俯冠來哲,惜後之習《公羊》學者,凡所徵引,僅據一端,鮮能博達,致令眇誼微辭,不克旁通曲暢。如陳氏《義疏》,即其一也。今不揆檮昧,並加揄揚,雖或董己舉例,仍詳爲據證,非冒疊屋之譏,冀收循執之效。若夫陰陽五行諸説,學有專功,理窮造化,既雅所不諳,則義從蓋闕云爾。壬午季冬叙於峩山伏虎寺學舍,華陽曾宇康。(《圖書集刊》第四期第九五頁)

民國三十三年甲申(一九四四)

民國三十四年乙酉(一九四五)

顧頡剛《當代中國史學》出版,上編《近百年中國史學的前期》第五章《經今文學的興起與貢獻》第二節《廖平與康有爲》云:

> 有爲的書在當時影響很大,其學術價值也很高,但其學則出於廖平。《僞經考》及《孔子改制考》二書的議論,已由廖氏粗引其緒,不過由有爲加以敷衍發皇而已。平所著有《今古學考》二卷、《古學考》一卷。自許慎作《五經異義》以後,直至廖平才第二回作今古文的分析,而成《今古學考》一書。他後來所作的《古學考》,中有《知聖》《闢劉》兩篇,是爲《孔子改制考》及《僞經考》的藍本。他首先發現了孔子的託古改制,所以孔子説的三年之喪,他的弟子和時人都來問難。這是給有爲一個極大的提示。只因廖平爲學不甚謹嚴,文筆又不足以達意,所以這個風氣要待康有爲來開倡。(《當代中國史學》第三八頁)

民國三十五年丙戌(一九四六)

二月,張慧劍著《辰子説林》由南京新民報社出版,該書爲《新民報文藝叢書》之五,中有《廖季平與章太炎》,略云:

> 偶見報載,有人出贊爲廖季平刻遺書,因思及四川此一舉人,亦中國近代學術史上之一怪物也。季平師王湘綺,爲所謂今文學派之健將,與以古文治經之俞(曲園)、孫(仲容)兩大流派皆異趣。章太炎則以最能消化俞、孫之學而卓然自成一家著稱。故季平一生最惡太炎,攻難之書積几盈尺。某歲,太炎將游川,季平立以書詆之曰:"君來,我將召學會,與君爲公開之辯難。"其後太炎不果來,季平則又翹然語於人曰:"章太炎懼我,不

敢來也。"今文學家之特點,爲疑古,季平則更爲懷疑派之大王,然其論多支離矛盾,不足盡信,如謂《離騷》爲秦始皇命人作,屈原實無其人,即季平門弟子亦駁笑其妄。清末之所謂名臣張之洞,與當時學者皆曾個別發生關係,如章太炎,如康梁師弟,如劉申叔,均一度入張幕,季平亦然。惟終以持說新異,被之洞罵爲非聖無法,褫被去。(《辰子說林》第一三五——一三六頁)

姜亮夫嘗著《四先生合譜》,至今年譜成而撰《叙錄》。四先生者,先生、梁啟超、章太炎、王國維是也。傅杰《思師錄》識語云:"先師綜錄廖平、梁啟超、章太炎、王國維生平與學術的專著《四先生合譜》,正文毀佚,僅存叙錄,從中可以窺見此書的作意與作法,也可與思師諸文相互參證。"(《學術集林》第十四卷第五七頁)叙云:

王先生部分創始於十八年。梁先生、廖先生部分創始於二十二年。章先生部分創始於二十六年。至二十七年乃有合譜之意。三十五年合之爲書。

自韃虜不綱,四夷交侵,鴉片之戰而後,地日以削,勢日以衰,士大夫莫不欲以其學挽當時之弊。爲中夏民族習性者,語不蹈空,事必師古,故其學乃據六經諸子以益恢廣,乾嘉考據之風,已不能繩人思理。放而爲龔、魏、莊、劉之今文,皖學自戴東原後,途術益大,益以浙東之史,放而爲黃以周、俞樾,末有孫詒讓,然諸老先生淫於載籍之功多,而接於政情民理者蓋猶不足。自井研廖先生析孔學爲早晚兩期,大同小康之義明。南海康長素得之,以爲戊戌之變,其弟子梁啟超更益之以新知。自經囿引之史苑,而政理亦自擁君變而爲愛民,是爲今文家。以其學挽當世之弊者,時有餘杭一老,遵《春秋》夷夏之義,唱民族中興之說,坐而言,起而行,身入犴狴,死而不辭。與時雄共復漢土,生死不介於懷,而功成不受賞,介然以學術終老。發古文至微至深之義,履民族至剛至大之德,集劉歆、鄭玄、劉基、王守仁、顧炎武、黃宗義、王夫之於一身,千古豪傑莫與比將。海寧王君,純德不後於時彥,而所遭獨酷於屈賈。行事雖或落於時後,學思則突在時前,矛盾相伐,抱道四海。而其文史小學之功,曾無愧於學林,且語必徵實,論無因襲,亦學術之魁傑也。四先生者,雖所趣不同,而於近世學術政理,皆各有其繼往開來之功,卓然各擁大纛,爲一時之先驅,而章君爲卓矣。

余自入蜀郡,拜見井研先生於少城,皤皤一老,光光童顏,始教以漢宋古今之辨,而稍窺學術之囿於先生之學,三變以前,略能仿佛。時成都龔道耕先生授古文經,故於先生之學,不能盡好也。及入宛平,拜見新會先生於清華園，相與論蜀學，悔函文請益時未能專一，而《六譯館叢書》，竟不能全讀。方余之入清華也，覺史學浩瀚難知，乃從海寧問學，初爲《詩騷聯綿字考》，請益之時獨多，業未竟而有昆明湖之痛。余忽忽南奔，寄食吳越間，歉然於文學語言之瑣碎，乃棄而專習史籍與社會諸科，次年而新會先生亦以幽憂病殁天津，不二年而隕兩大師，余爲學術文化而悲，而自悲益深切矣，無以爲函文請益之所。是時餘杭先生寓滬，其門牆至高，巖岸至竣，不敢以爲請。會吳門有講學會，招余説《易》，先生與侯官陳石遺、無錫唐文治諸老亦各主講一科，騰衝李公乃爲之介，就曲室，執贄爲弟子。後此遂以暇日走同孚里問業，乃昫昫如老嫗，字愛之情，惆直無隱，既服其學，亦服其人，十餘年所馨香以祝者，得一二現實。及錦帆路新居成，先生移吳門，余則走大梁。吳中浮少年間先生於吳江金翁，余知之，思爲兩解，讒者知先生重余，亦間之。會有歐洲之行，先生宴於後堂，饌極豐腴，溫語慰之者至切。及余西行，而讒言遂入，余於巴黎聞之，不敢怨而益自勵。次年余得唐寫本陸法言、王仁昫以來《切韻》卷子，方欲寄奉，而噩耗已傳海外。余自此遂悲其爲無師之人矣。方余之入大梁也，思有以報梁王兩先生素日教悔之德者，欲以光大其學，乃邀同門爲王梁學會，不果。然稍稍集録先生行事文字之不見於《飲冰》《忠懇》兩集者，爲之年譜，即去國，皆貯之篋笥，歸而敵蹄滿滬壖，毀其所庋之籍。及西入長安與江安周書舲、銅山蔣炳南等會設祭，北望而兩先生之靈，相約依新會文化史綱目，分任撰述，以盡先師未竟之志，而敵騎已西至龍門、潼關之間，遂又不果。然輯兩先生事狀之念復起，而尤念餘杭之譜不可缺。及入蜀居潼川，與鹽亭蒙文通遇，論井研之學，足當一軍，因思四先生者，會而論之，則近百年學術，開合呼吸之間，宜更彰明，而章梁之政，亦革命啟蒙時期兩大壁壘，皆爲吾族至要之跡業，遂合四先生而爲之譜。三十年奔先君之喪，遂移硯昆明，人事日繁，苦書籍不備，繼則妻病，繼則育女，斗室僅能容膝，無設硯安席之所，不能肆力於此。旋即大戰受降，余送妻歸省，復返五華、商山之間，閉門著書，不及一年，而爲拓者所齮，密告邊將，欲逮余於獄，又倉皇東去，蟄居浙東者年餘，《四先生年譜》粗有規模矣。三十八年自浙歸而省母，途中崔苻不能行，遂止於昆明。因思章君數十年革命，偉業爲不可及，而其艱苦千萬於余，惟廖翁以著述得高年，是可慕也。遂發憤著書，《四先生年譜》爲所至亟，蓋廿年來余所爲書稍稍可觀者，皆集千腋之裘，而惟此爲能有血有肉，非僅於抄胥編絲綴屬之爲也。然四先生者，其事至繁賾，其學至廣博，合譜宜各如其分，則斟酌去取之間，呼吸開合之際，爲尤難理，故勉爲立例曰：

一、廖翁齒最尊，故以爲首。梁近於廖，故次之。梁、章學術政見皆極相反,比次爲説,呼吸可通。海寧自成別軍,故以殿焉。

一、綜録大政,而尤全與章、梁相涉者。

一、章翁有《自定年譜》全部入録,亦略爲疏證補缺,五十五以後,則全出余手。

一、凡政理學術相近之時人,與相近之著作,各依四先生類從附。

一、録四先生文,或全録,或節要,視所需而定。

一、凡軼聞逸事之足以説明德業性行者,皆録之。

一、凡譜主生年事跡皆頂格書之,其文章德業,除録爲事跡者外,皆下一格書之。

一、按語有二例,一則學術政理,呼吸相關之發明與考證;一則時論之駁議。

一、凡按語皆下文主一字,凡簡短者或爲夾注。

一、時人生卒事跡學術及評論四先生之文又下一格。

一、凡影響于四先生之師友爲詳録之,或於卒年或隨時隨事爲之注。

一、凡四先生高弟有行誼著作者亦同上例,或作正文,或夾注,無定例。

一、學必有宗有系,散入譜中,則宗系不明,故各爲學案於後,以綜貫其一生學術之要。

一、凡行誼德業文章及軼聞逸事之無年月可考,或不能刊之於正文者,皆爲附録於卷後,又時論之對四先生者,采其允當者入附。

一九四九年記於金華(《姜亮夫全集》第二十二册第三七—四〇頁)

又記林思進論先生之言云:"一次余以'廖季平先生論孟荀學説,以爲荀爲漢學之本,孟爲宋學之本'爲問,先生笑曰:'此語非出廖,乃宋明人義,然一入廖口,則成精義,大抵廖天資特達,四變以後,雖多詭異,然四變以前則多精論,尤以各書凡例,可以見其深湛之思。'"(《學術集林》第十四卷第六〇頁)

按:據姜亮夫致顧頡剛函知,至一九五三年四月,是譜亦尚未完稿。函云:"近以公餘治近百年學術,欲完成戰前未盡之業,先爲四先生年譜(餘杭章、海寧王、新會梁、井研廖)合爲一書,凡學術相關相成處特加説明,譜後又各附學案,志大學疏,不知有益學術否?"(《顧頡剛日記》第七卷第三九四頁)

民國三十六年丁亥(一九四七)

夏敬觀《廖平傳》刊《國史館館刊》創刊號,略云:

　　廖平，字季平。四川井研縣人。家貧，父嘗爲人牧牛傭力，稍自給，乃設磨坊鹽井灣。督諸子助之，平獨嗜學，不受命，寄僧舍，僧饋黍餅，䐣以糖。方讀，誤蘸墨瀋，食久之，始省。旋爲諸生食廩餼，南皮張之洞督川，以學拔識之，選入尊經書院。時湘潭王闓運主講席，平師之，稱高第弟子，與綿竹楊銳、漢川張祥齡齊名。光緒五年，舉於鄉。十五年，大挑二等，其年成進士，用知縣。平以親老不欲遠官，請就教職。選授龍安府學教授，歷射洪、安岳教諭，綏定府學教授，又嘗爲尊經書院裏校、嘉定九峰書院、資州藝風書院山長，任成都優級師範高等學堂、客籍學堂、府中學、縣中學、存古學堂教員。民國二年，代表讀音統一會赴北京，歸長國學專門學校。十年，兼高等師範、華西大學教授。十三年，平年七十有三矣，遂歸井研，不復出。平治經凡六變，初師闓運爲公羊家言，然猶襲用東漢法，以《王制》《周禮》同治中國，分周孔異同，著《古今學考》。繼而以《周禮》《王制》不兩立，歸獄歆、莽，著《闢劉編》《知聖編》，則篤守今文家法矣。南海康有爲初見其書，寄書駁難，平答以茲事要當面曉，不與深辯。及康氏著《新學僞經考》《孔子改制考》，即就平說引申之。蓋治經者自常州學派發明西漢今文家言，實爲革命先導，之洞尤不喜之。戊戌以後，平學又一變而言大同，乃訂《周禮》爲皇帝書，與《王制》大小不同，一內一外，兩得其所，著《地球新義》《王制集說》《皇帝疆域圖》。是說出，海內譁然，馳書相戒，甚或詆爲離經叛道。即之洞見其書，亦責以去道愈遠。平又謂左丘明即啟予商變文，無左氏其人，推本萬氏卜公穀雙聲，商羊梁叠韻之說。斷《左》《公》《穀》皆子夏所傳，由是世或疑其復取《周禮》《左傳》，不啻著書自駁，爲徇之洞。壬寅後，因梵宗有感悟，其說又一變，著《孔經哲學發微》，以《尚書》爲人學，《詩》《易》則遨游六合以外，因據以改正《詩》《易》舊稿，專就天人之說演進。後又再變其說，融大小於天人之內，以六經皆孔子作，各有領域，且因《史記》八引孔氏古文，謂六書文字皆出孔門，夫如是而後小大天人之說，其系統可尋，乃以《禮》《春秋》《尚書》爲人學三經，《王制》《周禮》爲之傳；《詩》《易》《樂》爲天學三經，《靈樞》《素問》《山經》《列》《莊》《楚辭》爲之傳，各有皇、帝、王、伯之四等。……平自叙謂學經六變，各有年所，廢寢忘食，動以數年，豁然理解，若有神謀天誘，千溪百壑，得所歸宿，昔之腐朽，皆爲神奇。即道釋亦爲經學博士之大宗，然世之知者，皆逮其一二變而止，三變以後，語日益詭，理日益玄，雖其及門，莫能贊一辭焉。殆亦猶揚雄之文，觀之者難知，學之者難成歟。（《國史館館刊》創刊號第七九—八〇頁）

民國三十七年戊子（一九四八）

民國三十八年己丑（一九四九）

秋，聞一多《廖季平論離騷》刊《文學雜志》第二卷第五期，略云：

自來談《離騷》談得最離奇的，莫過於廖季平。談得最透闢的，恐怕也要算他。……廖氏的出發點是經學，首先認定了《詩經》是所謂"天學"，苦於《詩經》本身沒有證據，乃借《楚辭》——《詩》之旁支以證實其主張。這是論證發展的第一步。然而這樣講來，又與《史記》所載《離騷》作者的性格行爲皆不合，適逢《史記》這篇傳是一筆糊塗賬，有隙可乘，就判定屈原本無其人，其所有事實，皆史公杜撰。這是第二步。屈原的存在既經勾銷，乃以《離騷》爲秦始皇所作，並以其他相傳屈原諸作品歸之秦博士。這是第三步。説法確乎是新奇得出人意表。

但是，我們讀《離騷》，除了一個"朕"字外，未發現作者的口氣與身份有絲毫像帝王的地方。"古者尊卑共稱朕"，若謂《離騷》稱"朕"，作者便是帝王，想一代經師不至如此之陋。何況秦祖帝嚳高辛氏，怎見得這"高陽苗裔"便是始皇呢？廖氏三點意見中，這一點最不足辯。

至於《史記》的"文義不屬，前後矛盾"，却是無可諱言的，自宋以來便不斷有人懷疑。但《史記》全書中，同類情形甚多，若憑此而一一否認其人物的真實性，恐決無此理。其實"文義不屬，前後矛盾"，也不過是廖氏的藉口而已。縱令史文不矛盾，這段記載就能令他滿意嗎？他不是認爲《離騷》是"天學"嗎？然而史傳中的屈原分明是只講"人學"的。史傳不能替他作證，便把史傳中人物的存在根本否認了，性子未免太急了。其實如果《離騷》作者的性格，據《離騷》本文看，真與史傳中的屈原不合，充其量也只能把屈原與《離騷》的關係解除掉。爲廖氏起見，讓屈原還存在，只説《離騷》不是他做的，不就夠了嗎？其實連這一着都不必。至少目前我們還得承認《離騷》是屈原作的，因此屈原的思想如何，只有《離騷》纔是千真萬確的口供，只要史傳沒有明白提出反證，我們又何妨當它默認了？史傳與《離騷》不合，誠然，但消極的不合與積極的相反相克，究竟是兩回事。我們何不假定史傳只是一幅不完備的畫像，其中盡留有點睛添毫的餘地，説不定拿《離騷》中的屈原補入史傳，更覺生動逼真點。這一來，廖氏的困難也就自動解決了，所以他那第一點，根本無成立的必要。廖氏本意原要説明《離騷》是"天學"，想藉以證實《詩經》之"天學"。這實在是三點中最驚人，也最有啟示性的一點。但究竟什麼是"天學"，謝

先生所見的《楚辭新解》，既不見傳本，我們只好從《六譯館叢書》中求注
腳。……任何讀《離騷》的人，只要肯平心靜氣，忘掉太史公的傳，王逸以
來的注，就《離騷》讀《離騷》，他的結論必與這相去不遠。可惜千餘年來
沒有人肯這樣讀《離騷》，就是廖氏，若非因太熱心於建設經學系統，而援
儒入道，恐怕也説不出那樣的話來。史遷的傳，王逸的注，是不容易忘掉
的，所以廖氏的話説出了，徒爲他的弟子謝無量先生"解頤"之資而已。
(《聞一多全集·楚辭編》第二四九—二五三頁)

參考文獻

專　著

沃丘仲子：《當代名人小傳》，《近代中國史料叢刊三編》第八輯，文海出版社，一九八四年一月。

巴中縣政協文史資料研究委員會：《巴中文史資料》第一輯，一九八七年二月。

白敦仁纂輯，王大厚校理：《養晴室遺集》，巴蜀書社，二〇一三年九月。

[日]本田成之著，孫俍工譯：《中國經學史》，中華書局，民國二十四年六月。

曹順慶、羅鷺主編：《向宗魯先生紀念文集》，巴蜀書社，二〇一五年十二月。

蔡元培著，朱鴻召編選：《孑民自述》，江蘇人民出版社，一九九三年三月。

柴小梵：《梵天廬叢錄》，山西古籍出版社、山西教育出版社，一九九九年九月。

陳法駕、葉大鏘等修，曾鑒、林思進等纂：《華陽縣志》，民國二十三年鉛印本。

陳虬、宋恕、陳黻宸撰，胡珠生編：《東甌三先生集補編》，上海社會科學院出版社，二〇〇五年一月。

陳奇：《劉師培年譜長編》，貴州人民出版社，二〇〇七年九月。

陳浩望：《民國詩話》，廣西民族出版社，一九九六年六月。

丁治棠：《丁治棠紀行四種》，四川人民出版社，一九八四年七月。

范旭侖、牟曉朋整理：《譚獻日記》，中華書局，二〇一三年八月。

方守道、高賡恩編：《蜀學編》，光緒辛丑秋月錦江書局重刊本。

馮友蘭：《中國哲學史》，華東師範大學出版社，二〇一一年七月。

高承瀛等修，吳嘉謨、龔煦春纂輯：《光緒井研志》，光緒二十六年刻本。

郤積意點校：《穀梁古義疏》，中華書局，二〇一二年六月。

官長馳、官國雄注：《駱狀元詩文注》，中國文聯出版社，二〇〇四年十二月。

顧頡剛：《當代中國史學》，上海古籍出版社，二〇〇二年四月。

顧廷龍主編：《清代硃卷集成》，成文出版社，一九九二年。

郭沫若：《郭沫若全集》文學編第十一卷，人民文學出版社，一九九二年九月。

郭濤:《四川城市水灾史》,巴蜀書社,一九八九年四月。

廣東省肇慶星湖風景名勝區管理委員會:《肇慶星湖石刻全録》,一九八六年十月。

國家圖書館編:《中華歷史人物別傳集》第七十一册,綫裝書局,二〇〇三年六月。

國家圖書館善本部編:《趙鳳昌藏札》,國家圖書館出版社,二〇〇九年十月。

霍巍主編:《川大史學考古卷》,四川大學出版社,二〇〇六年八月。

胡昭曦:《四川書院史》,巴蜀書社,二〇〇〇年二月。

黄曙輝編校:《劉咸炘學術論集·哲學編》,廣西師範大學出版社,二〇一〇年六月。

賈逸君:《中華民國名人傳》,北平文化學社,民國二十六年二月。

姜方錟:《蜀詞人評傳》,成都古籍書店,一九八四年八月。

江蘇省立蘇州圖書館《吳中文獻小叢書》之十六:《俞曲園先生日記殘稿》,民國二十九年六月。

江瀚:《慎所立齋詩文集》,《近代中國史料叢刊》第七一輯,文海出版社。

金天羽:《天放樓詩文集》,上海古籍出版社,二〇〇七年十一月。

《近代巴蜀詩鈔》編委會:《近代巴蜀詩鈔》,巴蜀書社,二〇〇五年五月。

康有爲:《康有爲自編年譜》(外二種),中華書局,一九九二年九月。

藍楷、張仲孝修,王文熙、吳德準、朱炳靈等纂:《達縣志》,民國二十二年刻本。

樂山市地方志辦公室編:《樂山歷代人物傳略》,巴蜀書社,一九九〇年六月。

李慈銘:《越縵堂日記》,廣陵書社,二〇〇四年五月。

李超瓊:《李超瓊日記》,江蘇人民出版社,二〇一二年一月。

李稽勛編:《劉舍人遺集》,成都美學林承印,民國二十年二月。

李耀仙主編:《廖平選集》,巴蜀書社,一九九八年七月。

李向東、包岐峰、蘇醒等標點:《徐兆瑋日記》,黄山書社,二〇一三年九月。

李冬梅選編:《龔道耕儒學論集》,四川大學出版社,二〇一〇年四月。

梁啓超:《清代學術概論》,上海古籍出版社,一九九八年一月。

梁啓超:《中國近三百年學術史》,東方出版社,二〇〇四年三月。

廖平主修,廖正清纂修:《廖氏宗譜》,光緒二十年重修本。

廖平:《穀梁古義疏》,民國二十年渭南嚴氏孝義家塾本。

廖宗澤:《六譯先生年譜》,《儒藏》史部《儒林年譜》第四十九册,四川大學出版社,二〇〇七年四月。

廖幼平:《廖季平年譜》,巴蜀書社,一九八五年六月。

林慶彰、蔣秋華主編:《李源澄著作集》,中研院中國文哲研究所,二〇〇八年十一月。

劉夐等修,寧緗等纂:《邛崍縣志》,民國十一年鉛印本。

劉景毛等點校:《新纂雲南通志》,雲南人民出版社,二〇〇七年三月。

劉君惠、王文才等選編:《清寂堂集》,巴蜀書社,一九八九年八月。

劉雨濤:《劉雨濤文存》,自印本。

柳定生:《四川歷史》,南京鍾山書局,民國三十二年四月。

駱成驤:《清漪樓詩存》四卷附《雜著》一卷首一卷,《清代詩文集彙編》第七九〇册,上海古籍出版社,二〇一〇年十二月。

[日]瀧熊之助著,陳清泉譯:《中國經學史概説》,商務印書館,民國三十年。

馬積高主編:《湘綺樓詩文集》,岳麓書社,一九九六年九月。

馬積高主編:《湘綺樓日記》,岳麓書社,一九九七年七月。

茅海建:《戊戌變法的另面》,上海古籍出版社,二〇一四年三月。

蒙文通:《古史甄微》,商務印書館,民國二十二年三月。

蒙文通:《經學抉原》,商務印書館,民國二十二年七月。

蒙默編:《蒙文通文集》,巴蜀書社:《古學甄微》,一九八七年七月;《經學抉原》,一九九五年九月;《古史甄微》,一九九九年八月。

蒙默編校:《中國現代學術經典·廖平蒙文通卷》,河北教育出版社,一九九六年八月。

蒙默編:《蒙文通全集》,巴蜀書社,二〇一五年五月。

繆荃孫:《藝風老人日記》,北京大學出版社,一九八六年四月。

龐堅校點:《張之洞詩文集》,上海古籍出版社,二〇〇九年十一月。

潘祖年編:《潘祖蔭年譜》,《近代中國史料叢刊》第十九輯,文海出版社。

錢保塘:《清風室文鈔》,民國二年清風室叢書本。

錢保塘:《清風室詩鈔》,民國二年清風室叢書本。

錢基博:《現代中國文學史》,吉林人民出版社,二〇一三年三月。

錢穆:《中國近三百年學術史》,商務印書館,一九九七年八月。

《清實録》,中華書局,一九八七年五月。

任乃强:《任乃强藏學文集》,中國藏學出版社,二〇〇九年八月。

桑兵主編,劉斌、孫宏雲編:《各方致孫中山函電彙編》,社會科學文獻出版社,二〇一二年三月。

桑兵主編:《續編清代稿鈔本》第五三、五四册《朱逌然日記》,廣東人民出版,二〇〇九年一月。

上海圖書館編:《汪康年師友書札》,上海古籍出版社,一九八六年二月。

上海圖書館編:《中國近代期刊篇目彙録》,上海人民出版社,一九六五年十二月、一九七九年十月、一九八一年六月、一九八二年二月、一九八三年八月、一九八四年八月。

沈善洪、胡廷武主編：《姜亮夫全集》，雲南人民出版社，二〇〇二年十月。

舒大剛、楊世文主編：《廖平全集》，上海古籍出版社，二〇一五年五月。

四川省文史館編：《成都城坊古跡考》，四川人民出版社，一九八七年一月。

四川省文物局、四川省文物考古研究所編：《四川文物志》，巴蜀書社，二〇〇五年十一月。

四川省井研縣志編纂委員會：《井研縣志》，四川人民出版社，一九九〇年四月。

四川省綿竹市政協學習文史資料委員會編：《綿竹文史資料選輯》第十六輯，一九九七年九月。

四川大學歷史文化學院編：《蒙文通先生誕辰一一〇周年紀念文集》，綫裝書局，二〇〇五年十二月。

譚宗濬編：《蜀秀集》，光緒五年成都試院刻本。

譚宗濬：《荔村草堂詩鈔》，《清代詩文集彙編》第七六三冊，上海古籍出版社，二〇一〇年十二月。

唐唯目編：《張森楷史學遺著輯略》，西南師範大學出版社，一九九八年六月。

湯志鈞：《章太炎年譜長編》（增訂本），中華書局，二〇一三年三月。

陶道恕、藍澤蓀編：《向楚集》，中華書局，二〇一五年一月。

田苗苗整理：《吳虞集》，中華書局，二〇一三年四月。

王樹枏：《文莫室詩集》，民國六年陶廬叢刻本。

王代功：《清王湘綺先生闓運年譜》，臺北商務印書館，一九七八年十二月。

王森然：《近代二十家評傳》，文海出版社，一九七三年四月。

王鳳蘭等點校：《廖平醫書合集》，天津科學技術出版社，二〇一〇年五月。

隗瀛濤、趙清主編：《四川辛亥革命史料》，四川人民出版社，一九八一年九月。

文守仁：《蜀風集》，新津縣政協文史資料委員會，一九九八年九月。

伍肇齡等編：《尊經書院二集》，《中國歷代書院志》第十六冊，江蘇教育出版社，一九九五年九月。

吳朝品：《涪雅堂詩草》，光緒二十七年冬十月刻本。

吳之英：《壽櫟廬文集》一卷、《壽櫟廬詩集》一卷，民國九年名山吳氏刻本。

吳光主編：《馬一浮全集》，浙江古籍出版社，二〇一三年一月。

吳洪武、吳洪澤、彭静中校注：《吳之英詩文集》，四川大學出版社，二〇〇八年四月。

吳劍傑編著：《張之洞年譜長編》，上海交通大學出版社，二〇〇九年九月。

胡鈞編：《張文襄公年譜》，《近代中國史料叢刊》第三輯，文海出版社，一九六六年。

許全勝：《沈增植年譜長編》，中華書局，二〇〇七年八月。

徐亮工編校:《中國近三百年學術史論》,上海古籍出版社,二〇一〇年九月。

薛新力、蒲健夫主編:《巴蜀近代詩詞選》,重慶出版社,二〇〇三年七月。

夏曉虹、吳令華編:《清華同學與學術薪傳》,生活・讀書・新知三聯書店,二〇〇九年七月。

熊卿雲、汪仲夔修,洪烈森等纂:《德陽縣志》,民國二十八年鉛印兼石印本。

嚴雁峰:《賁園詩鈔》,渭南嚴氏孝義家塾刻本。

楊天石主編:《錢玄同日記》,北京大學出版社,二〇一四年八月。

俞樾:《春在堂全書》,鳳凰出版社,二〇一〇年一月。

于寶軒輯:《皇朝蓄艾文編》,臺北學生書局,一九六五年五月。

苑書義、孫華峰、李秉新主編:《張之洞全集》,河北人民出版社,一九九八年八月。

袁長江主編,王開學輯校,山西省圖書館編:《郭象升藏書題跋》,山西古籍出版社,二〇〇七年四月。

岳森:《癸甲襄校録》,尊經書局光緒二十年刻本。

曾樸:《孽海花》,上海古籍出版社,二〇一一年八月。

趙所生、薛正興主編:《中國歷代書院志》第十六册《尊經書院初集》、《尊經書院二集》,江蘇教育出版社,一九九五年九月。

趙沛:《廖平春秋學研究》,巴蜀書社,二〇〇七年八月。

張之洞撰,范希曾補正:《書目答問補正》,上海古籍出版社,二〇〇一年七月。

張之洞編撰,范希曾補正,孫文泱增訂:《增訂書目答問補正》,中華書局,二〇一一年十一月。

張文虎:《舒藝室詩存》,《近代中國史料叢刊》,文海出版社,一九七三年十二月。

張森楷總纂:《民國新修合川縣志》,民國十年刻本。

張仲孝等修,馬文燦等纂,余震等續纂:《巴中縣志》,民國十六年石印本。

張舜徽:《清人文集別録》,華中師範大學出版社,二〇〇四年三月。

張西魯:《西樓文選》,雲南美術出版社,二〇〇六年十一月。

張燕嬰整理:《俞樾函札輯證》,鳳凰出版社,二〇一四年三月。

張遠東、熊澤文:《經學大師廖平》,上海書店,二〇一五年六月。

張遠東、熊澤文編著:《廖平先生年譜長編》,上海書店出版社,二〇一六年三月。

章太炎:《太炎文録初編》,浙江圖書館校刊。

左錫嘉:《冷吟仙館詩餘》,光緒十七年刻本。

政協安岳縣文史資料委員會編:《安岳文史資料選輯》第二十六輯,一九九一年十一月。

周詢:《蜀海叢談》,巴蜀書社,一九八六年八月。

周開慶:《民國新修四川縣志叢談》,臺北商務印書館,一九七五年十二月。

周文華主編:《樂山歷代文集》,樂山市市中區編史修志辦公室,一九九〇年
　　十二月。

周文華主編:《樂山歷代詩集》,樂山市市中區地方志辦公室,一九九五年十
　　二月。

中國革命博物館整理:《吳虞日記》(上下),四川人民出版社,一九八四年五
　　月、一九八六年八月。

中國社會科學院近代史研究所編:《范文瀾歷史論文選集》,中國社會科學
　　出版社,一九七九年四月。

中共中央文獻研究室編:《毛澤東文集》第二卷,人民出版社,二〇〇四年
　　五月。

中共樂山市委宣傳部、樂山市地方志編纂委員會:《樂山市歷代名人錄》(上
　　下),一九八五年十月、一九八六年九月。

中國人民政治協商會議湖南省委員會文史資料研究委員會:《湖南文史資
　　料》第二十八輯,湖南人民出版社,一九八七年十二月。

中國人民政治協商會議四川省達縣市政協文史資料委員會:《達縣市文史資
　　料選輯》第一輯,一九八九年七月。

中國人民政治協商會議樂山市委員會文史資料委員會:《樂山文史選輯》第
　　七輯《廖季平史料專輯》,一九八九年一月。

中國人民政治協商會議四川省合川縣委員會文史資料研究委員會:《合川文
　　史資料選輯》第五輯,一九八八年十一月。

中國人民政治協商會議四川省崇慶縣委員會:《崇慶縣文史資料選輯》第
　　六輯。

中國人民政治協商會議四川省委員會文史資料研究委員會:《四川文史資料
　　選輯》第二十輯,一九八〇年三月。

中國人民政治協商會議全國委員會文史資料委員會:《文史資料存稿選編》
　　第二十四輯教育,中國文史出版社,二〇〇二年八月。

報　　刊

蜀學報　　　　　　　　　　　　　新民叢報

廣益叢報　　　　　　　　孔學

四川教育官報　　　　　　學衡

四川公報增刊《娛閒録》　國風半月刊

四川國學雜志　　　　　　甲寅週刊

申報　　　　　　　　　　華年

中央時事週報　　　　　　國立北平圖書館館刊

教育週報　　　　　　　　制言

四川公報　　　　　　　　國專月刊

國聞週報　　　　　　　　新四川月刊

青鶴　　　　　　　　　　中國學報

責善　　　　　　　　　　圖書集刊

東方雜志　　　　　　　　國史館館刊

少年中國　　　　　　　　中央日報

大公報　　　　　　　　　北京檔案史料

後　記

　　承軍編《廖季平先生年譜長編》既成，因擬數言，略述師友之助。其一，廖宗澤《六譯先生年譜》初收《儒藏》，以承軍身在高校外，無法查閲，此次參考本爲北京大學高等人文研究院陸胤兄代爲複印。其二，《六譯先生追悼録》初收《中華歷史人物別傳集》，此次參考本爲上海中醫藥大學裘陳江兄提供。其三，譜中資料凡來自《四川國學雜志》《國學薈編》皆爲中國社會科學網鍾永新兄提供。尤爲感謝復旦大學博士陳拓兄提供讀秀賬號及校園網賬號，使年譜在資料上更爲完善。

　　此外，年譜的編纂還需感謝四川大學古籍所舒大剛教授，因爲年譜實際上是他提議的。二〇一一年三月，我因編《蒙文通先生年譜長編》成，得識古籍所諸先進，惟斯時僅搜集資料、草擬綱要、擬定目録。

　　同時還要感謝幫我録入資料的顏玲女士。二〇一四年初，我從成都回到縣城，雜事甚多，加上鄉賢著作、清代縣志亟需付印，能夠利用晚上校稿、中午改稿已屬不易，因此增訂時所引資料多爲顏玲録入，而我只是在她録入的基礎上校改。

　　尤須感謝王家葵先生、楊世文教授、賀宏亮兄。二〇一五年七月，我結束了在縣城的工作，回到成都，承王家葵先生襄助，解決了安身之處；復承楊世文教授贈送筆記本一部；賀宏亮兄爲年譜題簽，增輝不少。

　　本來，我在完成《蒙文通先生年譜長編》後就無心從事資料性書籍的編纂，欲以主要精力從事兩宋、康藏及易代研究，而以餘力整理鄉賢林愈蕃、李崧霖、李鴻裔、王乃徵的著作。今年譜既成，主要精力也將轉移到兩宋、康藏、易代上來，但願能以數年努力，突破此前餖飣之學的餘習。

王承軍

二〇一六年二月二十六日